DERECHO PENAL PARTE ESPECIAL
TEMAS PRÁCTICOS PARA SU ESTUDIO

4.ª EDICIÓN

Alfredo Abadías Selma
Profesor contratado Doctor en Derecho Penal y Criminología
Universidad Internacional de La Rioja Unir
Grupo de investigación Penalcrim

COLEX 2024

DERECHO PENAL PARTE ESPECIAL
TEMAS PRÁCTICOS PARA SU ESTUDIO

4.ª EDICIÓN

Alfredo Abadías Selma
Profesor contratado Doctor en Derecho Penal y Criminología
Universidad Internacional de La Rioja Unir
Grupo de investigación Penalcrim

COLEX 2024

© Editorial Colex, S. L.
Calle Costa Rica, número 5, 3.º B (local comercial)
A Coruña, C. P. 15004
info@colex.es
www.colex.es

I. S. B. N.: 978-84-1194-571-4
Depósito legal: C 1103-2024

SUMARIO

TEMA 1.
INTRODUCCIÓN: EL HOMICIDIO Y SUS FORMAS

TEMA 2.
EL ABORTO. LAS LESIONES AL FETO. DELITOS RELATIVOS A LA MANIPULACIÓN GENÉTICA

TEMA 3.
LAS LESIONES

TEMA 4.
DELITOS CONTRA LA LIBERTAD DE LAS PERSONAS

TEMA 5.
OTROS DELITOS CONTRA LA INTEGRIDAD MORAL, TORTURAS Y TRÁFICO DE SERES HUMANOS

TEMA 6.
DELITOS CONTRA LA LIBERTAD E INDEMNIDAD SEXUALES

TEMA 7.
DELITOS CONTRA LA INTIMIDAD, EL DERECHO A LA PROPIA IMAGEN Y LA INVIOLABILIDAD DEL DOMICILIO

TEMA 8.
CALUMNIAS E INJURIAS

TEMA 9.
DELITOS CONTRA EL PATRIMONIO Y EL ORDEN SOCIOECONÓMICO (I)

TEMA 10.
DELITOS CONTRA EL PATRIMONIO Y EL ORDEN SOCIOECONÓMICO (II)

TEMA 11.
DELITOS CONTRA EL PATRIMONIO Y EL ORDEN SOCIOECONÓMICO (III)

TEMA 12.
DELITOS DE CORRUPCIÓN EN LOS NEGOCIOS

TEMA 13.
DELITOS SOCIETARIOS

TEMA 14.
DELITOS CONTRA LA SEGURIDAD COLECTIVA (I)

TEMA 15.
DELITOS CONTRA LA SEGURIDAD COLECTIVA (II)

TEMA 16.
DE LAS FALSEDADES. DELITOS CONTRA LA ADMINISTRACIÓN PÚBLICA

TEMA 17.
DELITOS CONTRA LA ADMINISTRACIÓN DE JUSTICIA

TEMA 18.
DE LOS DELITOS RELATIVOS AL EJERCICIO DE LOS DERECHOS FUNDAMENTALES Y LIBERTADES PÚBLICAS

TEMA 19.
DELITOS CONTRA EL ORDEN PÚBLICO Y DELITOS DE TERRORISMO

TEMA 1.

INTRODUCCIÓN: EL HOMICIDIO Y SUS FORMAS

1.1. Introducción y objetivos

En este tema vamos a tratar diversas formas no naturales de terminar con la vida de una persona. Una de ellas es la eutanasia, que está íntimamente relacionada con el suicidio asistido, una temática siempre polémica y dura desde el punto de vista humano, a la vez que controvertida desde el tratamiento jurídico penal que vais a estudiar. Realizaremos una aproximación al significado y contenido de la Parte especial del Derecho penal y hablaremos de las distintas formas delictivas que existen de terminar con la vida de las personas.

Los objetivos de este tema son:

- Realizar una aproximación al significado y contenido de la Parte especial del Derecho penal.
- Explicar las distintas formas del homicidio, diferenciando los delitos de homicidio y asesinato.
- Explicar los delitos referentes a la inducción y asistencia al suicidio.

Después de haber abordado el Derecho penal en su Parte general con una serie de fundamentos esenciales y de carácter más dogmático y abstracto, en esta asignatura hablaremos de los delitos y de sus consecuencias legales.

En la Parte especial, como dijo el insigne penalista (Rodríguez Devesa, 1997), no se trata de saber cuáles son los caracteres comunes a todas las figuras delictivas, sino de estudiar los específicos de todas y cada una de las distintas e individualizadas conductas delictivas previstas y penadas por el ordenamiento penal español. El estudio de todas y cada una de las diferentes acciones y omisiones castigadas con pena, y de la propia pena en concreto con las que están sancionadas cada una de las mismas, fundamenta el objeto de la Parte especial del Derecho penal.

Podemos encontrar la Parte especial del Derecho penal en los títulos del libro II del Código Penal español de 1995 (en adelante CP) y en las leyes penales especiales, las cuales están fuera del Código Penal y que, fundamentalmente, son:

- Ley 209/1964, de 24 de diciembre, penal y procesal de la Navegación Aérea.
- Ley 40/1979, de 10 de diciembre, sobre Régimen Jurídico de Control de Cambios.
- Ley Orgánica 5/1995, de 22 de mayo, del Tribunal del Jurado.
- Ley Orgánica 5/1985, de 19 de junio, del Régimen Electoral General.
- Ley Orgánica 12/1995, de 12 de diciembre, de Represión del Contrabando.
- Ley Orgánica 5/2000, de 12 de enero, reguladora de la responsabilidad penal de los menores.
- Ley Orgánica 14/2015, de 14 de octubre, del Código Penal Militar.

El Código español de 1995, llamado también «Código Penal de la democracia», ha tenido más de treinta reformas, y la última entró en vigor el 25 de julio de 2021.

1.2. El homicidio: tipos

El derecho a la vida —y como consecuencia a la integridad física y moral del ser humano— es un derecho fundamental que protege la Constitución española de 1978 en su artículo 15, donde se preceptúa:

> «**Todos tienen derecho a la vida** y a la integridad física y moral, sin que, en ningún caso, puedan ser sometidos a tortura ni a penas o tratos inhumanos o degradantes. Queda abolida la pena de muerte, salvo lo que puedan disponer las leyes penales militares para tiempos de guerra».

Por otro lado, diversos tratados internacionales, de los que España forma parte, protegen también este derecho fundamental, sin el cual no podrían existir los demás derechos. A título de ejemplo, y sin ánimo de exhaustividad, cabe citar:

- La Declaración Universal de Derechos Humanos de 10 diciembre de 1948, en su artículo 3: «Todo individuo tiene derecho a la vida, a la libertad y a la seguridad de su persona».

- El Convenio para la Protección de los Derechos y de las Libertades Fundamentales, hecho en Roma el 4 de noviembre de 1950, *ex* art. 2.1: «1. El derecho de toda persona a la vida está protegido por la Ley. Nadie podrá ser privado de su vida intencionadamente [...]».
- El Pacto Internacional de Derechos Civiles y Políticos, hecho en Nueva York el 19 de diciembre de 1966 en su artículo 6.1: «El derecho a la vida es inherente a la persona humana. Este derecho estará protegido por la ley. Nadie podrá ser privado de la vida arbitrariamente».

Asimismo, la jurisprudencia del Tribunal Constitucional [sentencia 53/1985, de 11 de abril (BOE n.º 119, de 18 de mayo de 1985), ECLI:ES:TC:1985:53] también se pronunció sobre el derecho a la vida en estos términos:

> «Dicho derecho a la vida, reconocido y garantizado en su doble significación física y moral por el art. 15 de la Constitución, es la proyección de un valor superior del ordenamiento jurídico constitucional -la vida humana- y constituye el derecho fundamental esencial y troncal en cuanto es el supuesto ontológico sin el que los restantes derechos no tendrían existencia posible. Indisolublemente relacionado con el derecho a la vida en su dimensión humana se encuentra el valor jurídico fundamental de la dignidad de la persona, reconocido en el art. 10 como germen o núcleo de unos derechos «que le son inherentes». La relevancia y la significación superior de uno y otro valor y de los derechos que los encarnan se manifiesta en su colocación misma en el texto constitucional, ya que el art. 10 es situado a la cabeza del título destinado a tratar de los derechos y deberes fundamentales, y el art. 15 a la cabeza del capítulo donde se concretan estos derechos, lo que muestra que dentro del sistema constitucional son considerados como el punto de arranque, como el prius lógico y ontológico para la existencia y especificación de los demás derechos».

Los derechos fundamentales actúan legitimando, creando y manteniendo la paz social. Además, garantizan la libertad individual y limitan el poder del Estado. Se trata de derechos de primerísimo orden que fundamentan las bases de un Estado social y democrático de derecho, pues también orientan la organización jurídica de todo un país y de su comunidad.

El Derecho penal español protege la vida ya desde el momento de la concepción, pero hay autores que afirman que la vida empieza cuando hay una separación completa del claustro materno, mientras que otros afirman que basta con que se haya comenzado la expulsión de parte del cuerpo que se encuentra fuera de la madre.

Como indica Muñoz Conde (2017), no estamos aquí ante un problema científico que se pueda resolver mediante criterios biológicos, sino ante un problema jurídico que hay que resolver con criterios puramente jurídicos a partir de los datos biológicos.

Ello es importante a los efectos de delimitar quién es la víctima de un homicidio. Las tesis mayoritarias se inclinan por considerar que la víctima de un delito de homicidio será el ser que ha sido separado del claustro materno (Córdoba, 2004), y hay que acudir al artículo 30 del Código Civil para concretar el momento en el cual se nace: «La personalidad se adquiere en el momento del nacimiento con vida, una vez producido el entero desprendimiento del seno materno».

> Es importante distinguir, a efectos penales, cuando comienza y cuando termina la vida, y la doctrina no es pacífica en lo que respecta a esta cuestión.

La protección penal de la vida del hombre finaliza en el momento en el que se puede certificar, por parte de un facultativo, que las funciones cardiorrespiratorias y/o funciones encefálicas han cesado. En ocasiones, ello resulta no ser una cuestión sencilla, pues los avances médicos cada vez son más tecnificados y pueden mantener la vida en situaciones que son realmente límite.

Desde el punto de vista legal, hemos de acudir al Real Decreto 1723/2012, de 28 de diciembre, por el que se regulan las actividades de obtención, utilización clínica y coordinación territorial de los órganos humanos destinados al trasplante y se establecen requisitos de calidad y seguridad, pues en su art. 3.8 se indica que:

> «**Certificación de muerte**: acto médico en virtud del cual se deja constancia escrita del diagnóstico de la muerte de un individuo, bien sea por criterios neurológicos (**muerte encefálica**) o por **criterios circulatorios y respiratorios**. Esta constancia escrita no sustituye la posterior y preceptiva cumplimentación del certificado médico de la defunción, establecida en la Ley 20/2011, de 21 de julio, del Registro Civil».

Se admite legalmente la muerte encefálica y/o la cardiorrespiratoria demostrada mediante un certificado de defunción médico.

Tipo básico

El homicidio

El artículo 138.1 del Código Penal dispone que «el que matare a otro será castigado, como reo de homicidio [...]».

➜ **Bien jurídico protegido:** Es la vida humana independiente.

➜ **Acción típica:** Matar a otro, es decir, terminar con la vida de una persona. Ha de existir un nexo causal entre el sujeto activo y el fallecimiento de la víctima, es decir, se ha de demostrar que el fallecimiento ha sido una consecuencia directa de la acción del homicida. Cabe la forma omisiva (dejar morir de hambre, desangrado, ahogado...) en forma de comisión por omisión, debiendo cumplirse para ello todos los requisitos que al efecto exige el artículo 11 CP:

> «Los delitos que consistan en la producción de un resultado sólo se entenderán cometidos por omisión cuando la no evitación del mismo, al infringir un especial deber jurídico del autor, equivalga, según el sentido del texto de la ley, a su causación. A tal efecto se equiparará la omisión a la acción:
>
> a) Cuando exista una específica obligación legal o contractual de actuar.
>
> b) Cuando el omitente haya creado una ocasión de riesgo para el bien jurídicamente protegido mediante una acción u omisión precedente».

El homicidio es un delito de resultado, pues, el resultado es el fallecimiento de una persona viva. Es posible la comisión por omisión, siempre que el sujeto activo tenga una posición de garante fundada en un deber legal o contractual previo que cree una obligación de impedir el resultado de la muerte. Podemos pensar aquí en la relación parental, conyugal y parejas de hecho, e incluso en personas en las que por su profesión han de velar por la vida de otra, como cuidadores geriátricos, socorristas y *au pair*.

➜ **Objeto:** El objeto material será, por consiguiente, el cuerpo humano dotado de esa clase de vida. Esto plantea la interesante cuestión de la determinación de los límites temporales de la misma —inicio y fin— y, consecuentemente, la distinción con el delito de aborto (cuyo objeto material será el producto de la concepción) y con el delito imposible (en el que falta el objeto material, pues no tiene dicha consideración el cadáver). (SUÁREZ-MIRA RODRÍGUEZ, 2020)

➜ **Sujeto activo:** puede serlo cualquiera, y es por lo que, es un delito de carácter común.

Cabe la autoría directa, la inducción, la cooperación y la complicidad a tenor de los arts. 28 y 29 CP. Cabe también la coautoría (LACRUZ LÓPEZ, 2015).

➜ **Sujeto pasivo:** El sujeto pasivo víctima, en un principio lo puede ser cualquier persona viva, aunque tiene algunas excepciones como: el rey, un jefe de Estado de un país extranjero, una persona protegida internacionalmente a través de un tratado, personas víctimas de delitos de terrorismo y víctimas de un delito de genocidio. Estas personas tienen una protección reforzada penal distinta y tipificada en una serie de artículos distintos del artículo 138 del Código Penal.

➜ **Elemento subjetivo:** Es un delito de carácter doloso, pues existe el elemento cognitivo y volitivo. Se admite también el dolo eventual, ya que el sujeto activo puede haberse representado como muy probable el resultado de muerte, y persiste en la acción (GARCÍA GARCÍA-CERVIGÓN, 2015).

➜ ***Iter criminis:*** Junto a la consumación, es también posible apreciar la tentativa, tanto acabada como inacabada, planteándose en ocasiones dificultad en delimitar el homicidio intentado del delito consumado de lesiones. La distinción opera en el ámbito subjetivo del agente, pues mientras en la figura contra la vida concurre la intención de matar (*animus necandi*), en las lesiones sólo se pretende dañar la salud de la otra persona (*animus laedendi*).

Hay una serie de criterios que permiten diferenciar el ánimo de matar *(animus necandi*) con el ánimo de lesionar () y que son los siguientes:

- La dirección, el número y la violencia de los golpes.
- Las condiciones del espacio, tiempo y lugar.
- Circunstancias conexas con la acción.
- Las manifestaciones del culpable y su actividad anterior y posterior al delito.
- Las relaciones entre el autor y la víctima.
- La causa para delinquir.

➜ **Concursos:** es una cuestión interesante la que plantean las hipótesis de homicidio preterintencional, es decir, aquellos casos en los que quien realiza la acción con la finalidad de causar solamente unas lesiones, ocasiona sin embargo la muerte de una persona. La doctrina mayoritaria generalmente estima que en estos supuestos se da un concurso ideal de delitos entre las lesiones dolosas y un homicidio imprudente, a resolver por las reglas del artículo 77 CP.

- Penalidad: Prisión de diez a quince años.
- Responsabilidad civil: es del homicida.
- Perseguibilidad: de oficio.

Tipos de homicidio

El delito de homicidio tiene dos tipos en el Código Penal: el homicidio doloso y el homicidio por imprudencia. La jurisprudencia ha establecido un tercer tipo que es el homicidio preterintencional para los casos en que no concurren el dolo ni negligencia propios del homicidio.

➔ Tipo básico: comentado *ut supra.* Art. 138.1 CP.

➔ Tipos agravados

➔ Aparecen ubicados en el artículo 138.2 CP:

> «Los hechos serán castigados con la pena superior en grado en los siguientes casos: cuando concurra en su comisión alguna de las circunstancias del apartado 1 del artículo 140, o b) cuando los hechos sean además constitutivos de un delito de atentado del artículo 550».

a) Por el sujeto pasivo

Por remisión al artículo 140, apartado 1, el art. 138.2 a) del CP sanciona con la pena de 15 años y 1 día a 22 años y 6 meses de prisión al que matare a otro cuando la víctima sea menor de dieciséis años de edad, o se trate de una persona especialmente vulnerable por razón de su edad, enfermedad o discapacidad.

La razón agravatoria radica en una mayor vulnerabilidad, derivada de una edad escasa o bien de un estado físico o psíquico de desvalimiento.

b) Por su vinculación con otro hecho delictivo

El art. 138.2 a) CP se remite al art. 140.1. 2.ª para reprimir con mayor dureza la muerte de otro cuando el hecho fuera subsiguiente a un delito contra la libertad sexual que el autor hubiera cometido sobre la víctima y también cuando los hechos sean además constitutivos de un delito de atentado del artículo 550 [art. 138.2 b)].

> «Artículo 550.
>
> 1. Son reos de atentado los que agredieren o, con intimidación grave o violencia, opusieren resistencia grave a la autoridad, a sus agentes o funcionarios públicos, o los acometieren, cuando se hallen en el ejercicio de las funciones de sus cargos o con ocasión de ellas.
>
> En todo caso, se considerarán actos de atentado los cometidos contra los funcionarios docentes o sanitarios que se hallen en el ejercicio de las funciones propias de su cargo, o con ocasión de ellas.
>
> 2. Los atentados serán castigados con las penas de prisión de uno a cuatro años y multa de tres a seis meses si el atentado fuera contra autoridad y de prisión de seis meses a tres años en los demás casos.

3. No obstante lo previsto en el apartado anterior, si la autoridad contra la que se atentare fuera miembro del Gobierno, de los Consejos de Gobierno de las Comunidades Autónomas, del Congreso de los Diputados, del Senado o de las Asambleas Legislativas de las Comunidades Autónomas, de las Corporaciones locales, del Consejo General del Poder Judicial, Magistrado del Tribunal Constitucional, juez, magistrado o miembro del Ministerio Fiscal, se impondrá la pena de prisión de uno a seis años y multa de seis a doce meses».

a'. Hecho subsiguiente a un delito contra la libertad sexual

Podría haberse incluido cualquier otro delito que atentase a otros bienes jurídicos de la víctima, y aquí solo se tiene en cuenta la libertad sexual, cuando se podría haber contemplado la libertad, que queda cercenada por un secuestro, situación discutible.

«Artículo 140.
1. El asesinato será castigado con pena de prisión permanente revisable cuando concurra alguna de las siguientes circunstancias:
2.ª Que el hecho fuera subsiguiente a un delito contra la libertad sexual que el autor hubiera cometido sobre la víctima».

Es criticable también que no se distingan los tipos penales contra la libertad e indemnidad sexual.

Vemos como puede aparecer la cuestión del concurso real de delitos, *ex* art. 73 CP:

«Artículo 73.
Al responsable de dos o más delitos o faltas se le impondrán todas las penas correspondientes a las diversas infracciones para su cumplimiento simultáneo, si fuera posible, por la naturaleza y efectos de las mismas».

b'. Hechos constitutivos de un delito de atentado

El homicidio se castiga con la pena superior en grado cuando los hechos sean además constitutivos de un delito de atentado del artículo 550 CP. Se está pensando en la muerte de un agente de la policía actuando en el ejercicio de sus funciones. Comentado *ut supra.*

c'. Por el sujeto activo

El homicidio también se considera agravado cuando el delito se hubiera cometido por quien perteneciere a un grupo u organización criminal [art. 138.2 a) por remisión al art. 140.1.3.ª]. La definición de organización criminal viene recogida en el art. 570 bis CP y la de grupo criminal en el 570 ter CP. Por tanto, solo quien pertenece a uno de ambos entes criminales puede resultar afectado por la previsión agravatoria.

➔ **Causas de justificación**. En el ordenamiento jurídico penal español encontramos que se puede justificar la muerte de una persona cuando existe alguna causa de que excluya la antijuricidad como en los casos de:

- Legítima defensa: *ex* art. 20.4.º CP.
- Estado de necesidad: *ex* art. 20.5.º CP.
- Obrar en cumplimiento de un deber o en el ejercicio legítimo de un derecho, oficio o cargo: *ex* art. 20.7.º CP. En este punto encontramos,

frecuentemente, casos controvertidos en los que un agente de la autoridad ha de utilizar su arma de fuego, y solamente podrá eximirse de la antijuricidad si ha actuado bajo los principios de necesidad y proporcionalidad, pues un exceso en el uso de la fuerza nunca podrá estar amparado por la ley.

➔ **Autoría y participación**. En relación con los artículos 28 y 29 CP, se admiten las siguientes formas de participación en el homicidio:

- Autoría directa: según el concepto restrictivo, será autor quien realiza el tipo. El artículo 28 CP contiene la definición legal de autor, y este precepto establece que son autores quienes realizan el hecho por sí solos, conjuntamente o por medio de otro del que se sirven como instrumento. También serán considerados autores los inductores y los cooperadores necesarios.
- Coautoría: se trata de la participación que resulte eficaz en la ejecución del homicidio después del acuerdo tomado con otro u otros de los que participan en la ejecución de los hechos. Este acuerdo podrá ser expreso, tácito, previo o simultáneo.
- Autoría mediata: entendemos que es quien realiza el hecho previsto en el tipo (hombre de atrás) utilizando a otra persona como instrumento.
- Inducción: según la RAE, es el que induce a otro y, especialmente, quien induce a cometer un delito. Según el art. 28 CP, será considerado como autor.
- Cooperación necesaria: en este caso, el sujeto participa en la ejecución del hecho delictivo, pero no lo hace de modo directo, aunque sí con una serie de actos necesarios para que pueda producirse el resultado de muerte. Según el art. 28 CP, será considerado como autor.
- Complicidad: el artículo 29 CP aporta la definición legal de cómplices, estableciendo que: «son cómplices los que, no hallándose comprendidos en el artículo anterior, cooperan a la ejecución del hecho con actos anteriores o simultáneos».

➔ **Formas de ejecución**. A tenor del art. 16.1 CP:

> «1. Hay tentativa cuando el sujeto da principio a la ejecución del delito directamente por hechos exteriores, practicando todos o parte de los actos que objetivamente deberían producir el resultado, y sin embargo éste no se produce por **causas independientes de la voluntad** del autor».

Por otro lado, el art. 15 CP establece que «son punibles el delito consumado y la tentativa de delito».

Para el delito de homicidio, caben los siguientes **tipos de tentativa**:

- Tentativa acabada (frustración) para el delito doloso, que se aprecia cuando se practicaron todos los actos para conseguir el fin de matar.
- Tentativa inacabada (tentativa en sentido estricto) para el delito doloso, que se aprecia cuando se practicaron parte de los actos que llevarían a conseguir un homicidio como resultado.

- Tentativa inidónea o delito imposible: el sujeto realiza todos los actos con la finalidad de matar pero, por poner un ejemplo, intenta matar a alguien con una aspirina y el resultado no se produce porque es notorio que con una aspirina, en condiciones normales, no se producirá la muerte.

La tentativa también se castiga, aunque hay una penalidad menor ya que, según el art. 62 CP:

> «A los autores de tentativa de delito se les impondrá la **pena inferior en uno o dos grados** a la señalada por la Ley para el delito consumado, en la extensión que se estime adecuada, atendiendo al peligro inherente al intento y al grado de ejecución alcanzado».

Circunstancias modificativas de la responsabilidad criminal

➔ **Atenuantes**. Se aplican con frecuencia, y concretamente la eximente incompleta del art. 21.1.ª CP en relación con el art. 20 CP (eximentes). Son circunstancias atenuantes *ex* art. 21.1.1.ª:

> «1.ª Las causas expresadas en el capítulo anterior, cuando no concurrieren todos los requisitos necesarios para eximir de responsabilidad en sus respectivos casos».

➔ **Agravantes**. También se aplican, y con especial relevancia la circunstancia mixta de parentesco del art. 23 CP. La **circunstancia mixta de parentesco** puede atenuar o agravar según el caso.

➔ **Pena**. *Ex* art. 138 CP se castiga con pena de prisión de diez a quince años. La **provocación**, la **conspiración** y la **proposición** se castigan con la pena inferior en uno o dos grados *ex* art. 141 CP. Estaríamos en una pena de cinco a diez años (inferior en un grado), o de dos años y medio a cinco años (inferior en dos grados).

➔ **Concursos**. El delito de **homicidio doloso** se castiga con pena de prisión de **diez a quince años** (art. 138 CP), siendo castigada la **provocación**, la **conspiración** y la **proposición** para cometer el delito de homicidio con la pena inferior en uno o dos grados (art. 141 CP), es decir, de **cinco a diez años** (inferior en un grado), o de **dos años y medio a cinco años** (inferior en dos grados). Los homicidios cualificados del art. 138.2 CP se impondrán con la **pena superior en grado**.

En relación con las lesiones y al delito de homicidio en grado de tentativa, puede apreciarse un concurso de leyes en relación de subsidiariedad tácita (Rodríguez Devesa, 1997).

Homicidio por imprudencia

Homicidio por imprudencia grave. Encontramos el homicidio por imprudencia grave previsto y penado en el art. 142. CP:

> «**Artículo 142.**
> 1. El que por imprudencia grave causare la muerte de otro, será castigado, como reo de homicidio imprudente, con la pena de prisión de uno a cuatro años».

Si el homicidio imprudente se hubiera cometido utilizando un vehículo a motor o un ciclomotor, se impondrá asimismo la pena de privación del derecho a conducir vehículos a motor y ciclomotores de uno a seis años. A los efectos de este apartado, se reputará en todo caso como imprudencia grave la conducción en la que la concurrencia de alguna de las circunstancias previstas en el artículo 379 determinara la producción del hecho.

Si el homicidio imprudente se hubiera cometido utilizando un arma de fuego, se impondrá también la pena de privación del derecho al porte o tenencia de armas por tiempo de uno a seis años.

Si el homicidio se hubiera cometido por imprudencia profesional, se impondrá además la pena de inhabilitación especial para el ejercicio de la profesión, oficio o cargo por un periodo de tres a seis años.

Artículo 45 CP.

«La inhabilitación especial para profesión, oficio, industria o comercio u otras actividades, sean o no retribuidas, o cualquier otro derecho, que ha de concretarse expresa y motivadamente en la sentencia, priva a la persona penada de la facultad de ejercerlos durante el tiempo de la condena. La autoridad judicial podrá restringir la inhabilitación a determinadas actividades o funciones de la profesión u oficio, retribuido o no, permitiendo, si ello fuera posible, el ejercicio de aquellas funciones no directamente relacionadas con el delito cometido».

Por otro lado, el art. 46 del CP, referido a dicha inhabilitación especial, queda modificado de la siguiente forma:

Artículo 46 CP.

«La inhabilitación especial para el ejercicio de la patria potestad, tutela, curatela, guarda o acogimiento, priva a la persona condenada de los derechos inherentes a la primera, y supone la extinción de las demás, así como la incapacidad para obtener nombramiento para dichos cargos durante el tiempo de la condena. La pena de privación de la patria potestad implica la pérdida de la titularidad de la misma, subsistiendo aquellos derechos de los que sea titular el hijo o la hija respecto de la persona condenada que se determinen judicialmente. La autoridad judicial podrá acordar estas penas respecto de todas o algunas de las personas menores de edad o personas con discapacidad necesitadas de especial protección que estén a cargo de la persona condenada.

Para concretar qué derechos de las personas menores de edad o personas con discapacidad han de subsistir en caso de privación de la patria potestad y para determinar respecto de qué personas se acuerda la pena, la autoridad judicial valorará el interés superior de la persona menor de edad o con discapacidad, en relación a las circunstancias del caso concreto.

A los efectos de este artículo, la patria potestad comprende tanto la regulada en el Código Civil, incluida la prorrogada y la rehabilitada, como las instituciones análogas previstas en la legislación civil de las comunidades autónomas».

Sumado a ello, en relación a la misma reforma del CP, el art. 57.1 CP queda redactado de la siguiente forma:

Artículo 57 CP.

«1. Las autoridades judiciales, en los delitos de homicidio, aborto, lesiones, contra la libertad, de torturas y contra la integridad moral, trata de seres humanos, contra la libertad e indemnidad sexuales, la intimidad, el derecho a la propia imagen y la inviolabilidad del domicilio, el honor, el patrimonio, el orden socioeconómico y las relaciones familiares, atendiendo a la gravedad de los hechos o al peligro que el delincuente represente, podrán acordar en sus sentencias la imposición de una o varias de las prohibiciones contempladas en el artículo 48, por un tiempo que no excederá de diez años si el delito fuera grave, o de cinco si fuera menos grave.

No obstante lo anterior, si la persona condenada lo fuera a pena de prisión y el juez o tribunal acordara la imposición de una o varias de dichas prohibiciones, lo hará por un tiempo superior entre uno y diez años al de la duración de la pena de prisión impuesta en la sentencia, si el delito fuera grave, y entre uno y cinco años, si fuera menos grave. En este supuesto, la pena de prisión y las prohibiciones antes citadas se cumplirán necesariamente por la persona condenada de forma simultánea».

Siguiendo a Gracia Martín (2007), hay una infracción del deber de cuidado que es objetivamente exigible y que hubiera podido observar un ciudadano medio en condiciones normales, y también con los conocimientos específicos del agente.

Homicidio por imprudencia menos grave. El delito de homicidio imprudente menos grave está regulado en el art. 142.2 CP:

«2. El que por imprudencia menos grave causare la muerte de otro, será castigado con la pena de multa de tres meses a dieciocho meses».

Si el homicidio se hubiera cometido utilizando un vehículo a motor o un ciclomotor, se impondrá también la pena de privación del derecho a conducir vehículos a motor y ciclomotores de tres a dieciocho meses. Se reputará en todo caso como imprudencia menos grave aquella no calificada como grave en la que para la producción del hecho haya sido determinante la comisión de alguna de las infracciones graves de las normas de tráfico, circulación de vehículos a motor y seguridad vial. La valoración sobre la existencia o no de la determinación deberá apreciarse en resolución motivada.

Si el homicidio se hubiera cometido utilizando un arma de fuego, se podrá imponer también la pena de privación del derecho al porte o tenencia de armas por tiempo de tres a dieciocho meses.

Salvo en los casos en que se produzca utilizando un vehículo a motor o un ciclomotor, el delito previsto en este apartado solo será perseguible mediante denuncia de la persona agraviada o de su representante legal».

Será misión de los tribunales de justicia el determinar los parámetros a examinar para catalogar una determinada imprudencia de grave, menos grave o leve. Sólo en este último caso estará la conducta al margen del Derecho penal. El propio legislador precisa que se reputará imprudencia menos grave, cuando no sea calificada de grave, siempre que el hecho sea consecuencia de una infracción grave de las normas sobre tráfico, circulación de vehículos a motor y seguridad vial, apreciada la entidad de ésta por el Juez o el Tribunal (Suárez-Mira Rodríguez, 2020: 102).

«**Artículo 142 bis.**
En los casos previstos en el número 1 del artículo anterior, el Juez o Tribunal podrá imponer motivadamente la pena superior en un grado, en la extensión que estime conveniente, si el hecho revistiere notoria gravedad, en atención a la singular entidad y relevancia del riesgo creado y del deber normativo de cuidado infringido, y hubiere provocado la muerte de dos o más personas o la muerte de una y lesiones constitutivas de delito del artículo 152.1.2.° o 3.° en las demás, y en dos grados si el número de fallecidos fuere muy elevado».

Como bien dice MUÑOZ CONDE (2017), no es la misma imprudencia la que comete un ciclista circulando de forma temeraria, que el que conduce un autobús repleto de pasajeros, o el que está al cargo del panel de mando de una central nuclear.

En el ámbito penal deben incluirse los supuestos graves de imprudencia, reconduciendo otro tipo de conductas culposas a la **vía civil**, como responsabilidad extracontractual o aquiliana de los artículos 1902 y siguientes del Código Civil.

En lo que se refiere al homicidio imprudente con **vehículo de motor o ciclomotor**, se acude a la técnica de la **norma penal en blanco**, remitiéndose el texto a la legislación de seguridad vial para la determinación de la imprudencia grave.

En relación con cuáles han sido los concretos deberes normativos de cuidado establecidos en la Ley de seguridad vial que se han infringido y de qué riesgos protegen, desde el fin de protección de la norma, seguidamente se establece su relación o conexión con el accidente investigado. La correspondiente prueba pericial, o la apreciación del propio juzgador en su defecto, podrá establecer una prelación de jerarquía entre las normas de seguridad del medio concreto en el que se enmarca el delito.

En el caso de que el homicidio imprudente se haya producido con la utilización de un arma de fuego, se impondrá, asimismo, la pena de privación del derecho al porte o tenencia de armas por tiempo de uno a seis años.

Si existe una imprudencia por causa de una mala praxis profesional, la pena consistirá, además, en la inhabilitación especial para el ejercicio de la profesión, oficio o cargo por un período de tres a seis años. Las conductas por imprudencia profesional pueden existir en cualquier profesión, si bien es en el campo de la medicina donde los casos son más mediáticos y, a veces, los que más se denuncian (VILLACAMPA ESTIARTE, 2003).

Preterintencionalidad

Encontramos esta tipología cuando se producen unas lesiones producidas dolosamente pero en las que, sin embargo, no hubo dolo de matar y se produce la muerte de quien ha sido agredido, siendo imputable como homicidio imprudente.

En cuanto al concurso de delitos, LAMARCA PÉREZ, RODRÍGUEZ NÚÑEZ, A., MESTRE DELGADO, E. y ALONSO DE ESCAMILLA, A. (2018), indican que **el homicidio está en relación de concurso de leyes con el resto de los delitos contra la vida humana** independiente, siendo el artículo 138 ley general, según el artículo 8.1.ª del CP:

> «La Sentencia del Tribunal Supremo 822/2005, de 23 de junio indica que: Debemos partir de que lo que se indemniza en la sentencia de instancia son daños morales [...] En cuanto a la cuantía de la indemnización, tales daños no son susceptibles de cuantificación con criterios objetivos aplicados en atención a la demostración o prueba de lesiones materiales».

1.3. Asesinato

El nombre procede de *hashashin* que, históricamente, se refiere a los fumadores de grifa que, dentro de los ejércitos cristianos, se introducían y los mataban de forma traicionera. El asesinato se regula en el art. 139 CP, que castiga a quien matare a otro, con pena de quince a veinticinco años, cuando se produce concurriendo alguna de las siguientes circunstancias:

➜ **Alevosía**. Según el art. 22.1 del Código Penal dispone que la alevosía concurre:

> «[...] cuando el culpable comete cualquiera de los delitos contra las personas empleando en la ejecución medios, modos o formas que tiendan directa o especialmente a asegurarla, sin el riesgo que para su persona pudiera proceder de la defensa por parte del ofendido».
>
> La Sala 2.ª del TS considera que, para apreciar la alevosía, es necesario, en primer lugar, un elemento normativo consistente en que se trate de un delito contra las personas. En segundo lugar, que el autor ejecute los hechos empleando medios, modos o formas que han de ser objetivamente adecuados para asegurar el resultado, precisamente mediante la eliminación de las posibilidades de defensa, sin que sea suficiente el convencimiento del sujeto acerca de su idoneidad. En tercer lugar, que el dolo del autor se proyecte no sólo sobre los medios, modos o formas empleados, sino también sobre su significado tendente a asegurar la ejecución y a impedir la defensa del ofendido, eliminando así conscientemente el posible riesgo que pudiera suponer para su persona una eventual reacción defensiva de aquél. Y, en cuarto lugar, como consecuencia, que se aprecie una mayor antijuridicidad en la conducta derivada precisamente del modus operandi, conscientemente orientado a aquellas finalidades (STS 24-1-2014).

Ejemplo:

Un ataque mientras se está durmiendo sin que la víctima pueda anticiparse.

Podemos ilustrar la alevosía con el ejemplo de la sentencia del Tribunal Supremo Sala de lo Penal de 2019 (Roj: STS 1507/2019 - ECLI:ES:TS:2019:1507):

> «La Magistrada-Presidente construyó la autoría del asesinato —teniendo en cuenta que solo era juzgado uno de los coautores— sobre la base del *pactum scaeleris* que implicaba que uno de los dos llevase una pistola y la usase, en su caso, para asegurar la ejecución del objetivo común o, también en su caso, para procurar la huida si se torcían las cosas».

Hay numerosa jurisprudencia que señala como circunstancia siempre alevosa, la muerte de un niño, personas de edad muy avanzada y personas con algún tipo de discapacidad que les impide defenderse.

➜ Por **precio, recompensa o promesa**. Han de existir dos sujetos, la persona que ofrece y la que realiza el hecho delictivo.

➜ La jurisprudencia ha establecido que para poder apreciar la agravante de precio o recompensa es preciso que sea claramente «el motor de la acción criminal», requiriendo los siguientes presupuestos:

- En cuanto a la actividad, el recibo o promesa de una merced de tipo económico para la ejecución del hecho delictivo.

- En cuanto a la culpabilidad, que la merced influya como causa motriz del delito, mediante el pactum scaeleris remuneratorio, afectándole tanto al que entrega como al que recibe el precio.
- En cuanto a la antijuridicidad, que la merced tenga suficiente intensidad para ser repudiada por el ente social, en virtud de la inmoralidad y falta de escrúpulos que revela (SSTS de 14-9-1992 y 13-11-1998).

➔ **Ensañamiento:** aumentando deliberada e inhumanamente el dolor del ofendido. Según el art. 22.5.ª CP, sin utilizar el término, considera circunstancia agravante genérica:

> «Aumentar deliberada e inhumanamente el sufrimiento de la víctima, causando a ésta padecimientos innecesarios para la ejecución del delito».

Sin embargo, no se apreciará ensañamiento cuando se está apuñalando varias veces a un cadáver.

La STS de 6-4-2017 señala que en el ensañamiento se requieren dos elementos. Uno objetivo constituido por la causación de males que aumentan el dolor o sufrimiento de la víctima, y que son objetivamente innecesarios para alcanzar el resultado típico. Pueden proceder de actos de tortura previos a los que directamente causan la muerte, o bien, de una determinada forma de causarla que añade sufrimiento a la víctima. Y otro subjetivo, consistente en que el autor debe actuar de modo consciente y deliberado, para lo cual es suficiente que pueda afirmarse que sabía que con esa forma de actuar necesariamente aumentaba el sufrimiento de la víctima. No es preciso, por lo tanto, que exista frialdad de ánimo, ni tampoco que la acción vaya dirigida directa y exclusivamente a la causación de mayor dolor.

➔ Para facilitar la comisión de otro delito o para evitar que se descubra. Ejemplo: matar para robar.

➔ La muerte cometida para facilitar la comisión de otro delito o para evitar su descubrimiento no es per se más grave que aquella motivada por otra finalidad diversa, ni tampoco es su autor más culpable por ello. Es evidente que el Código penal da respuesta suficiente al caso planteado a través del concurso medial de delitos o a través del delito de encubrimiento, en su caso. (Suárez-Mira Rodríguez, 2020:107).

Con la última reforma del CP, el art. 22 queda de la siguiente forma:

> **«Artículo 22.**
> **Son circunstancias agravantes:**
> **1.ª Ejecutar el hecho con alevosía.**
> **Hay alevosía cuando el culpable comete cualquiera de los delitos contra las personas empleando en la ejecución medios, modos o formas que tiendan directa o especialmente a asegurarla, sin el riesgo que para su persona pudiera proceder de la defensa por parte del ofendido.**
> **2.ª Ejecutar el hecho mediante disfraz, con abuso de superioridad o aprovechando las circunstancias de lugar, tiempo o auxilio de otras personas que debiliten la defensa del ofendido o faciliten la impunidad del delincuente.**
> **3.ª Ejecutar el hecho mediante precio, recompensa o promesa.**
> **4.ª Cometer el delito por motivos racistas, antisemitas, antigitanos u otra clase de discriminación referente a la ideología, religión o creencias de la víctima, la etnia, raza o nación a la que pertenezca, su sexo, edad, orientación o identidad sexual o de género,**

razones de género, de aporofobia o de exclusión social, la enfermedad que padezca o su discapacidad, con independencia de que tales condiciones o circunstancias concurran efectivamente en la persona sobre la que recaiga la conducta.

5.ª Aumentar deliberada e inhumanamente el sufrimiento de la víctima, causando a ésta padecimientos innecesarios para la ejecución del delito.

6.ª Obrar con abuso de confianza.

7.ª Prevalerse del carácter público que tenga el culpable.

8.ª Ser reincidente.

Hay reincidencia cuando, al delinquir, el culpable haya sido condenado ejecutoriamente por un delito comprendido en el mismo título de este Código, siempre que sea de la misma naturaleza.

A los efectos de este número no se computarán los antecedentes penales cancelados o que debieran serlo, ni los que correspondan a delitos leves.

Las condenas firmes de jueces o tribunales impuestas en otros Estados de la Unión Europea producirán los efectos de reincidencia salvo que el antecedente penal haya sido cancelado o pudiera serlo con arreglo al Derecho español».

Queremos destacar aquí como una cuestión de la máxima relevancia el agravante 4.ª que recoge la aporofobia o exclusión social.

Según el artículo 139.2 CP:

«2. Cuando en un asesinato concurran más de una de las circunstancias previstas en el apartado anterior, se impondrá la pena en su mitad superior» (prisión de veinte a veinticinco años).

Es la concurrencia de alguna de las circunstancias del art. 139.1 CP lo que diferencia el homicidio del asesinato.

Asesinato cualificado

A tenor del art. 140 CP, con la siguiente redacción se abarca la pena de prisión permanente revisable:

Artículo 140 CP.

«1. El asesinato será castigado con pena de prisión permanente revisable cuando concurra alguna de las siguientes circunstancias:

1.ª Que la víctima sea menor de dieciséis años de edad, o se trate de una persona especialmente vulnerable por razón de su edad, enfermedad o discapacidad.

2.ª Que el hecho fuera subsiguiente a un delito contra la libertad sexual que el autor hubiera cometido sobre la víctima.

3.ª Que el delito se hubiera cometido por quien perteneciere a un grupo u organización criminal.

2. Al reo de asesinato que hubiera sido condenado por la muerte de más de dos personas se le impondrá una pena de prisión permanente revisable. En este caso, será de aplicación lo dispuesto en la letra b) del apartado 1 del artículo 78 bis y en la letra b) del apartado 2 del mismo artículo».

En este último apartado se incluye al *serial killer* o asesino en serie (Bartlett, 2009). Según Muñoz Conde (2017), no es necesario que las muertes tengan ninguna relación entre sí ni que se hayan producido en un determinado período de tiempo. Basta con que, en el momento de juzgar al reo por un asesinato, este tenga condenas previas por la muerte de más de dos personas.

El Consejo General del Poder Judicial, en su informe al anteproyecto de Ley orgánica por la que se modifica la Ley orgánica 10/1995, de 23 de noviembre, del Código penal, ha señalado, con razón, que el artículo 140.2 CP adolece de una imprecisión que debería ser corregida, pues los términos en los que aparece redactado dan lugar a diversas interpretaciones. Parece que en atención a la gravedad de la pena y el especial agravamiento del régimen de cumplimiento que establece, debería entenderse que cada una de las condenas por la muerte de las distintas personas deberán ser, individualmente, un asesinato y que las condenas por las diversas muertes, han de establecerse en la misma sentencia. Sin embargo, la redacción del precepto permite otras interpretaciones, como por ejemplo que bastaría que solo una de las muertes sea asesinato, que resultarían desproporcionadas con la excepcional pena que establece.

No se puede cometer el asesinato por imprudencia dadas las circunstancias que recogen el art. 139 CP.

Libertad vigilada

Es de destacar la reforma del CP 6.11 de la Ley Orgánica 8/2021, de 4 de junio, que modifica el art. 140 bis en este sentido:

«**Artículo 140 bis.**

1. A las personas condenadas por la comisión de uno o más delitos comprendidos en este título se les podrá imponer además una medida de libertad vigilada.

2. Si la víctima y quien sea autor de los delitos previstos en los tres artículos precedentes tuvieran un hijo o hija en común, la autoridad judicial impondrá, respecto de este, la pena de privación de la patria potestad.

La misma pena se impondrá cuando la víctima fuere hijo o hija del autor, respecto de otros hijos e hijas, si existieren».

1.4. Suicidio

Por razones de política criminal, el que actúa contra su propia vida realiza una acción impune. Sin embargo, el CP no queda indiferente ante este ataque a la vida, pues esta tiene una protección incluso frente a su titular.

La persona que quiere quitarse la vida y lo hace no podrá ser ya castigada, y al que lo ha intentado, poco le importan los castigos, así que no serviría de nada el sancionar penalmente tal conducta. Ahora bien, el CP sí castigaba a las personas que están cerca del suicida y, de alguna forma, le ayudaban a morir. Hablamos en pasado, pues desde el 25 de marzo de 2021 (con entrada en vigor tres meses más tarde desde la publicación) ese ayudar a morir fue despenalizado. *Vid.* Boletín Oficial del Estado del jueves 25 de marzo de 2021. Ley Orgánica 3/2021, de 24 de marzo, de regulación de la eutanasia.

Según Muñoz Conde (2017), el suicidio puede tener su causa en algún problema psíquico, pero también hay que reconocer que hay una voluntad racional y, la mayor parte de las veces, muy meditada.

«Suicidio significa capacidad de consentir en la propia muerte y consentimiento válido para morir, así como tener esta persona el dominio del hecho decisorio. Al ser el suicidio

—lógicamente su intento— impune, la participación en él no podría castigarse. Por eso se regulan penalmente las conductas de las personas que inducen, cooperan o ejecutan la muerte querida de otro que, según el aceptado principio de la accesoriedad mínima o limitada, serían impunes al no responder el autor, como vendrá a suceder, pero en sentido contrario, en las lesiones» (García Valdés, Mestre Delgado y Figueroa Navarro, **2010**, **p. 15**).

Podemos afirmar con Juanatey Dorado (2009) que existen varias posturas doctrinales acerca del suicidio que relacionaremos de forma sucinta, a saber:

➜ La vida es un bien sagrado y el hombre no puede en ningún caso disponer de ella. Estamos ante la postura más tradicional de la doctrina española. (Jiménez De Asúa, 1984).

➜ Hay autores que defienden la disponibilidad del derecho a la vida (Queralt Jiménez, 1988).

➜ Autores que mantienen la absoluta irrelevancia constitucional de la vida no deseada libremente por su titular (Corcoy Bidasolo, 1999).

➜ Los que preconizan la licitud de la conducta del suicidio libre y responsable y el deber de terceros de abstenerse de interferir en esa conducta; y, por otro lado, la ilicitud de las contribuciones «activas», e importantes, de terceros a ese suicidio libre (Díez Ripollés, 1997).

El art 143 CP (con la reforma de la Ley Orgánica 3/2021, de 24 de marzo. Ref. BOE-A-2021-4628) preceptúa lo siguiente:

Artículo 143 CP.

«1. El que induzca al suicidio de otro será castigado con la pena de prisión de cuatro a ocho años.

2. Se impondrá la pena de prisión de dos a cinco años al que coopere con actos necesarios al suicidio de una persona.

3. Será castigado con la pena de prisión de seis a diez años si la cooperación llegara hasta el punto de ejecutar la muerte.

[...]».

En virtud de la Ley Orgánica 3/2021, de 24 de marzo, de regulación de la eutanasia, se modifica asimismo el apartado 4 y se añade un apartado 5 al artículo 143 de la Ley Orgánica 10/1995, de 23 de noviembre, del Código Penal, con el objeto de despenalizar las conductas eutanásicas en los supuestos y condiciones establecidos por la nueva ley. Así:

«4. El que causare o cooperare activamente con actos necesarios y directos a la muerte de una persona que sufriera un padecimiento grave, crónico e imposibilitante o una enfermedad grave e incurable, con sufrimientos físicos o psíquicos constantes e insoportables, por la petición expresa, seria e inequívoca de esta, será castigado con la pena inferior en uno o dos grados a las señaladas en los apartados 2 y 3.

5. No obstante lo dispuesto en el apartado anterior, no incurrirá en responsabilidad penal quien causare o cooperare activamente a la muerte de otra persona cumpliendo lo establecido en la ley orgánica reguladora de la eutanasia».

A tenor del art. 143 CP, existen tres tipos de conductas relacionadas con el suicidio:

1. **Cooperación necesaria**: se presta un auxilio necesario a la persona que quiere quitarse la vida. Pena de dos a cinco años. Pensemos

que aquí puede tratarse de una persona que puede estar sana y que decide por cualquier motivo quitarse la vida. Podemos pensar en un desengaño amoroso, *ad exemplum*. El cooperador necesario podría facilitar los barbitúricos necesarios para que se consume el suicidio, pues la persona que quiere acabar con su vida no sabe cómo hacerlo.

Hay conductas de personas que favorecen el suicidio cuando están en la posición de garantes de alguien que sufre una depresión grave, pues no estar con la suficiente cautela vigilando puede adelantar los acontecimientos conducentes al suicidio. En estos casos se suele calificar como homicidio por imprudencia.

2. **Inducción**: como consecuencia de la inducción, el sujeto ha de decidir quitarse la vida, pero si ya lo tenía pensado anteriormente, no operará la misma. La voluntad del que quiere fallecer ha de ser absolutamente libre y consciente, pues de lo contrario podríamos estar ante un delito de homicidio o asesinato.

   Es interesante el llamado «**suicidio por amor**», en el cual hay un pacto de suicidarse entre dos personas. Si una de estas personas sobrevive, será castigada como inductor, y si sobreviven los dos, se castiga a ambos (MUÑOZ CONDE, 1987). Pena de cuatro a ocho años.

3. **Cooperación ejecutiva**: se exige que una persona ejecute a otra con el consentimiento de esta última, siendo una conducta dolosa. En estos casos se castiga con la pena de seis a diez años.

Es de destacar la reforma del CP en cuanto a la inducción al suicidio en personas menores de edad o personas con discapacidad necesitadas de espacial protección:

> «**Artículo 143 bis.**
> La distribución o difusión pública a través de Internet, del teléfono o de cualquier otra tecnología de la información o de la comunicación de contenidos específicamente destinados a promover, fomentar o incitar al suicidio de personas menores de edad o personas con discapacidad necesitadas de especial protección será castigada con la pena de prisión de uno a cuatro años.
> Las autoridades judiciales ordenarán la adopción de las medidas necesarias para la retirada de los contenidos a los que se refiere el párrafo anterior, para la interrupción de los servicios que ofrezcan predominantemente dichos contenidos o para el bloqueo de unos y otros cuando radiquen en el extranjero».

El concepto de persona con discapacidad necesitada de especial protección lo ofrece el inciso segundo del art. 25 CP, entendiendo como tal «a aquella persona con discapacidad que, tenga o no judicialmente modificada su capacidad de obrar, requiera de asistencia o apoyo para el ejercicio de su capacidad jurídica y para la toma de decisiones respecto de su persona, de sus derechos o intereses a causa de sus deficiencias intelectuales o mentales de carácter permanente».

➜ **Acción punible**. El artículo 143 bis castiga tres modalidades: promover, fomentar o incitar al suicidio de personas menores de edad o personas con discapacidad necesitadas de especial protección a través de los medios tecnológicos y de la comunicación.

➔ **Bien jurídico protegido.** El bien jurídico protegido es la vida humana independiente, reconocida como derecho fundamental en el art. 15 CE y en el 2.1 del CEDH. Se trata de un bien jurídico no disponible.

➔ **Sujetos.** Sujeto activo puede ser cualquiera. Sujeto pasivo solo pueden ser los menores de edad o personas con discapacidad necesitadas de especial protección.

➔ **Elemento subjetivo.** Son comportamientos dolosos.

➔ **Formas de ejecución.** La naturaleza de este delito es de peligro por cuanto se configura no ante la causación de un resultado sino ante el peligro de que se concrete un daño material o lesión. Supone por tanto un adelantamiento de la barrera penal a momentos previos a la lesión.

➔ **Penalidad.** Pena de prisión de uno a cuatro años.

Caso real. Fiscalía de la comunidad autónoma del País Vasco.

Una joven guipuzcoana comienza a jugar a «la ballena azul» que es un juego con 50 retos. El primero de ellos consiste en realizarse un corte con un cuchillo en la mano escribiendo «F57» debiendo enviarse una fotografía de tal hecho a la persona llamada curadora. El último reto es el suicidio. Previo a él hay que ver películas de terror, andar por los tejados, andar por las vías del tren, y hacerse cortes en el cuerpo todos los días. La víctima había contactado con la joven residente en Barcelona, quien era su curadora y había cumplido, en una noche, los dos primeros retos. Las conversaciones las mantuvo por la red social *Instagram*. Por ello, se ofició a *Instagram* para que proporcionase los datos de la cuenta «officialballenaazul», obteniendo la identidad de la joven que ahora se está investigando.

1.5. Eutanasia

El marido de María José Carrasco, enferma de esclerosis múltiple, fue acusado de un delito de cooperación al suicidio. Su caso pasó a manos de un Juzgado de Violencia sobre la Mujer, una decisión que según él criminaliza a los defensores de la muerte digna y desprestigia tanto la lucha feminista como los propios juzgados especializados en agresiones machistas.

Ángel considera que no maltrató a su mujer, sino todo lo contrario, por lo que afirmó que ser juzgado por ese tribunal no sólo le criminalizaba a él, sino que también desprestigiaba la lucha feminista y los propios juzgados de violencia contra la mujer.

Ángel explicaba que había que hacerlo, porque ella estaba en un estado bastante precario. Si tenía una mosca en la frente, no podía rascarse. Entonces, se plantearon dos opciones: la que llevó a cabo Ramona Maneiro con Ramón Sampedro, y la que finalmente eligieron, que fue hacer su caso público.

Ángel esperó a que Pedro Sánchez disolviera las Cortes en marzo para decirle a María José que no había ninguna posibilidad de que se tramitase la ley de regulación de la eutanasia. Ella no quería que Ángel diera la cara, pero como la norma no iba a salir adelante, decidió hacerlo. De lo contrario, hubiese hecho como Ramona Maneiro y optado por la clandestinidad, que era la alternativa que prefería su mujer.

Ángel grabó a María José, y esos vídeos entraron en el salón de cada casa, reflejando su desesperación y el abandono institucional. El marido de María José explicaba que a veces es necesario plantearle a la gente la situación de manera cruda para que entre en catarsis. En todo caso, apenas se han difundido los vídeos, porque se grabaron más de treinta de una forma descarnada para mostrar el sufrimiento. Son la imagen del dolor.

Marido y mujer decidieron improvisar y, en vez de grabar una declaración en la que la mujer explicase por qué quería suicidarse, mostraron su estado con absoluta crudeza.

Una vez terminó con la vida de su mujer, Ángel se entregó a las autoridades y pasó una noche en el calabozo como cualquier delincuente.

Para saber más, te recomendamos que
visualices el siguiente video:
https://bit.ly/3hkRWIS

Después de más de 40 años de debates enconados entre los partidarios de la eutanasia y los movimientos pro vida se ha aprobado la ley de despenalización de una muerte digna.

El día en que se aprobaba esta ley, frente al Congreso de los Diputados se congregaron cientos de personas, unas a favor y otras en contra de la eutanasia, una realidad muy controvertida, dura y cruda.

Los partidos políticos contrarios a esta ley anunciaron que presentarían recurso ante el Tribunal Constitucional para que se anulase la misma.

Según el préambulo de la Ley Orgánica 3/2021, de 24 de marzo, de regulación de la eutanasia: «La eutanasia significa etimológicamente «buena muerte» y se puede definir como el acto deliberado de dar fin a la vida de una persona, producido por voluntad expresa de la propia persona y con el objeto de evitar un sufrimiento. [...]».

El mismo preámbulo indica lo siguiente:

«[...] La legalización y regulación de la eutanasia se asientan sobre la **compatibilidad de unos principios esenciales que son basamento de los derechos de las personas**, y que son así recogidos en la Constitución española. Son, de un lado, los derechos fundamentales a la vida y a la integridad física y moral, y de otro, bienes constitucionalmente protegidos como son la dignidad, la libertad o la autonomía de la voluntad.

Hacer compatibles estos derechos y principios constitucionales es necesario y posible, para lo que se requiere una legislación respetuosa con todos ellos. No basta simplemente con despenalizar las conductas que impliquen alguna forma de ayuda a la muerte de otra persona, aun cuando se produzca por expreso deseo de esta. Tal modificación legal dejaría a las personas desprotegidas respecto de su derecho a la vida que nuestro marco constitucional exige proteger. Se busca, en cambio, legislar para respetar la autonomía y voluntad de poner fin a la vida de quien está en una situación de padecimiento grave, crónico e imposibilitante o de enfermedad grave e incurable, padeciendo un sufrimiento insoportable que no puede ser aliviado en condiciones que considere aceptables, lo que denominamos un contexto eutanásico. Con ese fin, la presente Ley regula y despenaliza la eutanasia en determinados supuestos, definidos claramente, y sujetos a garantías suficientes que salvaguarden la absoluta libertad de la decisión, descartando presión externa de cualquier índole».

A tenor del art. 143.4 CP, se sancionaba a quien causare o coopere activamente con actos necesarios y directos a la muerte de otro.

Eutanasia activa

Es la acción por la que un profesional sanitario pone fin a la vida de un paciente de manera deliberada y a petición de este, cuando se produce dentro de un contexto eutanásico por causa de padecimiento grave, crónico e imposibilitante o enfermedad grave e incurable, causantes de un sufrimiento intolerable.

Se habla de ayuda para morir, en un sentido genérico que comprende el conjunto de prestaciones y auxilios asistenciales que el personal sanitario debe prestar, en el ámbito de su competencia, a los pacientes que soliciten la ayuda necesaria para morir.

Eutanasia pasiva

Consiste en no adoptar las medidas necesarias para prolongar la vida. También está, en esta esfera, el no prolongar la vida de forma artificial.

La eutanasia conecta con un derecho fundamental de la persona constitucionalmente protegido como es la vida, pero que se debe cohonestar también con otros derechos y bienes igualmente protegidos constitucionalmente, como son la integridad física y moral de la persona (art. 15 CE), la dignidad humana (art. 10 CE), el valor superior de la libertad (art. 1.1 CE), la libertad ideológica y de conciencia (art. 16 CE) o el derecho a la intimidad (art. 18.1 CE).

> La Ley Orgánica 3/2021, de 24 de marzo, pretende hacer compatibles el derecho a la vida y a la integridad física y moral con otros bienes constitucionalmente protegidos como son la dignidad, la libertad o la autonomía de la voluntad.

¿Quiénes podrán solicitar la prestación de ayuda para morir?

- Quienes se hallen en una situación de **padecimiento grave, crónico e imposibilitante o de enfermedad grave e incurable causantes de un sufrimiento físico o psíquico intolerables**.
- La ayuda a morir se incluirá en la cartera de servicios del Sistema Nacional de Salud.

Procedimiento y requisitos para la despenalización de la conducta

- Tener la nacionalidad española o residencia legal en España o certificado de empadronamiento que acredite un tiempo de permanencia en territorio español superior a doce meses, tener mayoría de edad y **ser capaz y consciente en el momento de la solicitud**.

- Disponer por escrito de la información que exista sobre su proceso médico, las **diferentes alternativas y posibilidades de actuación**, incluida la de acceder a cuidados paliativos integrales comprendidos en la cartera común de servicios y a las prestaciones que tuviera derecho, de conformidad a la normativa de atención a la dependencia.
- **Prestar consentimiento informado previamente** a recibir la prestación de ayuda para morir. El documento ha de estar fechado y firmado por el paciente solicitante, o por cualquier otro medio que permita dejar constancia de la voluntad inequívoca de quien la solicita, así como del momento en que se solicita.
- El documento deberá firmarse en presencia de un profesional sanitario que lo rubricará. Si no es el médico responsable, lo entregará a este. Dicho consentimiento se incorporará a la historia clínica del paciente.
- El solicitante de la prestación de ayuda para morir **podrá revocar su solicitud en cualquier momento**, incorporándose su decisión en su historia clínica. Asimismo, **podrá pedir el aplazamiento de la administración de la ayuda para morir**.
- Haber formulado **dos solicitudes de manera voluntaria y por escrito, o por otro medio que permita dejar constancia**, y que no sea el resultado de ninguna presión externa, dejando una **separación de al menos quince días** naturales entre ambas.
- Si el médico responsable considera que la pérdida de la capacidad de la persona solicitante para otorgar el consentimiento informado es inminente, podrá aceptar cualquier periodo menor que considere apropiado en función de las circunstancias clínicas concurrentes, de las que deberá dejar constancia en la historia clínica.
- Encontrarse en los supuestos de **padecimiento grave, crónico e imposibilitante o de enfermedad grave e incurable causantes de un sufrimiento físico o psíquico intolerables**.
- Se articula también la posibilidad de solicitar esta ayuda mediante el documento de instrucciones previas o equivalente, legalmente reconocido.
- Cuando el médico responsable certifique que el paciente **no se encuentra en pleno uso de sus facultades ni puede prestar su conformidad libre, voluntaria y consciente**, la solicitud de prestación de ayuda para morir **podrá ser presentada por otra persona mayor de edad y plenamente capaz**, acompañándola del **documento de instrucciones previas**, testamento vital, voluntades anticipadas o documentos equivalentes legalmente reconocidos, suscritos previamente por el paciente.
- En caso de que no exista ninguna persona que pueda presentar la solicitud en nombre del paciente, **el médico responsable podrá presentar la solicitud de eutanasia**. En este último caso el médico que trata al paciente estará legitimado para solicitar y obtener el acceso al documento de instrucciones previas o voluntades anticipadas.

- La **denegación de la prestación de ayuda para morir deberá realizarse por escrito y de manera motivada por el médico responsable.** Contra esta denegación, que deberá realizarse en el plazo máximo de diez días naturales desde la primera solicitud, la persona que hubiera presentado la misma podrá presentar en el plazo máximo de quince días naturales una reclamación ante la Comisión de Garantía y Evaluación.

Las comisiones de Garantía y Evaluación deberán verificar de forma previa y controlar, a posteriori, el respeto a la ley y los procedimientos que se establecen.

Forma de morir

- Mediante la administración directa al paciente de una **sustancia por parte de un profesional sanitario.**
- Mediante la prescripción o suministro de una sustancia, de manera que el **paciente se la pueda autoadministrar para causar su propia muerte.**

> El bien de la vida puede decaer en favor de los demás bienes y derechos con los que debe ser ponderado, toda vez que no existe un deber constitucional de imponer o tutelar la vida a toda costa y en contra de la voluntad del titular del derecho a la vida.

Objeción de conciencia del personal sanitario

- La ley reconoce el derecho a la **objeción de conciencia del personal sanitario,** que deberá manifestarse anticipadamente y por escrito.
- Las administraciones sanitarias crearán un **registro de profesionales sanitarios objetores de conciencia a realizar la ayuda para morir,** sometido a estricta confidencialidad y a la normativa de protección de datos.

¿Se podrá denegar el derecho a morir?

Sí, en virtud del art. 7 de la ley de despenalización de la eutanasia.

- Las denegaciones de la prestación de ayuda para morir deberán realizarse siempre por escrito y **de manera motivada por el médico responsable.**
- Contra dicha denegación, que deberá realizarse en el plazo máximo de diez días naturales desde la primera solicitud, la persona que hubiera presentado la misma **podrá presentar en el plazo máximo de quince días naturales una reclamación ante la Comisión de Garantía y Evaluación competente.** El médico responsable que deniegue la solicitud está obligado a informar de esta posibilidad.
- El médico responsable que deniegue la solicitud de la prestación de ayuda para morir, con independencia de que se haya formulado o no una reclamación ante la Comisión de Garantía y Evaluación compe-

tente, deberá remitir, en el plazo de cinco días contados a partir de que se le haya notificado la denegación al paciente, los dos documentos especificados en el artículo 12 (de la ley de despenalización), adaptando el documento segundo de modo que incluya los datos clínicos relevantes para la evaluación del caso y por escrito el motivo de la denegación.

Comisiones de Garantía y Evaluación

La ley regula las Comisiones de Garantía y Evaluación que deberán crearse en todas las comunidades y ciudades autónomas.

Funciones:

- Resolver en el plazo máximo de veinte días las reclamaciones que formulen las personas a las que el médico responsable haya denegado su solicitud de prestación de ayuda para morir.
- Verificar en el plazo de dos meses si la prestación de ayuda para morir se ha realizado de acuerdo con los procedimientos previstos en la ley.

En tanto no dispongan de su propio reglamento de orden interno, el funcionamiento de las Comisiones de Garantía y Evaluación se ajustará a las reglas establecidas en la sección 3.ª del capítulo II del título preliminar de la Ley 40/2015, de 1 de octubre, de Régimen Jurídico del Sector Público

Consideración como muerte natural

La disposición adicional primera establece, por su parte, que la muerte de quienes solicitan ayuda para morir al amparo de la ley tendrá la consideración de muerte natural.

Entrada en vigor

La Ley Orgánica 3/2021, de 24 de marzo, **entrará en vigor el 25 de junio de 2021** —a los tres meses de su publicación en el Boletín Oficial del Estado— **salvo el artículo 17, relativo a la creación y composición de las Comisiones de Garantía y Evaluación**, que entrará en vigor al día siguiente de aquella publicación y que, a su vez, prevé que estas comisiones se creen y constituyan en el plazo de tres meses a contar desde la entrada en vigor de dicho artículo.

1.6. Referencias bibliográficas

Bartlett, W. B., *Los asesinos: leyenda y realidad histórica de la secta secreta del islam medieval*. Barcelona, Crítica, 2009.

Corcoy, M., «Consentimiento y disponibilidad sobre bienes jurídicos personales. En particular: eficacia del consentimiento del paciente en el tratamiento médico-quirúrgico», en *El nuevo Código penal: presupuestos y fundamentos. Libro homenaje al Profesor Doctor Don Ángel Torío López*. Granada, Comares, 1999, pp. 261-284

Córdoba, J. y **García, M.**, *Comentarios al Código Penal. Parte Especial*. Tomos I y II. Madrid-Barcelona, Marcial Pons, Ediciones Jurídicas y Sociales S. A., 2004.

Díez Ripollés, J. L., «Artículo 143 del Código Penal (La Ley 3996/1995)», en **Díez Ripollés, J. L.** y **Gracia Martín, L.** (coord.): *Comentarios al Código Penal. Parte Especial. Títulos I a VI y faltas correspondientes*. Valencia, Tirant lo Blanch, 1997.

Feijoo, B. J., «Reflexiones sobre los delitos de genocidio (artículo 607 del Código Penal», en *La Ley*, 6. Sección Doctrina. Ref. D-325, 1998.

García-Cervigón, J., en **Serrano Gómez, A.**, **Serrano Maíllo, A.**, **Serrano Tárraga, M. D.** y **Vázquez González, C.** *Curso de Derecho penal. Parte especial*. Madrid, Dykinson, 2015.

García Valdés, C., **Mestre, E.** y **Figueroa, C.**, *Apuntes de Derecho Penal (Parte Especial)*. Madrid, Universidad de Alcalá, 2010.

Gracia, L., *Los delitos de homicidio y asesinato en el Código penal español. Doctrina y jurisprudencia*. Valencia, Tirant lo Blanch, 2007.

Jiménez De Asúa, L., *Libertad de amar y derecho a morir*. Buenos Aires: Depalma, 1984.

Juanatey, C., «El tratamiento del suicidio en el ordenamiento jurídico penal español», en *La Ley Penal, 60. Sección Estudios*, 11673/2009.

Lacruz, J. M., **Serrano Gómez, A.**, **Serrano Maíllo, A.**, **Serrano Tárraga, M. D.** y **Vázquez González, C.**, *Curso de Derecho penal. Parte especial.* Madrid, Dykinson, 2015.

Lamarca, C., **Rodríguez Núñez, A.**, **Mestre, E.** y **Alonso De Escamilla, A.**, *Parte especial del Derecho penal*. Madrid, Dykinson, 2018.

Muñoz Conde, F. (1987). *Adp*, 301 ss.

Muñoz Conde, F., *Derecho Penal. Parte Especial*. Valencia, Tirant lo Blanch, 2017.

Owen, J., *Núremberg. El mayor juicio de la historia*. Barcelona, Crítica, 2007.

Queralt, J., «La eutanasia: perspectivas actuales y futuras», en *Adpcp*, Xli, 1, 1988, pp. 115-136.

Rodríguez Bereijo, A., «Los derechos fundamentales: derechos subjetivos y derecho objetivo», en *La Ley, 2*, 1996, pp. 1410-1411.

Rodríguez Devesa, J. M. Y **Serrano Gómez, A.**, *Derecho penal español. Parte especial*. Madrid, Dykinson, 1997.

Ruiz, S., «La nueva regulación del asesinato. Algunas cuestiones de actualidad tras la entrada en vigor de la Ley Orgánica 1/2015, de 30 de marzo», en *La Ley Penal*. marzo-abril 2019, 137. Editorial Wolters Kluwer (Smarteca), 2019.

Villacampa, C., *Responsabilidad penal del personal sanitario. Atribución de responsabilidad penal. Médicos efectuados por diversos profesionales*. Navarra, Aranzadi, 2003.

Jurisprudencia

- Sentencia del Tribunal Supremo n.° 53/1985, de 11 de abril, ECLI:ES:TC:1985:53 (BOE n°. 119, de 18 de mayo de 1985).
- Sentencia de la Audiencia Nacional Sala de lo penal, Sección 4.ª, rollo n.° 407/15, LA LEY 127738/2015 (ECLI:ES:AN:2015:163.ª).
- Sentencia del Tribunal Supremo, Sala de lo Penal de 2019 (Roj: STS 1507/2019 - ECLI:ES:TS:2019:1507).

Para saber más...

La nueva regulación del asesinato

Ruiz, S. La nueva regulación del asesinato. Algunas cuestiones de actualidad tras la entrada en vigor de la Ley Orgánica 1/2015, de 30 de marzo. En *LA LEY Penal*, marzo-abril 2019, 137. Editorial Wolters Kluwer (Smarteca).

Es un interesantísimo artículo redactado por la jueza Ruiz Bosch que incide en explicar la regulación del asesinato tratando cuestiones tan controvertidas como la prisión permanente revisable que castiga los crímenes más abominables. Asimismo, se analizan los distintos supuestos en los que puede contemplarse el delito de asesinato, aportándonos también una reciente doctrina jurisprudencial. Se trata de un trabajo que nos presenta una rica y variada doctrina científica.

Fiscalía General del Estado (Memorias)

Fiscalía General del Estado. Página web oficial. Disponible en:
https://bit.ly/3k275R6

Aquí podrás encontrar todas las memorias de la Fiscalía General del Estado desde 2009 y hasta 2018. Podrás ver cuáles son los delitos que más se cometen, actuaciones de los fiscales, recomendaciones, estudios, convenios de la FGE con entidades, carencias del sistema judicial, etc. Asimismo, podrás consultar los informes clasificados por territorios, para conocer la criminalidad cualitativa y cuantitativa de una parte en concreto de nuestro país.

Largometraje de 2004 dirigido por Alejandro Amenábar y protagonizado por Javier Bardem, Marta Larralde, Belén Rueda, entre otros.

Javier Bardem interpreta la vida de Ramón Sampedro, quien después de sufrir un accidente quedó tetrapléjico. Ramón fue un hombre que amaba la naturaleza en sus diferentes manifestaciones y que sufría porque no podía llevar una vida normalizada y digna, hasta que llega el momento en el que se plantea terminar con su vida. Sin embargo, debido a que no puede moverse ni gestionarse por sí mismo, necesita que alguien ejecute el acto para terminar falleciendo.

Un telefilm que merece la pena que veáis, puesto que, a través de la narración de una historia verídica, podréis confrontar nuestra legislación respecto a la eutanasia y la siempre polémica que surge entorno al derecho a una muerte digna. Y os invito a que os planteéis jurídicamente, **¿en qué situación queda el que ayuda a morir?**

Accede al tráiler desde la siguiente dirección web:
https://bit.ly/3yVW8ol

La muerte silenciada. Suicidio, el último tabú

RTVE. (2013). La muerte silenciada. Suicidio, el último tabú. [Archivo de vídeo]. Disponible en: https://bit.ly/3hlFWqg

En este reportaje se aborda una de las principales causas de muerte de, sobre todo, las personas más jóvenes. Podrás ver la opinión de expertos como psiquiatras especialistas, familiares, víctimas, etc. Pero lo que es muy importante es que relacionéis lo estudiado en esta unidad sobre sobre el suicidio y sus repercusiones legales.

Test

1. ¿Qué artículo del Código Penal español define el homicidio?

a) Artículo 138
b) Artículo 139
c) Artículo 202
d) Artículo 205

2. ¿Cuál es la principal diferencia entre homicidio y asesinato?

a) El resultado de la acción
b) La premeditación y alevosía
c) La relación entre víctima y victimario
d) El arma utilizada

3. ¿Qué es alevosía?

a) Matar por un impulso irrefrenable
b) Matar con extrema violencia
c) Asegurar el resultado sin riesgo para el agresor por la indefensión de la víctima
d) Matar en legítima defensa

4. Un asesinato con ensañamiento implica que:

a) Se realiza con un especial desprecio hacia la víctima
b) Existe un incremento deliberado e inhumano del dolor
c) Hay varias víctimas implicadas
d) Se ejecuta por una promesa remuneratoria

5. ¿Qué se necesita para que un homicidio sea considerado como tal?

a) Que resulte en una lesión grave
b) Que implique más de una persona
c) Que se cause la muerte de otra persona
d) Que sea un acto accidental

6. La 'premeditación' se refiere a:

a) La planificación y reflexión anticipada para cometer el delito
b) La decisión tomada en el momento del acto
c) La ausencia de intención en el acto
d) La confesión posterior al delito

7. **En el caso de que una persona mate a otra mientras sufre un trastorno mental transitorio, ¿bajo qué figura podría ser juzgado?**
   a) Asesinato
   b) Homicidio con desprecio
   c) Homicidio en estado de necesidad
   d) Homicidio por alteración psíquica

8. **¿Cuál de los siguientes elementos no es requisito para que una muerte sea considerada asesinato?**
   a) Premeditación
   b) Precio, recompensa o promesa
   c) Utilización de armas de fuego
   d) Alevosía o ensañamiento

9. **Si una persona mata a otra por accidente, ¿cómo se califica legalmente este hecho?**
   a) Asesinato involuntario
   b) Homicidio culposo
   c) Homicidio por imprudencia
   d) Autodefensa

10. **¿Cuál es la pena máxima prevista para el asesinato agravado en el Código Penal español?**
    a) 15 años de prisión
    b) 20 años de prisión
    c) 25 años de prisión
    d) Prisión permanente revisable

Solucionario

1. **Artículo del Código Penal para el homicidio:**
   - Respuesta correcta: a) Artículo 138

2. **Principal diferencia entre homicidio y asesinato:**
   - Respuesta correcta: b) La premeditación y alevosía

3. **Alevosía:**
   - Respuesta correcta: c) Asegurar el resultado sin riesgo para el agresor por la indefensión de la víctima

4. **Un asesinato con ensañamiento:**
   - Respuesta correcta: b) Existe un incremento deliberado e inhumano del dolor

5. **Requisito para que un homicidio sea considerado como tal:**
   - Respuesta correcta: c) Que se cause la muerte de otra persona

6. **Premeditación:**
   - Respuesta correcta: a) La planificación y reflexión anticipada para cometer el delito

7. **Persona que mata bajo trastorno mental transitorio:**
   - Respuesta correcta: d) Homicidio por alteración psíquica

8. **Elemento no necesario para considerar una muerte como asesinato:**
   - Respuesta correcta: c) Utilización de armas de fuego

9. **Calificación legal para una muerte accidental:**
   - Respuesta correcta: c) Homicidio por imprudencia

10. **Pena máxima para el asesinato agravado:**
    - Respuesta correcta: d) Prisión permanente revisable

Solucionario

1. **Artículo del Código Penal para el homicidio:**
   - Respuesta correcta: a) Artículo 138
2. **Principal diferencia entre homicidio y asesinato:**
   - Respuesta correcta: b) La premeditación y alevosía
3. **Alevosía:**
   - Respuesta correcta: c) Asegurar el resultado sin riesgo para el agresor por la indefensión de la víctima
4. **Un asesinato con ensañamiento:**
   - Respuesta correcta: b) Existe un incremento deliberado e inhumano del dolor
5. **Requisito para que un homicidio sea considerado como tal:**
   - Respuesta correcta: c) Que se cause la muerte de otra persona
6. **Premeditación:**
   - Respuesta correcta: a) La planificación y reflexión anticipada para cometer el delito
7. **Persona que mata bajo trastorno mental transitorio:**
   - Respuesta correcta: d) Homicidio por alteración psíquica
8. **Elemento no necesario para considerar una muerte como asesinato:**
   - Respuesta correcta: c) Utilización de armas de fuego
9. **Calificación legal para una muerte accidental:**
   - Respuesta correcta: c) Homicidio por imprudencia
10. **Pena máxima para el asesinato agravado:**
    - Respuesta correcta: d) Prisión permanente revisable

TEMA 2.

EL ABORTO. LAS LESIONES AL FETO. DELITOS RELATIVOS A LA MANIPULACIÓN GENÉTICA

2.1. Introducción y objetivos

25 de abril de 2018. Cuando tenía 34 años, Maira consiguió la libertad después de haber cumplido quince años de prisión por haber cometido un delito de homicidio en El Salvador. Maira, cuando contaba con solo diecinueve años, fue violada y quedó embarazada, y como consecuencia tuvo un aborto de carácter espontáneo.

El abordaje legal del aborto es muy diferente dependiendo de la legislación de cada país. En El Salvador, el aborto está penalizado y en muchos casos equivale al homicidio.

En el presente tema vamos a tratar esta temática desde el punto de vista jurídico penal que nunca está exento de polémica. Asimismo, vamos a realizar una aproximación al significado de «aborto» para después distinguir entre aborto legal e ilegal, y en este último tipo, nos detendremos a analizar las distintas formas delictuales. Con posterioridad hablaremos sobre las lesiones al feto, para terminar con los delitos relacionados con la manipulación genética.

Los objetivos de este tema son:

- Acercarnos al concepto de «aborto».
- Estudiar los tipos de aborto de carácter legal e ilegal.
- Dentro del aborto ilegal, analizaremos los distintos tipos penales.
- Estudiaremos los delitos de lesiones al feto.
- Y nos aproximaremos a las manipulaciones genéticas punibles.

2.2. El aborto

En primer lugar, entendemos que es preciso definir lo que es un aborto. Según la definición de García Valdés (2000), el aborto es un delito que consiste en la interrupción del embarazo por destrucción, expulsión voluntaria o extracción del feto en el seno materno. Por otro lado, el Diccionario de la Real Academia Española de la Lengua en su segunda acepción reza que el aborto es la **«interrupción del embarazo por causas naturales o provocadas»**.

Aborto legal

Existe una tipología de aborto o interrupción libre del embarazo que está dentro de la Ley Orgánica 1/2023, de 28 de febrero, que se modifica la Ley Orgánica 2/2010, de 3 de marzo, de salud sexual y reproductiva y de la interrupción voluntaria del embarazo, que modifica Ley Orgánica 2/2010, de 3 de marzo, de salud sexual y reproductiva y de la interrupción voluntaria del embarazo.

Ya al inicio del preámbulo de la citada Ley Orgánica 1/2023, de 28 de febrero, se indica lo siguiente:

> «El reconocimiento de los derechos sexuales y reproductivos por parte de la comunidad internacional surge como respuesta a las demandas del movimiento feminista que, desde hace más de tres décadas, ha insistido en colocar en la agenda política la importancia de la protección de estos derechos, desde el consenso sobre su estrecha relación con el goce y disfrute de otros derechos humanos plasmados en los tratados internacionales».

La Ley Orgánica 2/2010, de 3 de marzo, de salud sexual y reproductiva y de la interrupción voluntaria del embarazo, se modifica en los siguientes términos:

> **«Artículo 1. Objeto.**
> Esta ley orgánica tiene por objeto garantizar los derechos fundamentales en el ámbito de la salud sexual y de la salud reproductiva, regular las condiciones de la interrupción voluntaria del embarazo y de los derechos sexuales y reproductivos, así como establecer las obligaciones de los poderes públicos para que la población alcance y mantenga el mayor nivel posible de salud y educación en relación con la sexualidad y la reproducción. Asimismo, se dirige a prevenir y a dar respuesta a todas las manifestaciones de la violencia contra las mujeres en el ámbito reproductivo».

> **«Artículo 13. Requisitos comunes.**
> Son requisitos necesarios de la interrupción voluntaria del embarazo:
> a) Que se practique por un médico especialista, preferiblemente en obstetricia y ginecología o bajo su dirección.
> b) Que se lleve a cabo en centro sanitario público o en un centro privado acreditado.
> c) Que se realice con el consentimiento expreso informado y por escrito de la mujer embarazada o, en su caso, del representante legal, de conformidad con lo establecido en la Ley 41/2002, de 14 de noviembre, básica reguladora de la autonomía del paciente y de derechos y obligaciones en materia de información y documentación clínica.
> Podrá prescindirse del consentimiento expreso en el supuesto previsto en el artículo 9.2.b) de la referida ley. En el supuesto de mujeres con medidas de apoyo para el ejercicio de su capacidad jurídica se atenderá a lo dispuesto en el artículo 9.7 de la misma ley».

Once. Se añade un nuevo artículo 13 bis, con el siguiente tenor literal:

> **«Artículo 13 bis. Edad.**
> 1. Las mujeres podrán interrumpir voluntariamente su embarazo a partir de los 16 años, sin necesidad del consentimiento de sus representantes legales.
> 2. En el caso de las menores de 16 años, será de aplicación el régimen previsto en el artículo 9.3.c) de la Ley 41/2002, de 14 de noviembre.

En el supuesto de las menores de 16 años embarazadas en situación de desamparo que, en aplicación del artículo 9.3.c) de la Ley 41/2002, de 14 de noviembre, requieran consentimiento por representación, éste podrá darse por parte de la Entidad Pública que haya asumido la tutela en virtud del artículo 172.1 del Código Civil.

En el supuesto de las menores de 16 años embarazadas en situación de desamparo cuya tutela no haya sido aún asumida por la Entidad Pública a la que, en el respectivo territorio, esté encomendada la protección de los menores, que, en aplicación del artículo el artículo 9.3.c) de la Ley 41/2002, de 14 de noviembre, requirieran consentimiento por representación, será de aplicación lo previsto en el artículo 172.4 del Código Civil, pudiendo la Entidad Pública que asuma la guarda provisional dar el consentimiento por representación para la interrupción voluntaria del embarazo, a fin de salvaguardar el derecho de la menor a la misma.

En caso de discrepancia entre la menor y los llamados a prestar el consentimiento por representación, los conflictos se resolverán conforme a lo dispuesto en la legislación civil por la autoridad judicial, debiendo nombrar a la menor un defensor judicial en el seno del procedimiento y con intervención del Ministerio Fiscal. El procedimiento tendrá carácter urgente en atención a lo dispuesto en el artículo 19.6 de esta ley orgánica».

Doce. Se modifica el artículo 14, que queda redactado como sigue:

«**Artículo 14. Interrupción del embarazo dentro de las primeras catorce semanas de gestación.**

Podrá interrumpirse el embarazo dentro de las primeras catorce semanas de gestación a petición de la mujer embarazada».

Trece. Se modifica el artículo 16, que queda redactado como sigue:

«**Artículo 16. Comité clínico.**

1. El Comité clínico al que se refiere el artículo anterior estará formado por un equipo pluridisciplinar integrado por dos integrantes del personal médico especialistas en ginecología y obstetricia o expertos en diagnóstico prenatal y un pediatra. La mujer podrá elegir uno de estos especialistas. Ninguno de los miembros del Comité podrá formar parte del Registro de objetores de la interrupción voluntaria del embarazo ni haber formado parte en los últimos tres años.

2. Confirmado el diagnóstico por el Comité, la mujer decidirá sobre la intervención.

3. En cada Comunidad Autónoma habrá, al menos, un Comité clínico en un centro de la red sanitaria pública. Los miembros, titulares y suplentes, designados por las autoridades sanitarias competentes, lo serán por un plazo no inferior a un año. La designación deberá hacerse pública en los diarios oficiales de las respectivas comunidades autónomas.

4. Las especificidades del funcionamiento del Comité clínico se determinarán reglamentariamente».

Catorce. Se modifica el artículo 17, que queda redactado como sigue:

«**Artículo 17. Información vinculada a la interrupción voluntaria del embarazo.**

1. Todas las mujeres que manifiesten su intención de someterse a una interrupción voluntaria del embarazo recibirán información del personal sanitario sobre los distintos métodos de interrupción del embarazo, quirúrgico y farmacológico, las condiciones para la interrupción previstas en esta ley orgánica, los centros públicos y acreditados a los que se podrán dirigir y los trámites para acceder a la prestación, así como las condiciones para su cobertura por el servicio público de salud correspondiente.

En el caso de procederse a la interrupción voluntaria del embarazo después de las catorce semanas de gestación por causas médicas, deberá facilitarse toda la información sobre los distintos procedimientos posibles para permitir que la mujer escoja la opción más adecuada para su caso.

2. En los casos en que las mujeres así lo requieran, y nunca como requisito para acceder a la prestación del servicio, podrán recibir información sobre una o varias de las siguientes cuestiones:

a) Datos sobre los centros disponibles para recibir información adecuada sobre anticoncepción y sexo seguro.

b) Datos sobre los centros que ofrecen asesoramiento antes y después de la interrupción del embarazo.

c) Las ayudas públicas disponibles para las mujeres embarazadas y la cobertura sanitaria durante el embarazo y el parto.

d) Los derechos laborales vinculados al embarazo y a la maternidad; las prestaciones y ayudas públicas para el cuidado y atención de los hijos; los beneficios fiscales y demás información relevante sobre incentivos y ayudas al nacimiento.

La elaboración, contenidos y formato de esta información será determinada reglamentariamente por el Gobierno, prestando especial atención a las necesidades surgidas de las situaciones de extranjería.

3. En el supuesto de interrupción del embarazo previsto en el artículo 15.b), la mujer que así lo requiera expresamente, si bien nunca como requisito para acceder a la prestación del servicio, podrá recibir información sobre los derechos, prestaciones y ayudas públicas existentes relativas al apoyo a la autonomía de las personas con alguna discapacidad, así como la red de organizaciones sociales de asistencia social a estas personas.

4. En todos los supuestos, y con carácter previo a la prestación del consentimiento, se habrá de informar a la mujer embarazada en los términos de los artículos 4 y 10 de la Ley 41/2002, de 14 de noviembre, básica reguladora de la autonomía del paciente y de derechos y obligaciones en materia de información y documentación clínica y específicamente sobre la naturaleza de cada intervención, sus riesgos y sus consecuencias.

5. La información prevista en este artículo será clara, objetiva y comprensible. En el caso de las personas con discapacidad, se proporcionará en formatos y medios accesibles, adecuados a sus necesidades y las mujeres extranjeras que no hablen castellano serán asistidas por intérprete. En aquellas comunidades autónomas en las que haya lenguas oficiales, esta atención será dispensada en cualquiera de ellas, si así lo solicitare la mujer.

Se hará saber a la mujer embarazada que dicha información podrá ser ofrecida, además, verbalmente, siempre que así se solicite. Cuando la información sea ofrecida de forma verbal, se circunscribirá siempre a los contenidos desarrollados reglamentariamente por el Gobierno».

Se añade un artículo 18 bis, con el siguiente tenor literal:

«**Artículo 18 bis. Medidas para garantizar la información sobre la prestación.**

Los poderes públicos ofrecerán información pública sobre el proceso, normativa y condiciones para interrumpir voluntariamente un embarazo, garantizando:

a) La accesibilidad a un itinerario sencillo y comprensible que tenga en cuenta las diferentes edades, condiciones socioeconómicas, de idioma y de discapacidad de las usuarias.

b) El posicionamiento en internet de la información sobre centros públicos que prestan el servicio de interrupción voluntaria del embarazo, con particular atención a la función del Registro General de centros, servicios y establecimientos sanitarios (REGCESS).

c) La creación de una línea telefónica especializada en información sobre salud y derechos sexuales y reproductivos, que preste información sobre el derecho a la interrupción del embarazo y el itinerario de la prestación en los servicios públicos».

«**Artículo 19 bis. Objeción de conciencia.**

1. Las personas profesionales sanitarias directamente implicadas en la práctica de la interrupción voluntaria del embarazo podrán ejercer la objeción de conciencia, sin que el ejercicio de este derecho individual pueda menoscabar el derecho humano a la vida, la salud y la libertad de las mujeres que decidan interrumpir su embarazo.

El rechazo o la negativa a realizar la intervención de interrupción del embarazo por razones de conciencia es una decisión siempre individual del personal sanitario directamente implicado en la realización de la interrupción voluntaria del embarazo, que debe manifestarse con antelación y por escrito.

La persona objetora podrá revocar la declaración de objeción en todo momento por los mismos medios por los que la otorgó.

2. El acceso o la calidad asistencial de la prestación no se verán afectados por el ejercicio individual del derecho a la objeción de conciencia. A estos efectos, los servicios públicos se organizarán siempre de forma que se garantice el personal sanitario necesario para el

acceso efectivo y oportuno a la interrupción voluntaria del embarazo. Asimismo, todo el personal sanitario dispensará siempre tratamiento y atención médica adecuados a las mujeres que lo precisen antes y después de haberse sometido a una interrupción del embarazo.

Por lo tanto, el aborto debe siempre realizarse con el consentimiento expreso y por escrito de la mujer embarazada o, en su caso, de su representante legal. Podrá prescindirse del consentimiento si existe riesgo inmediato y grave para la vida o la integridad física y/o psíquica de la persona embarazada».

Si estamos ante menores o incapaces, será necesario, además, el consentimiento expreso de sus padres o tutores.

Está, asimismo, prevista la posibilidad de que pueda prescindirse del mismo en caso de riesgo inmediato y grave para la vida o la integridad física o psíquica de la embarazada como prevé el art. 9.2.b) de la Ley 41/2002, de 14 de noviembre, básica reguladora de la autonomía del paciente y de derechos y obligaciones en materia de información y documentación clínica.

Por otra parte, y de forma excepcional, también podrá interrumpirse el embarazo por causas médicas a tenor del art. 15 de la Ley Orgánica 2/2010, de 3 de marzo, y que reza de la siguiente forma:

«Excepcionalmente, podrá interrumpirse el embarazo por **causas médicas** cuando concurra alguna de las circunstancias siguientes:

a) Que no se superen las veintidós semanas de gestación y siempre que exista **grave riesgo para la vida o la salud de la embarazada** y así conste en un dictamen emitido con anterioridad a la intervención por un médico o médica especialista distinto del que la practique o dirija. En caso de urgencia por riesgo vital para la gestante podrá prescindirse del dictamen.

b) Que no se superen las veintidós semanas de gestación y siempre que exista riesgo de graves anomalías en el feto y así conste en un dictamen emitido con anterioridad a la intervención por dos médicos especialistas distintos del que la practique o dirija.

c) Cuando **se detecten anomalías fetales incompatibles con la vida** y así conste en un dictamen emitido con anterioridad por un médico o médica especialista, distinto del que practique la intervención, o cuando se detecte en el feto una enfermedad extremadamente grave e incurable en el momento del diagnóstico y así lo confirme un comité clínico».

Hay diversas posturas frente al aborto, no exentas de polémica:

- Están los que postulan que el aborto ha de estar prohibido en todo caso.
- Están los que indican que el aborto no sea de castigar en determinados y restringidos supuestos.
- Están los que se pronuncian para que se permita el aborto dentro de un espacio temporal en el que la madre podrá decidir libremente si sigue con el embarazo o interrumpe el mismo mediante un aborto. Esta postura es la que existe mayoritariamente en nuestro país a tenor de las leyes que se han promulgado a tal efecto.
- Algunos autores se pronuncian por la aceptación de un espacio temporal (teoría del plazo), dentro del cual la madre, con determinados requisitos tasados, puramente administrativos, decide libremente, así (Ropero, 2003, p. 251): «ya que parece ser la única que parece respetar de manera adecuada todos los intereses involucrados en el conflicto». A favor también se sitúa Mir (1982), y en contra de esta teoría Cerezo Mir (1993) entre otros.

Aborto punible

En el presente tema vamos a tratar, primordialmente, el aborto contrario a la ley. El aborto lo encontramos regulado en el título segundo del libro segundo del Código Penal español, que lleva por título «Del aborto». Aquí encontraremos los artículos 144 a 146 del CP que regulan este delito y los actos que atentan contra la vida del que va a nacer.

➜ **Bien jurídico protegido**. Es la vida humana dependiente de la madre, la vida dependiente intrauterina, siendo el bien jurídico protegido, por tanto, la vida del que va a nacer o *nasciturus*. No podemos olvidar que el artículo 15 de la Constitución española, y como un derecho fundamental, indica que «todos tienen derecho a la vida y a la integridad física y moral».

La sentencia del Tribunal Constitucional n.º 53/1985, de 11 de abril, también está en la línea de considerar que el *nasciturus* «es un bien jurídico constitucionalmente protegido».

Sin embargo, autores como SERRANO GÓMEZ y SERRANO MAILLO (2016) indican que, desde la Ley Orgánica 2/2010, en derecho penal, el que va a nacer no es un bien jurídico protegido, pues durante las primeras catorce semanas de gestación, la madre puede abortar con total libertad. Los mismos autores también defienden que el bien jurídico protegido es la **demografía**, pues si muchas mujeres se deciden a abortar de forma legal, ello puede afectar a la evolución de la población de una región o de todo un país. También apuntan que hay animales y plantas que son protegidos desde su nacimiento, en contraposición al ser humano que va a nacer.

Otros autores indican que lo que se protege es también: la vida de la madre, la salud de la madre, la libertad de la madre y la intimidad de la madre. A esto se añade también la esperanza de vida que implica el *nasciturus*.

➜ **Acción típica**. Interrupción del embarazo por destrucción, expulsión voluntaria o extracción del feto en el seno materno. La acción consiste en la producción del aborto, en destruir el producto de la concepción, y puede que sea en el claustro materno, mediante su prematura expulsión provocada de forma intencionada. La acción puede realizarse mediante cualquier medio o procedimiento para la producción del resultado. Ha de darse una relación de causalidad entre los actos que intentan el aborto y la expulsión del feto.

Aunque cueste imaginar, cabe el aborto mediante **comisión por omisión**. En este caso, podríamos pensar en un aborto provocado por el que ha de cuidar a la mujer que está inválida o no puede valerse por sí sola y necesita unos cuidados que se omiten por quien está obligado a llevarlos a cabo, siendo un garante de la salud de la madre que alberga en su seno al nasciturus.

➜ **Sujeto activo**. El que va a realizar el aborto de forma activa puede serlo cualquiera, es decir, la mujer embarazada o un tercero. Puede darse el caso de la coautoría cuando hay una decisión de abortar tomada por la mujer y por la persona que lo ejecuta de forma conjunta, pues si falta alguno de ellos no se produciría el aborto.

➔ **Sujeto pasivo**. En este punto la doctrina no es pacífica, pues hay autores que señalan que el sujeto pasivo será el que va a nacer, nasciturus, mientras que otros apuntan además **a la comunidad en sí como la que sufrirá la pérdida de un futuro ciudadano**.

➔ **Objeto material**. Es discutible el momento en el que comienza la vida, si es cuando se produce la anidación (feto), o bien, cuando hay el momento de la fecundación (estado embrionario). La mayor parte de la doctrina se inclina por el primer momento. Esta cuestión no es baladí, pues podemos encontrarnos ante un aborto del homicidio o asesinato. La mayoría de la doctrina se inclina por señalar el momento de nacimiento cuando se produce el desprendimiento completo del claustro materno.

RODRÍGUEZ DEVESA (1986) indica que lo que es realmente relevante es la muerte del feto y, por otra parte, SERRANO GÓMEZ y SERRANO MAÍLLO (2016) señalan que lo que es realmente decisivo es la voluntad de matar al ser que va a nacer, al *nasciturus*.

Es preciso también hacer referencia a lo que es el feto, y la RAE (2019), en su acepción primera, indica que es el «embrión de los mamíferos placentarios y marsupiales, desde que se implanta en el útero hasta el momento del parto».

La jurisprudencia y la doctrina científica también abordan lo que es el feto, llegándose a la conclusión de que es el producto de la concepción aproximadamente desde el tercer mes hasta que el ser nace; se trata del embrión que tiene ya apariencia humana y también sus órganos formados correctamente. La apariencia del feto con forma humana y correcto desarrollo cada vez es más fácil de visualizar debido a que la tecnología nos proporciona elementos como las ecografías de alta definición a color y en tres dimensiones.

Pero realmente, ¿cuándo se produce exactamente el aborto? En este punto, la doctrina no es pacífica, y hay autores, como Bajo Fernández (1991), que señalan que el Código Penal no marca cuál es el momento de la destrucción del concebido y no nacido.

SERRANO GÓMEZ y SERRANO MAILLO (2016) realizan una interesante reflexión cuando afirman que existen unos primeros momentos en los que después de practicar el acto sexual se realizan maniobras de carácter abortivo ante la posibilidad de haber quedado en estado, y en esos momentos será muy difícil delimitar si realmente se produce un aborto. Desde el punto de vista legal y jurisprudencial, se habrá de tener muy en cuenta los conceptos de embrión y de feto a los efectos de delimitar si realmente puede producirse un aborto.

➔ **Formas de ejecución**. El aborto puede ser consumado, pero también es posible la existencia de una tentativa, pues en algunas ocasiones se provoca que la madre expulse al feto de manera anticipada y antinatural con la clara intención de que no viva, pero no obstante puede ser que nazca vivo y que sobreviva contra todo pronóstico a ese intento de aborto.

En el aborto, al ser un delito de resultado, la tentativa se producirá si se interrumpen las prácticas abortivas previas o que ya estén en curso, no llevándose a cabo el aborto (GARCÍA VALDÉS, MESTRE DELGADO Y FIGUEROA NAVARRO, 2015).

Hay casos también que se castigan como aborto en grado de tentativa cuando existen algún tipo de manipulaciones abortivas dentro del claustro materno y sin embargo el ser que va a nacer sigue con vida.

➔ **Concurso**. Derivado de las manipulaciones que intentan conseguir un aborto, a veces resulta que selecciona a la mujer, y en este caso no se produciría un concurso de delitos entre el aborto consumado en grado de tentativa y el delito de lesiones.

Por otra parte, puede suceder que a causa de las maniobras abortivas se causen lesiones al feto cuando estamos en un aborto en grado de tentativa. Puede darse el caso también de que el sujeto activo quiera causar lesiones al feto para que no se desarrolle con normalidad, y sin embargo se produce un aborto, en este caso estaríamos ante un concurso ideal de lesiones con dolo y de aborto imprudente.

Tipos de aborto punible

Aborto sin consentimiento de la mujer (art. 144 CP):

> «El que produzca el aborto de una mujer, **sin su consentimiento**, será castigado con la pena de prisión de cuatro a ocho años e inhabilitación especial para ejercer cualquier profesión sanitaria, o para prestar servicios de toda índole en clínicas, establecimientos o consultorios ginecológicos, públicos o privados, por tiempo de tres a diez años.
>
> Las mismas penas se impondrán al que practique el aborto habiendo obtenido la anuencia de la mujer mediante **violencia, amenaza o engaño**».

Estamos ante el caso de una posible mujer que desconoce las maniobras médicas que se están realizando en su cuerpo e ignora que, en realidad, se está practicando un aborto. Asimismo, se puede producir esta situación de falta de consentimiento de la mujer cuando está bajo los efectos de algún tipo de sedante y/o hipnótico, entre otras sustancias, que la conviertan en un sujeto incapaz de decidir lo que se está haciendo con ella.

La segunda forma de aborto no consentido por la mujer y que abarca este artículo es el que se realiza mediante violencia, amenaza o engaño. Realmente esta situación si cabe es peor que la anterior y, sin embargo, se castiga con la misma pena y, según autores como SERRANO GÓMEZ y SERRANO MAÍLLO (2016), se trata de un hecho no razonable.

Aborto con el consentimiento de la mujer (art. 145.1 CP):

> «1. El que produzca el aborto de una mujer, con su **consentimiento**, fuera de los casos permitidos por la ley será castigado con la pena de prisión de uno a tres años e inhabilitación especial para ejercer cualquier profesión sanitaria, o para prestar servicios de toda índole en clínicas, establecimientos o consultorios ginecológicos, públicos o privados, por tiempo de uno a seis años (...)».

En este caso, ha de existir un **consentimiento inequívoco** de la mujer consistente en querer abortar de forma expresa y no presunta. No puede existir ningún tipo de violencia, intimidación o engaño. El consentimiento ha de ser absolutamente libre y la mujer ha de conocer en todo momento lo que está haciendo y las consecuencias para el ser que va a nacer.

➔ Supuesto agravado

«(...) El juez podrá imponer la pena en su mitad superior cuando los actos descritos en este apartado se realicen fuera de un centro o establecimiento público o privado acreditado» (art. 145.1 CP).

Podemos apreciar que, en la parte final de este artículo, que se castiga con mayor severidad cuando el aborto se produce fuera de un centro o establecimiento público o privado acreditado, y ello entendemos que es así porque se penaliza el intrusismo profesional y se intenta proteger la vida de la madre e incluso la del ser que va a nacer, porque hasta el último momento, la madre puede optar por no abortar.

Aborto producido por la mujer o por otra persona con el consentimiento de la mujer (art. 145.2 CP):

«2. La mujer que produjere su aborto o consintiere que otra persona se lo cause, fuera de los casos permitidos por la ley, será castigada con la pena de multa de seis a veinticuatro meses».

En este caso, la iniciativa de abortar procede de la mujer, y quien practica el aborto es la propia mujer (**auto aborto**), o bien es realmente un **cooperador necesario**, que tiene la pericia de ejecutar el aborto y de no dañar la salud física de la que podría haber sido madre.

En estos casos, cabe la posibilidad del grado de tentativa cuando fundamentalmente es la mujer la que intenta auto abortar pero no lo consigue por su falta de pericia. Ya sería más extraño el caso del profesional que realiza el aborto con el consentimiento de la mujer y queda en tentativa.

➔ Supuesto agravado

Art. 145.3 CP.

«3. En todo caso, el juez o tribunal impondrá las penas respectivamente previstas en este artículo en su mitad superior cuando la conducta se llevare a cabo a partir de la **vigésimo segunda semana de gestación**».

Aborto practicado sin los requisitos administrativos preceptivos (art. 145 bis CP).

Artículo 145 bis.

«1. Será castigado con la pena de multa de seis a doce meses e inhabilitación especial para prestar servicios de toda índole en clínicas, establecimientos o consultorios ginecológicos, públicos o privados, por tiempo de seis meses a dos años, el que dentro de los casos contemplados en la ley, practique un aborto:

a) Sin contar con los dictámenes previos preceptivos;

b) Fuera de un centro o establecimiento público o privado acreditado. En este caso, el juez podrá imponer la pena en su mitad superior.

2. En todo caso, el juez o tribunal impondrá las penas previstas en este artículo en su mitad superior cuando el aborto se haya practicado a partir de la vigésimo segunda semana de gestación.

3. La embarazada no será penada a tenor de este precepto».

En relación con lo comentado, los primeros casos de aborto que podríamos llamar como «oficiales» llegaban a los tribunales desde los hospitales en los que se atendía a mujeres que, después de una práctica abortiva en condiciones no sanitarias e incluso insalubres, habían sufrido severas complicaciones (hemorragias, infecciones, etc.), con un grave riesgo para su vida o salud, y que requerían una intervención médica y las más de las veces de urgencia, como señala MARÍN GÁMEZ (1996).

A finales de la década de los setenta y a principios de los ochenta, quienes tenían algún poder adquisitivo viajaban a Londres para abortar en clínicas que, por lo menos, tenían condiciones sanitarias óptimas. Ante esta situación, se producía una auténtica desigualdad social, y se tomaron algunas decisiones judiciales (SSTS de 20 de diciembre de 1980 y de 15 de octubre de 1983) que preconizaron que se tenía que castigar a la mujer que iba a abortar fuera de España, puesto que llevaba en su seno a un ser de nacionalidad española que tenía que ser protegido por nuestro ordenamiento jurídico. El Tribunal Constitucional, en su sentencia de 27 de junio de 1984, corrigió esta tendencia jurisprudencial al indicar que los tribunales españoles no podían juzgar los abortos cometidos en el extranjero. Parte de la doctrina científica estaba en esta línea, como VIVES ANTÓN (1985).

> La penalización del aborto en España fomentó en los años ochenta el llamado «turismo abortivo», de mujeres que viajaban a Londres para interrumpir el embarazo no deseado, y creándose una verdadera desigualdad social.

Aborto ocasionado por imprudencia grave o profesional (art. 146 CP).

Artículo 146 CP.

«El que por imprudencia grave ocasionare un aborto será castigado con la pena de prisión de tres a cinco meses o multa de seis a 10 meses.

Cuando el aborto fuere cometido por imprudencia profesional se impondrá asimismo la pena de inhabilitación especial para el ejercicio de la profesión, oficio o cargo por un período de uno a tres años.

La embarazada no será penada a tenor de este precepto».

➜ **Tipo objetivo**. Se trata de casos en los que quien practica el aborto lo hace sin observar la diligencia que se espera.

Hemos de diferenciar los casos en los que quien ejecuta el aborto es alguien profano en medicina, y a quien se le puede exigir una observación de la diligencia normal para una persona media, pues aquí estaríamos ante una imprudencia grave. En estos casos, la vía penal solamente se prevé para imprudencia de carácter grave, pues las que puedan calificarse de leves se sustanciarán por la vía civil.

Por otra parte, están los casos en los que el sujeto activo sí tiene la formación sanitaria requerida, y que entraría en la esfera de la culpa profesional; en este último caso, la inhabilitación profesional será una pena principal. Se trata de casos en los que el profesional comete descuidos en su proceder durante la gestación o durante el parto que acabarán provocando un aborto.

➜ **Tipo subjetivo**. Se trata de un delito de carácter culposo causado por imprudencia grave o profesional. La imprudencia ha de recaer sobre el feto directamente, y no sobre la madre.

➜ **Autoría y participación**. El autor es quien actúa de forma negligente, pero la mujer es impune a tenor del art. 146 CP. La mujer y futura madre es la que debería extremar los cuidados para la viabilidad del nacimiento, sin embargo, por razones de carácter político-criminales, no hay sanción penal.

Se consideran autores los que llevan la acción abortiva y consiguen su objetivo. Son coautores o cooperadores necesarios los que llevan a cabo los actos correspondientes para que el delito se consuma. Según LAMARCA (2016), los actos preparatorios son impunes, y cabe el desistimiento.

2.3. Las lesiones al feto

El *nasciturus*, el que va a nacer, está expuesto a una serie de peligros que pueden ser provocados por la propia madre o por terceros, pues estamos hablando de un ser que, por estar en un estado muy inicial de la vida, es realmente muy vulnerable.

Según las acciones que se hagan al *nasciturus*, se puede producir una salida antes de tiempo del claustro materno, e incluso alterar su salud provocando lesiones que queden de por vida (MUÑOZ CONDE, 2015).

Artículo 157 CP

«El que, por cualquier medio o procedimiento, causare en un feto una lesión o enfermedad que perjudique gravemente su normal desarrollo, o provoque en el mismo una grave tara física o psíquica, será castigado con pena de prisión de uno a cuatro años e inhabilitación especial para ejercer cualquier profesión sanitaria, o para prestar servicios de toda índole en clínicas, establecimientos o consultorios ginecológicos, públicos o privados, por tiempo de dos a ocho años».

➜ **Bien jurídico protegido**. Es el feto, su integridad física y psíquica (LAMARCA, 2010), y entendemos que por lo tanto, su viabilidad.

➜ **Sujeto activo**. Puede ser cualquier persona, incluyendo a la madre.

➜ **Sujeto pasivo**. Será el feto, y las lesiones pueden producirse también en las fases de preembrión y embrión, siguiendo a HIGUERA (2000). Sobre la distinción entre concepción, preembrión, embrión y feto hay que estar a lo dispuesto en la Ley de Investigación Biomédica de 2007.

Hay que tener en cuenta que queriendo dañar al feto, puede causarse también un daño a la madre, y estaríamos aquí en un concurso de delitos.

➜ **Acción típica**. La acción típica consiste en causar a un feto una lesión o enfermedad que perjudique gravemente su normal desarrollo o provoque en él una grave tara física o psíquica.

➜ Puede ser realizado tanto por acción como en comisión por omisión. Se trata de un delito de medios indeterminados, pues el propio Código expresamente indica que puede llevarse a cabo «por cualquier medio o procedimiento». De manera que puede realizarse por medios físicos (golpes, etc.), químicos (medicinas), radiológicos, quirúrgicos, etc. (BARJA DE QUIROGA y GRANADOS PÉREZ, 2018, p. 97).

➜ Objeto. Es el feto. Un feto, según la OMS, es el producto de la concepción que se desarrolla y crece en el interior del útero (matriz) de los seres humanos y otros mamíferos . En los seres humanos, el período fetal comienza nueve semanas después de la fecundación del óvulo por un espermatozoide y termina en el momento del nacimiento.

➔ **Tipo subjetivo**. Se trata de un delito de carácter doloso, si bien cabe el dolo eventual y la imprudencia grave. *Ex* art 158 CP.

➔ **Causas de justificación**. No caben, pues se busca lesionar al feto y no a la madre. Ahora bien, podemos pensar en el caso en el que se plantea la posibilidad de salvar a la madre o al feto, estando aquí en una situación posible de estado de necesidad.

➔ **Grado de consumación**. La consumación se produce cuando se causa el daño o la enfermedad al feto, y cabe el grado de tentativa.

➔ **Lesiones por imprudencia grave**:

Art. 158 CP

«El que, por **imprudencia grave**, cometiere los hechos descritos en el artículo anterior, será castigado con la pena de prisión de tres a cinco meses o multa de seis a 10 meses.

Cuando los hechos descritos en el artículo anterior fueren cometidos por **imprudencia profesional** se impondrá asimismo la pena de inhabilitación especial para el ejercicio de la profesión, oficio o cargo por un período de seis meses a dos años.

La **embarazada** no será penada a tenor de este precepto».

➔ **Penalidad**. Para el delito doloso se imponen penas de prisión de uno a cuatro años e inhabilitación especial para ejercer cualquier profesión sanitaria, o para prestar servicios de toda índole en clínicas, establecimientos o consultorios ginecológicos, públicos o privados, por tiempo de dos a ocho años.

Si hay imprudencia grave se castigará con prisión de tres a cinco meses o multa de seis a diez meses.

Si se cometen los hechos a causa de imprudencia profesional se impondrá la pena de inhabilitación especial para el ejercicio de la profesión, oficio o cargo por un período de seis meses a dos años.

2.4. Delitos relativos a la manipulación genética

Los avances habidos en los últimos años en relación con la investigación en genética son realmente vertiginosos, llegándose a conocer con detalle el mapa genético; y ello es y será un gran paso para la humanidad, por ejemplo, para avanzarse al desarrollo de enfermedades y poderlas curar. Pero, por el contrario, este panorama de avances, como algunos otros descubrimientos, genera una serie de:

«Dilemas de enormes magnitudes y complejidades diversas, como puede ser la ingeniería genética, en las que entran en juego derechos humanos básicos y fundamentales» (Arabaolaza, 2018, pp. 124-125).

En el mismo sentido, Grisolía (2006) afirma que la polémica viene de que últimamente los conflictos entre ciencia y ética han entrado con mucha fuerza en el debate público a causa de los progresos de la biología en general y especialmente de la genética.

Como indica MUÑOZ CONDE (2015, p. 108):

> «No se prohíben las técnicas ni la experimentación científica en este terreno, sino solo aquellas que pueden afectar a bienes jurídicos protegidos de gran importancia para la Humanidad».

Los delitos relativos a la manipulación genética se encuentran ubicados en el título V del libro II del Código Penal y concretamente en los artículos 159 a 162.

Art. 159 CP.

> «1. Serán castigados con la pena de prisión de dos a seis años e inhabilitación especial para empleo o cargo público, profesión u oficio de siete a diez años los que, con finalidad distinta a la eliminación o disminución de taras o enfermedades graves, **manipulen genes humanos de manera que se altere el genotipo**».

➜ **Bien jurídico protegido**. No se trata de una cuestión pacífica entre la doctrina (MUÑOZ CONDE, 2015), pero podemos indicar que se trata de proteger:

- Integridad genética del embrión.
- La vida.
- La salud del futuro ser, el cual ha sufrido una manipulación genética.
- La dignidad humana.
- El derecho a la individualidad y a la diferencia genética.

➜ **Sujeto activo**. Puede ser cualquiera.

➜ **Sujeto pasivo**. El ser que ha de nacer, e incluso la especie humana.

➜ **Tipo subjetivo**. Se castigan las conductas dolosas.

➜ **Acción típica**. Lo que realmente se castiga es la manipulación genética humana de forma que se pueda alterar el genotipo con una finalidad distinta a la eliminación o disminución de taras o enfermedades graves.

Si se lleva a cabo una manipulación genética de carácter terapéutico, es decir, para curar enfermedades, la acción es impune.

➜ **Grado de consumación**. Se va a producir la consumación en el momento en que se realice la alteración del genotipo a causa de la manipulación genética. Cabe la posibilidad de la tentativa, pues puede ser que se intente realizar una manipulación genética sin fines terapéuticos y que no se consiga esa alteración.

➜ **Penalidad**. Prisión de dos a seis años e inhabilitación especial para el empleo o cargo público, profesión u oficio de siete a diez años.

Hay que destacar que estamos ante una **ley penal en blanco**, pues las manipulaciones genéticas son maniobras realmente complejas que precisan de una legislación que está fuera del Código Penal y que avanza con la tecnología cada vez más cambiante y vertiginosa. Estos avances suelen estar al límite de la legalidad y de la ética.

Debemos tener en cuenta la siguiente legislación al respecto:

- Real Decreto 413/1996, de 1 de marzo, por el que se establecen los requisitos técnicos y funcionales precisos para la autorización y homologación de los centros y servicios sanitarios relacionados con las técnicas de reproducción humana asistida.
- Convenio para la protección de los derechos humanos y la dignidad del ser humano con respecto a las aplicaciones de la biología y la medicina firmado en Oviedo el día 4 de abril de 1997.
- Protocolo adicional por el que se prohíbe la clonación de los seres humanos, establecido en París el día 12 de enero de 1998.
- Real Decreto 120/2003, de 31 de enero (La ley 270/2003).
- Ley 9/2003, de 25 de abril (La ley 760/2003), sobre el régimen jurídico de la utilización confinada, liberación voluntaria y comercialización de organismos modificados genéticamente.
- Ley 14/2006, de 26 de mayo, sobre técnicas de reproducción humana asistida.
- Ley 14/2007, de 3 de julio, de investigación biomédica.
- Real Decreto 42/2010, de 15 de enero (La ley, 995/2010).

Manipulación genética por imprudencia grave

Artículo 159.2 CP

«2. Si la alteración del genotipo fuere realizada por imprudencia grave, la pena será de multa de seis a quince meses e inhabilitación especial para empleo o cargo público, profesión u oficio de uno a tres años».

Será muy complejo determinar si la alteración del genotipo ha sido realizada con dolo o por imprudencia grave, pues en todo caso se tendría que ver cómo era el genotipo antes de su alteración y las circunstancias en las que se cometieron los hechos.

Utilización de la ingeniería genética para producir armas biológicas o exterminadoras de la especie humana (art. 160.1 CP).

Queda claro entre la doctrina más autorizada, que no se puede utilizar la ingeniería genética para la creación de armas biológicas que puedan producir microorganismos que luego sirvan para crear estas armas, que puedan atentar contra la vida humana.

Además, Muñoz Conde (2015) advierte que este tipo de acciones pueden derivar en un delito de genocidio *ex* art. 607 CP, o contra el medioambiente *ex* arts. 325 y ss CP.

Artículo 160.1 CP.

«1. La utilización de la ingeniería genética para producir armas biológicas o exterminadoras de la especie humana, será castigada con la pena de prisión de tres a siete años e inhabilitación especial para empleo o cargo público, profesión u oficio por tiempo de siete a 10 años».

➔ **Acción típica**. En este artículo están tipificados dos supuestos que sean de producir utilizando la ingeniería genética:

- Producir armas biológicas.
- Producir armas que exterminar en la especie humana.

➔ **Bien jurídico protegido**. Se trata de proteger a la especie humana en el sentido más amplio.

➔ **Tipo subjetivo**. Se castiga la conducta con dolo directo o con dolo eventual.

➔ **Penalidad**. Pena de prisión de tres a siete años e inhabilitación especial para empleo o cargo público, profesión u oficio por tiempo de siete a diez años.

➔ **Grado de consumación**. Existirá la consumación del delito en el momento en el que se fecunde un óvulo para una finalidad distinta a la procreación de los seres humanos. Cabe la posibilidad de la tentativa, pues pueden realizarse actos tendentes a la fecundación pero que no lo consigan.

Fecundación de óvulos humanos con cualquier fin distinto a la procreación (art. 160.2 CP)

«2. Serán castigados con la pena de prisión de uno a cinco años e inhabilitación especial para empleo o cargo público, profesión u oficio de seis a 10 años quienes fecunden óvulos humanos con cualquier fin distinto a la procreación humana».

Lo que se castiga aquí es la fecundación de óvulos humanos para una finalidad que no sea la procreación humana, y que también pueda crearse un ser humano en un laboratorio. Está prohibido también el combinar óvulos y espermatozoides humanos y de animales para conseguir crear una vida.

Lo que no está prohibido es el «test del hámster» que puede utilizarse para calibrar la capacidad de fertilización del espermatozoide humano, que se permitirá hasta que se produzca la fase de división en dos células del óvulo del hámster fecundado, teniéndose aquí que interrumpir el citado testeo, como indica Muñoz Conde (2015).

> Está prohibida la combinación de óvulos y espermatozoides humanos y de animales para conseguir crear una vida.

➔ **Bien jurídico protegido**. Se protege al preembrión, al embrión y al feto.

➔ **Tipo subjetivo**. Si sanciona el dolo directo.

➔ **Penalidad**. Se sanciona con pena de **prisión** de uno a cinco años e **inhabilitación especial** para empleo o cargo público, profesión u oficio de seis a diez años.

Creación de seres humanos idénticos por clonación (art. 160.3 CP)

En primer lugar, vamos a definir lo que es la «clonación», según De La Cuesta Aguado (2001, p. 1):

«El término clonación comprende un conjunto diverso de técnicas cuya finalidad es obtener nuevas unidades vitales (genes, células u organismos) genéticamente idénticos mediante reproducción asexual. Según el objeto que se pretenda reproducir por clonación, la finalidad, la trascendencia social y jurídica y la técnica será distinta. Así, cabe hablar de clonación en el ámbito de la manipulación genética para la reduplicación de ADN y de clonación dentro del ámbito propio de reproducción asistida para la generación de nuevas células, tejidos, órganos u organismos».

La clonación de personas, esto es, la reproducción asexual humana mediante el proceso de generar un ser idéntico a un individuo anterior en el tiempo, en principio, está prohibida penalmente en nuestro ordenamiento jurídico en el Código Penal español.

Art. 160.3 CP

«3. Con la misma pena se castigará la creación de seres humanos idénticos por clonación u otros procedimientos dirigidos a la selección de la raza».

➔ **Bien jurídico protegido**. Aquí se protege la dignidad humana.

➔ **Acción típica**. Se trata de clonar seres humanos con la intención de seleccionar la raza.

➔ **Grado de consumación**. Se consuma el delito en el momento en que se ha materializado la clonación del ser humano. Cabe también el grado de tentativa, pues pueden haberse realizado todos los actos para conseguir la finalidad de clonar y no conseguirlo.

➔ **Penalidad**. Prisión de uno a cinco años e inhabilitación especial para empleo o cargo público, profesión u oficio de seis a diez años.

Ya en 1998 la empresa estadounidense, Advanced Cell Technologies, habría clonado humanos con un óvulo de vaca fecundado con un núcleo humano.

Reproducción asistida sin consentimiento de la mujer (art. 161 CP)

Se encuentra de forma similar en la conducta tipificada, pero no tiene el elemento de la finalidad que se persigue que caracteriza el embarazo forzado. El artículo 607 bis 2.5 CP castiga:

«Con la pena de prisión de seis a ocho años si forzaran el embarazo de alguna mujer con intención de modificar la composición étnica de la población, sin perjuicio de la pena que corresponda, en su caso, por otros delitos».

Pero, ¿por qué puede interesar embarazar a una mujer contra su voluntad? Pues con la intención de modificar la composición étnica de una población o alterar la composición racial o étnica de un grupo (Liñán Lafuente, 2018).

Art. 161 CP

«1. Quien practicare reproducción asistida en una mujer, sin su consentimiento, será castigado con la pena de prisión de dos a seis años, e inhabilitación especial para empleo o cargo público, profesión u oficio por tiempo de uno a cuatro años.

2. Para proceder por este delito será precisa denuncia de la persona agraviada o de su representante legal. Cuando aquélla sea menor de edad, persona con discapacidad necesitada de especial protección o una persona desvalida, también podrá denunciar el Ministerio Fiscal».

➔ **Bien jurídico protegido**. Es la libertad de la mujer. Hay que tener en cuenta que podríamos estar ante un concurso de delitos con el delito de coacciones.

➔ **Acción típica**. Se castiga a quien practique la reproducción asistida en una mujer sin tener su consentimiento. Puede haberse cometido la acción sin el consentimiento de la mujer porque se la ha engañado o incluso porque se le ha suministrado algún tipo de narcótico que le impida decidir.

Según MANZANARES (2016, p. 5):

> «Dichas técnicas son, conforme al anexo de aquella tras su modificación por la Ley 14/2007, de 3 de julio (La ley 7239/2007), la inseminación, la fecundación in vitro e inyección intracitoplásmica de espermatozoides procedentes de eyaculado, con gametos propios o de donante y con transferencia de preembriones. Su artículo 6.3 (La ley 7239/2007) exige el consentimiento informado de la mujer, aclarando que si la mujer estuviera casada, se precisará, además, el consentimiento del marido, a menos que estuvieran separados legalmente o de hecho, y así conste de manera fehaciente».

➔ **Sujeto activo**. Puede ser cualquiera, pero entendemos que fundamentalmente solo pueden ejecutar este tipo de delitos las personas con una alta cualificación técnica en esta materia.

➔ **Grado de consumación**. Se consuma el delito en el momento en el que se producen las prácticas de las técnicas de reproducción asistida. Cabe la tentativa.

➔ **Tipo subjetivo**. El delito es de carácter doloso.

➔ **Penalidad**. Prisión de dos a seis años, e inhabilitación especial para el empleo o cargo público, profesión u oficio por tiempo de uno a cuatro años.

Sería precisa la denuncia de la persona agraviada o de su representante legal y, cuando fuera menor de edad o persona con discapacidad necesitada de especial protección también podría denunciar el Ministerio Fiscal. Ello sucede porque se trata de un delito semipúblico. La referencia al término «persona con discapacidad necesitada de especial protección» ha sido introducida en sustitución de la anterior referencia al término «incapaz», conforme establece el número doscientos cincuenta y ocho del artículo único de la L.O. 1/2015, de 30 de marzo, por la que se modifica la L.O. 10/1995, de 23 de noviembre, del Código Penal (BOE 31 marzo).

El **artículo 162 CP** establece unas consecuencias accesorias al disponer que:

> «En los delitos contemplados en este título, la autoridad judicial podrá imponer alguna o algunas de las consecuencias previstas en el artículo 129 de este Código cuando el culpable perteneciere a una sociedad, organización o asociación, incluso de carácter transitorio, que se dedicare a la realización de tales actividades».

Las pruebas de ADN cada vez están más perfeccionadas y pueden ser de gran utilidad en criminalística a los efectos de averiguar y resolver crímenes con un alto índice de fiabilidad. Sin embargo, no podemos olvidar que esta forma de identificación, si no se utiliza correctamente, puede conculcar derechos fundamentales, como el de no auto inculparse y el derecho a la intimidad.

No es posible extraer muestras de ADN sin el consentimiento de la persona, sin embargo, el no someterse de forma voluntaria a este tipo de pruebas, puede suponer un indicio de culpabilidad.

Es importante remarcar que las bases de datos de ADN han de estar muy bien custodiadas, y por las autoridades competentes en la materia, pues este tipo de información puede marcar toda la vida de una persona si se utiliza de forma incorrecta. Pensemos en el caso de una persona a la que se le detectan genes que sean proclives a tener enfermedades coronarias. Si esta información va a parar a manos de bases de datos de mutualidades médicas sin ningún tipo de control legal, podría suponer que nadie quisiera hacerle un seguro médico e incluso le podría impedir el trabajar.

2.5. Referencias bibliográficas

Arabaolaza, E., *Delitos relativos a la manipulación genética. Título V.* (Tesis doctoral inédita). Madrid, Universidad Complutense, 2018.

Bajo, M., *Manual de Derecho penal. Parte especial*. Madrid, Centro de Estudios Ramón Areces, 1991.

Cerezo, J., «La regulación del aborto en el Proyecto de Nuevo Código penal», en *Estudios sobre la moderna reforma penal española*. Madrid, Tecnos, 1993.

De la Cuesta Aguado, P. M., «Clonación por transferencia nuclear celular en el artículo 161 del Código penal», en *Actualidad Penal*, 5, 2001.

García Valdés, C., *Diccionario de Ciencia Penales*. Madrid, Edisofer,2000.

García Valdés, C. Mestre, E. y **Figueroa, C.**, *Lecciones de Derecho penal. Parte Especial*. Madrid, Edisofer,2015.

Grisolía, S. citado en **Soto Nieto, F.**, «Clonación terapéutica. Sus características y porvenir legal», en *Diario La Ley*, 6555, Sección Columna, 2006.

Higuera, J. F., «Delitos de lesiones al feto», en *Actualidad Penal*, 16, 371, 2000.

Lamarca, C., *Derecho Penal. Parte Especial*. Madrid, Colex, 2010.

Lamarca, C., *Delitos. La parte especial del Derecho penal*. Madrid, Dykinson, 2016.

Liñán, L., «Embarazo forzado», en *Tratado de derecho penal español. Parte especial* Álvarez García, F. J. (dir.). Valencia, Tirant lo Blanch, 2018.

Manzanares, J. L., «Delitos relativos a la manipulación genética», en *La Ley* 3279/2016, 5, 2016.

Marín, J. A., *Aborto y Constitución*. Jaén, Universidad de Jaén, 1996.

Mir Puig, S., «Aborto, estado de necesidad y Constitución. Comentario a la sentencia de la Audiencia de Bilbao de 24 de marzo de 1982», en *Revista Jurídica de Cataluña*, 1982.

Muñoz Conde, F., *Derecho penal parte especial.* Valencia, Tirant Lo Blanch, 2015.

RAE. *Diccionario de la lengua española.* Fecha de consulta: 4 de junio de 2019. Disponible en: https://bit.ly/38Wrbfn

Rodríguez Devesa, J. M., «El aborto ante la Ley (legislación comparada)», en *Vida Nueva*, 1986.

Ropero, J., «La insuficiencia del sistema de indicaciones en el delito de Aborto», en *Adpcp*, 2003.

Serrano Gómez, A. y **Serrano Maíllo, A.**, *Curso de derecho penal. Parte especial.* Madrid, Dykinson, 2016.

Vives Antón, T. S., «Valoraciones ético-sociales y jurisprudencia constitucional», en *Revista Española de Derecho Constitucional*, 17, 121 y ss., 1985.

Jurisprudencia

- Sentencia del Tribunal Supremo, Sala Segunda de lo Penal, n.º 2002/2000, de 19 de septiembre, ECLI:ES:TS:2001:6916 (LA LEY 8258/2001).
- Sentencia del Tribunal Supremo, Sala Segunda de lo Penal, n.º 1497/2003, de 13 de noviembre, ECLI:ES:TS:2003:7144 (LA LEY 363/2004).
- Sentencia del Tribunal Supremo, Sala Segunda de lo Penal, n.º 798/2017 de 11 de diciembre, ECLI:ES:TS:2017:4790 (LA LEY 193596/2017).
- Sentencia del Tribunal Supremo, Sala Segunda de lo Penal, n.º 552/2018 de 14 de noviembre, ECLI:ES:TS:2018:3788 (LA LEY 168707/2018).

Para saber más...

El aborto no punible

Salinero, C. (2018). El aborto no punible en el ordenamiento jurídico español: la —casi eterna— respuesta a una incertidumbre. En *Revista Electrónica de Ciencia Penal y Criminología. Criminet*. Disponible en: https://bit.ly/3C29ZLy

Legislar sobre el aborto en España siempre ha causado polémica. Hemos pasado en cuarenta años desde una prohibición total, hasta nuestros días, en los que vemos que hay una serie de posibilidades para interrumpir el embarazo por razones objetivas y también por razones de plazos temporales.

Unplanned

Es un film de 2019 dirigido por Chuck Konzelman y Cary Solomony, protagonizado por Ashley Bratcher, Brooks Ryan, Robia LaMorte y Jared Lotz, entre otros.

Abby Johnson (Ashley Bratcher) es una de las directoras más jóvenes de las clínicas planned parenthood que existen en EE. UU. Como directora, llegó a aconsejar unos 22 000 abortos, convirtiendo la clínica en una verdadera franquicia que manejaba ingentes cantidades de dinero. Abby Johnson se practicó dos abortos ella misma.

Es interesante ver esta película, pues la protagonista de repente cambiará el sino de su vida de forma radical, para pasar a ser de una activista proaborto, a luchar en los tribunales contra su propia empresa convirtiéndose en una líder provida.

Accede al tráiler desde la siguiente dirección web:
https://bit.ly/3tu1Cp4

El mapa del aborto en el mundo

De Salas, P. (2018). *El mapa del aborto en el mundo*. [Artículo en línea]. Disponible en: https://bit.ly/3tEn0rW

Tras la liberalización de la legislación del aborto en Irlanda, la interrupción del aborto en Europa está permitida en más de 36 países, aunque en distintos grados: en 29 es legal por cualquier motivo, según los últimos datos disponibles de la ONU.

Abortar es legal en países como: Finlandia, Reino Unido, Irlanda del Norte, Gales, Irlanda, Mónaco, Chipre o Polonia, si bien no en todos los casos. La ley establece, en estos países, que una mujer puede interrumpir el embarazo en casos muy determinados, como la violación.

Los países de Europa más restrictivos con el aborto son Andorra —una mujer puede ser condenada hasta dos años de prisión por abortar o ser cómplice de un aborto—, San Marino, Vaticano y Malta.

En España, la Ley del Aborto fue aprobada en 2010, y permite que una mujer pueda abortar hasta las catorce semanas de gestación (veintidós semanas en algunos casos por enfermedad), independientemente del motivo. La ley impulsada en el Gobierno de José Luis Rodríguez Zapatero legalizó el aborto para jóvenes de dieciséis y diecisiete años. Por el contrario, el Partido Popular la modificó en 2015 para requerir el consentimiento parental.

Test

Aborgo ilegal

1. **¿Qué pena se establece para quien provoque un aborto sin el consentimiento de la mujer?**
   a) 1 a 3 años de prisión.
   b) 2 a 5 años de prisión.
   c) 4 a 8 años de prisión.
   d) 6 a 10 años de prisión.

2. **Un aborto inducido realizado sin violencia, amenaza o engaño pero sin consentimiento de la mujer, ¿constituye delito?**
   a) Sí, en cualquier caso.
   b) No, si la mujer no es consciente del acto.
   c) No, si no hay ánimo de lucro.
   d) Solo si la mujer es menor de edad.

3. **¿Cuál de las siguientes situaciones podría calificarse jurídicamente como aborto ilegal?**
   a) Interrupción del embarazo solicitada por la mujer dentro de las primeras 14 semanas.
   b) Interrupción del embarazo a petición de la mujer dentro de las 10 semanas.
   c) Interrupción del embarazo realizada sin consentimiento informado y por escrito de la mujer.
   d) Interrupción del embarazo por causas médicas comprobadas por especialistas.

4. **¿Qué profesionales pueden ser inhabilitados por realizar un aborto ilegal?**
   a) Cualquier profesional de la salud.
   b) Solo médicos ginecólogos.
   c) Solo enfermeros y enfermeras.
   d) Cualquier profesional sanitario o que preste servicios en centros ginecológicos.

5. **¿Qué tiempo debe transcurrir desde la información a la mujer embarazada hasta la realización de una interrupción legal del embarazo?**
   a) 24 horas.
   b) 72 horas.
   c) 1 semana.
   d) Solo se informa si lo pide la mujer.

6. ¿En qué casos el consentimiento expreso de la mujer embarazada puede no ser requerido para interrumpir legalmente el embarazo?

a) Cuando no quiere continuar con el embarazo.
b) Cuando la interrupción se realiza en un centro no acreditado.
c) Cuando hay riesgo inmediato grave para su vida o salud.
d) Cuando la mujer se encuentra en la semana 15 a 22 del embarazo.

7. ¿Cual es la sanción para quienes coaccionen a una mujer para abortar?

a) Multa.
b) Multa e inhabilitación profesional.
c) Prisión.
d) Prisión e inhabilitación especial para ejercer cualquier profesión sanitaria.

8. ¿Cuál de las siguientes no es una causal de interrupción del embarazo amparada por la Ley Orgánica 2/2010?

a) Riesgo para la vida o salud de la embarazada.
b) Riesgo de graves anomalías en el feto.
c) La voluntad libre y consciente de la mujer dentro de las 14 primeras semanas.
d) Situación económica desfavorable de la mujer embarazada.

9. ¿Qué requisito adicional es necesario cuando una menor de edad desea interrumpir su embarazo?

a) Consentimiento de los padres o tutores.
b) Dictamen de dos médicos especialistas.
c) Autorización judicial.
d) No se requiere ningún requisito adicional.

10. ¿Qué ocurre si una mujer es engañada para realizar un aborto?

a) No hay delito si ella finalmente da su consentimiento.
b) Se considera aborto ilegal si se obtiene la anuencia mediante engaño.
c) Se considera un acto dentro de la legalidad.
d) Solo hay delito si hay violencia física.

Solucionario

1. **c) 4 a 8 años de prisión.**
2. **a) Sí, en cualquier caso.**
3. **c) Interrupción del embarazo realizada sin consentimiento informado y por escrito de la mujer.**
4. **d) Cualquier profesional sanitario o que preste servicios en centros ginecológicos.**

5. **d) Solo se informa si lo pide la mujer.**
6. **c) Cuando hay riesgo inmediato grave para su vida o salud.**
7. **d) Prisión e inhabilitación especial para ejercer cualquier profesión sanitaria.**
8. **d) Situación económica desfavorable de la mujer embarazada.**
9. **a) Consentimiento de los padres o tutores.**
10. **b) Se considera aborto ilegal si se obtiene la anuencia mediante engaño.**

Lesiones al feto

1. **¿Qué bien jurídico protege el artículo 157 del Código Penal español?**
   a) La vida de la madre.
   b) La integridad física y psíquica del feto.
   c) El derecho a la reproducción.
   d) La salud pública.

2. **¿Quién puede ser considerado sujeto activo en los delitos de lesiones al feto?**
   a) Solo la madre.
   b) Cualquier persona, incluyendo a la madre.
   c) Únicamente los profesionales de la salud.
   d) Solo terceros distintos a la madre.

3. **¿Qué tipo de delito se contempla en el artículo 157 del Código Penal referente a las lesiones al feto?**
   a) Culposo exclusivamente.
   b) Doloso exclusivamente.
   c) Tanto doloso como por imprudencia grave.
   d) Únicamente imprudencia leve.

4. **¿En qué momento se considera consumado el delito de lesiones al feto?**
   a) En el momento del nacimiento.
   b) Cuando se realiza la acción dañina, independientemente del parto.
   c) Si el feto presenta secuelas tras el parto.
   d) Al abortar.

5. **¿Qué grado de imprudencia se requiere para que se aplique el artículo 158 del Código Penal relativo a las lesiones al feto?**
   a) Leve.
   b) Menos grave.
   c) Grave.
   d) Imprudencia profesional.

6. ¿Existe alguna circunstancia en la cual no se penará a la embarazada por cometer un hecho descrito en el artículo 158?

a) Sí, siempre se la exime de pena.

b) No, siempre se la pena.

c) Sí, si fue por imprudencia grave.

d) Sí, si fue por imprudencia profesional.

7. ¿Qué pena está establecida para quien cometa un delito de lesiones al feto por una acción dolosa?

a) 3 a 5 meses de prisión.

b) 6 a 10 años de prisión.

c) 1 a 4 años de prisión.

d) Multa de seis a diez meses.

8. ¿Cabe la tentativa en los delitos que afectan al feto?

a) No, solo se pena la consumación.

b) Sí, la tentativa está penada.

c) Solo si hay riesgo para la vida del feto.

d) No, la tentativa no está regulada.

9. ¿Cuál es el sujeto pasivo en los delitos de lesiones al feto?

a) La madre exclusivamente.

b) El personal médico que interviene.

c) El feto.

d) El Estado.

10. En el caso del artículo 157 del CP, ¿se considera una causa de justificación si las lesiones al feto se producen en un intento de salvar la vida de la madre?

a) Sí, bajo estado de necesidad.

b) No, porque el bien jurídico protegido es siempre el feto.

c) Depende de la situación económica de la madre.

d) Solo si hay consentimiento explícito de la madre.

Solucionario

1. **b) La integridad física y psíquica del feto.**
2. **b) Cualquier persona, incluyendo a la madre.**
3. **c) Tanto doloso como por imprudencia grave.**
4. **b) Cuando se realiza la acción dañina, independientemente del parto.**
5. **c) Grave**

6. **c) Sí, si fue por imprudencia grave.**
7. **c) 1 a 4 años de prisión.**
8. **b) Sí, la tentativa está penada.**
9. **c) El feto.**
10. **a) Sí, bajo estado de necesidad.**

TEMA 3.

LAS LESIONES

3.1. Introducción y objetivos

Lesionar el cuerpo de una persona se puede hacer de muchas formas, y una de las más dolorosas y crueles es la **ablación**, que se realiza a niñas en diversos países africanos. Las víctimas que han sufrido este tipo de lesión, que proviene de creencias religiosas y convenciones sociales, explican que el dolor es insoportable, y que les quedan para siempre secuelas muy dolorosas cuando pasan de niña a mujer y cuando mantienen relaciones sexuales.

Millones de niñas en África están en riesgo de mutilación genital femenina (MGF, ablación) debido a que sus gobiernos no aplican las leyes que prohíben esta práctica, pero siempre hay una esperanza; Sierra Leona ha prohibido la mutilación genital femenina a principios de 2019. De todas formas, en nuestro entorno sociocultural hemos de estar alerta, pues miles de migrantes llegan a nuestros países buscando un futuro mejor, pero también vienen con sus hijas, su cultura, con sus costumbres muy arraigadas como la ablación femenina que muchos no alcanzamos a comprender pero que, en todo caso, está tipificada como un delito.

Las lesiones en cualquiera de sus formas son **uno de los ilícitos penales de mayor comisión en nuestro país**, y en este tema vamos a hablar sobre los distintos tipos de actos que existen para dañar física y/o psíquicamente a un ser humano (MESTRE DELGADO y FIGUEROA NAVARRO, 2017).

Podemos no comprender el porqué de la ablación, pero el dolor tiene un lenguaje que todos entendemos y que es universal.

Los objetivos de este tema son:

- Estudiar las características generales de los tipos penales relacionados con las lesiones.
- Tratar sobre la violencia de género y doméstica.
- Acercarnos a la participación en riña tumultuaria.
- Estudiar la situación del consentimiento en las lesiones.

3.2. Las lesiones

Según la definición de la Real Academia Española de la Lengua en su acepción primera, una lesión es un «daño o detrimento corporal causado por una herida, un golpe o una enfermedad».

En la sección 1.ª de los derechos fundamentales y de las libertades públicas de la Constitución española ya se protege al ciudadano de las lesiones, pues la integridad física y moral son derechos fundamentales de primerísimo orden.

Art. 15 CE

«Todos tienen derecho a la vida y a la integridad física y moral, sin que, en ningún caso, puedan ser sometidos a tortura ni a penas o tratos inhumanos o degradantes (...)».

El derecho a la integridad física y moral son los derechos más básicos y primarios de todos los reconocidos en nuestra carta magna en la medida en que la afirmación de los demás solo tiene sentido a partir del reconocimiento de estos, aunque evidentemente, hay un antecedente, que es la vida. La Constitución española va todavía más lejos que el Código Penal, pues protege expresamente la **integridad moral** de las personas.

El tipo básico del delito de lesiones lo encontramos en el art. 147.1 del CP:

Artículo 147. 1 CP

«El que, por cualquier medio o procedimiento, causare a otro una lesión que menoscabe su integridad corporal o su salud física o mental, será castigado, como reo del delito de lesiones con la pena de prisión de tres meses a tres años o multa de seis a doce meses, siempre que la lesión requiera objetivamente para su sanidad, además de una primera asistencia facultativa, tratamiento médico o quirúrgico. La simple vigilancia o seguimiento facultativo del curso de la lesión no se considerará tratamiento médico».

La sentencia del Tribunal Supremo n.º 79/2009, de 10 de febrero señala:

«En la STS. 261/2005 de 28.2 según la más reciente posición de la Organización Mundial de la Salud, las lesiones o padecimientos que constituyen una enfermedad no solo son las que se derivan de una agresión material con resultado de daños físicos, sino también cualquier otra forma de agresión que ocasione padecimientos o secuelas físicas o psíquicas».

➔ **Bien jurídico protegido**: se puede extraer del mismo concepto del delito de lesiones, y es por ello por lo que entendemos que lo que se protege es la integridad corporal y la salud física y/o mental.

➔ **Acción típica**: se trata de todo menoscabo a la integridad corporal y a la salud física y/o mental de una persona.

➔ **Sujeto activo**: se trata de un delito común, pues el sujeto activo puede serlo, en principio, cualquier persona siempre que se trate de un tercero (no se castiga la autolesión) (Lamarca, 2010).

Aquí exceptuamos los tipos previstos en los arts. 148 y 153 CP donde «sujeto activo» solo puede ser un hombre que, además, tenga o haya tenido con la víctima alguna de las relaciones que se mencionan. La condena por ser o haber sido la víctima esposa, o mujer que estuviere o hubiere estado ligada al autor por una análoga relación de afectividad, aun sin convivencia (CP 148.4.º), incorpora las circunstancias de la relación convivencial similar al matrimonio, imposibilitando la condena por el artículo 153 del Código Penal, pues el precepto más amplio incorpora el desvalor de las lesiones, insultos y amenazas previas que **desembocaron en un resultado más grave y superior** a los actos que en progresión delictiva iban dirigidos al resultado penal más grave (STS 2.ª, de 27 de mayo de 2015, recurso 2416/2014).

➔ **Sujeto pasivo**: puede ser cualquier persona con las excepciones previstas en los artículos 148 y 153 (LAMARCA PÉREZ, 2010).

➔ **Pena**: pena de prisión de tres meses a tres años o multa de seis a doce meses.

➔ **Tipo subjetivo**: pueden ser materializadas con dolo directo o con dolo eventual.

RODRÍGUEZ DEVESA (1981) indicaba que actúa dolosamente el que sabe lo que hace y quiere hacerlo, indicando los dos componentes de este significante: el saber, es decir, el elemento intelectual, intencional o cognitivo.

Las lesiones pueden ser dolosas y también imprudentes (reguladas en el art. 152 CP), pero habrá dificultad en diferenciar el dolo eventual de la imprudencia, ya sea esta grave o menos grave; las lesiones por imprudencia leve son atípicas, cualquiera que sea el resultado.

Hay que tener en cuenta que las lesiones psíquicas no se pueden cometer por imprudencia según la sentencia del Tribunal Supremo, Sala 2.ª, de 27 de diciembre de 2005, recurso 2455/2004, hecho con el que no comparto criterio, pues pueden darse casos de lesiones psíquicas cometidas por alguien que desconoce la psiquis de la víctima, y comportándose e interactuando de una determinada forma, está lesionándola.

> Según la jurisprudencia, las lesiones psíquicas no se pueden cometer por imprudencia.

➔ **Causas de justificación**: legítima defensa, estado de necesidad, cumplimiento del deber y ejercicio legítimo de un derecho, oficio o cargo.

➔ **Formas de ejecución**: es posible que se produzca este delito en una situación de comisión por omisión, sin embargo, será más difícil que se produzca en grado de tentativa.

➔ **Concursos**: hay ocasiones en las que se presenta la dicotomía entre si el sujeto activo estaba buscando lesionar y finalmente causa una muerte, y también en sentido opuesto.

Por otra parte, no es nada infrecuente que exista el concurso real de delitos con el robo y delitos contra la libertad sexual, entre otros.

En relación con lo dicho, podemos ver la sentencia del Tribunal Supremo, Sala 2.ª, rec. 1581/2013 donde, en un caso de robo con violencia en casa habitada, revoca la instancia que absolvió de un delito de lesiones al caerse la víctima desde un balcón, señalando:

> «El hecho de irrumpir, violentamente y armados, en el domicilio de la lesionada y de su pareja, el recluir a la mujer en el dormitorio de la vivienda y el disparar contra el

otro morador, de forma que la víctima, al oír tales disparos, lógicamente se atemorizó e intentó la arriesgada huida a través del balcón que había en la habitación, lo que provocó su caída e importantes lesiones, ha de suponer la atribución de la responsabilidad de esas consecuencias lesivas a quienes originaron el riesgo idóneo para originar ese resultado».

Pero, ¿qué entendemos como **tratamiento quirúrgico**? En relación con el mismo, la sentencia del Tribunal Supremo n.º 539/2004, de 28 de abril establece:

«3. Sin ánimo exhaustivo nos limitaremos a señalar que efectivamente en la sentencia 806/2001, de 11 de mayo, se dice que «es Jurisprudencia reiterada de esta Sala Segunda que constituye tratamiento quirúrgico la sutura o costura de los tejidos que han quedado abiertos como consecuencia de una herida, y que es preciso aproximar para que la misma cierre»».

Añadiéndose que «la letra del precepto —art. 147.1 CP— no excluye la simultaneidad de la primera asistencia facultativa con el tratamiento médico o quirúrgico, sino todo lo contrario».

La expresión contenida en el art. 147.1, además de una primera asistencia, indica que todos «los actos médicos, aun curativos, fijados o practicados en dicha primera asistencia, forman parte de ella y no constituyen un tratamiento médico o diferenciado» (Circular de la Fiscalía General del Estado 2/1990, p. 206).

Y por otra parte, en la STS 1021/2003, de 7 de julio, se afirma que:

«(...) la costura con la que se reúnen los labios de una herida —puntos de sutura—, en cuanto se revela como necesaria para la restauración del tejido dañado, ha sido considerada por una praxis jurisprudencial ya consolidada, como un acto de cirugía menor y por ende como una intervención quirúrgica».

Para que estemos ante el tipo penal básico de lesiones, estas han de suponer un grave menoscabo para la integridad y/o la salud física y/o mental y que se requiera para su curación de un tratamiento médico o quirúrgico después de una primera asistencia facultativa. Según SERRANO GÓMEZ y SERRANO MAÍLLO (2016), no es preciso que se produzca efectivamente el tratamiento médico o quirúrgico, sino que sea necesario, y así con este requisito se cumpliría lo preceptuado en el tipo penal básico de lesiones. Solo cuando el tratamiento médico no tiene éxito y su resultado es negativo para la salud puede plantearse el problema de la tipicidad del delito de lesiones (MUÑOZ CONDE, 2015).

Un tratamiento quirúrgico puede ir desde unos puntos de sutura hasta una extirpación de un riñón y, por lo tanto, la casuística es muy variada. Hay que tener en cuenta que para determinar si se precisa de un tratamiento quirúrgico, estamos ante un ámbito médico y no jurídico, pero que a lo largo del tiempo se ha ido perfilando a través de las diferentes sentencias y de la doctrina científica más especializada.

➜ **No se considera tratamiento**: la mera vigilancia o seguimiento de un facultativo de la evolución de la lesión no se considera tratamiento médico (art. 147.1 CP *in fine*), tampoco el simple diagnóstico o la pura prevención médica.

➔ **Sí se considera tratamiento**: en toda actividad posterior a la primera asistencia para curar a las personas, por ejemplo:

- La administración de fármacos o la fijación de comportamientos a seguir (STS 2.ª, rec. 452/2006, de 16 de febrero de 2007).
- Los puntos de sutura o la sutura con grapas para curar una herida, el vendaje de la misma para aproximar sus bordes (STS de 26 de noviembre de 2010, rec. 1666/2010), la colocación de puntos de aproximación, conocidos comercialmente como *steri-strip*, ya que existe un inicial pegamento tisular y posterior cura local (STS 2.ª, rec. 92/2016, de 15 de junio de 2016).
- El estrés postraumático proveniente de una agresión que requiere tratamiento psicológico y psiquiátrico (STS 2.ª, rec. 10319/2008, de 10 de octubre de 2008).
- La inmovilización de un tobillo o la colocación de collarines cervicales (STS 2.ª, rec. 338/2004, de 9 de diciembre de 2004).

Según Muñoz Conde (2020), la **asistencia** es la ayuda que se presta a quien tiene algún problema, se queja o se duele de algo, sin que ello exija necesariamente la adopción de ninguna medida curativa. El **tratamiento** es, por el contrario, un conjunto sistemático de actos realizados en el transcurso del tiempo con finalidad eminentemente curativa.

> Si existen dudas sobre si es preciso un tratamiento quirúrgico o no, siempre hay que aplicar el principio ***in dubio pro reo***.

Tipos privilegiados

Lesiones que no causan menoscabo a la integridad corporal y/o la salud física o mental

Hemos de acudir al artículo 147.2 del Código Penal, que indica una situación atenuada: «2. El que, por cualquier medio o procedimiento, causare a otro una lesión no incluida en el apartado anterior, será castigado con la pena de **multa de uno a tres meses**».

Malos tratos de obra

También estamos ante una situación castigada de forma atenuada. Art. 147.3 CP: «El que golpeare o maltratare de obra a otro sin causarle lesión, será castigado con la pena de multa de uno a dos meses».

Condiciones de perseguibilidad

En los dos últimos casos analizados vemos que se tratan de situaciones atenuadas con una pena muy inferior, y que por lo tanto solamente podrán ser castigadas si se presenta una denuncia por parte de la persona que haya sufrido el daño o por parte de su representante legal.

Según el art. 147.4 CP: «Los delitos previstos en los dos apartados anteriores solo serán perseguibles mediante **denuncia** de la persona agraviada o de su representante legal».

Tipos agravados

Seguidamente hablaremos de una serie de lesiones que son especialmente graves atendiendo a: el resultado, el riesgo que se ha producido, la edad del sujeto activo y la víctima y la vulnerabilidad de la víctima.

Según la sentencia del Tribunal Supremo Sala 2.ª, rec. 1897/2014, de 23 de febrero de 2015, puede perfectamente interpretarse que la aplicación del citado precepto estará en directa conexión con una especial gravedad o peligrosidad de la conducta agresiva y cuya determinación quedará al prudente arbitrio del tribunal, bastando con que a ese dato se una la concurrencia de **algunos de los supuestos de hecho que se mencionan en los cinco números del precepto**, los cuales por su naturaleza, si no han contribuido a alcanzar esos niveles de gravedad, sí la han posibilitado o favorecido, pero si nada tuvieran que ver con la dinámica delictiva, difícilmente podrían ser estimadas para la cualificación.

Artículo 148 CP

«Las lesiones previstas en el apartado 1 del artículo anterior podrán ser castigadas con la pena de prisión de dos a cinco años, atendiendo al resultado causado o riesgo producido:

1.° Si en la agresión se hubieren utilizado armas, instrumentos, objetos, medios, métodos o formas concretamente peligrosas para la vida o salud, física o psíquica, del lesionado.

2.° Si hubiere mediado ensañamiento o alevosía.

3.° Si la víctima fuere menor de catorce años o persona con discapacidad necesitada de especial protección.

4.° Si la víctima fuere o hubiere sido esposa, o mujer que estuviere o hubiere estado ligada al autor por una análoga relación de afectividad, aun sin convivencia.

5.° Si la víctima fuera una persona especialmente vulnerable que conviva con el autor».

De forma resumida, el art. 148 CP castiga una serie de supuestos que se podrían clasificar en:

Por los medios o formas de ejecución

➔ Si en la agresión se utilizan armas, instrumentos, objetos, medios, métodos o formas concretamente peligrosas para la vida o la salud, física o psíquica, del lesionado. Según la jurisprudencia, se entiende por objeto peligroso, en términos generales, aquel que aumenta o potencia la capacidad agresiva del agente y crea un riesgo para la persona atacada con merma de sus posibilidades de defensa: un cinturón de cuero de caballero cualquiera que sea su modelo o formato, que cuente con una hebilla (STS 2.ª, 31 de octubre de 2012, recurso 2345/2011), arrojar a la víctima por unas escaleras o estamparla contra una pared (STS 2.ª, 11 de junio de 2007, recurso 247/2007). La utilización de un arma de fuego, un cuchillo de cortar jamón, un hacha, una navaja de grandes dimensiones, etc., constituye, pues, esta agravación, siempre que el sujeto activo sea consciente de la peligrosidad objetiva («concretamente peligrosas») del medio utilizado (Muñoz Conde, 2015).

➔ Si hubiera mediado **ensañamiento o alevosía**.

El *Diccionario de la Real Academia de la Lengua,* en su acepción segunda, define el ensañamiento como:

> «Circunstancia **agravante** de la responsabilidad criminal, que consiste en aumentar inhumanamente y de forma deliberada el sufrimiento de la víctima, causándole padecimientos innecesarios para la comisión del delito».

En el caso del ensañamiento, hemos de tener en cuenta que se trata de un elemento subjetivo y habrá que demostrar que el sujeto activo ha actuado de forma intencionada para aumentar de forma innecesaria el sufrimiento de la víctima.

El citado *Diccionario de la RAE* define la alevosía como:

> «Cautela para asegurar la comisión de un delito contra las personas, **sin riesgo para el delincuente**. Es circunstancia agravante de la responsabilidad criminal».

Por otra parte, en la alevosía el sujeto activo intentará de todos modos que la víctima no se pueda defender, y se asegura su indemnidad. *ad exemplum*, arrojar un armario sobre un parapléjico que utilizaba silla de ruedas STS 2.ª, rec. 2134/2006, de 26 de diciembre de 2007.

Por las víctimas:

➔ Si fuere menor de catorce años o persona con discapacidad necesitada de especial protección. Aquí se intenta proteger de forma especial a víctimas con una edad muy temprana y también a personas con una discapacidad digna de una especial protección, y para ello hay que acudir al artículo 25 del Código Penal, que reza:

> «A los efectos de este Código se entiende por discapacidad aquella situación en que se encuentra una persona con deficiencias físicas, mentales, intelectuales o sensoriales de carácter permanente que, al interactuar con diversas barreras, puedan limitar o impedir su participación plena y efectiva en la sociedad, en igualdad de condiciones con las demás.
>
> Asimismo, a los efectos de este Código, se entenderá por persona con discapacidad necesitada de especial protección a aquella persona con discapacidad que, tenga o no judicialmente modificada su capacidad de obrar, requiera de asistencia o apoyo para el ejercicio de su capacidad jurídica y para la toma de decisiones respecto de su persona, de sus derechos o intereses a causa de sus deficiencias intelectuales o mentales de carácter permanente».

➔ Si fuere o hubiere sido esposa, o mujer que estuviere o hubiere estado ligada al autor por una análoga relación de afectividad, aun sin convivencia.

➔ Si fuera una persona especialmente vulnerable que conviva con el autor.

Tipos cualificados por el resultado

Pérdida de un órgano o miembro principal.

Artículo 149 CP

> «1. El que causara a otro, por cualquier medio o procedimiento, la pérdida o la inutilidad de un órgano o miembro principal, o de un sentido, la impotencia, la esterilidad, una grave deformidad, o una grave enfermedad somática o psíquica, será castigado con la pena de prisión de seis a 12 años.

2. El que causara a otro una mutilación genital en cualquiera de sus manifestaciones será castigado con la pena de prisión de seis a 12 años. Si la víctima fuera menor o persona con discapacidad necesitada de especial protección, será aplicable la pena de inhabilitación especial para el ejercicio de la patria potestad, tutela, curatela, guarda o acogimiento por tiempo de cuatro a 10 años, si el juez lo estima adecuado al interés del menor o persona con discapacidad necesitada de especial protección».

Deformidad. Ha de ser monstruosa, perenne y visible. En este ámbito, siempre hay que tener en cuenta las **circunstancias personales de la víctima**: así, por ejemplo, una cojera evidente es, objetivamente, una **deformidad grave**; una pequeña cicatriz en la cara puede ser grave en el caso de una «modelo fotográfica», y menos grave en una persona dedicada a otro tipo de actividades (MUÑOZ CONDE, 2020).

Sin embargo, hay autores como QUERALT (1996) y MARTÍNEZ RUÍZ (2002), que opinan de forma contraria, pues vienen a indicar que **la deformidad ha de ser considerada objetivamente**, debiendo valorarse del mismo modo las cicatrices en el rostro de la bella modelo que en el del menos agraciado barrendero. Pues, de lo contrario, podría llegarse al absurdo de considerar que es miembro principal el pie de la bailarina o del futbolista.

La Circular de la Fiscalía General del Estado 2/1990 ya puso de relieve que:

«La deformidad **es un estándar en expansión**, al concederse cada vez más importancia a determinados cánones de belleza corporal, indicativos, a su vez, de salud y bienestar, que alcanzan a las relaciones sociales y aun profesionales, en las que se reputa como mérito, al menos inicial, la buena presencia de la persona cánones o criterios que ya no se confinan al llamado «bello sexo», ni a la edad juvenil, sino que se procura extenderlos a cuantas personas se mueven en el actual mundo de relaciones cada vez más extensas».

Según FIGUEROA NAVARRO, 2004 (P. 2), hay que:

«Precisar si la lesión ha producido o no una alteración notable en el aspecto físico de la persona, que merezca ser calificada de deformidad. Y para ello, no es necesario que el sujeto pasivo haya quedado desfigurado y reducido a la categoría de monstruo, pero de ahí a estimarla por la constancia de ligeras cicatrices, media ciertamente un abismo. Nos encontramos así, ante un concepto de contornos imprecisos, difusos, determinado tanto por valoraciones estéticas, como por referencias sociales».

Por su parte:

«El quebranto estético debe ser ostensible a simple vista. De tal modo que dicha irregularidad física, por deforme, nos atraiga inevitablemente la mirada. Con independencia de su localización en el cuerpo; ya recaiga en aquellas zonas que se llevan generalmente al descubierto o en las que se muestran en la más estricta intimidad» (Figueroa Navarro, 2004, p. 13).

Los cánones de belleza son cambiantes y, por lo tanto, la jurisprudencia tendrá que ir actualizándose entorno al concepto de «deformidad».

➔ En este artículo se castiga en su **primer apartado**: la pérdida o la inutilidad de un órgano o miembro principal, o de un sentido, la impotencia, la esterilidad, una grave deformidad, o una grave enfermedad somática o psíquica. Siguiendo a García Valdés *et al.* (2017) vamos a analizar cada una de las acciones delictuales:

- **Perder es:** mutilar, cortar, cercenar, sesgar o separar una parte del cuerpo humano. Rodríguez Devesa (1986) indica que por «pérdida» hemos de entender la separación del órgano o miembro del cuerpo de la víctima.
- **Inutilizar es:** carecer o cesar en la utilidad funcional, es decir posee alcance fisiológico (García Valdés, 2010).
- **Órgano o miembro principal se considera:** extremidades o parte de ellas (manos o pies), un ojo, hígado, riñón, bazo, pulmón, pene, un testículo, mama, nariz, lengua o las cuerdas vocales.
- **La enfermedad**: también ha de ser permanente.

➔ En su **segundo apartado**: mutilación genital (ablación del clítoris) se le aplica, por LO 3/2005, el principio procesal de la justicia universal (art. 23.4 h. LOPJ).

Fijémonos que se habla de **«por cualquier medio o procedimiento»** y ello es un término indeterminado que engloba medios físicos y psíquicos que se pueden materializar de forma activa u omisiva. Por otra parte, no está clara la distinción entre órganos y miembros principales, y es por ello por lo que tendrá que ser la jurisprudencia la que vaya fijando los criterios de delimitación a lo largo del tiempo y caso a caso, existiendo actualmente una situación de cierta inseguridad jurídica. La jurisprudencia indica que, por miembro principal, hemos de entender una extremidad u órgano externo o interno del cuerpo humano que tenga una actividad relevante y funcional para la vida, la salud o para el normal desarrollo de la persona. Se ha considerado en alguna sentencia que un miembro principal es una mano, y en otras sentencias se ha indicado que el riñón es un miembro principal; sin embargo, de todos es sabido que, en la actualidad, con un solo riñón se puede vivir con una vida totalmente normalizada.

> La STS de 22 de enero de 1997 consideró que la transmisión dolosa del sida se incardinaba en el art. 149 CP por ser una grave enfermedad.

➔ **Penalidad**: pena de prisión de seis a doce años.

Pérdida o inutilidad de un órgano o miembro no principal

Artículo 150 CP

«El que causare a otro la pérdida o la inutilidad de un órgano o miembro **no principal**, o la deformidad, será castigado con la pena de prisión de tres a seis años».

Aquí también tendremos que acudir a la jurisprudencia para concretar lo que podemos considerar como órgano no principal.

➔ **Penalidad**: pena de prisión de tres a seis años.

Pérdida o inutilidad de un sentido

En relación con el artículo 149.1 CP, se castigará al que causare a otro por cualquier medio o procedimiento la pérdida o la inutilidad de un sentido. La pérdida puede ser de cualquiera de los sentidos. Hay que precisar que, para que pueda apreciarse el delito, no es precisa la pérdida total de la vista o del oído, aunque la situación pueda resolverse con prótesis y llevar una vida prácticamente normal.

➔ **Penalidad**: pena de prisión de seis a doce años.

Grave enfermedad somática o psíquica

La enfermedad somática es la que afecta al cuerpo humano con una pérdida de la salud o alteración del estado fisiológico de alguna parte del cuerpo. En cuanto a la enfermedad psiquiátrica, esta afecta a la mente y, por lo tanto, tendremos que acudir a términos de psiquiatría y, por ende, al DSM V y CIE 10.

➔ **Penalidad**: pena de prisión de seis a doce años.

Impotencia y esterilidad

Se castiga al que causare a otro por cualquier medio o procedimiento la impotencia o esterilidad.

Según la RAE, la **impotencia** es: «La imposibilidad en el varón para realizar el coito» (*impotentia coeundi*), y también la «incapacidad de engendrar o concebir» (*impotentia generandi*).

Y la **esterilidad**, por otro lado, es: «La incapacidad de un ser humano o de un animal para **reproducirse».**

➔ **Grado de ejecución**: consumación y también cabe la tentativa.

➔ **Acción típica**: producir la impotencia o esterilidad. Se castigará la esterilidad temporal o permanente.

➔ **Sujeto activo**: puede ser cualquiera.

➔ **Sujeto pasivo**: el hombre o la mujer.

➔ **Penalidad**: pena de prisión de seis a doce años.

Deformidades graves

➔ **Acción típica**: se castiga al que causare a otro por cualquier medio o procedimiento una deformidad grave.

Según la jurisprudencia, una deformidad grave ha de reunir una serie de características: irregularidad física, permanencia en el tiempo, desfiguración y fealdad que se aprecie a simple vista.

Aunque la deformidad pueda tener una reparación con una intervención quirúrgica, es irrelevante penalmente. Sin embargo, el auxilio y complemento de la cirugía puede llevar a restauraciones anatómicas que, hasta cierto punto, devuelven al individuo su apariencia de normalidad. Se plantea el interrogante que gira en torno a la influencia que ello pueda tener al tiempo de definir jurídicamente la lesión inferida (SOTO, 2004).

➔ **Penalidad**: pena de prisión de seis a doce años.

Deformidades no graves

➔ **Acción típica**: se castiga al que cause a otro una deformidad que no sea grave y que por lo tanto no esté incluida en el artículo 149 del Código Penal. La jurisprudencia ha considerado en este caso la pérdida incluso de un diente.

➔ **Penalidad**: prisión de tres a seis años. Según SERRANO GÓMEZ y SERRANO MAÍLLO (2016) la pena es del todo excesiva, pues si el mínimo de la pena es de tres años, ello supondría el ingreso a prisión sin posibilidad de la suspensión de la ejecución de la pena ni tampoco la sustitución de la misma.

En relación con la suspensión, el art. 83 6.ª CP ha quedado reformado de la siguiente forma:

Artículo 83 CP

«1. El juez o tribunal podrá condicionar la suspensión al cumplimiento de las siguientes prohibiciones y deberes cuando ello resulte necesario para evitar el peligro de comisión de nuevos delitos, sin que puedan imponerse deberes y obligaciones que resulten excesivos y desproporcionados:

(...)

6.ª Participar en programas formativos, laborales, culturales, de educación vial, sexual, de defensa del medio ambiente, de protección de los animales, de igualdad de trato y no discriminación, resolución pacífica de conflictos, parentalidad positiva y otros similares».

También, en relación con la suspensión de la condena, el art. 90.8 queda redactado de la siguiente forma:

«8. En el caso de personas condenadas por delitos cometidos en el seno de organizaciones criminales o por alguno de los delitos regulados en el Capítulo VII del Título XXII del Libro II de este Código, la suspensión de la ejecución del resto de la pena impuesta y concesión de la libertad condicional requiere que el penado muestre signos inequívocos de haber abandonado los fines y los medios de la actividad terrorista y haya colaborado activamente con las autoridades, bien para impedir la producción de otros delitos por parte de la organización o grupo terrorista, bien para atenuar los efectos de su delito, bien para la identificación, captura y procesamiento de responsables de delitos terroristas, para obtener pruebas o para impedir la actuación o el desarrollo de las organizaciones o asociaciones a las que haya pertenecido o con las que haya colaborado, lo que podrá acreditarse mediante una declaración expresa de repudio de sus actividades delictivas y de abandono de la violencia y una petición expresa de perdón a las víctimas de su delito, así como por los informes técnicos que acrediten que el preso está realmente desvinculado de la organización terrorista y del entorno y actividades de asociaciones y colectivos ilegales que la rodean y su colaboración con las autoridades.

Los apartados 2 y 3 no serán aplicables a las personas condenadas por la comisión de alguno de los delitos regulados en el Capítulo VII del Título XXII del Libro II de este Código o por delitos cometidos en el seno de organizaciones criminales».

Mutilación genital

En los últimos años, con la entrada masiva de población africana, se han producido ablaciones del clítoris de niñas por cuestiones de creencias religiosas y culturales, entrando ello en conflicto con nuestro ordenamiento jurídico.

Estas prácticas se realizan en lo más interno del núcleo familiar y por familiares que no tienen por qué ser los progenitores de la niña afectada, pudiendo ser una tía u otro pariente. La ablación se da una única vez, excluyéndose, por lo tanto, la habitualidad. Tampoco es infrecuente que los padres, aprovechando el período vacacional, se lleven a la hija a su país para practicarle la ablación y eludir así las legislaciones penales europeas.

Según Unicef, la mutilación genital femenina incluye «una amplia variedad de prácticas que suponen la extirpación total o parcial de los genitales externos o su alteración por razones que no son de índole médica».

La definición de Unicef plantea si estamos ante **violencia doméstica, delito de lesiones o violencia de género**, y ello lo manifiesta (García García-Cervigón, 2010) cuando pone de relieve que estamos ante un terreno en el que se encuentran de forma simultánea legislaciones de Europa, España y de algunas comunidades autónomas.

> «El que causare a otro una mutilación genital en cualquiera de sus manifestaciones será castigado con la pena de prisión de seis a 12 años. Si la víctima fuera menor o persona con discapacidad necesitada de especial protección, será aplicable la pena de inhabilitación especial para el ejercicio de la patria potestad, tutela, curatela, guarda o acogimiento por tiempo de cuatro a 10 años, si el juez lo estima adecuado al interés del menor o persona con discapacidad necesitada de especial protección» (art. 149.2 CP. 2).

➔ **Penalidad**: de seis a doce años de prisión.

➔ **Sujeto pasivo**: la mujer. Cualquier mutilación genital del varón será castigada a través del art. 149.1 CP.

➔ **Supuestos agravados**: si la víctima fuera **menor o persona con discapacidad** necesitada de especial protección, será aplicable la pena de inhabilitación especial para el ejercicio de la patria potestad, tutela, curatela, guarda o acogimiento por tiempo de cuatro a diez años.

Según Vázquez González (2016), nos encontramos ante un tipo penal abierto que podrá abarcar diversas formas que estarían entre la mutilación y la lesión. Las mutilaciones genitales femeninas comprenden diversas tipologías: la clitoridectomía (corte del clítoris), la escisión (remoción del labio menor) y la infibulación (remoción del clítoris, labia y cierre con sutura).

Para poder prevenir la ablación, es fundamental la prevención y el conocimiento profundo de las sociedades y culturas que están llegando a nuestro país:

> «Los **estudios sociológicos y antropológicos** que suministran la información necesaria sobre dónde, quién y por qué se practica la ablación, que resumidos han de ponerse en conocimiento de los profesionales sanitarios, sociales y educativos, fundamentalmente, para que estén sobre aviso de qué niñas pueden estar en riesgo» (Quicios, 2017, p. 22).

Casi 17.000 niñas corren riesgo, dentro de España, de ser víctimas de mutilación genital según Kaplan y López (2013).

Para ilustrar y resumir todo lo comentado anteriormente, es muy interesante leer la sentencia del Tribunal Supremo Sala 2.ª n.º 835/2012, de 24 de octubre:

«Sin duda uno de los factores más acusados de la sociedad actual, también de la española, es el alto grado de **interculturalidad** que presenta como consecuencia de las fuertes corrientes migratorias a países de más alto nivel de vida motivadas por el deseo de mejorar la vida de aquellos naturales de países empobrecidos. Es un viaje desde la desesperanza a la esperanza. Tales grupos proceden de otras culturas y tienen ritos y prácticas muy diferentes a los de los países de acogida. Tanto el recurrente como la propia sentencia se refiere a esta situación en referencia a la **ablación del clítoris al afirmar que es una práctica cultural de su país de origen**. Ello no puede ser excusa para elaborar una teoría del «error de prohibición fundado en los factores culturales a los que pertenece el sujeto», porque el respeto a las tradiciones y a las culturas tiene como **límite infranqueable el respeto a los derechos humanos** que actúan como mínimo común denominador exigible en todas las culturas, tradiciones y religiones. **La ablación del clítoris no es cultura, es mutilación y discriminación femenina**».

La ablación del clítoris no es cultura, es mutilación y discriminación femenina.

Provocación, conspiración o proposición

La provocación, la conspiración y la proposición para cometer los delitos de lesiones dolosos se castigan en el art. 151 CP con pena inferior en uno o dos grados a la del delito correspondiente.

Lesiones por imprudencia grave

Artículo 152 CP

«1. El que por imprudencia grave causare alguna de las lesiones previstas en los artículos anteriores será castigado, en atención al **riesgo creado** y el **resultado producido**:

1.º Con la pena de prisión de tres a seis meses o multa de seis a dieciocho meses, si se tratare de las lesiones del apartado 1 del artículo 147.

2.º Con la pena de prisión de uno a tres años, si se tratare de las lesiones del artículo 149.

3.º Con la pena de prisión de seis meses a dos años, si se tratare de las lesiones del artículo 150.

Si los hechos se hubieran cometido utilizando un vehículo a motor o un ciclomotor, se impondrá asimismo la pena de privación del derecho a conducir vehículos a motor y ciclomotores de uno a cuatro años. A los efectos de este apartado, se reputará en todo caso como imprudencia grave la conducción en la que la concurrencia de alguna de las circunstancias previstas en el artículo 379 determinará la producción del hecho.

Si las lesiones se hubieran causado utilizando un arma de fuego, se impondrá también la pena de privación del derecho al porte o tenencia de armas por tiempo de uno a cuatro años.

Si las lesiones hubieran sido cometidas por imprudencia profesional, se impondrá además la pena de inhabilitación especial para el ejercicio de la profesión, oficio o cargo por un período de seis meses a cuatro años».

➔ Acción típica: se castigan los tipos de los arts. 147.1, 149 y 150. Esta acción: ha de ser previsible, grave, infringir el deber objetivo de cuidado de un ciudadano medio y ha de haber un nexo causal. Recordemos las acciones punibles:

Artículo 147 CP

«1. El que, por cualquier medio o procedimiento, causare a otro una lesión que menoscabe su integridad corporal o su salud física o mental, será castigado, como reo del delito de lesiones con la pena de prisión de tres meses a tres años o multa de seis a doce meses, siempre que la lesión requiera objetivamente para su sanidad, además de una primera asistencia facultativa, tratamiento médico o quirúrgico. La simple vigilancia o seguimiento facultativo del curso de la lesión no se considerará tratamiento médico».

Artículo 149 CP

«1. El que causare a otro, por cualquier medio o procedimiento, la pérdida o la inutilidad de un órgano o miembro principal, o de un sentido, la impotencia, la esterilidad, una grave deformidad, o una grave enfermedad somática o psíquica, será castigado con la pena de prisión de seis a 12 años».

Artículo 150 CP

«El que causare a otro la pérdida o la inutilidad de un órgano o miembro no principal, o la deformidad, será castigado con la pena de prisión de tres a seis años».

➔ **Penalidad**: prisión de tres a seis meses o multa de seis a dieciocho meses, si se tratare de las lesiones del **apartado 1 del art. 147.1 CP**. Prisión de uno a tres años si se tratare de las lesiones del **art. 149.1 CP**. Prisión de seis meses a dos años si se tratare de las lesiones del **art. 150 CP**.

Imprudencia grave producida con vehículos a motor

A tenor del art. 152.1.3.º CP, hay imprudencia grave si:

«Los hechos se hubieran cometido utilizando un vehículo a motor o un ciclomotor, se impondrá asimismo la pena de privación del derecho a conducir vehículos a motor y ciclomotores de uno a cuatro años. A los efectos de este apartado, se reputará en todo caso como imprudencia grave la conducción en la que la concurrencia de alguna de las circunstancias previstas en el artículo 379 determinará la producción del hecho».

➔ **Penalidad**: la que correspondería para cada uno de los supuestos del art. 152.1 CP y, además, pena de privación del derecho a conducir vehículos a motor y ciclomotores de uno a cuatro años.

Imprudencia grave cometida con arma de fuego

➔ **Penalidad**: se encuentra el castigo en el párrafo 3.º del art. 152.1 CP, y se impondrá también la pena de privación del derecho al porte o tenencia de armas por tiempo de uno a cuatro años.

Imprudencia profesional grave

Si las lesiones hubieran sido cometidas por una imprudencia profesional grave hay que acudir a:

➔ **Penalidad**: la pena que corresponde para cada supuesto del art. 152.1 CP y además la pena de inhabilitación especial para el ejercicio de la profesión, oficio o cargo por un período de seis meses a cuatro años.

Según la reforma del CP, en su art. 107 se dispone lo siguiente:

«La autoridad judicial podrá decretar razonadamente la medida de inhabilitación para el ejercicio de determinado derecho, profesión, oficio, industria o comercio, cargo o empleo u otras actividades, sean o no retribuidas, por un tiempo de uno a cinco años, cuando la persona haya cometido con abuso de dicho ejercicio, o en relación con él, un hecho delictivo, y cuando de la valoración de las circunstancias concurrentes pueda deducirse el peligro de que vuelva a cometer el mismo delito u otros semejantes, siempre que no sea posible imponerle la pena correspondiente por encontrarse en alguna de las situaciones previstas en los números 1.°, 2.° y 3.° del artículo 20».

Este tipo de imprudencia suele surgir de una mala praxis médica, no obstante, para demostrar la misma hay que acudir a médicos forenses especialistas que demuestren que el facultativo no ha observado las normas de cuidado elementales y que la lesión es de gravedad.

Lesiones cometidas por imprudencia menos grave

Artículo 152.2 CP

«2. El que por imprudencia menos grave causare alguna de las lesiones a que se refiere el artículo 147.1, será castigado con la pena de multa de uno a dos meses, y si se causaren las lesiones a que se refieren los artículos 149 y 150, será castigado con la pena de multa de tres meses a doce meses ».

➔ **Penalidad**: Si los hechos se cometieron **utilizando un vehículo a motor o un ciclomotor**:

«Si los hechos se hubieran cometido utilizando un vehículo a motor o un ciclomotor, se impondrá también la pena de privación del derecho a conducir vehículos a motor y ciclomotores de tres a dieciocho meses. A los efectos de este apartado, se reputará en todo caso como imprudencia menos grave aquella no calificada como grave en la que para la producción del hecho haya sido determinante la comisión de alguna de las infracciones graves de las normas de tráfico, circulación de vehículos y seguridad vial. La valoración sobre la existencia o no de la determinación deberá apreciarse en resolución motivada ».

Si las lesiones menos graves fueron cometidas utilizando un arma de fuego, el art. 152.2 del CP castiga con:

➔ **Penalidad**: Si las lesiones se hubieran causado utilizando un arma de fuego, se podrá imponer también la pena de privación del derecho al porte o tenencia de armas por tiempo de tres meses a un año

➔ **Perseguibilidad**: El delito previsto en este apartado solo será perseguible mediante denuncia de la persona agraviada o de su representante legal.

➔ Autolesión

A principios del año 2020, se llevó a cabo una investigación para buscar información sobre las autolesiones online, con el objetivo de analizar las prevalencias y explorar las principales motivaciones. La muestra se realizó en número de 794 adolescentes entre 12 y 18 años, de los que el 50.6 % eran chicas.

La encuesta reveló que el 18.64 % de los menores se había autolesionado de alguna manera. El 54.7 % que contestaron afirmativamente fueron las chicas y un 45.3 % los chicos. La media de edad de este grupo corresponde a 14.82 años.

Para evitar la impunidad de estas conductas realizadas a través de medios tecnológicos y de la comunicación, que producen graves riesgos para la vida y la integridad de las personas menores de edad la Ley Orgánica 8/2021, de 4 de junio, de protección integral a la infancia y la adolescencia frente a la violencia ha introducido el art. 156 ter CP:

> «La distribución o difusión pública a través de Internet, del teléfono o de cualquier otra tecnología de la información o de la comunicación de contenidos específicamente destinados a **promover, fomentar o incitar a la autolesión** de personas menores de edad o personas con discapacidad necesitadas de especial protección será castigada con la pena de prisión de seis meses a tres años. Las autoridades judiciales ordenarán la adopción de las medidas necesarias para la retirada de los contenidos a los que se refiere el párrafo anterior, para la interrupción de los servicios que ofrezcan predominantemente dichos contenidos o para el bloqueo de unos y otros cuando radiquen en el extranjero».

➔ **Bien jurídico protegido**. Mediante los delitos de lesiones se protege la salud de las personas, tanto física como psíquica (VIVES ANTÓN *et al.* 2019, p. 105) y entendemos que la indemnidad de la infancia *ex* art. 156 ter CP.

➔ **Acción típica**. Promover, fomentar o incitar a la autolesión de personas menores de edad o personas con discapacidad necesitadas de especial a través de medios tecnológicos y de la comunicación.

➔ **Sujetos**.

Sujeto activo puede ser cualquiera.

Sujeto pasivo menores de edad o personas con discapacidad necesitadas de especial protección.

➔ **Elemento subjetivo**. Son comportamientos dolosos.

➔ **Formas de ejecución**. La naturaleza de este delito es de peligro.

➔ **Penalidad**. Pena de prisión de seis meses a tres años.

➔ **Concursos**. Cuando el acto sancionado en este artículo produjere, además del riesgo prevenido, que una persona menor de edad o una persona con discapacidad necesitada de especial protección se ocasionare una lesión de las previstas en los artículos 147.1, 148, 149 o 150 CP se impondrá, además la pena inferior en grado a la señalada para la lesión causada.

Asimismo, la reforma sigue con los siguientes arts.:

Artículo 156 quáter

> «A las personas condenadas por la comisión de uno o más delitos comprendidos en este Título, cuando la víctima fuere alguna de las personas a que se refiere el apartado 2 del artículo 173, se les podrá imponer además una medida de libertad vigilada».

Artículo 156 quinquies

> «A las personas condenadas por la comisión de alguno de los delitos previstos en los artículos 147.1, 148, 149, 150 y 153 en los que la víctima sea una persona menor de edad se les podrá imponer, además de las penas que procedan, la pena de inhabilitación especial para cualquier profesión u oficio, sea o no retribuido, que conlleve contacto regular y directo con personas menores de edad, por un tiempo superior entre tres y cinco años al de la duración de la pena de privación de libertad impuesta en la sentencia o por un tiempo de dos a cinco años cuando no se hubiere impuesto una pena de prisión, en ambos casos se atenderá proporcionalmente a la gravedad del delito, el número de los delitos cometidos y a las circunstancias que concurran en la persona condenada».

Se prevé expresamente que las autoridades judiciales retirarán estos contenidos de la red para evitar la persistencia delictiva.

3.3. Violencia doméstica

El marco jurídico de la violencia doméstica es la Ley Orgánica 1/2004, de 28 de diciembre, de Medidas de Protección Integral contra la Violencia de Género, que modificó los artículos 153, 171 y 173 del Código Penal.

Si acudimos a la exposición de motivos de esta ley, de forma rápida nos situaremos ante la problemática:

«La violencia de género no es un problema que afecte al ámbito privado. Al contrario, se manifiesta como el símbolo más brutal de la desigualdad existente en nuestra sociedad. Se trata de una violencia que se dirige sobre las mujeres por el hecho mismo de serlo, por ser consideradas, por sus agresores, carentes de los derechos mínimos de libertad, respeto y capacidad de decisión.

Nuestra Constitución incorpora en su artículo 15 el derecho de todos a la vida y a la integridad física y moral, sin que en ningún caso puedan ser sometidos a torturas ni a penas o tratos inhumanos o degradantes. Además, continúa nuestra Carta Magna, estos derechos vinculan a todos los poderes públicos y sólo por ley puede regularse su ejercicio.

La Organización de Naciones Unidas en la IV Conferencia Mundial de 1995 reconoció ya que la violencia contra las mujeres es un obstáculo para lograr los objetivos de igualdad, desarrollo y paz y viola y menoscaba el disfrute de los derechos humanos y las libertades fundamentales. Además la define ampliamente como una manifestación de las relaciones de poder históricamente desiguales entre mujeres y hombres. Existe ya incluso una definición técnica del síndrome de la mujer maltratada que consiste en «las agresiones sufridas por la mujer como consecuencia de los condicionantes socioculturales que actúan sobre el género masculino y femenino, situándola en una posición de subordinación al hombre y manifestadas en los tres ámbitos básicos de relación de la persona: maltrato en el seno de las relaciones de pareja, agresión sexual en la vida social y acoso en el medio laboral».

En la realidad española, las agresiones sobre las mujeres tienen una especial incidencia, existiendo hoy una mayor conciencia que en épocas anteriores sobre ésta, gracias, en buena medida, al esfuerzo realizado por las organizaciones de mujeres en su lucha contra todas las formas de violencia de género. Ya no es un «delito invisible», sino que produce un rechazo colectivo y una evidente alarma social».

Serrano Gómez y Serrano Maíllo (2016, p. 65) entienden que:

«La violencia se ejerce por el varón por el mero hecho de considerar a la mujer por su condición de tal y carente de una serie de derechos; cuando no sea así, no debe aplicarse las modificaciones que se introducen en los artículos 153, 171 y 172 del Código Penal».

➔ **Objeto de la ley**. Artículo 1:

«Objeto de la Ley. 1. La presente Ley tiene por objeto **actuar contra la violencia** que, como manifestación de la discriminación, la **situación de desigualdad** y las relaciones de poder de los hombres sobre las mujeres, se ejerce sobre estas por parte de quienes sean o hayan sido sus cónyuges o de quienes estén o hayan estado ligados a ellas por relaciones similares de afectividad, aun sin convivencia.

2. Por esta ley se establecen **medidas de protección integral** cuya finalidad es prevenir, sancionar y erradicar esta violencia y prestar asistencia a las mujeres, a sus hijos menores y a los menores sujetos a su tutela, o guarda y custodia, víctimas de esta violencia.

3. La violencia de género a que se refiere la presente Ley comprende **todo acto de violencia física y psicológica, incluidas las agresiones a la libertad sexual, las amenazas, las coacciones o la privación arbitraria de libertad.**

(...)».

Se mantiene la violencia doméstica en el art. 153.1 CP:

«1. El que por cualquier medio o procedimiento causare a otro **menoscabo psíquico o una lesión de menor gravedad** de las previstas en el apartado 2 del artículo 147, o golpeare o maltratare de obra a otro sin causarle lesión, **cuando la ofendida sea o haya sido esposa, o mujer que esté o haya estado ligada a él por una análoga relación de afectividad aun sin convivencia, o persona especialmente vulnerable que conviva con el autor**, será castigado con la pena de prisión de seis meses a un año o de trabajos en beneficios de la comunidad de treinta y uno a ochenta días y, en todo caso, privación del derecho a la tenencia y porte de armas de un año y un día a tres años, así como, cuando el juez o tribunal lo estime adecuado al interés del menor o persona con discapacidad necesitada de especial protección, inhabilitación para el ejercicio de la patria potestad, tutela, curatela, guarda o acogimiento hasta cinco años».

➔ **Penalidad**: pena de prisión de seis meses a un año o de trabajos en beneficios de la comunidad de treinta y uno a ochenta días y, en todo caso, privación del derecho a la tenencia y porte de armas de un año y un día a tres años, así como, cuando el juez o tribunal lo estime adecuado al interés del menor o persona con discapacidad necesitada de especial protección, inhabilitación para el ejercicio de la patria potestad, tutela, curatela, guarda o acogimiento hasta cinco años.

En relación con los trabajos en beneficio de la comunidad, el art. 49 CP ha quedado modificado de la siguiente forma:

«Los trabajos en beneficio de la comunidad, que no podrán imponerse sin el consentimiento de la persona condenada, le obligan a prestar su cooperación no retribuida en determinadas actividades de utilidad pública, que podrán consistir, en relación con delitos de similar naturaleza al cometido por la persona condenada, en labores de reparación de los daños causados o de apoyo o asistencia a las víctimas, así como en la participación de la persona condenada en talleres o programas formativos de reeducación, laborales, culturales, de educación vial, sexual, resolución pacífica de conflictos, parentalidad positiva y otros similares. Su duración diaria no podrá exceder de ocho horas y sus condiciones serán las siguientes:

1.ª La ejecución se desarrollará bajo el control del Juez de Vigilancia Penitenciaria, que, a tal efecto, requerirá los informes sobre el desempeño del trabajo a la Administración, entidad pública o asociación de interés general en que se presten los servicios.

2.ª No atentará a la dignidad del penado.

3.ª El trabajo en beneficio de la comunidad será facilitado por la Administración, la cual podrá establecer los convenios oportunos a tal fin.

4.ª Gozará de la protección dispensada a los penados por la legislación penitenciaria en materia de Seguridad Social.

5.ª No se supeditará al logro de intereses económicos.

6.ª Los servicios sociales penitenciarios, hechas las verificaciones necesarias, comunicarán al Juez de Vigilancia Penitenciaria las incidencias relevantes de la ejecución de la pena y, en todo caso, si el penado:

a) Se ausenta del trabajo durante al menos dos jornadas laborales, siempre que ello suponga un rechazo voluntario por su parte al cumplimiento de la pena.

b) A pesar de los requerimientos del responsable del centro de trabajo, su rendimiento fuera sensiblemente inferior al mínimo exigible.

c) Se opusiera o incumpliera de forma reiterada y manifiesta las instrucciones que se le dieren por el responsable de la ocupación referidas al desarrollo de la misma.

d) Por cualquier otra razón, su conducta fuere tal que el responsable del trabajo se negase a seguir manteniéndolo en el centro.

Una vez valorado el informe, el Juez de Vigilancia Penitenciaria podrá acordar su ejecución en el mismo centro, enviar al penado para que finalice la ejecución de la misma en otro centro o entender que el penado ha incumplido la pena.

En caso de incumplimiento, se deducirá testimonio para proceder de conformidad con el artículo 468.

7.ª Si el penado faltara del trabajo por causa justificada no se entenderá como abandono de la actividad. No obstante, el trabajo perdido no se le computará en la liquidación de la condena, en la que se deberán hacer constar los días o jornadas que efectivamente hubiese trabajado del total que se le hubiera impuesto».

En relación con la Ley orgánica 1/2004, de 28 de diciembre, de Medidas de Protección Integral contra la Violencia de Género, se suscitó la polémica sobre la constitucionalidad de la misma en relación con el **principio de igualdad del artículo 14** de la Constitución española, pues algunos autores opinaban que se estaba discriminando al hombre. Pero la mayoría de la doctrina científica entiende que estamos ante una **discriminación positiva penal**, pues lo que se está protegiendo es la superioridad del hombre sobre la mujer y el abuso que se pueda producir generando violencia.

La mayoría de la doctrina científica entiende que estamos ante una discriminación positiva penal al aplicar la ley contra la violencia de género.

Menoscabo psíquico o lesión de menor gravedad del apartado dos del artículo 147 del Código Penal

Art. 153.1 CP

«1. El que por cualquier medio o procedimiento causare a otro menoscabo psíquico o una lesión de menor gravedad de las previstas en el apartado 2 del artículo 147, o golpeare o maltratare de obra a otro sin causarle lesión, cuando la ofendida sea o haya sido esposa, o mujer que esté o haya estado ligada a él por una análoga relación de afectividad aun sin convivencia, o persona especialmente vulnerable que conviva con el autor».

➔ **Bien jurídico protegido**: integridad física, integridad psicológica, dignidad de la persona.

➔ **Penalidad**: pena de **prisión** de seis meses a un año o de **trabajos en beneficios de la comunidad** de treinta y uno a ochenta días y, en todo caso, **privación del derecho a la tenencia y porte de armas** de un año y un día a tres años, así como, cuando el juez o tribunal lo estime adecuado al interés del menor o persona con discapacidad necesitada de especial protección, **inhabilitación para el ejercicio de la patria potestad, tutela, curatela, guarda o acogimiento** hasta cinco años.

➔ Supuesto atenuado

Hemos de acudir al art. 153.2 CP, que nos indica:

«2. Si la víctima del delito previsto en el apartado anterior fuere alguna de las personas a que se refiere el artículo 173.2, exceptuadas las personas contempladas en el apartado anterior de este artículo, el autor será castigado con (...)».

➔ **Penalidad**: pena de prisión de tres meses a un año o de trabajos en beneficio de la comunidad de treinta y uno a ochenta días y, en todo caso, privación del derecho a la tenencia y porte de armas de un año y un día a tres años, así como, cuando el juez o tribunal lo estime adecuado al interés del menor o persona con discapacidad necesitada de especial protección, inhabilitación para el ejercicio de la patria potestad, tutela, curatela, guarda o acogimiento de seis meses a tres años.

➔ **Acción típica**: menoscabar psíquicamente o lesionar sin que se trate de delitos y malos tratos de obra.

➜ **Sujeto pasivo**: ascendientes, descendientes, hermanos y otras personas integradas en el núcleo de la convivencia familiar, y determinadas personas sometidas a custodia o guarda en centros públicos o privados. *Vid.* LAMARCA PÉREZ (2016).

Supuesto agravado

Hemos de acudir al artículo 153.3 del Código Penal que dispone:

> «Las penas previstas en los apartados 1 y 2 se impondrán en su mitad superior cuando el delito se perpetre en presencia de menores, o utilizando armas, o tenga lugar en el domicilio común o en el **domicilio de la víctima**, o se realice **quebrantando una pena** de las contempladas en el artículo 48 de este Código o una medida cautelar o de seguridad de la misma naturaleza».

Supuesto atenuado

Además, se precisa acudir al artículo 153.4 del Código Penal, el cual nos indica:

> «4. No obstante lo previsto en los apartados anteriores, el Juez o Tribunal, razonándolo en sentencia, en atención a las circunstancias personales del autor y las concurrentes en la realización del hecho, podrá imponer la pena inferior en grado».

En este artículo hubo posiciones doctrinales discrepantes en relación con el derecho de corrección de los padres, que fue eliminado del ordenamiento jurídico español en 2007.

La Ley 54/2007, de 28 de diciembre, de Adopción Internacional, en su disposición final primera modificó parte del contenido de los artículos 154 y 268 del Código Civil. En sendos preceptos se suprime el derecho de los padres (en el supuesto del art. 154 del Código Civil) y de los tutores (art. 268 del Código Civil) a corregir razonable y moderadamente a sus hijos o tutelados: el llamado «cachete».

> Se abolió el derecho de corrección del Código Civil español, pero se mantiene en vigor en las comunidades autónomas de Aragón, Cataluña y Navarra mediante sus respectivos derechos forales.

3.4. Participación en riña tumultuaria

Para conocer este tipo penal hay que acudir al art. 154 del CP que preceptúa:

Art. 154 CP

> «Quienes riñeren entre sí, acometiéndose **tumultuariamente**, y utilizando medios o instrumentos que pongan en peligro la vida o integridad de las personas, serán castigados por su participación en la riña con la pena de prisión de tres meses a un año o multa de seis a 24 meses».

➜ **Bien jurídico protegido**: integridad corporal y salud de las personas.

➜ **Acción típica**: participar en una riña utilizando medios o instrumentos peligrosos.

➜ **Sujeto activo**: todo el que participa en la riña con instrumentos o medios peligrosos, pero también se castiga a los que no utilizan estos medios, pero conocen que otros del grupo sí lo hacen.

➜ **Sujeto pasivo**: los que participan en la riña, pero también pueden ser los que quieren separar, *ad exemplum*, los agentes de la autoridad.

➜ **Tipo subjetivo**: es un delito **doloso**, pues se sanciona a los que participan y además utilizan los medios o instrumentos peligrosos, no siendo suficiente que los porten, hay que utilizarlos.

➜ **Causas de justificación**: cabe la legítima defensa. Al respecto, señala la STS 294/2007, de 30 de marzo:

> «2. Uno de los factores que tradicionalmente descarta la posibilidad de la legítima defensa completa, es la existencia de una situación de riña mutuamente aceptada que descarta, según estereotipos que deben ser matizados, la agresión ilegítima, súbita e inesperada».

➜ **Formas de ejecución**: lo normal es que se produzca la consumación en el momento del inicio de las hostilidades con los medios o instrumentos peligrosos, no obstante, cabría la tentativa si aparece la policía y aborta la riña.

➜ **Concursos de delitos**: la riña será siempre subsidiaria respecto a lesiones más graves, homicidio, asesinato, etc. Ello se producirá cuando se conozca quien es el sujeto activo del delito. Pensemos en una pelea de hinchas del fútbol multitudinaria, que entre a los que a veces cuesta mucho identificar y encontrar quien ha cometido un homicidio.

Habrá concurso real de delitos cuando, si hay varios lesionados o fallecidos, siempre que sean dos o más, sean imputados a un mismo autor.

➜ **Penalidad**: pena de prisión de tres meses a un año o multa de seis a veinticuatro meses.

Tipo agravado

En relación con el art. 148.1.º CP, encontramos una agravación:

> «(...) Si en la agresión se hubieren utilizado armas, instrumentos, objetos, medios, métodos o formas concretamente peligrosas para la vida o salud, física o psíquica, del lesionado».

➜ **Penalidad**: prisión de dos a cinco años.

La Tragedia de Heysel

Una riña tumultuaria de enormes dimensiones o mejor dicho «batalla campal» fue la que se conoce como la «Tragedia de Heysel», los sucesos acontecidos el 29 de mayo de 1985 en el Estadio de Heysel de Bruselas, en Bélgica, en el que murieron 39 aficionados (32 italianos seguidores de la Juventus, cuatro belgas, dos franceses y un británico) a causa de una avalancha de aficionados en los inicios de la final de la Copa de Europa (hoy Champions League) entre el Liverpool y la Juventus de Turín, provocada por un incidente entre los aficionados más radicales de los dos clubes. Los sucesos causaron además 600 heridos de diversa consideración. El mundo del fútbol nunca más fue lo mismo.

Es de destacar la reforma del CP en su art. 148.3.° que reza:

Artículo 148 CP

«Las lesiones previstas en el apartado 1 del artículo anterior podrán ser castigadas con la pena de prisión de dos a cinco años, atendiendo al resultado causado o riesgo producido:

(...)

3.° Si la víctima fuere menor de catorce años o persona con discapacidad necesitada de especial protección».

3.5. Consentimiento en las lesiones

Quizás pueda resultar «chocante» que alguien preste el consentimiento para que le lesionen, pero si pensamos en deportes de contacto como el boxeo, lo entenderemos mejor. Ahora bien, si se practica el boxeo, hay que hacerlo cumpliendo un reglamento oficial y siguiendo las órdenes de un árbitro. Normalmente no se suele acudir a la vía penal, y sí a las sanciones administrativas del organismo que regula el deporte en cuestión.

Muhammad Ali revalidó su título de campeón del mundo de pesos pesados ante Sonny Liston el 25 de mayo de 1965, en uno de los combates más polémicos y extravagantes de la historia del boxeo. Si Muhammad Alí (Cassius Clay) con Sonny Liston en el suelo abatido hubiera seguido golpeando hasta la muerte sin seguir las directrices y la cuenta de protección del árbitro, podríamos pensar incluso en un asesinato. GARCÍA VALDÉS (1993) y FUERTES ROCAÑÍN (2013).

Art. 155 CP

«En los delitos de lesiones, si ha mediado el **consentimiento** válida, libre, espontánea y expresamente emitido del ofendido, se impondrá la pena inferior en uno o dos grados»

➜ Bien jurídico protegido: la integridad física y/o psíquica.

➜ **Acción típica**: lesionar con el consentimiento del que sufrirá la lesión. El consentimiento ha de ser válido, libre, expreso y espontáneo. El consentimiento ha de prestarse antes de sufrir la lesión o de forma simultánea, pues si es prestado a posteriori es irrelevante penalmente.

➜ **Penalidad**: pena inferior en uno o dos grados.

En este punto, hay que resaltar la reforma del CP en su art. 130.1.5.° CP, que reza como sigue:

«1. La responsabilidad criminal se extingue:

(...)

5.° Por el perdón de la persona ofendida, cuando se trate de delitos leves perseguibles a instancias de la persona agraviada o la ley así lo prevea. El perdón habrá de ser otorgado de forma expresa antes de que se haya dictado sentencia, a cuyo efecto la autoridad judicial sentenciadora deberá oír a la persona ofendida por el delito antes de dictarla.

En los delitos cometidos contra personas menores de edad o personas con discapacidad necesitadas de especial protección que afecten a bienes jurídicos eminentemente personales, el perdón de la persona ofendida no extingue la responsabilidad criminal».

- **Sujeto activo**: el que ejecuta la lesión al que la sufre (sujeto pasivo).
- **Sujeto pasivo**: el que resulta lesionado.
- **Tipo subjetivo**: Se admite el dolo y la imprudencia.

Las autolesiones no se castigan, pensemos en prácticas sadomasoquistas y flagelaciones.

MUÑOZ CONDE (2020) indica que en el ámbito de la estética también pueden producirse situaciones en las que el consentimiento del sujeto pasivo es válido, como: una operación de cirugía estética que puede consistir en la reducción de pechos, modelar una nariz, quitar arrugas, substituir piezas dentales.

Según el art. 156 CP, en casos de tener que utilizar la cirugía para el cambio de sexo, una esterilización, un trasplante, etc. también estamos ante supuestos complejos admitidos, y el legislador tiene especial cautela en exigir el consentimiento válido, expreso, dentro de las edades permitidas, que no haya vicios en el consentimiento, y por supuesto, que se cumpla la normativa vigente.

Según el art. 155 *in fine*, «no será válido el consentimiento otorgado por un menor de edad o una persona con discapacidad necesitada de especial protección». El consentimiento prestado por sus representantes legales tampoco es válido.

Art. 156 CP

«No obstante lo dispuesto en el artículo anterior, el consentimiento válida, libre, consciente y expresamente emitido exime de responsabilidad penal en los supuestos de trasplante de órganos efectuado con arreglo a lo dispuesto en la ley, esterilizaciones y cirugía transexual realizadas por facultativo, salvo que el consentimiento se haya obtenido viciadamente, o mediante precio o recompensa, o el otorgante sea menor de edad o carezca absolutamente de aptitud para prestarlo, en cuyo caso no será válido el prestado por éstos ni por sus representantes legales».

3.6. Obtención, tráfico y trasplante ilegal de órganos humanos

El caso del trasplante de hígado que recibió el futbolista del FC Barcelona Abidal de su primo despertó muchas sospechas y fue objeto de investigación policial por parte de la Fiscalía por presunto delito de tráfico de órganos, en el que también estaría supuestamente implicado el expresidente del club, Sandro Rosell.

Podríamos hablar aquí de una serie de tipos de lesiones, pero dada la importancia internacional de este ámbito, se ha procedido a legislar de conformidad a las diferentes directrices de la Organización Mundial de la Salud (OMS).

Se trata de un delito de mera actividad y de peligro abstracto, doloso, y que se configura como norma penal en blanco que remite a la normativa administrativa que existe en materia de obtención, extracción y trasplante de órganos.

Lo que se persigue es proteger la integridad física o la salud de la persona que cede algún órgano, lo que, en principio, puede ser perfectamente lícito (familiares donantes de un riñón). Se trata de evitar que esto se convierta en un negocio y que alguien se aproveche tanto de la necesidad del que, para conseguir dinero, ofrece uno de sus órganos para que se trasplante a otro, como del que paga grandes cantidades de dinero por el órgano. (MUÑOZ CONDE, 2020).

En este sentido, también Romeo Casabona cuando afirma que:

> «Con la prohibición de la obtención de beneficios económicos **se evitan las injusticias** que podrían originarse fácilmente para las diversas partes involucradas en un trasplante. Así podría sucederles, en primer lugar, a los receptores con escasos recursos económicos (puesto que no podrían acceder a la adquisición del órgano vital o lo podrían hacer a cambio de grandes sacrificios de ellos y de sus familias)» (Romeo Casabona, 2010. p. 2).

Sin embargo, hay quienes sí están a favor de la compraventa de órganos afirmando que, de esta forma, habría más disponibilidad, se salvarían más vidas, habría mayor transparencia, pero siempre se tendría que obtener el libre consentimiento del vendedor (BLUMSTEIN, 1999).

El articulado atinente a esta materia es una modificación del Código Penal para transponer directivas de la Unión Europea y abordar cuestiones de índole internacional, ya sea en cuestiones de ámbitos financieros, terrorismo y obtención, tráfico y trasplante ilegal de órganos humanos. La modificación entró en España el 13 de marzo de 2019.

A tenor del art. 156 bis 1 CP, se castiga a los que: «de cualquier modo promovieren, favorecieren, facilitaren, publicitaren o ejecutaren el tráfico de órganos humanos».

➜ **Bien jurídico protegido**: la vida, la integridad corporal, la salud de las personas, el sistema de salud, así como el principio de igualdad y la dignidad de las personas (STS 710/2017, de 27 de octubre).

➜ **Objeto material**: el objeto material del delito serán los órganos humanos ajenos, definidos en el RD 1723/2012, de 28 de octubre, como aquella parte diferenciada del cuerpo humano constituida por diversos tejidos que mantiene su estructura, vascularización y capacidad para desarrollar funciones fisiológicas con un grado importante de autonomía y suficiencia, como: riñones, corazón, pulmones, hígado, páncreas, intestino y demás con similar criterio.

➜ **Acciones típicas**: promover, favorecer, facilitar, publicitar o ejecutar el tráfico de órganos humanos. La finalidad siempre ha de ser ilícita.

- Promover: sería iniciar para que se realice el acto punible.
- Favorecer: prestando ayuda o haciendo que la acción sea posible.
- Facilitar: hacer que el proceso sea más sencillo.
- Publicitar: realizando difusión a través de cualquier medio el tráfico ilegal de órganos o su trasplante. Hoy día los medios de comunica-

ción son extremadamente potentes e Internet es el vehículo ideal para poner en contacto a compradores y vendedores de órganos incluso a través de la llamada *darknet* (la red oscura es una colección de redes y tecnologías usadas para compartir información y contenidos digitales conservando el anonimato).

➜ **Causas de justificación**: podría pensarse en un estado de necesidad ante una inminente situación de peligro de fallecimiento. (ROMEO, 2010).

Extracción u obtención ilícita de órganos humanos ajenos

Art. 156 bis 1.a CP

«a) La extracción u obtención ilícita de órganos humanos ajenos. Dicha extracción u obtención será ilícita si se produce concurriendo cualquiera de las circunstancias siguientes:

1.ª que se haya realizado sin el consentimiento libre, informado y expreso del donante vivo en la forma y con los requisitos previstos legalmente;

2.ª que se haya realizado sin la necesaria autorización exigida por la ley en el caso del donante fallecido,

3.ª que, a cambio de la extracción u obtención, en provecho propio o ajeno, se solicitare o recibiere por el donante o un tercero, por sí o por persona interpuesta, dádiva o retribución de cualquier clase o se aceptare ofrecimiento o promesa. No se entenderá por dádiva o retribución el resarcimiento de los gastos o pérdida de ingresos derivados de la donación».

Conductas posteriores a la extracción

Art. 156 bis 1, apartados b y c, CP

«b) La preparación, preservación, almacenamiento, transporte, traslado, recepción, importación o exportación de órganos ilícitamente extraídos.

c) El uso de órganos ilícitamente extraídos con la finalidad de su trasplante o para otros fines».

Solicitud, recepción y ofrecimiento o entrega de dádiva o retribución

Hay que acudir al apartado 2 del artículo 156 bis CP, introducido por la LO 1/19, de 20 de febrero (entró en vigor en España el 13 de marzo de 2019) que castiga la solicitud o recepción y el ofrecimiento de dádiva o retribución a cambio de cualquier acto de colaboración con el tráfico de órganos humanos, tipificando:

- Solicitud o recepción de dádiva o retribución o la aceptación de promesa con la finalidad de proponer o captar a los sujetos intervinientes.
- Ofrecimiento o entrega de dádiva o retribución con la finalidad de llevar a cabo o facilitar la extracción u obtención ilícitas. Conducta limitada a facultativo, funcionario público, o particular que las realice, con ocasión del ejercicio de su profesión o cargo en clínicas, establecimientos o consultorios, públicos o privados.

Respecto a las características de la conducta tipificada en dicho art. 156 bis. 2 CP, encontramos las siguientes:

➜ **Sujeto activo**: cualquier persona.

➜ **Sujeto pasivo**: por un lado, la sociedad, como titular del bien jurídico protegido, y por otro, el donante.

➔ **Tipo subjetivo**: dolo, y también dolo eventual.

➔ **Concursos de delitos**: se relaciona el art. 156 bis 9 CP con el artículo 177 bis CP que tipifica el delito de trata de seres humanos, que es donde está previsto que se imponga la pena por el **delito de tráfico de órganos**, además de las que correspondan por el delito del 177 bis CP, y demás delitos cometidos.

➔ **Penalidad**: pena de prisión de seis a doce años tratándose del órgano de una **persona viva** y de prisión de tres a seis años tratándose del órgano de una **persona fallecida**.

Si se produce la extracción del órgano estaremos en la situación de un concurso ideal con un delito de lesiones. Si hay consentimiento, estaríamos ante el concurso ideal con un delito de lesiones consentidas tipificado en el art. 155 CP y en los demás supuestos, en concurso ideal con delito de lesiones graves del artículo 149 CP.

Receptor del órgano que se ha obtenido ilegalmente

Art. 156 bis. 3 CP

«Si el receptor del órgano consintiere la realización del trasplante conociendo su origen ilícito será castigado con las mismas penas previstas en el apartado 1, que podrán ser rebajadas en uno o dos grados atendiendo a las circunstancias del hecho y del culpable».

En este sentido, ROMEO CASABONA afirma que:

«Es un modo de **evitar presiones por parte de los pacientes para obtener un órgano**, saltándose de este modo las listas de espera que respetan todos los equipos médicos y pacientes, con independencia de su posición social o económica. Como es sabido, el trasplante, cuando menos, puede contribuir decisivamente a mejorar de forma decisiva su calidad de vida, sin perjuicio de los graves riesgos que deba asumir él mismo al serle implantado el órgano ajeno de origen ilícito, a veces sin control de su calidad y sin poder asegurar su trazabilidad». (ROMEO CASABONA, 2010, p. 6).

➔ **Causas de justificación**: cabe pensar que se podría alegar el **estado de necesidad**, pues puede haber una persona que está en peligro de muerte si no recibe un trasplante inminente, ello en relación con el artículo 20.5 CP.

Subtipos agravados

Hay que acudir al artículo 156 bis 4 CP para ver la protección penal en razón de la víctima:

«4. Se impondrán las penas superiores en grado a las previstas en el apartado 1 cuando:

a) se hubiera puesto en **grave peligro la vida o la integridad física o psíquica** de la víctima del delito.

b) la víctima sea **menor de edad o especialmente vulnerable** por razón de su edad, **discapacidad, enfermedad o situación**.

Si concurrieren ambas circunstancias, se impondrá la pena en su mitad superior».

Por otro lado, es preciso dirigirse al artículo 156 bis 5 CP para ver la protección penal en razón del **sujeto activo**:

«5. El **facultativo, funcionario público** o **particular** que, **con ocasión del ejercicio de su profesión o cargo**, realizare en centros públicos o privados las conductas descritas en los apartados 1 y 2, o solicitare o recibiere la dádiva o retribución a que se refiere la letra

b) de este último apartado, o aceptare el ofrecimiento o promesa de recibirla, incurrirá en la pena en ellos señalada superior en grado y, además, en la de inhabilitación especial para empleo o cargo público, profesión u oficio, para ejercer cualquier profesión sanitaria o para prestar servicios de toda índole en clínicas, establecimientos o consultorios, públicos o privados, por el tiempo de la condena. Si concurriere, además, alguna de las circunstancias previstas en el apartado 4, se impondrán las penas en su mitad superior.

A los efectos de este artículo, el término facultativo comprende los médicos, personal de enfermería y cualquier otra persona que realice una actividad sanitaria o sociosanitaria».

Es preciso acudir al artículo 156 bis 6 CP para ver la protección penal debido al **sujeto activo cuando se trata de pertenencia a organización o grupo criminal**:

«6. Se impondrá la pena superior en grado a la prevista en el apartado 1 e inhabilitación especial para profesión, oficio, industria o comercio por el tiempo de la condena, cuando el culpable perteneciere a una organización o grupo criminal dedicado a la realización de tales actividades. Si concurriere alguna de las circunstancias previstas en el apartado 4, se impondrán las penas en la mitad superior. Si concurriere la circunstancia prevista en el apartado 5, se impondrán las penas señaladas en este en su mitad superior».

Subtipo hiperagravado

Acudimos al artículo 156 bis 6 *in fine* CP:

«Cuando se tratare de los jefes, administradores o encargados de dichas organizaciones o grupos, se les aplicará la pena en su mitad superior, que podrá elevarse a la inmediatamente superior en grado. En todo caso se elevará la pena a la inmediatamente superior en grado si concurriera alguna de las circunstancias previstas en el apartado 4 o la circunstancia prevista en el apartado 5».

Responsabilidad penal de las personas jurídicas

A tenor del art. 156 bis 7 CP:

«7. Cuando de acuerdo con lo establecido en el artículo 31 bis una persona jurídica sea responsable de los delitos comprendidos en este artículo, se le impondrá la pena de multa del triple al quíntuple del beneficio obtenido.

Atendidas las reglas establecidas en el artículo 66 bis, los jueces y tribunales podrán asimismo imponer las penas recogidas en las letras b) a g) del apartado 7 del artículo 33».

A tenor de las reglas del art. 66 bis CP, se podrán imponer las penas recogidas en el artículo 33.7 b) a g) CP, que son:

«a) Multa por cuotas o proporcional.

b) Disolución de la persona jurídica. La disolución producirá la pérdida definitiva de su personalidad jurídica, así como la de su capacidad de actuar de cualquier modo en el tráfico jurídico, o llevar a cabo cualquier clase de actividad, aunque sea lícita.

c) Suspensión de sus actividades por un plazo que no podrá exceder de cinco años.

d) Clausura de sus locales y establecimientos por un plazo que no podrá exceder de cinco años.

e) Prohibición de realizar en el futuro las actividades en cuyo ejercicio se haya cometido, favorecido o encubierto el delito. Esta prohibición podrá ser temporal o definitiva. Si fuere temporal, el plazo no podrá exceder de quince años.

f) Inhabilitación para obtener subvenciones y ayudas públicas, para contratar con el sector público y para gozar de beneficios e incentivos fiscales o de la Seguridad Social, por un plazo que no podrá exceder de quince años.

g) Intervención judicial para salvaguardar los derechos de los trabajadores o de los acreedores por el tiempo que se estime necesario, que no podrá exceder de cinco años.

La intervención podrá afectar a la totalidad de la organización o limitarse a alguna de sus instalaciones, secciones o unidades de negocio. El Juez o Tribunal, en la sentencia o, posteriormente, mediante auto, determinará exactamente el contenido de la intervención y determinará quién se hará cargo de la intervención y en qué plazos deberá realizar informes de seguimiento para el órgano judicial. La intervención se podrá modificar o suspender en todo momento previo informe del interventor y del Ministerio Fiscal. El interventor tendrá derecho a acceder a todas las instalaciones y locales de la empresa o persona jurídica y a recibir cuanta información estime necesaria para el ejercicio de sus funciones. Reglamentariamente se determinarán los aspectos relacionados con el ejercicio de la función de interventor, como la retribución o la cualificación necesaria.

La clausura temporal de los locales o establecimientos, la suspensión de las actividades sociales y la intervención judicial podrán ser acordadas también por el Juez Instructor como medida cautelar durante la instrucción de la causa».

Formas preparatorias: se regulan en el apartado 8 del artículo 156 bis CP:

«8. La provocación, la conspiración y la proposición para cometer los delitos previstos en este artículo se castigarán con la pena inferior en uno a dos grados a la que corresponde, respectivamente, a los hechos previstos en los apartados anteriores».

Reincidencia internacional

Se ha extendido la aceptación de que el cuerpo humano y sus partes, se encuentren previamente separadas o no de aquel, no son susceptibles de comercialización, es decir, no se puede comprar, vender, dar o recibir compensación económica alguna, ni por el donante o su familia, ni por el receptor, ni por terceros («intermediarios», centros hospitalarios, laboratorios farmacéuticos o de investigación, etc.) (Angoitia, 1995 y Price, 2000).

Es abundante la legislación sobre trasplantes de órganos que establecen prohibiciones de cualquier forma de compraventa y tráfico sobre los mismos en diversos países.

Pero existe una verdadera preocupación entorno al tráfico ilegal de órganos, ya que cada vez son más frecuentes las denuncias sobre un presunto tráfico de órganos en y desde países en vías de desarrollo en beneficio de pacientes originarios de países desarrollados o con un gran poder económico. La justicia social universal demanda que la comunidad internacional luche contra este tipo de tráfico.

Art. 156 bis.10 CP

«10. Las condenas de jueces o tribunales extranjeros por delitos de la misma naturaleza que los previstos en este artículo producirán los efectos de reincidencia, salvo que el antecedente penal haya sido cancelado o pueda serlo con arreglo al Derecho español».

España lleva veintisiete años liderando trasplantes y donaciones a nivel mundial. Así lo vuelven a demostrar los datos de la Organización Nacional de Trasplantes (ONT) que en 2019 celebró su treinta cumpleaños.

Para que el trasplante de órganos sea legal, hay que estar a lo indicado en el Real Decreto 1723/2012, de 28 de diciembre, por el que se regulan las actividades de obtención, utilización clínica y coordinación territorial de los órganos humanos destinados al trasplante y se establecen requisitos de calidad y seguridad.

Es preciso acudir al preámbulo de este RD que indica:

«El trasplante de órganos, que salva la vida o mejora la salud de decenas de miles de pacientes anualmente, presenta una serie de rasgos distintivos de cualquier otro tratamiento, por lo que requiere unos principios, una regulación y una organización específicos. Valgan como ejemplo de dichos atributos la escasez de órganos, cuya disponibilidad se basa en la solidaridad y en una rigurosa sistematización del proceso de obtención, el deterioro o la muerte de los pacientes en lista de espera, la reducida probabilidad de recibir un órgano en determinadas circunstancias, la urgente toma de decisiones en situaciones críticas, la distancia geográfica que debe salvarse para llevar el órgano desde el donante al receptor más apropiado, o los riesgos inherentes al mismo, ya que desde el punto de vista teórico, la simple transmisión de material biológico de un individuo a otro conlleva cierto riesgo.

La Ley 30/1979, de 27 de octubre, sobre extracción y trasplante de órganos establecía los requisitos para la cesión, extracción, conservación, intercambio y trasplante de órganos humanos con fines terapéuticos, y fue desarrollada por el Real Decreto 426/1980, de 22 de febrero, por el que se desarrolla la Ley 30/1979, de 27 de octubre, sobre extracción y trasplante de órganos, que regulaba las condiciones del personal y los centros sanitarios y los principios éticos que debían seguirse en la donación en muerte encefálica y el trasplante de órganos. Los progresos científicos y técnicos llevaron a una derogación de dicho desarrollo por el Real Decreto 2070/1999, de 30 de diciembre, por el que se regulan las actividades de obtención y utilización clínica de órganos humanos y la coordinación territorial en materia de donación y trasplante de órganos y tejidos, el cual incorporaba novedades como la donación tras la muerte por parada cardiorrespiratoria, con implicaciones en la preservación, los avances tecnológicos en el diagnóstico de la muerte encefálica o el funcionamiento de las organizaciones estatales y autonómicas dedicadas a la coordinación, el rápido intercambio de información y la supervisión y evaluación de las actividades, habida cuenta de la creciente complejidad organizativa.

La Directiva 2010/53/UE del Parlamento Europeo y del Consejo, de 7 de julio de 2010, sobre normas de calidad y seguridad de los órganos humanos destinados al trasplante, dispone requisitos mínimos que deben aplicarse a la donación, evaluación, caracterización, obtención, preservación, transporte y trasplante de órganos humanos destinados a trasplante, con el fin de garantizar altos niveles de calidad y seguridad de dichos órganos. Entre los mismos se incluyen la designación de autoridades competentes, el establecimiento de criterios nacionales de autorización de centros, el desarrollo de un marco de calidad y seguridad que comprenda los protocolos necesarios para el desarrollo efectivo del proceso, la cualificación de los profesionales implicados y la aplicación de programas de formación específicos. La mencionada directiva asimismo impone requisitos de trazabilidad y el desarrollo de un sistema para la notificación y gestión de eventos y reacciones adversas graves, dispone los datos mínimos que deben recabarse para la evaluación de donantes y órganos y obliga al establecimiento de sistemas de información y a la realización de informes periódicos de actividad. Entre sus fundamentos éticos destacan los relacionados con la voluntariedad y la gratuidad, el consentimiento, la protección del donante vivo y la protección de datos personales.

La Ley 14/1986, de 25 de abril, General de Sanidad, en su artículo 40, apartado 8, asigna a la Administración General del Estado competencias para la reglamentación sobre acreditación, homologación, autorización y registro de centros o servicios, de acuerdo con lo establecido en la legislación sobre trasplante de órganos, y en el apartado 13 del mismo artículo, competencias para el establecimiento de sistemas de información sanitaria y la realización de estadísticas de interés general supracomunitario.

La Ley 41/2002, de 14 de noviembre, básica reguladora de la autonomía del paciente y de derechos y obligaciones en materia de información y documentación clínica, refuerza y completa lo establecido en la Ley 14/1986, de 25 de abril, en cuanto a los derechos de los pacientes, siendo de particular importancia lo relativo a su voluntad y consentimiento y a la confidencialidad, en línea con el régimen sentado por la Ley orgánica 15/1999, de 13 de diciembre, de Protección de Datos de Carácter Personal, que califica como especialmente protegidos los datos relativos a la salud. La Ley 16/2003, de 28 de mayo, de cohesión y calidad del Sistema Nacional de Salud, establece acciones de coordinación y cooperación entre las Administraciones públicas sanitarias, basadas en los principios de equidad y calidad, conjugando la incorporación de innovaciones con la seguridad, la efectividad y la participación ciudadana. Asimismo, habida cuenta del impacto de la formación y cualificación de los profesionales que participan en el sistema, es necesario citar la Ley 44/2003, de 21 de noviembre, de ordenación de las profesiones sanitarias, marco para la altísima especialización necesaria para la ejecución de las tareas de la coordinación de trasplantes y la obtención y el trasplante de los órganos. Por otra parte, es oportuno citar la Ley 26/2011, de 1 de agosto, de adaptación normativa a la Convención Internacional sobre los Derechos de las Personas con Discapacidad, que introdujo requisitos en relación con los formatos adecuados en la información que se proporciona al paciente y la asistencia y el apoyo en la prestación de consentimiento de las personas con discapacidad».

3.7. Referencias bibliográficas

Angoitia, V., *Extracción y Trasplante de Órganos y Tejidos Humanos. Problemática Jurídica*. Madrid, Marcial Pons, 1995.

Blumstein, J., «La legalización del pago de órganos de cadáveres para trasplantes», en *De la vida a la muerte, Ciencia y Bioética*. Thomasma y Kushner (dir.) Madrid, Cambridge University Press, 1999, pp. 136 y ss.

Cucarella, L. A., «Persona que puede ser esterilizada previa autorización judicial (artículo 156 párrafo segundo código penal)», en *Revista Aranzadi de Derecho y Proceso Penal*, 23. Parte Doctrina, 39-49. Pamplona, Editorial Aranzadi, 2010.

Figueroa, M. C., «La deformidad como resultado en los delitos de lesiones», en *La Ley Penal*, 13,2005, pp. 59-76.

FISCALÍA GENERAL DEL ESTADO. Circular de la Fiscalía General del Estado 2/1990. P. 206.

Fuertes, F. J., «Lesiones penales con ocasión de actividades deportivas: prueba e indemnización», en *Revista Aranzadi de Derecho de Deporte y Entretenimiento*, 41, 2013.

García-Cervigón, J., «La mutilación genital femenina en el ordenamiento jurídico: ¿violencia intrafamiliar, delito de lesiones o violencia de género?», en *La Ley Penal*, 78, 5, 2011.

García, C., **Mestre, E.** y **Figueroa, C.**, *Apuntes de Derecho Penal (Parte Especial)*. Alcalá de Henares, Universidad de Alcalá, 2010.

García, C., **Mestre, E.** y **Figueroa, C.**, *Lecciones de Derecho penal. Parte Especial*. Madrid, Edisofer, 2017.

García Valdés, C., «Responsabilidad por lesiones deportivas», en *Anuario de Derecho Penal y Ciencias Penales*, tomo 46, fasc/mes 3, 1993, pp. 965-980.

Grau, A., **Magallón-Neri, E.**, **Faus, G.** y **Feixas, G.**, «Cognitive impairment in eating disorder patients of short and long-term duration: a case–control study», in *Neuropsychiatric Disease and Treatment, 2019*. Disponible en: https://bit.ly/3sRuep0.

Kaplan, A. y **López, A.**, «Mapa de la Mutilación Genital Femenina en España 2012», en *Antropología Aplicada 2*. Bellaterra Barcelona, Fundación Wassu-Uab, 2013.

Lamarca, C. (Coord.), *Derecho Penal. Parte Especial*. Madrid, Colex, 2010.

Lamarca, C., *Delitos. La parte especial del Derecho penal*. Madrid, Dykinson, 2016.

Martínez, J., *Los delitos de lesiones*. Barcelona, Atelier,2002.

Muñoz Conde, F., «La esterilización de los deficientes psíquicos: comentarios a la sentencia del Tribunal Constitucional español de 14 de julio de 1994», en *RDGH*, 2, 1995, pp. 185-210.

Muñoz Conde, F., *Derecho penal parte especial*. Valencia: Tirant Lo Blanch, 2015.

Price, D., *Legal and ethical aspects of organ transplantation*. Cambridge, Cambridge University Press, 2000, pp. 367 y ss.

Queralt, J., *Derecho Penal Español. Parte Especial*. Valencia, Tirant lo Blanch, 1996.

Quicios, M. S., «Protección en España de las niñas en riesgo de sufrir mutilación genital», en *Aranzadi Civil-Mercantil*, 4, 2017, pp. 29-60.

Real Academia Española. *Diccionario de la lengua española*. Fecha de consulta: 4 de junio de 2019. Disponible en: https://bit.ly/3ho1ltz.

Rodríguez Devesa, J. M., *Derecho Penal Español. Parte General*. Madrid, Artes Gráficas Carasa, 1981.

Rodríguez Lainz, J. L., «Los nuevos delitos leves de imprudencia menos grave en materia de tráfico: aspectos sustantivos y procesales», en *Diario La Ley*, 9392, 2019.

Romeo, C. M., «La prohibición del tráfico ilegal y la exclusión de la comercialización de los órganos y tejidos», en *Revista Aranzadi Doctrinal*, 7. Parte Estudios,2010, pp. 171-180.

Serrano Gómez, A. y **Serrano Maíllo, A.**, *Curso de derecho penal. Parte especial*. Madrid, Dykinson, 2016.

Soto, F., «Resultado de deformidad en los delitos de lesiones», en *La Ley* 3, 2004, pp. 1891-1894.

Unicef, «Cambiar una convención social perjudicial: La ablación o mutilación genital femenina», 2018. Fecha de consulta 4 de julio de 2019. Disponible en: http://documentación.unicef.es

Vázquez González, C., *Curso de derecho penal parte especial*. Madrid, Dykinson, 2016.

Jurisprudencia

- Sentencia del Tribunal Supremo Sala 2.ª n.º 1021/2003, de 7 de julio.
- Sentencia del Tribunal Supremo Sala 2.ª n.º539/2004, de 28 de abril.
- Sentencia del Tribunal Supremo Sala 2.ª, rec. 338/2004, de 9 de diciembre de 2004.
- Sentencia del Tribunal Supremo Sala 2.ª, rec. 2455/2004, de 27 de diciembre de 2005.
- Sentencia del Tribunal Supremo Sala 2.ª n.º 294/2007, de 30 de marzo.
- Sentencia del Tribunal Supremo Sala 2.ª, rec. 452/2006, de 16 de febrero de 2007.
- Sentencia del Tribunal Supremo Sala 2.ª, rec. 247/2007, de 11 de junio de 2007.
- Sentencia del Tribunal Supremo Sala 2.ª, rec. 2134/2006, de 26 de diciembre de 2007.
- Sentencia del Tribunal Supremo Sala 2.ª, rec. 10319/2008, de 10 de octubre de 2008.
- Sentencia del Tribunal Supremo Sala 2.ª n.º 79/2009, de 10 de febrero.

- Sentencia del Tribunal Supremo Sala 2.ª, rec. 1666/2010, de 26 de noviembre de 2010.
- Sentencia del Tribunal Supremo Sala 2.ª, rec. 2345/2011, de 31 de octubre de 2012.
- Sentencia del Tribunal Supremo, Sala 2.ª, rec. 3/2012, de 31 octubre de 2012, ECLI:ES:TS:2012:7827.
- Sentencia del Tribunal Supremo Sala 2.ª n.º 835/2012, de 24 de octubre de 2012.
- Sentencia del Tribunal Supremo Sala 2.ª, rec. 1581/2013.
- Sentencia del Tribunal Supremo Sala 2.ª, rec. 1897/2014, de 23 de febrero de 2015.
- Sentencia del Tribunal Supremo Sala 2.ª, rec. 2416/2014, de 27 de mayo de 2015.
- Sentencia del Tribunal Supremo Sala 2.ª, rec. 92/2016, de15 de junio de 2016.
- Sentencia del Tribunal Supremo Sala 2.ª n.º 710/2017, de 27 de octubre.
- Sentencia del Tribunal Constitucional español de 14 de julio de 1994.

Para saber más...

Sentencias

Rodríguez Lainz, J. L. (2019). Los nuevos delitos leves de imprudencia menos grave en materia de tráfico: aspectos sustantivos y procesales. *Diario La Ley*, 9392.

Podréis saber los criterios que utiliza el Tribunal Supremo para dirimir porqué es delito la ablación, una costumbre tan arraigada en algunos países africanos. Entrarán a colación el derecho a la integridad física y, también, el derecho a seguir manteniendo costumbres religiosas y/o sociales muy antiguas.

Rodríguez Lainz, J. L. (2019). Tribunal supremo, Sala Segunda de lo Penal, sentencia n.º 835/2012, de 31 de octubre

Es también importante la lectura de esta sentencia, pues en materia de tráfico ha habido una reforma importante del CP, en gran parte debida a la presión de partes de nuestra sociedad que piden el endurecimiento de las penas para los conductores que acaban con las vidas de ciclistas en las carreteras españolas, a veces, de forma imprudentemente grave.

Informe semanal

Informe semanal (2018). [Archivo de vídeo]. Disponible en: https://bit.ly/3A4xVxc

Este reportaje es de uno de los programas más laureados a nivel mundial y más veterano de la televisión en España. En él podrás ver un tipo de violencia de género muy específico y especialmente cruel, pues las víctimas son personas discapacitadas. Según un estudio realizado por el Parlamento Europeo, las mujeres discapacitadas tienen cuatro veces mayor probabilidad de ser agredidas que el resto de la población femenina.

Test

Lesiones

1. **¿Qué artículo del Código Penal español define las lesiones?**
   a) Artículo 147
   b) Artículo 142
   c) Artículo 150
   d) Artículo 155

2. **¿En qué consiste una lesión según el Código Penal?**
   a) En causar una enfermedad de mente o cuerpo
   b) En cualquier tipo de agresión física
   c) En causar daño o dolor físico
   d) En alterar la salud física o mental de una persona

3. **¿Qué tipo de lesiones requerirán para su sanidad, además de una primera asistencia facultativa, tratamiento médico o quirúrgico?**
   a) Lesiones graves
   b) Lesiones menos graves
   c) Lesiones leves
   d) Todas las anteriores

4. **¿Qué se considera como elemento del tipo penal en el delito de lesiones?**
   a) La intencionalidad
   b) La imprudencia
   c) El resultado lesivo
   d) Todas las anteriores

5. **¿Cuál de las siguientes no es una consecuencia jurídica aplicable al delito de lesiones?**
   a) Pena de prisión
   b) Medidas de seguridad
   c) Responsabilidad civil
   d) Decomiso de bienes

6. **De acuerdo con el Código Penal, ¿qué circunstancias pueden atenuar la pena en un delito de lesiones?**
   a) Actuar bajo los efectos del alcohol
   b) Reparar el daño causado
   c) Ser familiar de la víctima
   d) Haber atendido a la víctima rápidamente

7. **Según el Código Penal, las lesiones se castigan en función de:**
   a) La intención del agresor
   b) La gravedad del daño causado
   c) El arma utilizada
   d) La relación con la víctima

8. **¿Qué puede considerarse lesiones psíquicas según el Código Penal?**
   a) Insultos y humillaciones constantes
   b) Daño emocional demostrable
   c) Una amenaza verbal única
   d) Estrés por el entorno laboral

9. **¿Qué delito se comete cuando las lesiones son producidas con ensañamiento, aumentando deliberada y cruelmente el dolor del ofendido?**
   a) Lesiones graves
   b) Lesiones menos graves
   c) Lesiones con alevosía
   d) Lesiones con ensañamiento

10. **¿Cuál es la máxima pena prevista para las lesiones que ocasionan pérdida o inutilidad de un órgano o miembro principal, o de un sentido, impotencia, esterilidad o grave deformidad?**
   a) 3 años de prisión
   b) 6 años de prisión
   c) 12 años de prisión
   d) 15 años de prisión

Solucionario

1. **¿Qué artículo del Código Penal español define las lesiones?**
   – Respuesta corrrecta: a) Artículo 147

2. **¿En qué consiste una lesión según el Código Penal?**
   – Respuesta corrrecta: d) En alterar la salud física o mental de una persona

3. **¿Qué tipo de lesiones requerirán para su sanidad, además de una primera asistencia facultativa, tratamiento médico o quirúrgico?**
   – Respuesta correcta: d)

4. **¿Qué se considera como elemento del tipo penal en el delito de lesiones?**
   – Respuesta correcta: d) Todas las anteriores

5. **¿Cuál de las siguientes no es una consecuencia jurídica aplicable al delito de lesiones?**

– Respuesta corrrecta: d) Decomiso de bienes

6. **De acuerdo con el Código Penal, ¿qué circunstancias pueden atenuar la pena en un delito de lesiones?**
   – Respuesta corrrecta: b) Reparar el daño causado

7. **Según el Código Penal, las lesiones se castigan en función de:**
   – Respuesta corrrecta: b) La gravedad del daño causado

8. **¿Qué puede considerarse lesiones psíquicas según el Código Penal?**
   – Respuesta corrrecta: b) Daño emocional demostrable

9. **¿Qué delito se comete cuando las lesiones son producidas con ensañamiento, aumentando deliberada y cruelmente el dolor del ofendido?**
   – Respuesta correcta: d) Lesiones con ensañamiento

10. **¿Cuál es la máxima pena prevista para las lesiones que ocasionan pérdida o inutilidad de un órgano o miembro principal, o de un sentido, impotencia, esterilidad o grave deformidad?**
    – Respuesta correcta: c) 12 años de prisión

Violencia doméstica

1. **¿Qué tipo de delito es generalmente considerada la violencia doméstica en el marco jurídico español?**
   a) Delito contra la libertad
   b) Delito contra la seguridad vial
   c) Delito contra la salud pública
   d) Delito contra las personas

2. **¿Cuál de estos es un ejemplo de violencia de género según el Código Penal español?**
   a) Una discusión entre hermanos
   b) Un hombre agrediendo a su esposa
   c) Una pelea en un bar
   d) Un robo con violencia en la vía pública

3. **¿Qué tipo de medidas pueden imponerse a un agresor en los casos de violencia doméstica?**
   a) Penas de prisión y/o medidas de alejamiento
   b) Multas administrativas únicamente
   c) Retirada del carné de conducir
   d) Clausura del establecimiento comercial

4. ¿Cómo se denomina el proceso mediante el cual se protege a la víctima de violencia doméstica, prohibiendo al agresor acercarse a ella?

a) Condena condicional
b) Orden de alejamiento
c) Suspensión provisional
d) Inhabilitación absoluta

5. Una mujer agrede físicamente a su marido en el contexto de una discusión doméstica, ¿cómo se clasifica este acto en el Código Penal?

a) Como violencia de género
b) Como violencia doméstica
c) No es considerado violencia doméstica
d) Como un acto de legítima defensa

6. ¿Cuál de las siguientes situaciones puede ser un factor agravante en el delito de violencia doméstica?

a) Agredir a la víctima delante de menores
b) Cometer el acto en un día festivo
c) Que el agresor tenga antecedentes no relacionados
d) Que la víctima haya provocado verbalmente

7. ¿Qué institución se encarga de proteger a las víctimas de violencia doméstica en España?

a) Ayuntamientos
b) Defensor del Pueblo
c) Servicios sociales y fuerzas de seguridad
d) Instituciones educativas

8. ¿Qué ley establece medidas integrales para proteger a las mujeres contra la violencia de género en España?

a) Ley Orgánica 1/2004
b) Ley de Seguridad Ciudadana
c) Código de Comercio
d) Reglamento de tráfico

9. El término "violencia machista" suele utilizarse para referirse a:

a) Cualquier tipo de violencia física
b) La violencia ejercida por un hombre hacia una mujer por el hecho de ser mujer
c) Conflictos laborales
d) Violencia en el ámbito escolar

10. ¿Qué puede incluir la violencia psicológica en el ámbito doméstico?

a) Amenazas de despido laboral

b) Críticas constantes y desprecio hacia la pareja o familiares

c) Discusiones entre conocidos

d) Competitividad deportiva

Solucionario

1. d) Delito contra las personas.

2. b) Un hombre agrediendo a su esposa.

3. a) Penas de prisión y/o medidas de alejamiento.

4. b) Orden de alejamiento.

5. b) Como violencia doméstica.

6. a) Agredir a la víctima delante de menores.

7. c) Servicios sociales y fuerzas de seguridad.

8. a) Ley Orgánica 1/2004.

9. b) La violencia ejercida por un hombre hacia una mujer por el hecho de ser mujer.

10. b) Críticas constantes y desprecio hacia la pareja o familiares.

TEMA 4.

DELITOS CONTRA LA LIBERTAD DE LAS PERSONAS

4.1. Introducción y objetivos

Aquel día era 1 de marzo de 1981, nuestro ídolo futbolístico, Enrique Castro, Quini, volvía a apuntar como pichichi de la liga española. Era un delantero centro nato, un auténtico número 9, pero además era un hombre bueno y muy querido por sus seguidores.

Después de finalizado el partido ante el Hércules C. F. en el que el Barça venció por 6-0, estábamos pletóricos de alegría y además porque Quini marcó dos goles. Pero nuestra alegría fue truncada de golpe, ya que Quini fue secuestrado por dos individuos que lo encañonaron con una pistola y se lo llevaron en su propio coche iniciando un calvario de veinticinco días para el jugador, para sus compañeros de equipo y para miles de aficionados que lloramos por su desaparición y ya pensábamos en un desenlace fatal.

Este hecho conmocionó a la opinión pública y sus compañeros de equipo llegaron a plantearse la decisión de no jugar hasta la liberación. Incluso su compañero de equipo, José Ramón Alexanko, intentó pagar el rescate que se pidió arriesgando su propia vida, pero los dos delincuentes comunes no llegaron a percibir el dinero.

Estábamos en plena Transición y los asesinatos de ETA y los secuestros que perpetraba estaban a la orden del día, pero finalmente, la Policía Nacional resolvió el caso y Quini recobró la libertad que le había sido truncada por dos delincuentes comunes.

Lamentablemente, el secuestro de Quini no ha sido el único en nuestro país, y ha habido casos tan cruentos como los de: Alfredo di Stefano (70 horas), José Antonio Ortega Lara (532 días), Miguel Ángel Blanco (dos días y acabó asesinado), Julio Iglesias Puga (casi tres semanas), Diego Prado y Colón de Carvajal (72 días), Javier Rupérez (1 mes), Emiliano Revilla (249 días), Adolfo Villoslada (84 días), José María Aldaya, Alberto Martín Barrios y José María Ryan, que fueron asesinados, Javier Ibarra y Bergé (asesinado), Maria Àngels Feliu (492 días), etc.

En el presente tema vamos a hablar de distintas formas de perder la libertad, y una de las más crueles es el secuestro. Por lo tanto, los objetivos de este tema son:

- Estudiar las diferentes formas delictivas que hacen que una persona pierda o vea limitada su libertad.
- Hablar sobre las detenciones ilegales.
- Tratar sobre el secuestro y sus formas.
- Ver los distintos tipos de materializar amenazas.
- Conocer lo que es una coacción desde el punto de vista penal.
- Aproximarnos a la figura del acoso y sus variantes.

4.2. Delitos contra la libertad

En el título VII del libro II del Código Penal encontramos la protección penal de la libertad en distintas formas:

- **Detenciones ilegales/secuestros**: la libertad deambulatoria o libertad de movimientos.
- **Amenazas**: libre formación de la voluntad o libertad en la toma de decisión. Tranquilidad y seguridad del individuo.
- **Coacciones**: la libertad de obrar o libertad de ejecutar lo previamente decidido.
- **Delito de *stalking***: libertad y seguridad.

Gran parte de la doctrina científica comparte la opinión de que **seguridad** y **libertad** son dos bienes jurídicos, pero diferentes. Sin embargo, otro sector doctrinal opina que la libertad y la seguridad son dos bienes que van ligados de forma inevitable, pues la seguridad viene a ser un presupuesto de la libertad, y nuestra Constitución española hace referencia a los dos bienes de forma conjunta en el artículo 17.1, que reza así:

> «1. Toda persona tiene derecho a la **libertad** y a la **seguridad**. Nadie puede ser privado de su libertad, sino con la observancia de lo establecido en este artículo y en los casos y en la forma previstos en la ley».

Además, nuestra carta magna indica en el art. 19 que «los españoles tienen derecho a **elegir libremente su residencia** y a **circular** por el territorio nacional».

Según Muñoz Conde (2020), al hablar de libertad hay que situarse en un contexto social y político determinado, pues estamos ante un concepto relativo.

4.2.1. Detenciones ilegales

Detención ilegal cometida por particulares

Según Sanz Delgado (2006, p. 1):

> «El delito se proyecta desde tres perspectivas. El sujeto activo que dolosamente limita la deambulación de otro, el sujeto pasivo que anímicamente se ve constreñido en contra de su voluntad, y por último el tiempo como factor determinante de esa privación de libertad, aunque sea evidente que la consumación se origina desde que la detención se produce».

Tipo básico

Artículo 163.1 CP

«1. El particular que encerrare o detuviere a otro, privándole de su libertad, será castigado con la pena de prisión de cuatro a seis años».

➔ **Bien jurídico protegido**: se trata de la libertad.

➔ **Acción típica:**

- **Encerrar** es situar a alguien en contra de su voluntad en un lugar cerrado.
- Según Soto Nieto (2003, p. 1):

  > «Cuando se discurre sobre las características de la detención ilegal, se centra el bien jurídico que le preside en la libertad ambulatoria, que entraña la potencialidad de toda persona para desplazarse potestativamente en el espacio, gozando de la autonomía y dominio de sus movimientos, trasladándose de un lugar a otro cual le plazca sin impedimentos o trabas que lo impidan».

- **Detener** es impedir la libertad de movimientos de una persona.

Encerrar o detener a una persona ha de llevarse a cabo contra la voluntad de la persona. La diferencia entre encerrar o detener es que en la segunda modalidad se puede realizar en un lugar abierto. La comisión del delito queda perfeccionada en el momento en el que se realiza la acción.

El **consentimiento** de la víctima es irrelevante. La eficacia del consentimiento asimismo ha sido objeto de **discusión doctrinal**, por cuanto se ha planteado la exclusión de la tipicidad o de la antijuridicidad por esta vía. Para la mayoría de los autores, desde Quintano (1972) en esta materia, el consentimiento supone una causa de exclusión de la tipicidad.

Es posible la **comisión por omisión**. Es un delito permanente, pues la situación se producirá mientras dure todo el tiempo de la detención de la víctima (Díez Ripollés, 2004).

➔ **Sujeto activo**: solamente pueden ser los particulares. Es un delito común pues puede serlo cualquier persona «particular» (Del Rosal Blasco, 2015).

➜ **Sujeto pasivo**: puede ser cualquiera, salvo los menores de edad, las personas con discapacidad o funcionarios públicos en ejercicio de sus funciones, que tienen un régimen especial previsto en el art. 165 CP, que indica:

> «Las penas de los artículos anteriores se impondrán en su mitad superior, en los respectivos casos, si la detención ilegal o secuestro se ha ejecutado con simulación de autoridad o función pública, o la víctima fuere menor de edad o persona con discapacidad necesitada de especial protección o funcionario público en el ejercicio de sus funciones».

ROCA (2013, p. 1) destaca la relevancia del trabajo de los funcionarios en relación con nuestra sociedad, e indica que:

> «La responsabilidad penal de los empleados públicos es una cuestión de suma importancia, tanto desde un punto de vista jurídico, como social. No en vano, cada vez que se comete un delito por un funcionario la confianza que la sociedad tiene depositada en los gestores de lo público se resiente».

➜ **Causas de justificación**: legítima defensa, estado de necesidad y ejercicio legítimo de un derecho, oficio o cargo (LAMARCA PÉREZ, 2010). Hay que tener en cuenta también los casos en los que una persona puede detener a otra sin tener que ser agente de la autoridad y que están recogidos en el artículo 490 de la Ley de Enjuiciamiento Criminal.

Artículo 490 LECrim

> «Cualquier persona puede detener:
> 1.° Al que intentare cometer un delito en el momento de ir a cometerlo.
> 2.° Al delincuente in fraganti.
> 3.° Al que se fugare del establecimiento penal en que se halle extinguiendo condena.
> 4.° Al que se fugare de la cárcel en que estuviere esperando su traslación al establecimiento penal o lugar en que deba cumplir la condena que se le hubiese impuesto por sentencia firme.
> 5.° Al que se fugare al ser conducido al establecimiento o lugar mencionado en el número anterior.
> 6.° Al que se fugare estando detenido o preso por causa pendiente.
> 7.° Al procesado o condenado que estuviere en rebeldía».

➜ **Tipo subjetivo**: es un delito de carácter doloso y no cabe la comisión por imprudencia (*Vid.* MIRAT, 2001).

➜ **Formas de ejecución**: la consumación del delito tendrá lugar cuando al sujeto pasivo se le priva de libertad o se le impide la libertad de movimientos. Es discutible si es posible la tentativa, por ejemplo, si el sujeto pasivo se escapa al tirarse del coche en el que es trasladado y huye (GARCÍA VALDÉS, 2010).

Según la jurisprudencia, la STS n.° 1511/2003, de 17 de noviembre, se posiciona como sigue:

> «Lo que no se puede pretender, como postula el recurrente, es que el principio de ejecutividad se sitúe en el inicio de la conducta descrita en el verbo que nuclea el tipo delictivo, criterio a todas luces impreciso. Pues de ser así, en el delito de detención ilegal, desde el instante mismo que se comienza a detener a una persona, ya se ha consumado el delito (infracción de consumación instantánea y de resultado permanente), circunstancia que no posibilitaría jamás estimarlo en grado de tentativa».

En similar consideración, la STS 1615/1998, de 15 de diciembre, vino a señalar en relación con el elemento cronológico: «la detención ilegal no es un delito instantáneo y **requiere de una duración temporal por breve que sea**».

➔ **Concursos**: se podrá apreciar un concurso ideal si a través de un mismo acto se detiene a varias personas, mientras que existirá un concurso real si el sujeto en tiempo y lugar diferente detiene o encierra a varias personas. En este caso se habrán cometido tantos delitos como a tantas personas se las haya privado de libertad.

➔ **Penalidad**: prisión de cuatro a seis años.

Ejemplo:

En la sentencia del Tribunal Supremo Sala 2.ª n.º 1461/2005, de 25 de noviembre, se castigó por un delito de detención ilegal, autónomo del de prostitución coactiva, en un caso en el que varias mujeres fueron retenidas y obligadas a la prostitución mediante empleo de ritos de vudú y suministrándoles narcóticos.

Supuestos atenuados

Se trata de una serie de circunstancias que hacen que la privación de libertad sea «algo menos grave», si es que se puede decir así.

Art. 163.2 CP

«2. Si el culpable **diera libertad** al encerrado o detenido dentro de los tres primeros días de su detención, **sin haber logrado el objeto** que se había propuesto, se impondrá la pena inferior en grado».

➔ **Penalidad**: de dos a cuatro años.

➔ **Acción típica**: han de cumplirse los siguientes requisitos:

- Que no se sobrepasen los **tres días** de detención.
- Que no se haya conseguido el objeto que perseguía el sujeto activo. Pensemos por ejemplo en los llamados «secuestros exprés».
- Se aplica también si se detuvo a la persona, pero no se perseguía ningún objetivo y se le libera.

➔ **No** se aplicará esta forma atenuada si:

- Se escapa el detenido por sí mismo.
- Es liberado por un tercero.
- Si el sujeto activo lo libera, pero ha conseguido su objetivo.

La jurisprudencia ha admitido atenuación en casos en los que los sujetos activos han abandonado a la víctima con posibilidad de liberarse.

Art. 163.4 CP

«4. El particular que, fuera de los casos permitidos por las leyes, aprehendiere a una persona **para presentarla inmediatamente a la autoridad**, será castigado con la pena de multa de tres a seis meses».

➜ **Penalidad**: multa de tres a seis meses. Hay que recordar, no obstante, los supuestos en los que un particular puede detener a otra persona según lo indicado en el art. 490 de la Ley de Enjuiciamiento Criminal (relacionados más arriba).

Este tipo de detención no puede exceder de 48 horas, pues es el plazo en el que el particular ha de entregar o poner a disposición del juez más próximo al lugar de la detención, al detenido, o ponerle en libertad. Ha de existir un elemento subjetivo, que es el ánimo de entregar de forma inmediata a la persona que se ha detenido a las autoridades más cercanas y competentes.

Supuestos agravados

A) Detenciones ilegales con duración superior a quince días

Art. 163.3 CP

«3. Se impondrá la pena de prisión de cinco a ocho años si el encierro o detención ha durado **más de quince días**».

➜ **Penalidad**: prisión de cinco a ocho años. Este tipo agravado está fundamentado en la **duración** de la detención o el encierro ilegales.

Es importante resaltar que, si se sobrepasan los quince días, la pena es la misma. La fundamentación de la agravación radica en la prolongación del tiempo en el que la víctima pierde su libertad (LANDROVE DÍAZ, 1999).

B) Detención ilegal ejecutada con simulación de autoridad o funciones públicas, o la víctima fuera menor de edad o discapacitado o funcionario público

Art. 165 CP

«Las penas de los artículos anteriores se impondrán en su mitad superior, en los respectivos casos, si la detención ilegal o secuestro se ha ejecutado con simulación de autoridad o función pública, o la víctima fuere menor de edad o persona con discapacidad necesitada de especial protección o funcionario público en el ejercicio de sus funciones».

➜ **Acción típica**: por una parte, se castiga el simular ser una autoridad y ejercer funciones públicas, pues ello facilita sobremanera la perpetración del delito. Por otra parte, se castiga también como una agravante que la víctima sea menor de edad o discapacitado, pues son sujetos pasivos especialmente indefensos y vulnerables y su defensa es muy limitada.

➜ **Sujeto activo**: puede serlo cualquiera.

➜ **Sujeto pasivo**: víctima menor de edad, discapacitados y funcionarios públicos que estén realizando las funciones propias de su cargo.

➜ **Penalidad**: se impondrá la pena en su mitad superior a la que correspondería en los casos previstos y penados en los artículos 163 y 164 del Código Penal.

C) Castigo del reo de detención ilegal o secuestro que no dé razón del paradero de la persona detenida

Artículo 166.1 CP

«1. El reo de detención ilegal o secuestro que no dé razón del paradero de la persona detenida será castigado con una pena de prisión de diez a quince años, en el caso de la detención ilegal, y de quince a veinte años en el de secuestro».

➔ **Acción típica**: lo que se está castigando en este delito es una situación de la agravación, porque el secuestrador o quien se ha convertido en la persona que ha de velar por la víctima, conoce su paradero, sabe el estado en el que se encuentra y no dice dónde está.

➔ **Penalidad**: prisión de diez a quince años cuando se trata de detención ilegal, y prisión de quince a veinte años si estamos ante un delito de secuestro.

En el artículo 166.2 CP existe una **segunda forma de agravación** de este delito:

«2. El hecho será castigado con una pena de quince a veinte años de prisión, en el caso de detención ilegal, y de veinte a veinticinco años de prisión, en el de secuestro, cuando concurra alguna de las siguientes **circunstancias**: a) Que la víctima fuera menor de edad o persona con discapacidad necesitada de especial protección. b) Que el autor hubiera llevado a cabo la detención ilegal o secuestro con la intención de atentar contra la libertad o la indemnidad sexual de la víctima, o hubiera actuado posteriormente con esa finalidad».

➔ **Grado de ejecución**: no es preciso que se consume el atentado a la libertad e indemnidad sexual.

➔ **Tipo subjetivo**: existe en este delito un elemento subjetivo, que es la intención de atentar contra la libertad e indemnidad sexual de la víctima que podrá existir antes o después de la detención o encierro de la misma.

➔ **Concurso de delitos**: si se produjese un atentado contra la libertad e indemnidad sexual estaríamos entre el delito que atenta contra la libertad e indemnidad sexual y los delitos contra la libertad de secuestro o detención ilegal.

➔ **Penalidad**: se castiga con prisión de quince a veinte años si es una situación de detención ilegal, y prisión de veinte a veinticinco años si se trata de un secuestro.

Detenciones ilegales cometidas por autoridades o funcionarios públicos

Artículo 167.1 CP

«1. La **autoridad o funcionario público** que, fuera de los casos permitidos por la ley, y sin mediar causa por delito, cometiere alguno de los hechos descritos en este Capítulo será castigado con las penas respectivamente previstas en éstos, en su mitad superior, pudiéndose llegar hasta la superior en grado».

➔ **Acción típica**: aquí se está castigando a un tipo muy concreto de autoridades y funcionarios públicos, puesto que sobrepasan el ejercicio propio de sus importantes funciones, se **extralimitan** en la posibilidad que tienen atribuida de detener. La acción delictiva se comete siempre fuera de los casos que permite la ley.

➔ **Penalidad**: son las mismas penas que están previstas y penadas en los casos de los artículos 163 a 166 en su mitad superior, y cabe la posibilidad de llegar hasta la superior en grado, además de la inhabilitación absoluta por tiempo de ocho a doce años.

➔ **Sujeto activo**: solamente podrán ser sujetos activos de este delito las autoridades o funcionarios públicos que tengan las suficientes atribuciones como para realizar la detención, y que además estén actuando en el ejercicio de sus funciones. Estamos ante un delito de carácter **especial**, pues solamente podrán cometer el ilícito penal los **magistrados, jueces, fiscales y los miembros de las fuerzas y cuerpos de seguridad del Estado**. Por lo tanto, podemos ver que aquí se castiga especialmente el abuso de atribuciones de una serie de autoridades y funcionarios públicos que tienen una enorme responsabilidad ante la ciudadanía, y que de un principio han de ser absolutamente imparciales, muy expertos en sus respectivas materias, y siempre han de estar sometidos al imperio de la ley.

Para saber quién es una **autoridad** es preciso acudir al art. 24 CP, que lo precisa de la siguiente manera:

> «1. A los efectos penales se reputará **autoridad** al que por sí solo o como miembro de alguna corporación, tribunal u órgano colegiado tenga mando o ejerza jurisdicción propia. En todo caso, tendrán la consideración de autoridad los miembros del Congreso de los Diputados, del Senado, de las Asambleas Legislativas de las Comunidades Autónomas y del Parlamento Europeo. Tendrán también la consideración de autoridad los funcionarios del Ministerio Fiscal y los Fiscales de la Fiscalía Europea.
>
> 2. Se considerará funcionario público todo el que por disposición inmediata de la Ley o por elección o por nombramiento de autoridad competente participe en el ejercicio de funciones públicas».

Los funcionarios que no estén incluidos en este tipo, que son los que entre sus funciones no está la de detener, pueden cometer una detención ilegal respondiendo como un particular (Bolea y Robles, 2006).

Por otra parte, hay que ver otra situación más:

Art. 167.2 a) CP

> «2. Con las mismas penas serán castigados:
>
> a) El funcionario público o autoridad que, mediando o no causa por delito, acordare, practicare o prolongare la privación de libertad de cualquiera y que no reconociese dicha privación de libertad o, de cualquier otro modo, ocultase la situación o paradero de esa persona privándola de sus derechos constitucionales o legales».

➔ **Acción típica**: aquí lo que se castiga es el acordar, practicar o prolongar la privación de libertad mediando una causa por delito o no. Los requisitos necesarios que se han de producir para que estemos en este ámbito delictivo son los siguientes:

- El sujeto activo no ha reconocer la privación de libertad.
- Que el sujeto activo oculte la situación o el paradero de la persona que es la víctima.

- Hay que pensar que este delito tiene una especial gravedad, dado que la autoridad o funcionario público que ha realizado una detención es la persona responsable de custodiar a aquella que está privada de libertad.
- Que se produzca una situación de efectiva privación de libertad, atentando los derechos fundamentales protegidos por la Constitución española.

➔ **Penalidad**: las mismas previstas en los casos previstos y penados en los arts. 163 a 166 CP, en su mitad superior, y pudiéndose llegar hasta la superior en grado, y la de inhabilitación absoluta por tiempo de ocho a doce años.

➔ **Concurso de delitos**: puede caber la posibilidad de un concurso con el artículo 530 del Código Penal y que se aplicaría con las reglas del artículo 8 del mismo código.

Art. 530 CP

«La autoridad o funcionario público que, mediando causa por delito, acordare, practicare o prolongare cualquier privación de libertad de un detenido, preso o sentenciado, con violación de los plazos o demás garantías constitucionales o legales, será castigado con la pena de inhabilitación especial para empleo o cargo público por tiempo de cuatro a ocho años».

Hay que observar las siguientes reglas:

Art. 8 CP

«Los hechos susceptibles de ser calificados con arreglo a dos o más preceptos de este Código, y no comprendidos en los artículos 73 a 77, se castigarán observando las siguientes reglas:

1.ª El precepto especial se aplicará con preferencia al general.

2.ª El precepto subsidiario se aplicará sólo en defecto del principal, ya se declare expresamente dicha subsidiariedad, ya sea ésta tácitamente deducible.

3.ª El precepto penal más amplio o complejo absorberá a los que castiguen las infracciones consumidas en aquél.

4.ª En defecto de los criterios anteriores, el precepto penal más grave excluirá los que castiguen el hecho con pena menor».

Realización del delito por un particular

El art. 167.2 b) CP sanciona a:

«b) El **particular** que hubiera llevado a cabo los hechos con la autorización, el apoyo o la **aquiescencia** del Estado o de sus autoridades».

➔ **Sujeto activo**: es un delito común porque el sujeto activo podrá ser cualquier persona, pero con la salvedad de que solo podrán ser las personas que realicen la conducta con autorización, el apoyo o la aquiescencia del Estado o de sus autoridades.

➔ **Penalidad**: son las previstas en los casos de los artículos 163 a 166, en su mitad superior y pudiéndose llegar hasta la superior en grado.

No obstante, y después de todo lo comentado, la distinción entre **detenciones ilegales** y **coacciones** es una tarea harto compleja y no hay criterios claros jurisprudenciales, y así lo indica RAGUÉS y VALLÉS (2003):

> «La falta de criterios claros para la delimitación de estas dos infracciones es tan evidente que, tras un estudio detenido de la jurisprudencia en este ámbito, no puede evitarse una cierta sensación de que los casos acaban casi siempre resolviéndose con **meras valoraciones ad hoc** que tratan de buscar una respuesta más o menos convincente para el supuesto de hecho enjuiciado, pero sin que exista detrás de las diversas soluciones una pauta teórica con pretensiones de vigencia para cualquier caso imaginable».

4.2.2. El secuestro

España ha sufrido diversos secuestros con desenlace fatal, como es el caso del de Miguel Ángel Blanco.

El 10 de julio de 1997 fue secuestrado por tres miembros de ETA, que exigieron el acercamiento de los presos de la organización terrorista a las cárceles del País Vasco. Ante la negativa del Gobierno central, la tarde del día 12 fue tiroteado en un descampado y murió en la madrugada del día 13.

Tipo básico

Artículo 164 CP

> «El secuestro de una persona exigiendo alguna **condición** para ponerla en libertad, será castigado con la pena de prisión de seis a diez años. Si en el secuestro se hubiera dado la circunstancia del artículo 163.3, se impondrá la pena superior en grado, y la inferior en grado si se dieren las condiciones del artículo 163.2».
>
> Bien jurídico protegido: la libertad.

➜ **Acción típica**: encerrar o detener a una persona, exigiendo una condición. Esa condición normalmente es dinero, pero la jurisprudencia indica que puede ser de otro tipo, como conseguir el acercamiento de presos o incluso su liberación. La condición es la diferencia del encierro y de la detención ilegal.

➜ **Grado de ejecución**: este delito se consuma en el momento que se encierra o detiene a la persona, se pide una condición para liberar al secuestrado, y esa condición llega de forma fehaciente a la persona que puede cumplir la misma.

Según parte de la doctrina, para la consumación no es necesario que se cumpla la condición (por ejemplo, la entrega de un dinero) y que se libere a la víctima secuestrada (LANDROVE, 1999). Hay sentencias en las que no se exige que se cumpla la condición de forma efectiva:

Sentencia del Tribunal Supremo. Sala 2.ª n.º 367/2010 de 17 marzo, Fundamento de Derecho 4. (RJ\2010\4504):

> «Ese factum comprende, sin duda alguna, que la privación de libertad fue efectuada y que se exigió para su cese una condición consistente en el pago de dinero. Y la doctrina de esta Sala tiene señalado que el tiempo subjetivo del art. 164 —no se trata del art. 163.2—

se presenta completo cuando a la efectiva privación de libertad se suma la prueba de una condición, **aun en el supuesto de que no se obtenga el cumplimiento de la condición exigida**; así en las sentencias de 14/4/2005 y 15/10/1997».

➔ **Penalidad**: prisión de seis a diez años.

Supuestos atenuados

Art. 163.2 CP

«2. Si el culpable diera libertad al encerrado o detenido dentro de los tres primeros días de su detención, sin haber logrado el objeto que se había propuesto, se impondrá la pena inferior en grado».

➔ **Acción típica**: liberar al secuestrado en los tres primeros días y no haber logrado el objetivo delictual que se perseguía. Se atenúa la pena en base a que se tiene la consideración de haber procedido a liberar al secuestrado en un tiempo que podríamos denominar «menor» que los otros tipos, si bien, todo secuestro es reprochable, pues priva a la víctima de su libertad.

➔ **Penalidad**: inferior en grado.

Supuestos agravados

a) **Artículo 163.3 CP**:

«3. Se impondrá la pena de prisión de cinco a ocho años si el encierro o detención ha durado **más de quince días**».

➔ **Penalidad**: prisión de cinco a ocho años, igual que en las detenciones ilegales.

b) **Artículo 165 CP**:

«Las penas de los artículos anteriores se impondrán en su mitad superior, en los respectivos casos, si la detención ilegal o secuestro se ha ejecutado con simulación de autoridad o función pública, o la víctima fuere menor de edad o persona con discapacidad necesitada de especial protección o funcionario público en el ejercicio de sus funciones».

➔ **Acción típica**: ejecutar un secuestro simulando ser una autoridad o tener una función pública.

➔ **Sujeto activo**: es un delito común porque puede cometerlo cualquier persona.

➔ **Sujeto pasivo**: en este caso la víctima puede serlo cualquier persona con cualquier edad si ha existido una simulación de autoridad, o de función pública del sujeto activo. Por otra parte, se castiga especialmente que el sujeto pasivo o víctima sea un menor de edad o personas con discapacidad que necesite de una especial protección o sea un funcionario público que este en el pleno ejercicio de su función. Sobre el antiguo delito de sustracción de menores, véase Muñoz Conde (1995).

➔ **Penalidad**: se impondrá la pena en su mitad superior a la que hubiera correspondido en los casos previstos y penados en los artículos 163 y 164 del Código Penal.

Provocación, conspiración y proposición

Artículo 168 CP:

> «La provocación, la conspiración y la proposición para cometer los delitos previstos en este Capítulo se castigarán con la pena inferior en uno o dos grados a la señalada al delito de que se trate».

➔ **Penalidad**: se castigará con la pena inferior en uno o dos grados a la que esté señalada para el delito cometido.

4.3. Amenazas

Según el Diccionario de la Real Academia Española de la Lengua, una amenaza es un: «delito consistente en intimidar a alguien con el anuncio de la provocación de un mal grave para él o su familia» (Drae, 2019).

Según Muñoz Conde (2020, p. 117):

> «La amenaza en sentido jurídico-penal **prácticamente coincide con el sentido gramatical de la expresión**, pudiendo, por tanto, definirse simplemente como la exteriorización hecha por una persona a otra del propósito de causarle a ella, a su familia o persona allegada un mal, dependiendo luego del respectivo tipo delictivo la determinación de la naturaleza de dicho mal».

El derecho a vivir en paz y en sosiego es objeto de tutela por el ordenamiento jurídico punitivo, y tiene su mayor exponente en el artículo 17.1 de la Constitución española, que dispone: «toda persona tiene derecho a la libertad y a la seguridad».

Nos encontramos ante un **delito de peligro** o **mera actividad** y no de verdadera lesión, pues si se comete finalmente el contenido de la amenaza, el delito, por ejemplo, de lesiones, este «absorbe» a la amenaza.

➔ **Bien jurídico protegido**: se trata de proteger la libertad de las personas de hacer o no hacer, por lo tanto, afecta directamente a la voluntad de la víctima. Se protege la libertad de la persona y el derecho que todos tienen al sosiego y a la tranquilidad personal en el desarrollo normal y ordenado de su vida.

➔ **Acción típica**: se trata de amenazar con causar un mal, y dependiendo del tipo de mal que contenga la amenaza se estará perpetrando un tipo penal u otro dentro de las amenazas.

Para que podamos considerar que existe una amenaza, se han de cumplir las siguientes **características**:

- Ha de ser **real**.
- Ha de ser un mal injusto.
- Ha de ser **seria y perseverante**.
- Ha de ser **futura** con **posibilidad** de que se materialice.
- Ha de depender de la **voluntad** de quien está amenazando (sujeto activo).

- Ha de haber una **intimidación** hacia la víctima.
- Ha de ser un mal **concreto y determinado**.
- Siempre hay que valorar el **contexto**.

➔ **Tipo subjetivo**: primordialmente se trata de acciones de carácter doloso. Ha de haber un dolo indubitado, en cuanto encierra un plan premeditado de actuar con tal fin o ánimo intimidatorio evidente contra la víctima.

➔ **Sujeto activo**: puede serlo cualquier persona que realice la amenaza.

➔ **Sujeto pasivo**: puede serlo cualquier persona que sea víctima de una amenaza.

➔ **Grado de ejecución**: el momento en el que se consuma el delito es cuando la amenaza que realiza el sujeto activo llega de forma fehaciente al conocimiento de la víctima (sujeto pasivo) (Jareño, 1997). Cabría la **tentativa** en los casos en los que la amenaza no llega al conocimiento de la víctima (Guzmán Dálbora, 1999).

Siguiendo a Muñoz Conde (2020) no es preciso que la **amenaza** llegue a intimidar al amenazado, sino que basta con que objetivamente **sea adecuada** para ello.

➔ **Concurso de delitos**: es criterio unánime de la doctrina y jurisprudencia que la amenaza quedaría subsumida en el tipo delictivo que finalmente se perpetra (así, por ejemplo, en las lesiones u homicidio) siempre y cuando exista una conexión temporal entre ambos delitos (Lamarca, 2016).

Siempre hay que **contextualizar la acción**, pues no es lo mismo decir a un hijo de modo jocoso «si no apruebas el curso te mato...», que decir a una persona «te voy a matar si no me entregas todo el dinero que lleves encima...».

> Hay que contextualizar siempre los hechos para saber si realmente estamos ante un delito de amenazas.

Amenazas graves

Amenaza de un mal constitutivo de delito

El artículo 169 CP castiga a:

> «El que amenazare a otro con causarle a él, a su familia o a otras personas con las que esté íntimamente vinculado un mal que constituya delitos de homicidio, lesiones, aborto, contra la libertad, torturas y contra la integridad moral, la libertad sexual, la intimidad, el honor, el patrimonio y el orden socioeconómico».

La doctrina científica no se pone de acuerdo en si la amenaza recoge solamente la lista que indica el art. 169 CP, o bien recoge a todo tipo de delitos (Serrano Gómez y Serrano Maíllo, 2016).

➔ **Acción típica**: se castiga el hecho de manifestar al sujeto pasivo, de forma directa o por medio eficaz y que además llegue a su conocimiento la intención de causarle a él o a su familia o a otras personas con las que esté vinculado, un mal que sea constitutivo de delito de: homicidio, lesiones, aborto, contra la libertad, torturas y contra la integridad moral, la libertad sexual, la intimidad, el honor, el patrimonio y el orden socioeconómico.

➔ **Sujeto activo**: puede ser cualquiera.

➔ **Sujeto pasivo**: cualquier persona que reciba la amenaza, pero han de ser personas capaces de comprender la amenaza.

El mal que constituye la amenaza ha de cumplir las siguientes **características**:

- Futuro, pues si fuera presente, sería intimidación.
- Relevante para romper el sosiego de la persona amenazada.
- Constitutivo de delito.

➔ **Tipo subjetivo**: eminentemente doloso.

➔ **Grado de ejecución**: se consuma cuando se hace llegar la amenaza al sujeto pasivo, pero cabe la tentativa cuando la amenaza no llega a su destinatario.

Amenaza de un mal constitutivo de delito con condición

Amenaza con condición: tipificada en el art. 169.1.° CP: «si se hubiere hecho la amenaza exigiendo una cantidad o imponiendo cualquier otra condición, aunque no sea ilícita».

Aquí distinguimos entre:

1. Si ha conseguido el propósito: se castiga con pena de prisión de uno a cinco años.
2. Si no ha conseguido el propósito: se castiga con pena de prisión de seis meses a tres años.

Supuestos agravados: afectan a los que han conseguido el propósito y a los que no.

Art. 169.1.° (*in fine*) CP:

> «(...) si las amenazas se hicieren por escrito, por teléfono o por cualquier medio de comunicación o de reproducción, o en nombre de entidades o grupos reales o supuestos».

➔ **Penalidad**: hay que estar a cada caso concreto, pues se castigará en su mitad superior dependiendo si se ha conseguido o no el propósito.

Amenaza de un mal constitutivo de delito sin exigir condición

Se recoge en el art. 169.2.° CP:

➔ **Penalidad**: prisión de seis meses a dos años.

➔ **Grado de ejecución**: queda consumado cuando se materializa la acción de amenazar y que la amenaza llegue al sujeto pasivo.

Supuestos agravados:

a) Artículo 170.1 CP

> «1. Si las amenazas de un mal que constituyere delito fuesen dirigidas a atemorizar a los habitantes de una población, grupo étnico, cultural o religioso, o colectivo social o profesional, o a cualquier otro grupo de personas, y tuvieran la gravedad necesaria para conseguirlo, se impondrán respectivamente las penas superiores en grado a las previstas en el artículo anterior».

Según Muñoz Conde (2015, p. 120) estamos ante el tipo de amenaza con finalidad terrorista, que se concretaría con amenazas como:

> «[...] "vamos a quemar a todos los negros, a los de este pueblo, o la sinagoga, o la mezquita, o la iglesia, etc."), es que ello conlleva un propósito terrorista. El tipo objetivo requiere, sin embargo, que las amenazas tengan "la gravedad necesaria", es decir, una probabilidad objetiva de poder realizarse».

➜ **Penalidad**: la superior en grado a la prevista en cada uno de los casos.

b) Artículo 170.2 CP

> «2. Serán castigados con la pena de prisión de seis meses a dos años, los que, con la misma finalidad y gravedad, reclamen públicamente la comisión de acciones violentas por parte de organizaciones o grupos terroristas».

Goyena, 2018, p. 3:

> «Bajo el adverbio "públicamente" es claro que cabe integrar todas aquellas actividades que tradicional e históricamente han sido cauces de divulgación de ideas, pensamientos u opiniones, tales como la impresión de escritos y documentos, la difusión de mensajes a través de la radio o la televisión, o los discursos pronunciados ante una audiencia más o menos numerosa. Y no puede haber ninguna duda de que también se considerará pública la difusión de un mensaje a través de Internet, ya sea insertándolo en una página web, en un blog, en un foro o a través de Twitter o Facebook (cfr. STS n.° 4/2017 de 18 enero [RJ 2017, 50])»

Amenaza de un mal no constitutivo de delito

Artículo 171.1 CP:

Se castigan las amenazas de un mal que no constituya delito atendiendo a su gravedad y a las circunstancias del hecho, si se exigiera una condición que no consista en una conducta debida.

Cuando se exige el cumplimiento de una conducta debida no existe delito; por ejemplo, sería el caso en el que se exige el pago de unos alquileres que no abona el inquilino hace meses.

Para que haya delito cuando las amenazas de un mal no constitutivo de delito han de ser bajo condición, y se distinguen en:

Si no se ha conseguido el propósito:

➜ **Penalidad**: prisión de tres meses a un año o multa de seis a veinticuatro meses.

Si se ha conseguido el propósito:

➜ **Penalidad**: la anterior en su mitad superior.

Las amenazas no condicionales no se castigan.

Chantaje

Art. 171.2 CP

«2. Si alguien exigiere de otro una cantidad o recompensa bajo la amenaza de revelar o difundir hechos referentes a su vida privada o relaciones familiares que no sean públicamente conocidos y puedan afectar a su fama, crédito o interés (...)».

Si lo que se amenaza en difundir constituye delito, se aplicará el delito del art. 169 1.º por relación de especialidad.

Los requisitos para que se aprecien estas amenazas condicionales más conocidas como **chantaje** por exigir una cantidad económica para no hacerlo son:

1. Amenaza de revelar hechos que atañen a la **vida privada** o a las **relaciones de familia**. Hay personas que con consentimiento previo se graban en situaciones muy íntimas, y cuando rompen la relación, una parte amenaza con difundir las imágenes. Fijémonos en lo que dice el Tribunal Constitucional al respecto:

   De conformidad con la doctrina del Tribunal Constitucional (173/2011), de 7 de noviembre:

   > «Corresponde a cada persona acotar el ámbito de intimidad personal y familiar que reserva al conocimiento ajeno; y por tanto se vulnerará este derecho fundamental cuando la penetración en el ámbito propio y reservado del sujeto, **aún autorizada en un principio**, subvierta los términos y el alcance para el que se otorgó el consentimiento, quebrando así la conexión entre la información personal que se recaba y el objetivo tolerado para el que fue recogida».

   Desgraciadamente, el chantaje puede terminar con consecuencias muy dramáticas. En mayo de 2019 Verónica, de 32 años, y madre de dos hijos, se quitó la vida después de que una grabación íntima suya con una expareja llegara hasta su marido tras varios días circulando entre sus compañeros de trabajo en la planta de Iveco en San Fernando de Henares, Madrid.

   Puedes consultar la noticia desde la siguiente dirección web:
   https://bit.ly/3leom8R

   ---

2. Amenaza de revelar hechos que no sean reconocidos públicamente.
3. Amenaza que pueda afectar a la fama, crédito o interés. En este punto hemos de distinguir dos situaciones diferentes:
   a) Si se ha conseguido la entrega de todo o una parte de lo que se ha exigido para el chantaje.

      Penalidad: prisión de dos a cuatro años. La pena es la misma si se ha conseguido todo lo que se quería o solamente una parte, y será el juez el que tendrá que ajustar el castigo dependiendo de cada caso.

b) Si no se ha conseguido.

Penalidad: prisión de cuatro meses a dos años.

Procedibilidad

Art. 171.3 CP

«Si el hecho descrito en el apartado anterior consistiere en la amenaza de revelar o denunciar la comisión de algún delito el Ministerio Fiscal podrá, para facilitar el castigo de la amenaza, abstenerse de acusar por el delito cuya revelación se hubiere amenazado, salvo que éste estuviere castigado con pena de prisión superior a dos años. En este último caso, el juez o tribunal podrá rebajar la sanción en uno o dos grados».

Estamos ante un artículo que lo que busca es motivar a las personas para que se conozca y castigue el chantaje.

En relación con el **principio de oportunidad** del proceso, se otorga al Ministerio Fiscal la posibilidad de renunciar a perseguir el delito. Ahora bien, si el delito está castigado con una pena superior a los dos años de prisión, se tendrá que iniciar su persecución, pero rebajándose la sanción en uno o dos grados. Este principio de oportunidad está cuestionado por Muñoz Conde (2015).

El chantaje busca «el precio del silencio...»

Amenazas leves

La LO 1/15 de 30 de marzo (Ley de Medidas de Protección Integral contra la Violencia de Género), añade el apartado 7 al artículo 171 del CP como consecuencia de la supresión de las faltas. Por lo tanto, hay que tener en cuenta la Ley Orgánica 1/2015, de 30 de marzo, por la que se modifica la Ley Orgánica 10/1995, de 23 de noviembre, del Código Penal. Aquí encontramos dos conductas diferentes:

a) **Art. 171. 4 CP:**

El que de modo leve amenace a quien sea o haya sido su esposa, o mujer que esté o haya estado ligada a él por una análoga relación de afectividad aun sin convivencia, o a una persona especialmente vulnerable que conviva con el autor.

➔ **Penalidad**: prisión de seis meses a un año o de trabajos en beneficio de la comunidad de treinta y uno a ochenta días y, en todo caso, privación del derecho a la tenencia y porte de armas de un año y un día a tres años, así como, cuando el Juez o Tribunal lo estime adecuado al interés del menor o persona con discapacidad necesitada de especial protección, inhabilitación especial para el ejercicio de la patria potestad, tutela, curatela, guarda o acogimiento hasta cinco años.

b) **Art. 171.5 CP:**

Se castiga aquí al que de forma leve amenace con armas u otros instrumentos peligrosos a las personas a quienes se refiere el artículo 173.2 del Código Penal, exceptuando las personas que están contempladas en el apartado anterior y que se relacionan en el artículo 171.5 del Código Penal.

Las **personas que recoge el artículo 173.2 del Código Penal** son: cónyuge o sobre persona que esté o haya estado ligada a él por una análoga relación de afectividad aun sin convivencia, o sobre los descendientes, ascendientes o hermanos por naturaleza, adopción o afinidad, propios o del cónyuge o conviviente, o sobre los menores o personas con discapacidad necesitadas de especial protección que con él convivan o que se hallen sujetos a la potestad, tutela, curatela, acogimiento o guarda de hecho del cónyuge o conviviente, o sobre persona amparada en cualquier otra relación por la que se encuentre integrada en el núcleo de su convivencia familiar, así como sobre las personas que por su especial vulnerabilidad se encuentran sometidas a custodia o guarda en centros públicos o privados.

➔ **Penalidad**: pena de prisión de tres meses a un año o trabajos en beneficio de la comunidad de treinta y uno a ochenta días y, en todo caso, privación del derecho a la tenencia y porte de armas de uno a tres años, así como, cuando el Juez o Tribunal lo estime adecuado al interés del menor o persona con discapacidad necesitada de especial protección, inhabilitación especial para el ejercicio de la patria potestad, tutela, curatela, guarda o acogimiento por tiempo de seis meses a tres años.

Supuesto agravado

Según el **art. 173.2** *in fine* del **CP**, existe un **supuesto agravado** si las dos anteriores conductas se realizan en **presencia de menores**, o utilizando **armas**, o tengan lugar en el **domicilio común** o en el **domicilio de la víctima**, o se realicen **quebrantando** una pena de las contempladas en el artículo 48 o una medida cautelar o de seguridad o prohibición de la misma naturaleza. Las penas que se contemplan en el artículo 48 del Código Penal recordemos que son:

Artículo 48.1 CP

«1. La privación del derecho a residir en determinados lugares o acudir a ellos impide al penado residir o acudir al lugar en que haya cometido el delito, o a aquel en que resida la víctima o su familia, si fueren distintos. En los casos en que exista declarada una discapacidad intelectual o una discapacidad que tenga su origen en un trastorno mental, se estudiará el caso concreto a fin de resolver teniendo presentes los bienes jurídicos a proteger y el interés superior de la persona con discapacidad que, en su caso, habrá de contar con los medios de acompañamiento y apoyo precisos para el cumplimiento de la medida.

2. La prohibición de aproximarse a la víctima, o a aquellos de sus familiares u otras personas que determine el juez o tribunal, impide al penado acercarse a ellos, en cualquier lugar donde se encuentren, así como acercarse a su domicilio, a sus lugares de trabajo y a cualquier otro que sea frecuentado por ellos, quedando en suspenso, respecto de los hijos, el régimen de visitas, comunicación y estancia que, en su caso, se hubiere reconocido en sentencia civil hasta el total cumplimiento de esta pena.

3. La prohibición de comunicarse con la víctima, o con aquellos de sus familiares u otras personas que determine el juez o tribunal, impide al penado establecer con ellas, por cualquier medio de comunicación o medio informático o telemático, contacto escrito, verbal o visual.

4. El juez o tribunal podrá acordar que el control de estas medidas se realice a través de aquellos medios electrónicos que lo permitan».

Las razones de este **agravamiento** son:

- **Presencia de menores**: porque es evidente que los menores son más vulnerables, y presenciar según qué tipos de actos les puede causar grandes daños.
- **Domicilio común o domicilio de la víctima**: este tipo de actuaciones puede incrementar el efecto negativo sobre la salud de las víctimas.
- **Quebrantamiento**: hay un mayor desvalor de la conducta porque no se respeta la decisión judicial.
- **Utilización de armas**: se justifica el agravamiento pues es evidente que la exhibición de las armas causa un desasosiego que rompe con la paz emocional de la víctima.
- **Penalidad**: son las previstas en los dos casos anteriores, pero en su mitad superior. Podrá además imponerse una medida de libertad vigilada.

Supuesto atenuado

En los dos anteriores supuestos, el juez o tribunal, previo razonamiento en la sentencia, podrá rebajar la pena atendiendo a las circunstancias personales del autor de los hechos.

Encontramos este tipo de amenazas en el artículo 171.7 del CP («el que de modo leve amenace a otro») que tipifican las amenazas de carácter leve y que no están comprendidas en los supuestos anteriores. Se prevén dos supuestos atendiendo al sujeto pasivo y que son los siguientes:

1. **Si el sujeto pasivo es cualquier persona. Se trata de una condición objetiva de perseguibilidad, y solo son perseguibles cuando hay una denuncia del sujeto pasivo o de su representante legal.**

   ➜ **Penalidad**: multa de uno a tres meses.

2. **Si el sujeto pasivo fuera alguna de las personas a las que se refiere el artículo 173.2 del Código Penal.**

   ➜ **Penalidad**: localización permanente de cinco a treinta días, siempre en domicilio diferente y alejado del de la víctima, o trabajos en beneficio de la comunidad de cinco a treinta días, o multa de uno a cuatro meses, esta última únicamente en los supuestos en los que concurran las circunstancias expresadas en el apartado 2 del artículo 84. En estos casos no será exigible la denuncia a que se refiere el párrafo anterior.

En ocasiones, la distinción entre amenazas graves y leves no está clara, y así lo indica el Tribunal Supremo:

> «La STS 23-9-2014 (Rc 112/2014) establece la diferencia entre amenazas graves y leves, entendiendo que en el caso concreto no puede mantenerse con seguridad que se esté amenazando con la causación de un mal que constituya delito, lo que permitiría la aplicación del artículo 169 del CP, y ello por tratarse de amenazas ambiguas tales como: "pagarás caro" o "llorarás lágrimas de sangre". Encierran un contenido amenazante, pero no puede afirmarse rotundamente que se esté anunciando la comisión de uno o varios delitos concretos. Más bien se trata o puede tratarse de males indefinidos, lo que hace incorrecta —por no segura— su incardinación en el art. 169 CP, de manera que deben reconducirse los hechos al art. 171.4 CP».

4.4. Coacciones

Según el *Diccionario de la Real Academia Española de la Lengua* una coacción es:

1. Fuerza o violencia que se hace a alguien para obligarlo a que diga o ejecute algo.
2. Poder legítimo del derecho para imponer su cumplimiento o prevalecer sobre su infracción.

Las coacciones consisten en impedir a otro con violencia hacer lo que la ley no prohíbe, o compelerle a efectuar lo que no quiere, sea justo o injusto.

Tipo básico

Artículo 172.1 CP

«1. El que, sin estar legítimamente autorizado, impidiere a otro con violencia hacer lo que la ley no prohíbe, o le compeliere a efectuar lo que no quiere, sea justo o injusto, será castigado con la pena de prisión de seis meses a tres años o con multa de 12 a 24 meses, según la gravedad de la coacción o de los medios empleados».

Características de las coacciones

Según la sentencia del Tribunal Supremo Sala 2.ª 626/2007 de 5 de julio, han de existir los siguientes **elementos** para que se considere una coacción penal:

1. Una **conducta violenta** de contenido material, como vis física, o intimidación, como vis compulsiva, ejercida sobre el sujeto pasivo, ya sea de modo directo o de modo indirecto.
2. Según Muñoz Conde (2015, p. 125):

   > «El empleo, pues, de violencia es fundamental en este delito. Originariamente, cierto sector jurisprudencial y doctrinal entendió por violencia sólo la física, pero actualmente es unánime en la jurisprudencia una tesis extensiva, comprendiéndose las intimidaciones personales e incluso el empleo de fuerza en las cosas».

3. La finalidad perseguida, como resultado de la acción, es la de impedir lo que la ley no prohíbe o efectuar lo que no se quiere, sea justo o injusto.
4. Intensidad suficiente de la acción.
5. La intención dolosa consistente en el deseo de restringir la libertad ajena.
6. Que el acto sea ilícito.
7. Bien jurídico protegido: es la libertad de obrar del individuo.

➔ **Acción típica**: la acción que castiga el CP, la llevará cabo una persona que, sin estar legítimamente autorizada para hacerlo, impide que la víctima pueda obrar con total libertad de criterio.

Existen dos formas de coaccionar:

a) **Impedir** la realización de una acción que no está prohibida por la ley.

b) **Obligarle** a efectuar lo que no quiere, sea justo o injusto.

El tipo penal exige en los dos casos que el medio de comisión sea la **violencia**.

La distinción entre amenazas y coacciones no está clara, pero doctrina y jurisprudencia han admitido para apreciar el delito de coacciones la violencia física y la intimidación.

➜ **Tipo subjetivo**: eminentemente doloso.

➜ **Sujeto activo**: puede ser cualquiera.

➜ **Sujeto pasivo**: puede ser cualquier persona que tenga la capacidad para comprender que se le está coaccionando, por lo tanto, los niños de corta edad o personas que no tengan la capacidad no podrán ser considerados sujetos pasivos.

➜ **Grado de ejecución**: el delito queda consumado cuando el sujeto pasivo realiza la acción que no quería hacer o bien cuando se le impide la acción que no está prohibida por la ley. Cabe la tentativa cuando el sujeto pasivo no llega a realizar la acción a la que ha sido coaccionado, o bien no consigue impedir que ejecute la acción que no estaba prohibida por la ley.

➜ **Penalidad**: prisión de seis meses a tres años o multa de doce a veinticuatro meses.

➜ **Causas de justificación**: se pueden admitir siempre y cuando los sujetos que obligan a realizar la acción o impiden la realización de la misma actúan conforme a derecho (Serrano Gómez y Serrano Maíllo, 2016).

En este delito, las causas de justificación son muy importantes y, de forma resumida, podemos citar las siguientes formas que no están exentas de dificultad:

- Ejercicio legítimo de un derecho o el cumplimiento de un deber.
- Impedir el suicidio.
- Tratamiento médico coactivo. Por ej., vacunación obligatoria en tiempo de epidemia, alimentación forzosa de anoréxicos terminales.
- Huelgas de hambre reivindicativas. hay que respetar la voluntad del huelguista, salvo que este haya perdido ya de forma permanente la consciencia o su capacidad de decisión esté ya gravemente alterada. La decisión de la alimentación intravenosa estaría desde ese momento justificada, y así lo exponen las sentencias del Tribunal Constitucional 120/1990, de 27 de junio, y 137/1990, de 19 de julio.

Supuestos agravados

A tenor del artículo 172.1 del CP se produce una agravación cuando la coacción tiene como objetivo impedir ejercer un **derecho fundamental**. Estos derechos están en el título I de la Constitución «De los derechos y deberes fundamentales» y pueden tener la siguiente clasificación:

➔ **Derechos y libertades en el ámbito personal**: derecho a la vida, a la integridad física y moral, libertad de creencias tanto ideológicas como religiosas, derecho a la libertad y a la seguridad, a la seguridad jurídica y tutela judicial, a la vida privada, a la libre circulación y residencia y, por último, derecho a un matrimonio igualitario.

➔ **Derechos y libertades en el ámbito público**: derecho a la igualdad ante la ley, a una comunicación libre, a la libertad de expresión, derecho a la información, a la participación en asuntos públicos, derecho de reunión, manifestación y asociación, derecho de petición a los poderes públicos, derecho de participación en asuntos públicos y derecho de acceso a un cargo público.

➔ **Derechos y libertades relacionados con el ámbito socioeconómico**: derecho a la educación libre y gratuita, libertad de cátedra, derecho a la autonomía universitaria, libertad de sindicación, derecho a la huelga, a la negociación colectiva y derecho al trabajo.

➔ **Penalidad**: prisión de seis meses a tres años o multa de doce a veinticuatro meses en su mitad superior salvo que el hecho tuviera señalada mayor pena en otro precepto de este código.

Cuando la coacción ejercida tuviera por objeto impedir el legítimo **disfrute de la vivienda**. Este tipo de coacción queda previsto y penado en el artículo 172.1 *in fine* CP.

➔ **Acción típica**: se castiga «al que de forma reiterada lleve a cabo actos hostiles o humillantes que, sin llegar a constituir trato degradante, tengan por objeto impedir el legítimo disfrute de la vivienda».

El llamado «mobbing inmobiliario» tiene su origen en la proliferación, durante los últimos tiempos, de conductas acosadoras que perturban el derecho constitucional a tener una vivienda digna y a poder disfrutarla en paz. Con ello, se pretende tutelar el derecho al disfrute de la vivienda por parte de propietarios o inquilinos frente a los ataques dirigidos a obligar a unos o a otros a abandonarla para así alcanzar, en la mayoría de los casos, objetivos especuladores.

Con este delito se pretende castigar al que comete conductas como: presiones psicológicas, cortes de luz, averías sin arreglar, falta de higiene y mantenimiento, negativa a cobrar la renta, abandono total del mantenimiento del edificio, etc.

> El mobbing o acoso inmobiliario ha aumentado en los últimos años, y afecta especialmente a los inquilinos de edad avanzada que viven en inmuebles de renta antigua a precios muy bajos.

Delito leve de coacciones por razón de género o especial vulnerabilidad de la víctima

Tipo básico

Art. 172.2 CP:

El artículo 172.2 CP contempla expresamente el delito de coacciones leves en el ámbito de la **violencia doméstica** y de la **violencia de género**.

Castiga a:

A) Coacción leve a cónyuge, excónyuge o ligado/a por análoga relación de afectividad.

➜ **Bien jurídico protegido**: ejercer la voluntad con absoluta libertad.

➜ **Acción punible**: «2. El que de modo leve coaccione a quien sea o haya sido su esposa, o mujer que esté o haya estado ligada a él por una análoga relación de afectividad, aun sin convivencia, será castigado [...]».

➜ **Penalidad**:

> «[...] con la pena de prisión de seis meses a un año o de trabajos en beneficio de la comunidad de treinta y uno a ochenta días y, en todo caso, privación del derecho a la tenencia y porte de armas de un año y un día a tres años, así como, cuando el Juez o Tribunal lo estime adecuado al interés del menor o persona con discapacidad necesitada de especial protección, inhabilitación especial para el ejercicio de la patria potestad, tutela, curatela, guarda o acogimiento hasta cinco años».

➜ **Sujeto activo**: es un delito especial, pues solo lo puede cometer el marido o quien esté o haya estado ligada a él por una análoga relación de afectividad, aun sin convivencia.

➜ **Sujeto pasivo**: quien sea o haya sido su esposa (del agresor), o mujer que esté o haya estado ligada a él por una análoga relación de afectividad, aun sin convivencia.

El apartado 2 del art. 172 CP recoge las coacciones leves en los supuestos de **violencia de género** cuando son cometidas por el sujeto que señala el precepto que, en atención a dichos sujetos, han sido elevadas a la categoría de delito normal (y no leve). Se trata de un **delito especial** que fue introducido por la Ley Orgánica 1/2004, de 28 de diciembre, de Medidas de Protección Integral contra la Violencia de Género.

Violencia de género. Dicha ley orgánica entiende por tal aquella ejercitada por el hombre contra la mujer dentro de las relaciones de pareja. De esta manera, la Ley Integral otorga una mayor protección a la mujer frente a la violencia ejercida por el hombre dentro de la pareja.

En relación con la violencia de género la doctrina no es pacífica, y claramente lo señala De La Cuesta Arzamendi (2012, p. 1):

> «La introducción en el Código Penal de figuras delictivas construidas específicamente para prevenir y sancionar —en el mejor de los casos— la violencia de género ha dado lugar a numerosas críticas doctrinales y una cascada de pronunciamientos, la más de las veces **contradictorios**, entre el **Tribunal Constitucional y el Tribunal Supremo**».

B) Coacción leve a una persona especialmente vulnerable que conviva con el sujeto activo

➔ **Bien jurídico protegido**: ejercer la voluntad con absoluta libertad.

➔ **Sujeto activo**: puede serlo cualquiera que conviva con la víctima.

➔ **Sujeto pasivo**: persona especialmente vulnerable que conviva con el sujeto activo.

➔ **Penalidad**: Igual pena se impondrá al que de modo leve coaccione a una persona **especialmente vulnerable** que conviva con el autor.

Supuesto agravado

Art. 172.2 párr. 3.° CP:

> «cuando el delito se perpetre en presencia de menores, o tenga lugar en el domicilio común o en el domicilio de la víctima, o se realice quebrantando una pena de las contempladas en el artículo 48 de este Código o una medida cautelar o de seguridad de la misma naturaleza».

➔ **Penalidad**: se aplicará la pena prevista para el delito en su mitad superior.

Supuesto atenuado

> «No obstante lo previsto en los párrafos anteriores, el Juez o Tribunal, razonándolo en sentencia, en atención a las circunstancias personales del autor y a las concurrentes en la realización del hecho [...]».

➔ **Penalidad**: el juez podrá imponer la pena inferior en grado.

Coacciones leves

Este tipo de coacciones se encuentran tipificadas en el artículo 172.3 CP del Código Penal. Se trata de coacciones leves que **no han de estar comprendidas en los casos anteriormente comentados**.

➔ **Bien jurídico protegido**: ejercer la voluntad con absoluta libertad.

➔ **Sujeto pasivo**: si es cualquier persona, el sujeto activo tendrá el castigo que indicamos seguidamente.

➔ **Penalidad**: será castigado con la pena de multa de uno a tres meses.

➔ Este hecho solo **será perseguible mediante denuncia** de la persona agraviada o de su representante legal.

➔ **Sujeto pasivo**: es en el caso en el que el sujeto pasivo sea alguna de las personas a las que se refiere el artículo 173.2 CP.

> «(...) cónyuge o sobre persona que esté o haya estado ligada a él por una análoga relación de afectividad aun sin convivencia, o sobre los descendientes, ascendientes o hermanos por naturaleza, adopción o afinidad, propios o del cónyuge o conviviente, o sobre los menores o personas con discapacidad necesitadas de especial protección que con él convivan o que se hallen sujetos a la potestad, tutela, curatela, acogimiento o guarda de hecho del cónyuge o conviviente, o sobre persona amparada en cualquier otra relación por la que se encuentre integrada en el núcleo de su convivencia familiar, así como sobre las personas que por su especial vulnerabilidad se encuentran sometidas a custodia o guarda en centros públicos o privados».

➜ **Penalidad**: localización permanente de cinco a treinta días, siempre en domicilio diferente y alejado del de la víctima, o trabajos en beneficio de la comunidad de cinco a treinta días, o multa de uno a cuatro meses, está únicamente en los que concurran las circunstancias expresadas en el apartado dos del artículo 84 CP.

En estos casos que comentamos, **no se requiere la denuncia** como en el párrafo anterior.

Matrimonios forzados

Artículo 172 bis CP

Tipo básico

➜ **Bien jurídico protegido**: ejercer la voluntad con absoluta libertad.

➜ **Acción típica**: «1. El que con intimidación grave o violencia compeliere a otra persona a contraer matrimonio [...]». Este matrimonio forzado puede haberse realizado en otro país que no sea España.

➜ **Penalidad**: pena de prisión de seis meses a tres años y seis meses o con multa de doce a veinticuatro meses, según la gravedad de la coacción o de los medios empleados.

➜ En las sentencias condenatorias por delito de matrimonio forzado, además del pronunciamiento correspondiente a la responsabilidad civil, se harán, en su caso, los que procedan en orden a la declaración de nulidad o disolución del matrimonio así contraído y a la filiación y fijación de alimentos.

➜ **Sujeto activo**: puede serlo cualquiera, pues se trata de un delito común.

➜ **Sujeto pasivo**: puede serlo cualquiera.

➜ **Grado de ejecución**: la consumación se produce cuando se ha celebrado el matrimonio forzado y cabe la posibilidad de la **tentativa** en casos en los que se produce una intimidación y sin embargo no se celebra el matrimonio.

➜ **Concurso de delitos**: puede haber concurso si cuando se está ejerciendo violencia se producen lesiones a la víctima. Puede producirse también concurso entre el delito de matrimonio forzado y el de amenazas, pero hay que tener en cuenta que la ley especial se deroga a la general, y por el principio de especialidad el delito de matrimonio forzado absorbería al de amenazas.

En el **apartado 2** de este artículo se castiga a:

➜ «[...] quien, con la finalidad de cometer los hechos a que se refiere el apartado anterior, utilice violencia, intimidación grave o engaño para forzar a otro a abandonar el territorio español o a no regresar al mismo».

➜ **Bien jurídico protegido**: ejercer la voluntad con absoluta libertad.

➜ **Acción típica**: se utiliza la violencia, la intimidación grave o el engaño para forzar a otro a realizar las siguientes conductas:

- Abandonar el territorio español.
- No regresar a España con el fin de obligar a otra persona a celebrar el matrimonio.

➔ **Sujeto activo**: puede serlo cualquiera.

➔ **Penalidad**: pena de prisión de seis meses a tres años y seis meses o con multa de doce a veinticuatro meses, según la gravedad de la coacción o de los medios empleados.

➔ **Grado de ejecución**: el delito quedará consumado cuando se han realizado las acciones utilizando los medios que hemos comentado y se contrae el matrimonio, pero cabe también el grado de tentativa.

➔ **Concurso de delitos**: podría plantearse concurso con el delito de trata de seres humanos.

Subtipo hipercualificado cuando el sujeto pasivo sea un menor de edad

➔ **Bien jurídico protegido**: ejercer la voluntad con absoluta libertad.

➔ **Acción típica**: son las mismas acciones que hemos comentado en el art. 172 bis CP.

➔ **Sujeto pasivo**: cuando la víctima fuera menor de edad.

➔ **Penalidad**: las penas se impondrán en su mitad superior del tipo básico.

4.5. Acoso

Tipo básico

La LO 1/2015 introduce un tipo penal de acecho que está destinado a ofrecer respuesta a conductas de gravedad relevantes que, en muchas ocasiones, no podían ser calificadas como coacciones o amenazas. Se trata de todos aquellos supuestos en los que, sin llegar a producirse necesariamente el anuncio explícito o no de la intención de causar algún mal (amenazas) o el empleo directo de violencia para coartar la libertad de la víctima (coacciones), se producen **conductas reiteradas** por medio de las cuales se **menoscaba gravemente la libertad y sentimiento de seguridad** de la víctima, a la que se somete a persecuciones o vigilancias constantes, llamadas reiteradas, u otros actos continuos de hostigamiento.

Las conductas del llamado *stalking* afectan al proceso de formación de la voluntad de la víctima, en tanto que la sensación de temor e intranquilidad o angustia que produce el repetido acechamiento por parte del acosador le lleva a cambiar sus hábitos, sus horarios, sus lugares de paso, sus números de teléfono, cuentas de correo electrónico e incluso de lugar de residencia y trabajo. *Vid.* TAPIA BALLESTEROS (2016).

La primera ley contra el *stalking* se aprobó en California en 1990. La iniciativa se fue extendiendo por los demás estados confederados hasta 1996, año en que ya existía legislación específica no solo en todos ellos, sino también como delito federal. Canadá, Australia, Reino Unido y Nueva Zelanda siguieron esa estela a la que se fueron sumando países de tradición jurídica continental: Alemania (*Nachstellung*), Austria (*behrrliche Verfolgung*), Países Bajos, Dinamarca, Bélgica o Italia (*atti persecutori*).

«Artículo 172 ter.

1. Será castigado con la pena de prisión de tres meses a dos años o multa de seis a veinticuatro meses el que acose a una persona llevando a cabo de forma insistente y reiterada, y sin estar legítimamente autorizado, alguna de las conductas siguientes y, de esta forma, altere el normal desarrollo de su vida cotidiana:

1.ª La vigile, la persiga o busque su cercanía física.

2.ª Establezca o intente establecer contacto con ella a través de cualquier medio de comunicación, o por medio de terceras personas.

3.ª Mediante el uso indebido de sus datos personales, adquiera productos o mercancías, o contrate servicios, o haga que terceras personas se pongan en contacto con ella.

4.ª Atente contra su libertad o contra su patrimonio, o contra la libertad o patrimonio de otra persona próxima a ella. Cuando la víctima se halle en una situación de especial vulnerabilidad por razón de su edad, enfermedad, discapacidad o por cualquier otra circunstancia, se impondrá la pena de prisión de seis meses a dos años.

2. Cuando el ofendido fuere alguna de las personas a las que se refiere el apartado 2 del artículo 173, se impondrá una pena de prisión de uno a dos años, o trabajos en beneficio de la comunidad de sesenta a ciento veinte días. En este caso no será necesaria la denuncia a que se refiere el apartado 4 de este artículo.

3. Las penas previstas en este artículo se impondrán sin perjuicio de las que pudieran corresponder a los delitos en que se hubieran concretado los actos de acoso.

4. Los hechos descritos en este artículo sólo serán perseguibles mediante denuncia de la persona agraviada o de su representante legal.

5. El que, sin consentimiento de su titular, utilice la imagen de una persona para realizar anuncios o abrir perfiles falsos en redes sociales, páginas de contacto o cualquier medio de difusión pública, ocasionándole a la misma situación de acoso, hostigamiento o humillación, será castigado con pena de prisión de tres meses a un año o multa de seis a doce meses. Si la víctima del delito es un menor o una persona con discapacidad, se aplicará la mitad superior de la condena».

➜ **Bien jurídico protegido**: la libertad de la persona, la libertad de obrar, capacidad de decidir, integridad moral, honor y la seguridad.

➜ **Acción típica**: El acoso es objeto de un estudio pluridisciplinar en el que participan la psicología, la psiquiatría, la sociología y, cómo no, el derecho. El *Diccionario de la Real Academia de la Lengua* define el verbo «acosar» como «acción de perseguir, sin darle tregua ni reposo, a un animal o a una persona». El acoso persigue conseguir el desmoronamiento íntimo y psicológico de la persona.

Se trata de una conducta de **hostigamiento continuado**, sin que se precise el número de actos que son necesarios para ser calificado como tal. Sin embargo, Muñoz Conde (2020) indica que para que estos hechos constituyan delito se requiere que el acoso se realice de «forma insistente y reiterada», lo que requiere la **prueba de más de tres hechos** en un **relativo corto espacio de tiempo**.

En la Sentencia del Tribunal Supremo (Sala de lo Penal, Sección 1.ª) n.º 324/2017 de 8 de mayo, se pueden apreciar diversos aspectos que conforman el *stalking*:

«En los intentos de conceptualizar el fenómeno del stalking desde perspectivas extrajurídicas —sociológica, psicológica o psiquiátrica— se manejan habitualmente, con unos u otros matices, una serie de notas: persecución **repetitiva** e **intrusiva**; **obsesión**, al menos aparente; aptitud para generar temor o desasosiego o condicionar la vida de la víctima; oposición de ésta... Pues bien, es muy frecuente en esos ámbitos exigir también un cierto lapso temporal. Algunos reputados especialistas han fijado como guía orientativa, un periodo no inferior a un mes (además de, al menos, diez intrusiones). Otros llegan a hablar de seis meses. Las conductas que se castigan son las cuatro que enumera el Art. 172 ter CP., y han de ser conductas no autorizadas».

➔ **Sujeto activo**: cualquier persona, pues es un delito común.

➔ **Sujeto pasivo**: cualquier persona, pues es un delito común.

➔ **Grado de ejecución**: se trata de un **delito de resultado**, pues las conductas reiteradas de acoso han de producir una **alteración grave** en el desarrollo normal de la vida de una persona.

Cabe la posibilidad de **tentativa** si se realizan estos actos reiterados de hostigamiento, pero no se consigue alterar el desarrollo normal de la vida de la víctima.

➔ **Penalidad**: pena de prisión de tres meses a dos años o multa de seis a veinticuatro meses.

Fijémonos que en este tipo penal se indica «sin estar legítimamente autorizado», que Muñoz Conde (2020) considera innecesario especificar, pues no parece, en principio, que el ejercicio legítimo de un derecho, por ejemplo, cobrar una deuda, justifique los actos de acoso, como el caso de los cobradores de morosos, como el cobrador del frac.

La doctrina no es pacífica en cuanto al número de actos y tiempo que han de ser necesarios para tipificar como *stalking*.

Tipos agravados

A) Acoso a una persona especialmente vulnerable por razón de su edad, enfermedad o situación

➔ **Penalidad**: pena de prisión de seis meses a dos años.

➔ **Sujeto pasivo**: el mayor desvalor de la conducta existe porque la víctima es mucho más vulnerable, pues son menores, personas de edad avanzada o enfermos y personas en situación de vulnerabilidad «situacional». Imaginemos en este último caso a una persona que soporta el acoso porque no tiene más ingresos que los que le proporciona el sujeto activo y que además es su superior en el trabajo.

B) Acoso a las personas que señala el art. 173.2 CP

➔ **Sujeto pasivo**:

«(...) cónyuge o sobre persona que esté o haya estado ligada a él por una análoga relación de afectividad aun sin convivencia, o sobre los descendientes, ascendientes o hermanos por naturaleza, adopción o afinidad, propios o del cónyuge o conviviente, o sobre los menores o personas con discapacidad necesitadas de especial protección que con él convivan o que se hallen sujetos a la potestad, tutela, curatela, acogimiento o guarda de hecho del cónyuge o conviviente, o sobre persona amparada en cualquier otra relación por la que se encuentre integrada en el núcleo de su convivencia familiar, así como sobre las personas que por su especial vulnerabilidad se encuentran sometidas a custodia o guarda en centros públicos o privados (...)».

➔ **Penalidad**: prisión de uno a dos años, o trabajos en beneficio a la comunidad de sesenta a ciento veinte días. En este caso, **no será necesaria la denuncia** a que se refiere el apartado 4 de este artículo.

➔ **Concurso de delitos**: 172 ter. 3. Las penas previstas en este artículo se impondrán sin perjuicio de las que pudieran corresponder a los **delitos en que se hubieran concretado los actos de acoso**.

➔ **Condición objetiva de perseguibilidad**: Art. 172. ter 4: «Los hechos descritos en este artículo sólo serán perseguibles **mediante denuncia** de la persona agraviada o de su representante legal».

4.6. Referencias bibliográficas

Aranzadi Instituciones., *Crónica de la Jurisprudencia del Tribunal Supremo*. Navarra, Editorial Aranzadi, S.A.U., 2012.

Bolea, C. y **Robles, R.**, «La tipicidad de las detenciones ilegales policiales: Revisión crítica de la aplicación jurisprudencial de los arts. 167 y 530 del Código Penal», en *Indret*. Revista para el análisis del Derecho, 4, 2008.

Del Rosal, B., *Sistema de derecho penal: parte especial*. 2.ª edición, revisada y puesta al día conforme a las leyes Orgánicas 1/2015 y 2/2015. Madrid, Dykinson, 2015.

De la Cuesta, P. M., «El concepto de «violencia de género» de la LO 1/2004 en el sistema penal: fundamento, trascendencia y efectos», en *Revista Aranzadi de Derecho y Proceso Penal*, 27, 37-52. Parte Doctrina, 2012.

Esquinas, P., «El delito de matrimonio forzado (art. 172 bis CP) y sus relaciones concursales con otros tipos delictivos», en *Revista Electrónica de Ciencia Penal y Criminología*, 20. Disponible en: https://bit.ly/3lj0T6z.

Díez Ripollés, J. L., *Comentarios al Código Penal Parte Especial*. Valencia, Tirant lo Blanch, 2004.

García Valdés, C., **Mestre, E.** y **Figueroa, C.**, *Apuntes de Derecho Penal (Parte Especial)*. Alcalá de Henares, Universidad de Alcalá, 2010.

Górriz, E., «Detenciones ilegales y secuestros sin dar razón del paradero de la persona detenida (art. 166 CP) y practicados por autoridad o funcionario público (art. 167 CP)», en *Comentarios a la reforma del Código penal de 2015*, González Cussac, J. L. (dir.), Matallín, A. y Górriz, E. (coords.) Valencia, Tirant lo Blanch, 2015.

Goyena, J., «Algunas cuestiones penales sobre el discurso del odio», en *Revista Aranzadi de Derecho y Proceso Penal,* 49. Parte Análisis doctrinal. Cuestiones de Penal Sustantivo, 2018.

Guzmán Dálbora, J. L., *El delito de amenazas*. Santiago, Editorial Jurídica Conosur, 1999.

Jareño, A., *Amenazas y chantaje en el código penal de 1995*. Valencia, Tirant lo Blanch, 1997.

Lamarca, C., *Derecho Penal. Parte Especial*. Madrid, Colex, 2010.

Lamarca, C., *Derecho Penal. Parte Especial*. Madrid, Colex, 2016.

Landrove, G., *Detenciones ilegales y secuestros*. Valencia, Tirant lo Blanch, 1999.

Mirat, M. P., *Detenciones ilegales: Artículo 163 del Código Penal*. Madrid, Atelier, 2001.

Muñoz Conde, F., *Derecho penal Parte Especial*. 10.ª ed. Valencia, Tirant lo Blanch, 1995.

Muñoz Conde, F., *Derecho penal parte especial*. Valencia, Tirant lo Blanch, 2015.

Pérez Conchillo, E., «La difusión de sexting ajeno como violencia de género», en *Revista de derecho y proceso penal*, 51, 2018, pp. 109-124.

Quintano, A., *Tratado de la Parte Especial del Derecho Penal*. 2.ª edición puesta al día por Gimbernat, E. Madrid, Revista de Derecho Privado, I. (II), 1972.

Ragués y Vallés, R., «La delimitación entre detenciones ilegales y coacciones ¿Una tarea condenada al fracaso?», en *Actualidad Penal*, 1, 2003, pp. 309-331.

REAL ACADEMIA ESPAÑOLA. *Diccionario de la lengua española*. Fecha de consulta: 18 de julio de 2019. Disponible en: https://bit.ly/3tBnfEa.

Roca, L., «Concepto de autoridad y de funcionario público a efectos penales», en *Revista Aranzadi de Derecho y Proceso Penal*, 31. Parte Análisis Doctrinal, 2013.

Sanz Delgado, E., «Detención ilegal: ¿delito de consumación instantánea?», en *La Ley Penal*, 29, 2006, pp. 56-71.

Serrano Gómez, A. y **Serrano Maíllo, A.**, *Curso de derecho penal parte especial*. Madrid, Dykinson, 2016.

Soto, F., «Coacciones. Detenciones ilegales. Robos violentos», en *La Ley*, 2, 2003, pp. 1646-1649.

Tapia, P., *El nuevo delito de acoso o stalking*. Barcelona, Bosch, 2016.

Jurisprudencia

- Sentencia del Tribunal Constitucional n.º 120/1990, de 27 de junio.
- Sentencia del Tribunal Constitucional n.º 137/1990, de 19 de julio.
- Sentencia del Tribunal Supremo Sala 2.ª, rec. 2072/1998, de 28 de abril de 2000.
- Sentencia del Tribunal Supremo Sala 2.ª, rec. 508/2004, de 21 de enero de 2005.
- Sentencia del Tribunal Supremo Sala 2.ª n.º 1461/2005, de 25 de noviembre.
- Sentencia del Tribunal Supremo Sala 2.ª n.º 626/2007, de 5 de julio.
- Sentencia del Tribunal Supremo. Sala 2.ª n.º 367/2010, de 17 marzo.
- Sentencia del Tribunal Supremo Sala 2.ª, rec. 112/2014, de 23 de septiembre de 2014.
- Sentencia del Tribunal Supremo Sala 2.ª, rec. 2016/2722, de 2 junio de 2016.
- Sentencia de la Audiencia Provincial de Zaragoza (secc. 6.ª) n.º 203/2016, de 31 de octubre (JUR 2016, 260614).
- Sentencia del Tribunal Supremo Sala 2.ª n.º 23/2017, de 24 de enero.
- Sentencia del Tribunal Supremo Sala 2., rec. 1775/2016, de 8 de mayo de 2017.
- Sentencia del Tribunal Supremo Sala 2.ª n.º 4/2017, de 18 de enero.

- Sentencia del Tribunal Supremo Sala 2.ª n.º 308/2017, de 28 de abril.
- Sentencia del Tribunal Supremo, Sala 2.ª, rec. 10592/2018, de 29 de mayo de 2019.
- Sentencia de la Audiencia Provincial de Palencia, rec 6/2019, de 11 de marzo de 2019.
- Sentencia de la Audiencia Provincial de Les Illes Balears, Sección 2.ª, rec. 32/2019, de 11 de marzo de 2019.
- Sentencia de la Audiencia Provincial de Burgos, Sección 1.ª, rec. 20/2019, de 12 de marzo de 2019.

Para saber más

El delito de matrimonio forzado

Esquinas, P. (2018). *El delito de matrimonio forzado (art. 172 bis CP) y sus relaciones concursales con otros tipos delictivos*. Disponible a través de la siguiente dirección: https://bit.ly/3zYExxf

En primer lugar, desearía que pudierais conocer *Criminet, Revista Electrónica de Ciencia Penal y Criminología* que cumple ya veinte años de existencia y que ha conseguido situarse como una publicación de las más relevantes de su ámbito. En esta publicación podréis encontrar artículos sobre muchas temáticas muy distintas tratadas por los mejores expertos.

En esta ocasión, os invito a leer el artículo *El delito de matrimonio forzado* (art. 172 bis CP) y sus relaciones concursales con otros tipos delictivos, pues como habréis visto en este tema, los matrimonios forzados son también una forma más de perder la libertad dentro de una apariencia de legalidad, y que se puede convertir en un auténtico calvario durante años, pues además, como expresa el título, pueden entrar en concurso otros delitos, como por ejemplo, los relacionados con la libertad sexual.

Sexting y acoso virtual

Informativos.net. Entrevista a Marina Roig, abogada penalista, sobre *sexting* y acoso virtual. [Archivo de vídeo]. Disponible en: https://bit.ly/3jYcsR8.

Es interesante que veas esta entrevista de unos 27 min. aprox. en la que se habla sobre aspectos fundamentales que configuran el ***sexting*** y el **acoso virtual** como formas de limitar la libertad de las personas y que hoy en día con los medios de comunicación tan potentes y con una fuerza expansiva tan rápida, se pueden lesionar gravemente derechos fundamentales de suma trascendencia, y el derecho penal no es ajeno a esta realidad.

Sexting

A mayor abundamiento y para consultar doctrina y jurisprudencia relacionada con el ***sexting***, podéis consultar las siguientes fuentes:

Pérez Conchillo, E. (2018). La difusión de *sexting* ajeno como violencia de género. En *Revista de derecho y proceso penal*, 51, 109-124.

- Sentencia del Tribunal Supremo Sala 2.ª n.º 308/2017, de 28 de abril.
- Sentencia Audiencia Provincial de Zaragoza (Secc. 6.ª) n.º 203/2016, de 31 de octubre (JUR 2016, 260614).
- Sentencia del Tribunal Supremo Sala 2.ª n.º 480/2016, de 2 de junio.
- Sentencia del Tribunal Supremo Sala 2.ª n.º 23/2017, de 24 de enero.

El cabo del miedo (film)

Largometraje de 1992 dirigido por Martin Scorsese y protagonizado entre otros por Robert de Niro, Nick Nolte y Jessica Lange. A pesar del título, no es una película de terror ni mucho menos, y es muy interesante que la veas porque se muestran acciones que están al filo de la legalidad y la ilegalidad, pues podrás comprobar que hay actuaciones que pueden llegar a ser acoso, o simplemente acciones impunes. Verás que uno de los protagonistas sabe muy bien lo que hace y lo que intenta conseguir para que sus actos no sean delito. ¿Las acciones que protagoniza el personaje que encarna Robert de Niro serían delito en España? Es un interrogante para que podáis valorar cada situación, siempre después de haber estudiado el presente tema.

Accede al tráiler desde la siguiente dirección web:
https://bit.ly/3z1YTVc

Test

Delitos contra la libertad de las personas

1. ¿Qué artículo del Código Penal español define la detención ilegal?

a) Artículo 163.
b) Artículo 164.
c) Artículo 165.
d) Artículo 166.

2. ¿La detención ilegal requiere que se retenga a una persona contra su voluntad por un tiempo mínimo?

a) Sí, al menos durante 24 horas.
b) No, cualquier retención contra la voluntad se considera detención ilegal.
c) Sí, pero no está especificado un tiempo mínimo.
d) No, la duración no es relevante, sino la legalidad del acto.

3. ¿Cuál es la pena prevista para quien cometa un delito de secuestro?

a) Prisión de 2 a 4 años.
b) Multa.
c) Prisión de 4 a 6 años.
d) Prisión de 5 a 10 años.

4. ¿La exigencia de un rescate es un elemento necesario para configurar un delito de secuestro?

a) Sí, siempre.
b) No, no es un elemento necesario.
c) Solo si la víctima es una persona con recursos económicos.
d) Únicamente si el secuestro es internacional.

5. ¿Cuál de los siguientes sujetos puede ser víctima de un delito de detención ilegal?

a) Un adulto.
b) Un menor de edad.
c) Ambas opciones son correctas.
d) Ninguna de las anteriores.

6. **¿Qué se entiende por detención ilegal con disfraz?**
   a) Uso de uniforme oficial sin derecho a llevarlo.
   b) Retención de una persona utilizando un disfraz para no ser reconocido.
   c) Simulación de una autoridad policial o judicial.
   d) Todas las anteriores.

7. **¿Es posible incurrir en detención ilegal y secuestro en el ejercicio de funciones públicas?**
   a) Sí, si se excede en las funciones o se actúa sin competencia.
   b) No, la función pública exime de este tipo de delitos.
   c) Solo si es un funcionario administrativo, no judicial.
   d) Únicamente en el caso de fuerzas de seguridad.

8. **¿Cuáles son los elementos que conforman el secuestro?**
   a) Privación de libertad y daño psicológico.
   b) Privación de libertad y retención en lugar secreto.
   c) Retención y solicitud de rescate.
   d) Privación de libertad y finalidad lucrativa o coactiva.

9. **¿Qué puede considerarse como agravante en un delito de detención ilegal?**
   a) Que la víctima sea funcionario público.
   b) Que se pida un rescate.
   c) Que la víctima sea liberada voluntariamente antes de 48 horas.
   d) Que se cometa con violencia o intimidación.

10. **¿En qué caso se requiere la existencia de autorización judicial como elemento para no incurrir en detención ilegal?**
   a) En todas las detenciones realizadas por particulares.
   b) Al detener por delitos flagrantes.
   c) Cuando actúan las fuerzas del orden.
   d) Solo en detenciones por motivos políticos o ideológicos.

Solucionario

1. **¿Qué artículo del Código Penal español define la detención ilegal?**
   – a) Artículo 163.

2. **¿La detención ilegal requiere que se retenga a una persona contra su voluntad por un tiempo mínimo?**
   – b) No, cualquier retención contra la voluntad se considera detención ilegal.

3. **¿Cuál es la pena prevista para quien cometa un delito de secuestro?**
   – d) Prisión de 5 a 10 años.

4. ¿La exigencia de un rescate es un elemento necesario para configurar un delito de secuestro?

- b) No, no es un elemento necesario.

5. ¿Cuál de los siguientes sujetos puede ser víctima de un delito de detención ilegal?

- c) Ambas opciones son correctas.

6. ¿Qué se entiende por detención ilegal con disfraz?

- d) Todas las anteriores.

7. ¿Es posible incurrir en detención ilegal y secuestro en el ejercicio de funciones públicas?

- a) Sí, si se excede en las funciones o se actúa sin competencia.

8. ¿Cuáles son los elementos que conforman el secuestro?

- d) Privación de libertad y finalidad lucrativa o coactiva.

9. ¿Qué puede considerarse como agravante en un delito de detención ilegal?

- d) Que se cometa con violencia o intimidación.

10. ¿En qué caso se requiere la existencia de autorización judicial como elemento para no incurrir en detención ilegal?

- c) Cuando actúan las fuerzas del orden.

Amenazas

1. ¿Qué bien jurídico protege el delito de amenazas?

a) La integridad física.
b) La propiedad privada.
c) La libertad.
d) El orden público.

2. ¿Qué elemento subjetivo debe concurrir para que exista un delito de amenazas?

a) Dolo.
b) Negligencia.
c) Error.
d) Preterintención.

3. ¿Es necesario que la amenaza sea creíble para que se configure el delito?

a) Sí, debe ser creíble y seria.
b) No, basta con que se pronuncie una amenaza.
c) Sólo si la amenaza se comunica de forma escrita.
d) Solo si la amenaza se cumple.

4. ¿Qué tipo de amenazas son consideradas como leves según el Código Penal español?

a) Las que no sean condicionales.

b) Las que se refieran a males leves.

c) Las realizadas en privado.

d) Las realizadas con armas.

5. ¿Cuál de las siguientes amenazas puede ser considerada como grave?

a) Amenazar con revelar secretos.

b) Amenazar con causar un perjuicio en el futuro lejano.

c) Amenazas de muerte o de causar un mal que constituya delito.

d) Todas las anteriores pueden ser graves dependiendo del contexto.

6. ¿Cuál es la diferencia entre amenaza y coacción?

a) No hay diferencia, son el mismo delito.

b) La amenaza es sobre un mal futuro y la coacción busca un acto inmediato.

c) La coacción es siempre física y la amenaza verbal.

d) La coacción está penada y la amenaza no.

7. ¿Es punible la amenaza condicional?

a) No, nunca es punible.

b) Siempre es punible.

c) Es punible si el mal con el que se amenaza es serio y la condición es posible.

d) Solo si se amenaza con un delito de lesa humanidad.

8. ¿Qué pena se contempla para las amenazas no condicionales que no sean leves?

a) Prisión de seis meses a tres años.

b) Multa de uno a tres meses.

c) Trabajos en beneficio de la comunidad.

d) Ninguna, no es punible.

9. ¿Qué circunstancias pueden agravar una amenaza?

a) Anonimato o grupo organizado.

b) Realización en un lugar público.

c) Durante una manifestación.

d) Realización a través de redes sociales.

10. ¿Las amenazas leves requieren denuncia de la persona agraviada para que se persigan?

a) No, siempre se persiguen de oficio.

b) Sí, salvo que el agraviado sea menor de edad o incapaz.

c) Solo si son realizadas por un familiar.

d) Nunca se persiguen, no son punibles.

Solucionario

1. **¿Qué bien jurídico protege el delito de amenazas?**
   - c) La libertad.
2. **¿Qué elemento subjetivo debe concurrir para que exista un delito de amenazas?**
   - a) Dolo.
3. **¿Es necesario que la amenaza sea creíble para que se configure el delito?**
   - a) Sí, debe ser creíble y seria.
4. **¿Qué tipo de amenazas son consideradas como leves según el Código Penal español?**
   - b) Las que se refieran a males leves.
5. **¿Cuál de las siguientes amenazas puede ser considerada como grave?**
   - c) Amenazas de muerte o de causar un mal que constituya delito.
6. **¿Cuál es la diferencia entre amenaza y coacción?**
   - b) La amenaza es sobre un mal futuro y la coacción busca un acto inmediato.
7. **¿Es punible la amenaza condicional?**
   - c) Es punible si el mal con el que se amenaza es serio y la condición es posible.
8. **¿Qué pena se contempla para las amenazas no condicionales que no sean leves?**
   - a) Prisión de seis meses a tres años.
9. **¿Qué circunstancias pueden agravar una amenaza?**
   - a) Anonimato o grupo organizado.
10. **¿Las amenazas leves requieren denuncia de la persona agraviada para que se persigan?**
    - b) Sí, salvo que el agraviado sea menor de edad o incapaz.

TEMA 5.

OTROS DELITOS CONTRA LA INTEGRIDAD MORAL, TORTURAS Y TRÁFICO DE SERES HUMANOS

5.1. Introducción y objetivos

Cuando hablamos de torturas, probablemente nos vengan a la mente imágenes de películas de la Edad Media pero, desgraciadamente, en nuestro mundo todavía siguen cometiéndose torturas, y en España tenemos algún caso que nos ilustrará.

> Antonio González Pacheco, Billy el Niño, falleció a los 73 años tras sufrir unas complicaciones en el riñón derivadas de la enfermedad por la COVID-19. Desde los veinte ejerció como policía secreta, distinguiéndose por ser uno de los torturadores más crueles del régimen. Está condecorado con una medalla al mérito policial. Le gustaba especialmente golpear en las plantas de los pies. Este tipo de tortura, conocido como «falanga», era habitual en la dictadura griega. El objetivo es causar el máximo sufrimiento en la persona torturada, ya que el dolor se transmite desde los pies, pasando por todo el cuerpo, hasta la parte trasera del cráneo.
>
> La Ley de Amnistía (formalmente, Ley 46/1977, de 15 de octubre) archivó sus crímenes, pero la juez argentina María Servini lleva desde 2014 pidiendo su extradición para que declare por la causa que investiga desde 2010 sobre los crímenes de la dictadura en España.
>
> En el apartado de Para saber más... podrás conocer en dos vídeos breves quién es Billy el Niño, y escuchar el testimonio de personas que sufrieron las torturas en sus propias carnes.

En el presente tema vamos a hablar de algunos delitos que atentan a la integridad moral de las personas, trataremos también sobre el escabroso y cruel asunto de las torturas, y por último hablaremos sobre la trata de seres humanos. Por lo tanto, los objetivos de este tema son:

- Estudiar los delitos contra la intimidad moral.
- Hablar de actos hostiles o humillantes cometidos en el ámbito laboral o funcionarial.
- Tratar la temática de los delitos que atentan contra el legítimo disfrute del derecho a la vivienda.

- Ver el tema del maltrato familiar habitual.
- Conocer los delitos cometidos contra la integridad moral cometidos por la autoridad o funcionario público.
- Aproximarnos al cruel tema de las torturas y similares.
- Estudiar el delito de trata de seres humanos.

5.2. Delitos contra la integridad moral

En el **artículo 15** de la Constitución española:

> «Todos tienen derecho a la vida y a la integridad física y moral, sin que, en ningún caso, puedan ser sometidos a tortura ni a penas o tratos inhumanos o degradantes. Queda abolida la pena de muerte, salvo lo que puedan disponer las leyes penales militares para tiempos de guerra».

El Código Penal regula en los arts. 173 a 177: «De las torturas y otros delitos contra la integridad moral». Son varias las acciones delictivas que reglamentan estos artículos, que seguidamente vamos a comentar por partes.

El Tribunal Constitucional en su sentencia 120/1990, de 27 de julio realiza un acercamiento al concepto de «integridad moral», al decir que en el art. 15 de la Constitución española:

> «(...) se protege la inviolabilidad de la persona, no solo contra los ataques dirigidos a lesionar su cuerpo y espíritu, sino también contra toda clase de intervenciones en esos bienes que carezcan del consentimiento de su titular».

CONDE-PUMPIDO (2001, p. 1) ya en 2001 y respecto al CP de 1995 indica que:

> «(...) la **tutela penal** del derecho constitucional a la **integridad moral** constituye, a nuestro entender, una de las más relevantes innovaciones del nuevo Código Penal, mereciendo **una valoración positiva**. En efecto, la opción sistemática finalmente adoptada es técnicamente superior a la del proyecto y tiene la ventaja de agrupar las conductas que atentan contra un bien jurídico de relevancia constitucionalmente reconocida (la integridad moral), diferenciando seguidamente su punición según la condición de los autores (particulares o funcionarios públicos y autoridades), la finalidad perseguida (calificando como tortura los supuestos en que se actúe con la finalidad de obtener una confesión o información de cualquier persona o de castigarla por cualquier hecho que haya cometido o se sospeche que ha cometido) y la gravedad, lo que facilita la interpretación coherente de los tipos».

MUÑOZ CONDE (2020) habla sobre la integridad moral como el derecho de la persona a ser tratada conforme a su dignidad, sin ser humillada o vejada, cualesquiera que sean las circunstancias en las que se encuentre y la relación que tenga con otras personas.

Artículo 173.1 CP

> «1. El que infligiera a otra persona un **trato degradante**, menoscabando gravemente su **integridad moral** [...]».

➔ **Bien jurídico protegido**: podemos hablar de la **dignidad** de la persona, y como de forma muy ilustrativa nos indica MUÑOZ CONDE (2022): «[...] en la medida en que la dignidad puede ser definida como la propia cualidad del ser humano y el derecho al respeto a esa cualidad que todos tenemos **por el hecho de ser personas**».

➜ **Acción típica**: llevar a cabo un trato **degradante** y que además menoscabe gravemente la **integridad moral**. Para que un trato sea degradante, tendrá que humillar a la persona, aunque es un término vago que habrá de concretarse por la jurisprudencia en cada caso. Sobre la integridad moral, sucede lo mismo, pues es un término indeterminado y abierto en el que la jurisprudencia nos tendrá que aportar luz. Pero ¿cuántos actos degradantes van a ser necesarios para ser punibles?, la mayoría de la jurisprudencia entiende que, con un solo acto grave, ya basta.

Sobre el hecho de que tenga que ser un trato grave, hemos de entender que ha de ser suficientemente relevante para dañar a la persona.

Hemos que ver que se habla de «**trato**» y este vocablo ya denota que ha de existir una continuidad en el tiempo. Díez Pita (2012), citado por Caruso Fontán (2012, p. 3) recoge que, según la doctrina del Tribunal Constitucional, para que se produzca el **atentado a la dignidad moral** ha de existir:

- Un acto violento que contraríe la voluntad del sujeto pasivo.
- Que este acto provoque sufrimientos o padecimientos.
- Que suponga una humillación o envilecimiento de la persona que los sufre.

Ejemplo:

La sentencia del Tribunal Supremo n.° 305/2017, de 27 de abril, nos indica que el bien jurídico protegido en este tipo penal es la paz familiar, sancionando aquellos actos que exteriorizan una actitud tendente a convertir aquel ámbito en un microcosmos regido por el miedo y la dominación. Podemos ver este concepto también en las siguientes sentencias: sentencia del Tribunal Supremo n.° 61/2009, de 20 de enero y sentencia del Tribunal Supremo n.° 305/2017, de 27 de abril, entre otras.

Al respecto, la doctrina de forma unánime ha resaltado la dificultad de concretar el contenido del bien jurídico protegido por estas conductas debido a su carácter difuso y especialmente abstracto (Muñoz Conde, 1996).

El término de «**trato degradante**» se ha ido perfilando por la jurisprudencia, considerándose como tal, *ad exemplum*:

- (STS de 29-9-1998) Colocarle un preservativo con una sustancia que se dijo ser semen contagiado de sífilis mientras se le mantenía atado y desnudo de cintura para abajo.
- (STS de 8-5-2002) Obligar a alguien a desnudarse, rociarle el cuerpo con espray de pintura rosa y cortarle el pelo con unas tijeras.
- (STS de 12-5-2005) Obligar a alguien a comer los excrementos y orines de un perro.
- (STS de 14-11-2003) Obligar a un detenido a desnudarse y hacer flexiones.
- (STS de 14-11-2001) Restregarle un pañal con heces en la cara mientras se le sometía violentamente a la realización de actos de naturaleza sexual, orinarle encima en dichas circunstancias al tiempo que los autores se burlaban de la víctima.

➜ **Penalidad**: «será castigado con la pena de prisión de **seis meses a dos años**».

➜ **Sujeto activo**: puede serlo cualquier persona.

➜ **Sujeto pasivo**: puede serlo cualquier persona.

En la STS n.º 62/2013, de 29 de enero (caso *Marta del Castillo*), se apreció un delito contra la integridad moral de los padres de una joven asesinada a los que continuamente el autor del delito les mintió sobre el paradero y, posteriormente, sobre el lugar en el que podía estar enterrado el cuerpo de su hija, que sigue sin ser localizado. Y ello porque, aunque el acusado no está obligado a aportar pruebas que puedan incriminarlo (art. 24 CE), se consideró que las **cambiantes versiones** sobre el paradero del cadáver **iban más allá del autoencubrimiento** inherente al derecho de defensa.

Actos hostiles o humillantes en el ámbito laboral o funcionarial

Artículo 173. (párrafo 2):

«Con la misma pena serán castigados los que, en el ámbito de cualquier relación laboral o funcionarial y prevaliéndose de su relación de superioridad, realicen contra otro de forma reiterada actos hostiles o humillantes que, sin llegar a constituir trato degradante, supongan grave acoso contra la víctima».

➜ **Bien jurídico protegido**: puede afectar a derechos fundamentales reconocidos en la Constitución española como son: la dignidad de la persona, la libertad personal, su integridad física y moral, su intimidad, su honor y, asimismo, otros valores constitucionalmente protegidos, como son el de la salud laboral y el de la higiene en el trabajo.

«Este derecho a la dignidad personal aparece reconocido en el Estatuto de los Trabajadores, en el artículo 4.2 e), que señala como derecho básico del trabajador: «el respeto de su intimidad y a la consideración debida a su dignidad, comprendida la protección frente al acoso por razón de origen racial o étnico, religión o convicciones, discapacidad, edad u orientación sexual, y frente al acoso sexual y al acoso por razón de sexo».

➜ **Acción típica**: vamos a ver en qué consisten estos actos hostiles y humillantes de forma esquemática, pues han de cumplir que:

- Ha de existir una reiteración en el tiempo, es decir una proximidad entre los actos. Se trata de un **delito habitual**, pues no basta la existencia de algún acto aislado de hostilidad o humillación, sino que el precepto exige expresamente la reiteración de conducta.
- Estos actos hostiles o humillantes no han de ser constitutivos de trato degradante, pero sí que han de producir un **grave acoso** contra la víctima. *Vid.* EZQUERRA (2010).
- Las conductas se han de producir dentro de una relación **laboral** o **funcionarial**. Podrán acontecer estas conductas tanto en el **sector público** como **privado** e independientemente del tipo de contrato o relación que eventualmente vincule a ambos sujetos activo y pasivo del delito.

- El sujeto activo del delito ha de aprovechar su **superioridad** para llevar a cabo este tipo de trato. Se excluyen, por lo tanto, las situaciones de acoso horizontal.
- Para que exista un **menoscabo grave en la integridad moral** del sujeto pasivo la Sección 16.ª de la Audiencia Provincial de Madrid se remitió a las SSTS de 16 de abril de 2003 y a la 2101/2001 de 14 de noviembre, que construyen el concepto de atentado a la integridad moral sobre la concurrencia de la conducta inequívocamente vejatoria, realizada con la intención de humillar y degradar, y la producción de un determinado daño, físico o psíquico, en el sujeto pasivo, que puede ser sintomatología psiquiátrico-psicológica del mismo. *Vid.* CRUZ (2010).

➜ **Sujeto activo**: puede serlo cualquiera, pero que esté en situación de **superioridad** respecto a la víctima.

MUÑOZ CONDE (2017) señala, de forma muy acertada, que la exigencia de una relación de superioridad en el acoso laboral excluye del precepto el acoso «horizontal», entre personas del mismo nivel laboral o administrativo, que, sin embargo, puede ser igual de cruel y humillante cuando, por ejemplo, varios compañeros del mismo nivel jerárquico se conjuran para dañar a la víctima.

➜ **Sujeto pasivo**: puede serlo cualquiera.

➜ **Penalidad**: «[...] será castigado con la pena de prisión de **seis meses a dos años**».

SUÁREZ-MIRA RODRÍGUEZ, JUDEL y PIÑOL (2011, p. 2) destaca que estamos ante un artículo que utiliza términos valorativos y que, desde nuestro punto de vista, podrían generar situaciones de inseguridad jurídica:

> «Estamos, sin duda, ante **términos valorativos** que exigirán una adecuada ponderación por parte de los tribunales. Probablemente sirva de guía la jurisprudencia ya existente sobre el delito de acoso sexual».

En este sentido, también nos señala la vaguedad de los términos de este artículo (POMARES, 2010, p. 2):

> «En cualquier caso, la **manifiesta vaguedad de los términos** que se emplean en el delito de trato degradante del art. 173.1 CP rescata una vieja cuestión, recuerda el debate que suscitó la calificación penal del ejercicio de la violencia psíquica habitual en el ámbito familiar, que, como en el laboral, se ha encubierto tanto tiempo. En efecto, se rechazó, en ocasiones, interpretar las conductas de maltrato psicológico doméstico como trato degradante, por carecer de la «nota de envilecimiento y humillación que corresponde al tipo penal del art. 173».

Otro de los problemas con los que se enfrentará la víctima de este tipo de maltrato es la prueba, el poder demostrar lo que está sufriendo en el trabajo y quiénes son los responsables. Hoy día los medios de comunicación tan inmediatos y potentes que existen pueden jugar a favor de la víctima, y así lo expresa POQUET (2016, p. 14):

> «A la luz de los **complejos problemas de la prueba** a que se enfrenta el trabajador sometido a acoso moral, es evidente que el uso de algunos medios de prueba como las grabaciones de voz o de cámara, o los más recientes como el correo electrónico o el whatsapp, constituyen

una vía de defensa para el trabajador. No cabe duda de que dichos medios de prueba pueden atentar contra los derechos fundamentales del art. 18 CE, pero si se pondera en relación con la situación que sufre el trabajador acosado, permitiéndole diluir buena parte de las dificultades probatorias en las que se encuentra, y consiguientemente desincentivando las acciones de hostigamiento moral, puede inclinarse la balanza a favor del trabajador».

Actos hostiles para impedir el disfrute de la vivienda

El artículo 47 de la Constitución española determina que:

> «Todos los españoles tienen **derecho a disfrutar de una vivienda digna** y adecuada. Los poderes públicos promoverán las condiciones necesarias y establecerán las normas pertinentes para hacer efectivo este derecho, regulando la utilización del suelo de acuerdo con el interés general para impedir la especulación. La comunidad participará en las plusvalías que genere la acción urbanística de los entes públicos».

El artículo 47 CE va a imponer, por tanto, el desarrollo de una política de vivienda que promueva las condiciones necesarias para satisfacer la necesidad de la vivienda digna (De Esteban y González Trevijano, 1994).

A tenor del art. 173.1 párrafo 4.° CP:

> «(...) Se impondrá también la misma pena al que de **forma reiterada** lleve a cabo actos hostiles o humillantes que, sin llegar a constituir trato degradante, tengan por objeto impedir el legítimo disfrute de la vivienda».

Por otra parte, Ragués y Vallés (2009) llaman la atención sobre el hecho de que, para que una persona pueda desarrollar libremente su personalidad en un ámbito tan esencial como el hogar, es necesario que se le garanticen unas mínimas condiciones de habitabilidad. Y hay que decir que hay acciones que perturban este derecho constitucional, las cuales vamos a analizar.

➔ **Bien jurídico protegido**: el legítimo disfrute de la vivienda.

➔ **Acción típica**: en el párrafo 3 del art. 173, se castiga: «al que de forma reiterada lleve a cabo actos hostiles o humillantes que, sin llegar a constituir trato degradante, tengan por objeto impedir el legítimo disfrute de la vivienda».

Requiere la intención de impedir el **uso pacífico de la vivienda** como objetivo a través de la realización de actos hostiles y humillantes reiterados.

➔ **Consumación**: según Caruso Fontán (2012, p. 15), «será suficiente con que se lleven a cabo los actos hostiles o humillantes con el **objetivo de dificultar la utilización del domicilio**».

➔ **Penalidad**: «[...] será castigado con la pena de prisión de **seis meses a dos años**».

Hay que tener en cuenta que este artículo es parecido al art. 172.1 *in fine* CP en relación con las coacciones y que ya tratamos en el tema anterior. En el caso de las coacciones, las penas han de imponerse en su mitad superior.

Suárez-Mira (2020, p. 2) nos aclara la diferencia con las coacciones:

> «De similar factura al acoso laboral, está relacionado asimismo con el art. 172.1, pero con la diferencia de que frente al acto coactivo único de este último precepto, en el acoso inmobiliario se da una **situación mantenida de hostigamiento o humillación** aunque, eso sí, **sin llegar a constituir trato degradante**».

Violencia física o psíquica habitual en el ámbito doméstico

➜ **Bien jurídico protegido**: integridad corporal, la salud física o psíquica y la dignidad de la persona. Sin embargo, SUÁREZ-MIRA *et al.* (2020, p. 3) tiene un parecer distinto, pues indica que:

> «**No es la salud** el bien jurídico protegido, pues no es preciso que esta se vea comprometida con la acción típica, sino la **dignidad personal** que es puesta en entredicho por un sujeto a través del ataque físico y/o psíquico contra otro al que debería unirle un vínculo afectivo».

Se castiga según el art. 173.2 CP:

➜ **Acción típica**:

> «2. El que habitualmente ejerza violencia física o psíquica sobre quien sea o haya sido su cónyuge o sobre persona que esté o haya estado ligada a él por una análoga relación de afectividad aun sin convivencia, o sobre los descendientes, ascendientes o hermanos por naturaleza, adopción o afinidad, propios o del cónyuge o conviviente, o sobre los menores o personas con discapacidad necesitadas de especial protección que con él convivan o que se hallen sujetos a la potestad, tutela, curatela, acogimiento o guarda de hecho del cónyuge o conviviente, o sobre persona amparada en cualquier otra relación por la que se encuentre integrada en el núcleo de su convivencia familiar, así como sobre las personas que por su especial vulnerabilidad se encuentran sometidas a custodia o guarda en centros públicos o privados [...]».

Es preciso comentar que con la violencia de carácter psíquico complica la tarea del juzgador, que no es un especialista en esta temática.

Según el **art. 173.3 CP**:

> «3. Para apreciar la habitualidad a que se refiere el apartado anterior, se atenderá al número de actos de violencia que resulten acreditados, así como a la proximidad temporal de los mismos, con independencia de que dicha violencia se haya ejercido sobre la misma o diferentes víctimas de las comprendidas en este artículo, y de que los actos violentos hayan sido o no objeto de enjuiciamiento en procesos anteriores ».

Tampoco es nada fácil probar la habitualidad por parte de la víctima, y así nos lo ilustra GAVILÁN (2012, p. 3) cuando afirma que:

> «La habitualidad se concreta en una **situación de dominio** provocada por la **reiteración** de la conducta que hace que la violencia se emplee como medio de establecimiento de las relaciones familiares, sometiendo a quien las sufre por el mero **capricho del dominador**. Más que la pluralidad en sí misma considerada, se ha de atender a la **permanencia en el trato violento**, que hace que la víctima viva en un estado de agresión constante, y en esta nota radica la tipificación autónoma de esta figura delictiva».

Se admite la **comisión por omisión**, *ad exemplum* en relación con la STS de 26-6-2000, y que después fue matizado por el Pleno no Jurisdiccional de la Sala 2.ª de 21 julio de 2009, que sentó el criterio de que: «el tipo delictivo del art. 173.2 del CP exige que el comportamiento atribuido sea activo, no siendo suficiente el comportamiento omisivo. Sin perjuicio de ello es **sancionable penalmente**, conforme a dicho precepto, quien contribuye a la violencia de otro, no impidiéndola pese a encontrarse en posición de garante».

➜ **Sujeto activo**: puede serlo cualquiera.

DOLZ LAGO (2018, p. 3) de forma muy clara nos dice que:

> «Se trata de un tipo con sustantividad propia que sanciona la consolidación por parte de **sujeto activo** de un clima de **violencia y dominación** de una atmósfera psicológica y moralmente irrespirable, capaz de anular a la víctima e impedir su libre desarrollo como persona, precisamente por el temor, la humillación y la angustia inducidos. Un estado con autonomía propia y diferenciada, que se vertebra sobre la habitualidad, pero en la que los distintos actos que lo conforman solo tienen el **valor de acreditar la actitud del agresor**».

➜ **Sujeto pasivo**: puede serlo cualquiera, pero han de existir las relaciones de parentesco y/o convivencia, y/o relación de dependencia que preceptúa el art. 173.2 CP.

Por su parte, el Tribunal Supremo se ha manifestado en varias sentencias, y entendemos que muy acertadamente, dictaminando que el bien jurídico habría que situarlo en «la paz familiar» (STS de 11-3-2003) o en «la pacífica convivencia familiar» (SSTS de 19-10-2010 y 18-3-2011).

➜ **Penalidad**:

Art. 173.2 CP

> «(...) pena de prisión de seis meses a tres años, privación del derecho a la tenencia y porte de armas de tres a cinco años y, en su caso, cuando el juez o tribunal lo estime adecuado al interés del menor o persona con discapacidad necesitada de especial protección, inhabilitación especial para el ejercicio de la patria potestad, tutela, curatela, guarda o acogimiento por tiempo de uno a cinco años, sin perjuicio de las penas que pudieran corresponder a los delitos en que se hubieran concretado los actos de violencia física o psíquica (...)».

➜ **Formas de ejecución**: es un delito de peligro abstracto, por lo cual no es necesaria la producción de ningún resultado lesivo.

➜ **Circunstancias modificativas de la responsabilidad criminal**: no se puede apreciar el agravante de parentesco, pues ya pertenece al tipo penal descrito en el articulado.

➜ **Concurso de delitos**: según el art. 173.2 *in fine* CP se indica que «sin perjuicio de las penas que pudieran corresponder a los delitos en que se hubieran concretado los actos de violencia física o psíquica».

Podemos encontrar casos en los que el sujeto activo del delito maltrata de forma habitual y además en alguna ocasión, por ejemplo, rompe el brazo de la víctima o le produce una deformidad. En estos casos se castigaría también por el delito de lesiones u otros, y hay autores como SERRANO GÓMEZ y SERRANO MAÍLLO (2016) que piensan que se podría conculcar el principio del *non bis in idem* (en este sentido también: SUÁREZ-MIRA *et al.*, 2020).

➜ **Supuestos agravados**: hay casos en los que el maltrato habitual es especialmente cruel y así lo indica el art. 173.2 2.° párrafo:

> «(...) Se impondrán las penas en su mitad superior cuando alguno o algunos de los actos de violencia se perpetren en presencia de menores, o utilizando armas, o tengan lugar en el domicilio común o en el domicilio de la víctima, o se realicen quebrantando una pena de las contempladas en el artículo 48 o una medida cautelar o de seguridad o prohibición de la misma naturaleza.
>
> En los supuestos a que se refiere este apartado, podrá además imponerse una medida de libertad vigilada».

La **presencia de los menores ante situaciones de violencia familiar** es especialmente cruel y dañina para unos seres que por su edad, están en plena formación y desarrollo, y que además son especialmente vulnerables. La Ley Orgánica 8/2015, de 22 de julio, de modificación del sistema de protección a la infancia y a la adolescencia recoge en su preámbulo (VI) que:

> «Cualquier forma de violencia ejercida sobre un menor es injustificable. Entre ellas, es singularmente atroz la violencia que sufren quienes viven y crecen en un entorno familiar donde está presente la violencia de género. Esta forma de violencia afecta a los menores de muchas formas».

Así pues, la afectación para los menores puede ser:

- Condicionando su bienestar y su desarrollo.
- Causándoles serios problemas de salud.
- Convirtiéndolos en instrumento para ejercer dominio y violencia sobre la mujer.
- Favoreciendo la transmisión intergeneracional de estas conductas violentas sobre la mujer por parte de sus parejas o exparejas. *Vid.* Dolz Lago (2018).

➜ **Penalidad**: se impondrán las penas en su mitad superior. En el art. 173.2 CP último párrafo se indica que además podrá imponerse una medida de **libertad vigilada**.

Por otra parte, Dolz Lago (2018, p. 5) explicita de forma muy clara que las víctimas pueden quedarse de alguna forma «paralizadas» por el pánico y no denuncien, y ello no puede ir en su contra:

> «No puede admitirse, por ello, que el estado de **pánico** y **terror** que sufren las víctimas les suponga una «**traba de credibilidad**» cuando estas deciden a denunciarlo más tarde, ya que el retraso en denunciar hechos de violencia de género, o doméstica, no es sinónimo de falsedad en una declaración, sino que es perfectamente admisible entender veraz esa declaración por las especiales características de los hechos de maltrato».

La inexistencia de denuncias previas de la víctima no puede afectar a la valoración de las pruebas, pues el miedo puede ser la causa.

Injuria o vejación injusta de carácter leve

En el art. 173.4 CP se castiga a:

➜ **Acción típica**: «Quien cause injuria o vejación injusta de carácter leve, cuando el ofendido fuera una de las personas a las que se refiere el apartado 2 del artículo 173».

➜ **Penalidad**:

Art. 173.4 CP

> «(...) localización permanente de cinco a treinta días, siempre en domicilio diferente y alejado del de la víctima, o trabajos en beneficio de la comunidad de cinco a treinta días, o multa de uno a cuatro meses, esta última únicamente en los supuestos en los que concurran las circunstancias expresadas en el apartado 2 del artículo 84 (...)».

➔ **Perseguibilidad**: «Las injurias solamente serán perseguibles mediante denuncia de la persona agraviada o de su representante legal».

Atentados contra la integridad moral cometidos por la autoridad o funcionario público

En pleno agosto de 2019, ha sido detenido un hombre de raza negra, Donald Neely, de 43 años, esposado y atado con cuerdas, y ha sido conducido por dos agentes de la policía a la comisaría ante la mirada atónita de los vecinos de Galveston (Texas). El hombre acababa de ser arrestado por sospecha de invasión de propiedad privada. Sin embargo, los policías en este caso exhibieron un juicio equivocado y podrían haber esperado a que llegara un modo de transporte idóneo al lugar del arresto. ¿Os parece un abuso de autoridad?, o ¿un caso normal?

Puedes consultar el artículo a través de la siguiente dirección web:
https://bit.ly/3A30V8B

Según el **art. 175 CP**, se castiga a «La **autoridad** o **funcionario público** que, abusando de su cargo y fuera de los casos comprendidos en el artículo anterior, atentare contra la integridad moral de una persona».

➔ **Acción típica**: abusar del cargo y atentar contra la integridad moral. Se castigan los supuestos graves y los atentados que no lo sean. Según Muñoz Conde (2022), falta el especial elemento subjetivo de la obtención de una información o la aplicación de un castigo, o el motivo discriminatorio para que fueran acciones calificadas como «tortura» del art. 174 CP.

A tenor del artículo 176 CP cabe la **conducta omisiva**:

> «Se impondrán las penas respectivamente establecidas en los artículos precedentes a la autoridad o funcionario que, faltando a los deberes de su cargo, permitiere que otras personas ejecuten los hechos previstos en ellos».

Ad exemplum, el TS condenó a un funcionario de prisiones que se quedó sentado mirando la televisión mientras sus compañeros propinaban una paliza a un sacerdote que cumplía condena por corrupción de menores (STS de 5-11-2002).

➔ **Penalidad**: pena de **prisión** de dos a cuatro años si el atentado fuera grave, y de prisión de seis meses a dos años si no lo es. Se impondrá, en todo caso, al autor, además de las penas señaladas, la de **inhabilitación especial** para empleo o cargo público de dos a cuatro años.

➔ **Sujeto activo**: autoridades o funcionarios públicos, y por ello es un **delito especial**. Para saber quién es una **autoridad** es preciso acudir al art. 24 CP que lo precisa.

El sujeto activo debe ser funcionario y ha de estar abusando de su cargo, siempre y cuando no persiga la obtención de una información o la aplicación de un castigo ni actúe por razones basadas en la discriminación, pues entonces estaríamos en el ámbito de la tortura del art. 174 CP.

➜ **Sujeto pasivo**: puede ser cualquiera.

➜ **Causas modificativas de la responsabilidad criminal**: al recoger «el abuso de cargo», no se puede aplicar el agravante 7 del art. 22 CP, que es precisamente «prevalerse del carácter público que tenga el culpable».

➜ **Tipo subjetivo**: solo son punibles las conductas dolosas.

➜ **Concursos**: los concursos de leyes o de delitos pueden producirse con las amenazas (artículos 169 y siguientes), con la agresión sexual particularmente degradante o vejatoria (artículo 180.1.1.º), las sanciones o privaciones indebidas o el rigor innecesario con los internos penitenciarios (artículo 533) y las injurias (artículos 208 y 209). El concurso será ideal de delitos con las lesiones físicas o psíquicas, al igual que en otros supuestos en los que el injusto se reparta entre el tipo del artículo 175 y otros que protegen bienes jurídicos distintos a la integridad moral (Manzanares, 2016).

Según Serrano Gómez y Serrano Maíllo (2016) estamos ante un artículo confuso que comporta una notable inseguridad jurídica.

De acuerdo con la jurisprudencia, **acciones** como las siguientes pueden estar dentro del tipo penal:

- (STS de 2-11-2004) Guardia civil que puso el pie encima del cuello de un detenido por una nimia infracción de tráfico y le encañonó con la pistola en la cabeza, mientras su compañero propinó una fuerte patada en la zona del estómago a otro detenido, agarrando luego bruscamente a los acusados con objeto de llevarlos junto al vehículo policial, empujándoles de forma violenta durante el trayecto.
- (STS de 3-10-2001) Guardia civil que pone una pistola en la nuca de un joven y le conmina a bajarse los pantalones en lugar concurrido obligándole a buscar una colilla en el suelo.
- (STS de 6-4-2000) Policía local que exige al abogado de su mujer —de la que estaba en trámites de separación y a quien ya conocía— que se identificara, haciendo ostentación de las esposas que portaba colgadas del pantalón.

5.3. Torturas

Se proscriben las torturas en varios instrumentos internacionales como el artículo 5 de la Declaración Universal de los Derechos Humanos, en el artículo 5 del Convenio Europeo de 1950 y en el artículo 7 del Pacto Internacional de Derechos Civiles y Públicos de 1966. El artículo 7.1 f) del Estatuto de Roma de la Corte Penal Internacional, de 17 de julio de 1998, la considera crimen de lesa humanidad.

El artículo 15 de la Constitución española preceptúa que: «Todos tienen derecho a la vida y a la integridad física y moral, sin que, en ningún caso, puedan ser sometidos a tortura ni a penas o tratos inhumanos o degradantes».

Según la doctrina, los artículos 174 a 176 del CP recogen el delito de torturas. El hecho de que numerosas legislaciones recojan preceptos encaminados a evitar malos tratos a detenidos, coacciones para que declaren, torturas por parte de la autoridad, no ha permitido, sin embargo, terminar con su práctica (LAMARCA PÉREZ, 2020). Este artículo proviene fundamentalmente de la Convención de Naciones Unidas de 1984 y proscribe distintas conductas.

De todos es sabido que hay gobiernos que mediante testaferros ejecutan torturas para conseguir fines como informaciones privilegiadas que no conseguirían mediante investigaciones legales.

La Convención de la ONU contra la Tortura y Otros Tratos o Penas Crueles, Inhumanos o Degradantes, adoptada y abierta a la firma, ratificación y adhesión por la Asamblea General en su resolución 39/46, de 10 de diciembre de 1984, que fue ratificada por España el 9 de noviembre de 1987, en su art. 1 indica que:

> «1. A los efectos de la presente Convención, se entenderá por el término «tortura» todo acto por el cual se inflija intencionadamente a una persona dolores o sufrimientos graves, ya sean físicos o mentales, con el fin de obtener de ella o de un tercero información o una confesión, de castigarla por un acto que haya cometido, o se sospeche que ha cometido, o de intimidar o coaccionar a esa persona o a otras, o por cualquier razón basada en cualquier tipo de discriminación, cuando dichos dolores o sufrimientos sean infligidos por un funcionario público u otra persona en el ejercicio de funciones públicas, a instigación suya, o con su consentimiento o aquiescencia».

Además, el artículo 2 del mismo instrumento indica que los Estados parte han de evitar las torturas:

> «1. Todo Estado Parte tomará medidas legislativas, administrativas, judiciales o de otra índole eficaces para impedir los actos de tortura en todo territorio que esté bajo su jurisdicción».

Y, en este mismo artículo, se preceptúa que no se justificará la tortura en tiempos de guerra ni tampoco invocando seguir órdenes de un superior.

El Estatuto de la **Corte Penal Internacional** creada por iniciativa de la ONU el 17 de julio de 1998 mediante el **Estatuto de Roma**, y que entró en vigor el 1 de julio de 2002, tiene como objetivo fundamental la universalización de los derechos humanos. Este Estatuto, en su art. 7.2 e), indica sobre la tortura lo siguiente:

> «Por «**tortura**» se entenderá **causar intencionalmente dolor o sufrimientos graves**, ya sean físicos o mentales, a una persona que el acusado tenga bajo su custodia o control; sin embargo, no se entenderá por tortura el dolor o los sufrimientos que se deriven únicamente de sanciones lícitas o que sean consecuencia normal o fortuita de ellas».

El delito de torturas: conceptualización

El art. 174. 1 CP indica que:

> «1. Comete **tortura** la autoridad o funcionario público que, abusando de su cargo, y con el fin de obtener una confesión o información de cualquier persona o de castigarla por cualquier hecho que haya cometido o se sospeche que ha cometido, o por cualquier razón basada en algún tipo de discriminación, la sometiere a condiciones o procedimientos que por su naturaleza, duración u otras circunstancias, le supongan sufrimientos físicos o mentales, la supresión o disminución de sus facultades de conocimiento, discernimiento o decisión o que, de cualquier otro modo, atenten contra su integridad moral (...)».

➔ **Bien jurídico protegido**: integridad moral, física y psíquica. La sentencia del Tribunal Supremo Sala 2.ª, de 6 de abril de 2011 indica que:

> «(...) la **integridad moral** se configura como una categoría conceptual propia, como un valor de la vida humana independiente del derecho a la vida, a la integridad física, a la libertad en sus diversas manifestaciones o al honor. No cabe la menor duda que tanto nuestra Constitución como el CP configuran la integridad moral como una realidad axiológica, propia, autónoma e independiente de aquellos derechos (...)».

MUÑOZ CONDE (2017) argumenta que, además de la integridad moral, puede ser considerado como un delito **contra la Administración pública** en momentos en los que el individuo está bajo la tutela de funcionarios del estado y en una situación de total desvalimiento en la que está siendo torturado.

➔ **Acción típica**: obtener una confesión o información de cualquier persona y también castigarla por cualquier hecho que haya cometido o se sospeche que ha cometido.

Tres son los elementos cuya concurrencia determina la apreciación de este tipo de conductas: que se haya infligido un **daño o sufrimiento grave**, físico o psicológico, que dicha **actuación sea intencionada** y que, con la misma, **se persiga un determinado propósito** (MONTESINOS, 2018).

➔ **Formas de ejecución**: la consumación se produce en el momento en el que sujeto activo realiza las conductas del art. 174.1 CP comentadas anteriormente. No es preciso conseguir la **finalidad** que se persigue y cabe la **tentativa**.

El delito puede cometerse tanto por **acción** como por **omisión**, como sería el caso de la privación de agua y alimentos (MANZANARES SAMANIEGO, 2016).

➔ **Penalidad**: pena de prisión de dos a seis años si el atentado fuera grave, y de prisión de uno a tres años si no lo es. Además de las penas señaladas, se impondrá, en todo caso, la pena de inhabilitación absoluta de ocho a doce años.

➔ **Tipo subjetivo**: son delitos de carácter doloso.

➔ **Sujeto activo**: autoridades o funcionarios, y es por ello por lo que es un **delito especial**.

➔ **Sujeto pasivo**: puede serlo cualquiera, pero la mayoría de las violaciones del art. 3 del Convenio Europeo de Derechos Humanos son sufridas por quienes se encuentran bajo la custodia de miembros de la policía y otros cuerpos y fuerzas de seguridad del Estado, y no podemos olvidar que quienes están privados de su libertad se encuentran en una situación de especial vulnerabilidad (MONTESINOS, 2018).

➔ **Circunstancias modificativas de la responsabilidad criminal**: no cabe la circunstancia eximente de cumplimiento de un deber, o ejercicio legítimo de un derecho, oficio o cargo del art. 20.7 CP y, por lo tanto, entendemos que agentes policiales, por ejemplo, no pueden cometer este delito. El Estado no puede, en ninguna circunstancia, infligir tratos, sanciones o penas prohibidas por el artículo 3 del Convenio de Roma (CASADEVALL, 2012).

Según SERRANO GÓMEZ y SERRANO MAÍLLO (2016), este artículo adolece de varias imprecisiones en diversos conceptos como: naturaleza, condiciones, procedimientos, duración, otras circunstancias, etc. Así pues, estamos ante un artículo impreciso y que puede generar situaciones de inseguridad jurídica.

No podemos olvidar que cualesquiera pruebas obtenidas mediante violencia, no serán válidas a tenor del art. 11.1 de la Ley Orgánica del Poder Judicial que indica que:

> «En todo tipo de procedimiento se respetarán las reglas de la buena fe. **No surtirán efecto las pruebas obtenidas**, directa o indirectamente, violentando los derechos o libertades fundamentales».

La interdicción de la tortura y de las penas o tratos inhumanos o degradantes se encuentra consagrada, entre otros, en:

- La Declaración Universal de Derechos Humanos (1948).
- Los Convenios de Ginebra (1949).
- El Pacto Internacional de Derechos Civiles y Políticos (1966).
- El Código de conducta para funcionarios encargados de hacer cumplir la ley, adoptado por la Asamblea General de Naciones Unidas en su Resolución 34/169, de 17 de diciembre de 1979.
- Los Principios de ética médica aplicables a la función del personal de salud, especialmente los médicos, en la protección de personas presas y detenidas contra la tortura y otros tratos o penas crueles, inhumanos o degradantes, adoptados por la Asamblea General de Naciones Unidas en su Resolución 37/194, de 18 de diciembre de 1982.
- La Convención de Naciones Unidas contra la Tortura y otros Tratos Crueles, Inhumanos o Degradantes (1984); la Convención Europea para la Prevención de la Tortura y de las Penas o Tratos Inhumanos y Degradantes (1987).
- El conjunto de principios sobre la detención, adoptados por la Asamblea General de Naciones Unidas en su Resolución 43/173, de 9 de diciembre de 1988.
- Los Principios básicos para el tratamiento de los reclusos, adoptados y proclamados por la Asamblea General en su Resolución 45/111, de 14 de diciembre de 1990.

El caso Portu y Sarasola

En 2018 España fue condenada por el Tribunal Europeo de Derechos Humanos (TEDH) por tratos inhumanos y degradantes en el asunto Portu Juanenea y Sarasola Yarzabal, de 13 de febrero. Se trata de un hito, pues la única excepción a la regla general de la declaración de la vulneración del deber de investigar era la STEDH en el caso Iribarren Pinillos, de 8 de enero de 2009, en la que el Tribunal de Estrasburgo condenó a nuestro país por las graves lesiones infligidas por la policía en el marco de los altercados ocurridos en la manifestación de Pamplona de 15 de diciembre de 1991.

La sentencia en el asunto Portu y Sarasola que aquí se comenta tiene su origen en la demanda interpuesta por Igor Portu Juanenea y Martin Sarasola Yarzabal, condenados por el atentado del Aeropuerto de Barajas de 30 de diciembre de 2006. En ella alegaban haber sido víctimas de tortura y malos tratos en el momento de su arresto por el Grupo de Acción Rápida de la Guardia Civil, su traslado a San Sebastián y Madrid y durante su detención preventiva. Los demandantes denunciaron la ausencia de condena de los actos de tortura, incidiendo en la nueva valoración de las pruebas llevada a cabo por el Tribunal Supremo. Los arrestados fueron golpeados, insultados, amenazados y se produjeron ahogamientos en un río, entre otros. Cuando los arrestados fueron llevados al Cuartel de Intxaurrondo, tuvieron que ser trasladados al hospital para ser examinados y Portu ingresó en la UCI.

España es de los países menos demandados por torturas, y la mayoría de casos que han terminado en condena no fueron admitidos en amparo ante el Tribunal Constitucional (como el caso Portu y Sarasola), que ha extremado la máxima cautela.

Estrasburgo no solo ha vuelto a recordar a España su obligación de desarrollar una investigación que lleve a la identificación de sus responsables y la consecuente reparación de las víctimas, sino que ha declarado que nuestras autoridades efectivamente infligieron en los denunciantes daños constitutivos de malos tratos. En la mayoría de los casos de condena en los que se han visto implicadas las autoridades españolas, el Tribunal de Estrasburgo ha motivado su decisión en la falta de una investigación suficiente de los hechos denunciados (al respecto: BARCELONA, 2009).

En el caso Portu y Sarasola quedó:

«(...) suficientemente acreditado que las lesiones en cuestión se produjeron cuando los demandantes se encontraban bajo el control de la Guardia Civil y dado que las autoridades nacionales no habían justificado las mismas en el caso concreto, el TEDH consideró que la consecuente responsabilidad había de ser imputada al Estado si bien, dado que los demandantes no alegaron consecuencias a largo plazo, y en ausencia de pruebas concluyentes relativas a la finalidad de los daños, dicha responsabilidad respondería a la perpetración de **actos constitutivos de tratos inhumanos y degradantes**, pero no de torturas» (MONTESINOS, 2018, p. 14).

Supuestos similares a la tortura

En el **art. 174. 2 CP** se castiga a:

«(...) la autoridad o funcionario de instituciones penitenciarias o de centros de protección o corrección de menores que cometiere, respecto de detenidos, internos o presos, los actos a que se refiere el apartado anterior».

➜ **Acción típica**: se trata de autoridades o funcionarios públicos que en centros de protección o de corrección (actualmente de reforma) no tienen como función el investigar, pero que pueden llegar a castigar torturando a sus internos.

➜ **Sujeto activo**: autoridades o funcionarios. Es un delito especial.

➜ **Sujeto pasivo**: puede serlo cualquiera.

➜ **Penalidad**: tiene el mismo castigo que las torturas del art. 174. 1 CP: pena de prisión de dos a seis años si el atentado fuera grave, y de prisión de uno a tres años si no lo es. Además de las penas señaladas se impondrá, en todo caso, la pena de inhabilitación absoluta de ocho a doce años.

Delitos contra la integridad moral en comisión por omisión

El **artículo 176 CP** preceptúa lo siguiente:

> «Se impondrán las penas respectivamente establecidas en los artículos precedentes a la autoridad o funcionario que, faltando a los deberes de su cargo, permitiere que otras personas ejecuten los hechos previstos en ellos».

Se trata de un delito de comisión por omisión.

Torturas

Según RODRÍGUEZ DEVESA (1995), si hay funcionarios o autoridades que tienen una función de garantes y permiten por omisión que otras personas a su cargo cometan torturas, cometen tortura en comisión por omisión.

➔ **Acción típica**: se castiga el comportamiento omisivo que permite que otra persona funcionaria o no, cometa torturas. Estamos ante una tipificación expresa de un delito de comisión por omisión, basado en que conste la posibilidad de que el funcionario con su intervención hubiera podido evitar el atentado a la integridad moral y en el especial deber que compete a determinadas autoridades o funcionarios de proteger con más intensidad los derechos fundamentales del ciudadano (MUÑOZ CONDE, 2022).

➔ **Penalidad**: pena de prisión de dos a seis años si el atentado fuera grave, y de prisión de uno a tres años si no lo es. Además de las penas señaladas, se impondrá, en todo caso, la pena de inhabilitación absoluta de ocho a doce años.

➔ **Sujeto activo**: funcionarios y autoridades según el art. 28 del CP. Se trata de un delito especial.

➔ **Sujeto pasivo**: subordinados a los funcionarios y autoridades.

➔ **Concurso de delitos**: según el artículo 177 CP:

> «Si en los delitos descritos en los artículos precedentes, además del atentado a la integridad moral, se produjere lesión o daño a la vida, integridad física, salud, libertad sexual o bienes de la víctima o de un tercero, **se castigarán los hechos separadamente** con la pena que les corresponda por los delitos cometidos, excepto cuando aquel ya se halle especialmente castigado por la ley».

5.4. Trata de seres humanos

La reforma del CP por la LO 5/2010, de 22 de junio, introdujo el delito de **trata de seres humanos** en el actual **artículo 177 bis CP**. Este delito quedó tipificado con anterioridad a la Directiva 2011/36/UE, de 5 abril de 2011, relativa a la prevención y lucha contra la trata de seres humanos y a la protección de las víctimas y por la que se sustituye la Decisión marco 2002/629/JAI del Consejo de Europa. Había varias cuestiones que no fueron reflejadas en la redacción actual y que era necesario retocar para transponer la normativa europea. Es por ello por lo que la reforma de la LO 1/15 de 30 de marzo retocó el precepto en sus apartados 1 y 4 y, finalmente, la LO 8/2021, de 4 de junio modificó el apartado 1 nuevamente.

Según el **artículo 177 bis CP**:

«1. Será castigado con la pena de cinco a ocho años de prisión como reo de trata de seres humanos el que, sea en territorio español, sea desde España, en tránsito o con destino a ella, empleando violencia, intimidación o engaño, o abusando de una situación de superioridad o de necesidad o de vulnerabilidad de la víctima nacional o extranjera, o mediante la entrega o recepción de pagos o beneficios para lograr el consentimiento de la persona que poseyera el control sobre la víctima, la captare, transportare, trasladare, acogiere, o recibiere, incluido el intercambio o transferencia de control sobre esas personas, con cualquiera de las finalidades siguientes:

a) La imposición de trabajo o de servicios forzados, la esclavitud o prácticas similares a la esclavitud, a la servidumbre o a la mendicidad.

b) La explotación sexual, incluyendo la pornografía.

c) La explotación para realizar actividades delictivas.

d) La extracción de sus órganos corporales.

e) La celebración de matrimonios forzados.

Existe una situación de necesidad o vulnerabilidad cuando la persona en cuestión no tiene otra alternativa, real o aceptable, que someterse al abuso.

Cuando la víctima de trata de seres humanos fuera una persona menor de edad se impondrá, en todo caso, la pena de inhabilitación especial para cualquier profesión, oficio o actividades, sean o no retribuidos, que conlleve contacto regular y directo con personas menores de edad, por un tiempo superior entre seis y veinte años al de la duración de la pena de privación de libertad impuesta.

2. Aun cuando no se recurra a ninguno de los medios enunciados en el apartado anterior, se considerará trata de seres humanos cualquiera de las acciones indicadas en el apartado anterior cuando se llevare a cabo respecto de menores de edad con fines de explotación.

3. El consentimiento de una víctima de trata de seres humanos será irrelevante cuando se haya recurrido a alguno de los medios indicados en el apartado primero de este artículo.

4. Se impondrá la pena superior en grado a la prevista en el apartado primero de este artículo cuando:

a) se hubiera puesto en peligro la vida o la integridad física o psíquica de las personas objeto del delito;

b) la víctima sea especialmente vulnerable por razón de enfermedad, estado gestacional, discapacidad o situación personal, o sea menor de edad.

c) la víctima sea una persona cuya situación de vulnerabilidad haya sido originada o agravada por el desplazamiento derivado de un conflicto armado o una catástrofe humanitaria.

Si concurriere más de una circunstancia se impondrá la pena en su mitad superior.

5. Se impondrá la pena superior en grado a la prevista en el apartado 1 de este artículo e inhabilitación absoluta de seis a doce años a los que realicen los hechos prevaliéndose de su condición de autoridad, agente de ésta o funcionario público. Si concurriere además alguna de las circunstancias previstas en el apartado 4 de este artículo se impondrán las penas en su mitad superior.

6. Se impondrá la pena superior en grado a la prevista en el apartado 1 de este artículo e inhabilitación especial para profesión, oficio, industria o comercio por el tiempo de la condena, cuando el culpable perteneciera a una organización o asociación de más de dos personas, incluso de carácter transitorio, que se dedicase a la realización de tales actividades. Si concurriere alguna de las circunstancias previstas en el apartado 4 de este artículo se impondrán las penas en la mitad superior. Si concurriere la circunstancia prevista en el apartado 5 de este artículo se impondrán las penas señaladas en este en su mitad superior.

Cuando se trate de los jefes, administradores o encargados de dichas organizaciones o asociaciones, se les aplicará la pena en su mitad superior, que podrá elevarse a la inmediatamente superior en grado. En todo caso se elevará la pena a la inmediatamente superior en grado si concurriera alguna de las circunstancias previstas en el apartado 4 o la circunstancia prevista en el apartado 5 de este artículo.

7. Cuando de acuerdo con lo establecido en el artículo 31 bis una persona jurídica sea responsable de los delitos comprendidos en este artículo, se le impondrá la pena de multa del triple al quíntuple del beneficio obtenido. Atendidas las reglas establecidas en el artículo 66 bis, los jueces y tribunales podrán asimismo imponer las penas recogidas en las letras b) a g) del apartado 7 del artículo 33.

8. La provocación, la conspiración y la proposición para cometer el delito de trata de seres humanos serán castigadas con la pena inferior en uno o dos grados a la del delito correspondiente.
9. En todo caso, las penas previstas en este artículo se impondrán sin perjuicio de las que correspondan, en su caso, por el delito del artículo 318 bis de este Código y demás delitos efectivamente cometidos, incluidos los constitutivos de la correspondiente explotación.
10. Las condenas de jueces o tribunales extranjeros por delitos de la misma naturaleza que los previstos en este artículo producirán los efectos de reincidencia, salvo que el antecedente penal haya sido cancelado o pueda serlo con arreglo al Derecho español.
11. Sin perjuicio de la aplicación de las reglas generales de este Código, la víctima de trata de seres humanos quedará exenta de pena por las infracciones penales que haya cometido en la situación de explotación sufrida, siempre que su participación en ellas haya sido consecuencia directa de la situación de violencia, intimidación, engaño o abuso a que haya sido sometida y que exista una adecuada proporcionalidad entre dicha situación y el hecho criminal realizado».

Existe una situación de necesidad o vulnerabilidad cuando la persona en cuestión no tiene otra alternativa, real o aceptable, que someterse al abuso» (Mayordomo, 2008).

➔ **Bien jurídico protegido**: la libertad, la integridad física, la integridad moral y la salud.

Rubio Lara y Pérez Albaladejo (2016) indican que el tipo penal del artículo 177. bis CP protege un bien jurídico doble compuesto por la **dignidad** —que se protegería de forma directa— y la **libertad** —que se protegería de forma indirecta— de los sujetos pasivos que sufren la trata de seres humanos.

➔ **Acción típica**: el delito se ha de cometer empleando violencia, intimidación o engaño, o abusando de una situación de superioridad o de necesidad o de vulnerabilidad.

El texto del CP indica «sea en territorio español, sea desde España, en tránsito o con destino a ella». Las modalidades tipificadas recogen el tráfico «desde, en tránsito o con destino a España».

La jurisprudencia ha venido indicando que, con ello, se quieren abarcar tres modos de comisión diferentes:

- **Movimiento** de personas desde el extranjero hacia España.
- **Salida** de alguien de España al extranjero.
- **Tránsito** dentro de España, de un punto a otro, relacionado con ese tráfico ilegal o esa inmigración clandestina.

La trata constituye el delito antecedente respecto de aquellos que pudieran perseguir situaciones de dominación o explotación —prostitución coactiva, explotación laboral, tráfico de órganos, etc.— que puede implicar la aparición de otro delito posterior distinto.

➔ **Sujeto activo**: puede serlo cualquiera.

«El delito de trata de seres humanos es un **delito de tendencia** que requiere que las conductas alternativas señaladas, ejecutadas empleando los medios también indicados, se realicen con cualquiera de las finalidades en él contenidas. Todas ellas suponen la intención de que la víctima sea utilizada en provecho propio o de tercero, pues el artículo 177 bis CP **no exige que el dominador o explotador sea el mismo tratante**» (Mayordomo, 2013, p. 2).

Es un **delito común**, pues puede ser sujeto activo cualquiera. Tanto la Decisión marco como la Directiva de 2011 (art. 3) hacen referencia expresa a la conveniencia de que sea castigado en este delito no solo el autor, en sentido estricto, esto es, aquel que ejecuta directa y materialmente el delito, teniendo el dominio del hecho, sino también el **inductor** (el que instiga y determina a otro a cometer un delito, haciendo surgir en él la idea criminal) y el **cómplice** (entendiendo por tal aquel que coopera a la ejecución del hecho con actos anteriores o simultáneos de carácter no necesario o sustituibles).

Nada dice la Decisión marco sobre la figura del **cooperador necesario** (entendido como aquel que colabora con el autor con una contribución necesaria o difícilmente sustituible), equiparado al autor, en ordenamientos penales como el Código Penal español (art. 28), por lo que **habrá que entender también incluida en la citada recomendación de punición al cooperador necesario**, sobre todo porque su contribución reviste una mayor gravedad que la complicidad, caracterizada por ser, precisamente, una cooperación no necesaria.

➔ **Sujeto pasivo**: puede serlo cualquiera, nacional o extranjero, a diferencia de la inmigración clandestina del art. 318 bis CP.

Destaca, en un porcentaje significativamente elevado, el número de víctimas **mujeres**, con relación al de hombres, sobre todo cuando se trata de **explotación sexual** y, según la actividad económica, también en la laboral.

➔ **Penalidad**: de cinco a ocho años de prisión.

➔ **Formas de ejecución**: la consumación se producirá cuando se produzca la conducta tipificada de captar, transportar, etc. con la finalidad prevista en los apartados a, b, c, d y e. El delito **se consuma sin necesidad de que los tratantes hayan logrado el efectivo cumplimiento de sus propósitos** (Mayordomo, 2013).

Puede configurarse como un tipo de resultado cortado o mutilado en dos actos según que sea el mismo u otro sujeto quien vaya a realizar las finalidades de explotación indicadas en el delito (Mir, 2008).

➔ **Concurso de delitos**: si *a posteriori* se comete alguna de las acciones a, b, c, d y e habrá concurso.

El Tribunal Supremo, en acuerdo de 31 de mayo de 2016, dictaminó que el delito de trata de seres humanos previsto y penado en el artículo 177 bis del Código Penal obliga a **sancionar tantos delitos como víctimas**, con arreglo a las normas que regulan el **concurso real** (STS 538/2016, de 17 de junio).

Acto seguido, vamos a comentar cada una de las acciones delictivas que conforman el tipo penal:

Trabajos o servicios forzados

Según el Convenio sobre el trabajo forzoso, 1930 (n.º 29) de la Organización Internacional del Trabajo (OIT), el trabajo forzoso u obligatorio designa:

«todo trabajo o servicio exigido a un individuo bajo la amenaza de una pena cualquiera y para el cual dicho individuo no se ofrece voluntariamente».

Por trabajo forzoso puede entenderse el trabajo que se realiza de manera involuntaria y bajo amenaza. Son situaciones en las cuales personas están forzadas a trabajar mediante el uso de violencia o intimidación, o por medios como una deuda contraída con engaño, retención de documentos de identidad o amenazas de denuncia a las autoridades de inmigración.

El trabajo forzoso es distinto a las condiciones de trabajo explotadoras o por debajo de la norma.

> «Las prácticas tradicionales del trabajo forzoso, por ejemplo, las secuelas de la esclavitud o las prácticas análogas a la esclavitud y las diversas formas de servidumbre por deudas, así como las nuevas formas de trabajo forzoso que han hecho su aparición en décadas recientes, tales como la trata de personas, también llamadas «**esclavitud-moderna**» para echar luz sobre condiciones de vida y trabajo que son contrarias a la dignidad humana» (OIT, 2012).

Esclavitud

El *Diccionario de la RAE* indica que la esclavitud es la «sujeción excesiva por la cual se ve sometida una persona a otra, o a un trabajo u obligación».

Según el art. 607 bis 2 10.ª CP:

> «(...) Por esclavitud se entenderá la situación de la persona sobre la que otro ejerce, incluso de hecho, todos o algunos de los atributos del derecho de propiedad, como comprarla, venderla, prestarla o darla en trueque».

La Decisión marco de 19 de julio de 2002 relativa a la lucha contra la trata de seres humanos (2002/629/JAI) del Consejo de la Unión Europea en su art. 1 d) hace referencia a la esclavitud como una infracción y fue la primera que trató la cuestión a nivel global, concretando las sanciones a imponer y partiendo de un concepto muy semejante al del Protocolo de Palermo. Tras la aprobación del Convenio de Varsovia, esta no cumplía con los requisitos mínimos exigidos a nivel internacional. La Directiva 2011/36/UE del Parlamento Europeo y del Consejo, de 5 abril de 2011, relativa a la Prevención y Lucha contra la Trata de Seres Humanos y a la Protección de las Víctimas, sustituyó la Decisión marco 2002/629/JAI del Consejo.

> En la actualidad existe una «esclavitud moderna» que abusa de colectivos muy vulnerables, como las personas extranjeras sin documentación en regla

Prácticas similares a la esclavitud o la servidumbre

Sería preciso acudir al título XV del libro II que figura con el nombre de «Delitos contra los derechos de los trabajadores».

Mendicidad

En el art. 177 bis 1 a) del CP se hace referencia expresa a la mendicidad.

Dentro de la mendicidad, hay un agravamiento tipificado en el artículo 232 CP, pues las víctimas son menores o personas con discapacidad.

Artículo 232 CP

«1. Los que utilizaren o prestaren a **menores de edad o personas con discapacidad** necesitadas de especial protección para la práctica de la mendicidad, incluso si esta es encubierta, serán castigados con la pena de prisión de seis meses a un año.

2. Si para los fines del apartado anterior se traficare con menores de edad o personas con discapacidad necesitadas de especial protección, se empleare con ellos violencia o intimidación, o se les suministrare sustancias perjudiciales para su salud, se impondrá la pena de prisión de uno a cuatro años».

Sobre la mendicidad solo se incluyen los casos en los que un tercero explota forzadamente, esto es, sin el consentimiento de quien ejerce la petición y recaudación de limosnas, quedándose el explotador con todo o parte de lo recaudado.

Si ha habido consentimiento, habrá de valorarse caso a caso, sin embargo, el consentimiento otorgado por menores, según la normativa comunitaria, nunca será válido.

Se considerará igual que sea el menor el que esté practicando directamente la mendicidad, o bien sea un «reclamo» para que la gente se apene y así se busque conseguir mayores beneficios.

Explotación sexual, incluida la pornografía

Es preciso acudir al art. 186 CP:

«El que, por cualquier medio directo, vendiere, difundiere o exhibiere material pornográfico entre menores de edad o personas con discapacidad necesitadas de especial protección, será castigado con la pena de prisión de seis meses a un año o multa de 12 a 24 meses».

También hay que ir al art. 189 CP que prevé la pornografía y su explotación.

Por otra parte, el *Informe sobre la lucha internacional contra la trata e inmigración ilegal* de la Fiscalía General del Estado de 2009 refleja la situación de la explotación sexual:

«Son abundantes también los supuestos de favorecimiento de la inmigración clandestina de personas que aceptan desde su país de origen trasladarse para **ejercer la prostitución**. Al igual que en el supuesto anterior, se les facilita los gastos de transporte y la introducción en España de manera clandestina pero, una vez en territorio español, se les advierte de que la deuda contraída es muy superior a la pactada y ahí comienza su explotación. **Las condiciones del ejercicio de la prostitución se hacen mucho más gravosas** (horarios, remuneración, «servicios especiales», etc.), se les retira todo tipo de documentación, se les impone restricciones deambulatorias, estrechas vigilancias, incluso llegando a la detención ilegal. Se aprovechan de la situación de miseria en que vivían en su país de origen y/o desvalimiento en España (país extranjero, sin dinero, desconocimiento del idioma) y si quieren abandonar la actividad se les amenaza o se les coacciona y son sometidas a **tratos vejatorios y degradantes**» **(FGE, 2009, p. 20)**.

Explotación para llevar a cabo actividades delictivas

Está previsto en el artículo 177 bis 1 c) CP.

Extracción de órganos corporales

Está previsto en el artículo 177 bis 1 d) CP. Además, en su apartado 2 se indica que: «Aun cuando no se recurra a ninguno de los medios enunciados en el apartado anterior, se considerará trata de seres humanos cualquiera de las acciones indicadas en el apartado anterior cuando se llevare a cabo respecto de menores de edad con fines de explotación (apartado 2)» (Mayordomo, 2013).

La desesperación de los que necesitan un órgano ha llevado a que se genere un llamado «turismo de trasplante».

«Este fenómeno de relativamente poca antigüedad ha aumentado sobremanera en los últimos tiempos, y las causas son bien claras, el aumento de los trasplantes de órganos con resultados satisfactorios, la escasez de órganos donados legalmente y las claras posibilidades de obtención de beneficios que llevan a la aparición de un mercado a nivel internacional, cuya **herramienta de trabajo es internet**, y que se circunscribe esencialmente a los países en vías de desarrollo y, concretamente, a sus ciudadanos con niveles de vida más precarios» (Rubio Lara y Pérez Albaladejo 2016, p. 6).

Celebración de matrimonios forzados

Está previsto en el artículo 177 bis 1 e) CP. *Vid.* Esquinas (2018).

Menores de edad

Según el art. 177 bis 2 CP:

«2. Aun cuando no se recurra a ninguno de los medios enunciados en el apartado anterior, se considerará trata de seres humanos cualquiera de las acciones indicadas en el apartado anterior cuando se llevare a cabo respecto de menores de edad con fines de explotación».

El sujeto pasivo son los **menores de edad**, y el objetivo es la **explotación**. Según Serrano Gómez y Serrano Maíllo (2016) el término «explotación» es impreciso y puede generar inseguridad jurídica.

Consentimiento de las víctimas

Según el art. 177 bis 3, el consentimiento de las víctimas es irrelevante: «El consentimiento de una víctima de trata de seres humanos será irrelevante cuando se haya recurrido a alguno de los medios indicados en el apartado primero de este artículo».

El consentimiento por mucho que se dé es **nulo**, pues estará viciado por la existencia de **violencia, intimidación o engaño**, o abusando de una **situación de superioridad**, de necesidad o de vulnerabilidad.

Hay muchas mujeres que son engañadas y traídas a nuestro país con su pleno consentimiento, pero bajo un auténtico engaño. Así es la realidad y así lo recoge el *Informe sobre la lucha internacional contra la trata e inmigración ilegal* de la Fiscalía General del Estado de 2009:

«Uno de los supuestos habituales de genuina trata de personas con efectivo ejercicio de la **prostitución** lo constituye la **captación de personas extranjeras**, normalmente mujeres, en su país de origen, mediante engaño (promesa de encontrarles un trabajo lícito bien remunerado en España), facilitándoles los gastos de transporte (pago de los pasajes)

> y la introducción en España de manera clandestina (adelantándoles unas cantidades para poder pasar la frontera como turistas, entregándoles billete de ida y vuelta, carta de invitación, ocultas en vehículos a motor, etc.). Una vez en España son advertidas de que la gran deuda contraída solo van a poder satisfacerla ejerciendo la prostitución en distintos clubes de alterne u otros lugares cuya recaudación se la quedarán los explotadores directamente. **Para forzarlas recurren a la intimidación y amenaza** (con causarles un daño a ellas o a sus familiares en el país de origen), a las agresiones, violaciones y abusos sexuales por los explotadores, restricciones deambulatorias, secuestros o detenciones ilegales. En ocasiones, algunas de las víctimas son cedidas mediando precio a otra organización o a otra persona o directamente se las vende. Para que no dejen el ejercicio de la prostitución no dudan, si fuera preciso, en hacerlas abortar» (FGE, **2009, p. 20**).

La irrelevancia del consentimiento, en los términos del artículo 177 bis. 3, corrobora la **esencialidad del bien jurídico** y su **indisponibilidad** frente a la violencia, la intimidación, el engaño o el abuso de superioridad o de necesidad o vulnerabilidad de la víctima (si fuera menor de edad tampoco podría otorgar un consentimiento válido). *Vid. ad exemplum* ALONSO (2011).

Las personas que son captadas huyen en muchas ocasiones de situaciones muy complejas y creen que la suya ya no puede empeorar, agarrándose a lo que sea para poder encontrar un mejor futuro. RUBIO LARA y PÉREZ ALBADEJO (2016, p. 4) lo explican de forma muy clara:

> «En los momentos de captación, en muchas ocasiones se les muestra una visión que no se corresponde con la realidad y que creen fervientemente puesto que piensan que no puede empeorar la situación de precariedad en la que se encuentran, **se aferran a las posibilidades de mejora** de su situación y de las de sus familiares y no piensan en ningún momento que van a perder ni su libertad ni su dignidad como personas, firmando con ello su «sentencia de esclavitud»».

Supuestos agravados

Según el art. 177 bis.4:

> «a) se hubiera puesto en peligro la vida o la integridad física o psíquica de las personas objeto del delito;
>
> b) la víctima sea especialmente vulnerable por razón de enfermedad, estado gestacional, discapacidad o situación personal, o sea menor de edad.
>
> c) la víctima sea una persona cuya situación de vulnerabilidad haya sido originada o agravada por el desplazamiento derivado de un conflicto armado o una catástrofe humanitaria.
>
> Si concurriere más de una circunstancia se impondrá la pena en su mitad superior».

Las **causas de vulnerabilidad** se podrán apreciar cuando en la víctima de la trata concurran varias situaciones: por ejemplo, indigente extranjero, mujer residente ilegal embarazada, persona menor con discapacidad intelectual o física, etc.

Para apreciar la **discapacidad** hay que acudir al art. 25 CP.

> «A los efectos de este Código se entiende por **discapacidad** aquella situación en que se encuentra una persona con **deficiencias físicas, mentales, intelectuales o sensoriales de carácter permanente** que, al interactuar con diversas barreras, puedan limitar o impedir su participación plena y efectiva en la sociedad, en igualdad de condiciones con las demás.
>
> Asimismo, a los efectos de este Código, se entenderá por persona con discapacidad necesitada de especial protección a aquella persona con discapacidad que, tenga o no

judicialmente modificada su capacidad de obrar, requiera de asistencia o apoyo para el ejercicio de su capacidad jurídica y para la toma de decisiones respecto de su persona, de sus derechos o intereses a causa de sus deficiencias intelectuales o mentales de carácter permanente».

Delito cometido por autoridad, agente de la misma o funcionario público

Art. 177 bis. 5 CP

«Se impondrá la pena superior en grado a la prevista en el tipo básico e inhabilitación absoluta de seis a doce años a los que realicen los hechos prevaliéndose de su condición de autoridad, agente de esta o funcionario público. Si concurriese además alguna de las circunstancias previstas en el punto anterior se impondrán las penas en su mitad superior».

Es preciso recordar que para saber si estamos ante una autoridad o funcionario público hay que acudir al art. 28 CP.

Cuando el culpable perteneciera a una organización o asociación de más de dos personas

Según el art. 177 bis 6 CP, se impondrá la pena superior en grado a la prevista en el tipo básico e inhabilitación especial para profesión, oficio, industria o comercio por el tiempo de la condena. Incluso si la pertinencia es de carácter transitorio y se dedicase a la realización de tales actividades. Y según el art. 177 bis 6 *in fine* CP:

«Cuando se trate de los jefes, administradores o encargados de dichas organizaciones o asociaciones, se les aplicará la pena en su mitad superior, que podrá elevarse a la inmediatamente superior en grado. En todo caso se elevará la pena a la inmediatamente superior en grado si concurriera alguna de las circunstancias previstas en el apartado 4 o la circunstancia prevista en el apartado 5 de este artículo».

En el concepto de organización delictiva la Directiva de 2011 se remite a la Decisión marco 2008/841/JAI, la cual deroga la Acción Común 98/733/JAI a la que se remitía la Decisión marco sustituida por la Directiva. Según el artículo 1.1 de la citada Decisión marco se entenderá por organización delictiva:

«(...) una asociación estructurada de más de dos personas, establecida durante un cierto período de tiempo y que actúa de manera concertada con el fin de cometer delitos sancionables con una pena privativa de libertad o una medida de seguridad privativa de libertad de un máximo de al menos cuatro años o con una pena aún más severa, con el objetivo de obtener, directa o indirectamente, un beneficio económico u otro beneficio de orden material».

Coinciden varios autores en señalar que la organización ha de superar el ámbito estructural de la coautoría, siendo necesaria una **red estable y jerarquizada** con subordinación de medios materiales y personales para tal fin. *Vid.* De La Mata (2001).

Responsabilidad penal de la persona jurídica

Cuando una persona jurídica sea responsable de los delitos comprendidos en este artículo, por cumplirse todos los requisitos previstos en el art. 31 bis CP se le impondrá la pena de art. 177 bis 7 CP: multa del triple al quíntuple del beneficio obtenido.

El juez podrá también, atendidas las reglas del art. 66 bis CP, imponer las siguientes penas (art. 33.7 b) a g) CP):

> «(...) b) **Disolución de la persona jurídica.** La disolución producirá la pérdida definitiva de su personalidad jurídica, así como la de su capacidad de actuar de cualquier modo en el tráfico jurídico, o llevar a cabo cualquier clase de actividad, aunque sea lícita.
>
> c) **Suspensión de sus actividades** por un plazo que no podrá exceder de cinco años.
>
> d) **Clausura de sus locales y establecimientos** por un plazo que no podrá exceder de cinco años.
>
> e) **Prohibición de realizar en el futuro las actividades** en cuyo ejercicio se haya cometido, favorecido o encubierto el delito. Esta prohibición podrá ser temporal o definitiva. Si fuere temporal, el plazo no podrá exceder de quince años.
>
> f) **Inhabilitación para obtener subvenciones y ayudas públicas**, para contratar con el sector público y para gozar de beneficios e incentivos fiscales o de la Seguridad Social, por un plazo que no podrá exceder de quince años.
>
> g) **Intervención judicial** para salvaguardar los derechos de los trabajadores o de los acreedores por el tiempo que se estime necesario, que no podrá exceder de cinco años».

Según Mayordomo (2011, p. 344):

> «Para la fijación de la responsabilidad de las personas jurídicas se ha optado por establecer una doble vía. Junto a la imputación de aquellos delitos cometidos en su nombre o por su cuenta, y en su provecho, por las personas que tienen poder de representación en las mismas, se añade la responsabilidad por aquellas infracciones propiciadas **por no haber ejercido la persona jurídica el debido control** sobre sus empleados».

Provocación, conspiración y proposición

La provocación, la conspiración y la proposición para cometer el delito de trata de seres humanos serán castigadas con la pena inferior en uno o dos grados a la del delito correspondiente (art. 177 bis 8 CP).

Concurso con inmigración clandestina

Las penas previstas para estos delitos se impondrán sin perjuicio de las que correspondan, en su caso, por el delito del art. 318 bis CP (inmigración clandestina) y demás delitos efectivamente cometidos, incluidos los constitutivos de la correspondiente explotación (art. 177 bis 9 CP).

Reincidencia internacional

Las condenas de jueces o tribunales extranjeros por delitos de la misma naturaleza que los previstos en este artículo producirán los efectos de reincidencia, salvo que el antecedente penal haya sido cancelado o pueda serlo con arreglo al derecho español (art. 177 bis 10 CP).

Excusa absolutoria para las víctimas

Según el art. 177 bis 11 CP:

> «Sin perjuicio de la aplicación de las reglas generales de este Código, la víctima de trata de seres humanos quedará exenta de pena por las infracciones penales que haya cometido en la situación de explotación sufrida, siempre que su participación en ellas haya sido consecuencia directa de la situación de violencia, intimidación, engaño o abuso a que haya sido sometida y que exista una adecuada proporcionalidad entre dicha situación y el hecho criminal realizado».

Como afirman RUBIO LARA y PÉREZ ALBALADEJO (2016, p. 5):

> «Las nuevas tecnologías, lejos de haber servido para luchar contra la trata, han supuesto un avance para los tratantes y para sus consumidores, sobre los que debería recaer mayor responsabilidad puesto que sin demanda no habría oferta».

La Directiva 2011/36/UE del Parlamento Europeo y del Consejo, de 5 abril de 2011, relativa a la prevención y lucha contra la trata de seres humanos y a la protección de las víctimas y por la que se sustituye la Decisión marco 2002/629/JAI del Consejo «DOUE» n.º 101, de 15 de abril de 2011, páginas 1 a 11, tiene en cuenta a las víctimas de la trata de seres humanos y lo hace desde varios puntos que sintetizamos:

➔ **Persecución de oficio** de los delitos de trata.

➔ **Protección de las víctimas** desde una perspectiva de género y de atención a la diversidad.

➔ Evitar o minorar los **efectos victimizantes** durante la etapa policial y judicial tanto para los adultos como para los niños.

➔ **Desistimiento** de la acción penal o de la exención de la pena con relación a las víctimas de la trata cuando se hayan visto obligadas a ejecutar o a participar en la ejecución de conductas delictivas como consecuencia directa de haber sido objeto de las conductas de trata.

➔ **Especial atención** que se le otorga a las víctimas menores de edad.

FERNÁNDEZ OLALLA (2012, p. 5), y entendemos que de forma muy contundente y clara, nos habla sobre las víctimas en estos términos:

> «La trata de seres humanos provoca en las víctimas efectos demoledores semejantes a los que originan las situaciones de tortura, anula la autoestima y la capacidad de reacción emocional, consiguiendo reconvertir al ser humano que lo sufre en un mero objeto o mercancía que pierde la conciencia de su propia situación».

En sus efectos sobre las víctimas, la trata de seres humanos y la tortura son equiparables.

5.5. Referencias bibliográficas

BARCELONA, J., «Coacción administrativa, responsabilidad patrimonial del Estado y Convenio Europeo de Derechos Humanos (De la Sentencia de la Sala 3.ª del

Tribunal Supremo de 31 de enero de 2003 a la Sentencia del Tribunal Europeo de Derechos Humanos de 8 de enero de 2009, caso Iribarren Pinillos contra España)», en *Revista de Administración Pública*, 179. mayo-agosto, 2009.

Caruso, M. V., «La protección penal del «legítimo disfrute de la vivienda». Ámbito de aplicación de las nuevas figuras delictivas», en *Revista Aranzadi de Derecho y Proceso Penal*, 29. Parte Comentarios, 2012, pp. 130-153.

Casadevall, J., *El Convenio Europeo de Derechos Humanos, el Tribunal de Estrasburgo y su jurisprudencia*. Valencia, Tirant lo Blanch, 2012.

Conde-Pumpido, C., «El derecho fundamental a la integridad moral reconocido en el artículo 15 de la Constitución española: su tutela penal», en *La Ley, 6*, 1996, pp. 1668-1670.

Cruz-Márquez, B., «La aplicabilidad del delito de trato degradante cometido por particulares (art. 173.1 del CP) frente al acoso moral en el trabajo», en *Revista Doctrinal Aranzadi Social* (3)7-8 (septiembre), 2010, pp. 29-36.

De Esteban, J. y **González Trevijano, P. J.**, *Curso de Derecho Constitucional Español*. Madrid, Servicio Publicaciones Facultad de Derecho Universidad Complutense, 1994.

De la Mata, N. J., «Criminalidad organizada en la Unión Europea: criminalidad económica y criminalidad sexual», en *Eguzkilore: Cuaderno del Instituto Vasco de Criminología*, 15, 2001.

Dolz, M. J., «El Tribunal Supremo aplica por primera vez la «perspectiva de género»: tentativa de asesinato», en *Diario La Ley, 9245*, 2018.

Esquinas, P., «El delito de matrimonio forzado (art. 172 bis CP) y sus relaciones concursales con otros tipos delictivos», en *Revista Electrónica de Ciencia Penal y Criminología, 20*, 2018. Disponible en: https://bit.ly/3Ebmx78.

Esquerra, L., *Estudios sobre el derecho a la vida e integridad física y moral en el ámbito laboral*. Barcelona, Atelier, 2010.

Fernández Olalla, P., «La trata de personas con fines de explotación sexual: perspectiva del Ministerio Fiscal en la represión del delito de trata», en *Aranzadi Instituciones,* 2012.

FISCALÍA GENERAL DEL ESTADO: *Informe sobre la lucha internacional contra la trata e inmigración ilegal,* 20.

Gavilán, M., «La habitualidad en el maltrato doméstico. Dificultad probatoria. Problemática actual», en *La Ley Penal, 92*, 6, 2012.

Lamarca, C., *Derecho Penal. Parte Especial*. Madrid, Colex, 2010.

Manzanares, J. L., «De las torturas y otros delitos contra la integridad moral», en *La Ley, 3283*, 2016.

Mayordomo, V., *El delito de tráfico ilegal e inmigración clandestina de personas*. Madrid, Iustel, 2008.

Mayordomo, V., «Nueva regulación de la trata, el tráfico ilegal y la inmigración clandestina de personas», en *Estudios Penales y Criminológicos*, 31, 2011, pp. 325-390.

Mayordomo, V., «Cuestiones concursales entre el delito de trata de seres humanos y la prostitución coactiva», en *Coediciones-Aranzadi. Estudios sobre la lucha contra la trata de seres humanos*.

Mir, S., *Derecho penal. Parte general*. Barcelona, Reppertor, 2008.

Montesinos, C., «¿Impunidad en España ante la perpetración de torturas y malos tratos? Reflexiones a la luz de la Sentencia del TEDH en el asunto Portu Juanenea y Sarasola Yarzabal», en *Aranzadi instituciones, 67*, 2018, pp. 111-137.

Muñoz Conde, F., Protección de los Derechos Fundamentales en el Código Penal. En *Estudios sobre el Código Penal de 1995 (Parte General)*. Madrid, 1996.

Muñoz Conde, F., «Protección de los derechos fundamentales en el Código Penal Estudios sobre el Código Penal español de 1995 (Parte General)», en *Derecho y Cambio Social (7)*, 22, 2011.

Muñoz Conde, F., *Derecho penal parte especial*. Valencia, Tirant Lo Blanch, 2015.

Muñoz Conde, F., *Derecho penal parte especial*. Valencia, Tirant Lo Blanch, 2017.

ORGANIZACIÓN INTERNACIONAL DE TRABAJO (OIT). (2012). *Estudio General sobre los convenios fundamentales relativos a los derechos en el trabajo a la luz de la Declaración de la OIT sobre la justicia social para una globalización equitativa*. Informe de la Comisión de Expertos en Aplicación de Convenios y Recomendaciones.

Pomares, E., «Una alternativa a las propuestas legislativas de tipificación del delito de acoso laboral», en *Actualidad Jurídica Aranzadi, 795. Parte Comentario*, 2010, pp. 8-13.

Poquet, R., «Las dificultades probatorias del acoso laboral», en *Revista Aranzadi Doctrinal, 10. Parte Estudios*, 2016.

Ragués y Vallés, R., «El acoso inmobiliario: Últimas novedades legislativas y judiciales», en *La Ley Penal, 59*, 1, 2009.

Real Academia Española. *Diccionario de la lengua española*. Fecha de consulta: 30 de julio de 2019. Disponible en: https://bit.ly/3z2oqxp.

Rodríguez Devesa, J. M., *Derecho Penal. Parte Especial*. Madrid, Dykinson, 1995.

Rubio L. y **Pérez Albaladejo, M.**, «Delito de trata de seres humanos a la luz del derecho internacional y su influencia en la legislación española», en *Revista Aranzadi Doctrinal, 5. Parte Estudios*, 2016.

Serrano Gómez, A. y **Serrano Maíllo, A.**, *Curso de derecho penal parte especial*. Madrid, Dykinson, 2016.

Suárez-Mira, C., **Judel, A.** y **Piñol, J. R.**, «Delitos contra la integridad moral», en *Manual de Derecho Penal. Tomo II. Parte Especial*. Madrid, Thomson Reuters, 2011.

Jurisprudencia

- Sentencia del Tribunal Supremo Sala 2.ª de 29-9-1998.
- Sentencia del Tribunal Supremo Sala 2.ª de 6-4-2000.
- Sentencia del Tribunal Supremo Sala 2.ª de 26-6-2000.
- Sentencia del Tribunal Supremo Sala 2.ª de 3-10-2001.
- Sentencia del Tribunal Supremo Sala 2.ª de 14-11-2001.
- Sentencia del Tribunal Supremo Sala 2.ª de 8-5-2002.
- Sentencia del Tribunal Supremo Sala 2.ª de 5-11-2002.

- Sentencia del Tribunal Supremo Sala 2.ª de 11-3-2003.
- Sentencia del Tribunal Supremo Sala 2.ª de 16-4-2003.
- Sentencia del Tribunal Supremo Sala 2.ª de 18-3-2011.
- Sentencia del Tribunal Supremo Sala 2.ª de 14-11-2003.
- Sentencia del Tribunal Supremo Sala 2.ª de 2-11-2004.
- Sentencia del Tribunal Supremo Sala 2.ª de 12-5-2005.
- Sentencia del Tribunal Supremo Sala 2.ª 20-01-2009.
- Pleno no jurisdiccional de la Sala 2.ª de 21 julio de 2009.
- Sentencia del Tribunal Supremo Sala 2.ª de 19-10-2010.
- Sentencia del Tribunal Supremo Sala 2.ª de 6-4-2011.
- Sentencia del Tribunal Supremo Sala 2.ª de 62/2013, de 29 de enero («caso Marta del Castillo»).
- Sentencia del Tribunal Supremo Sala 2.ª de 17-06-2016.
- Sentencia del Tribunal Supremo Sala 2.ª 27-04-2017.
- Sentencia del Tribunal Constitucional n.º 120/1990, de 27 de julio.

Para saber más

Organización Internacional del Trabajo

Organización Internacional del Trabajo. Página web oficial.
Disponible en: https://bit.ly/3k2qLnS

Desde la página oficial de la Organización Internacional del Trabajo, podréis conocer qué es el trabajo forzoso, las formas modernas de esclavitud y la trata de seres humanos. Todo ello pudiendo consultar estadísticas, publicaciones relacionadas, eventos, investigación, etc. Veréis que la regulación del delito de trata de seres humanos en nuestro Código Penal tiene en la realidad un porqué.

Tentativa de asesinato

Dolz, M. J. El Tribunal Supremo aplica por primera vez la «perspectiva de género»: tentativa de asesinato, en *La Ley* 6329/2018.

Es interesante que leáis atentamente este artículo porque habla sobre delitos objeto de estudio en el presente tema, y concretamente sobre la sentencia que estima parcialmente el recurso del Ministerio Fiscal y totalmente el de la acusación particular contra la sentencia de instancia que condenó al acusado por un delito de homicidio intentado agravado por parentesco y otro de **maltrato habitual en el ámbito familiar** sobre su pareja, así como otro de **maltrato sobre su hijastra**.

El torturador Billy el Niño

La Sexta noticias. (2015). [Archivo de vídeo]. El torturador Billy el Niño, sin muestra de arrepentimiento: «Déjeme en paz». Disponible en: https://bit.ly/3k38Zkh

En este breve vídeo, podrás conocer la figura de alguien que está imputado por haber llevado a cabo torturas bajo la cobertura legal del Estado.

Así era Billy el niño según sus víctimas

Diario Público. (2017). Así era Billy el niño según sus víctimas. [Archivo de vídeo]. Disponible en: https://bit.ly/3nCohij

En este vídeo conocerás a personas que fueron víctimas de Billy el Niño y que nos cuentan las atrocidades que tuvieron que sufrir.

Tráfico humano

Esta película tiene como actores a Mira Sorvino y al veterano Donald Sutherland, ambos nominados a los Globos de Oro por su trabajo en esta producción. A destacar también la participación del británico Robert Carlyle (*Las cenizas de Ángela*) en el papel de un oscuro proxeneta.

Tráfico humano narra lo que sucede cuando una joven de diecisiete años procedente de Ucrania, una madre soltera checa y una niña estadounidense de turismo en Filipinas son víctimas de una red de **trata de personas** para la prostitución. Un equipo de agentes del departamento de inmigración y aduanas lucha por desenmascarar la organización que articula esa red.

Aquí podrás ver una narración de lo que es la trata de seres humanos con finalidades muy perversas. Os recomiendo que comparéis si las acciones que estáis viendo en la película encajan con el delito de trata de seres humanos que hemos estudiado en el presente tema.

Accede al tráiler desde la siguiente dirección web:
https://bit.ly/3noLjJo

Test

Torturas

1. **¿Cuál es el bien jurídico protegido por los delitos de tortura?**
   a) La libertad de movimiento.
   b) La integridad física.
   c) La dignidad humana.
   d) La propiedad privada.

2. **Según el Código Penal español, ¿quién puede ser autor de un delito de tortura?**
   a) Cualquier persona.
   b) Solo los funcionarios públicos.
   c) Funcionarios públicos y particulares con su consentimiento.
   d) Únicamente los agentes de la autoridad.

3. **¿Qué elemento debe concurrir para que se considere que una acción constituye tortura?**
   a) Que se realice en un centro penitenciario.
   b) Que cause dolor o sufrimiento físico.
   c) Que tenga como objetivo obtener una confesión o información.
   d) Que la víctima sea menor de edad.

4. **¿La tortura psicológica está incluida en la definición de tortura?**
   a) No, únicamente se contempla la tortura física.
   b) Sí, pero solo si deja secuelas permanentes.
   c) Sí, cuando se inflige intencionadamente dolor o sufrimientos severos.
   d) No, la tortura psicológica se considera acoso.

5. **¿Puede considerarse tortura el aislamiento prolongado de un recluso?**
   a) No, pues es una medida disciplinaria legal.
   b) Sí, si se realiza de manera arbitraria y sin control judicial.
   c) Sí, en todos los casos.
   d) No, solo si el aislamiento dura más de un año.

6. ¿Qué caracteriza al delito de tortura en cuanto a su intencionalidad?

a) Es intencional, pero no necesita un fin específico.

b) Puede ser intencional o negligente.

c) Es siempre accidental.

d) Debe ser intencional y con un propósito definido, como castigar o intimidar.

7. ¿Es necesario que haya una querella por parte de la víctima para que se persiga el delito de tortura?

a) Sí, sin querella no se puede actuar.

b) No, los delitos de tortura se persiguen de oficio.

c) Depende de la gravedad de los hechos.

d) Solo si la víctima es menor de edad.

8. ¿Un acto aislado puede ser considerado tortura?

a) Sí, si es lo suficientemente grave en términos de dolor o sufrimiento.

b) No, la tortura requiere de una repetición de actos.

c) Sí, pero solo si el autor es un funcionario público.

d) No, un acto aislado se considera maltrato.

9. ¿Cómo se sanciona el delito de tortura en España?

a) Con medidas educativas.

b) Con penas de prisión que pueden variar según la gravedad y circunstancias del delito.

c) Únicamente con multas económicas.

d) Con la inhabilitación del cargo para funcionarios públicos solo.

10. ¿Qué papel tiene el consentimiento de la víctima en el delito de tortura?

a) Es irrelevante, el consentimiento no exime de responsabilidad.

b) Si hay consentimiento, no hay delito de tortura.

c) El consentimiento atenúa la pena.

d) El consentimiento es una defensa válida sólo si la víctima tiene capacidad legal plena.

Solucionario

1. c) La dignidad humana.

2. c) Funcionarios públicos y particulares con su consentimiento.

3. c) Que tenga como objetivo obtener una confesión o información.

4. c) Sí, cuando se inflige intencionadamente dolor o sufrimientos severos.

5. b) Sí, si se realiza de manera arbitraria y sin control judicial.

6. **d) Debe ser intencional y con un propósito definido, como castigar o intimidar.**

7. **b) No, los delitos de tortura se persiguen de oficio.**

8. **a) Sí, si es lo suficientemente grave en términos de dolor o sufrimiento.**

9. **b) Con penas de prisión que pueden variar según la gravedad y circunstancias del delito.**

10. **a) Es irrelevante, el consentimiento no exime de responsabilidad.**

TEMA 6.

DELITOS CONTRA LA LIBERTAD E INDEMNIDAD SEXUALES

6.1. Introducción y objetivos

El premio nobel Ernest Hemingway estaba enamorado de la bella ciudad de Pamplona y de los Sanfermines, y tanto lo estaba, que desde 1923 y hasta 1953 acudió puntualmente a la cita y universalizó las fiestas en su novela *The Sun also Rises*.

Hacía solo un día que se había lanzado el chupinazo en Pamplona para dar comienzo a los Sanfermines de 2016. Ya se había celebrado el primer encierro y la primera corrida de toros. Es cuando la gente pasea por la famosa calle de la Estafeta, y la capital de Navarra al caer la noche se funde entre miles de personas venidas de todo el mundo que buscan vivir la Fiesta de San Fermín con la máxima intensidad. Era ya la madrugada del 7 de julio, y cinco hombres de entre veinticinco y veintiocho años que eran miembros de un grupo de WhatsApp llamado «La Manada» querían mucha, pero que mucha «fiesta», y el alcohol corría ya a raudales. Uno de ellos encontró a una chica de dieciocho años con la que flirteó, y pretendiendo tener relaciones sexuales, ambos acudieron en busca de una habitación a un hotel, que ya no disponía de camas libres. Los jóvenes decidieron buscar otro lugar, y ese fue un simple portal, pero en ese momento, se sumaron los otros cuatro colegas y todos violan a la joven, graban sus relaciones con los móviles y la chica no ofrece resistencia.

Lo que empezó como una «fiesta» terminó siendo un crimen que mereció una condena por abusos sexuales continuados con el agravante de prevalimiento en primera instancia y confirmada por el Tribunal Superior de Justicia de Navarra con una condena a nueve años de cárcel para los cinco autores, y que ordenó a la Audiencia Provincial que dictase una nueva sentencia por un delito contra la intimidad de la mujer, por haber sido grabada mientras era forzada. Ambas partes recurrieron ante el Tribunal Supremo y frente al estupor y manifestaciones de la ciudadanía, que veía cómo los jóvenes estaban libres bajo fianza, todo terminó el 21 de junio de 2019 cuando el alto tribunal elevó a quince años la pena de prisión por considerar que sí existió agresión sexual, pero no violación.

Con posterioridad a estos lamentables hechos, en España han sucedido más casos de posibles «manadas» como: el de seis hombres que en agosto de 2019 agredieron sexualmente a una chica en Bilbao; en el mismo mes, cinco jóvenes fueron detenidos por presunta agresión sexual grupal a una joven en Benidorm, y el 13 de agosto, hubo tres detenidos en Blanes (Girona) por una presunta violación grupal.

Esperemos que no existan más «manadas», pues gran parte de la ciudadanía y del mundo jurídico está reclamando que se endurezcan las penas por estos delitos, y que se simplifique la tipificación de las agresiones sexuales que veremos en el presente tema.

En el presente tema vamos a hablar de delitos que atentan con la integridad sexual y la intimidad de las personas, y los objetivos son:

- Estudiar las agresiones sexuales.
- Tratar la temática de las agresiones sexuales a menores de dieciséis años.
- Ver también la pederastia y el ciberacoso.
- Conocer los pormenores del acoso sexual.
- Aproximarnos al mundo del exhibicionismo y las provocaciones sexuales.
- Estudiar los delitos relacionados con la prostitución, la explotación sexual y la corrupción de menores.
- Estudiar también lo que es la pornografía infantil, entre otros delitos contra la libertad e indemnidad sexual.

6.2. Agresiones sexuales

En primer lugar, para situarnos hemos de acudir a nuestra Constitución española:

Título I. De los derechos y deberes fundamentales.

Artículo 10 CE

«La dignidad de la persona, los derechos inviolables que le son inherentes, el libre desarrollo de la personalidad, el respeto a la ley y a los derechos de los demás son fundamento del orden político y de la paz social.

Las normas relativas a los derechos fundamentales y a las libertades que la Constitución reconoce se interpretarán de conformidad con la Declaración Universal de Derechos Humanos y los tratados y acuerdos internacionales sobre las mismas materias ratificados por España».

Este artículo de la Constitución española establece el derecho al libre desarrollo de la personalidad, en el cual debe enmarcarse la **indemnidad sexual** cuando se habla de **menores de edad**, para los cuales se pretende **proteger el desarrollo de su personalidad**, evitando alteraciones futuras de la misma en el ámbito sexual. Respecto a los incapaces y a las personas privadas de conocimiento, la indemnidad sexual **pretende evitar la suplantación de su voluntad** en la participación en actos de contenido sexual. No podemos olvidar que estamos ante derechos fundamentales que tienen posibilidad de ser protegidos mediante el recurso de amparo.

En primer lugar, vamos a ver el **tipo básico**:

Artículo 178 CP

«1. Será castigado con la pena de prisión de uno a cuatro años, como responsable de agresión sexual, el que realice cualquier acto que atente contra la libertad sexual de otra persona sin su consentimiento. Sólo se entenderá que hay consentimiento cuando se haya manifestado libremente mediante actos que, en atención a las circunstancias del caso, expresen de manera clara la voluntad de la persona.

2. Se consideran en todo caso agresión sexual los actos de contenido sexual que se realicen empleando violencia, intimidación o abuso de una situación de superioridad o de vulnerabilidad de la víctima, así como los que se ejecuten sobre personas que se hallen privadas de sentido o de cuya situación mental se abusare y los que se realicen cuando la víctima tenga anulada por cualquier causa su voluntad».

➜ **Bien jurídico protegido**: es la libertad sexual, la salud, la dignidad y la libertad. Sin embargo, según MUÑOZ CONDE (2022, p. 171) matiza:

«(...) la libertad sexual, entendida como aquella parte de la libertad referida al ejercicio de la propia sexualidad y, en cierto modo, a la disposición del propio cuerpo, aparece como un **bien jurídico merecedor de una protección penal específica**, no siendo suficiente para abarcar toda su dimensión con la protección genérica que se concede a la libertad. La libertad sexual tiene efectivamente su propia autonomía y, aunque los ataques violentos o intimidatorios a la misma son también ataques a la libertad que igualmente podrían ser castigados como tales, su referencia al ejercicio de la sexualidad le da a su protección penal connotaciones propias».

➜ **Acción típica**: el elemento esencial del tipo básico es que la lesión del bien jurídico se realice utilizando **violencia** o **intimidación**.

En cuanto a la violencia, en la STS n.º 1714/2001, de 2 de octubre se indica que es típica del delito del art. 178 del Código Penal y que es aquella que haya sido idónea para impedir al sujeto pasivo actuar según su propia autodeterminación.

Por otra parte, la **intimidación** supone el empleo de cualquier forma de **vis psíquica** que lleva al sujeto pasivo a ceder a los propósitos del agente ante el anuncio de un mal inminente y grave, racional y fundado, capaz de modificar la decisión libre de la víctima.

El Tribunal Supremo reitera que la **amenaza de difundir un vídeo** es intimidación típica de la agresión sexual. *Ad exemplum*, ello puede apreciarse en un caso en el que un chico quedó con su exnovia para hablar de su relación y la amenazó con que difundiría un vídeo que tenía con una grabación de contenido sexual que había realizado tiempo atrás con ella, si no mantenía relaciones nuevamente con él. Nuestro alto tribunal mantuvo como ratio decidendi, y aplicó la doctrina ya fijada en las SSTS n.º 480/2016, de 2 de junio (RJ 2016, 2722) y n.º 23/2017, de 24 de enero (RJ 2017, 285), donde se consideró que la amenaza de exhibición de un vídeo con un contenido que la perjudicada no quería, referido a contenidos sexuales, es un acto intimidatorio típico del delito de agresión sexual. Ello conllevó a que la víctima se viera coartada en su libertad llegando a mantener relaciones sexuales con un consentimiento absolutamente viciado.

➜ **Penalidad**: pena de prisión de uno a cuatro años

➜ **Sujeto activo**: puede serlo cualquier persona.

➔ **Sujeto pasivo**: puede serlo cualquier persona, salvo lo que establecen los arts. 179 y 180 CP (que veremos más adelante).

➔ **Elemento subjetivo**: anteriormente, se exigía el *animus* libidinoso, pero basta que el sujeto activo conozca que está realizando un acto contra la voluntad de la víctima.

➔ **Consumación**: el delito se consuma cuando el sujeto activo realiza los actos sobre la víctima quebrantando su consentimiento.

Se admite la **comisión por omisión** siempre que exista una persona garante que tenga el deber de impedir el delito.

➔ **Concurso de delitos**: hay que acudir a la regla de absorción prevista en el art. 8.3 del CP, con arreglo a la cual: «3.ª El precepto penal más amplio o complejo absorberá a los que castiguen las infracciones consumidas en aquél». Por ejemplo, en el caso en el que haya amenazas, la desaprobación de una conducta descrita por la ley y expresada en la pena que la misma ley señala para esa conducta (***lex consumens***), abarca el desvalor de otro comportamiento descrito y penado en otro precepto legal (***lex consumpta***).

Hemos de destacar aquí la reforma del art. 132.1 del CP, que amplía el plazo para que las víctimas puedan denunciar y no prescriban estos delitos:

> «1. Los términos previstos en el artículo precedente se computarán desde el día en que se haya cometido la infracción punible. En los casos de delito continuado, delito permanente, así como en las infracciones que exijan habitualidad, tales términos se computarán, respectivamente, desde el día en que se realizó la última infracción, desde que se eliminó la situación ilícita o desde que cesó la conducta.
>
> **En los delitos de aborto no consentido, lesiones, contra la libertad, de torturas y contra la integridad moral, contra la intimidad, el derecho a la propia imagen y la inviolabilidad del domicilio, y contra las relaciones familiares, excluidos los delitos contemplados en el párrafo siguiente, cuando la víctima fuere una persona menor de dieciocho años, los términos se computarán desde el día en que esta haya alcanzado la mayoría de edad, y si falleciere antes de alcanzarla, a partir de la fecha del fallecimiento.**
>
> **En los delitos de tentativa de homicidio, de lesiones de los artículos 149 y 150, en el delito de maltrato habitual previsto en el artículo 173.2, en los delitos contra la libertad, en los delitos contra la libertad e indemnidad sexual y en los delitos de trata de seres humanos, cuando la víctima fuere una persona menor de dieciocho años, los términos se computarán desde que la víctima cumpla los treinta y cinco años de edad, y si falleciere antes de alcanzar esa edad, a partir de la fecha del fallecimiento**».

a) (El texto reformado está en negrita).

Según Muñoz Conde (2022, p. 175):

> «Debe exigirse, además, una cierta **trascendencia** y **gravedad del acto** y su potencialidad implícita para afectar de un modo relevante la sexualidad ajena. Tocamientos y apretones aprovechando las "bullas" del Metro o en espectáculos públicos, etc., no deben pasar del mero conflicto verbal entre los protagonistas cuando no tienen un significado inequívocamente sexual. Deben tenerse también en cuenta los usos y costumbres del lugar, que hacen aparecer como normales hechos verdaderamente "chocantes" en otros ámbitos y contextos diferentes».

Debe exigirse, además, una cierta trascendencia y gravedad del acto y su potencialidad implícita para afectar de un modo relevante la sexualidad ajena.

Tipo cualificado: la violación

Artículo 179 CP

«1. Cuando la agresión sexual consista en acceso carnal por vía vaginal, anal o bucal, o introducción de miembros corporales u objetos por alguna de las dos primeras vías, el responsable será castigado como reo de violación con la pena de prisión de cuatro a doce años».

➔ **Acción típica**: la violación que puede consistir en el acceso carnal, por las diversas vías que señala el precepto (vaginal, anal o bucal); así como en la introducción de miembros corporales u objetos por vía vaginal o anal («por alguna de las dos primeras vías», señala el precepto).

La **violación o agresión sexual** con **acceso carnal** mediante procedimiento intimidatorio supone el empleo de cualquier medio de coacción, amenaza o amedrentamiento, uso de ***vis compulsiva*** o ***vis psyquica*** que compele a ceder a los propósitos lascivos del agente ante el anuncio o advertencia de un mal inminente y grave, racional y fundado, capaz de provocar la anulación de los resortes defensivos o contrarrestadores de la ofendida, perturbando seria y acentuadamente su facultad volitiva.

➔ **Sujeto activo**: es igualmente sujeto activo tanto quien accede contra la voluntad de la víctima como quien obliga a acceder.

➔ **Sujeto pasivo**: puede ser la mujer, en cualquiera de sus diversas formas; o, en el caso de penetración bucal o anal, también el hombre.

No importa si se trata de una persona que se prostituye, que convive, o que incluso es la esposa o marido. Las violaciones dentro del matrimonio son muy complejas de probar.

➔ **Consumación**: se consuma con el **acceso o introducción**, sin que posteriormente quepa el desistimiento. La introducción parcial también es consumación.

➔ Cabe la **tentativa inacabada** que en el tipo básico se producirá cuando, ejercitada la violencia o intimidación, la conducta sexual no llega a realizarse.

«Más discutible se presenta la cuestión cuando la **participación** es por **omisión**. La STS de 31 de enero de 1986 sostuvo la posibilidad de apreciar coautoría en el caso de quien observa, sin intervenir, cómo los amigos violan a una chica a la que previamente habían recogido en autostop; pero en ese supuesto había una relación parental y de amistad entre la chica y el procesado que permitía afirmar una posición de garante suficiente para imputarle cooperación necesaria (o, al menos, complicidad) en comisión por omisión (véase STS 21/2007, de 19 de enero, que castiga como autora en comisión por omisión a la madre de una niña de 4 años que no impidió su violación). En cualquier caso, de no existir esta posición de garante, la calificación preferente será la de delito de omisión del deber de impedir un delito del art. 450» *Vid.* Muñoz Conde (2022, p. 180).

Hay casos de **tentativa**, pues hay casos que por la diferencia de edad entre los sujetos activo y pasivo existe una desproporción de órganos que impide la penetración (sentencias del Tribunal Supremo de 17 de octubre y 24 de noviembre de 1986 y 23 de septiembre de 1991).

➔ **Penalidad**: pena de prisión de cuatro a doce años.

En cuanto a la resistencia de la víctima, expone LAMARCA Pérez (2020), no se requiere ni mucho menos que esta sea heroica, pues en muchas ocasiones, el miedo provoca la paralización de la víctima o la colaboración de esta al temer por su propia vida.

Anteriormente se entendía que hubo violencia o intimidación cuando se ofrecía resistencia, pero ello ya no se exige, pues como establece la STS 608/2007, no es exigible ni siquiera que se resista o manifieste una actitud pasiva de no colaboración, pues incluso puede darse intimidación con la presencia de una actitud activa, cuando la conducta sexual se impone mediante actos tendentes a vencer la negativa de la víctima.

La cualificación del art. 179 CP debe reservarse para los casos verdaderamente graves.

Tipo agravado

Artículo 180 CP

«1. Las anteriores conductas serán castigadas, respectivamente, con las penas de prisión de dos a ocho años para las agresiones del artículo 178.1, de prisión de cinco a diez años para las agresiones del artículo 178.3, de prisión de siete a quince años para las agresiones del artículo 179.1 y de prisión de doce a quince años para las del artículo 179.2, cuando concurra alguna de las siguientes circunstancias:

1.ª Cuando los hechos se cometan por la actuación conjunta de dos o más personas.

2.ª Cuando la agresión sexual vaya precedida o acompañada de una violencia de extrema gravedad o de actos que revistan un carácter particularmente degradante o vejatorio.

3.ª Cuando los hechos se cometan contra una persona que se halle en una situación de especial vulnerabilidad por razón de su edad, enfermedad, discapacidad o por cualquier otra circunstancia, salvo lo dispuesto en el artículo 181.

4.ª Cuando la víctima sea o haya sido esposa o mujer que esté o haya estado ligada por análoga relación de afectividad, aun sin convivencia.

5.ª Cuando, para la ejecución del delito, la persona responsable se hubiera prevalido de una situación o relación de convivencia o de parentesco o de una relación de superioridad con respecto a la víctima.

6.ª Cuando el responsable haga uso de armas u otros medios igualmente peligrosos, susceptibles de producir la muerte o alguna de las lesiones previstas en los artículos 149 y 150 de este Código, sin perjuicio de lo dispuesto en el artículo 194 bis.

7.ª Cuando para la comisión de estos hechos la persona responsable haya anulado la voluntad de la víctima suministrándole fármacos, drogas o cualquier otra sustancia natural o química idónea a tal efecto.

Cuando en la descripción de las modalidades típicas previstas en los artículos 178 o 179 se hubiera tenido en consideración alguna de las anteriores circunstancias el conflicto se resolverá conforme a la regla del artículo 8.4 de este Código.

2. Si concurrieren dos o más de las anteriores circunstancias, las penas respectivamente previstas en el apartado 1 de este artículo se impondrán en su mitad superior.

3. En todos los casos previstos en este capítulo, cuando el culpable se hubiera prevalido de su condición de autoridad, agente de ésta o funcionario público, se impondrá, además, la pena de inhabilitación absoluta de seis a doce años».

Aquí estaríamos ante casos especialmente deleznables de **abuso de superioridad e indefensión de la víctima,** como el tristemente caso tan mediático de La Manada.

Cabe reseñar la STS, rec. 1786/2012, de 5 de junio de 2013 por lo muy peculiar del caso, pues trata sobre el carácter de la **intimidación** en un supuesto de **violación de una menor por su padre**. Se aprecia la intimidación con la amenaza de suicidio del propio padre por ser seria, previa, inmediata, grave y determinante del consentimiento forzado, pues aunque no constituyó un mal para la víctima sino para el victimario, en realidad la hizo responsable de un mal muy grave, como es la destrucción de la familia, derivada directamente de su negativa a acceder a lo solicitado.

Art. 180.1.6.ª CP

«6.ª Cuando el responsable haga uso de armas u otros medios igualmente peligrosos, susceptibles de producir la muerte o alguna de las lesiones previstas en los artículos 149 y 150 de este Código, sin perjuicio de lo dispuesto en el artículo 194 bis».

En relación con ello, la STS, rec. 529/2014, de 21 de octubre de 2014 se pronunció sobre la agravante de uso de arma, e indicó que la sola presencia de un arma en el escenario de la agresión sexual no supone automáticamente la aplicación del subtipo del art. 180.1.5.º (actual 180.1.6.ª), sino que el arma debe ser usada y que ha de existir una relación de medio a fin para conseguir doblegar la voluntad de la víctima. En el supuesto concreto no hubo dudas sobre la concurrencia de esta circunstancia, pues el acusado puso el **cuchillo sobre el pecho de la víctima** y la obligó a practicarle una felación. El pecho de la víctima se consideró como una zona que contiene un órgano vital como es el corazón, siendo la situación, especialmente intimidatoria.

Art. 180.2 CP

«2. Si concurrieren dos o más de las anteriores circunstancias, las penas respectivamente previstas en el apartado 1 de este artículo se impondrán en su mitad superior».

➔ Penalidad:

➔ Penas de prisión de dos a ocho años para las agresiones del artículo 178.1, de prisión de cinco a diez años para las agresiones del artículo 178.3, de prisión de siete a quince años para las agresiones del artículo 179.1 y de prisión de doce a quince años para las del artículo 179.2, cuando concurra alguna de las siguientes circunstancias (explicitas anteriormente).

➔ Si concurrieren dos o más de las anteriores circunstancias, las penas respectivamente previstas en el apartado 1 de este artículo se impondrán en su mitad superior.

➔ En todos los casos previstos en este capítulo, cuando el culpable se hubiera prevalido de su condición de autoridad, agente de ésta o funcionario público, se impondrá, además, la pena de inhabilitación absoluta de seis a doce años.

Es de interés tener en cuenta la sentencia del Tribunal Supremo de 27 de septiembre de 2001, en la que un grupo de hombres violó a una mujer, pero solamente uno de ellos la penetró. El tribunal consideró que se trataba de un delito de violación con tres autores —uno por **autoría directa** y dos **por cooperación necesaria**— aplicando a los tres la agravante de actuación conjunta de dos o más personas del art. 180.2 del CP (Muñoz Cuesta, 2005). En relación con la citada sentencia, la misma indica que:

«Aquí el Tribunal Supremo objetiva la circunstancia hasta el punto de que solo tiene en cuenta que efectivamente intervengan o no las personas que exige el precepto, sin otros condicionamientos».

Por otra parte, cabe destacar la sentencia del Tribunal Supremo, Sala Segunda de lo Penal, rec. 10258/2017, de 19 de octubre de 2017, en la que se juzgaba un caso por **violación en grupo**. Se condenó al acusado como autor de un delito y como cooperador de tres delitos al coadyuvar a la consumación de tres accesos carnales por otros tantos partícipes no identificados. Se sigue la doctrina jurisprudencial en virtud de la cual la agravación por actuación en grupos se aplica solo a aquel delito en el que el acusado interviene como autor material que,en este caso, se respeta.

El caso de violación grupal de La Manada acrecentó la alarma social.

En relación con el art. 180.1.7.ª «Cuando para la comisión de estos hechos la persona responsable haya anulado la voluntad de la víctima suministrándole fármacos, drogas o cualquier otra sustancia natural o química idónea a tal efecto», en la recomendación efectuada por la Resolución 53/7 de la Comisión de Estupefacientes de la Organización de Naciones Unidas, en su punto quinto alienta a los Estados miembros a que incluyan en campañas de sensibilización pública, según proceda, la cuestión del mayor riesgo de desviación de estupefacientes y sustancias sicotrópicas y su abuso, especialmente entre los jóvenes (ONU, 2010, p. 25).

En estudio llevado a cabo durante los años 1993-2002 en Canadá determinó que, de los 1594 casos de atentados sexuales analizados, un **21 %** de los mismos podría estar relacionado con la **sumisión química**, lo que llegó a confirmarse en más del 15 % de los casos estudiados. *Vid.* McGregor Erikesen, Ronald, Jensen, Van Villet y Schulzer (2004). Como podemos comprobar, son cifras que se pueden soslayar.

Entendemos también con Brage Cendán (2013) que se podrían ampliar los supuestos de forma expresa a través de los cuales se puede provocar la anulación y/o aminoración de la voluntad de la víctima, sin restringirlos al uso solo de sustancias químicas, pues podrían entrar también otros medios como la hipnosis o la sugestión.

Actualmente, son de *vox populi* los casos de anulación de la voluntad mediante sustancias químicas como la llamada «burundanga», que hace que la memoria se vaya recuperando después de varios días, consiguiéndose así que la víctima sea muy difícil de creer. Conocida como la «droga zombi» o «droga de los violadores», la burundanga reduce la voluntad y «borra» la memoria de las personas durante el tiempo que duran sus efectos. Es por lo que es utilizada en delitos relacionados con robos o agresiones sexuales.

6.3. Agresiones sexuales a menores de dieciséis años

La reforma de 2015 elevó la edad del sujeto pasivo a los dieciséis años, considerando que ha de protegerse la indemnidad sexual de los menores de esa edad ante posibles interferencias por parte de personas adultas en la normal evolución y desarrollo de su personalidad hasta que puedan decidir con libertad su conducta sexual. La Directiva 2011/93/UE que se invoca en la exposición de motivos de la LO 1/2015, de 30 de marzo, no impone los dieciséis años como la «edad por debajo de la cual está prohibido realizar actos de carácter sexual con un menor», advirtiendo que ello se ha de determinar de conformidad con el derecho nacional, que en unos países prevé una edad de trece, en otros de catorce y en otros de quince años. *Vid.* MUÑOZ CONDE (2017).

La realización de actos de carácter sexual con menores de dieciséis años será considerada, en todo caso, como un hecho delictivo, salvo que se trate de relaciones consentidas con una **persona próxima al menor por edad y grado de desarrollo o madurez**.

Hay que proteger a nuestros menores penalmente frente a ataques a su indemnidad sexual porque son vulnerables, pero es que, además, tal y como afirma de forma muy ilustrativa MARCO FRANCIA (2017, p. 3), son un bien escaso y precioso.

> «Los abusos sexuales a menores es un tema de índole **penal** pero también de una gran **importancia social**. La infancia es una época donde pasan cosas malas, a pesar de que la tenemos en cierto modo "sacralizada" y, por tanto, hemos de asumir que los niños pueden ser objeto de malos tratos, de acoso escolar o de abusos sexuales. Además, los niños en una sociedad tan desarrollada como la de nuestro país y la de los estados del entorno, son **(bienes) escasos** y como consecuencia de la muy baja tasa de natalidad, **preciosos**».

La edad en la que se determina que un adulto puede mantener relaciones sexuales «dentro de la legalidad» con un menor, depende de circunstancias culturales, geográficas y temporales.

Actos contra la indemnidad e integridad sexual de menores de 16 años

«Artículo 181.

1. El que realizare actos de carácter sexual con un menor de dieciséis años, será castigado con la pena de prisión de dos a seis años.

A estos efectos se consideran incluidos en los actos de carácter sexual los que realice el menor con un tercero o sobre sí mismo a instancia del autor.

2. Si en las conductas del apartado anterior concurre alguna de las modalidades descritas en el artículo 178.2 y 3, se impondrá una pena de prisión de cinco a diez años.

3. El órgano sentenciador, razonándolo en sentencia, en atención a la menor entidad del hecho y valorando todas las circunstancias concurrentes, incluyendo las circunstancias personales del culpable, podrá imponer la pena de prisión inferior en grado, excepto cuando medie violencia o intimidación o se realice sobre una víctima que tenga anulada por cualquier causa su voluntad, o concurran las circunstancias mencionadas en el apartado 5 de este artículo.

4. Cuando el acto sexual consista en acceso carnal por vía vaginal, anal o bucal, o en introducción de miembros corporales u objetos por alguna de las dos primeras vías, el responsable será castigado con la pena de prisión de ocho a doce años en los casos del apartado 1, y con la pena de prisión de doce a quince años en los casos del apartado 2.

5. Las conductas previstas en los apartados anteriores serán castigadas con la pena de prisión correspondiente en su mitad superior cuando concurra alguna de las siguientes circunstancias:

a) Cuando los hechos se cometan por la actuación conjunta de dos o más personas.

b) Cuando la agresión sexual vaya precedida o acompañada de una violencia de extrema gravedad o de actos que revistan un carácter particularmente degradante o vejatorio.

c) Cuando los hechos se cometan contra una persona que se halle en una situación de especial vulnerabilidad por razón de su edad, enfermedad, discapacidad o por cualquier otra circunstancia, y, en todo caso, cuando sea menor de cuatro años.

d) Cuando la víctima sea o haya sido pareja del autor, aun sin convivencia.

e) Cuando, para la ejecución del delito, la persona responsable se hubiera prevalido de una situación o relación de convivencia o de parentesco o de una relación de superioridad con respecto a la víctima.

f) Cuando el responsable haga uso de armas u otros medios igualmente peligrosos, susceptibles de producir la muerte o alguna de las lesiones previstas en los artículos 149 y 150 de este Código, sin perjuicio de lo dispuesto en el artículo 194 bis.

g) Cuando para la comisión de estos hechos la persona responsable haya anulado la voluntad de la víctima suministrándole fármacos, drogas o cualquier otra sustancia natural o química idónea a tal efecto.

h) Cuando la infracción se haya cometido en el seno de una organización o de un grupo criminal que se dedicare a la realización de tales actividades.

En caso de que en la descripción de las modalidades típicas previstas en los apartados 1 a 3 de este artículo se hubiera tenido en consideración alguna de las anteriores circunstancias el conflicto se resolverá conforme a la regla del artículo 8.4 de este Código.

6. Si concurrieren dos o más de las anteriores circunstancias, las penas del apartado anterior se impondrán en su mitad superior.

7. En todos los casos previstos en este artículo, cuando el culpable se hubiera prevalido de su condición de autoridad, agente de esta o funcionario público, se impondrá, además, la pena de inhabilitación absoluta de seis a doce años».

Puede apreciarse como la redacción de este artículo, es muy similar al de agresiones contra adultos.

Actos contra la indemnidad y libertad sexual de los menores

«Artículo 182.

1. El que, con fines sexuales, haga presenciar a un menor de dieciséis años actos de carácter sexual, aunque el autor no participe en ellos, será castigado con una pena de prisión de seis meses a dos años.

2. Si los actos de carácter sexual que se hacen presenciar al menor de dieciséis años constituyeran un delito contra la libertad sexual, la pena será de prisión de uno a tres años».

La gran mayoría de ataques contra la integridad sexual de los menores se produce dentro de las propias familias, y los menores generalmente **no reconocen lo que están sufriendo**. Así lo afirma Marco Francia (2017, p. 7):

> «Recordemos que los abusos sexuales generalmente se realizan en un ámbito de familia o muy cercano y donde el menor es, permítasenos la expresión, **conquistado por un adulto** que le convierte en el centro de su atención y cuidados, todo rodeado de un **halo de misterio y secreto** que envuelve a esa persona que goza de la confianza del menor y de sus padres, cuando no se trata del propio progenitor».

➜ **Bien jurídico protegido**: la indemnidad sexual de los menores.

«Con la protección de la indemnidad se persigue, en primer lugar, evitar los daños que la psicología clínica ha logrado definir como **secuelas de los abusos**, diferenciando según los **períodos evolutivos en la vida de la víctima** (temor, ansiedad, trastornos del comportamiento y del carácter, depresión...). Además, el castigo de los abusos pretende prevenir el sufrimiento moral derivado del hecho en sí mismo y de su comprensión con el paso de los años» (**ROPERO**, 2014, p. 294).

➜ **Acción típica**: determinar, es decir, inducir o coaccionar a un menor de dieciséis años a participar en un comportamiento de naturaleza sexual, o hacerle presenciar (ver mediante un vídeo o, directamente estar presente durante el acto) actos de carácter sexual aun sin participación en ellos. Si le hubiera hecho presenciar abusos sexuales, aunque el autor no hubiera participado en ellos la conducta también se considerará típica.

Como señala MUÑOZ CONDE (2017, p. 192):

«el aumento (o la mayor repercusión y alarma social) de los casos de "**pederastia**" está en el origen de la tipificación autónoma de estos hechos referidos específicamente a los menores de dieciséis años. Del ámbito de estos nuevos tipos delictivos se excluyen, en cambio, **de forma incomprensible** las personas con discapacidad necesitadas de especial protección, cuya edad mental o madurez psicológica puede estar por debajo de esa edad. Los abusos, igual que las agresiones sexuales sobre estas personas, entran, por tanto, dentro del ámbito de los tipos generales».

➜ **Sujeto activo**: puede serlo cualquier adulto.

➜ **Sujeto pasivo**: menores de dieciséis años.

➜ **Penalidad**: prisión de seis meses a dos años.

Supuesto agravado

➜ Art. 182. 2. Si los actos de carácter sexual que se hacen presenciar al menor de dieciséis años constituyeran un delito contra la libertad sexual, la pena será de prisión de uno a tres años».

Online child grooming

El grooming y, en su evolución digital, el online grooming (acoso y abuso sexual online) son formas delictivas de acoso que implican a un adulto que se pone en contacto con un niño, niña o adolescente con el fin de ganarse poco a poco su confianza para luego involucrarle en una actividad sexual.

Esta práctica tiene diferentes niveles de interacción y peligro: desde hablar de sexo y conseguir material íntimo, hasta llegar a mantener un encuentro sexual.

Se trata de un proceso en el que se produce un vínculo de confianza entre la víctima y el acosador. Este intenta aislar poco a poco al menor, y lo consigue desprendiéndolo de su red de apoyo (familiares, profesores, amigos, etc.) y generando un ambiente de secretismo e intimidad.

En el caso del *online grooming* el abusador envía, a través de un medio tecnológico, material sexual al niño o niña. Además, se suele hacer pasar por menor y adapta el lenguaje a la edad de la víctima. Es una violencia igual de real que la física, pero de la que no se puede huir.

«Artículo 183.

1. El que a través de internet, del teléfono o de cualquier otra tecnología de la información y la comunicación contacte con un menor de dieciséis años y proponga concertar un encuentro con el mismo a fin de cometer cualquiera de los delitos descritos en los artículos 181 y 189, siempre que tal propuesta se acompañe de actos materiales encaminados al acercamiento, será castigado con la pena de uno a tres años de prisión o multa de doce a veinticuatro meses, sin perjuicio de las penas correspondientes a los delitos en su caso cometidos. Las penas se impondrán en su mitad superior cuando el acercamiento se obtenga mediante coacción, intimidación o engaño.

Como señala la exposición de motivos de la LO 5/2010, de 22 de junio:

«la extensión de la utilización de Internet y de las tecnologías de la información y la comunicación con fines sexuales contra menores ha evidenciado la necesidad de castigar penalmente las conductas que una persona adulta desarrolla a través de tales medios para ganarse la confianza de menores con el fin de concertar encuentros para obtener concesiones de índole sexual. Por ello, se introduce un nuevo artículo 183 bis mediante el que se regula el internacionalmente denominado "child grooming", previéndose además penas agravadas cuando el acercamiento al menor se obtenga mediante coacción, intimidación o engaño».

Cuando la imagen mantiene cierto contenido de carácter sexual, el *child grooming* cobra sentido conceptual como la acción encaminada a establecer una relación y control emocional sobre un niño/a, cuya finalidad última es la de abusar sexualmente del/la menor.

➔ **Acción típica**: para que la conducta sea punible, la propuesta debe ir relacionada a actos encaminados al acercamiento, como podrían ser concertar una reunión, remitir algún tipo de fotografía, etc.

➔ **Consumación**: la mera propuesta parece que no sería suficiente para completar todos los elementos del tipo y estaríamos en grado de tentativa según algunos autores, si bien, entendemos que del texto literalmente se extrae que «...siempre que tal propuesta se acompañe de actos materiales encaminados al acercamiento...». Los actos materiales encaminados al acercamiento ya consumarían el tipo.

➔ **Penalidad**: pena de uno a tres años de prisión o multa de doce a veinticuatro meses, sin perjuicio de las penas correspondientes a los delitos en su caso cometidos. Las penas se impondrán en su mitad superior cuando el acercamiento se obtenga mediante coacción, intimidación o engaño

➔ **Concurso de delitos**: si el sujeto activo consiguiese su propósito (llevar a cabo actos constitutivos de agresiones o abusos sexuales o de corrupción de menores), se produce un concurso real de delitos, ya que el legislador advierte expresamente que la pena del art. 183 CP se impondrá «sin perjuicio de las penas correspondientes a los delitos en su caso cometidos».

Supuestos agravados

Artículo 183 1 CP in fine

«(...). Las penas se impondrán en su mitad superior cuando el acercamiento se obtenga mediante coacción, intimidación o engaño».

Como explicación a la existencia de este tipo penal, la STS 692/2017, de 22 de febrero indica lo siguiente:

«En cuanto a su naturaleza, argumenta la referida sentencia que se trata de un supuesto en el que **el derecho penal adelanta las barreras de protección**, castigando lo que, en realidad, es un acto preparatorio para la comisión de abusos sexuales a menores de 13 años. En este caso el legislador ha considerado que las conductas de **ciberacoso sexual** son un acto ejecutivo de un nuevo delito que trasciende al mero acto preparatorio, aunque participan de su naturaleza, por cuanto sólo con el fin de cometer los delitos de abusos sexuales a menores de 13 años puede entenderse típica la conducta. El delito tiene una naturaleza de delito de peligro dado que se configura no atendiendo a la lesión efectiva del bien jurídico protegido, sino a un comportamiento peligroso para dicho bien». (Actualmente la edad es de 16 años).

Los menores cuando relatan que han sido víctimas de abusos o agresiones sexuales no suelen mentir, e investigadores como ECHEBURÚA y SUBIJANA (2008) fijan la tasa de denuncias falsas en un 7 %, sin embargo, pueden estar influenciados por los padres, por ejemplo, en un divorcio contencioso, y en ese caso, se estima por los mismos autores que pueden ascender hasta un 35 %.

Los menores no suelen mentir cuando relatan que han sido víctimas de abusos o agresiones sexuales.

Ha habido casos muy mediáticos de abusos sexuales, secuestros, violaciones, asesinatos, pederastia, etc. que han vulnerado los derechos más fundamentales de los menores, como pueden ser: el caso de la niña Mari Luz Cortés, Marta del Castillo, Natascha Kampusch (Austria), Maristas de Sants (caso Benítez) entre otros, que quizás han tenido una sobreexposición en los medios de comunicación con un tratamiento con poco rigor científico y mucho más cercano al «amarillismo» en busca de titulares escabrosos. Pero realmente nos hemos de preguntar de forma sosegada si nuestros menores están realmente en peligro por la posibilidad de ser víctimas de delitos contra la indemnidad sexual, que es el tema que nos ocupa. Si consultamos medios de comunicación solventes, podremos ver que en los últimos tiempos se está prestando mucha mayor atención informativa a este tipo de delitos porque parece ser que de forma reiterada los menores han estado **expuestos a graves peligros** en ámbitos como:

- Escuelas, instituciones religiosas, centros de acogida y tutela, centros de formación deportiva, *boy scouts*...
- **Redes de pederastia y de pornografía infantil,** muy peligrosas por su potencial criminal, al estar muy bien organizadas y extendidas por diversos países, y por el gran número de víctimas afectadas.
- Por el **mal uso de las potentes redes sociales** por parte de los menores, aumentando su vulnerabilidad ante desaprensivos. *Vid. ad exemplum*: ROPERO (2014).

La pederastia ha generado en los últimos tiempos una alarma social importante, y más, por casos acaecidos hace décadas que ya han quedado impunes por la prescripción.

Por otra parte, no podemos olvidar que el menor tendrá que declarar y ser explorado por un médico y/o psicólogo forense para determinar el alcance y la gravedad de los abusos y/o agresiones sexuales que haya podido sufrir. Ello, para que la memoria no falle y distorsione la realidad, y para no victimizar aún más, habrá de realizarse de la forma más rápida posible. Sin embargo, es habitual que los servicios forenses estén colapsados, y no se pueda actuar con la rapidez deseada, tan necesaria para el esclarecimiento de los hechos.

El escándalo Maristas de Barcelona

Salió a la luz en febrero de 2016 el escándalo de los abusos sexuales a alumnos de diferentes colegios de los maristas de Sants (Barcelona).

Uno de los imputados fue el religioso Joaquim Benítez, que además era un carismático profesor de deporte, concretamente experto en *shootball*. Benítez confesó y pidió públicamente perdón, y en agosto de 2019, estaba en libertad provisional a la espera de sentencia definitiva.

Solo cuatro de cuarenta denuncias presentadas ante la policía contra doce exdocentes de colegios de los maristas llegaron a juicio, y esas cuatro estuvieron dirigidas todas contra Benítez, que recibió un total de diecisiete. La mayoría de casos fueron archivados en los juzgados por la prescripción del delito y las víctimas no tuvieron la oportunidad de explicar lo sucedido ante un magistrado.

Las autoridades competentes ante varios casos de pederastia demostrados dieron pasos para conseguir una mayor protección de los menores. En solo tres años se mejoraron los protocolos oficiales de detección de maltrato infantil, como las agresiones sexuales en las escuelas, y el Gobierno central aprobó un anteproyecto de ley para ampliar el plazo de prescripción de estos delitos.

Benítez reconoce los hechos y pide perdón en el siguiente vídeo:
https://bit.ly/3E8pxPS

Contacto con un menor de dieciséis años a través de Internet, del teléfono o de cualquier otra tecnología de la información y la comunicación

Art. 183 2 CP

«2. El que, a través de internet, del teléfono o de cualquier otra tecnología de la información y la comunicación contacte con un menor de dieciséis años y realice actos dirigidos a embaucarle para que le facilite material pornográfico o le muestre imágenes pornográficas en las que se represente o aparezca un menor, será castigado con una pena de prisión de seis meses a dos años [...]».

➔ Acción típica: *sexting*: consiste en la difusión o publicación de contenidos, ya sean fotografías o vídeos, de tipo sexual, producidos por el propio remitente, utilizando para ello el teléfono móvil o cualquier otro dispositivo tecnológico. De este modo, el contenido se genera voluntariamente por parte del menor de edad, siendo la conducta delictiva la difusión de esos datos a través de Internet por parte del actuante, sin consentimiento de la víctima.

Tanto el *sexting* como el *sex-casting* suelen estar relacionados con la producción y distribución de pornografía infantil, pese a que la conducta inicialmente sea voluntaria por parte del menor de edad. De hecho, es frecuente que se trate de conductas delictivas iniciales que, posteriormente, den lugar a delitos más graves, como el *cyberbullying*, el *child-grooming* o la denominada «sextorsión», es decir, el chantaje en el que un sujeto, ya sea menor o mayor de edad, utilizase estos contenidos para obtener algo de la víctima, amenazando con la publicación de los mismos.

La principal problemática de esta clase de delito sexual es su perseguibilidad, puesto que la comisión a través de Internet permite un sinfín de conexiones mediante el intercambio de archivos. Los medios de prevención son fundamentales, principalmente porque la red es un instrumento que, en ocasiones, resulta muy atrayente para los posibles sujetos pasivos del delito y favorece la impunidad del sujeto activo. Será fundamental, en este aspecto, mantener un equilibrio entre la libertad de información del menor y la prevención mediante buenas prácticas y control en el uso de las nuevas tecnologías *online*. *Vid.* al respecto, Pérez Díaz (2017).

➔ **Penalidad**: prisión de seis meses a dos años.

El consentimiento

El consentimiento en los menores de 16 años es un tema muy polémico en materia de indemnidad sexual y ello ha sido nuevamente objeto de reforma, adoptándose un criterio realmente vago, como es que «el autor sea una persona próxima al menor por edad y grado de desarrollo o madurez física y psicológica...». La jurisprudencia tendrá que aquilatar la cuestión mediante sentencias a lo largo del tiempo.

> «Artículo 183 bis.
> Salvo en los casos en que concurra alguna de las circunstancias previstas en el apartado segundo del artículo 178, el libre consentimiento del menor de dieciséis años excluirá la responsabilidad penal por los delitos previstos en este capítulo cuando el autor sea una persona próxima al menor por edad y grado de desarrollo o madurez física y psicológica».

La indefinición del precepto presenta una evidente problemática de seguridad jurídica. Por otra parte, tampoco resulta clarificador que se haya incluido el «grado de madurez» de forma paralela a la edad. A diferencia de la edad, que es un criterio más o menos objetivo, el grado de madurez es más difícil de determinar y en absoluto depende de la edad biológica del sujeto. En cualquier caso, si la acción hubiera sido cometida por quien no posee el grado de madurez suficiente, lo más lógico hubiera sido estimar que la despenalización ya estaría cubierta al desaparecer la culpabilidad del sujeto.

Según la circular 1/2017 de la FGE, sobre la interpretación del art. 183 quáter del Código Penal, tras la reforma de 2015, nuestro Código Penal establece una presunción *iuris tantum* de falta de capacidad de los menores de dieciséis años para consentir relaciones sexuales. Para enervarla no será suficiente con acreditar la madurez del menor, sino que será necesaria igualmente la proximidad en grado de madurez y edad del adulto interviniente.

6.4. Acoso sexual

La directiva 2006/54/CE del Parlamento Europeo y del Consejo, de 5 de julio de 2006, relativa a la aplicación del principio de igualdad de oportunidades e igualdad de trato entre hombres y mujeres en asuntos de empleo y ocupación (refundición), indica literalmente que el acoso sexual es:

> «(...) la situación en que se produce cualquier comportamiento verbal, no verbal o físico no deseado de índole sexual con el propósito o el efecto de atentar contra la dignidad de una persona, en particular cuando se crea un entorno intimidatorio, hostil, degradante, humillante u ofensivo» (pág. 5).

A partir de aquí, analizaremos diversas tipologías de acoso sexual.

Solicitud de favores sexuales

Artículo 184.1 CP

> «1. El que **solicitare favores de naturaleza sexual**, para sí o para un tercero, en el ámbito de una relación laboral, docente o de prestación de servicios, continuada o habitual, y con tal comportamiento provocare a la víctima una situación objetiva y gravemente intimidatoria, hostil o humillante será castigado, como autor de acoso sexual [...]».

➔ **Bien jurídico protegido**: la libertad sexual, la dignidad y la salud.

➔ **Acción típica**: es atentar contra la libre decisión de no verse involucrado en una relación sexual indeseada.

Para entrar en la esfera del **castigo penal** ha de concurrir:

- Solicitud de favores sexuales tanto para el propio agente delictivo, como para un tercero.
- El ámbito en el que se produce el delito ha de ser en el seno de una relación laboral, docente o de prestación de servicios, continuada o habitual.
- Se ha de provocar en la víctima una situación objetiva y gravemente intimidatoria, hostil o humillante.
- Debe existir un adecuado enlace de causalidad.

➔ **Sujeto activo**: puede serlo cualquiera.

➔ **Sujeto pasivo**: puede serlo cualquiera.

➔ **Tipo subjetivo**: el autor tiene que obrar con dolo.

➔ **Penalidad**: pena de prisión de seis a doce meses o multa de diez a quince meses e inhabilitación especial para el ejercicio de la profesión, oficio o actividad de doce a quince meses.

Acoso sexual de prevalimiento

Art. 184.2 CP

> «2. Si el culpable de acoso sexual hubiera cometido el hecho prevaliéndose de una situación de superioridad laboral, docente o jerárquica, o sobre persona sujeta a su guarda o custodia, o con el anuncio expreso o tácito de causar a la víctima un mal relacionado con las legítimas expectativas que aquella pueda tener en el ámbito de la indicada relación, la pena será de prisión de uno a dos años e inhabilitación especial para el ejercicio de la profesión, oficio o actividad de dieciocho a veinticuatro meses [...]».

➔ **Sujeto activo**: puede ser cualquier persona, mientras esté en situación de superioridad laboral, docente o jerárquica.

➔ **Sujeto pasivo**: puede ser cualquier persona, mientras esté en situación de dependencia laboral, docente o jerárquica.

➔ **Acción típica**: se solicitan favores sexuales prevaliéndose de la situación laboral de prevalimiento, pues el sujeto activo es consciente de ello.

➔ **Consumación**: se consuma el delito cuando llega a la víctima el mensaje de lo que pretende el sujeto activo. La tentativa podría existir si el sujeto activo envía el mensaje y hay alguna causa que impide que llegue al sujeto pasivo.

➔ **Penalidad**: prisión de uno a dos años e inhabilitación especial para el ejercicio de la profesión, oficio o actividad de dieciocho a veinticuatro meses

¿Cómo le dices que no a Dios?

Este es el contundente interrogante que lanzó Patricia Wulf, una *mezzosoprano* que cantó hace años con el tenor Plácido Domingo cuando relataba, en agosto de 2019, que había sido víctima de acoso sexual por parte del cantante.

Ocho cantantes y una bailarina aseveraron que fueron víctimas de acoso sexual por parte del famoso tenor español, en encuentros a lo largo de tres décadas, desde finales de 1980 y a veces en compañías de ópera en las que él ostentaba puestos de alta dirección. Las presuntas víctimas afirmaban que temían dar un «no» porque el tenor era tan poderoso que podía hacer que perdiesen oportunidades laborales o incluso su puesto de trabajo.

Plácido Domingo, que lleva décadas en matrimonio estable, nunca ha sido portada por motivos parecidos, y sí por ser considerado por varios eruditos del *bel canto*, como el mejor tenor del mundo.

Como reza el viejo refrán español, «el tiempo da y quita razones...» y, sin duda, con el paso del mismo o con los pronunciamientos judiciales correspondientes, si es que se llega a ese estadio, podremos aproximarnos a una realidad, que siendo o no cierta, en cualesquiera casos, ya ha mancillado para siempre el nombre de este gran embajador de la lírica española a nivel mundial.

Plácido Domingo habla en:
https://bit.ly/3tBQXsr

Supuesto agravado

Art. 184.4 CP
«3. Cuando la víctima se halle en una situación de especial vulnerabilidad por razón de su edad, enfermedad o discapacidad (...)».

➔ **Penalidad**: la pena se impondrá en su mitad superior.

Personajes tan divertidos, queridos y aclamados durante décadas han terminado siendo condenados por diversos delitos relacionados con la libertad sexual.

Bill Cosby Jr., comediante estadounidense, actor, músico y autor, que estuvo activo durante más de cincuenta años con grandes éxitos como el *Show de Bill Cosby*, a mediados de la década de 2010 fue acusado por más de sesenta mujeres de violación, asalto sexual provocado por drogas, agresión sexual, abuso sexual infantil y mala conducta sexual. Después de un juicio de un año, Cosby fue declarado culpable de tres cargos de agresión agravada y sentenciado a tres y a diez años de prisión en septiembre de 2018.

6.5. Exhibicionismo y provocación sexual

Se castiga al que:

Artículo 185 CP

«El que ejecutare o hiciere ejecutar a otra persona actos de exhibición obscena **ante menores de edad** o personas con **discapacidad** necesitadas de **especial protección** (...)».

➔ **Bien jurídico protegido**: la libertad sexual.

➔ **Acción típica**: son actos de exhibición **obscena**, y puesto que este término puede ser interpretado con diversos matices, es preciso acudir al *Diccionario de la Real Academia Española de la Lengua*, que nos indica que una acción obscena es algo «impúdico, torpe, ofensivo al pudor». Y por supuesto tendremos que acudir a la jurisprudencia, que irá perfilando los contornos del tipo penal.

➔ **Sujeto activo**: puede serlo tanto el que realiza actos de **exhibición obscena** ante menores de edad o incapaces, como el que obliga a otra persona a ejecutarlos.

➔ **Sujeto pasivo**: son los menores de edad o incapaces, siendo necesario que el sujeto conozca que está realizando actos de exhibición ante estos, pues los actos de exhibición obscena ante mayores de edad son impunes.

➔ **Tipo subjetivo**: solamente cabe el dolo directo, pues lo que se está buscando es una excitación premeditada. Cabe la posibilidad de que exista error en cuanto a la edad, o bien en relación con la posible incapacidad del sujeto pasivo. El consentimiento es irrelevante a nivel penal, y en cuanto a los incapacitados no pueden consentir.

➔ **Penalidad**: pena de prisión de seis meses a un año o multa de doce a veinticuatro meses.

El concepto de obscenidad es relativo y precisa de una interpretación jurídica adaptada al lugar, al caso y a los tiempos...

Provocación sexual o pornografía

En la actualidad, la pornografía y su difusión no está prohibida en España entre los adultos. Sin embargo, lo que se busca con la legislación penal es proteger a colectivos especialmente vulnerables y sensibles como los menores o personas con discapacidad necesitadas de especial protección, pues un uso con los mismos puede afectar a su desarrollo sexual normal. Todo ello no es óbice para que reconozcamos que nos movemos entre conceptos cambiantes según el contexto y que, a veces, son muy difíciles de delimitar.

Artículo 186 CP

«El que, por cualquier medio directo, vendiere, difundiere o exhibiere material pornográfico entre menores de edad o personas con discapacidad necesitadas de especial protección (...)».

➜ **Bien jurídico protegido**: es la libertad sexual.

➜ **Acción típica**: según el *Diccionario de la Real Academia Española de la Lengua*, en su acepción primera, pornografía es: «presentación abierta y cruda del sexo que busca producir excitación».

Dentro de la pornografía caben distintas conductas, como la producción literaria, artística o de contenido obsceno que intentan reproducir escenas sexuales ante personas menores de dieciocho años o discapacitadas. Se castiga penalmente la difusión y la venta de material pornográfico a los menores de dieciocho años o discapacitados.

Según Muñoz Conde (2017, p. 199):

«La misma vaguedad del concepto de "pornografía" ha obligado a la doctrina a diferenciar entre pornografía "**blanda**" y pornografía "**dura**", entendiendo por tal aquellas representaciones sexuales que utilizan la violencia, el bestialismo o las relaciones sexuales con menores».

➜ **Tipo subjetivo**: El autor tiene que obrar con dolo, si bien, puede haber error en la apreciación de la edad o la discapacidad del sujeto pasivo.

➜ **Causas de justificación**: cabría pensar en casos en los que se pudiese demostrar que el sujeto activo no buscaba la provocación sexual.

➜ **Penalidad**: prisión de seis meses a un año o multa de doce a veinticuatro meses.

El concepto subjetivo e indeterminado de «pornografía», ha obligado a la doctrina a distinguir entre «pornografía dura» y «pornografía blanda».

6.6. Delitos relativos a la prostitución, a la explotación sexual y corrupción de menores

El Código Penal de 1995 no considera delictiva la prostitución «sino que en sus arts. 187 y ss. tipifica una serie de conductas de favorecimiento, así como su imposición coactiva, especialmente dirigidas a la protección de menores e incapaces y equiparando las sentencias de los Jueces y Tribunales extranjeros a los españoles a los efectos de reincidencia» (art. 190 CP; Lamarca 2017).

Prostitución mediante violencia, intimidación o engaño o abuso de superioridad, necesidad o vulnerabilidad de la víctima mayor de dieciocho años

Según el *Diccionario* de la RAE en su acepción 2.ª, la prostitución es «actividad de quien mantiene relaciones sexuales con otras personas a cambio de dinero».

Se castiga al que, según establece el **artículo 187.1 CP**:

> «1. El que, empleando violencia, intimidación o engaño, o abusando de una situación de **superioridad** o de **necesidad** o **vulnerabilidad** de la víctima, determine a una persona mayor de edad a ejercer o a mantenerse en la prostitución (...)».

➔ **Bien jurídico protegido**: la libertad sexual, la dignidad y si se trata de menores se protege el correcto desarrollo de los mismos.

Es muy ilustrativo Muñoz Conde (2022, p. 172) cuando indica que:

> «(...) como bien jurídico específicamente protegido en ellos, dado que los sujetos pasivos sobre los que recaen son personas que carecen de esa libertad, bien de forma provisional (menores), bien de forma definitiva (personas con discapacidad necesitadas de especial protección). Si algo caracteriza a las personas que se encuentran en esa situación (por ej., menor de dieciséis años, oligofrénico profundo, etc.), es **carecer de autonomía para determinar su comportamiento en el ámbito sexual**. Actualmente, en nuestro ámbito cultural existe una especie de consenso no escrito sobre la "intangibilidad" o "indemnidad" que frente a la sexualidad de terceros debe otorgarse a estas personas. Más que la libertad del menor o de la persona con discapacidad, que obviamente no existe en estos casos, **se pretende, en el caso del menor, proteger su libertad futura, o mejor dicho, la normal evolución y desarrollo de su personalidad, para que cuando sea adulto decida en libertad su comportamiento sexual**; y, en el caso de la persona con discapacidad, evitar que sea utilizado como objeto sexual de terceras personas que abusen de su situación para satisfacer sus deseos sexuales».

➔ **Acción típica**: se trata de emplear la violencia, la intimidación o el engaño para abusar de una persona que está en una situación de necesidad o vulnerabilidad y conseguir que se prostituya. Hemos de entender que la prostitución ha de tener un carácter duradero, pues los actos puntuales no estarían dentro de este tipo penal. En este sentido, cabe destacar ciertas puntualidades:

Hay que remarcar que el consentimiento del menor o incapaz es irrelevante penalmente.

Es importante saber también que, aunque la víctima ejerza habitualmente la prostitución puede estar en la esfera de este delito si se está contribuyendo activamente a que se mantenga en este estatus.

En este tipo penal caben las situaciones en las que hay ánimo de lucro y en las que no lo hay.

➔ **Sujeto activo**: puede serlo cualquiera.

➔ **Sujeto pasivo**: puede serlo cualquiera que esté en una situación de necesidad o vulnerabilidad y además sea un menor de dieciocho años o persona con una discapacidad que precise de protección.

➜ **Tipo subjetivo**: entendemos que solamente caben las conductas de carácter doloso.

➜ **Consumación**: se consuma el dedito en el momento en el que la víctima se prostituye, y entendemos que cabe la **tentativa**, pues la víctima puede descubrir en algún momento que está siendo engañada. Cabe pensar también que puede existir error en cuanto a la edad de la víctima y en relación con su incapacidad.

➜ **Penalidad**: prisión de dos a cinco años y multa de doce a veinticuatro meses.

Explotación de la prostitución con fines lucrativos

Según establece el segundo párrafo del art. 187.1 CP, se castigará a:

> «(...) quien se lucre explotando la prostitución de otra persona, aun con el consentimiento de la misma. En todo caso, se entenderá que hay explotación cuando concurra alguna de las siguientes circunstancias:
> a) Que la víctima se encuentre en una situación de vulnerabilidad personal o económica.
> b) Que se le impongan para su ejercicio condiciones gravosas, desproporcionadas o abusivas».

➜ **Acción típica**: se castiga aquí al que se está lucrando a través de explotar a otra persona que se ha de prostituir. Se recogen aquí dos situaciones, la de vulnerabilidad personal o económica de la víctima, o bien que se abuse de la misma.

➜ **Bien jurídico protegido**: la libertad sexual y la dignidad de las personas.

➜ **Sujeto activo**: puede serlo cualquiera.

➜ **Sujeto pasivo**: puede serlo cualquiera, siempre y cuando se encuentre en las situaciones que se indican en el presente artículo.

➜ **Penalidad**: pena de prisión de dos a cuatro años y multa de doce a veinticuatro meses.

El concepto de explotación

Está recogido en el inciso último del párrafo segundo del artículo 187.1 del Código Penal:

> «En todo caso, se entenderá que hay explotación cuando concurra alguna de las siguientes circunstancias:
> a) Que la víctima se encuentre en una situación de vulnerabilidad personal o económica.
> b) Que se le impongan para su ejercicio condiciones gravosas, desproporcionadas o abusivas».

Estamos aquí en el ámbito del proxenetismo, entendiendo como **proxeneta** aquel que se lucra de la víctima que se prostituye porque está en una situación de vulnerabilidad personal o económica, o se le impongan para su ejercicio condiciones gravosas, desproporcionadas o abusivas.

> La prostitución en sí no está castigada penalmente, lo que sí se castiga es el proxenetismo.

Supuestos agravados

Art. 187. 2 CP

«2. Se impondrán las penas previstas en los apartados anteriores en su mitad superior, en sus respectivos casos, cuando concurra alguna de las siguientes circunstancias: a) Cuando el culpable se hubiera prevalido de su condición de autoridad, agente de esta o funcionario público. En este caso se aplicará, además, la pena de inhabilitación absoluta de seis a doce años. b) Cuando el culpable perteneciere a una organización o grupo criminal que se dedicare a la realización de tales actividades. c) Cuando el culpable hubiere puesto en peligro, de forma dolosa o por imprudencia grave, la vida o salud de la víctima».

➜ **Penalidad**: se impondrán las penas previstas en los apartados anteriores en su mitad superior.

➜ **Concurso**. Art. 187. 3 CP: «3. Las penas señaladas se impondrán en sus respectivos casos sin perjuicio de las que correspondan por las agresiones o abusos sexuales cometidos sobre la persona prostituida».

Inducir, promover, favorecer o facilitar la prostitución de un menor de edad o persona con discapacidad necesitada de especial protección

En relación con la Directiva 2011/92/UE del Parlamento Europeo y del Consejo de 13 de diciembre de 2011 relativa a **la lucha contra los abusos sexuales y la explotación sexual de los menores y la pornografía infantil** y por la que se sustituye la Decisión marco 2004/68/JAI del Consejo, se llevó a cabo la reforma del Código Penal mediante la LO 1/2015, de 30 de marzo.

En virtud del **art. 188.1 CP,** párrafo primero, se castiga a:

«1. El que induzca, promueva, favorezca o facilite la prostitución de un menor de edad o una persona con discapacidad necesitada de especial protección, o se lucre con ello, o explote de algún otro modo a un menor o a una persona con discapacidad para estos fines, será castigado con las penas de prisión de dos a cinco años y multa de doce a veinticuatro meses.

Si la víctima fuera menor de dieciséis años, se impondrá la pena de prisión de cuatro a ocho años y multa de doce a veinticuatro meses».

➜ **Bien jurídico protegido**: es la libertad sexual, y en cuanto a menores y personas con discapacidad podemos considerar que el bien jurídico protegido es el correcto desarrollo de una vida sexual sana.

➜ **Acción típica**: son conductas diversas que llevan a inducir, promover, favorecer o facilitar la prostitución a menores o personas con discapacidad que precisen de una especial protección. Al respecto, debe tenerse en cuenta las siguientes nociones:

Puede darse el caso de que la víctima ya ejerza la prostitución, pero ello no es óbice para que estas conductas sean castigadas penalmente, pues hay que entender que puede ser que el sujeto pasivo quiera dejar este tipo de vida.

El consentimiento del menor es irrelevante penalmente, así como el de la persona discapacitada que precise de una especial protección.

Estas acciones incluyen los casos en los que se persigue un ánimo de lucro y los casos en los que no se persigue.

➔ **Sujeto activo**: puede serlo cualquier persona.

➔ **Sujeto pasivo**: puede ser cualquier persona menor de dieciocho años o persona con una discapacidad que necesite de una especial protección.

➔ **Tipo subjetivo**: solamente se castigan las conductas dolosas, aunque puede suceder que exista un error en cuanto a la edad de la víctima o a la discapacidad.

➔ **Consumación**: cabe la consumación, pero también es posible la tentativa.

➔ **Penalidad**: prisión de dos a cinco años y multa de doce a veinticuatro meses.

➔ **Causas de justificación**: cabe la posibilidad del error en la apreciación de la edad de la víctima, como sucedió con el mediático «caso Arny» (sentencia de la Audiencia Provincial de Sevilla n.º 74/1988, de 19 de marzo).

El «caso Arny» fue un escándalo que se produjo en España en 1995 en relación con el sumario del juicio por las actividades de prostitución de menores producidas en el desaparecido bar de «ambiente» de la ciudad de Sevilla, llamado Arny. En el escándalo, que fue motivo de muchas páginas de la prensa sensacionalista y rosa, se vieron involucrados varios personajes famosos del mundo del espectáculo como Jesús Vázquez, el actor y cantante Javier Gurruchaga, el humorista Jorge Cadaval, el juez de menores Manuel Rico Lara, Antonio Tejado (hermano de María del Monte) y el marqués de Sotohermoso, Ramón de Carranza y Villalonga. Por algunos de los entonces «acusados» se consideró que existió una verdadera «caza de brujas» contra el colectivo homosexual.

La mayoría de los acusados, treinta y dos de los cuarenta y siete, resultaron absueltos en la sentencia. El principal argumento de las defensas fue que **sus clientes no eran conscientes de que en aquel local trabajan menores de edad,** y otros intentaron demostrar que jamás habían pisado el pub Arny.

Para saber más sobre el **caso Arny** entra en el siguiente vídeo:
https://bit.ly/2XjZnJc

Prostitución de menores de dieciséis años

Estamos ante un supuesto agravado del párrafo segundo del artículo 188.1 del Código Penal: «Si la víctima fuera menor de dieciséis años [...]».

➔ **Penalidad**: prisión de cuatro a ocho años y multa de doce a veinticuatro meses.

Uso de violencia o intimidación que hace que se castigue en el art. 188.2 CP:

«Si los hechos descritos en el apartado anterior se cometieran con violencia o intimidación, además de las penas de multa previstas, se impondrá la pena de prisión de cinco a diez años si la víctima es menor de dieciséis años, y la pena de prisión de cuatro a seis años en los demás casos. ».

Otros supuestos agravados

Art. 188.3 CP

«3. Se impondrán las penas superiores en grado a las previstas en los apartados anteriores, en sus respectivos casos, cuando concurra alguna de las siguientes circunstancias:

a) Cuando la víctima se halle en una situación de especial vulnerabilidad por razón de su edad, enfermedad, discapacidad o por cualquier otra circunstancia.

b) Cuando, para la ejecución del delito, el responsable se hubiera prevalido de una situación de convivencia o de una relación de superioridad o parentesco, por ser ascendiente, o hermano, por naturaleza o adopción, o afines, con la víctima.

c) Cuando, para la ejecución del delito, el responsable se hubiera prevalido de su condición de autoridad, agente de ésta o funcionario público. En este caso se impondrá, además, una pena de inhabilitación absoluta de seis a doce años.

d) Cuando el culpable hubiere puesto en peligro, de forma dolosa o por imprudencia grave, la vida o salud de la víctima.

e) Cuando los hechos se hubieren cometido por la actuación conjunta de dos o más personas.

f) Cuando el culpable perteneciere a una organización o asociación, incluso de carácter transitorio, que se dedicare a la realización de tales actividades».

Relaciones sexuales con menores o personas con discapacidad a cambio de remuneración o promesa

Según el **art. 188.4 CP**, se castiga al que:

«4. El que solicite, acepte u obtenga, a cambio de una remuneración o promesa, una relación sexual con una persona menor de edad o una persona con discapacidad necesitada de especial protección, será castigado con una pena de uno a cuatro años de prisión. Si el menor no hubiera cumplido dieciséis años de edad, se impondrá una pena de dos a seis años de prisión».

➔ **Penalidad**: prisión de uno a cuatro años.

Como circunstancia que agrava este tipo, dentro del propio apartado 4 se aplica una pena agravada de dos a seis años: «Si el menor **no hubiera cumplido dieciséis** años de edad [...]».

➔ **Concurso** de delitos: *ex* **art. 188.5 CP**:

«5. Las penas señaladas se impondrán en sus respectivos casos sin perjuicio de las que correspondan por las infracciones contra la libertad o indemnidad sexual cometidas sobre los menores y personas con discapacidad necesitadas de especial protección».

Utilización de menores o personas con discapacidad en espectáculos exhibicionistas o pornográficos y en la elaboración de material pornográfico

Según el art. 189.1.a) CP, se castiga al:

«a) El que captare o utilizare a menores de edad o a personas con discapacidad necesitadas de especial protección con fines o en espectáculos exhibicionistas o pornográficos, tanto públicos como privados, o para elaborar cualquier clase de material pornográfico, cualquiera que sea su soporte, o financiare cualquiera de estas actividades o se lucrare con ellas».

➔ **Penalidad**: prisión de uno a cinco años.

En este artículo se recogen tres supuestos, a saber:

1. Utilización de menores de edad o personas con discapacidad necesitadas de especial protección para fines exhibicionistas o pornográficos.

2. Utilización para elaborar material pornográfico como revistas, vídeos, cómics, etc.
3. Financiarse o lucrarse de estas actividades.
4. **Bien jurídico protegido**: libertad e indemnidad sexual.

Es importante remarcar que son **irrelevantes** penalmente el **consentimiento** del **menor** o de la persona con **discapacidad** necesitada de especial protección.

➔ **Sujeto activo**: se considera que está delinquiendo al que utiliza a los menores o personas con discapacidad, y también a quien lo financia.

Según el art. 189.1.b) CP, se castiga al:

«b) El que produjere, vendiere, distribuyere, exhibiere, ofreciere o facilitare la producción, venta, difusión o exhibición por cualquier medio de pornografía infantil o en cuya elaboración hayan sido utilizadas personas con discapacidad necesitadas de especial protección, o lo poseyere para estos fines, aunque el material tuviere su origen en el extranjero o fuere desconocido».

➔ **Penalidad**: prisión de uno a cinco años.

➔ **Tipo subjetivo**: la actuación ha de ser dolosa, si bien, cabe el dolo eventual.

Contenido de la pornografía infantil

¿Qué entendemos por «pornografía infantil? Hay que acudir al **art. 189.1 CP (párrafo 2.º)**:

Art. 189.1 CP

«(...) se considera **pornografía infantil** o en cuya elaboración hayan sido utilizadas personas con discapacidad necesitadas de especial protección:

a) Todo **material** que **represente** de manera visual a un **menor** o una **persona con discapacidad** necesitada de especial protección participando en una conducta sexualmente explícita, real o simulada.

b) Toda representación de los **órganos sexuales de un menor o persona con discapacidad** necesitada de especial protección con fines principalmente sexuales.

c) Todo material que represente de forma visual a una persona que parezca ser un **menor participando en una conducta sexualmente** explícita, real o simulada, o cualquier representación de los órganos sexuales de una persona que parezca ser un menor, con fines principalmente sexuales, salvo que la persona que parezca ser un menor resulte tener en realidad dieciocho años o más en el momento de obtenerse las imágenes.

d) Imágenes realistas de un **menor participando en una conducta sexualmente explícita o imágenes realistas** de los órganos sexuales de un menor, con fines principalmente sexuales».

Según la Circular 2/2015 de la Fiscalía General del Estado, de 20 de junio de 2015:

«A la hora de interpretar el **concepto de material pornográfico infantil** deben manejarse los informes explicativos de los Convenios de Budapest y de Lanzarote, para los que las conductas sexualmente explícitas deben abarcar al menos los siguientes actos reales o simulados: a) relaciones sexuales, incluyendo genital-genital, oral-genital, anal-genital o oral-anal entre niños o entre un adulto y un niño, del mismo o de distintos sexos; b) bestialismo; c) masturbación; d) abusos sádicos o masoquistas en un contexto sexual; e) exhibición lasciva de genitales o del área púbica de un niño. No es relevante si la conducta representada es real o simulada».

Según la **jurisprudencia** observamos el siguiente tratamiento:

- **STS n.º 1342/2003**, de 20 de octubre: considera que la imagen de un desnudo —sea menor o adulto, varón o mujer— no puede ser considerada objetivamente material pornográfico, con independencia del uso que de las fotografías pueda posteriormente hacerse.
- **STS n.º 376/2006**, de 8 de marzo: excluyó del concepto de material pornográfico el mero desnudo.
- **STS n.º 271/2012**, de 26 de marzo: siguiendo al Consejo de Europa, ha definido la pornografía infantil como cualquier material audiovisual que utiliza niños en un contexto sexual. En todo caso, es necesario que el material visual se centre bien en un comportamiento sexual de un menor, bien en sus órganos sexuales.
- **STS n.º 803/2010**, de 30 de septiembre y **STS n.º 264/2012**, de 3 de abril:

«(...) por "elaboración de cualquier clase de material pornográfico" podemos entender tanto fotografías como videos, como cualquier soporte magnético que incorpore a un menor en una conducta sexual explícita, entendiendo por ésta el acceso carnal en todas sus modalidades, la masturbación, zoofilia, o las prácticas sadomasoquistas, pero no los simples desnudos».

Supuestos agravados

Art. 189.2 CP

«2. Serán castigados con la pena de **prisión de cinco a nueve años** los que realicen los actos previstos en el apartado 1 de este artículo cuando concurra alguna de las circunstancias siguientes:

a) Cuando se utilice a menores de dieciséis años.

b) Cuando los hechos revistan un carácter particularmente degradante o vejatorio, se emplee violencia física o sexual para la obtención del material pornográfico o se representen escenas de violencia física o sexual.

c) Cuando se utilice a personas menores de edad que se hallen en una situación de especial vulnerabilidad por razón de enfermedad, discapacidad o por cualquier otra circunstancia.

d) Cuando el culpable hubiere puesto en peligro, de forma dolosa o por imprudencia grave, la vida o salud de la víctima.

e) Cuando el material pornográfico fuera de notoria importancia.

f) Cuando el culpable perteneciere a una organización o asociación, incluso de carácter transitorio, que se dedicare a la realización de tales actividades.

g) Cuando el responsable sea ascendiente, tutor, curador, guardador, maestro o cualquier otra persona encargada, de hecho, aunque fuera provisionalmente, o de derecho, de la persona menor de edad o persona con discapacidad necesitada de especial protección, o se trate de cualquier persona que conviva con él o de otra persona que haya actuado abusando de su posición reconocida de confianza o autoridad.

h) Cuando concurra la agravante de reincidencia».

Supuesto agravado

Art. 189.3 CP

«3. Si los hechos a que se refiere la letra a) del párrafo primero del apartado 1 se hubieran cometido con **violencia o intimidación** se impondrá la pena superior en grado a las previstas en los apartados anteriores».

Asistencia a espectáculos exhibicionistas o pornográficos donde participen menores o personas con discapacidad necesitadas de especial protección

Según el **art. 189.4 CP**, se castiga a:

> «4. El que asistiere a sabiendas a espectáculos exhibicionistas o pornográficos en los que participen menores de edad o personas con discapacidad necesitadas de especial protección (...)».

➜ **Penalidad**: de seis meses a dos años de prisión.

Adquirir o poseer pornografía infantil para uso propio

Según el **art. 189.5 CP**, se castiga a:

> «5. El que para su propio uso adquiera o posea pornografía infantil o en cuya elaboración se hubieran utilizado personas con discapacidad necesitadas de especial protección, será castigado con la pena de tres meses a un año de prisión o con multa de seis meses a dos años.
>
> (...)».

➜ **Penalidad**: tres meses a un año de prisión o multa de seis meses a dos años.

No se podrá condenar si no se demuestra que el que posee el material pornográfico conocía la utilización de menores, siendo ello de carácter subjetivo.

Acceso a pornografía infantil

Hay que acudir al párrafo segundo del **art. 189.5 CP**:

> «5. (...).
>
> La misma pena se impondrá a quien acceda a sabiendas a pornografía infantil o en cuya elaboración se hubieran utilizado personas con discapacidad necesitadas de especial protección, por medio de las tecnologías de la información y la comunicación».

Incumplimiento de la protección debida a menores o personas con discapacidad necesitadas de especial protección en estado de prostitución o corrupción

Según el **art. 189.6 CP**, se castiga a:

> «6. El que tuviere bajo su potestad, tutela, guarda o acogimiento a un menor de edad o una persona con discapacidad necesitada de especial protección y que, con conocimiento de su estado de prostitución o corrupción, no haga lo posible para impedir su continuación en tal estado, o no acuda a la autoridad competente para el mismo fin si carece de medios para la custodia del menor o persona con discapacidad necesitada de especial protección (...)».

➜ **Acción típica**: se trata de un delito de omisión, y el sujeto activo ha de conocer el estado de prostitución o corrupción del menor o persona con discapacidad y de forma intencionada no haga lo posible para solucionar que la víctima siga en la misma situación, y en el caso de que no disponga de medios no acuda a las autoridades para poner en conocimiento los hechos.

➔ **Penalidad**: pena de prisión de tres a seis meses o multa de seis a doce meses.

➔ **Tipo subjetivo**: solamente es posible la conducta dolosa.

Intervención del Ministerio Fiscal

Art. 189.7 CP

«7. El Ministerio Fiscal promoverá las acciones pertinentes con objeto de privar de la patria potestad, tutela, guarda o acogimiento familiar, en su caso, a la persona que incurra en alguna de las conductas descritas en el apartado anterior».

Medidas cautelares

Art. 189.8 CP

«8. Los jueces y tribunales ordenarán la adopción de las medidas necesarias para la retirada de las páginas web o aplicaciones de Internet que contengan o difundan pornografía infantil o en cuya elaboración se hubieran utilizado personas con discapacidad necesitadas de especial protección o, en su caso, para bloquear el acceso a las mismas a los usuarios de Internet que se encuentren en territorio español. Estas medidas podrán ser acordadas con carácter cautelar a petición del Ministerio Fiscal».

Se introduce, en la reforma de 2021, el art. 189 bis con el siguiente texto:

«La distribución o difusión pública a través de Internet, del teléfono o de cualquier otra tecnología de la información o de la comunicación de contenidos específicamente destinados a promover, fomentar o incitar a la comisión de los delitos previstos en este capítulo y en los capítulos II bis y IV del presente título será castigada con la pena de multa de seis a doce meses o pena de prisión de uno a tres años.

Las autoridades judiciales ordenarán la adopción de las medidas necesarias para la retirada de los contenidos a los que se refiere el párrafo anterior, para la interrupción de los servicios que ofrezcan predominantemente dichos contenidos o para el bloqueo de unos y otros cuando radiquen en el extranjero».

Distribución o difusión pública a través de Internet, del teléfono o de cualquier otra tecnología de la información o de la comunicación.

Artículo reformado por la Ley Orgánica 4/2023, de 27 de abril

«Artículo 189 bis.

La distribución o difusión pública a través de Internet, del teléfono o de cualquier otra tecnología de la información o de la comunicación de contenidos específicamente destinados a promover, fomentar o incitar a la comisión de los delitos previstos en este capítulo y en los capítulos II y IV del presente título será castigada con la pena de multa de seis a doce meses o pena de prisión de uno a tres años.

Las autoridades judiciales ordenarán la adopción de las medidas necesarias para la retirada de los contenidos a los que se refiere el párrafo anterior, para la interrupción de los servicios que ofrezcan predominantemente dichos contenidos o para el bloqueo de unos y otros cuando radiquen en el extranjero».

Responsabilidad penal de las personas jurídicas

Artículo 189 ter

«Cuando de acuerdo con lo establecido en el artículo 31 bis una persona jurídica sea responsable de los delitos comprendidos en este Capítulo, se le impondrán las siguientes penas:

a) Multa del triple al quíntuple del beneficio obtenido, si el delito cometido por la persona física tiene prevista una pena de prisión de más de cinco años.

b) Multa del doble al cuádruple del beneficio obtenido, si el delito cometido por la persona física tiene prevista una pena de prisión de más de dos años no incluida en el anterior inciso.

c) Multa del doble al triple del beneficio obtenido, en el resto de los casos.

d) Disolución de la persona jurídica, conforme a lo dispuesto en el artículo 33.7 b) de este Código, pudiendo decretarse, atendidas las reglas recogidas en el artículo 66 bis, las demás penas previstas en el mismo que sean compatibles con la disolución».

Reincidencia internacional

Artículo 190 CP

«La condena de un Juez o Tribunal extranjero, impuesta por delitos comprendidos en este capítulo, será equiparada a las sentencias de los Jueces o Tribunales españoles a los efectos de la aplicación de la circunstancia agravante de reincidencia».

Este artículo puede conllevar problemas interpretativos en relación con el artículo 22.8.ª CP:

«8.ª Ser **reincidente**.

Hay reincidencia cuando, al delinquir, el culpable haya sido condenado ejecutoriamente por un delito comprendido en el mismo título de este Código, siempre que sea de la misma naturaleza.

A los efectos de este número no se computarán los antecedentes penales cancelados o que debieran serlo, ni los que correspondan a delitos leves.

Las condenas firmes de jueces o tribunales impuestas en otros Estados de la Unión Europea producirán los efectos de reincidencia salvo que el antecedente penal haya sido cancelado o pudiera serlo con arreglo al Derecho español».

Va a resultar siempre muy complicado saber si el sujeto activo de esta tipología de delitos lo ha hecho también en otro país.

6.7. Disposiciones comunes a los delitos contra la libertad e indemnidad sexual

Perseguibilidad

Art. 191.1 CP

«1. Para proceder por los delitos de agresiones, acoso o abusos sexuales, será precisa denuncia de la persona agraviada, de su representante legal o querella del Ministerio Fiscal, que actuará ponderando los legítimos intereses en presencia. Cuando la víctima sea menor de edad, persona con discapacidad necesitada de especial protección o una persona desvalida, bastará la denuncia del Ministerio Fiscal».

No se van a incluir, dentro de estas condiciones, los delitos de exhibicionismo y provocación sexual, ni tampoco los relativos a la prostitución y a la corrupción de menores, que se regulan en el sistema de la Ley de Enjuiciamiento Criminal que prevé denuncia o querella.

Siguiendo a MUÑOZ CONDE (2022, pp. 213-214), y entendemos que de forma muy acertada:

> «(...) estos delitos se han considerado delitos privados y sólo por previa denuncia (condición objetiva de perseguibilidad) de las personas directamente afectadas por los mismos podían perseguirse. Este carácter se mantiene en parte en el art. 191,1 y, en principio, cuando la víctima sea plenamente capaz es ella la que decide, mediante su denuncia o querella, si los hechos se persiguen o no. Ello puede dejar muchos de estos delitos en la «cifra negra», e incluso sin castigo lo que a todas luces debe castigarse; pero esta «privatización» de la acción penal no sólo es coherente con la conceptuación del bien jurídico protegido en estos delitos como delitos contra la libertad sexual, sino también con el derecho a la intimidad, que puede verse afectado cuando los hechos trascienden».

Perdón del ofendido

Art. 191.2 CP

«2. En estos delitos el perdón del ofendido o del representante legal no extingue la acción penal ni la responsabilidad de esa clase».

Hay que destacar que ni tan solo el matrimonio anula la condena, pues hay casos en los que una de las partes ha perdonado y ha contraído matrimonio con posterioridad y el cumplimiento de la prisión es inevitable.

Medidas de libertad vigilada

Art. 192 CP

«1. A los condenados a pena de prisión por uno o más delitos comprendidos en este Título se les impondrá además la medida de libertad vigilada, que se ejecutará con posterioridad a la pena privativa de libertad».

Duración de las medidas

Art. 192.1 CP (inciso segundo)

«La duración de dicha medida será de cinco a diez años, si alguno de los delitos fuera grave, y de uno a cinco años si se trata de uno o más delitos menos graves. En este último caso, cuando se trate de un solo delito cometido por un delincuente primario, el tribunal podrá imponer o no la medida de libertad vigilada en atención a la menor peligrosidad del autor».

Podemos apreciar aquí que la aplicación de la medida es de carácter **potestativo** por parte del juez. Es preciso tener muy en cuenta el art. 13 CP:

«1. Son delitos **graves** las infracciones que la Ley castiga con pena grave.
2. Son delitos **menos graves** las infracciones que la Ley castiga con pena menos grave.
3. Son **delitos leves** las infracciones que la ley castiga con pena leve.
4. Cuando la pena, por su extensión, pueda incluirse a la vez entre las mencionadas en los dos primeros números de este artículo, el delito se considerará, en todo caso, como **grave**. Cuando la pena, por su extensión, pueda considerarse como leve y como menos grave, el delito se considerará, en todo caso, como **leve**».

Las **medidas** a aplicar están en el art. 106 CP:

«1. **La libertad vigilada** consistirá en el sometimiento del condenado a control judicial a través del cumplimiento por su parte de alguna o algunas de las siguientes **medidas**:

a) La obligación de estar siempre localizable mediante aparatos electrónicos que permitan su seguimiento permanente.

b) La obligación de presentarse periódicamente en el lugar que el Juez o Tribunal establezca.

c) La de comunicar inmediatamente, en el plazo máximo y por el medio que el Juez o Tribunal señale a tal efecto, cada cambio del lugar de residencia o del lugar o puesto de trabajo.

d) La prohibición de ausentarse del lugar donde resida o de un determinado territorio sin autorización del Juez o Tribunal.

e) La prohibición de aproximarse a la víctima, o a aquellos de sus familiares u otras personas que determine el Juez o Tribunal.

f) La prohibición de comunicarse con la víctima, o con aquellos de sus familiares u otras personas que determine el Juez o Tribunal.

g) La prohibición de acudir a determinados territorios, lugares o establecimientos.

h) La prohibición de residir en determinados lugares.

i) La prohibición de desempeñar determinadas actividades que puedan ofrecerle o facilitarle la ocasión para cometer hechos delictivos de similar naturaleza.

j) La obligación de participar en programas formativos, laborales, culturales, de educación sexual u otros similares.

k) La obligación de seguir tratamiento médico externo, o de someterse a un control médico periódico.

2. Sin perjuicio de lo dispuesto en el artículo 105, el Juez o Tribunal deberá imponer en la sentencia la medida de libertad vigilada para su cumplimiento posterior a la pena privativa de libertad impuesta siempre que así lo disponga de manera expresa este Código.

En estos casos, al menos dos meses antes de la extinción de la pena privativa de libertad, de modo que la medida de libertad vigilada pueda iniciarse en ese mismo momento, el Juez de Vigilancia Penitenciaria, por el procedimiento previsto en el artículo 98, elevará la oportuna propuesta al Juez o Tribunal sentenciador, que, con arreglo a dicho procedimiento, concretará, sin perjuicio de lo establecido en el artículo 97, el contenido de la medida fijando las obligaciones o prohibiciones enumeradas en el apartado 1 de este artículo que habrá de observar el condenado.

Si éste lo hubiera sido a varias penas privativas de libertad que deba cumplir sucesivamente, lo dispuesto en el párrafo anterior se entenderá referido al momento en que concluya el cumplimiento de todas ellas.

Asimismo, el penado a quien se hubiere impuesto por diversos delitos otras tantas medidas de libertad vigilada que, dado el contenido de las obligaciones o prohibiciones establecidas, no pudieran ser ejecutadas simultáneamente, las cumplirá de manera sucesiva, sin perjuicio de que el Juez o Tribunal pueda ejercer las facultades que le atribuye el apartado siguiente.

3. Por el mismo procedimiento del artículo 98, el Juez o Tribunal podrá:

a) Modificar en lo sucesivo las obligaciones y prohibiciones impuestas.

b) Reducir la duración de la libertad vigilada o incluso poner fin a la misma en vista del pronóstico positivo de reinserción que considere innecesaria o contraproducente la continuidad de las obligaciones o prohibiciones impuestas.

c) Dejar sin efecto la medida cuando la circunstancia descrita en la letra anterior se dé en el momento de concreción de las medidas que se regula en el número 2 del presente artículo.

4. En caso de incumplimiento de una o varias obligaciones el Juez o Tribunal, a la vista de las circunstancias concurrentes y por el mismo procedimiento indicado en los números anteriores, podrá modificar las obligaciones o prohibiciones impuestas. Si el incumplimiento fuera reiterado o grave, revelador de la voluntad de no someterse a las obligaciones o prohibiciones impuestas, el Juez deducirá, además, testimonio por un presunto delito del artículo 468 de este Código».

Un **delincuente primario** es aquel que ha sido condenado por primera vez, aunque pueda haber cometido varios delitos con anterioridad. Se va a tener muy en cuenta la peligrosidad del autor y la posibilidad de reincidir.

Participación de personas encargadas de la protección de menores o personas con discapacidad necesitadas de especial protección

Según el **art. 192.2 CP (párrafo 1.º)**, se castiga a:

«2. Los ascendientes, tutores, curadores, guardadores, maestros o cualquier otra persona encargada de hecho o de derecho del menor o persona con discapacidad necesitada de especial protección, que intervengan como autores o cómplices en la perpetración de los delitos comprendidos en este Título».

➔ **Penalidad**: serán castigados con la pena que les corresponda, en su mitad superior.

Art. 192.2 CP (párrafo 2.º)

«No se aplicará esta regla cuando la circunstancia en ella contenida esté específicamente contemplada en el tipo penal de que se trate». Con ello se pretende no infringir el principio **non bis in idem**.

Pena de privación de la patria potestad o inhabilitación especial

Art. 192.3 CP (inciso primero)

«La autoridad judicial impondrá a las personas responsables de la comisión de alguno de los delitos de los Capítulos I o V cuando la víctima sea menor de edad y en todo caso de alguno de los delitos del Capítulo II, además de las penas previstas en tales Capítulos, la pena de privación de la patria potestad o de inhabilitación especial para el ejercicio de los derechos de la patria potestad, tutela, curatela, guarda o acogimiento, por tiempo de cuatro a diez años. A las personas responsables del resto de delitos del presente Título se les podrá imponer razonadamente, además de las penas señaladas para tales delitos, la pena de privación de la patria potestad o la pena de inhabilitación especial para el ejercicio de los derechos de la patria potestad, tutela, curatela, guarda o acogimiento, por el tiempo de seis meses a seis años, así como la pena de inhabilitación para empleo o cargo público o ejercicio de la profesión u oficio, retribuido o no, por el tiempo de seis meses a seis años ».

Art. 192.3 CP (inciso segundo)

«Asimismo, la autoridad judicial impondrá a las personas responsables de los delitos comprendidos en el presente Título, sin perjuicio de las penas que correspondan con arreglo a los artículos precedentes, una pena de inhabilitación especial para cualquier profesión, oficio o actividades, sean o no retribuidos, que conlleve contacto regular y directo con personas menores de edad, por un tiempo superior entre cinco y veinte años al de la duración de la pena de privación de libertad impuesta en la sentencia si el delito fuera grave, y entre dos y veinte años si fuera menos grave. En ambos casos se atenderá proporcionalmente a la gravedad del delito, el número de los delitos cometidos y a las circunstancias que concurran en la persona condenada».

Responsabilidad civil, filiación y alimentos

Art. 193 CP

«En las sentencias condenatorias por delitos contra la libertad sexual, además del pronunciamiento correspondiente a la responsabilidad civil, se harán, en su caso, los que procedan en orden a la filiación y fijación de alimentos».

Hemos de pensar que hay casos en los que, en este tipo de delitos, la mujer puede quedar embarazada y puede decidir abortar dentro de las catorce semanas de gestación. Todo y así, en la sentencia deberá haber el pronunciamiento sobre la responsabilidad civil pertinente en relación con los arts. 109 y ss. CP. Si la mujer que ha sido por ejemplo violada decide seguir con el embarazo y tener a la criatura, el juez tendrá que pronunciarse sobre la filiación del hijo y la obligación de pensión de alimentos. Sin embargo, la mujer podrá no identificar al padre y, por lo tanto, no se van a poder fijar la responsabilidad civil ni la pensión de alimentos que hemos comentado.

Clausura de locales

Art. 194 CP

«En los supuestos tipificados en los capítulos IV y V de este Título, cuando en la realización de los actos se utilizaren establecimientos o locales, abiertos o no al público, podrá decretarse en la sentencia condenatoria su clausura temporal o definitiva. La clausura temporal, que no podrá exceder de cinco años, podrá adoptarse también con carácter cautelar».

Observemos que en los casos de delitos de **exhibicionismo y provocación sexual o relativos a la prostitución**, el juez en sentencia ya condenatoria o como medida cautelar, podrá decretar la clausura de locales.

Prescripción

Art. 132.1 (párrafo segundo in fine)

«(...) En los delitos de tentativa de homicidio, de lesiones de los artículos 149 y 150, en el delito de maltrato habitual previsto en el artículo 173.2, en los delitos contra la libertad sexual y en los delitos de trata de seres humanos, cuando la víctima fuere una persona menor de dieciocho años, los términos se computarán desde que la víctima cumpla los treinta y cinco años de edad, y si falleciere antes de alcanzar esa edad, a partir de la fecha del fallecimiento (...)».

6.8. Referencias bibliográficas

Brage, S. B., «El delito de abuso sexual facilitado por el uso de sustancias químicas», en *La Ley Digital, 8216*, 2013.

Echuburúa, E. y **Subijana, I.**, «Guía de buena práctica psicológica en el tratamiento judicial de los niños abusados sexualmente», en *International Journal of Clinical and Health Psychology*. 2008, (8)3.

Filipas, H. H., y **Ullman, S. E.**, «Child sexual abuse, coping responses, self-blame, posttraumatic stress disorder, and adult sexual revictimization», in *Journal of Interpersonal Violence*. 2006 (21)5, 652-672.

FISCALÍA GENERAL DEL ESTADO, Circular 2/2015 de la Fiscalía General del Estado, de 20 de junio de 2015. Fecha última consulta: 13 de agosto de 2019. Disponible en: https://bit.ly/3z28jjw.

Lamarca, C., *Delitos. La parte especial del Derecho penal*. Madrid, Dykinson, 2017.

Larráyoz, I., «Absuelto por abusos sexuales a su cuñada al obtenerse ilegalmente los Dvds en los que estaban grabados los hechos», en *Actualidad Jurídica Aranzadi, 875*. Parte *proview*, 2013.

Marco, M.ª P., «Algunas reflexiones criminológico-penales sobre los abusos y agresiones sexuales a menores», en *La Ley Penal, 127*, 2017.

McGregor, M., Eriksen, J., Ronald, L., Jensen, P. A., Van Villet, A. & Schulzer, M., « Rising incidence of hospital reported drug-facilitated sexual assault in a large urban community in Canada. Retrospective population-based study», in *Can Publ Health, 95*, 2004, pp. 441 - 445.

Muñoz Conde, F. J., *Derecho penal Parte General*. Valencia, Tirant lo Blanch, 2017.

Muñoz Cuesta, F. J., «¿Es posible aplicar la agravación de actuación conjunta de dos o más personas en el delito de violación?», en *Repertorio de Jurisprudencia*, 22. Parte Comentario, 2005.

Muñoz Cuesta, F. J., «Alcance al abuso sexual de prevalimiento», en *Repertorio de Jurisprudencia*, 17. Parte Comentario, 2006.

Muñoz Cuesta, F. J., «Es necesaria una reforma del delito de agresión sexual?», en *Actualidad Jurídica Aranzadi*, 943, 2018.

ORGANIZACIÓN DE NACIONES UNIDAS (ONU). Comisión de Estupefacientes. Informe sobre el 53.° período de sesiones (2 de diciembre de 2009 y 8 a 12 de marzo de 2010). Consejo Económico y Social Documentos Oficiales. Suplemento n.° 8. Fecha última consulta: 14 de agosto de 2014). Disponible en: https://bit.ly/2X7kbfh.

Orts, E., «Delitos contra la libertad e indemnidad sexual», en *Derecho penal. Parte especial*. Valencia, Tirant lo Blanch, 2004.

Pérez Díaz, R., «El fenómeno sexting entre menores», en *Diario La Ley*, 9039. Sección Tribuna, 2017.

Real Academia Española. *Diccionario de la lengua española*. Fecha de consulta: 8 de agosto de 2019. Disponible en: https://bit.ly/3liicle.

Ropero, J., «Reformas penales y política criminal en la protección de la indemnidad sexual de los menores. El proyecto de 2013», en *Estudios Penales y Criminológicos* (XXXIV), 2014.

Serrano Gómez, A., **Serrano Maíllo, A.**, **Serrano Tárraga, M. D.** y **Vázquez González, C.**, *Curso de Derecho Penal. Parte especial*. Madrid, Dykinson, 2017.

UNIÓN EUROPEA. *Directiva 2006/54/CE del Parlamento Europeo y del Consejo, de 5 de julio de 2006, relativa a la aplicación del principio de igualdad de oportunidades e igualdad de trato entre hombres y mujeres en asuntos de empleo y ocupación (refundición)*. Fecha última consulta: 13 de agosto de 2019. Disponible en: https://bit.ly/3z3E6R9.

UNIÓN EUROPEA. *Directiva 2011/92/UE del Parlamento Europeo y del Consejo de 13 de diciembre de 2011 relativa a la lucha contra los abusos sexuales y la explotación sexual de los menores y la pornografía infantil y por la que se sustituye la Decisión marco 2004/68/JAI del Consejo.* Fecha última consulta: 13 de agosto de 2019. Disponible en: https://bit.ly/3E48nD7.

Jurisprudencia

- Sentencias del Tribunal Supremo de 17 de octubre y 24 de noviembre de 1986.
- Sentencia de la Audiencia Provincial de Sevilla n.° 74/1988, de 19 de marzo.
- Sentencia del Tribunal Supremo de 23 de septiembre de 1991.
- Sentencia del Tribunal Supremo Sala 2.ª n.° 1342/2003, de 20 de octubre.
- Sentencia del Tribunal Supremo Sala 2.ª n.° 376/2006, de 8 de marzo.

- Sentencia del Tribunal Supremo Sala 2.ª de 19 de mayo de 2006.
- Sentencia del Tribunal Supremo Sala 2.ª n.º 21/2007, de 19 de enero.
- Sentencia del Tribunal Supremo Sala 2.ª n.º 608/2007.
- Sentencia del Tribunal Supremo Sala 2.ª n.º 803/2010, de 30 de septiembre.
- Sentencia del Tribunal Supremo Sala 2.ª n.º 271/2012, de 26 de marzo.
- Sentencia del Tribunal Supremo Sala 2.ª n.º 264/2012, de 3 de abril.
- Sentencia del Tribunal Supremo Sala 2.ª, rec. 1786/2012, de 5 de junio de 2013.
- Sentencia del Tribunal Supremo Sala 2.ª, rec. 529/2014, de 21 de octubre de 2014.
- Sentencia del Tribunal Supremo Sala 2.ª n.º 480/2016, de 2 de junio (RJ 2016, 2722).
- Sentencia del Tribunal Supremo Sala 2.ª de 22 de junio de 2016.
- Sentencia del Tribunal Supremo Sala 2.ª n.º 23/2017, de 24 de enero (RJ 2017, 285).
- Sentencia del Tribunal Supremo Sala 2.ª n.º 33/2017, de 26 de enero.
- Sentencia del Tribunal Supremo Sala 2.ª n.º 692/2017, de 22 de febrero.
- Sentencia del Tribunal Supremo Sala 2.ª de lo Penal n.º 687/2017.
- Sentencia del Tribunal Supremo Sala 2.ª, rec. 10258/2017, de 19 de octubre de 2017. LA LEY 146269/2017, ECLI:ES:TS:2017:3691.

Para saber más...

El fenómeno *sexting* entre menores

PÉREZ DÍAZ, R. (2017). El fenómeno *sexting* entre menores. *Diario La Ley*, 9030. Sección Tribuna.

Es interesante que leas atentamente este artículo porque en él se busca realizar un análisis del fenómeno denominado *sexting* entre los menores de edad, como consecuencia del mal uso de las potentes y cambiantes redes sociales actuales, en las que,a veces, cuesta mucho diferenciar la esfera pública y la privada de las personas.

Veréis también el tratamiento jurídico administrativo, civil y penal del *sexting*.

Caso Mari Luz Cortés

Equipo de investigación. (2019). Caso Mari Luz, fallo en el sistema. [Archivo de vídeo]. Disponible en: https://bit.ly/3z04cUV

El 13 de enero de 2008, Mari Luz salía a la calle para comprar chucherías. Santiago del Valle la siguió desde su domicilio, y a la vuelta, le tiró un peluche para que la niña acudiera hacia él en la puerta de su portal. Fue cuando Mari

Luz entró en el portal para devolver el muñeco. Santiago se coloca detrás de ella con la intención de abusar sexualmente y la niña de tan solo cinco años se resistió. Del Valle tapó la boca de la niña y la golpeó fuertemente para posteriormente entrar en su casa y meterla en un carrito de la compra.

A partir de aquí, os recomiendo que veáis este reportaje del programa Equipo de investigación de La Sexta en el que podréis conocer con cierto detalle uno de los casos de agresión sexual a una menor con fatal desenlace que más conmocionó a este país. Además, por una serie de irregularidades judiciales, Del Valle estaba eludiendo la cárcel desde 2002 (tenía una condena por abuso sexual infantil), y este hecho provocó una gran alarma social.

Los padres de Mari Luz iniciaron en mayo de ese año una campaña de recogida de firmas en la que solicitaban cadena perpetua para los pederastas, que los llevó a entrevistarse con el presidente Zapatero, quien prometió a Juan José Cortés endurecer las penas por pederastia.

El juez Tirado, que tramitaba la causa pendiente de Del Valle en autos de ejecución de una pena de veintiún meses de prisión por un delito continuado de abusos sexuales, fue sancionado por la Comisión Disciplinaria del Consejo General del Poder Judicial a tan solo 1500 euros; la Fiscalía recurrió la decisión, y el padre de la niña pedía la retirada de la carrera judicial.

Podrás comprobar cómo casos de este tipo tan duros y tristes pueden terminar con una reforma del Código Penal que en 2015 introdujo la prisión permanente revisable (popularmente conocida como «cadena perpetua»).

Test

Agresiones sexuales

1. **¿Qué elemento distingue principalmente una agresión sexual de un abuso sexual?**
   a) El uso de la violencia o intimidación.
   b) La edad de la víctima.
   c) El grado de lesión sufrido por la víctima.
   d) La relación entre la víctima y el agresor.

2. **¿Qué tipo de consentimiento se considera válido en el contexto de actos sexuales según la legislación española?**
   a) Consentimiento tácito.
   b) Consentimiento expreso y libre.
   c) Consentimiento por omisión.
   d) Consentimiento bajo influencia de alcohol.

3. **¿Cuál es la pena prevista para el delito de agresión sexual sin acceso carnal?**
   a) Multa de 12 a 24 meses.
   b) Prisión de 1 a 5 años.
   c) Prisión de 1 a 3 años.
   d) Trabajos en beneficio de la comunidad de 31 a 80 días.

4. **¿Cómo se clasifican las agresiones sexuales si resultan en acceso carnal u otro acto que atente contra la libertad sexual de la víctima?**
   a) Delitos leves.
   b) Faltas.
   c) Delitos graves.
   d) Infracciones administrativas.

5. **¿Es posible que exista una agresión sexual en contextos donde no hay contacto físico?**
   a) No, siempre es necesario el contacto físico.
   b) Sí, en casos de coacción digital o telemática.
   c) No, la coacción digital o telemática no se considera agresión.
   d) Sólo si hay testigos del acto.

6. **¿Qué situaciones pueden agravar la pena en casos de agresiones sexuales?**
   a) Cuando el victimario abusa de su autoridad.
   b) Cuando la víctima tiene una relación de amistad con el agresor.
   c) Cuando el delito se comete en un lugar privado.
   d) Todas las anteriores son correctas.

7. **¿Puede el consentimiento ser invalidado en casos de agresión sexual?**
   a) No, el consentimiento es definitivo.
   b) Sí, si se ha obtenido mediante engaño o coacción.
   c) Sólo si el consentimiento fue verbal.
   d) Únicamente si la víctima es menor de edad.

8. **¿Qué papel juega la intimidación en el delito de agresión sexual?**
   a) Es un agravante pero no esencial para la tipificación del delito.
   b) Es imprescindible para configurar el delito.
   c) No tiene relevancia legal.
   d) Solo se considera en casos de reincidencia.

9. **¿Qué efectos tiene la reparación del daño en la calificación de las agresiones sexuales?**
   a) Atenua la responsabilidad penal.
   b) Exime de responsabilidad penal.
   c) No tiene ningún efecto en la responsabilidad penal.
   d) Agrava la responsabilidad penal.

10. **¿La figura delictiva de la agresión sexual admite tentativa?**
   a) Sí, como en cualquier otro delito.
   b) No, debe haber consumación para que exista delito.
   c) Sólo en casos especiales determinados por el juez.
   d) Únicamente si no hay contacto físico.

Solucionario

1. **a) El uso de la violencia o intimidación.**
2. **b) Consentimiento expreso y libre.**
3. **b) Prisión de 1 a 5 años.**
4. **c) Delitos graves.**
5. **b) Sí, en casos de coacción digital o telemática.**
6. **a) Cuando el victimario abusa de su autoridad.**

7. **b) Sí, si se ha obtenido mediante engaño o coacción.**
8. **b) Es imprescindible para configurar el delito.**
9. **a) Atenua la responsabilidad penal.**
10. **a) Sí, como en cualquier otro delito.**

Agresiones sexuales a menores de 16 años

1. **¿Qué artículo del Código Penal español tipifica las agresiones sexuales a menores de dieciséis años?**
   a) Artículo 183
   b) Artículo 179
   c) Artículo 181
   d) Artículo 189
2. **¿Qué edad se establece como límite para el consentimiento sexual en España?**
   a) 14 años
   b) 16 años
   c) 18 años
   d) No hay un límite de edad definido
3. **¿Con qué delito se relaciona la referencia a "grooming" o acoso sexual a menores?**
   a) Exhibicionismo
   b) Prostitución y corrupción de menores
   c) Contactos producentes de pornografía
   d) Ciberacoso
4. **¿Qué se considera un agravante en los delitos de agresiones sexuales a menores?**
   a) Ejercer influencia psicológica sobre el menor
   b) Utilizar la superioridad jerárquica sobre el menor
   c) Abuso de autoridad o vulnerabilidad del menor
   d) Todas las anteriores
5. **¿Cuál es la consecuencia jurídica cuando el autor del delito de agresión sexual es también menor de edad?**
   a) Se le aplica el Código Penal común
   b) Se le considera inimputable
   c) Se le aplica la Ley Orgánica 5/2000, de responsabilidad penal de los menores
   d) No hay responsabilidad penal alguna

6. **¿Qué se establece, en materia de agresiones sexuales a menores, para las víctimas que son especialmente vulnerables?**
   a) No se contempla ningún tratamiento diferenciado
   b) Una disminución de la pena
   c) Un agravamiento de la pena para el agresor
   d) Un cambio en el tipo delictivo

7. **En caso de agresiones sexuales a menores de dieciséis años, ¿se considera necesario el uso de violencia o intimidación para la configuración del delito?**
   a) Sí, siempre
   b) No, la falta de consentimiento es suficiente
   c) Sí, pero solo si el agresor es adulto
   d) No, pero se requiere engaño

8. **¿Qué tipo de penas se prevén generalmente para los autores de agresiones sexuales a menores?**
   a) Exclusivamente sanciones administrativas
   b) Multas económicas
   c) Penas de prisión
   d) Trabajo comunitario

9. **¿Qué efecto tiene la reparación del daño en la valoración de la pena de un delito de agresión sexual a un menor?**
   a) Puede eximir de responsabilidad penal
   b) Puede atenuar la responsabilidad penal
   c) Se considera una admisión de culpa, agravando la pena
   d) No tiene ningún efecto legal

10. **¿La ley prevé medidas especiales de protección o asistencia para las víctimas menores de agresiones sexuales?**
    a) No
    b) Sí, en todos los casos
    c) Solo en casos de reincidencia del agresor
    d) Depende de la edad de la víctima

Solucionario

1. **a) Artículo 183**

2. **b) 16 años**

3. **d) Ciberacoso**

4. **d) Todas las anteriores**

5. **c) Se le aplica la Ley Orgánica 5/2000, de responsabilidad penal de los menores**
6. **c) Un agravamiento de la pena para el agresor**
7. **b) No, la falta de consentimiento es suficiente**
8. **c) Penas de prisión**
9. **b) Puede atenuar la responsabilidad penal**
10. **b) Sí, en todos los casos**

Acoso sexual

1. **¿Qué caracteriza al delito de acoso sexual según el ordenamiento jurídico español?**
   a) Requiere contacto físico
   b) Implica siempre una relación laboral
   c) No necesita contacto físico, basta con la solicitud de favores de naturaleza sexual
   d) Solo se considera delito si hay testigos

2. **¿Qué elemento es indispensable para que se configure el delito de acoso sexual?**
   a) La reincidencia
   b) La denuncia pública del acto
   c) El rechazo de la víctima
   d) El ánimo de lucro

3. **El delito de acoso sexual puede ser cometido:**
   a) Solo en el ámbito laboral
   b) Solo en lugares públicos
   c) Tanto en el ámbito laboral como en cualquier otro
   d) Solo en el ámbito privado

4. **¿Cuál es la pena prevista para el delito de acoso sexual en España?**
   a) Prisión de tres meses a tres años o multa
   b) Prisión de uno a cuatro años
   c) Multa exclusivamente
   d) Prisión de 6 a 12 meses o multa de 10 a 15 meses, además de la pena de inhabilitación especial para el ejercicio de la profesión, oficio o actividad de 12 a 15 meses, que se impone en todo caso.

5. ¿Puede el acoso sexual estar constituido por una única acción?

a) No, debe ser reiterado

b) Sí, si esa acción genera un ambiente intimidatorio o humillante

c) No, debe ser público

d) Solo si se da en el entorno laboral

6. ¿Qué no se considera acoso sexual?

a) Piropos en la calle

b) Comentarios sexuales no deseados en el trabajo

c) Proposiciones sexuales en el ámbito académico

d) Burlas sobre orientación sexual entre amigos

7. En relación con el acoso sexual, ¿se considera más grave si la víctima es especialmente vulnerable?

a) Sí, se considera un agravante

b) No, la vulnerabilidad no afecta la gravedad

c) Solo si la víctima es menor de edad

d) Solo en el caso de discapacidad

8. ¿Existe algún tipo de prevención específica dentro de las empresas para evitar el acoso sexual?

a) No, esta fuera de la competencia de las empresas

b) Sí, se deben establecer protocolos de prevención

c) Solo si la empresa tiene más de 50 empleados

d) Solo en sectores determinados por la ley

9. ¿Qué papel desempeña el consentimiento en los casos de acoso sexual?

a) No tiene relevancia

b) Depende de la situación concreta

c) Es clave para determinar si ha habido delito o no

d) Solo relevante en el ámbito laboral

10. ¿Cuándo prescribe el delito de acoso sexual?

a) Al año de cometerse el acto

b) A los cinco años de cometerse el acto

c) A los diez años de la mayoría de edad de la víctima, si es menor

d) Nunca prescribe

Solucionario

1. c) No necesita contacto físico, basta con la solicitud de favores de naturaleza sexual

2. c) El rechazo de la víctima
3. c) Tanto en el ámbito laboral como en cualquier otro
4. d) prisión de 6 a 12 meses o multa de 10 a 15 meses, además de la pena de inhabilitación especial para el ejercicio de la profesión, oficio o actividad de 12 a 15 meses, que se impone en todo caso.
5. b) Sí, si esa acción genera un ambiente intimidatorio o humillante
6. d) Burlas sobre orientación sexual entre amigos
7. a) Sí, se considera un agravante
8. b) Sí, se deben establecer protocolos de prevención
9. c) Es clave para determinar si ha habido delito o no
10. b) A los cinco años de cometerse el acto

TEMA 7.

DELITOS CONTRA LA INTIMIDAD, EL DERECHO A LA PROPIA IMAGEN Y LA INVIOLABILIDAD DEL DOMICILIO

7.1. Introducción y objetivos

Para saber más, te recomendamos acceder a la siguiente dirección web:
https://bit.ly/2UIBe3e

Internet es «un territorio incómodo para preservar otros derechos fundamentales. Especialmente, la intimidad, el dominio reservado de cada uno, que no se desea abrir al conocimiento de los demás» (Muñoz Machado, 2000, p. 151).

Para Albadalejo García (2006, p. 66), el concepto de intimidad es «el poder concedido a la persona sobre el conjunto de actividades que forman su círculo íntimo personal y familiar, poder que le permite excluir a los extraños de entrometerse en él y de darle una publicidad que no desee el interesado».

Dicho poder contendría también un control activo sobre todas las informaciones concernientes a la persona, así como sobre sus datos personales (Marco Marco 2010, p. 91) o, como dice Carrillo (2003, p. 15), la potestad de controlar el flujo de información que pueda circular en el escenario público.

Como afirma Benítez Ortúzar (2009, p. 113):

> «(...) debe observarse que la actividad fraudulenta o criminógena relacionada con la telemática no siempre va a suponer que emerjan nuevos valores sociales a tutelar, es decir, no van a dar lugar a la creación de bienes jurídicos de nuevo cuño. Al contrario, en la mayoría de los casos, por no decir en todos, el bien jurídico tutelado que se ve lesionado o puesto en peligro como consecuencia de la aplicación de las nuevas tecnologías es un bien jurídico tradicional para el Derecho penal».

En este tema vamos a analizar los delitos contra la intimidad en la esfera del ciberespacio.

Los objetivos de aprendizaje de esta unidad son los siguientes:

- Aproximación histórica del Derecho a la intimidad.
- Conocer la legislación aplicable.
- Conocer los conceptos de secreto, apoderamiento e interceptación.
- Concordancias con otras legislaciones

7.2. Historia del derecho a la intimidad

Los derechos de la personalidad, como tales, en general y con referencia al honor, intimidad e imagen en particular, han sido los grandes ignorados en el Derecho histórico. Apenas los códigos civiles se han referido a los mismos. El Código civil suizo reconoce la protección a «quien fuere ofendido indebidamente en sus circunstancias personales», con lo que se refiere solo al honor. En el Código civil español no hay referencia alguna. Ha sido la jurisprudencia la que ha tenido que pronunciarse en alguno -sólo alguno, el honor-de estos derechos (O'CALLAGHAN MUÑOZ, 2015, p. 15). El Tribunal Supremo se pronunció por primera vez en la sentencia de 6 diciembre de 1912.

> EXTRACTO:
>
> Que la honra, el honor y la fama de la mujer, constituyen los bienes sociales de su mayor estima y su menoscabo la pérdida de mayor consideración que puede padecer en una Sociedad civilizada, incapacitándola para ostentar en ella el carácter de depositaría y custodia de los sagrados fines del hogar doméstico, base y piedra angular de la Sociedad pública, debiendo, por lo tanto, ser apreciados estos daños como uno de los más graves que obliga a tenerlos en cuenta al legislador para legislar, y a los Tribunales encargados por la ley de aplicar y de realizar la justicia con el propósito de remediarlos, para procurar se fije una norma-reguladora, estableciendo una responsabilidad civil, armonizada con los principios jurídicos que informan nuestro derecho común, si no se quiere fomentar en la sociedad una negligencia suicida, cuál sería el abandono de un elemento social de primer orden como la mujer, al capricho de la pública maledicencia.

Solo alude al honor y únicamente al de la mujer, pero esboza los primeros pronunciamientos generales y es la primera vez que toma en consideración el daño moral como objeto de indemnización.

La Declaración Universal de Derechos Humanos de 1948 recoge en su art. 12 que «nadie será objeto de injerencias arbitrarias en su vida privada, su familia, su domicilio o su correspondencia, ni de ataques a su honra o a su reputación. Toda persona tiene derecho a la protección de la ley contra tales injerencias o ataques».

El Convenio Europeo para la protección de los Derechos Humanos y la Libertades Fundamentales establece en su art. 8 que «toda persona tiene derecho al respeto de su vida privada y familiar, de su domicilio y de su correspondencia».

En el Pacto Internacional de Derechos Civiles y Políticos de 1966, su art. 17 establece:

> «1. Nadie será objeto de injerencias arbitrarias o ilegales en su vida privada, su familia, su domicilio o su correspondencia, ni de ataques ilegales a su honra y reputación.
>
> 2. Toda persona tiene derecho a la protección de la ley contra esas injerencias o esos ataques».

La Carta Europea de los Derechos Fundamentales de la Unión Europea del año 2000 también hace referencia al derecho a la intimidad en unos términos parecidos al Convenio Europeo incidiendo en la protección de datos de carácter personal.

La Constitución fue la pionera en delimitar el derecho a la intimidad y de la vida privada en nuestro ordenamiento jurídico recogiéndolo como un derecho fundamental en su artículo 18.

> «1. Se garantiza el derecho al honor, a la intimidad personal y familiar y a la propia imagen.
> 2. El domicilio es inviolable. Ninguna entrada o registro podrá hacerse en él sin consentimiento del titular o resolución judicial, salvo en caso de flagrante delito.
> 3. Se garantiza el secreto de las comunicaciones y, en especial, de las postales, telegráficas y telefónicas, salvo resolución judicial.
> 4. La ley limitará el uso de la informática para garantizar el honor y la intimidad personal y familiar de los ciudadanos y el pleno ejercicio de sus derechos».

Se hacía así eco de los trabajos desarrollados desde finales de la década de 1960 en el Consejo de Europa y de las pocas disposiciones legales adoptadas en países de nuestro entorno.

Y encuentra su desarrollo en la LO 1/82, de 5 de mayo, de protección civil del honor, la intimidad personal y familiar y la propia imagen.

La LO 1/82 no define qué es el honor, al igual que tampoco lo hace con la intimidad ni con la propia imagen, de modo que solo establece las formas de intromisión en los derechos y su protección.

La evolución del concepto de intimidad puede apreciarse en la jurisprudencia del Tribunal Constitucional. Así, en un primer momento, la intimidad se configura como el derecho del titular a exigir la no injerencia de terceros en la esfera privada, concibiéndola pues, como un derecho de corte garantista o de defensa. En un segundo momento, a partir de la STC n.º 134/99, de 15 de julio de 1999, la intimidad pasa a ser concebida como un bien jurídico que se relaciona con la libertad de acción del sujeto, con las facultades positivas de actuación para controlar la información relativa a su persona y su familia en el ámbito público (SSTC 134/99 de 15.7 y 144/99 de 22.7):

> «(...) el derecho a la intimidad garantiza al individuo un poder jurídico sobre la información relativa a una persona o a su familia, pudiendo imponer a terceros (sean estos simples particulares o poderes públicos) su voluntad de no dar a conocer dicha información, prohibiendo su difusión no consentida».

En función de los cauces de protección de la intimidad, el profesor ROMEO CASABONA (2004, p. 720) distingue tres categorías, cuya utilidad trasciende las fronteras del Derecho penal. Concretamente, se trata de la tutela de la intimidad a) como reducto de la personalidad; b) en su manifestación de confidencialidad compartida; y, c) en relación con el procesamiento de datos a través de las nuevas tecnologías de la información.

7.3. Del descubrimiento y revelación de secretos

En el preámbulo de la LO 1/2015, de 30 de marzo, se expresa que se modifican los delitos relativos a la intromisión en la intimidad de los ciudadanos, con el fin de solucionar los problemas de falta de tipicidad de algunas conductas. Hasta la fecha el artículo 197 contemplaba como delito, por un lado, el apoderamiento de cartas, papeles, mensajes de correo electrónico o cualesquiera otros documentos de naturaleza personal de la víctima y, por otro lado, la interceptación de cualquier tipo de comunicación de la víctima sea cual fuere la naturaleza y la vía de dicha comunicación interceptada. Ambas conductas exigen la falta de consentimiento de la víctima.

Los supuestos a los que ahora se ofrece respuesta son aquellos otros en los que las imágenes o grabaciones de otra persona se obtienen con su consentimiento, pero son luego divulgados contra su voluntad, cuando la imagen o grabación se haya producido en un ámbito personal y su difusión, sin el consentimiento de la persona afectada, lesione gravemente su intimidad.

La reforma lleva a cabo la transposición de la Directiva 2013/40/UE, de 12 de agosto, relativa a los ataques contra los sistemas de información y la interceptación de datos electrónicos cuando no se trata de una comunicación personal.

Estas modificaciones fueron debidas para superar las limitaciones de la regulación vigente hasta ese momento y ofrecer repuesta a la delincuencia informática en el sentido de la normativa europea.

Modalidad básica

Artículo 197.1 CP

«1. El que, para descubrir los secretos o vulnerar la intimidad de otro, sin su consentimiento, se apodere de sus papeles, cartas, mensajes de correo electrónico o cualesquiera otros documentos o efectos personales, intercepte sus telecomunicaciones o utilice artificios técnicos de escucha, transmisión, grabación o reproducción del sonido o de la imagen, o de cualquier otra señal de comunicación (...)».

Concepto de secreto

El concepto de «secreto» en el art. 18.3 tiene un carácter «formal», en el sentido de que se predica de lo comunicado, sea cual sea su contenido y pertenezca o no el objeto de la comunicación misma al ámbito de lo personal, lo íntimo o lo reservado (STC n.º 114/1984, de 29 de noviembre de 1984).

El secreto actúa como un derecho fundamental-medio, es decir, en la calidad de dispositivo de protección de ciertos procesos comunicativos que en la práctica social son el cauce de transmisión de datos comprendidos en el ámbito del derecho fundamental que es la intimidad personal. Ambas categorías se encuentran asociadas en el artículo 197.1 CP (Barja De Quiroga *et al.* 2018, p. 833)

Apoderamiento de secretos documentales. Art. 197.1, inciso 1.º CP

Consiste en apoderarse siendo precisa una aprehensión material, al menos temporal, del soporte, o alguna actuación material que sirva para la obtención de la información privada (Gómez Rivero *et al.* 2020, p. 354)

Se considera también como «apoderamiento» la recepción, por error del empleado de Correos, de cartas destinadas a otras personas y que luego son abiertas (Muñoz Conde 2019, p. 257).

Caso real

La acusada María José, ingresó en el mes de agosto de 2016 en el equipo de fútbol femenino de Oviedo, donde conoció al también acusado Epifanio, quien llevaba a cabo labores de segundo entrenador y de delegado del referido club deportivo.

Sobre los meses de octubre o noviembre de 2016, se inicia entre los dos acusados una relación sentimental, que ni es pública ni conocida por el resto de las jugadoras, directivos o cuerpo técnico del club.

En el curso de esa relación sentimental, el acusado Epifanio comienza a solicitar a la también acusada María José, fotografías de sus compañeras de equipo desnudas o en ropa interior a conseguir por esta cuando las jugadoras del club se están duchando o cambiando de ropa. María José accede y se presta a dicha petición, realizando desde diciembre de 2016 y hasta mayo de 2017, fotografías desnudas o en ropa interior a las siguientes compañeras y jugadoras del equipo, todas ellas mayores de edad (...).

El material audiovisual obtenido por María José fue puesto por esta inmediatamente a disposición de Epifanio. (SAP León 536/2019, 29 de noviembre de 2019).

Interceptación de comunicaciones. Art. 197.1, inciso 2.° CP

La captación de cualquier comunicación oral únicamente es típica si se utilizan «artificios técnicos» (micrófonos, cámaras, grabadoras, etcétera). Del mismo modo hay que entender la expresión «intercepte» referida a las telecomunicaciones. Así, por ejemplo, el «barrido aleatorio» no conducente a captar conversaciones concretas de personas explícitas que utilizan un teléfono móvil entraría también en el ámbito del precepto, así como el acceder al correo electrónico ajeno vulnerando la clave de acceso (Muñoz Conde 2019, p. 259).

Caso real

Queda también acreditado que, en momento previo a las 10,12 horas del día 27 de enero, en el indicado domicilio, Alexis cogió el teléfono móvil de Olga, sin su autorización, y con ánimo de atentar contra la intimidad de su titular, aprovechando que el mismo se desbloqueaba al deslizar un dedo sobre su pantalla, al no tener clave o contraseña, accedió a la conversación mantenida, en la red social DIRECCION002, entre Olga y una persona llamada Leoncio, a fin de conocer la relación que podía existir entre ambos, por lo que Alexis seguidamente a las 10,12 horas procedió a remitir a esta persona una nota de voz del siguiente tenor: «Causa todo bien yo pensé que tzl eras mi broder hermano tranquilo que ya sabrás de mí» (Sala de lo Civil y Penal del Tribunal Superior de Justicia de Madrid: STSJ M 11281/2019).

Utilización de artificios técnicos de escucha, transmisión, grabación o reproducción del sonido o la imagen

Aquí se incluyen las comunicaciones que se realizan de forma directa entre personas. La exigencia de que se empleen artificios técnicos excluye las captaciones directas por los sentidos. Este es el único tipo que protege la imagen, si bien sólo como manifestación de la intimidad (Quintanar Díez y Zabala López-Gómez, 2020, p. 172).

Caso real

El acusado Carlos, que en fecha 26 de marzo de 2014 trabajaba como profesor en el Colegio (...) de Zaragoza, en fechas no determinadas pero situadas entre principios del año 2013 y el 26 de marzo de 2014, movido por el ánimo de atentar contra la intimidad de un número plural e indeterminado de personas, colocó subrepticiamente cámaras de vídeo en distintos aseos del centro escolar en el que trabajaba con la finalidad de captar imágenes de personas desnudas o semidesnudas en situaciones íntimas mientras utilizaban los servicios (STS n.º 917/2016, de 2 de diciembre de 2016).

➔ Acción típica

Se integra en primer término por la conducta típica, en la que se pueden distinguir dos modalidades (SJP nº 2 42/2006, 15 de febrero de 2006, de Badajoz):

> «1. Apoderamiento de papeles, cartas, mensajes de correo electrónico o cualesquiera otros documentes o efectos personales, y
> 2. La interceptación de telecomunicaciones o la utilización de artificios técnicos de escuchas, transmisión, grabación o reproducción del sonido o os la imagen, o cualquier otra señal de comunicación. Esta última cláusula general, trata de subsanar las posibles lagunas de punibilidad que se pueden derivar de los avances de la tecnología moderna».

➔ Bien jurídico protegido

El bien jurídico protegido es la intimidad. El Tribunal Constitucional lo ha identificado sobre la base de dos aspectos (GÓMEZ RIVERO *et al.* 2020, p. 352):

- **Negativo**: el derecho a excluir a terceros del ámbito personal preservado del mundo exterior (STC n.º 272/2006, de 25 de septiembre).
- **Positivo**: el derecho a conocer y controlar los datos personales y familiares en manos de terceras personas. Se incluye aquí lo que se ha denominado libertad informática, que comprende el poder de control sobre los datos y sobre su exactitud, uso o destino (STC n.º 290/2000, de 30 de noviembre).

➔ Sujetos

Sujetos activos y pasivos pueden serlo cualquiera. Se trata de un delito común.

➔ Elemento subjetivo

Establece la STS de 23 de octubre de 2000, para la comisión del delito del art. 197 CP es necesario no sólo el dolo genérico de saber lo que se hace y la voluntad de hacerlo, sino también el dolo específico requerido por esta figura delictiva, caracterizado por el ánimo tendencial de invadir la esfera de privacidad e intimidad.

➔ Formas de ejecución

Nos encontramos ante un delito de mera actividad, que no precisa para su consumación que se produzca ningún resultado.

Es posible la tentativa, que se daría con la instalación de los aparatos o su preparación, pero sin llegar a conectarlos (GONZÁLEZ RUS, 2011, p. 384).

➔ Concursos

Al tratarse de un tipo mixto alternativo, la realización de varias de las modalidades previstas en el art. 197.1 CP en un mismo tracto delictivo constituirá un solo delito. No obstante, se ha cuestionado la posibilidad de apreciar delito continuado en los casos de reiteración, varias captaciones de la imagen o del sonido, interceptaciones de telecomunicaciones o apoderamientos de papeles (Carrasco Andrino 2021, p. 1438).

➔ Pena

Se impondrá la pena de prisión de uno a cuatro años y multa de doce a veinticuatro meses.

➔ Circunstancias modificativas de la responsabilidad criminal

Abarca causa de justificación del cumplimiento de deber por parte de la autoridad, pues la Ley autoriza al Juez a la detención y apertura de correspondencia privada, apertura y examen de esta a fin de obtener medios de prueba (libro II, título VIII, capítulo III de la LECrim) (Serrano Gómez *et al.* 2019, p. 215).

7.4. Apoderamiento de secretos informáticos

Artículo 197.2 CP

«(...) sin estar autorizado, se apodere, utilice o modifique, en perjuicio de tercero, datos reservados de carácter personal o familiar de otro que se hallen registrados en ficheros o soportes informáticos, electrónicos o telemáticos, o en cualquier otro tipo de archivo o registro público o privado. Iguales penas se impondrán a quien, sin estar autorizado, acceda por cualquier medio a los mismos y a quien los altere o utilice en perjuicio del titular de los datos o de un tercero».

La característica principal de este precepto es que el objeto sobre el que recaen las distintas acciones en él tipificadas, «datos reservados de carácter personal o familiar de otro», se encuentran «registrados en ficheros o soportes informáticos, electrónicos o telemáticos, o en cualquier otro tipo de archivo o registro público o privado» (Muñoz Conde 2022, p. 259).

A estos efectos, por datos personales habrían de entenderse no solo los datos de identidad oficial, en sentido estricto, sino cualesquiera otros, propios de una persona o utilizados por ella, que le identifiquen o hagan posible su identificación frente a terceros **tanto en un entorno físico como virtual**. Tienen tal consideración no solo el nombre y apellidos, sino también, entre otros los números de identificación personal como el correspondiente al DNI, el de afiliación a la Seguridad Social o a cualquier institución u organismo público o privado, el número de teléfono asociado a un concreto titular, la dirección postal, el apartado de correos, la dirección de correo electrónico, la dirección IP, la contraseña/usuario de carácter personal, la matrícula del propio vehículo, las imágenes de una persona obtenidas por videovigilancia, los datos biométricos y datos de ADN, los seudónimos y en general cualquier dato identificativo que el afectado utilice habitualmente y por el que sea conocido (FGE, en su Circular 3/2017, de 21 de septiembre).

«La jurisprudencia más reciente de la Sala Segunda se hace eco de la dificultad, y con singular referencia a los mensajes de correo electrónico, que considera pueden ser objeto de integrar tanto las conductas del art. 197.1 como las del 197.2, señala al respecto - STS (Pleno) 412/2020, de 20 de julio- que las conductas típicas contempladas en el artículo 197.1 frente a las recogidas en el art. 197.2, no son necesariamente excluyentes, siendo posible comportamientos susceptibles de subsumirse en ambas normas (vd. STS 377/2018, antes citada); consecuencia lógica de tipificarse en el apartado primero la apropiación y conductas alternativas del secreto documental y en el apartado segundo los secretos recogidos en archivos o registros. Si bien, al tutelarse en ambos casos diversas modalidades del mismo bien jurídico y resultar condenados con la misma pena, en estos supuestos, deviene irrelevante la calificación por el primero o por el segundo de los apartados del art. 197 CP» (SAP Las Palmas 247/2020, 6 de noviembre de 2020).

➔ Bien jurídico protegido

Lo protegido en el art. 197.2 CP son los propios datos reservados de carácter personal o familiar o la autodeterminación informativa, entendiéndose como un bien jurídico autónomo, esto es, con una entidad diferenciada de la intimidad personal, y no como una faceta o derivación suya (Romeo Casabona 2004, Gómez Navajas 2005 y Gómez Rivero 2004).

➔ Acción típica

Las conductas consisten en apoderarse, utilizar o modificar, «en perjuicio de tercero», los datos reservados.

➔ Elemento subjetivo

El tipo exige un ánimo o intención de descubrir los secretos o vulnerar la intimidad de otro. Es necesario, además, un elemento subjetivo del injusto consistente en la finalidad de perjudicar al titular de los datos o a un tercero (STS n.º 221/2019, de 29 de abril de 2019).

➔ Sujetos

Es preciso que el sujeto activo no esté autorizado, si hay consentimiento del titular el hecho se convierte en atípico. Aunque hay autores que consideran como una especial causa de justificación (González Cussac, 2019, p. 292).

➔ Pena

Se impondrá la pena de prisión de uno a cuatro años y multa de doce a veinticuatro meses.

Caso real

Se declara probado que el acusado Epifanio (nacido el año 1972 y sin antecedentes penales), en fecha no determinada, durante los primeros meses del año 2017 publicó en la red social Facebook un documento firmado por una coordinadora de los Punts de Trobada Familiar de Balears de fecha 6 de abril de 2016 donde aparecía que su expareja sentimental Miriam había estado residiendo en una casa de acogida durante los meses de diciembre de 2014 y enero de 2015, marchando de dicho lugar sin dejar reseña de su nueva residencia.

También ha publicado en la misma red social comentarios dirigidos al hijo que tienen en común tales como «guarro, mangante, mentiroso, te gustan las cosas ajenas, tu madre es muy puta, me oculta su domicilio, no tiene moralidad para criarte», y otros igualmente despectivos; e incluso también publicado parte de los vídeos de un juicio celebrado en fecha 11 de julio de 2017.

Todo ello con la finalidad de dañar, con su difusión indiscriminada a terceros, la imagen de quien había sido su pareja y con la que tenía un hijo. STS 538/2021, 17 de junio de 2021 (art.197.2)

7.5. Difundir, revelar, o ceder a terceros datos reservados

Artículo 197.3 CP

«Se impondrá la pena de prisión de dos a cinco años si se difunden, revelan o ceden a terceros los datos o hechos descubiertos o las imágenes captadas a que se refieren los números anteriores.

Será castigado con las penas de prisión de uno a tres años y multa de doce a veinticuatro meses, el que, con conocimiento de su origen ilícito y sin haber tomado parte en su descubrimiento, realizare la conducta descrita en el párrafo anterior».

El primer párrafo recoge un tipo agravado que se refiere a la difusión, revelación o cesión a terceros de los datos o hechos descubiertos o las imágenes capturadas que contemplan las conductas en los apartados anteriores.

«(...) Lo que da lugar a un tipo compuesto, si dichas imágenes se difunden, revelan o ceden a terceros, supuesto agravado previsto en el apartado 3.º.1 del mismo precepto, lo que conlleva la realización previa del tipo básico» (STS n.º 1219/2004, de 10 de diciembre).

Caso real

El relato de hechos afirma tajantemente que el acusado dio instrucciones precisas a sus abogados para que utilizasen el contenido de los correos electrónicos para plantear a los letrados de la acusación particular, la alternativa de renunciar a la herencia o difundir las intimidades de su hermana. Esta conducta resulta inequívocamente integrada en el art. 197.3.º CP en cuanto que no solamente se hace una revelación o difusión, inicialmente limitada a los letrados que han sido condenados, pero en el caso de que no se aceptase la conminación que se trataba de ejercer es indudable que la difusión llegaría, por lo menos, a las respectivas parejas afectadas (STS n.º 302/2008, de 27 de mayo de 2008)

El segundo párrafo se refiere a que el sujeto activo tenga conocimiento de su origen ilícito, sin haber realizado previamente ninguna de las conductas del art. 197, apartados 1 o 2. En opinión de Segrelles De Arenaza (2000, p. 290), se trataría de una especie de receptación de secretos personales o de intimidad.

7.6. Descubrimiento y revelación de secretos por personas encargadas o responsables de su custodia material

Artículo 197.4 CP

«Los hechos descritos en los apartados 1 y 2 de este artículo serán castigados con una pena de prisión de tres a cinco años cuando:

a) Se cometan por las personas encargadas o responsables de los ficheros, soportes informáticos, electrónicos o telemáticos, archivos o registros; o

b) se lleven a cabo mediante la utilización no autorizada de datos personales de la víctima.

Si los datos reservados se hubieran difundido, cedido o revelado a terceros, se impondrán las penas en su mitad superior».

Se pueden apreciar dos supuestos distintos por razón de los sujetos activos:

a) Se le impone la agravación de prisión de tres a cinco años cuando el comportamiento haya sido realizado por personas determinadas que tienen el deber de custodia de los datos personales (MORALES PRATS 2015, p. 465).

Caso real

La recurrente, para ayudar a su hermana y proteger a los hijos de ésta, a la par que conocer las posibles patologías que pudieran afectar a la mujer que convivía con el padre de los menores, aprovechó su cometido laboral de enfermera, que desempeñaba en el Servicio de Urgencias del Hospital de la Ribera, para acceder con su clave personal a la base de datos de dicho Hospital, y con ello, a la historia clínica de dicha mujer, conociendo así sus datos clínicos y personales. De éstos informó a su hermana que, a través de su representación procesal, presentó un escrito pidiendo la suspensión del régimen de visitas a favor del padre de sus hijos. (STS n.° 990/2012, de 18 de octubre de 2012).

---

b) Utilización no autorizada de datos personales de la víctima. Esta agravación fue introducida por la LO 1/2015, respondiendo a lo dispuesto en la Directiva 2013/40/UE que en su art. 9 establece la necesidad de sancionar aquellos comportamientos que se realicen utilizando ilícitamente los datos de carácter personal de otro con la finalidad de ganar la confianza de un tercero (GÓMEZ RIVERO *et al.* 2020, p. 359)

Caso real

Con la finalidad de obtener datos reservados de carácter tributario relativos a personas físicas o jurídicas fundamentalmente residenciadas en el País Vasco, y a fin de facilitarlos a terceros a cambio de una remuneración, Bernabé, ya fallecido y a quien no afecta esta resolución, entró en contacto con Juan Luis, mayor de edad y sin antecedentes penales, a la sazón funcionario -en el Departamento de Hacienda y Finanzas de la Diputación Foral de Vizcaya, autorizado para consultar la base de datos de dicho organismo. Conforme a las peticiones que Bernabé le realizaba, Juan Luis realizó las operaciones que a continuación se describen, teniendo conocimiento de su carácter ilícito y de que carecía de autorización de los titulares de los datos: 1°) El día 26 de junio de 2006, entre las 18:09:56 y las 18:29:47, realizó un total de ocho accesos a datos tributarios de la base de Departamento de Hacienda y Finanzas de la Diputación Foral de Vizcaya relativos a don Dimas... (STS n.° 374/2020, de 8 de julio de 2020).

7.7. Por el carácter sensible de los datos descubiertos

Artículo 197.5 CP

«5. Igualmente, cuando los hechos descritos en los apartados anteriores afecten a datos de carácter personal que revelen la ideología, religión, creencias, salud, origen racial o vida sexual, o la víctima fuere un menor de edad o una persona con discapacidad necesitada de especial protección, se impondrán las penas previstas en su mitad superior».

Se refiere este apartado al designado núcleo duro de la privacidad, es decir, la esfera más sensible de la misma como resultan datos sobre la salud, ideología, creencias religiosas, etcétera (Lamarca Pérez *et al.* 2019, p. 234).

La CE, en su art. 16.2, prohíbe que el ciudadano sea obligado a declarar sobre su ideología, religión o creencias. Asimismo, el Reglamento europeo (UE) 2016/679, en su art. 9.1, establece una prohibición general de tratamiento, exceptuada bajo determinadas condiciones, respecto de datos que «revelen el origen étnico o racial, las opiniones políticas, las convicciones religiosas o filosóficas, o la afiliación sindical, y el tratamiento de datos genéticos, datos biométricos dirigidos a identificar de manera unívoca a una persona física, datos relativos a la salud o datos relativos a la vida sexual o la orientación sexual de una persona física».

Caso real

«(...) la intencionalidad dolosa de la grabación del video se deduce del contexto de agresión y humillación de la víctima en que se produce; pues «recogió con claridad imágenes de la ‹denunciante›, con perfecta conciencia y complacencia en lo que grababa. La pertenencia del condenado al chat ‹la Manada›, al que pertenecen todos los procesados excepto Jaime, donde intercambian imágenes de contenido sexual, permite legítimamente concluir que la intención del borrado fue únicamente destruir la prueba que le incriminaba y que se produce entre el momento que le identifica la Policía Foral en el callejón de la Plaza de Toros, y el posterior en que le detiene la Policía municipal. A la misma intencionalidad dolosa se llega de la circunstancia, relatada por la sentencia de la Audiencia, de que Cesáreo ‹no manifestó que tuviera un vídeo; por primera vez hizo alusión a la existencia de esta grabación, en su declaración indagatoria prestada el 2 de septiembre de 2016›»». (Caso La Manada. Sentencia n.º 693/2020, de 15 de diciembre).

7.8. Por el fin lucrativo

Artículo 197.6 CP

«6. Si los hechos se realizan con fines lucrativos, se impondrán las penas respectivamente previstas en los apartados 1 al 4 de este artículo en su mitad superior. Si además afectan a datos de los mencionados en el apartado anterior, la pena a imponer será la de prisión de cuatro a siete años».

Caso real

«A principios del año 1995 la acusada Marí Trini conoció al también acusado Miguel Ángel, iniciándose entre ambos una relación íntima en el curso de la cual ella le manifestó que conocía al periodista Octavio, personaje público por su condición de director del diario El Mundo, y que mantenía con él una relación de íntima amistad y cuya compañía compartía esporádicamente. A la vista de ello Miguel Ángel propuso a Marí Trini un negocio consistente en grabar subrepticiamente una relación sexual entre ella y el Sr. Octavio para venderla a quien pudiera interesarle su difusión y así obtener un importante beneficio económico. - Ella aceptó y a primeros de 1997 comenzaron a efectuar los preparativos de la grabación; en la pared medianera de la habitación con un armario situado en el pasillo del domicilio de Marí Trini (...)» (STS n.º 1219/2004, de 10 de diciembre).

7.9. Difusión no autorizada de imágenes o grabaciones audiovisuales obtenidas con consentimiento de la víctima (*sexting*)

Artículo 197.7 CP

«Será castigado con una pena de prisión de tres meses a un año o multa de seis a doce meses el que, sin autorización de la persona afectada, difunda, revele o ceda a terceros imágenes o grabaciones audiovisuales de aquélla que hubiera obtenido con su anuencia en un domicilio o en cualquier otro lugar fuera del alcance de la mirada de terceros, cuando la divulgación menoscabe gravemente la intimidad personal de esa persona.

La pena se impondrá en su mitad superior cuando los hechos hubieran sido cometidos por el cónyuge o por persona que esté o haya estado unida a él por análoga relación de afectividad, aun sin convivencia, la víctima fuera menor de edad o una persona con discapacidad necesitada de especial protección, o los hechos se hubieran cometido con una finalidad lucrativa».

Una de las principales novedades realizadas por la LO 1/2015 fue la tipificación expresa como delito contra la intimidad de una de las modalidades del denominado *sexting*, como es la divulgación de imágenes o grabaciones audiovisuales obtenidas con consentimiento de la persona afectada, pero sin que esta haya autorizado esa divulgación.

«El art. 197.7 del CP ha sido, desde su introducción por la reforma operada por la LO 1/2015, 30 de marzo, un precepto controvertido. Su valoración enfrenta a quienes consideran que se trata de un tipo penal indispensable para evitar clamorosos vacíos de impunidad —sexting o revenge porn— y aquellos otros que entienden, por el contrario, que la descripción del tipo vulnera algunos de los principios informadores del derecho penal».

«La sociedad no puede permanecer indiferente —se razona— a la difusión intencionada de imágenes conectadas a la intimidad y que, una vez incorporada a una red social, multiplican exponencialmente el daño generado a la intimidad de una persona que sólo concebía un destinatario para su visión». **(STS de 24 de febrero del 2020)**.

En la expresión «o en cualquier otro lugar fuera del alcance de la mirada de terceros» se pueden incluir las relaciones íntimas mantenidas en un lugar público, aunque al abrigo de la mirada de terceros, por ejemplo, en un lugar apartado de un parque público, o en una playa desierta. Por tanto, su divulgación por uno de los participantes en el acto, sin la anuencia del otro, entraría en el ámbito del apartado 7 (Muñoz Conde 2022, p. 262).

La diferencia de las anteriores modalidades típicas previstas en el artículo 197 CP es que, en todas ellas, la captación de imágenes o secretos habías sido sin el consentimiento de la víctima, mientras que el *sexting*, la propia víctima autoriza la grabación o captación de imágenes o sonido, lo que no consiente es su divulgación (Gómez Rivero *et al.* 2022, p. 360).

El carácter público del lugar donde se obtienen las imágenes no ubica necesariamente al afectado fuera del ámbito de protección del derecho a la intimidad. En la STC n.º 19/2014, de 10 de febrero, indicó que el carácter público de los lugares donde fueron captadas las imágenes no involucra la desprotección del derecho a la intimidad.

Caso real

«(...) debido al enfado del acusado derivado de las negativas de aquella, guiado por el propósito de lastimarla en su intimidad, tras haber grabado aquel mismo con la anuencia de la misma, con el teléfono móvil de ésta última, un vídeo que contenía las imágenes de una felación que le realizó aquella, se lo reenvió a su propio teléfono móvil y sobre las 14,00 horas de uno de los días indicados, mostró el contenido del mismo al compañero de trabajo de ambos, D Sebastián, sin haber obtenido el consentimiento de aquella a tal divulgación». (SAP Almería n.º 76/2018, de 14 de febrero).

Competencia judicial

En la medida en que estos delitos se cometan **a través de redes informáticas,** pueden surgir problemas de determinación de la competencia judicial de los tribunales penales españoles o de aplicación de la ley penal en el espacio. Así, por ejemplo, cuando la conducta de acceso y/o apoderamiento de datos se efectúa desde fuera de España a un servidor que se encuentra en España; o la divulgación, en una página web alojada en un servidor de un país extranjero, de grabaciones o captaciones de la imagen o del sonido realizadas desde España. El Convenio sobre Cibercriminalidad del Consejo de Europa de 23 de noviembre de 2001, en su art. 22, se limita a este respecto a consagrar el principio de territorialidad y el respeto a las normas de competencia del Derecho interno de cada Estado.

7.10. Acceso ilegal o *hacking*

La Directiva 2013/40/UE del Parlamento Europeo y del Consejo de 12 de agosto de 2013 relativa a los ataques contra los sistemas de información y por la que se sustituye la Decisión marco 2005/222/JAI del Consejo, en su artículo 2 nos facilita las definiciones comunes con el fin de garantizar la aplicación coherente de la Directiva.

a) **«Sistema de información»**: todo aparato o grupo de aparatos interconectados o relacionados entre sí, uno o varios de los cuales realizan, mediante un programa, el tratamiento automático de datos informáticos, así como los datos informáticos almacenados, tratados, recuperados o transmitidos por dicho aparato o grupo de aparatos para su funcionamiento, utilización, protección y mantenimiento.

b) **«Datos informáticos»**: toda representación de hechos, informaciones o conceptos de una forma que permite su tratamiento por un sistema de información, incluidos los programas que sirven para hacer que dicho sistema de información realice una función.

c) **«Persona jurídica»**: toda entidad a la cual el derecho vigente reconoce este estatuto, salvo los Estados y otros organismos públicos que ejercen prerrogativas públicas y las organizaciones internacionales de carácter público.

d) **«Sin autorización»**: un comportamiento al que se refiere la presente Directiva, incluido el acceso, la interferencia o la interceptación, que no haya sido autorizado por el propietario u otro titular del derecho sobre el sistema o parte del mismo o no permitido por el Derecho nacional.

La modificación de los parámetros comunitarios con la aprobación de la nueva Directiva 2013/40/UE, de 12 agosto de 2013, relativa a los ataques contra los sistemas de información, que derogó la citada Decisión Marco 2005/222/JAI en la que se había sustentado la incriminación del *hacking*, ha provocado la consiguiente reforma del CP, llevada a cabo por la LO 1/2015, que ha traído cambios en la redacción del tipo, además de su separación de los delitos de descubrimiento y revelación de secretos, en un artículo distinto —el 197 bis CP—, así como la introducción de nuevos tipos penales en los arts. 197 bis.2 y 197 ter CP. (Carrasco Andrino, 2021, p. 1473).

La LO 1/2015, de 30 de marzo regula por primera vez el acceso a datos y programas contenidos en sistemas informáticos y el mantenimiento dentro de ellos, lo que en alguna opinión supone un adelantamiento de la barrera de protección de la intimidad (Miró Llinares, 2010, p. 144).

Este precepto se aplica salvo que haya afectación a la intimidad de personas, en cuyo caso sería de preferente aplicación el art. 197 CP, que prevé además una pena mayor (Muñoz Conde, 2022, p. 263).

Artículo 197 bis.1

> «1. El que por cualquier medio o procedimiento, vulnerando las medidas de seguridad establecidas para impedirlo, y sin estar debidamente autorizado, acceda o facilite a otro el acceso al conjunto o una parte de un sistema de información o se mantenga en él en contra de la voluntad de quien tenga el legítimo derecho a excluirlo, será castigado con pena de prisión de seis meses a dos años».

Podríamos denominar a este tipo de conductas como hacking de desafío, que es la acción delictiva del sujeto que, para demostrar su habilidad informática, o para descubrir fallos en un sistema, accede sin autorización al mismo y que resultaba atípico hasta la reforma de 2010. Sí incriminaba el CP (RCL 1995, 3170 y RCL 1996, 777) conductas de hacking que podríamos denominar de apoderamiento o destructivo, a los conocidos en el lenguaje especializado como crackers, quienes utilizando sus conocimientos informáticos realizaban conductas lesivas como causar daños en el propio sistema informático o en los datos o programas en él alojados, atacar la intimidad o el patrimonio (STS Sentencia n.º 494/2020 de 8 octubre. RJ 2020\5204).

La Fiscalía General del Estado en su Circular 3/2017, de 21 de septiembre, entiende que una medida de seguridad es:

> «Aquella que se haya establecido con la finalidad de impedir el acceso al sistema, con independencia de que la misma sea más o menos sólida, compleja o robusta y también de que haya sido establecida por el administrador, el usuario, o por el instalador del sistema, siempre que se mantenga operativa como tal medida de seguridad por quien está legitimado para evitar el acceso».

➔ Bien jurídico protegido

Para un sector doctrinal, la ubicación sistemática del precepto exige a establecer una vinculación entre el bien jurídico protegido y la intimidad, bien como protección de lo que se ha dado en llamar domicilio informático que, estableciendo un paralelismo con el domicilio físico, se refiere al espacio virtual en el que se acumula información vital (Morales García 2010, p. 185), bien como tutela del interés en la conservación del secreto frente a quien no está autorizado (López Ortega 1996) o bien como protección de la inviolabilidad de los sistemas informáticos individuales como posibles contenedores de información sensible para la intimidad (Galán Muñoz 2009, p. 95).

➜ Acción típica

El artículo 197 bis 1 CP, castiga tres modalidades: solo hecho de **acceder** o **facilitar a otro el acceso** o se **mantenga en contra de la voluntad del titular**, vulnerando las medidas de seguridad sin que sea preciso el apoderamiento o el conocimiento de datos o información de naturaleza alguna y mucho menos de datos documentos de carácter íntimo o datos de carácter personal.

➜ Sujetos

Sujeto activo puede ser cualquiera pero, por sus características, es habitual que sea realizado por personas con conocimientos informáticos avanzados en el uso de sistemas telemáticos (Gutiérrez Mayo 2021, p. 95)

El llamado **hacking blanco**, la conducta del sujeto activo sirve para demostrar su habilidad informática o para descubrir fallos en un sistema que accede sin autorización al mismo resultaba atípico hasta la reforma de 2010.

Diferente del **hacking negro**, o los conocidos en el lenguaje especializado como crackers, quienes utilizando sus conocimientos informáticos realizaban conductas lesivas (Colás Turégano 2015, p. 215).

Sujeto pasivo puede ser cualquiera. Se trata de un delito común.

➜ Elemento subjetivo

Son comportamientos dolosos. Serían atípicas las conductas negligentes de acceso a sistemas informáticos.

➜ Concursos

En aquellos casos en los que, para eludir las medidas de seguridad fuera preciso utilizar datos de carácter personal de la víctima, la aplicación conjunta del art. 197.1 y del art. 197.4 b) CP supondría una vulneración del *non bis in idem* por lo cual entenderemos que estamos ante un concurso de leyes y se resolverá en virtud del principio de especialidad (Gómez Rivero *et al.* 2020, p. 367)

➜ Penalidad

Será castigado con pena de prisión de seis meses a dos años.

Caso real

«(...) los motivos que le llevan a afirmar la autoría del Sr. Gerardo, mencionando entre otros, y por lo que se refiere a los datos que proporciona a Héctor sobre un moto y una persona, se detecta por el contenido de dos conversaciones telefónicas que sostienen ambos los días 1 y 2 de junio de 2016 (F. 302 y 305 TII), donde claramente se hace mención a las gestiones que está haciendo para efectuar esa averiguación, lo que pone en aviso a los agentes investigadores, que pasan a constatar esos extremos, poniendo así de manifiesto el agente NUM028, mediante comparecencia, la constatación de una nueva consulta en la aplicación Atlas (f. 384 TII) a la que igualmente hacen referencia los Srs. Gerardo y Héctor en una conversación telefónica que mantienen el día 18 de julio de 2016 (f. 423bis TII). A la que también hace referencia en la conversación que mantienen los días 22 de julio (f. 427 TII) y el 28 de julio (f. 429 TII), en que además reconoce haber entrado con la clave de un compañero» (STS n.º 494/2020, de 8 de octubre).

Artículo 197 bis. 2 CP

«El que mediante la utilización de artificios o instrumentos técnicos, y sin estar debidamente autorizado, intercepte transmisiones no públicas de datos informáticos que se produzcan desde, hacia o dentro de un sistema de información, incluidas las emisiones electromagnéticas de los mismos».

Mediante esta nueva conducta, copia casi literal del art. 6 de la Directiva 2013/40/UE, se penaliza la utilización de artificios o instrumentos técnicos para interceptar transmisiones «no públicas» de datos informáticos.

Para conferir contenido a este precepto, habrá que exceptuar lo que ya queda atribuido en el artículo 197.1 CP.

Las diferencias más notables básicas que encontramos con el art. 197.1, son:

«1.ª) El art 197 bis.2 no exige el elemento subjetivo de actuar «para descubrir los secretos o vulnerar la intimidad». En este caso, la conducta va dirigida a la tutela de otro bien jurídico, la seguridad de los sistemas informáticos. Siempre que no se trate de una telecomunicación privada, y se haga con la finalidad de descubrir los secretos o intimidad de otro, en cuyo caso tendríamos que aplicar el art. 197.1.

2.ª) La conducta del art. 197.1 es más amplia al incluir todo tipo de telecomunicaciones: teléfono, fax, e-mail. En tanto el art. 197 bis.2 se ciñe a las transmisiones de datos informáticos.

3.ª) Finalmente, la necesidad de que la interceptación se dirija a vulnerar la intimidad en el supuesto contemplado en el art. 197.1 lleva a limitar las telecomunicaciones intervenidas a las puramente privadas; en el otro supuesto se exige que se trate de trasmisiones no públicas». (Colás Turégano 2015, p. 223).

➔ Acción típica

La conducta típica residirá en interceptar trasmisiones no públicas de datos informáticos, incluidas las emisiones electromagnéticas, De tal forma que quedarían incluidas todas las trasmisiones efectuadas por redes privadas, pero también aquellas que, aun efectuadas a través de redes públicas, tengan carácter reservado (Gómez Rivero *et al.* 2020, pp. 367/368).

➔ Elemento subjetivo

Son comportamientos dolosos, siendo suficiente que se pretenda intentar contra la seguridad de los sistemas informáticos.

➔ Concursos

En el supuesto de concurrencia de la interceptación ilegal del art. 197 bis 2 con la prevista en el art. 197.1 estaríamos ante un concurso de leyes a resolver por el principio de consunción, a favor del art.197.1 (Gómez Rivero *et al.* 2020, p. 368).

En cuanto a la relación con el tipo del art. 197.2 CP, al circunscribirse el tipo del art. 197 bis. 2 CP a datos informáticos en tránsito, y no registrados en ficheros informáticos, si se dieran los elementos típicos de ambos habría que apreciar un concurso de delitos, normalmente real, pues se trata de dos conductas diferenciadas que inciden sobre objetos diversos (CARRASCO ANDRINO 202,1 p. 1488).

La Circular de la Fiscalía 3/2017 se inclina en este último caso por un concurso medial.

➜ **Penalidad**

Será castigado con una pena de prisión de tres meses a dos años o multa de tres a doce meses.

7.11. El delito de producción, adquisición, importación o facilitación de instrumentos para la comisión de los delitos

El art. 197 ter CP, fue debido a lo dispuesto en el art. 7 de la Directiva, que prevé el castigo de conductas relacionadas con la producción o facilitación a terceros de instrumentos para la realizar los delitos previstos en los dos primeros apartados del art. 197 (delitos contra la intimidad y contra el habeas data, así como los supuestos de intrusismo informático recogidos en el art. 197 bis y de interceptación de transmisiones no públicas del art. 197 ter).

Para MORALES PRATS (2016, pp. 1427/1521), supone la elevación a delito autónomo de lo que son actos preparatorios de los delitos indicados.

Artículo 197 ter CP

«(...) sin estar debidamente autorizado, produzca, adquiera para su uso, importe o, de cualquier modo, facilite a terceros, con la intención de facilitar la comisión de alguno de los delitos a que se refieren los apartados 1 y 2 del artículo 197 o el artículo 197 bis:

a) un programa informático, concebido o adaptado principalmente para cometer dichos delitos; o

b) una contraseña de ordenador, un código de acceso o datos similares que permitan acceder a la totalidad o a una parte de un sistema de información».

➜ **Elemento subjetivo**

Son comportamientos dolosos. Por lo que sólo será punible en los supuestos en que se pueda demostrar que la facilitación de tales instrumentos está intencionalmente orientada a la actividad delictiva en concreto (COLÁS TURÉGANO 2016, p. 224).

La introducción de esta figura va a plantear problemas de delimitación con la nueva conducta de facilitación del acceso ilegal a tercero recogida en el nuevo art. 197 bis, produciéndose un inadecuado solapamiento de ambas figuras (COLÁS TURÉGANO 2015, p. 650).

➜ **Concursos**

En los supuestos en que las conductas típicas realizadas sean susceptibles de calificarse tanto como el tipo previsto en el art. 197 ter como las figuras delictivas de los arts. 197.1 y 2 o el 197 bis CP, se producirá in concurso de leyes a resolver por el principio de consunción a favor de estos últimos (GÓMEZ RIVERO *et al.* 2020, p. 369).

➜ Penalidad

Será castigado con una pena de prisión de seis meses a dos años o multa de tres a dieciocho meses.

7.12. Organizaciones o grupos criminales

Artículo 197 quáter CP

«Si los hechos descritos en este Capítulo se hubieran cometido en el seno de una organización o grupo criminal, se aplicarán respectivamente las penas superiores en grado».

Organización criminal: art. 570.1 bis CP

«1. (...).

A los efectos de este Código se entiende por organización criminal la agrupación formada por más de dos personas con carácter estable o por tiempo indefinido, que de manera concertada y coordinada se repartan diversas tareas o funciones con el fin de cometer delitos».

Grupo criminal: art. 570.1 ter CP

«1. (...).

A los efectos de este Código se entiende por grupo criminal la unión de más de dos personas que, sin reunir alguna o algunas de las características de la organización criminal definida en el artículo anterior, tenga por finalidad o por objeto la perpetración concertada de delitos».

Distinción entre los supuestos de organización y grupo criminal y los de simple codelincuencia

«(...) la diferenciación del grupo criminal y de la organización criminal con los supuestos de codelincuencia la jurisprudencia de la Sala es constante. La mera pluralidad de personas aún con una cierta —y obvia— planificación para la comisión de un ilícito penal, no constituye una organización criminal ni menos un grupo. La codelincuencia viene a ser un simple consorcio ocasional para la comisión de un delito en tanto que tanto la organización criminal como el grupo criminal constituye un aliud en relación a la codelincuencia, sin perjuicio de recordar, a su vez, las diferencias entre la organización y el grupo a las que ya se ha hecho referencia». **(STS n.º 128/2015, de 25 de febrero)**.

Caso real

De la exposición y testimonios remitidos se desprende que Hospitalet incoa diligencias previas por atestados seguidos contra Victoriano y otros 143 investigados más, por delitos continuados de descubrimiento y revelación de secretos, en su modalidad de descubrimiento por sus encargados y cesión de datos personales obrantes en ficheros automatizados, de los artículos 197, apartados 2, 3 párrafo primero, 4.a), 6 inciso primero y **197 quáter**, por comisión en el seno de organización o grupo criminal, y 201.2 (no necesidad de denuncia del agraviado por afectar a pluralidad de personas) del Código Penal. (ATS, de 30 de julio de 2020).

7.13. Persona jurídica

Artículo 197 quinquies CP

«Cuando de acuerdo con lo establecido en el artículo 31 bis una persona jurídica sea responsable de los delitos comprendidos en los artículos 197, 197 bis y 197 ter, se le impondrá la pena de multa de seis meses a dos años. Atendidas las reglas establecidas en el artículo 66 bis, los jueces y tribunales podrán asimismo imponer las penas recogidas en las letras b) a g) del apartado 7 del artículo 33».

El presente artículo prevé la responsabilidad de las personas jurídicas de los delitos que hemos analizado sobre el derecho a la intimidad a los que se asocia no solo la pena de multa obligatoria (se le impondrá), sino la potestativa (podrán) del artículo 33 letras b) a g) del apartado 7:

Artículo 33 CP

«7. Las penas aplicables a las personas jurídicas, que tienen todas la consideración de graves, son las siguientes:

a) (...).

b) Disolución de la persona jurídica. La disolución producirá la pérdida definitiva de su personalidad jurídica, así como la de su capacidad de actuar de cualquier modo en el tráfico jurídico, o llevar a cabo cualquier clase de actividad, aunque sea lícita.

c) Suspensión de sus actividades por un plazo que no podrá exceder de cinco años.

d) Clausura de sus locales y establecimientos por un plazo que no podrá exceder de cinco años.

e) Prohibición de realizar en el futuro las actividades en cuyo ejercicio se haya cometido, favorecido o encubierto el delito. Esta prohibición podrá ser temporal o definitiva. Si fuere temporal, el plazo no podrá exceder de quince años.

f) Inhabilitación para obtener subvenciones y ayudas públicas, para contratar con el sector público y para gozar de beneficios e incentivos fiscales o de la Seguridad Social, por un plazo que no podrá exceder de quince años.

g) Intervención judicial para salvaguardar los derechos de los trabajadores o de los acreedores por el tiempo que se estime necesario, que no podrá exceder de cinco años.

La intervención podrá afectar a la totalidad de la organización o limitarse a alguna de sus instalaciones, secciones o unidades de negocio. El Juez o Tribunal, en la sentencia o, posteriormente, mediante auto, determinará exactamente el contenido de la intervención y determinará quién se hará cargo de la intervención y en qué plazos deberá realizar informes de seguimiento para el órgano judicial. La intervención se podrá modificar o suspender en todo momento previo informe del interventor y del Ministerio Fiscal. El interventor tendrá derecho a acceder a todas las instalaciones y locales de la empresa o persona jurídica y a recibir cuanta información estime necesaria para el ejercicio de sus funciones. Reglamentariamente se determinarán los aspectos relacionados con el ejercicio de la función de interventor, como la retribución o la cualificación necesaria».

Esta agravación específica, además, plantea el problema de determinar cuándo aplicar este tipo agravado y cuándo los delitos de los arts. 570 bis —pertenencia a una organización—, 570 ter —grupo criminales— o 570 quáter CP. A este respecto, el art. 570.2 quáter, párrafo 2.º remite a la regla de alternatividad del art. 8.4 CP (Carrasco Andrino 2021, p. 1493).

7.14. Autoridad o funcionario público

«El artículo 198, introducido por la reforma del Código Penal de 1995, vino a cubrir un vacío legal existente respecto a los atentados contra la intimidad de la persona por parte de las autoridades o funcionarios, lo que difícilmente podía calificarse conforme a los artículos 535 y 536 CP en materia de delitos cometidos contra la inviolabilidad domiciliaria y demás garantías de la intimidad, pero donde no era fácil comprender los abusos informáticos contra el «hábeas data», de forma que aquéllos tendrán lugar siempre que esté abierta una causa penal por delito y en el curso de la misma se realice alguno de los actos previstos en los artículos 535 y 536, mientras que en el caso de los artículos 197 y 198 el objeto de protección específica son los atentados contra la intimidad de la persona, en concreto los abusos informáticos (STS 400/2017, 1 de junio de 2017) ».

Artículo 198 CP

«La autoridad o funcionario público que, fuera de los casos permitidos por la Ley, sin mediar causa legal por delito, y prevaliéndose de su cargo, realizare cualquiera de las conductas descritas en el artículo anterior, será castigado con las penas respectivamente previstas en el mismo, en su mitad superior y, además, con la de inhabilitación absoluta por tiempo de seis a doce años».

El concepto de autoridad o funcionario público lo encontramos recogido en el art. 24 CP.

«1. A los efectos penales se reputará autoridad al que por sí solo o como miembro de alguna corporación, tribunal u órgano colegiado tenga mando o ejerza jurisdicción propia. En todo caso, tendrán la consideración de autoridad los miembros del Congreso de los Diputados, del Senado, de las Asambleas Legislativas de las Comunidades Autónomas y del Parlamento Europeo. Tendrán también la consideración de autoridad los funcionarios del Ministerio Fiscal y los Fiscales de la Fiscalía Europea.

2. Se considerará funcionario público todo el que por disposición inmediata de la Ley o por elección o por nombramiento de autoridad competente participe en el ejercicio de funciones públicas».

➔ Sujetos

Sujeto activo solo puede serlo la autoridad o funcionario público, es un delito especial impropio.

➔ Elemento subjetivo

Son comportamientos dolosos, debiendo concurrir los elementos subjetivos de los tipos básicos o agravados de los arts. 197, 197 bis o 197 ter CP, a los que a su vez agrava (CARRASCO ANDRINO, 2021, p. 1495).

➔ Causas de justificación

Se pueden apreciar distintos supuestos de causas de justificación:

- Ejercicio legítimo de la libertad de información.
- Marco de una investigación criminal.

Siempre respetando los límites legalmente establecidos (GÓMEZ RIVERO *et al.* 2020, p. 370).

➔ Concursos

No existe conflicto de leyes con los tipos penales que describen los arts. 413 a 418, porque éstos se refieren a documentos y secretos oficiales, mientras que los de este capítulo, a los de particulares (VÁZQUEZ IRUZUBIETA, 2015, p. 373).

Caso real

Roberto contactó con José Luis y este a su vez con los acusados Felicísimo y Carlos. Estos últimos, valiéndose de las facultades derivadas de su condición de policías locales de la localidad de Badalona, y a cambio de 500 euros cada uno, siempre a instancia de los otros dos acusados, efectuaron múltiples gestiones. Entre ellas, entraron en el SIP (Sistema de Identificación Policial) y en el resto de los registros policiales para consultar múltiples datos de carácter personal como los domicilios, vehículos, personas con las que se relacionaban y antecedentes policiales. Todo ello para identificar y localizar a los dos individuos ya referidos. Además, obtuvieron fichas policiales, con sus fotografías, para poder mostrar a efectos de identificación y efectuaron seguimientos y vigilancias (STS 400/2017, 1 de junio de 2017).

Los **inductores** se pueden beneficiar en este tipo agravado de una atenuación de la pena.

Caso real

Que debemos condenar al acusado José Luis como inductor criminalmente responsable de un delito de descubrimiento y revelación de secretos de funcionario a la pena de DOS AÑOS, UN MES y QUINCE DÍAS, en sustitución de la de tres años y seis meses impuesta por la Audiencia, con inhabilitación especial para el ejercicio del derecho de sufragio pasivo durante el tiempo de la condena.

Que debemos condenar al acusado Roberto como inductor criminalmente responsable de un delito de descubrimiento y revelación de secretos, ya definido precedentemente, a la pena de DOS AÑOS, UN MES y QUINCE DÍAS, en sustitución de la de tres años y seis meses de prisión, con la accesoria de inhabilitación especial para el ejercicio del derecho de sufragio pasivo durante el tiempo de la condena. (STS n.º 400/2017, de 1 de junio).

7.15. Transgresión del secreto profesional

A diferencia de sus preceptos precedentes, el tipo del art. 199 CP sanciona cuando se revele o divulgue, ya que su mero conocimiento no es delito porque es propio de la relación laboral o profesional (se presupone un acceso lícito). Por tanto, sin una transmisión a terceros no tiene trascendencia alguna (Marcos Ayjón 2020, p. 698).

Artículo 199.1 CP

«El que revelare secretos ajenos, de los que tenga conocimiento por razón de su oficio o sus relaciones laborales, será castigado con la pena de prisión de uno a tres años y multa de seis a doce meses».

➔ Acción típica

Consiste en revelar los secretos ajenos, de los que se ha tenido un conocimiento previo de manera **lícita**. Supone transmitir el secreto a un tercero que no está autorizado para conocerlo (Gómez Rivero *et al.* 2020, p. 371).

➔ Sujetos

Sujeto activo, se trata de un delito especial propio, cuyo elemento especial de autoría viene derivado de la exigencia del que el autor sea el que ha conocido los secretos por razón de su oficio o de sus relaciones laborales profesional.

Este tipo penal está previsto para los empleados desleales de empresas privadas dedicadas al archivo de datos; los funcionarios tienen su propia norma en el art. 198 CP (Vázquez Iruzubieta 2015, p. 373).

➔ Tipo subjetivo

Es un delito doloso.

➔ Formas de ejecución

Es un delito de resultado pues la transmisión del secreto exige que esta información entre en la esfera de disponibilidad del tercero no autorizado (recepción). Aquellos casos en que no llega al destinatario la información transmitida darán lugar a tentativa (Carrasco Andrino 2021 p. 1499).

➔ Concurso

Si se transmite el secreto a varias personas habrá un solo delito de revelación de secretos.

Si se revelan secretos de varias personas habrá un concurso de delitos, según Carrasco Andrino (2021, p. 1499) real.

➔ Penalidad

Prisión de uno a tres años y multa de seis a doce meses.

Caso real

No obstante, Gloria, mayor de edad y sin antecedentes penales, antes de que el jefe de laboratorio hubiera comunicado los resultados de la analítica a Juan Antonio, acudió a una cena con compañeros de trabajo, trabajando uno de ellos como celador, otra como auxiliar de clínica y dos como enfermeras de la Clínica Nuestra Señora del Pilar S. A. A la salida de la cena, Gloria comentó a sus compañeros que había una persona de la Clínica que estaba enfermo, que tenía sida, que se trataba de Juan Antonio y que no sabía cómo decírselo (SAP Zaragoza 261/2011, 27 de julio de 2011).

Artículo 199.2 CP

«2. El profesional que, con incumplimiento de su obligación de sigilo o reserva, divulgue los secretos de otra persona, será castigado con la pena de prisión de uno a cuatro años, multa de doce a veinticuatro meses e inhabilitación especial para dicha profesión por tiempo de dos a seis años».

➔ Acción típica

Divulgar los secretos de otra persona con incumplimiento de su obligación de sigilo (Barja De Quiroga 2018, p. 854).

Para determinar cuándo existe esta obligación es preciso acudir a la normativa de la respetiva profesión. Ello permite afirmar la inclusión dentro del círculo de sujetos activos a (Gómez Rivero *et al.* 2022, p. 372):

- Médicos (art. 14 del Código español de la Ética y Deontología Médica de 1999).
- Abogados (art. 21 del Estatuto General de la Abogacía).
- Procuradores (art. 38.2 f del Estatuto de la Procuraduría).
- Detectives privados (art. 103 del RD 2.364/1994, de 9 de diciembre, que aprueba el Reglamento de Seguridad Privada).

No son profesionales los eclesiásticos y ministros de culto, pues, aunque ostentan la cualidad de confidentes necesarios, son personas investidas de estado. Máxime cuando la LECrim les exime del deber de testificar (art. 417.1 LECrim).

Tampoco tendrán cabida en el tipo del art. 199.2 CP los periodistas (Carrasco Andrino 2021 p. 1500).

➜ Sujetos

Se trata de un delito especial propio debido al que el sujeto activo solo puede ser un profesional.

➜ Formas de ejecución

Es un delito de resultado.

➜ Causas de justificación

Es posible apreciar supuestos de estado de necesidad y de colisión de deberes (Gómez Rivero *et al.* 2020, p. 373).

➜ Concursos

Con la violación de secretos de un particular por parte de la autoridad o funcionario público (art. 417.2 LECrim) existe concurso de normas que se resolverá de acuerdo con el principio de absorción a favor de este último (Otero González, 2000)

➜ Penalidad

Pena de prisión de uno a cuatro años, multa de doce a veinticuatro meses e inhabilitación especial para dicha profesión por tiempo de dos a seis años.

Y así el delito de revelación penado en el art. 199 CP queda exclusivamente configurado para Personas Físicas cuando se realice sobre secretos (de cualquier naturaleza) ajenos, pero conocidos de manera lícita en razón del oficio o relaciones laborales o para el supuesto de divulgación de los hechos por profesional, sobre los legítimamente obtenidos cuando los haga incumpliendo los deberes de sigilo o reserva que le afecten (Velasco Núñez 2021).

Caso real

El hecho probado sostiene que los dos acusados, siguiendo las instrucciones del hermano de la persona que ostenta la acusación particular, convocaron a sus abogados, supuestamente para inventariar los bienes de la herencia pero, en el curso de las conversaciones, surgió el tema básico de esta causa, que no es otro que la utilización de algunos párrafos de los correos electrónicos de la recurrente, con contenido sexual explícito, con objeto de obligarla a renunciar a sus derechos sucesorios legítimos en la herencia de su padre o, en caso contrario, harían llegar el contenido a su esposo y a la esposa de la persona con la que, al parecer, mantenía relaciones. El relato termina diciendo que los letrados de la recurrente abandonaron la reunión. (SAP Las Palmas n.º 117/2013, de 10 de junio).

Artículo 200 CP

«Lo dispuesto en este capítulo será aplicable al que descubriere, revelare o cediere datos reservados de personas jurídicas, sin el consentimiento de sus representantes, salvo lo dispuesto en otros preceptos de este Código».

Es representante quien asume la voluntad de la persona jurídica frente a terceros (Vázquez Iruzubieta 2015, p. 374).

7.16. Normativa de aplicación

- **Ámbito internacional**
  - Declaración Universal de Derechos Humanos, art.12.
  - Pacto Internacional de Derechos Civiles y Políticos, art. 17.
- **Ámbito europeo**
  - Acuerdo de Schengen, arts.122 y sigs.
  - Convenio Europeo de Derechos Humanos, que protege en su art. 8 el derecho a la vida privada y familiar.
  - Convenio del Consejo de Europa de Protección de las Personas frente al Tratamiento automatizado de los datos personales de 28 de enero de 1981.
  - Carta de Derechos Fundamentales de la Unión Europea declara, en su art. 7, el derecho al respeto a la vida privada, familiar, de su domicilio y comunicaciones, y en su art. 8, el derecho a la protección de datos de carácter personal.
  - El Convenio sobre Cibercriminalidad del Consejo de Europa de 23 de noviembre de 2001.
  - Reglamento (UE) 2016/679 del Parlamento Europeo y del Consejo, de 27 de abril de 2016.
  - Directiva 2013/40/UE, del Parlamento y del Consejo, de 12 de agosto de 2013, relativa a los ataques de información.
  - Directiva 95/46, del Parlamento Europeo y del Consejo, de 24 de octubre de 1995, relativa a la protección de personas físicas en lo que respecta al tratamiento automatizado de los datos personales y su libre circulación.
  - Decisión Marco 2005/222/JAI del Consejo, de 24 de febrero de 2005.
- **Ámbito español**
  - Constitución española arts. 18. 1.º, 3.º y 4.º, 20.4 y 55.
  - LO 1/1982 de Protección del derecho al honor, a la intimidad personal y familiar y a la propia imagen.
  - LO 15/1999, de 13 de diciembre, de protección de datos de carácter personal.
  - LO 1/2015, de 30 de marzo.
  - LO 3/2018, de 5 diciembre, de protección de datos personales y garantía de los derechos digitales.
  - Real Decreto de 14 de septiembre de 1882 por el que se aprueba la Ley de Enjuiciamiento Criminal.
  - Real Decreto 2364/1994, de 9 de diciembre, por el que se aprueba el Reglamento de Seguridad Privada.

- Real Decreto 1281/2002, de 5 de diciembre, por el que se aprueba el Estatuto General de los Procuradores de los Tribunales de España.
- Real Decreto-Ley 51/2018, de 27 de julio, de medidas urgentes para la adaptación del Derecho penal español a la normativa de la Unión Europea en materia de protección de datos.
- Real Decreto 135/2021, de 2 de marzo, por el que se aprueba el Estatuto General de la Abogacía Española.
- Fiscalía General del Estado circular 3/2017, de 21 de septiembre.

7.17. Jurisprudencia

- STC n.º 114/1984, de 29 de noviembre de 1984.
- STC. n.º 134/99, de 15 de julio de 1999.
- STC n.º 144/99, de 22 de julio de 1999.
- STC n.º 290/2000, de 30 de noviembre.
- STC n.º 272/2006, de 25 de septiembre.
- STC n.º 19/2014, de 10 febrero.
- STS, de 23 de octubre de 2000.
- STS n.º 1219/2004, de 10 de diciembre de 2004.
- STS n.º 302/2008, de 27 de mayo de 2008.
- STS n.º 990/2012, de 18 de octubre de 2012.
- STS n.º 128/2015, de 25 de febrero de 2015.
- STS n.º 917/2016, de 2 de diciembre de 2016.
- STS n.º 400/2017, de 1 de junio de 2017.
- STS n.º 221/2019, de 29 de abril de 2019.
- STS, de 24 de febrero del 2020.
- STS n.º 374/2020, de 8 de julio de 2020.
- STS n.º 494/2020, de 8 octubre.
- STS n.º 693/2020, de 15 diciembre.
- STS n.º 538/2021, de 17 de junio de 2021.
- TSJ de Madrid, Sala de lo Civil y Penal. STSJ M 11281/2019.
- SAP Almería n.º 76/2018, de 14 de febrero de 2018.
- SAP Las Palmas n.º 117/2013, de 10 de junio de 2013.
- SAP Las Palmas n.º 247/2020, de 6 de noviembre de 2020.
- SAP León n.º 536/2019, de 29 de noviembre de 2019.
- SAP Zaragoza n.º 261/2011, de 27 de julio de 2011.
- SJP nº 2, n.º42/2006, de 15 de febrero de 2006, de Badajoz.

7.18. Referencias bibliográficas

Albaladejo García, M., *Derecho Civil I, volumen II.* Barcelona, Edisofer, 2006, p. 66.

Barja De Quiroga, J., Granados Pérez, C., Martínez Arrieta, A, Martínez-Arrieta Márquez De Prado, C. Y Villegas García, Mª. Á., *Código Penal. Comentarios, concordancias, jurisprudencia, e índice analítico*. A Coruña, Colex, 2018.

Benítez Ortúzar, I. F., «Informática y delito. Aspectos penales relacionados con las nuevas tecnologías», en *Reforma del Código penal. Respuestas para una sociedad del siglo XXI*, Morillas, L. (coord.). Madrid, Dykinson, 2009.

Carrillo, M., *El derecho a no ser molestado. Información y vida privada*. Navarra, Thomson-Aranzadi, 2003, p. 15.

Carrasco Andrino, Mª. M., «Descubrimiento y revelación de secretos», en *Tratado de derecho Penal. Parte especial (I). Delitos contra las personas*, Álvarez García, F. J. (dir.) Ventura Püschel, A. (coord.). Valencia, Tirant lo Blanch, 2021.

Colás Turégano, A., «El delito de intrusismo informático tras la reforma del CP español de 2015», en *Revista Boliviana de Derecho* n.º 21, enero 2016, Issn: 2070-8157.

Colás Turégano, A., «Nuevas conductas delictivas contra la intimidad (arts. 197, 197 bis, 197 ter)», en *Comentarios a la reforma del código penal de 2015*, 2 ed. González Cussac, J. L. (dir.) Górriz Royo, E. y Matallín Evangelio, A. (coords.). Valencia, Tirant lo Blanch, 2015.

Galán Muñoz, A., «La internacionalización de la represión y la persecución de la criminalidad informática: un nuevo campo de batalla en la eterna guerra entre prevención y garantías penales», en *Revista Penal*, n.º 24, 2009. Disponible en: https://bit.ly/36w6zD6.

Gómez Navajas, J., *La protección de los datos personales*. Navarra, Cizur Menor, Thomson Civitas, 2005.

Gómez Rivero, M. C., *La protección penal de los datos sanitarios. Especial referencia al secreto profesional médico*. Granada. Comares, 2007.

Gómez Rivero, Mª C., Nieto Martín, A., Cortés Bechiarelli, E. y **Núñez Castaño, E.**, *Nociones fundamentales de Derecho Penal. Parte especial*. Madrid, Tecnos, 2020, p. 352.

González Cussac, J. L., «Delitos contra la intimidad, el derecho a la propia imagen y la inviolabilidad del domicilio», en *Derecho Penal. Parte especial*. González Cussac, J. L. (coord.). Valencia, Tirant lo Blanch, 2019.

González Rus, L., «Delitos contra la intimidad, el derecho a la propia imagen y la inviolabilidad de domicilio», en Morillas Cueva (Coord.), *Sistema de Derecho penal español. Parte especial*. Madrid, Dykinson, 2011.

Gutiérrez Mayo, E., *Delitos informáticos. Paso a paso. Análisis detallado de las conductas delictivas más comunes en el entorno informático*. A Coruña, Colex, 2021.

Lamarca Pérez, C., Alonso De Escamilla, A., Mestre Delgado, E. Y **Rodríguez Núñez, A.** (2019). *La parte especial del Derecho penal*. Madrid, Dykinson, 2019.

López Ortega, J., «La protección de la intimidad en el nuevo código penal», *Cuadernos Jurídicos*, 1996.

Marcos Ayjón, M., *La protección de datos de carácter personal en la justicia penal*. Barcelona, Bosch Editor, 2020.

Marco Marco, J. J., «Menores, ciberacoso y derecho de la personalidad», en *Ciberacoso: la tutela penal de la intimidad, la integridad y la libertad sexual en Internet*, García González, J. (coord.). Valencia, Tirant lo Blanch, 2010, p. 91.

Miró Llinares, F., *Delitos informáticos. Hacking. Daños en reforma penal 2010*. Memento Experto. Madrid, Francis Lefebvre, 2010.

Morales García, O., «Delincuencia informática: intrusismo, sabotaje informático y uso ilícito de tarjetas (arts. 197.3 y 8, 264 y 248)», en *La Reforma Penal de 2010: análisis y comentarios*. Quintero Olivares, G. (dir.). Navarra, Aranzadi, 2010.

Morales Prats, F., *Comentarios a la parte especial del Derecho penal, 2.ª ed*. Navarra, Aranzadi, 1999.

Morales Prats, F., «Reflexiones político-criminales sobre los límites de la intervención penal en los delitos contra la privacy: la reforma del Código penal de 2015 (LO 1/2015)», en *Estudios de Derecho Penal: homenaje al Prof. Miguel Bajo*. Bacigalupo S., Feijoo Sánchez, Bj. y Echano Basaldua, J. I. (coords.), Madrid, Cera, 2016.

Muñoz Conde, F., *Derecho Penal. Parte especial*. Valencia, Tirant lo Blanch, 2019.

Muñoz Machado, S., *La regulación de la red. El poder y el derecho en Internet*. Madrid, Taurus, 2000, p. 151.

O'callaghan Muñoz, X., «Introducción», en *Los derechos a la intimidad y a la privacidad en el siglo XXI*, Fayos Gardó, A. (coord.). Madrid, Dykinson, 2015.

Otero González, P., «El secreto profesional desde la óptica del deber de declarar en el proceso penal», *en La Ley* n.º 513 de 7 de septiembre de 2000.

Quintanar Díez, M. y **Zabala López-Gómez C.**, *Elementos de Derecho Penal. Parte especial I. Delitos contra las personas*. Valencia, Tirant lo Blanch, 2020.

Rebollo Delgado, L., *El derecho fundamental a la intimidad*. Madrid, Dykinson, 2000.

Romeo Casabona, C. M., «El delito de descubrimiento y revelación de secretos», en *Comentarios al Código Penal. Parte Especial*. Díez Ripollés y Romeo Casabona (coords.). Valencia, Tirant lo Blanch, 2004.

Segrelles De Arenaza, I., *Compendio de Derecho penal español. Parte especial*. Madrid, Marcial Pons, 2000.

Serrano Gómez, A., **Serrano Maíllo, A.**, **Serrano Tárraga, D.** y **Vázquez González, C.**, *Curso de Derecho penal. Parte especial*. Madrid, Dykinson S. L., 2019.

Vázquez Iruzubieta, C. *Código penal comentado. (Actualizado por las Leyes Orgánicas: 1/2015, de 30 de marzo y 2/2015, de 30 de marzo).* Barcelona, Atelier, 2015.

Velasco Nuñez, E., *Delitos tecnológicos. Cuestiones penales y procesales*. Madrid, Wolters Kluwer España, S. A., 2021.

Vera Santos, J. M., "Derechos fundamentales, Internet y nuevas tecnologías de la información y de la comunicación", en *Principios de Derecho de Internet*. García Mexia, P. L. (coord.). 2.ª ed. Valencia, Tirant lo Blanch, 2005.

Para saber más...

Agencia Española de Protección de Datos

Por lo que se refiere a la prevención del ciberdelito, la AEPD publicó unas recomendaciones para minimizar los riesgos para la privacidad en la navegación por Internet. En el enlace continuo podrás encontrar una infografía con los puntos más importantes y su respectiva nota técnica.

Accede a la página desde la siguiente dirección web:
https://bit.ly/2QisY2m

Documentos TV- Ojo con tus datos

El documental aborda la privacidad y el tratamiento de los datos personales en la red, además de cuestiones íntimamente relacionadas como el derecho al olvido o el rastro digital.

Accede al video desde la siguiente dirección web:
https://bit.ly/2Uvz94Y

Instituto Nacional de Ciberseguridad

INCIBE es una sociedad dependiente del Ministerio de Asuntos Económicos y Transformación Digital a través de la Secretaría de Estado de Digitalización e Inteligencia artificial. Entidad de referencia para el desarrollo de la ciberseguridad de la confianza digital de ciudadanos, red académica y de investigación, profesionales, empresas y especialmente sectores estratégicos.

Accede a la página desde la siguiente dirección web:
https://bit.ly/36IDnyy

Tiziana Cantone

Tiziana Cantone había luchado durante meses para que se retirara de internet un video en el que se la veía teniendo relaciones sexuales.

Accede a la página desde la siguiente dirección web:
https://bbc.in/3hUH2ce

Hackers infectan con *ransomware* bancos e instituciones del gobierno de Ecuador

Expertos en ciberseguridad reportan que el grupo de hacking conocido como Hotarus Corp logró comprometer los sistemas del Ministerio de Finanzas de Ecuador.

Accede a la página desde la siguiente dirección web:
https://bit.ly/3rcnunK

Ley del *hacking*

Fiscales y abogados discuten si el Código Penal debería amparar a los «hackers» buenos.

Accede a la página desde la siguiente dirección web:
https://bit.ly/3B4jfiT

Así se han hecho millonarios estos dos hackers de sombrero blanco

Cada vez más compañías contratan a los llamados hackers de «sombrero blanco» para que se adentren en sus sistemas de seguridad y les muestren dónde están sus debilidades, pagándoles por cada «error».

Accede a la página desde la siguiente dirección web:
https://bit.ly/3i9mPiS

Una ciudad paga a unos «crackers» un rescate de 600.000 dólares para recuperar sus datos

Las extorsiones modernas se refieren a la información. Los delincuentes del presente y el futuro más próximo saben lo que valen nuestros datos.

Accede a la página desde la siguiente dirección web:
https://bit.ly/3kjlyZn

El secreto profesional es un derecho

No es un capricho de la profesión; es un derecho constitucional que, además, recoge la Ley Orgánica del Poder Judicial. Y parece que es necesario recordarlo ante el Real Decreto 243/2021, de 6 de abril.

Accede a la página desde la siguiente dirección web:
https://bit.ly/36FNIFY

Test

Apoderamiento de secretos informáticos

1. **¿Qué bien jurídico protege el delito de apoderamiento de secretos informáticos?**
   a) La libertad de expresión.
   b) El patrimonio económico.
   c) La propiedad industrial e intelectual.
   d) La privacidad y confidencialidad de la información.

2. **¿Quién puede ser sujeto activo del delito de revelación de secretos informáticos?**
   a) Cualquier ciudadano.
   b) Solo los funcionarios públicos.
   c) Únicamente los administradores de sistemas.
   d) Tanto empleados de una empresa como funcionarios.

3. **¿Qué acción concreta define principalmente el apoderamiento de secretos informáticos?**
   a) La destrucción de datos informáticos.
   b) El acceso no autorizado a sistemas informáticos.
   c) La reproducción de software sin licencia.
   d) El envío de comunicaciones electrónicas masivas.

4. **¿Cuál es la pena prevista para un funcionario público que accede sin autorización a documentos secretos?**
   a) Multa e inhabilitación especial.
   b) Prisión de uno a cuatro años.
   c) Multa y advertencia.
   d) Servicio comunitario y suspensión de empleo.

5. **¿La figura del daño es necesaria para que se configure el delito?**
   a) Sí, siempre.
   b) No, la mera acción es suficiente.
   c) Sí, pero solo si hay lucro.
   d) No, pero el daño incrementa la pena.

6. **¿Qué se requiere para que haya delito en el acceso a documentos secretos?**
   a) Que se realice mediante la fuerza o la coacción.

b) Que se produzca una interrupción en el servicio informático.
c) Que no haya una debida autorización.
d) Que exista un perjuicio económico tangible.

7. **¿Qué tipo de delito se configura con la revelación de secretos informáticos?**
a) Delito continuado.
b) Delito de acción.
c) Delito de omisión.
d) Delito instantáneo.

8. **¿Cómo se califica el delito cuando involucra la alteración de datos confidenciales?**
a) Como falta.
b) Como delito leve.
c) Como delito grave.
d) No está tipificado.

9. **¿Qué elemento no es necesario para que se configure este delito?**
a) Uso de tecnología informática.
b) Intención de dañar a la víctima.
c) Obtención de la información confidencial.
d) Lucro o beneficio por parte del autor.

10. **¿Cuál de las siguientes acciones no estaría tipificada dentro de la categoría de apoderamiento de secretos informáticos?**
a) Acceder a información empresarial confidencial sin permiso.
b) Copiar y distribuir bases de datos reservadas.
c) Instalar software legal en un dispositivo personal.
d) Descifrar contraseñas para obtener información protegida.

Solucionario

1. **d) La privacidad y confidencialidad de la información.**
2. **d) Tanto empleados de una empresa como funcionarios.**
3. **b) El acceso no autorizado a sistemas informáticos.**
4. **a) Multa e inhabilitación especial.**
5. **b) La mera acción es suficiente.**
6. **c) Que no haya una debida autorización.**
7. **b) Delito de acción.**

8. c) Como delito grave.

9. b) Intención de dañar a la víctima.

10. c) Instalar software legal en un dispositivo personal.

Descubrimiento y revelación de secretos

1. ¿Cuál es el bien jurídico protegido por el delito de descubrimiento y revelación de secretos?

a) La propiedad intelectual.
b) La integridad física de las personas.
c) La intimidad personal y la privacidad.
d) El patrimonio económico.

2. ¿Qué pena se aplica al delito de descubrimiento y revelación de secretos cuando el autor es un particular?

a) Prisión de uno a tres años.
b) Multa de tres a seis meses.
c) Multa de doce a veinticuatro meses.
d) Prisión de dos a cuatro años.

3. ¿Cuál es el sujeto activo en el delito de revelación de secretos profesionales?

a) Cualquier persona que descubra un secreto.
b) Funcionarios públicos exclusivamente.
c) Abogados, procuradores y otros profesionales.
d) Solo altos cargos gubernamentales.

4. ¿En qué momento se considera consumado el delito de revelación de secretos?

a) Con la sola intención de descubrir el secreto.
b) Al obtener acceso al secreto sin revelarlo.
c) Con la efectiva destrucción de documentos secretos.
d) Con la efectiva revelación del secreto a terceros.

5. ¿Qué elemento subjetivo es necesario para que se castigue la conducta en la revelación de secretos profesionales?

a) Dolo directo.
b) Dolo eventual.
c) Culpa.
d) Preterintención.

6. ¿Qué pena se impone a un abogado que revele actuaciones procesales declaradas secretas?

a) Multa de seis a doce meses.

b) Multa de doce a veinticuatro meses.

c) Prisión de uno a dos años.

d) Prisión de dos a tres años.

7. ¿Quién se considera sujeto pasivo en el delito de revelación de secretos profesionales?

a) Solo el Estado.

b) El Estado y cualquier persona afectada.

c) Únicamente quien posee la información secretada.

d) Solo otros profesionales relacionados.

8. ¿Qué pena puede imponerse cuando la revelación de secretos por parte de un particular causa grave daño?

a) Multa de tres a seis meses.

b) Prisión de uno a tres años.

c) Prisión de dos a tres años.

d) Prisión de dos a cuatro años.

9. ¿Cuál de las siguientes afirmaciones sobre la revelación de secretos es FALSA?

a) Puede ser cometido por un particular.

b) Es irrelevante si el secreto revelado afecta a un particular o no.

c) Requiere la efectiva revelación de las actuaciones.

d) Puede ser cometido únicamente por abogados o procuradores.

10. En el caso de la deslealtad profesional, ¿qué pena aplica para los casos graves?

a) Multa de siete a doce meses.

b) Prisión de tres a cinco años.

c) Prisión de seis meses a dos años.

d) Prisión de dos a cuatro años.

Solucionario

1. c) La intimidad personal y la privacidad.

2. b) Multa de tres a seis meses.

3. c) Abogados, procuradores y otros profesionales.

4. d) Con la efectiva revelación del secreto a terceros.

5. a) Dolo directo.

6. b) Multa de doce a veinticuatro meses.

7. b) El Estado y cualquier persona afectada.

8. d) Prisión de dos a cuatro años.

9. d) Puede ser cometido únicamente por abogados o procuradores.

10. a) Multa de siete a doce meses.

TEMA 8.

CALUMNIAS E INJURIAS

8.1. Introducción y objetivos

El artículo 10.1 del Convenio de Roma de 1950 y la sentencia del Tribunal Europeo de Derechos Humanos, de 8 de julio de 1986 afirman que la libertad de expresión constituye uno de los fundamentos esenciales de una sociedad democrática, una de las condiciones primordiales de su progreso.

La libertad de expresión (art. 20 CE) se contempla el derecho a expresar y difundir libremente pensamientos, ideas, opiniones o creencias, conceptos amplios en los que también cabe incluir juicios de valor en un amplio campo de acción que viene delimitado por la ausencia de expresiones calumniosas o injuriosas sin relación con las ideas y opiniones que se expongan, sustenten y defiendan, por ser manifiestamente innecesarias.

Pero esto no significa que pueda impunemente lesionarse el derecho al honor (18.1 CE) merced a la elaboración mendaz o falsaria de supuestos concretos falsamente acaecidos. Se trata de un tipo penal en el que más que en ningún otro caso ha de procederse con la máxima ponderación, con el mayor rigor y con el equilibrio proporcional que el proceso justo requiere (TS núm. 1172/1995 de 17 noviembre).

Los objetivos de este tema son:

- Conocer el cambio producido en los tradicionales tipos delictivos.
- Diferenciar delitos por su descripción.
- Aproximación a las diferentes corrientes doctrinales.
- Conocer la respuesta jurisprudencial.

8.2. Calumnias

La definición de calumnia la encontramos en el **art. 205 CP** «es calumnia la imputación de un delito hecha con conocimiento de su falsedad o temerario desprecio hacia la verdad».

La calumnia constituye un tipo agravado respecto de la injuria, fundamentándose la agravación en la imputación de un hecho que comporta un grave reproche social como es un delito, mientras que la injuria, que actúa como «tipo de recogida» respecto de la calumnia (relación de subsidiariedad tácita), comprende aquellas acciones lesivas del honor que pueden consistir en la imputación de hechos, sin aquella trascendencia social, o en la formulación de juicios de valor. La injuria viene así a ser el género y la calumnia la especie (SERRANO GÓMEZ y SERRANO MAÍLLO, 2019, pp. 236 y 237).

➔ Bien jurídico protegido

El honor se reconoce como derecho fundamental en el art. 18.1 CE. Enlaza con un atributo tan inherente a la naturaleza del ser humano como es la dignidad, puesto su tutela se orienta funcionalmente a asegurar las condiciones básicas e irrenunciables de la persona, que le pertenece de forma incondicional por el solo hecho de su existencia (GÓMEZ RIVERO *et al.* 2020, p. 151).

El bien jurídico que se protege en los delitos de **injurias** y **calumnias** es el honor. La doctrina apunta que el honor puede ser interno o externo. El honor interno, sería el «ideal e intangible, que posee el hombre como ser racional y que se identifica con la dignidad de la persona». El honor externo sería el juicio que la comunidad proyecta sobre el individuo, es decir, la reputación o fama social. Ambos tipos de honor han sido objeto de perturbación en este caso con las expresiones proferidas. (STS 135/2020, 7 de mayo de 2020).

➔ Acción típica

La acción consiste en imputar falsamente un delito a otra persona. Por delito hay que entender cualquier hecho subsumible en un tipo legal de injusto; es indiferente la calificación que el sujeto dé a los hechos que imputa (robo en lugar de hurto, etc.) o el grado de ejecución o participación criminal que afirme (MUÑOZ CONDE, 2022, p. 288).

Por eso no es calumnia, en principio, llamar a otra persona «estafador» o «ladrón», si no se le atribuyen específicamente hechos que sean constitutivos de tales figuras penales, sin perjuicio de que podamos estar ante unas injurias. Podría ser calumnia en cierto contexto afirmar de alguien que es un «violador». (STEDH de 7-11-2017, asunto Egill Einarson v. Islandia).

➔ Causas de justificación

El conflicto entre las libertades de información y expresión y el derecho al honor afecta fundamentalmente a dos ámbitos: el del periodismo y el de la abogacía (para no dificultar su actividad defensiva). Siempre que se cumplan las pautas marcadas por el Tribunal Constitucional (veracidad, interés público y proporcionalidad), tienen una mayor amplitud las libertades de expresión e información en detrimento del derecho al honor (OTERO GONZÁLEZ, 2021, p. 1559).

➔ Elemento subjetivo

Es un delito doloso que exige que el sujeto activo conozca que su comportamiento lesiona la dignidad de otra persona, y quiera hacerlo; en el que no cabe la incriminación imprudente, ni sería tampoco admisible una eventual tipificación de este delito a título de culpa, por la evidente finalidad que debe seguir el autor (Mestre Delgado, 2019, p. 265).

➔ La *exceptio veritatis*

Artículo 207 CP

«El acusado por delito de calumnia quedará exento de toda pena probando el hecho criminal que hubiere imputado».

STS n.º 192/2001, 14 de febrero, ECLI:ES:TS:2001:1001

«Alega adicionalmente el recurrente la inconstitucionalidad del art. 207 del Código Penal de 1995 (*exceptio veritatis*) que «literalmente interpretado hace recaer la prueba de la verdad en el procesado.... lo que resulta hoy incompatible con el derecho constitucional a la presunción de inocencia que consagra el art. 24.2.º de la Constitución española».

QUINTO.- Comenzando con esta última alegación -inconstitucionalidad del art. 207 del Código Penal de 1995-, es claro que el citado precepto no es contrario al derecho fundamental a la presunción de inocencia pues se trata de una norma que se fundamenta precisamente en dicho derecho fundamental, del que también son titulares las personas a las que se ha imputado -falsamente o con temerario desprecio de la verdad- un determinado hecho delictivo. El art. 207 dispone que «El acusado por delito de calumnia quedará exento de toda pena probando el hecho criminal que hubiere imputado». Es obvio que el «onus probandi» recae sobre quien imputa a otro un delito, sin perjuicio de que para dicha prueba pueda contar con la colaboración judicial en la práctica de los medios probatorios que estime procedentes.

La regulación del art. 207 del Código Penal constituye por tanto, una manifestación de la aplicación del principio de presunción de inocencia a la víctima de la calumnia, trasladando al conflicto entre la víctima y quién le acusa, las reglas generales de dicho principio que establecen que toda persona es inocente mientras no se demuestre lo contrario y que la carga de la prueba de dicha demostración no pesa sobre quien resulta acusado sino sobre quien efectúa la acusación».

➔ Penalidad

Prisión de seis meses a dos años o multa de doce a 24 meses, si se propagaran con publicidad y, en otro caso, con multa de seis a 12 meses.

➔ Concursos

- Con las **injurias**: la calumnia es un delito especial, de aplicación preferente cuando se da sus presupuestos.
- Con el delito de **acusación y denuncia falsas**: estos delitos resultan por su especialidad, de aplicación preferente.
- **Delito continuado**: son aplicables las mismas reglas que vimos en relación con las injurias (Gómez Rivero *et al.* 2020, p. 169).

8.3. Injurias

Multada una diputada de Ciudadanos por injuriar a un dirigente del PP con un fotomontaje vestido de preso.

La parlamentaria publicó en una red social un fotomontaje donde el popular aparecía vestido de preso y entre rejas y en el que le acusaba de estar «imputado por corrupción». Ha sido condenada a pagar 4.380 euros de multa por un delito de injurias graves con publicidad.

Además, deberá hacer público el fallo de la sentencia en la misma red social durante al menos 48 horas, tras negarse en su día a disculparse públicamente porque habría sido «un suicidio político».

Artículo 208 CP

«Es injuria la acción o expresión que lesionan la dignidad de otra persona, menoscabando su fama o atentando contra su propia estimación.

Solamente serán constitutivas de delito las injurias que, por su naturaleza, efectos y circunstancias, sean tenidas en el concepto público **por graves**, sin perjuicio de lo dispuesto en el apartado 4 del artículo 173.

Las injurias que consistan en la imputación de hechos no se considerarán graves, salvo cuando se hayan llevado a cabo con conocimiento de su falsedad o temerario desprecio hacia la verdad».

Se trata de un delito dotado de una gran circunstancialidad ya que:

«Unas mismas expresiones pueden o no considerarse típicas según a quien se dirijan, según el contexto en que se profieran y según sean los usos y costumbres imperantes en el marco social de referencia. Incluso la gravedad de las injurias, imprescindible para que puedan ser calificadas de delito, exige una referencia a esos condicionantes sociológicos que en modo alguno requiere el delito de calumnia» **(STC 35/2004, 8 de marzo de 2004)**.

El problema que plantea el castigo como delito de las injurias leves o livianas es tanto de orden constitucional como práctico: de orden constitucional, porque la libertad de expresión requiere un amplio espacio poco compatible con la sanción penal de las injurias que cabe considerar livianas; de orden práctico porque resulta muy difícil separar esas injurias de los hábitos normales de discusión (Vives Antón 2015, p. 661).

➔ Acción típica

Consiste en realizar acciones o manifestar expresiones que lesionen la dignidad de otro, menoscabando su fama o atentando contra su propia estimación. Las modalidades de la acción son amplísimas y caben todas las expresiones mediante las cuales se pueda manifestar el pensamiento. Por tanto, resultarían típicas tanto las expresiones orales o escritas, como los dibujos, caricaturas, emblemas, alegorías, representaciones, sonidos o gestos (Álvarez García 2021, p. 1568).

➔ Elemento subjetivo

El delito de injurias se comete con dolo genérico (SAP Gerona de 10 de mayo de 2000), bastando el *animus injuriandi*, entendido como propósito de deshonrar, desacreditar o menospreciar, perjudicando la reputación y fama del agraviado, por lo que la conducta se justifica si hay intención de corregir, de defenderse o de narrar (Vázquez Iruzubieta 2015. p. 507). La retorsión de la injuria no enerva la responsabilidad, pudiendo solo determinar atenuación de la pena (SAP Barcelona, Sección 9.ª, n.º 30/2005, de 10 de enero).

➔ La *exceptio veritatis*

Artículo 210 CP

«El acusado de injuria quedará exento de responsabilidad probando la verdad de las imputaciones cuando estas se dirijan contra funcionarios públicos sobre hechos concernientes al ejercicio de sus cargos o referidos a la comisión de infracciones administrativas».

La *exceptio veritatis*, se aplicará independientemente de quien haya aportado la prueba además puede ser apreciada de oficio, exime de pena al acusado de calumnia que probarse en juicio el hecho criminal imputado, pero la absolución del acusado puede producirse no solo por la acreditación de ser verdadero el hecho delictivo imputado, sino también por no concurrir los elementos subjetivos de la falsedad (MARTÍNEZ ATIENZA, 2017).

Es discutible si una información veraz formalmente injuriosa puede dar lugar al delito de injurias. Los tajantes términos del art. 208.3 CP parecen excluir su relevancia penal, sin perjuicio de la posible tutela civil (STS n.º 258/2020, de 28 de mayo).

En opinión de ÁLVAREZ GARCÍA (2021, p. 1594), la configuración de *exceptio veritatis*, tal y como está actualmente diseñada y en el contexto en el que se integra, constituye un anacronismo.

8.4. Disposiciones comunes

➜ **Sujeto activo**

Se trata de un delito común, pues el sujeto activo puede ser cualquiera.

➜ **Sujeto pasivo**

Sujeto pasivo puede ser tanto la persona física (admitida desde la LO 5/2010, de 22 de junio, la responsabilidad penal de estos entes) como la persona jurídica, en relación a los delitos de los que puede ser responsable. Los colectivos sin personalidad, por el contrario, no pueden ser sujetos pasivos de este delito (MUÑOZ CONDE 2022, p. 288).

➜ **Sujetos pasivos especiales**

En nuestro CP hay diferentes tipos agravados por razón del sujeto pasivo. Ejemplo de ello lo tenemos en los relativos al Rey y sus familiares (art. 490.3 CP):

> «3. El que calumniare o injuriare al Rey, a la Reina o a cualquiera de sus ascendientes o descendientes, a la Reina consorte o al consorte de la Reina, al Regente o a algún miembro de la Regencia, o al Príncipe o a la Princesa de Asturias, en el ejercicio de sus funciones o con motivo u ocasión de éstas, será castigado con la pena de prisión de seis meses a dos años si la calumnia o injuria fueran graves, y con la de multa de seis a doce meses si no lo son».

Accede a la página desde la siguiente dirección web:
https://bit.ly/3t7SDKh

- A las Cortes Generales o a la Asamblea Legislativa de una comunidad autónoma (art. 496 CP):

> «El que injuriare gravemente a las Cortes Generales o a una Asamblea Legislativa de Comunidad Autónoma, hallándose en sesión, o a alguna de sus Comisiones en los actos públicos en que las representen, será castigado con la pena de multa de doce a dieciocho meses.
>
> El imputado de las injurias descritas en el párrafo anterior quedará exento de pena si se dan las circunstancias previstas en el artículo 210».

- Al Gobierno de la Nación, al Consejo de la Nación, al Consejo General del Poder Judicial, al Tribunal Constitucional, al Tribunal Supremo, al Ejército, a las Fuerzas y Cuerpos de Seguridad (art. 504 CP):

> «1. Incurrirán en la pena de multa de doce a dieciocho meses los que calumnien, injurien o amenacen gravemente al Gobierno de la Nación, al Consejo General del Poder Judicial, al Tribunal Constitucional, al Tribunal Supremo, o al Consejo de Gobierno o al Tribunal Superior de Justicia de una Comunidad Autónoma.
>
> El culpable de calumnias o injurias conforme a lo dispuesto en el párrafo anterior quedará exento de pena si se dan las circunstancias previstas, respectivamente, en los artículos 207 y 210 de este Código.
>
> Se impondrá la pena de prisión de tres a cinco años a los que empleen fuerza, violencia o intimidación para impedir a los miembros de dichos Organismos asistir a sus respectivas reuniones.
>
> 2. Los que injuriaren o amenazaren gravemente a los Ejércitos, Clases o Cuerpos y Fuerzas de Seguridad, serán castigados con la pena de multa de doce a dieciocho meses.
>
> El culpable de las injurias previstas en el párrafo anterior quedará exento de pena si se dan las circunstancias descritas en el artículo 210 de este Código».

- En relación específicamente con las injurias debe tenerse en cuenta además el delito de ultrajes a España, a sus símbolos y emblemas (art. 543 CP):

> «Las ofensas o ultrajes de palabra, por escrito o de hecho a España, a sus Comunidades Autónomas o a sus símbolos o emblemas, efectuados con publicidad, se castigarán con la pena de multa de siete a doce meses».

- Las injurias a las Asambleas Legislativas de las CCAA (art. 496 CP):

> «El que injuriare gravemente a las Cortes Generales o a una Asamblea Legislativa de Comunidad Autónoma, hallándose en sesión, o a alguna de sus Comisiones en los actos públicos en que las representen, será castigado con la pena de multa de doce a dieciocho meses.
>
> El imputado de las injurias descritas en el párrafo anterior quedará exento de pena si se dan las circunstancias previstas en el artículo 210».

- Y a personas protegidas en caso de conflicto armado (art. 612.3.º CP) (Gómez Rivero *et al.* 2022, p. 157):

> «3.º Injurie gravemente, prive o no procure el alimento indispensable o la asistencia médica necesaria a cualquier persona protegida o la haga objeto de tratos humillantes o degradantes, omita informarle, sin demora justificada y de modo comprensible, de su situación, imponga castigos colectivos por actos individuales o viole las prescripciones sobre el alojamiento de mujeres y familias o sobre protección especial de mujeres y niños establecidas en los tratados internacionales en los que España fuera parte y, en particular, reclute o aliste a menores de dieciocho años o los utilice para participar directamente en las hostilidades».

- **Realizadas con o sin publicidad**

  Artículo 211 CP

  «La calumnia y la injuria se reputarán hechas con publicidad cuando se propaguen por medio de la imprenta, la radiodifusión o por cualquier otro medio de eficacia semejante».

- Incluidos los que proporcionan en la actualidad las nuevas tecnologías como WhatsApp, redes sociales, Twitter o Facebook, etc.

– Por precio o recompensa

Artículo 213 CP

«Si la calumnia o injuria fueren cometidas mediante precio, recompensa o promesa, los Tribunales impondrán, además de las penas señaladas para los delitos de que se trate, la de inhabilitación especial prevista en los artículos 42 o 45 del presente Código, por tiempo de seis meses a dos años».

– Responsabilidad civil

Artículo 212 CP

«En los casos a los que se refiere el artículo anterior, será responsable civil solidaria la persona física o jurídica propietaria del medio informativo a través del cual se haya propagado la calumnia o injuria».

– Retractación (atenuación de la pena)

Artículo 214 CP

«Si el acusado de calumnia o injuria reconociere ante la autoridad judicial la falsedad o falta de certeza de las imputaciones y se retractare de ellas, el Juez o Tribunal impondrá la pena inmediatamente inferior en grado y podrá dejar de imponer la pena de inhabilitación que establece el artículo anterior.

El Juez o Tribunal ante quien se produjera el reconocimiento ordenará que se entregue testimonio de retractación al ofendido y, si éste lo solicita, ordenará su publicación en el mismo medio en que se vertió la calumnia o injuria, en espacio idéntico o similar a aquél en que se produjo su difusión y dentro del plazo que señale el Juez o Tribunal sentenciador».

– Requisitos de procedibilidad

Artículo 215, apartados 1 y 2 CP

«1. Nadie será penado por calumnia o injuria sino en virtud de querella de la persona ofendida por el delito o de su representante legal. Se procederá de oficio cuando la ofensa se dirija contra funcionario público, autoridad o agente de la misma sobre hechos concernientes al ejercicio de sus cargos.

2. Nadie podrá deducir acción de calumnia o injuria vertidas en juicio sin previa licencia del Juez o Tribunal que de él conociere o hubiere conocido».

– Excusa absolutoria

Artículo 215.3 CP

«3. El perdón de la persona ofendida extingue la acción penal, sin perjuicio de lo dispuesto en el artículo 130.1.5.°, párrafo segundo de este Código».

– En el caso de que las injurias se hayan dirigido contra un funcionario público por actos atinentes a su oficio no opera el perdón ya que:

«(...) porque el delito de injurias es perseguible de oficio cuando la víctima es funcionario público y la ofensa se dirige contra él por razón de su cargo. Por tanto, la acción no es disponible por parte del sujeto pasivo ni su perdón extingue la responsabilidad penal. El Legislador protege no la dignidad como persona del funcionario público, sino como partícipe de funciones públicas, como miembro de una institución, en este caso integrante de un poder del Estado, el Judicial; y todos los artículos que aparecen en la pág. Web, se refieren al quehacer profesional» (SAP Baleares n.° 266/2010, de 29 de octubre).

En los delitos cometidos contra personas menores de edad o personas con discapacidad necesitadas de especial protección que afecten a bienes jurídicos eminentemente personales, el perdón de la persona ofendida no extingue la responsabilidad criminal.

- **Publicación y divulgación de la sentencia**

Artículo 216 CP

«En los delitos de calumnia o injuria se considera que la reparación del daño comprende también la publicación o divulgación de la sentencia condenatoria, a costa del condenado por tales delitos, en el tiempo y forma que el Juez o Tribunal consideren más adecuado a tal fin, oídas las dos partes».

Delitos tradicionales que, en la actualidad, son vehiculizados a través de Internet. Como delitos privados que son, sólo son perseguibles a instancia de parte legitimada, por lo que exigen las formalidades de los arts. 215 CP y 804 LECrim: querella y acto de conciliación, y si son vertidas en juicio, licencia judicial (VELASCO NÚÑEZ, 2019, p. 209).

8.5. Legislación

- Convenio de Roma de 1950.
- Constitución española.
- Ley Orgánica 10/1995, de 23 de noviembre, del Código Penal.

8.6. Jurisprudencia

- Sentencia de 8 de julio de 1986 del Tribunal Europeo de Derechos Humanos.
- STEDH de 7-11-2017, asunto Egill Einarson v. Islandia.
- Sentencia Tribunal Constitucional n.º 35/2004, de 8 de marzo.
- Sentencia Tribunal Supremo n.º 192/2001, de 14 de febrero.
- Sentencia del Tribunal Supremo Sala 2.ª, n.º 1172/1995, de 17 de noviembre.
- Sentencia del Tribunal Supremo Sala 2.ª, n.º 258/2020, de 28 de mayo de 2020.
- SAP Baleares n.º 266/2010, de 29 de octubre de 2010.
- SAP Barcelona, Sección 9.ª 30/2005, de 10 de enero.
- SAP Gerona de 10 de mayo de 2000.

8.7. Referencias bibliográficas

ÁLVAREZ GARCÍA, F., «Delito de injurias», en *Tratado de Derecho Penal. Parte especial (I). Delitos contra las personas*. ÁLVAREZ GARCÍA, F.(dir.) VENTURA PÜSCHEL, A. (coord.) Valencia, Tirant lo Blanch, 2021.

Gómez Rivero, Mª C., Nieto Martín, A., Cortés Bechiarelli, E. y **Núñez Castaño, E.**, *Nociones fundamentales de Derecho Penal. Parte especial*. Madrid, Tecnos, 2020.

Martínez Atienza, G., *Código Penal. Estudio Sistematizado*. Barcelona, Vlex, 2017.

Mestre Delgado, E., «Delitos contra el honor», en Delitos. *La parte especial del Derecho penal*. Lamarca Pérez, C. (coord.). Madrid, Dykinson, 2019.

Muñoz Conde, F., *Derecho Penal. Parte especial*. Valencia, Tirant lo Blanch, 2019.

Otero González, P., «Delitos contra el honor. Cuestiones generales. Calumnias», en *Tratado de Derecho Penal. Parte especial (I). Delitos contra las personas*. Álvarez García, F. (dir.) y Ventura Püschel, A. (coor.). Valencia, Tirant lo Blanch, 2021.

Serrano Gómez, A., Serrano Maíllo, A., Serrano Tárraga, D. y Vázquez González, C., *Curso de Derecho penal. Parte especial*. Madrid, Dykinson S. L., 2019.

Vázquez Iruzubieta, C., *Comentarios al Código Penal (Actualizado por las Leyes Orgánicas: 1/2015, 30 marzo y 2/2015, 30 de marzo)*. Barcelona, Vlex, 2015.

Velasco Núñez, E., «Tipos Delictivos», en *Delincuencia informática. Tipos delictivos e investigación. Con jurisprudencia tras la reforma procesal y penal de 2015*. Velasco Núñez, E. y Sanchis Crespo, C. Valencia, Tirant lo Blanch, 2019.

Vives Antón, T. S., «Comentario a la reforma de la regulación de las injurias (art. 208)», en *Derecho Penal. Parte especial*. González Cussac, J. L. (coord.) Valencia, Tirant lo Blanch, 2015.

Para saber más...

La Voz de Galicia. Juzgada por calumniar a la maestra de su hijo en el grupo de WhatsApp de padres.

La madre colgó el mensaje en el foro de los padres de la clase donde aseguraba que «la profesora se dedica a zarandearlo de malas formas, a tirarle del brazo, se burla de él (...)».

Accede a la página desde la siguiente dirección web:
https://bit.ly/3CstcqY

La Voz de Galicia. ¿Cuánto cuesta insultar a un policía?

En España hay una media de 30 denuncias al día por faltas de respeto a agentes de la autoridad.

Accede a la página desde la siguiente dirección web:
https://bit.ly/3j9DMLX

Test

Calumnias e injurias

1. **¿Qué distingue a la calumnia de la injuria?**
   a) La calumnia acusa de un delito con conocimiento de su falsedad.
   b) La injuria siempre es pública.
   c) La calumnia requiere pruebas.
   d) La injuria es más grave que la calumnia.

2. **¿Qué elemento es necesario para que existan las injurias?**
   a) Que sean cometidas por un funcionario público.
   b) Que sean expresadas por escrito.
   c) Que menoscaben la dignidad de una persona.
   d) Que sean dirigidas a una persona fallecida.

3. **¿Qué tipo de injurias no suele ser penalizada por la ley?**
   a) Las injurias leves.
   b) Las que involucran a personajes públicos.
   c) Las injurias cometidas en privado.
   d) Las que se hacen en las redes sociales.

4. **¿Cuál es la pena máxima prevista para el delito de calumnias?**
   a) Seis meses de prisión.
   b) Dos años de prisión.
   c) Multa de 14 a 24 meses.
   d) Servicio comunitario.

5. **¿Cómo se pueden retirar las injurias o calumnias en el marco legal español?**
   a) A través de una retractación pública.
   b) Pagando una compensación económica.
   c) Solo con la autorización de un juez.
   d) No se pueden retirar.

6. **¿Es necesario que el injuriado presente una querella para que se persigan las injurias?**
   a) Sí, siempre.
   b) No, el fiscal puede actuar de oficio.
   c) Solo si las injurias son leves.
   d) Únicamente si el injuriado es un funcionario público.

7. **¿Cuál es la acción requerida para que se configure el delito de calumnia?**
   a) Hacer un gesto ofensivo.
   b) Insultar repetidamente.
   c) Imputar falsamente un delito.
   d) Difamar a través de medios de comunicación.

8. **¿Las injurias y calumnias contra grupos pueden ser consideradas delito?**
   a) Sí, en casos específicos.
   b) No, porque no hay un sujeto individual afectado.
   c) Solo si el grupo es de relevancia nacional.
   d) Únicamente si el grupo presenta una querella.

9. **¿La verdad excluye el delito de injurias?**
   a) Sí, siempre.
   b) No, excepto en casos muy concretos.
   c) Solo si la verdad no afecta al honor de otra persona.
   d) No, la verdad nunca excluye la comisión del delito.

10. **¿Qué puede justificar la comisión de injurias en algunos casos?**
   a) La ausencia de intención de ofender.
   b) La emoción o la indignación justificadas.
   c) La competencia profesional entre los implicados.
   d) Haber sido provocado previamente.

Solucionario

1. **a) La calumnia acusa de un delito con conocimiento de su falsedad.**
2. **c) Que menoscaben la dignidad de una persona.**
3. **a) Las injurias leves.**
4. **b) Dos años de prisión.**
5. **a) A través de una retractación pública.**
6. **a) Sí, siempre.**
7. **c) Imputar falsamente un delito.**
8. **a) Sí, en casos específicos.**
9. **b) No, excepto en casos muy concretos.**
10. **d) Haber sido provocado previamente.**

TEMA 9.

DELITOS CONTRA EL PATRIMONIO Y EL ORDEN SOCIOECONÓMICO (I)

9.1. Introducción y objetivos

El atraco más grande de la historia de España

Pasaban unos minutos de las 9 de la mañana del 23 de mayo de 1981. España todavía se estaba «recuperando» del intento de golpe de Estado protagonizado por el teniente coronel Antonio Tejero Molina y otros militares de alta graduación, que el 23 de febrero de aquel año irrumpieron metralletas en mano en el Congreso de los Diputados para tomar el poder y acabar con el régimen democrático que estaba dando sus primeros pasos de la mano del recién elegido presidente del Gobierno, Leopoldo Calvo-Sotelo, que sucedía al dimisionario y cansado presidente de la Transición, Adolfo Suárez González.

A las 9 horas y 23 minutos de aquel plácido día de mayo de 1981, la Policía Nacional recibía el aviso de que se estaba perpetrando un atraco con multitud de rehenes en el corazón de Barcelona. Nada más y nada menos que a plena luz del día y en la plaza de Cataluña, al menos once personas entraron en el majestuoso edificio del Banco Central, un edificio de siete plantas con accesos desde la Rambla de Barcelona. Los atracadores estaban dirigidos por José Juan Martínez Gómez, alias el Rubio, y retuvieron a unas trescientas personas, entre trabajadores y transeúntes que, en el momento del asalto, se encontraban dentro del edificio. Aquella pesadilla, que fue retransmitida en directo por varios medios de comunicación, duró unas 37 horas.

Se trataba del atraco más grave y con más rehenes de la historia de España, pero aquello fue algo más que un atraco en busca de un botín económico, pues los motivos de estos hechos no han sido jamás esclarecidos del todo, y las hipótesis van desde el intento de atraco, a la obtención de documentos comprometedores en torno a los hechos del 23 F.

Para saber más, accede a la siguiente dirección web:
https://bit.ly/3k2UdtW

En el presente tema vamos a hablar de delitos que atentan contra la propiedad y el patrimonio, y los objetivos del mismo son:

- Estudiar los diferentes tipos de hurto.
- Distinguir varias modalidades de robo.
- Diferenciar la violencia y la intimidación.
- Hablar de lo que es la extorsión.
- Tratar sobre el delito de robo y hurto de uso de vehículos a motor.
- Abordar el delito de usurpación.
- Ver la alteración de lindes.
- Aproximarnos al delito de distracción del curso de las aguas.

Los delitos contra el patrimonio y el orden socioeconómico se contienen en el título XIII del libro II del CP que comprende catorce capítulos:

- I. De los hurtos.
- II. De los robos.
- III. De la extorsión.
- IV. Del robo y hurto de uso de vehículos.
- V. De la usurpación.
- VI. De las defraudaciones.
- VII. De las insolvencias punibles.
- VIII. De la alteración de precios en concursos y subastas públicas.
- IX. De los daños.
- X. Disposiciones comunes a los capítulos anteriores.
- XI. De los delitos relativos a la propiedad intelectual e industrial, al mercado y a los consumidores.
- XII. De la sustracción de cosa propia a su utilidad social o cultural.
- XIII. De los delitos societarios.
- XIV. De la receptación y el blanqueo de capitales.

Con la tipificación de estos delitos se pretende proteger el **patrimonio**. Por otra parte, el artículo 33 de la Constitución española preceptúa lo siguiente:

> «Se reconoce el derecho a la propiedad privada y a la herencia. La función social de estos derechos delimitará su contenido, de acuerdo con las leyes. Nadie podrá ser privado de sus bienes y derechos sino por causa justificada de utilidad pública o interés social, mediante la correspondiente indemnización y de conformidad con lo dispuesto por las leyes».

Este artículo de nuestra carta magna protege el derecho a la **propiedad privada** que tenemos todos los españoles, y los delitos que atacan a este derecho son los que mayor criminalidad generan en nuestro país.

El Código Civil en su art. 348 nos define la propiedad como: «el derecho de gozar y disponer de una cosa, sin más limitaciones que las establecidas en las leyes»; y en el art. 349 se indica que: **«nadie podrá ser privado de su propiedad sino por Autoridad competente y por causa justificada de utilidad pública, previa siempre la correspondiente indemnización».**

El derecho a la propiedad cederá por razones de utilidad pública mediante un procedimiento de expropiación regulado por la Ley de Expropiación Forzosa de 16 de diciembre de 1954, y siempre mediando una indemnización justa, de conformidad al art. 33 de la Constitución española.

Los delitos contra el patrimonio y el orden socioeconómico son los que mayor criminalidad generan en España.

Si bien se considera a España como un país seguro, según datos del Ministerio de Interior, los robos con fuerza en domicilios en España **aumentaron casi un 2 % en 2018.**

Puedes encontrar más información a través del siguiente enlace:
https://bit.ly/3z3puAY

9.2. Delitos contra el patrimonio y el orden socioeconómico (I)

En este apartado abordaremos los primeros cinco capítulos de esta tipología de delitos:

- Capítulo I. «De los hurtos» (arts. 234-236).
- Capítulo II. «De los robos» (arts. 237-242).
- Capítulo III. «De la extorsión» (arts. 243).
- Capítulo IV. «Del robo y hurto de uso de vehículos» (arts. 244).
- Capítulo V. «De la usurpación» (arts. 245-247).

El título XIII del libro II del Código Penal aborda **dos tipos de delitos** bajo un mismo título que, sin embargo, hay que diferenciar y que son:

- Delitos **contra el patrimonio**: que protegen intereses económicos individuales, como el robo.
- Delitos contra el **orden socioeconómico**: con ellos se busca proteger intereses económicos **supraindividuales**, colectivos o sociales. El orden socioeconómico se refiere a la participación del Estado en la economía para su control y desarrollo, al sistema financiero y al sistema crediticio (sistema financiero).

Estamos ante los nuevos delitos que conforman el llamado **«derecho penal económico»**, que incluyen los delitos societarios y los ataques a la competencia, entre otros, que estudiaremos más adelante.

Conceptos comunes a las diversas figuras de delitos contra el patrimonio

Es importante que antes de tratar los distintos tipos de delitos que atacan al patrimonio, sentemos las bases acerca de una serie de conceptos fundamentales, que son:

- **El patrimonio**: según el *Diccionario* de la RAE, y concretamente en su acepción 4.ª referida al derecho es el: «Conjunto de bienes pertenecientes a una persona natural o jurídica, o afectos a un fin, susceptibles de estimación económica». Hemos de añadir que este concepto incluye la posesión y otros derechos reales y obligaciones sobre cosas o entidades corporales o incorporales.

  Se trata de una riqueza que puede pasar de padres a hijos y de generación en generación a través de diferentes instrumentos jurídicos, o bien ser alienado en favor de alguien externo a una familia. De aquí frases como «ha vendido todo su patrimonio para operar a su hijo...».
- **Cosa mueble**: es cualquier objeto del mundo exterior susceptible de apoderamiento y de desplazamiento por el hombre. Sin embargo, el Código Penal nos habla en su art. 237 (delito de robo) de «cosas muebles ajenas», siendo esta una realidad diferenciada de lo que sería el concepto de cosa mueble ligada a nuestro Código Civil. Entre las cosas muebles se comprenden también, y aunque pueda sorprender, a los animales (MUÑOZ CONDE, 2017).
- **Ánimo de lucro**: lucrum es sinónimo de «provecho», ganancia en sentido amplio obtenido de cualquier operación. Pero centrándonos en el derecho penal, sería la intención de una persona de incrementar su patrimonio u obtener cualquier otro provecho mediante un acto jurídico ilícito.

Es importante remarcar que la excusa absolutoria del art. 268.1 CP lo es para **todos los delitos contra el patrimonio y el orden socioeconómico**.

> «1. Están **exentos de responsabilidad criminal** y sujetos **únicamente a la civil** los cónyuges que no estuvieren separados legalmente o de hecho o en proceso judicial de separación, divorcio o nulidad de su matrimonio y los ascendientes, descendientes y hermanos por naturaleza o por adopción, así como los afines en primer grado si viviesen juntos, por los delitos patrimoniales que se causaren entre sí, siempre que no concurra violencia o intimidación, o abuso de la vulnerabilidad de la víctima, ya sea por razón de edad, o por tratarse de una persona con discapacidad.
>
> 2. Esta disposición no es aplicable a los extraños que participaren en el delito».

La excusa absolutoria está completada con la prohi**bición de ejercitar acciones penales entre familiares**, que de conformidad con el artículo 103 de la Ley de Enjuiciamiento Criminal, donde se establece que:

> «Tampoco podrán ejercitar acciones penales entre sí:
>
> 1.° Los cónyuges, a no ser por delito o falta cometidos por el uno contra la persona del otro o la de sus hijos, y por el delito de bigamia.
>
> 2.° Los ascendientes, descendientes y hermanos por naturaleza, por la adopción o por afinidad, a no ser por delito o falta cometidos por los unos contra las personas de los otros».

9.3. El hurto

El artículo 234 del CP preceptúa que:

> «1. El que, con ánimo de lucro, tomare las cosas muebles ajenas sin la voluntad de su dueño será castigado, como reo de hurto, con la pena de prisión de seis a dieciocho meses si la cuantía de lo sustraído excediese de 400 euros.
>
> 2. Se impondrá una pena de multa de uno a tres meses si la cuantía de lo sustraído no excediese de 400 euros, salvo si concurriese alguna de las circunstancias del artículo 235. No obstante, en el caso de que el culpable hubiera sido condenado ejecutoriamente al menos por tres delitos comprendidos en este Título, aunque sean de carácter leve, siempre que sean de la misma naturaleza y que el montante acumulado de las infracciones sea superior a 400 €, se impondrá la pena del apartado 1 de este artículo.
>
> No se tendrán en cuenta antecedentes cancelados o que debieran serlo.
>
> 3. Las penas establecidas en los apartados anteriores se impondrán en su mitad superior cuando en la comisión del hecho se hubieran neutralizado, eliminado o inutilizado, por cualquier medio, los dispositivos de alarma o seguridad instalados en las cosas sustraídas».

➔ **Bien jurídico protegido**: es la posesión, que según la RAE en su acepción 6.ª dedicada al derecho es la: «situación de poder de hecho sobre las cosas o los derechos, a la que se otorga una protección jurídica provisional que no prejuzga su titularidad».

➔ **Acción típica**: apoderarse de cosas muebles **ajenas, sin violencia o intimidación** en las personas ni fuerza en las cosas, pues de lo contrario estaríamos ante el delito de robo. El concepto de ajenidad es un concepto jurídico civil, y hay que entender que es la no pertenencia de esa cosa a un sujeto. Según LIÑÁN LAFUENTE (2017, p. 147), «la conducta típica conlleva un resultado, que es la plena disponibilidad de la cosa como si se fuera el dueño. Ha de haber una acción de apoderamiento ilícita».

- Es posible incurrir en error sobre la ajenidad del bien inmueble. Estaríamos ante un error vencible o invencible de tipo que excluiría la responsabilidad criminal *ex* art. 14 CP:

> «El **error invencible** sobre un hecho constitutivo de la infracción penal excluye la responsabilidad criminal. Si el error, atendidas las circunstancias del hecho y las personales del autor, fuera **vencible**, la infracción será castigada, en su caso, como imprudente.
>
> 2. El error sobre un hecho que cualifique la infracción o sobre una circunstancia agravante, impedirá su apreciación.
>
> 3. El error invencible sobre la ilicitud del hecho constitutivo de la infracción penal excluye la responsabilidad criminal. Si el error fuera vencible, se aplicará la pena inferior en uno o dos grados».

➔ **Sujeto activo**: puede ser cometido por cualquier persona. Cabría la autoría mediata a través de un instrumento no doloso, cuando por ejemplo, valiéndose de un tercero que no sabe nada, toma y entrega la cosa al sujeto activo creyendo que este es su dueño (MUÑOZ CONDE, 2022).

➔ **Sujeto pasivo**: puede ser cualquier persona, con la salvedad señalada en relación con el art. 268 CP.

➜ **Consumación**: se consuma cuando se ha alcanzado la disponibilidad real y efectiva de la cosa que se ha hurtado. El hecho de no llegar a tocar la cosa, o el apoderamiento material sin disponibilidad, porque por ejemplo, el ladrón es sorprendido *in fraganti* o porque es seguido de persecución ininterrumpida, constituyen **tentativa**.

En este punto cabe comentar que ha habido varias teorías para la explicación de la consumación, a saber:

1. *Contrectatio*: la consumación se produce con el mero contacto con la cosa (normalmente al cogerla).
2. *Illatio*: la consumación se produce cuando la cosa ha sido incorporada al patrimonio del sujeto activo.
3. *Ablatio*: desde el desplazamiento de la cosa.

Actualmente, la jurisprudencia se inclina más por la última de las soluciones.

El resultado de la acción es la **apropiación de la cosa**, lo que convierte estos delitos en delitos materiales o de resultado, ya que es preciso un desplazamiento patrimonial que exige la separación física del bien mueble del patrimonio de su dueño y su incorporación al del sujeto activo (VICENTE, 1999).

➜ **Tipo subjetivo**: en el hurto ha de existir el elemento volitivo y el cognitivo del dolo, pues se actúa y se busca el ánimo de lucro.

➜ **Concurso**: La pluralidad de hurtos realizados en diverso tiempo y lugar deberá estimarse como un **concurso real de delitos**, pero si era único el propósito que animaba al sujeto activo, cabría apreciar un **delito continuado**, considerando las diversas sustracciones como un solo delito y castigando por la cuantía total de lo que se ha sustraído, conforme a lo dispuesto en el art. 74 CP que indica:

> «2. Si se tratare de infracciones contra el patrimonio, se impondrá la pena teniendo en cuenta el perjuicio total causado. En estas infracciones el Juez o Tribunal impondrá, motivadamente, la pena superior en uno o dos grados, en la extensión que estime conveniente, si el hecho revistiere notoria gravedad y hubiere perjudicado a una generalidad de personas».

➜ **Penalidad**: pena de prisión de seis a dieciocho meses si la cuantía de lo sustraído excediese de 400 euros.

Pena de multa de uno a tres meses si la cuantía de lo sustraído **no excediese de 400 euros** (salvo si concurriese alguna de las circunstancias del artículo 235, que veremos seguidamente).

Las penas establecidas en los apartados anteriores se impondrán en su mitad superior cuando en la comisión del hecho se hubieran neutralizado, eliminado o inutilizado, por cualquier medio, los dispositivos de alarma o seguridad instalados en las cosas sustraídas.

El consentimiento excluye la tipicidad, pero ha de ser válido anterior a la ejecución de los hechos, pues si estuviera concedido con posterioridad, sería irrelevante, ya que estamos ante un **delito público** en el que una vez que se ha iniciado el procedimiento ya no cabría el perdón de la víctima (Serrano Gómez y Serrano Maíllo, 2011).

El valor de la cosa que ha sido objeto de hurto ha de ser el del mercado en el momento de la sustracción y no importa que posteriormente aumente o disminuya su valor ni tampoco cuál sea el beneficio obtenido por el autor que podría ser insignificante o nulo (Vázquez González, 2017).

No cometerá delito el que toma la cosa
con autorización de su dueño.

La posibilidad de la condena de alejamiento en casos de hurto

Los delitos de hurto, si bien no tienen una gran gravedad, si se cometen en un mismo lugar de forma reiterada, pueden llegar a suponer un desprestigio, por ejemplo, de cara al turismo, ello aparte de las incomodidades que producen por cuanto hacen que se pierdan tarjetas de crédito, dinero, documentos, etc. Los «carteristas» pueden llegar a ser un grave problema para destinos turísticos en los que su economía depende fundamentalmente de las visitas de los turistas.

Es importante señalar aquí la posibilidad que existe de condenar al delincuente a una pena de alejamiento de ciertos lugares. En concreto, en relación con el art. 57.1 CP, se indica lo siguiente:

«1. Las autoridades judiciales, en los delitos de homicidio, aborto, lesiones, contra la libertad, de torturas y contra la integridad moral, trata de seres humanos, contra la libertad e indemnidad sexuales, la intimidad, el derecho a la propia imagen y la inviolabilidad del domicilio, el honor, el patrimonio, el orden socioeconómico y las relaciones familiares, atendiendo a la gravedad de los hechos o al peligro que el delincuente represente, podrán acordar en sus sentencias la imposición de una o varias de las prohibiciones contempladas en el artículo 48, por un tiempo que no excederá de diez años si el delito fuera grave, o de cinco si fuera menos grave.

No obstante lo anterior, si la persona condenada lo fuera a pena de prisión y el Juez o Tribunal acordara la imposición de una o varias de dichas prohibiciones, lo hará por un tiempo superior entre uno y diez años al de la duración de la pena de prisión impuesta en la sentencia, si el delito fuera grave, y entre uno y cinco años, si fuera menos grave. En este supuesto, la pena de prisión y las prohibiciones antes citadas se cumplirán necesariamente por la persona condenada de forma simultánea».

Ya que el delito de hurto está dentro de los **delitos contra el patrimonio** de los arts. 234 y 235 en el título XIII del libro II del CP, es posible aplicar las prohibiciones del art. 48 CP, entre las que están las penas de «**prohibición de residir en el lugar donde se ha cometido el delito, o volver al lugar** donde se ha cometido el delito». Y así:

«La privación del derecho a residir en determinados lugares o acudir a ellos impide al penado residir o acudir al lugar en que haya cometido el delito, o a aquel en que resida la víctima o su familia, si fueren distintos. En los casos en que exista declarada una discapacidad intelectual o una discapacidad que tenga su origen en un trastorno mental, se estudiará el caso concreto a fin de resolver teniendo presentes los bienes jurídicos a proteger y el interés superior de la persona con discapacidad que, en su caso, habrá de contar con los medios de acompañamiento y apoyo precisos para el cumplimiento de la medida» (Magro Servet, 2018b).

Hurtos agravados

A tenor del art. 235 CP tiene un **mayor castigo** el hurto cuando:

«1.° Cuando se sustraigan cosas de valor artístico, histórico, cultural o científico.

2.° Cuando se trate de cosas de primera necesidad y se cause una situación de desabastecimiento.

3.° Cuando se trate de conducciones, cableado, equipos o componentes de infraestructuras de suministro eléctrico, de hidrocarburos o de los servicios de telecomunicaciones, o de otras cosas destinadas a la prestación de servicios de interés general, y se cause un quebranto grave a los mismos.

4.° Cuando se trate de productos agrarios o ganaderos, o de los instrumentos o medios que se utilizan para su obtención, siempre que el delito se cometa en explotaciones agrícolas o ganaderas y se cause un perjuicio grave a las mismas.

5.° Cuando revista especial gravedad, atendiendo al valor de los efectos sustraídos, o se produjeren perjuicios de especial consideración.

6.° Cuando ponga a la víctima o a su familia en grave situación económica o se haya realizado abusando de sus circunstancias personales o de su situación de desamparo, o aprovechando la producción de un accidente o la existencia de un riesgo o peligro general para la comunidad que haya debilitado la defensa del ofendido o facilitado la comisión impune del delito.

7.° Cuando al delinquir el culpable hubiera sido condenado ejecutoriamente al menos por tres delitos comprendidos en este Título, siempre que sean de la misma naturaleza. No se tendrán en cuenta antecedentes cancelados o que debieran serlo.

8.° Cuando se utilice a menores de dieciséis años para la comisión del delito.

9.° Cuando el culpable o culpables participen en los hechos como miembros de una organización o grupo criminal que se dedicare a la comisión de delitos comprendidos en este Título, siempre que sean de la misma naturaleza [...] Si no puede acreditarse este extremo se podrá aplicar, a instancia del Fiscal, la medida de prohibición de acercarse al lugar donde se delinquió, o a una distancia del mismo que se fijará en la Sentencia, lo que es muy eficaz en el caso de que se trate de autores de hurtos en comercios, o en zonas turísticas concretas muy transitadas, lo que ocurre en núcleos poblacionales donde acuden muchos visitantes y que ha dado lugar a graves problemas en ciudades como Barcelona, donde desde hace tiempo se ha abierto una cruzada con respecto a este tema para proteger a los visitantes que acuden a esta ciudad y que con mucha frecuencia se veían sorprendidos por auténticos profesionales del hurto, sin que las Fuerzas y Cuerpos de Seguridad del Estado pudieran hacer algo para evitarlo» (Magro Servet, 2018b, 3).

→ **Penalidad**: prisión de uno a tres años. La pena se impondrá en su mitad superior cuando concurrieran dos o más de las circunstancias previstas en este artículo.

> Es posible condenar a los carteristas a un alejamiento, pues su actividad delictiva daña a destinos turísticos muy concurridos como Barcelona.

Concreciones acerca de estos tipos agravados del art. 235 CP

1. Respecto a las cosas de valor artístico, histórico, cultural o científico, el artículo 46 de la Constitución española contiene un **mandato a los poderes públicos** muy claro:

   «Los poderes públicos garantizarán la conservación y promoverán el enriquecimiento del patrimonio histórico, cultural y artístico de los pueblos de España y de los bienes que lo integran, cualquiera que sea su régimen jurídico y su titularidad. La ley penal sancionará los atentados contra este patrimonio».

Y es por ello que cabe entender que la protección se extiende a todos los bienes de esta tipología «cualquiera que sea su régimen jurídico y su titularidad».

La cuestión que se plantea en este caso es si existe la necesidad o no de que estos objetos estén **catalogados** como tales en el Registro General de Bienes de Interés cultural e Inventario General de Bienes Muebles, por resolución administrativa, en el momento de la comisión del delito, o bien si, por el contrario, nos encontramos ante un concepto normativo que estaría pendiente de valoración. La jurisprudencia y la doctrina de forma casi unánime están por la segunda de las propuestas (Vázquez González, 2017).

2. La jurisprudencia entiende por **bien de primera de necesidad** todo aquel que se refiere a poder cubrir las necesidades básicas en materia de alimentación, vestido, sanidad y educación de las personas.

3. Cuando se trata de bienes y prestaciones de interés general, el **quebranto** ha de ser **grave**.

   En este caso el legislador ha pretendido cubrir la problemática de la sustracción de **cables de cobre** que se produce en las redes de servicio público e interés general. La misma agravación está prevista para las conducciones o infraestructuras de hidrocarburos (Vázquez González, 2017).

4. En el hurto de productos o instrumentos agrarios o ganaderos se dispensa una protección reforzada por cuanto se trata de casos en los que, por ejemplo, los agricultores se ven perjudicados con hurtos de animales o maquinaria. El perjuicio ha de ser también grave.

5. **Especial gravedad o perjuicios de especial consideración**. Se atiende al valor de lo sustraído, que habrá de ser grave y que habrá que estar a lo que indique la jurisprudencia para la concreción del concepto.

6. Se tiene una especial **consideración de la víctima** en tanto en cuanto se tiene en cuenta su situación en relación con el ataque que sufre. En este caso no es preciso que se deje a la víctima en una situación de indigencia, si no que basta con que se le cause un quebranto económico de carácter grave, como podría ser por ejemplo una sustracción del sobre que contiene la paga mensual.

7. La **multirreincidencia** está contemplada para castigar a los carteristas, a los que cometen hurtos de supermercados frecuentes, etc.

8. En la utilización de **menores de dieciséis años** se pretende castigar a los que utilizan niños para cometer hurtos con autoría mediata y para que no se adoctrine también a estos menores en edades tempranas en la comisión de delitos, aunque sean de poca entidad económica.

9. En el caso de miembros de una **organización o grupo criminal** se tiene en cuenta el especial desvalor de quienes están organizados de forma premeditada para asegurarse el «éxito» en la comisión del delito.

Sustracción de cosa propia *(furtum possesionis)*

Según el artículo 236 CP:

> «1. Será castigado con multa de tres a doce meses el que, siendo dueño de una cosa mueble o actuando con el consentimiento de éste, la sustrajere de quien la tenga legítimamente en su poder, con perjuicio del mismo o de un tercero. 2. Si el valor de la cosa sustraída no excediera de 400 euros, se impondrá la pena de multa de uno a tres meses».

➔ **Bien jurídico protegido**: es la legítima posesión.

➔ **Acción típica**: se castiga a quien, siendo dueño de una cosa mueble o actuando con el consentimiento del dueño, la sustraiga a quien la tenga legítimamente en su poder, causando a este o a un tercero un perjuicio patrimonial.

➔ **Sujeto activo**: es el propietario o aquel que actúa con su consentimiento.

➔ **Sujeto pasivo**: es quien tiene la posesión legítima de la cosa, siendo por tanto la posesión legítima de la cosa frente a su dueño el bien jurídico protegido.

➔ Un ejemplo sería el del propietario de un tractor que lo tiene en un taller a reparar y que quiere recuperar la posesión sin pagar la factura correspondiente.

➔ **Tipo subjetivo**: son acciones pensadas y queridas y, por lo tanto, dolosas.

➔ **Consumación**: la consumación se produce en el momento del apoderamiento de la cosa mueble existiendo la posibilidad de disponer de la misma (Serrano Gómez y Serrano Maíllo, 2011).

➔ **Penalidad**: si el valor de lo sustraído es superior a 400 euros, se aplica el tipo básico, pero si el valor de la cosa sustraída no excediera de 400 euros, se impondrá la pena de multa de uno a tres meses.

El hurto famélico

A veces se escucha comentar a la ciudadanía que a los delincuentes que manejan grandes cantidades de dinero no les pasa nada y que, sin embargo, si robas una barra de pan, te cae el peso de la ley encima. Pues en estos casos es importante conocer que se prevé el llamado «hurto famélico» que es el que se produce por un estado de necesidad que encuentra una eximente en el art. 20.5 CP, el cual indica lo siguiente como caso de exención de responsabilidad criminal (estado de necesidad):

> «5.° El que, en estado de necesidad, para evitar un mal propio o ajeno lesione un bien jurídico de otra persona o infrinja un deber, siempre que concurran los siguientes requisitos:
>
> Primero. Que el mal causado no sea mayor que el que se trate de evitar.
>
> Segundo. Que la situación de necesidad no haya sido provocada intencionadamente por el sujeto.
>
> Tercero. Que el necesitado no tenga, por su oficio o cargo, obligación de sacrificarse».

Los requisitos que viene exigiendo la jurisprudencia para estos casos se pueden resumir en los siguientes:

- **Realidad, gravedad e inminencia del mal.**
- Que se actúe debido al **estado de precariedad o indigencia** que se halle el sujeto activo o su familia.
- Que **no se trate de mera estrechez económica.**
- Que se pruebe que **se han agotado todos los recursos** de la esfera personal, profesional y familiar que se podía utilizar.
- **Que no haya otra solución** de proceder de modo antijurídico.
- Que las cosas sustraídas se hayan utilizado para la satisfacción de las **necesidades primarias.**
- Que no se haya tomado más de lo estrictamente **indispensable.**

9.4. Los delitos de robo

Según el artículo 237 CP:

> «Son reos del delito de robo los que, con **ánimo de lucro**, se apoderaren de las **cosas muebles ajenas** empleando **fuerza en las cosas** para acceder o abandonar el lugar donde éstas se encuentran o **violencia** o **intimidación** en las personas, sea al cometer el delito, para proteger la huida, o sobre los que acudiesen en auxilio de la víctima o que le persiguieren».

➔ **Acción típica**: La diferencia con el hurto está en el medio empleado para el apoderamiento, ya que el hurto se tipifica precisamente con la no concurrencia de fuerza en las cosas o violencia o intimidación en las personas.

➔ Bien jurídico protegido: es la posesión, igual que en el hurto.

➔ Tipo **subjetivo**: ha de existir ánimo de lucro, y por lo tanto son acciones dolosas.

Es de destacar que la comisión de un hurto o de un robo puede producirse también en cosas que son ilegales, es decir en *res extra commercium* como, por ejemplo, un alijo de droga, y así lo expresa nuestra jurisprudencia:

STS de 7 de junio de 2012 (RJ 2012\7516)

> «En cuanto a la posibilidad de considerar delito de robo la sustracción de drogas empleando fuerza en las cosas, la jurisprudencia de esta Sala ha entendido que el **que los objetos sustraídos sean de ilícito comercio no impide la calificación de los hechos como robo**».

Y en este sentido también las SSTS. 21-6-82 (RJ 1982, 3565) y 26-11-84 (RJ 1984, 415) que indican que ello ocurre con las drogas o estupefacientes, que pueden ser objeto de los delitos de hurto y robo, aunque su tenedor lo sea ilegalmente o contrario a la norma legal, en cuanto que es materia susceptible de propiedad, y ello implica el carácter ajeno que tiene para el sujeto activo de la infracción.

Las cosas ilegales pueden ser objeto de robo o hurto.

Robo con fuerza en las cosas

A tenor del artículo 238 CP:

Son reos del delito de robo con fuerza en las cosas los que ejecuten el hecho cuando concurra alguna de las circunstancias siguientes:

1.° Escalamiento.

Se entiende que es la entrada en el lugar del robo por una vía que no es la destinada al efecto. También entra en el ámbito del mismo emplear escalamiento para abandonar el lugar después de la sustracción de la cosa. Podemos pensar aquí en una entrada por la chimenea de una casa, que no es el lugar normal de entrada o salida. No se requiere que exista fuerza física especial, sino solo la necesaria, pero que suponga un esfuerzo.

Según el magistrado SOTO (2002, p. 1):

> «Cuando el poseedor se cree tranquilo por encontrarse la cosa a recaudo, la malintencionada astucia del agente da al traste con las usuales previsiones de aquél. Se abaten las defensas u obstáculos con que se contaba presupuestas en una civilizada convivencia. Reducir el escalamiento a la acción de "trepar", en su acepción más vulgar, supone una limitación inadmisible».

2.° Rompimiento de pared, techo o suelo, o fractura de puerta o ventana.

Es la llamada «fractura exterior», y por fractura de puerta o ventana debe entenderse también la de la cerradura por frágil que sea o incluso la de cristales. Puede ser cualquier rompimiento para entrar al interior del lugar cerrado, que puede ser una casa o un automóvil cerrado.

El forzar una puerta o una ventana ya se considera una fractura, y aquí se tipifica el hecho de romper o quitar cristales de una puerta, el forcejeo de la cerradura de un coche o de una casa y la fractura de un escaparate. En este tipo penal se incluyen los robos que se cometen mediante un agujero hecho en la pared (**butrón**) y también se incluye el hecho de empotrar un coche contra un escaparate (**alunizaje**).

3.° Fractura de armarios, arcas u otra clase de muebles u objetos cerrados o sellados, o forzamiento de sus cerraduras o descubrimiento de sus claves para sustraer su contenido, sea en el lugar del robo o fuera del mismo.

Es lo que se denomina «fractura interna» y en lo que se ejerce la violencia es sobre la cosa mueble u objeto en el que se encuentran las cosas que el sujeto activo quiere sustraer. Podemos pensar en los casos de arcones, cajas cerradas, cajas de seguridad, armarios cerrados, etc. Se exige que se ejerza violencia sobre una cosa mueble, susceptible de transporte, que contiene en la cosa que se pretende sustraer.

4.° Uso de llaves falsas.

En el art. 239 CP se indica lo que se ha de entender como «llaves falsas», y que son:

1. Las ganzúas u otros instrumentos análogos.

2. Las llaves legítimas perdidas por el propietario u obtenidas por un medio que constituya infracción penal.
3. Cualesquiera otras que no sean las destinadas por el propietario para abrir la cerradura violentada por el reo.

A los efectos del presente artículo, se consideran llaves las **tarjetas, magnéticas o perforadas, los mandos o instrumentos de apertura a distancia** y cualquier otro instrumento tecnológico de eficacia similar. Puede darse el caso de que las llaves se tengan porque el dueño las ha prestado y el sujeto activo pasa a sustraer objetos. En este caso no hay robo, sino hurto.

5.° Inutilización de sistemas específicos de alarma o guarda.

Esta circunstancia se refiere solo a los **sistemas de alarma estáticos**, que no agreden la integridad de los que pretenden saltárselos para robar. Están aquí los casos en los que el sujeto activo previamente a la entrada y para asegurarse la sustracción, manipula las alarmas, videocámaras, sensores de movimiento, etc. de una casa para que no salten.

No se incluyen aquí los casos de perros adiestrados, vallas electrificadas, armas que disparan de forma automática al detectar que alguien entra, entre otros (Muñoz Conde, 2017), pues aquí ya no serían sistemas estáticos, sino que serían activos.

Los casos en los que se inutiliza una alarma para la ropa, no son robo, sino hurto del art. 234.3 CP.

➜ **Bien jurídico protegido**: es la posesión, igual que en el hurto.

➜ **Acción típica**: el apropiarse de bienes ajenos utilizando métodos que fuerzan la situación normal y habitual del estado de las cosas.

➜ **Sujeto activo**: puede serlo cualquiera.

➜ **Sujeto pasivo**: puede serlo cualquiera.

➜ **Tipo subjetivo**: son delitos dolosos.

➜ **Consumación**: se produce la consumación en el momento en el que se ha utilizado la fuerza y se ha materializado la apropiación. Cabe aquí la tentativa.

➜ **Penalidad**: pena de prisión de uno a tres años.

➜ De conformidad al art. 241 CP, se impondrá la pena de prisión de dos a cinco años cuando concurra alguna de las circunstancias previstas en el artículo 235.

➜ **Concurso**: El robo con fuerza en las cosas subsume habitualmente el de daños y, si concurre la cualificación de casa habitada, el allanamiento de morada.

Robos con agravamiento

A tenor del artículo 241 CP, se castiga:

«1. El robo cometido en **casa habitada**, edificio o local abiertos al público, o en cualquiera de sus dependencias, se castigará con una pena de **prisión de dos a cinco años**.

Si los hechos se hubieran cometido en un **establecimiento abierto al público**, o en cualquiera de sus dependencias, fuera de las horas de apertura, se impondrá una pena de **prisión de uno a cinco años**.

2. Se considera casa habitada todo albergue que constituya morada de una o más personas, aunque accidentalmente se encuentren ausentes de ella cuando el robo tenga lugar.

3. Se consideran **dependencias de casa habitada** o de **edificio o local abiertos al público**, sus patios, garajes y demás departamentos o sitios cercados y contiguos al edificio y en comunicación interior con él, y con el cual formen una unidad física.

4. Se impondrá una pena de dos a seis años de prisión cuando los hechos a que se refieren los apartados anteriores revistan **especial gravedad**, atendiendo a la forma de comisión del delito o a los perjuicios ocasionados y, en todo caso, cuando concurra alguna de las circunstancias expresadas en el artículo 235».

Podemos apreciar que se castiga con pena mayor una serie de robos en los que se perpetran **circunstancias que incrementan el desvalor** y que podríamos resumir de la siguiente forma:

a) El robo cometido en **casa habitada, edificio o local abiertos al público**, o en cualquiera de sus **dependencias** está penado con prisión **de dos a cinco años**.

Para entender el concepto de «**casa habitada**» hay que estar a lo que indica el art. 141.2 CP:

> «[...] casa habitada todo albergue que constituya morada de una o más personas, aunque accidentalmente se encuentren ausentes de ella cuando el robo tenga lugar».

Y para entender lo que son las «dependencias» hay que acudir al art. 241.3 CP que indica que son «sus patios, garajes y demás departamentos o sitios cercados y contiguos al edificio y en comunicación interior con él, y con el cual formen una unidad física».

Hay que tener en cuenta la mayor gravedad del robo en casa habitada y en local abierto al público, pues aquí se pone en riesgo, no solamente la propiedad o la posesión, sino también la vida, la integridad y la intimidad de las personas.

El TS se ha posicionado en el sentido de que **casa habitada no solo es la que está realmente y permanentemente ocupada** por una persona o familia que en ella vive, sino que es la que sirve a dichos fines de habitación, también en épocas determinadas o inciertas, de ahí que se incluyan los supuestos de **segunda residencia**, y de las que pueden estar sus moradores ausentes accidentalmente, siendo irrelevante que los culpables se investiguen antes si hay alguien o no. En este sentido podemos ver *ad exemplum* la SAP de Granada (Sección 1.ª) de 27 de octubre de 2001, en la cual se recuerda que:

> «Debiendo aplicarse la agravación prevista en el art. 241.2° del CP, pues esta Sala II tiene reiteradamente afirmado que por casa habitada ha de entenderse la destinada a habitación de sus moradores, **aunque tan sólo le sea en fechas inciertas o indeterminadas**, no siendo preciso que lo sea de manera permanente. Cualquier persona puede tener más de una morada, incluso en ciudades distintas, siempre que sirvan de habitación con posibilidad, por tanto, de **presentarse en cualquier momento el morador** ausente, es decir, que con este simple dato se cumple la verdadera "ratio legis" de la norma agravatoria, que reo es otra que, además de ataque a los bienes ajenos es ataque a la norma y la mayor peligrosidad que ello supone».

Local abierto al público es el que no tiene limitado el acceso, y donde pueden entrar en él cuantas personas lo quieran dentro de un horario de apertura estipulado de forma previa. Se entiende por tal, todo edificio o local orientados a la recepción de público, incluidos los locales de titularidad privada destinados a ese fin.

b) El robo cometido en **establecimiento abierto al público**, o en cualquiera de sus dependencias, **fuera de las horas de apertura**, se impondrá una pena de **prisión de uno a cinco años**.

El castigo aquí puede ser de un año menos, pues estamos entre uno y cinco años a diferencia del caso anterior, y ello es porque en el horario en el que el establecimiento está cerrado no se pone en riesgo la vida y la integridad de las personas. En este sentido MAGRO SERVET (2018, p. 2) cuando afirma que:

> «Es cierto que la mayor pena por la circunstancia de que el delito de robo se cometa en horario de apertura al público, incluyéndose en éste que sea físico o meramente administrativo, radica en que **es más peligroso que el delito se perpetre con clientes que sin clientes**, de ahí que el legislador quisiera incluir en el apartado 1.° del artículo 241 una atenuación de la pena en su mitad inferior por si el delito se perpetra fuera del horario de apertura. Pero tiene su sentido que sea así y se efectúe una rebaja de la pena para ubicar la mitad inferior desde un arco de un año de prisión en la mínima si el robo con fuerza se perpetra fuera del horario de apertura que si perpetra dentro del horario de apertura (dos años de prisión en su parte mínima de la mitad interior)».

c) Robos cometidos en los casos anteriores pero que revistan **especial gravedad**, atendiendo a la forma de comisión del delito o a los perjuicios ocasionados y, en todo caso, cuando concurra alguna de las circunstancias expresadas en el artículo 235. Aquí la pena es de **dos a seis años de prisión**.

Robo con violencia o intimidación

Está previsto y penado en el artículo 242 CP, el cual preceptúa que:

> «1. El culpable de robo con violencia o intimidación en las personas será castigado con la pena de prisión de dos a cinco años, sin perjuicio de la que pudiera corresponder a los actos de violencia física que realizase.
>
> 2. Cuando el robo se cometa en casa habitada, edificio o local abiertos al público o en cualquiera de sus dependencias, se impondrá la pena de prisión de tres años y seis meses a cinco años.
>
> 3. Las penas señaladas en los apartados anteriores se impondrán en su mitad superior cuando el delincuente hiciere uso de armas u otros medios igualmente peligrosos, sea al cometer el delito o para proteger la huida, y cuando atacare a los que acudiesen en auxilio de la víctima o a los que le persiguieren.
>
> 4. En atención a la menor entidad de la violencia o intimidación ejercidas y valorando además las restantes circunstancias del hecho, podrá imponerse la pena inferior en grado a la prevista en los apartados anteriores».

➜ **Bien jurídico protegido**: la posesión, la propiedad, la libertad, la integridad física o la vida de las personas. Estamos ante un delito pluriofensivo que proteger diversos bienes jurídicos (VICENTE, 1999).

➔ **Acción típica**: es un robo, una sustracción y apropiación de la cosa mueble ajena, pero en el que la conducta del sujeto activo existe un comportamiento específico para asegurar la finalidad de la perpetración delictiva, que es la **violencia** o la **intimidación**. La violencia o intimidación ha de producirse con anterioridad y de forma muy próxima a la obtención del bien objeto del delito o incluso de forma coetánea, también se admite con posterioridad a lo largo del transcurso de la huida (VÁZQUEZ GONZÁLEZ, 2017).

En cuanto a la **violencia** y según la RAE en su acepción 3.ª es: «Acción violenta o contra el natural modo de proceder». Es el modo de actuar del sujeto activo, el que provoca que el sujeto pasivo sufra el ataque contra sus derechos de manera que se le impida actuar de forma normal.

Sobre la **intensidad** de la violencia habrá que examinar caso a caso. Por ejemplo, habrá que tener en cuenta si para sustraer el bolso de la víctima se ha utilizado la fuerza para cometer el «tirón» con forcejeo, incluso con la consiguiente caída del sujeto pasivo, que dejaría claro el modo violento de actuar.

El caso del «tirón» no es pacífico entre la doctrina, y se considerará robo con fuerza e intimidación si ello predomina sobre el elemento de la sorpresa. Así el tirón supone una violencia material sobre la persona que porta el objeto deseado. Solo en los casos en los que se hace visible y **se superpone la habilidad sobre la fuerza** por ser esta apenas perceptible, se ha inclinado la doctrina por el simple delito de hurto, en lugar del robo (SSTS. 23-6-99 y 16-7-99).

Sobre la **intimidación**, según la RAE en su acepción primera, intimidar es «causar o infundir miedo, inhibir». Se trata de una amenaza seria, real e inminente que persigue viciar la libre decisión de la voluntad del sujeto pasivo. Un ejemplo sería el apuntar a una persona con una pistola (puede ser de juguete) a la vez que se le pide que entregue el bolso, o se utilice una frase como «te voy a matar si no me das el dinero...», amenazar con una jeringuilla en la mano diciendo que tiene el sida, etc. Ha de tratarse de una conducta del sujeto activo que genere tal miedo en la víctima, que provoque un anormal comportamiento de esta, pues estará viendo coartada su libertad de acción. Según SERRANO GÓMEZ y SERRANO MAÍLLO (2011) se trata de una amenaza que está encaminada a viciar la libre voluntad de la víctima.

➔ **Sujeto activo**: puede serlo cualquiera.

➔ **Sujeto pasivo**: puede serlo cualquiera.

➔ **Tipo subjetivo**: ha de haber ánimo de lucro, y por lo tanto es un delito doloso.

➔ **Consumación**: es posible la **tentativa** cuando el apoderamiento no se ha ejecutado, aunque se haya empleado la violencia o intimidación.

La **consumación** del robo con violencia o intimidación requiere un efectivo apoderamiento de la cosa mueble ajena y su disponibilidad.

➔ **Penalidad**: pena de prisión de dos a cinco años, «sin perjuicio de la que pudiera corresponder a los actos de violencia física que realizase».

En el apartado 2 de este artículo hay una **agravación** cuando se perpetra la comisión del delito de robo en **casa habitada, edificio o local abiertos al**

público o en cualquiera de sus **dependencias**, que se castiga con prisión de tres años y seis meses a cinco años (anteriormente hemos comentado el porqué del mayor castigo).

En el apartado 3 se prevé también una agravación cuando el delincuente hiciere uso de **armas u otros medios igualmente peligrosos**, sea al cometer el delito o para proteger la huida, y cuando atacare a los que acudiesen en auxilio de la víctima o a los que le persiguieren. Es importante señalar que si en la comisión de un robo se lleva un arma pero no se hace uso de ella, la agravante no podrá ser contemplada. El hecho de llevar el arma es atípico, pero sin embargo, si hay una **exhibición intimidatoria** sí que podría aplicarse el agravante.

En cuanto a los **medios e instrumentos peligrosos** pueden considerarse: destornilladores, martillos, jeringuillas, botellas, ladrillos, piedras, etc.

En referencia a las **armas** hay que tener en cuenta que han de estar aptas para su uso, y pueden ser: pistolas, navajas, ballestas, arcos, machetes, etc.

El mayor desvalor de la conducta comporta que las penas señaladas en los apartados anteriores se impondrán en su mitad superior.

El fundamento de la agravante radica en el **mayor peligro para la vida o integridad** al utilizar para cometer el delito instrumentos peligrosos. Para que esta agravante se aplique habrán de concurrir los siguientes requisitos:

➔ **I. Idoneidad lesiva**: El instrumento peligroso utilizado debe tener potencialidad lesiva en la integridad física de las personas. La jurisprudencia considera que las armas de fuego (incluso las de fogueo), cuchillos, palos, barras de hierro, espráis paralizantes, etc. tienen esta condición. No la tienen las armas de juguete o las inservibles.

➔ **II. Uso**: Ha de utilizarse con los fines violentos o intimidatorios propios del tipo delictivo.

➔ **III. Momento del uso**: El arma debe ser usada al tiempo de la comisión del apoderamiento, en la huida o en el ataque a los auxiliadores o perseguidores, es decir, en cualquier momento anterior a la completa consumación del delito (LIÑÁN LAFUENTE, 2017).

En el art. 242.4 CP se prevé un **subtipo privilegiado**, que nos indica que el castigo es con la pena inferior en grado, en atención a la menor entidad de la violencia o intimidación ejercidas y valorando además las restantes **circunstancias del hecho**.

➔ **Concurso**: la intimidación es de por sí una **amenaza** que forma parte de la esencia del delito de robo, no pudiendo castigarse de forma independiente. Asimismo, las coacciones también estarán absorbidas por el robo con violencia.

Puede darse el caso de que la violencia comporte lesiones u homicidios y será entonces cuando entremos en concurso de delitos.

Hay casos en los que se perpetra un robo con violencia e intimidación y los autores para asegurarse el botín y su huida detienen de forma ilegal a personas durante un tiempo, privándoles de la libertad. En estos casos, **la deten-**

ción ha de ser suficientemente relevante como para que pueda absorber al delito de robo, y así lo entiende también la mayoría de jurisprudencia, *ad exemplum* la sentencia del Tribunal Supremo n.º 1632/2002, de 9 de octubre:

> «(...) deberá apreciarse un delito de detención ilegal cuando la privación de libertad de la víctima, por su duración o por sus especiales características, presente una entidad cuyo aspecto negativo en cuanto ataque al bien jurídico protegido, no quede cubierto por la sanción del delito de robo. Tal ocurrirá **cuando se prolongue por más tiempo del necesario** para ejecutar el apoderamiento o cuando sea desproporcionada en función del delito de robo concreto cometido. En definitiva, **cuando objetivamente tenga mayor entidad el ataque a la libertad que el ataque al patrimonio**, aun considerando la inevitable privación de libertad que conlleva».

A mayor abundamiento sobre el **robo en concurso** con las detenciones ilegales, puede verse SANZ DELGADO (2005).

En este gráfico podemos ver la evolución de los datos de robo con violencia e intimidación desde 2012 y hasta 2019.

9.5. La extorsión

El artículo 243 CP indica que:

> «El que, con ánimo de lucro, obligare a otro, con violencia o intimidación, a **realizar u omitir un acto o negocio jurídico** en perjuicio de su patrimonio o del de un tercero, será castigado con la pena de prisión de uno a cinco años, sin perjuicio de las que pudieran imponerse por los actos de violencia física realizados».

Según la RAE, extorsión en su acepción 1.ª es la «presión que se ejerce sobre alguien mediante amenazas para obligarlo a actuar de determinada manera y obtener así dinero u otro beneficio».

➜ **Bien jurídico protegido**: libertad de la voluntad.

➜ **Acción típica**: consiste en obligar a otro, con violencia o intimidación, a realizar u omitir un acto o negocio jurídico, con contenido patrimonial, produciéndose un perjuicio para su patrimonio o para un tercero.

Se diferencia con el robo porque el ataque al patrimonio puede recaer tanto sobre el patrimonio mobiliario, como sobre el inmobiliario.

➜ **Sujeto activo**: puede serlo cualquiera.

➜ **Sujeto pasivo**: puede serlo cualquiera.

➜ **Tipo subjetivo**: el «ánimo de lucro» aquí ha de entenderse como la intención de conseguir de forma ilícita un beneficio patrimonial sin tener derecho al mismo. Así las cosas, estamos ante un tipo de delito de carácter doloso.

➜ **Consumación**: el delito se consuma cuando la víctima realiza u omite un acto o negocio jurídico que le perjudica a ella o a un tercero, aunque el sujeto activo no consiga el lucro que buscaba obtener.

➜ **Concurso**: a tenor de lo que se indica en el art. 243 último inciso del CP «sin perjuicio de las que pudieran imponerse por los actos de violencia física realizados», si la violencia diera lugar a la producción de un resultado letal o lesivo, habrá que aplicar las reglas generales del concurso de delitos.

Hay que delimitar la extorsión de otros delitos analizando de forma detenida caso a caso, pues como indica el magistrado De Toledo y Ubieto:

> «[...] su **estrecha relación con un importante grupo de delitos** (como el propio robo, la usurpación, las coacciones, las amenazas condicionales o la estafa), que suscita diversos problemas de delimitación y concursos, así como su relación con figuras como el chantaje que plantea la cuestión de su adecuada incriminación».

➔ **Penalidad**: prisión de uno a cinco años.

Una nueva forma de extorsión con las nuevas tecnologías son los ataques de *ransomware*.

Los ataques de *ransomware* admiten diversas variantes (ya bloqueando el acceso al dispositivo, ya encriptando archivos o el disco duro del ordenador, de manera que oscurecen o raptan contenidos), que tienen en común que solo se pueden recuperar mediante el pago económico, claramente chantajista, del rescate o «*ransom*» que exigen a la víctima quienes los han ocasionado (Velasco Núñez, 2021).

9.6. El robo y hurto de uso de vehículos de motor

A tenor del artículo 244 CP:

> «1. El que **sustrajere o utilizare** sin la debida autorización un vehículo a motor o ciclomotor ajenos, **sin ánimo de apropiárselo**, será castigado con la pena de trabajos en beneficio de la comunidad de treinta y uno a noventa días o multa de dos a doce meses, si lo restituyera, directa o indirectamente, en un **plazo no superior a cuarenta y ocho horas**, sin que, en ningún caso, la pena impuesta pueda ser igual o superior a la que correspondería si se apropiare definitivamente del vehículo.
>
> 2. Si el hecho se ejecutare empleando **fuerza en las cosas**, la pena se aplicará en su mitad superior.
>
> 3. De no efectuarse la restitución en el plazo señalado, se castigará el hecho como **hurto o robo** en sus respectivos casos.
>
> 4. Si el hecho se cometiere con **violencia o intimidación** en las personas, se impondrán, en todo caso, las penas del artículo 242».

➔ **Bien jurídico protegido**: es la posesión o la propiedad.

➔ **Acción típica**: la conducta consiste en sustraer o utilizar sin la debida autorización un vehículo a motor o ciclomotor ajenos, **sin ánimo de apropiárselo**. En la mayoría de la doctrina se entiende por tal todo vehículo de tracción mecánica, sea cual sea la energía empleada y la forma de aprovecharla para conseguir su desplazamiento.

- Siguiendo a Soto Nieto (2004, p. 4):

> «[...] el hurto de uso ha de engrosarse legalmente con la utilización sin la debida autorización del vehículo, supuesto en que propiamente no concurre un propósito desposeedor sino el aprovechamiento de un **fácil empleo del vehículo**, objetable en cuanto no se cuenta con el beneplácito del titular poseedor o titular legítimo [...]. La esencia y característica más acusada del hurto o robo de uso radica en la limitada pretensión del sujeto de hacerse con el **goce temporal del vehículo**, de usurpar transitoriamente el ius utendi figurante entre los atributos inherentes a la propiedad o legítima posesión del vehículo, ausencia total de voluntad de apropiación, de incorporación del móvil al patrimonio del agente. Esporádico goce del vehículo, latente un ánimo restitutorio o de reintegro».

El plazo de 48 horas está previsto por el legislador para conseguir objetivar la tipificación de la conducta, pues sería muy complejo el demostrar si ha habido o no «ánimo de apropiación».

Por otra parte, el artículo referenciado habla de restituir «directa o indirectamente», y ello significa que el sujeto activo puede devolver el vehículo de la siguiente forma:

Restitución indirecta: devolver tal y como estaba y en el mismo lugar, o dejar el vehículo abandonado en un lugar que pueda ser conocido fácilmente por el sujeto pasivo.

Restitución directa: que es la que se produce cuando se devuelve de forma personal al propietario o poseedor, se indica dónde está el vehículo mediante una carta, se le envía un mensaje, un telegrama o una llamada.

➔ **Sujeto activo**: puede serlo cualquiera.

➔ **Sujeto pasivo**: puede serlo cualquiera.

➔ **Tipo subjetivo**: vemos que el artículo indica «sin ánimo de apropiárselo», sin embargo, si el sujeto activo que sustrae o utiliza el vehículo sabe lo que se hace y quiere hacerlo. Los elementos cognitivo y volitivo hacen que se trate de un delito doloso. No hay duda en comprender que es un delito doloso en los casos de utilización de fuerza en las cosas (por ejemplo, cerraduras forzadas) y en caso de servirse el sujeto activo de la violencia o intimidación.

➔ El artículo 244.1 CP se refiere al «que sustrajere o utilizare **sin la debida autorización**», así pues, podríamos pensar en algún caso en el que el sujeto activo sustrae o utiliza el vehículo pensándose que su propietario o poseedor le había dado su permiso o autorización, y por ello cabría pensar en la posibilidad del error.

➔ **Penalidad**:

Art. 244.1 CP

«1. (...) pena de trabajos en beneficio de la comunidad de treinta y uno a noventa días o multa de dos a doce meses, si lo restituyera, directa o indirectamente, en un plazo no superior a cuarenta y ocho horas» (...).

Vemos que el plazo de 48 horas es definitivo para calificar el delito, y por otra parte, el art. 244 CP indica que «sin que, en **ningún caso**, la pena impuesta pueda ser igual o superior a la que correspondería si se apropiare **definitivamente** del vehículo», aquí se marca claramente el desvalor mayor o menor que se produce cuando el sujeto activo lo que busca es apropiarse o no del vehículo de forma definitiva.

Si se utiliza **fuerza en las cosas**, la pena se aplicará en su **mitad superior**. Puede ser el forzar cerraduras, romper piezas del coche para hacer el «puente», etc.

Si existe **violencia o intimidación** en las personas, se impondrán, en todo caso, las penas del artículo 242 CP. Aquí es mucho mayor el desvalor de la acción delictiva y por lo tanto aumenta el castigo. Pensemos en casos en que el sujeto activo encañona con una pistola en actitud amenazante pidiendo que los ocupantes del vehículo salgan del mismo y así conseguir la sustracción (u, 2003).

En el art. 244.3 se distingue si se ha devuelto **antes de las 48 horas**, porque de lo contrario, «se castigará el hecho como **hurto o robo** en sus respectivos casos».

Si se produce la restitución después de las cuarenta y ocho horas puede apreciarse la **atenuante** 5.ª del art. 21 del CP en la determinación de la pena del hurto o robo común, que es:

> «La de haber procedido el culpable a reparar el daño ocasionado a la víctima, o disminuir sus efectos, en cualquier momento del procedimiento y con anterioridad a la celebración del acto del juicio oral».

Puede haber una restitución directa o indirecta del vehículo sustraído.

He aquí algunos datos sobre el robo de vehículos en España indicados de forma gráfica.

La sustracción y el robo de vehículos: entre la realidad y la ficción

En la década de los 80, jóvenes delincuentes como Ángel Fernández Franco el Torete, Juan José Moreno Cuenca el Vaquilla (el delincuente juvenil más conocido de la España predemocrática), Juan Carlos Delgado el Pera, entre otros, sembraron el terror entre la ciudadanía de Barcelona porque una de las «aficiones» que tenían era sustraer vehículos para dar vueltas por la ciudad a gran velocidad y derrapar de forma espectacular en los descampados del barrio de La Mina de la Ciudad Condal.

Estos delincuentes sustraían los vehículos forzando cerraduras y haciendo «el puente» para poder arrancar, pero también lo hacían intimidando con dureza a los ocupantes de coches. Cuando se les acababa la gasolina, normalmente abandonaban los vehículos en cualquier parte, pues no tenían el ánimo de apropiárselo, sino de divertirse con ellos de forma temeraria.

Fueron tan populares y temidos estos jóvenes delincuentes que manejaban con gran destreza la conducción siendo menores de edad, que los directores de cine José Antonio de la Loma y Eloy de la Iglesia los contrataron para rodar una serie de películas en las que se narraban las fechorías de los mismos en primera persona, con gran realismo y éxitos de taquilla; era el «cine quinqui», todo un género cinematográfico muy peculiar.

La película *Perros callejeros* (1977) inició la saga del género «quinqui» y siguieron: *Perros callejeros II. Busca y captura* (1979) *Los últimos golpes de El Torete* (1980), *Yo, el Vaquilla* (1985), *El Pico y el Pico II* (1983-84), *Perras callejeras* (1985), *Tres días de libertad* (1995), *La estanquera de Vallecas* (1987), entre otras.

La mayoría de estos delincuentes que protagonizaron fugas de la policía espectaculares conduciendo vehículos sustraídos a velocidades propias de auténticos profesionales, fallecieron en tiroteos, atracos, o a causa de enfermedades derivadas del consumo de tóxicos. Una larga lista de nombres y apodos terminaban sus vidas de forma muy prematura como Pedro el Loco, el Jaro, el Pacorro, el Tonet o el Carica.

El Pera tenía un latiguillo y cuando hablaba repetía mucho: «Esto es la pera, esto es la pera». Nacido en Madrid en 1969, hoy es un ejemplo de superación. Ahora se dedica a asesorar a la Guardia Civil y a probar coches, su gran pasión, pues empezó a conducir vehículos robados cuando aún no llegaba a los pedales, como el Vaquilla. También ha escrito varios libros con consejos de conducción y un libro de ayuda para educar a los hijos titulado Con el Pera es posible: cómo prevenir y solucionar los problemas de nuestros hijos.

En **Para saber más...**, te recomiendo que accedas a una página web para conocer a algunos de los protagonistas que en este apartado aparecen.

9.7. La usurpación

Según el *Diccionario* de la RAE en su acepción 3.ª dedicada al derecho nos indica que la usurpación es un «delito que se comete apoderándose con **violencia o intimidación** de inmueble o derecho real ajeno».

El mismo diccionario, al referirse de **bienes inmuebles**, reza que es un «delito que comete quien ocupa un inmueble ajeno o se mantiene en él contra la voluntad de su titular».

El art. 245 CP castiga:

> «1. Al que con **violencia o intimidación** en las personas **ocupare una cosa inmueble** o **usurpare un derecho real inmobiliario** de pertenencia ajena, se le impondrá, además de las penas en que incurriere por las violencias ejercidas, la pena de prisión de uno a dos años, que se fijará teniendo en cuenta la utilidad obtenida y el daño causado.
>
> 2. El que ocupare, **sin autorización debida**, un inmueble, vivienda o edificio ajenos que no constituyan morada, o se mantuviere en ellos contra la voluntad de su titular, será castigado con la pena de multa de tres a seis meses».

➔ **Bien jurídico protegido**: es el disfrute pacífico de las cosas inmuebles entendiendo como la ausencia de perturbación alguna en el ejercicio de la posesión o de cualquier derecho real que recaiga sobre las mismas, si bien podría entenderse que con este tipo penal también se tutela la libertad, por lo que estaríamos ante un **delito pluriofensivo**, pues hay más de un bien jurídico protegido.

➔ **Acción típica**: ha de darse una desposesión continuada, permanente y estable en el tiempo del titular del derecho a poseer y que se ocasione un perjuicio al titular del patrimonio afectado.

No toda ocupación material de un inmueble constituye la infracción penal del art. 245 CP, sino solo aquella que entrañe un **riesgo para el bien jurídico protegido**, esto es la posesión real y efectiva. La jurisprudencia castiga la lesión del derecho a poseer de forma inmediata, directa y grave. Si no hay estos requisitos, la justicia penal tiende a inhibirse en favor de la vía civil.

El objeto material sobre el que recae la acción es el inmueble o el derecho real inmobiliario.

➔ **Sujeto activo**: solamente puede serlo el no propietario o no titular de los inmuebles o derechos reales, pues podría constituir un delito de coacciones del art. 172 CP o un delito de la realización arbitraria del propio derecho art. 455 CP.

➔ **Sujeto pasivo**: es el propietario del bien inmueble o con el titular del derecho real de que se trate.

➔ **Tipo subjetivo**: ha de existir dolo, pues ha de haber la voluntad de ocupar algo que se conoce que es ajeno, y el sujeto debe querer, además de realizar la usurpación, procurarse utilidad o provecho económico.

➔ **Consumación**: se consuma cuando se adquiere «la posesión real y efectiva» y cabe la tentativa.

➔ **Penalidad**: según el art. 245.1 CP si hay **violencia o intimidación** se castigará con, además de las penas en que incurriere por las violencias ejercidas, la pena de prisión de uno a dos años, que se fijará teniendo en cuenta la utilidad obtenida y el daño causado.

➔ Y según el art. 245.2 CP si se ocupa **sin autorización debida** se castiga con pena de multa de tres a seis meses.

➔ **Concurso**: los resultados que sean consecuencia de la violencia ejercida pueden castigarse por las reglas del concurso de delitos si son constitutivas de otros delitos como: lesiones, homicidio, etc.

Para que se produzca un **delito por ocupación pacífica** son precisos los siguientes requisitos:

- La ocupación, **sin violencia o intimidación**, de un inmueble, vivienda o edificio que en ese momento no constituya morada de alguna persona, realizada con cierta **vocación de permanencia.**
- Que esta perturbación posesoria pueda ser calificada penalmente como ocupación, que es la que comporta un **riesgo relevante para la posesión** del sujeto pasivo sobre el inmueble afectado.
- Que exista **dolo** en el autor.
- Que haya **ajenidad**.

Conocer si el inmueble es de **pertenencia ajena** es una **cuestión civil**, y deberá ser resuelta por el tribunal penal en el supuesto de que concurran las siguientes circunstancias:

- Cuando el derecho esté fundado en un título auténtico.
- Cuando se funde en actos indubitados de posesión.

En el caso de que las anteriores circunstancias no puedan ser probadas, el proceso penal quedará en suspenso para resolver la cuestión en otro proceso civil para conocer a quién pertenece el derecho.

En el art. 245.2 CP el legislador ha querido tipificar el supuesto del llamado **fenómeno «okupa»**. Muñoz Conde (2022, p. 344) es partidario de resolver la problemática de la ocupación pacífica del movimiento «okupa» a través de procedimientos civiles:

> «Esta criminalización no tiene en cuenta, sin embargo, que ya por la vía de los interdictos civiles y de las Leyes de Arrendamientos se les da a los titulares de los inmuebles ocu-

pados suficientes medios para acabar con la ocupación y que, en principio, el problema se debe situar en esta vía, sin necesidad de reforzar los derechos legítimos, cuando lo son, de los titulares por la vía penal».

El movimiento «Okupa»

Los «okupas» forman parte de un movimiento contestatario que incluso está bien visto por parte de la sociedad cuando la ocupación es realizada en solares vacíos y abandonados, casas rurales y naves industriales abandonadas que los ocupantes rehabilitan para realizar actividades en beneficio del barrio, etc. Sin embargo, la ocupación pacífica de bienes inmuebles ha provocado en los últimos años enfrentamientos con las fuerzas del orden público de relevancia que han sido motivo de un seguimiento mediático importante.

Es preciso diferenciar el fenómeno «okupa» anticapitalista y antisistema, de sujetos que se dedican a ocupar pisos y alquilarlos bajo la apariencia de ser propietarios a través de portales como Airbnb. Incluso se han dados casos en los que legítimos propietarios de un piso han visto que, al estar una temporada sin alquilar su inmueble, lo han encontrado ocupado y anunciado en portales como el que hemos referenciado, y han tenido que alquilar ellos para volver a recuperar la posesión. Casos de este tipo se detectaron en la ciudad de Barcelona durante el año 2018 y el ayuntamiento de esta ciudad tomó medidas legales para censar todos los pisos vacíos, los turísticos y a sus legítimos propietarios.

A consecuencia de la ocupación de inmuebles en ciudades donde los precios del alquiler y de compra están desorbitados, también han aparecido empresas que prometen desalojar a los ocupantes con métodos que rayan la ilegalidad y que en cualquier caso son realmente intimidatorios.

Para saber más sobre la usurpación (ocupación) a través de sus protagonistas puedes ver el siguiente reportaje titulado «Mafia okupa» de Informe Semanal en: https://bit.ly/3A4gb5j

---

El Código Penal ha querido cubrir el fenómeno «okupa» mediante el art. 245.2 CP.

El allanamiento en establecimiento mercantil o local abierto al público

Según el artículo 203 CP:

«1. Será castigado con las penas de prisión de seis meses a un año y multa de seis a diez meses el que entrare contra la voluntad de su titular en el domicilio de una persona jurídica pública o privada, despacho profesional u oficina, o en establecimiento mercantil o local abierto al público fuera de las horas de apertura.

2. Será castigado con la pena de multa de uno a tres meses el que se mantuviere contra la voluntad de su titular, fuera de las horas de apertura, en el domicilio de una persona jurídica pública o privada, despacho profesional u oficina, o en establecimiento mercantil o local abierto al público.

3. Será castigado con la pena de prisión de seis meses a tres años, el que con violencia o intimidación entrare o se mantuviere contra la voluntad de su titular en el domicilio de una persona jurídica pública o privada, despacho profesional u oficina, o en establecimiento mercantil o local abierto al público».

Se castiga aquí:

a) El **allanamiento** en establecimiento abierto al público fuera de horario de apertura.

b) **Mantenerse en el local** cuando se haya decretado el cierre, es decir, fuera de horario de apertura. Es el hecho de negarse a salir cuando se decretó el cierre.

c) En el apartado 3.° se adiciona ese allanamiento cuando se empleó **violencia o intimidación**, tanto entrando como manteniéndose dentro, pero aquí, también, sin identificar si se trata de que esté dentro o fuera del horario de apertura. No obstante, debe entenderse que local abierto al público lo será como esta expresión indica, ya que, si se hace fuera de la apertura, se aplicará el apartado 1.°.

9.8. Alteración de lindes

El artículo 246 CP indica que:

> «1. El que alterare términos o lindes de pueblos o heredades o cualquier clase de señales o mojones destinados a fijar los límites de propiedades o demarcaciones de predios contiguos, tanto de dominio público como privado, será castigado con la pena de multa de tres a dieciocho meses.
>
> 2. Si la utilidad reportada no excediere de 400 euros, se impondrá la pena de multa de uno a tres meses».

➔ **Bien jurídico protegido**: puede ser la propiedad y la posesión cuando se trata de fincas privadas, y cuando se trata de lindes de dominio público podemos hablar de que se estaría atacando la seguridad jurídica e incluso el orden público.

➔ **Acción típica**: la alteración va referida a la remoción de los términos o lindes, destruyendo, arrancando, derribando, etc., dejando inseguro el límite de la heredad cuyo término señalaban o haciendo imposible su determinación. Esta alteración puede ser llevada a cabo de las más variadas formas y podrá ser de fincas rústicas o urbanas.

Sobre el mojón, la RAE indica que es una «señal permanente que se pone para fijar los linderos de heredades, términos y fronteras».

➔ **Tipo subjetivo**: entendemos que se trata de un delito doloso, pues el sujeto activo ha de querer realizar la acción y conocer que está llevando a cabo una anormal alteración, que está produciendo un cambio.

➔ **Consumación**: estaría consumado el delito cuando se produce el efectivo cambio de una situación inicial de límites. Puede caber la tentativa en casos en los que el sujeto activo intenta mover y cambiar de un lugar un mojón, pero por el peso o porque está muy bien anclado en el suelo no puede conseguir su objetivo y deja a medias lo iniciado.

➔ **Penalidad**: si la utilidad reportada no excediere de 400 euros, se impondrá la pena de multa de uno a tres meses.

9.9. Distracción del curso de las aguas

El artículo 247 CP preceptúa que:

> «1. El que, sin hallarse autorizado, **distrajere las aguas** de uso público o privativo de su curso, o de su embalse natural o artificial, será castigado con la pena de multa de tres a seis meses. 2. Si la utilidad reportada no excediere de 400 euros, se impondrá la pena de multa de uno a tres meses».
>
> Bien jurídico protegido: la utilización correcta y legítima del agua.

➔ Acción típica: la desviación de las aguas de uso público o privativo de su curso, o de su embalse natural o artificial. La acción ha de realizarse sin valerse de la instalación de mecanismos o de la alteración de contadores, pues se cometería una de las defraudaciones del fluido eléctrico y **análogas** previstas en los arts. 255 y 256 CP.

➔ Tipo subjetivo: es un delito de enriquecimiento, y si la intención del sujeto activo no es la de procurarse un beneficio existirá un delito de daños.

➔ Penalidad: multa de tres a seis meses y si la utilidad reportada no excediere de 400 euros, se impondrá la pena de multa de uno a tres meses.

➔ Concurso: si las alteraciones o usurpaciones se hicieran documentalmente, puede darse un concurso entre estos delitos y un delito de falsedades.

9.10. Referencias bibliográficas

Blanco, C., «Robo y hurto de uso de vehículos», en *Cuadernos de Política Criminal, 81*, 2003.

De Toledo, E. O., «Presente y Proyecto del Delito de Extorsión», en *La Ley. 1982*, 4, 1982, pp. 1080-1094.

Vicente, R., *El delito de robo con fuerza en las cosas*. Valencia, Tirant lo Blanch, 1999.

Lamarca, C., *Delitos. La parte especial del Derecho penal*. Madrid, Dykinson, 2017.

Liñán, A., *Trazos de Derecho penal Parte especial*. La Codosera (Badajoz). Edición en copyleft, 2017. Disponible en: https://bit.ly/3C1hJxt

Magro, V., «Interpretación de la agravación del artículo 242.2 CP, de robo con violencia o intimidación en establecimiento abierto al público», en *La Ley 13475*, 2018.

Magro, V., «La aplicación de la pena de alejamiento a los carteristas en los nuevos delitos de hurto tras la L.O. 1/2015», en *La Ley Penal, 134*, 2018.

Miralpeix, N., «Las ocupaciones de inmuebles por motivos de necesidad», en *Revista Electrónica de Ciencia Penal y Criminología, 2018*, pp. 20-22. Disponible en: https://bit.ly/3k2iTm7.

Muñoz Conde, F. J., *Derecho penal Parte General*. Valencia, Tirant lo Blanch, 2017.

Orts, E., «Delitos contra la libertad e indemnidad sexual», en *Derecho penal. Parte especial*. Valencia, Tirant lo Blanch, 2004.

Real Academia Española. *Diccionario de la lengua española*. Fecha de consulta: 8 de agosto de 2019. Disponible en: https://dle.rae.es

Sanz Delgado, E., «Robo y detención ilegal. Puntos de encuentro», en *La Ley Penal, 2006*, pp. 83-98.

Serrano Gómez, A. y **Serrano Maíllo, A.** *Derecho penal Parte especial*. Madrid, Dykinson, 2011.

Serrano Gómez, A., **Serrano Maíllo, A**, **Serrano Tárraga, M. D.** y **Vázquez González, C.**, *Curso de Derecho Penal. Parte especial*. Madrid, Dykinson, 2017.

Soto, F., El «escalamiento en el robo con fuerza en las cosas. Plausible actualización jurisprudencial», en *La Ley, 5, 2001*, pp. 1633-1635.

Soto, F., «Robo y hurto de uso de vehículos de motor. Daños causados con el vehículo», en *La Ley Penal, 10*, 2004, pp. 90-100.

Vázquez González, C., «Delitos contra el patrimonio y el orden socioeconómico I. Hurto y robo», en *Curso de derecho penal parte especial*. Madrid, Dykinson, 2017.

Jurisprudencia

- Sentencia del Tribunal Supremo Sala 2.ª, de 21 de junio de 1982 (RJ 1982, 3565).
- Sentencia del Tribunal Supremo Sala 2.ª de 26 de enero de 1984 (RJ 1984, 415).
- Sentencia del Tribunal Supremo Sala 2.ª de 23 de unió de 1999.
- Sentencia del Tribunal Supremo Sala 2.ª de 16 de julio de 1999.
- Sentencia Audiencia Provincial de Granada (Sección 1.ª), de 27 de octubre de 2001.
- Sentencia del Tribunal Supremo Sala 2.ª, n.º 1632/2002, de 9 de octubre (LA LEY 8009/2002).
- Sentencia del Tribunal Supremo Sala 2.ª, de 7 de junio de 2012 (RJ 2012\7516).
- Sentencia del Tribunal Supremo Sala 2.ª n.º 359/2018, de 18 de julio.

Para saber más...

Las ocupaciones de inmuebles

Miralpeix, N. (2018). Las ocupaciones de inmuebles por motivos de necesidad. En *Revista Electrónica de Ciencia Penal y Criminología* (Criminet). Disponible en: https://bit.ly/3twG3Ev

Esta revista es de gran relevancia e impacto en el ámbito penal y criminológico, y concretamente en este interesante artículo podréis conocer con mayor profundidad las ocupaciones inmuebles por motivos de necesidad que en muchas ocasiones son portada de periódicos, entre otros medios de comunicación, por lo sangrante de algunos casos extremos.

Informe semanal

RTVE. *Informe semanal*. (1988). El Vaquilla: De dentro a fuera. [Archivo de vídeo]. Disponible en: https://bit.ly/3z3RzIr

Te recomiendo la visualización de este interesante reportaje.

Test

Hurto

1. **¿Qué artículo del Código Penal español define y sanciona el delito de hurto?**
   a) Artículo 234.
   b) Artículo 248.
   c) Artículo 202.
   d) Artículo 237.

2. **¿Cuál es el bien jurídico protegido por el delito de hurto?**
   a) La propiedad.
   b) La seguridad ciudadana.
   c) La salud pública.
   d) La administración pública.

3. **¿Cuál es la diferencia principal entre hurto y robo?**
   a) La cantidad sustraída.
   b) La violencia o intimidación en las personas o fuerza en las cosas.
   c) El tipo de objeto sustraído.
   d) El lugar donde se comete el hecho.

4. **¿Qué delito se produce cuando hay usurpación de bien ajeno sin la voluntad del dueño pero sin emplear violencia o intimidación?**
   a) Apropiación indebida.
   b) Robo con fuerza.
   c) Hurto.
   d) Estafa.

5. **¿Qué tipo de pena se puede imponer por un delito de hurto según el Código Penal español?**
   a) Prisión o multa, dependiendo del valor de lo hurtado.
   b) Solo multa.
   c) Solo prisión.
   d) Trabajo en beneficio de la comunidad.

6. **¿Qué se requiere para que un hurto sea considerado como delito leve?**
   a) Que el valor de lo sustraído no exceda de 400 euros.
   b) Que el valor de lo sustraído sea mayor de 50 euros pero menor de 200 euros.
   c) Que haya una relación familiar entre el autor y la víctima.
   d) Que haya reincidencia.

7. ¿Cuál es uno de los agravantes específicos del hurto?

a) Hurto cometido durante la noche.

b) Hurto cometido con ocasión de incendio, naufragio o catástrofe.

c) Hurto cometido en lugar despoblado.

d) Todas las anteriores.

8. ¿Qué sucede en el caso de hurto de uso, es decir, si se sustraen bienes con la intención de usarlos pero con intención de devolverlos?

a) No se considera como delito.

b) Se considera hurto leve.

c) Se considera hurto.

d) Se considera apropiación indebida.

9. ¿Es posible el hurto entre cónyuges?

a) Sí, siempre es posible.

b) No, en ningún caso es posible.

c) Sí, pero no es delito si no existe separación legal o de hecho.

d) No, salvo que estén en proceso de divorcio.

10. Un hurto puede ser considerado como delito agravado si:

a) Se devuelve el bien sustraído antes de que la víctima lo reclame.

b) Se causan daños colaterales de escasa importancia.

c) Hay reincidencia en el delito de hurto.

d) El hurto se realiza sin testigos.

Solucionario

1. **a) Artículo 234.**
2. **a) La propiedad.**
3. **b) La violencia o intimidación en las personas o fuerza en las cosas.**
4. **c) Hurto.**
5. **a) Prisión o multa, dependiendo del valor de lo hurtado.**
6. **a) Que el valor de lo sustraído no exceda de 400 euros.**
7. **d) Todas las anteriores.**
8. **b) Se considera hurto leve.**
9. **c) Sí, pero no es delito si no existe separación legal o de hecho.**
10. **c) Hay reincidencia en el delito de hurto.**

Robo

1. **¿Qué artículo del Código Penal español regula el delito de robo?**
   a) Artículo 234.
   b) Artículo 237.
   c) Artículo 240.
   d) Artículo 242.

2. **¿Qué elemento es esencial para que se configure un robo?**
   a) La sustracción de bienes de poco valor.
   b) La violencia o intimidación en las personas o fuerza en las cosas.
   c) El horario nocturno.
   d) La reincidencia del delincuente.

3. **¿Cómo se clasifica el robo que comporta violencia o intimidación después de la sustracción para asegurar el éxito de la acción o la impunidad?**
   a) Robo con violencia.
   b) Robo con fuerza.
   c) Robo con intimidación.
   d) Robo con violencia posdelictual.

4. **¿En qué se diferencia principalmente el robo con fuerza en las cosas de otras formas de robo?**
   a) Se usa violencia física contra la víctima.
   b) Se sustraen exclusivamente bienes inmuebles.
   c) Se emplea fuerza para acceder al lugar donde están los bienes.
   d) Es una modalidad que no incluye la sustracción.

5. **¿Qué tipo de circunstancia puede agravar la pena en un delito de robo?**
   a) Haber actuado en solitario.
   b) Que el robo haya sido cometido por una persona que pasaba por el lugar.
   c) El uso de armas o instrumentos peligrosos.
   d) La sustracción de bienes de poco valor económico.

6. **¿Qué sucede si en un robo se sustraen bienes de escaso valor?**
   a) Siempre será considerado como falta y no como delito.
   b) Puede seguir siendo considerado delito si hay violencia o fuerza.
   c) Se trata como hurto leve.
   d) No es posible calificarlo como robo en ningún caso.

7. ¿Qué efectos podría tener sobre la condena el que el autor del robo repare el daño causado antes del juicio?

a) Atenua la penalidad.

b) No tiene efectos sobre la condena.

c) Agrava la condena.

d) Convierte el delito en falta.

8. ¿Qué se entiende por robo en casa habitada?

a) a)El robo en cualquier estructura cerrada.

b) El robo en cualquier lugar donde residen personas.

c) La sustracción de bienes en domicilios o dependencias.

d) El robo en establecimientos comerciales.

9. ¿Cómo se califica el robo cuando el autor y víctima se encuentran en relación de confianza o intimidad?

a) No cambia la calificación del delito.

b) Como robo con fuerza.

c) Como robo con violencia.

d) Puede considerarse un agravante.

10. ¿Qué se consideraría robo con violencia o intimidación en lugar abierto al público?

a) La sustracción de bienes de un lugar sin techo.

b) La sustracción de bienes cuando hay espectadores.

c) El robo en lugares como calles, plazas o cualquier otro destinado al uso público.

d) El robo en cualquier establecimiento comercial, independientemente de su accesoal público.

Solucionario

1. **b) Artículo 237.**
2. **b) La violencia o intimidación en las personas o fuerza en las cosas.**
3. **d) Robo con violencia posdelictual.**
4. **c) Se emplea fuerza para acceder al lugar donde están los bienes.**
5. **c) El uso de armas o instrumentos peligrosos.**
6. **b) Puede seguir siendo considerado delito si hay violencia o fuerza.**
7. **a) Atenua la penalidad.**

8. **c) La sustracción de bienes en domicilios o dependencias.**

9. **d) Puede considerarse un agravante.**

10. **c) El robo en lugares como calles, plazas o cualquier otro destinado al uso público.**

TEMA 10.

DELITOS CONTRA EL PATRIMONIO Y EL ORDEN SOCIOECONÓMICO (II)

10.1. Introducción y objetivos

«Con un par...»

Dionisio Rodríguez Martín es el nombre de un ciudadano que trabajaba en una empresa de seguridad como escolta de personajes de relevancia como artistas de cine, banqueros, cargos de alta dirección, etc. Un día, Dionisio tuvo un enfrentamiento verbal con su encargado, y el mismo de alguna forma le degradó en su cargo encomendándole tareas de transporte de documentos y caudales en un furgón blindado. Dionisio entendió que no se merecía aquel trato y prometió que un día se vengaría en relación con lo sucedido.

El 28 de julio de 1989, Dionisio, aprovechó a las 19:20 h la ausencia de sus dos compañeros de trabajo para conducir el camión blindado en el que trabajaba y se lo llevó hasta su coche particular, donde cargó una serie de sacas de dinero. Al huir, Dionisio aseguró que entregó parte del dinero a tres amigos y posteriormente escapó a Brasil. Allí «nació» el Dioni, un auténtico mito de la picaresca española al estilo del Lazarillo de Tormes llevada al extremo, pues se había apropiado de 298 millones de pesetas (1 791 016,07 euros) de la empresa Candi S. A., que tuvo que cerrar sus puertas al cabo de poco tiempo por entrar en quiebra.

El Dioni, ya en Brasil, cambió su imagen colocándose un peluquín y vivió a lo grande gastando ingentes cantidades en fiestas, hoteles de lujo, mujeres, alcohol, etc. Pero aquella vida de ensueño terminó de repente porque el 19 de septiembre de 1989 fue detenido por la policía de Brasil, y en ese país pasó diez meses encarcelado hasta que se produjo su extradición a España para cumplir el resto de la condena.

La Sección Quinta de la Audiencia Provincial de Madrid condenó a tres años y cuatro meses de prisión menor a Dionisio Rodríguez Martín, el Dioni, de 41 años, como autor de un delito de apropiación indebida, y salió de la cárcel en mayo de 1995 con libertad condicional tras cumplir tres cuartas partes de la pena. Del botín solo se recuperaron 175 millones de pesetas (2 315 000 euros, con la inflación corregida «julio - 2019»). ¿Y el resto de dinero? Nunca más se supo, y algunos afirman que es tan listo que todavía lo esconde.

El Dioni se convirtió en una especie de héroe popular, pues la gente le jaleaba por haber tenido la valentía de haberse llevado un furgón blindado, él solo, y salía en programas de televisión para explicar sus hazañas, llegando incluso a escribir un libro.

Joaquín Sabina, en su disco *Mentiras piadosas* (1990), le dedicó la canción titulada «Con un par...», que en una de sus estrofas decía:

> «Madrid te debería
> "primo" levantar
> un busto en plena Gran Vía
> a cargo popular
> y una placa que diría
> "Al Dioni, con un par"».

Para saber más sobre el caso consultad el siguiente enlace donde habla el Dioni:
https://bit.ly/391hdmw

En el presente tema vamos a hablar de delitos que atentan contra la propiedad y el patrimonio, y los objetivos del mismo:

- Estudiar las defraudaciones.
- Aprender diversos tipos de estafa y sus elementos constitutivos.
- Estudiar la Administración desleal.
- Analizar la apropiación indebida.
- Estudiar las defraudaciones de fluidos eléctricos y análogas.

10.2. Las defraudaciones

El capítulo VI del título XIII lleva por título «De las defraudaciones», y comprende tres secciones:

- De las estafas (arts. 248 a 251 CP).
- De la apropiación indebida (arts. 252 a 254 CP).
- De las defraudaciones de fluido eléctrico y análogas (arts. 255 a 256 CP).

Estos delitos tienen un común denominador, que consiste en que se tratan infracciones contra el patrimonio que se cometen a través de medios de carácter siempre fraudulento.

La estafa

Ya desde el derecho romano se habla del delito de estafa, el cual tenía el nombre de *stellionatus* y requería, el llamado «estelionato», de la *magna et evidens callidista*, que se puede traducir en el vencimiento autotutelar del diligente padre de familia, que empleaba el tratadista clásico Giuliani, al definir la estafa como «cualquier impostura dirigida a obtener un lucro indebido, apto para engañar y causar un perjuicio al diligente padre de familia» y que Liszt delimita al definirla como «lesión patrimonial con intención de lucro, realizada mediante un engaño astuto» (Domingo, 2017).

Tal y como indica Dopico (2018), cuando hablamos de estafa, nos puede venir a la mente el típico timo callejero como pudiera ser «la estampita», «el juego del trile», el «Tocomocho», etc., sin embargo, no solamente trataremos esta tipología de estafas, pues hay una amplísima gama desde las más sencillas hasta las más sofisticadas. Abordaremos estafas con mucho mayor desvalor que los timos callejeros, y que incluso pueden dañar a un gran número de personas que verán cómo su patrimonio, o parte del mismo «se esfuma» sin poder recuperarlo.

La estafa se encuentra regulada en los artículos 248 a 251 bis del Código Penal reformado por LO 1/2015 de 30 de marzo, dentro de la sección primera del capítulo VI dedicado a las defraudaciones, perteneciente al título XIII dedicado a los delitos contra el patrimonio y el orden socioeconómico del libro II.

Pero antes de adentrarnos en la temática, no podemos olvidar que existe el principio constitucional de protección de los consumidores *ex* art. 51.1 CE y que la legislación de consumidores obliga a quienes negocien con consumidores a proporcionarles información, así:

Artículo 51 CE

«1. Los poderes públicos garantizarán la **defensa de los consumidores y usuarios**, protegiendo, mediante procedimientos eficaces, la seguridad, la salud y los legítimos intereses económicos de los mismos.

2. Los poderes públicos **promoverán la información y la educación de los consumidores** y usuarios, fomentarán sus organizaciones y oirán a éstas en las cuestiones que puedan afectar a aquéllos, en los términos que la ley establezca.

3. En el marco de lo dispuesto por los apartados anteriores, la ley regulará el comercio interior y el régimen de autorización de productos comerciales».

Y ya nos aproximamos al concepto de estafa con el Tribunal Supremo, que emplea términos como «**negocios jurídicos criminalizados**» y «**contratos civiles criminalizados**» para referirse a la forma de perpetrar estafas de la forma más habitual en la esfera de la delincuencia empresarial.

«Cuando en un contrato una de las partes **disimula su verdadera intención**, su genuino propósito de **no cumplir las prestaciones** a las que contractualmente se obligó y como consecuencia de ello la parte contraria, desconocedora de tal propósito, cumple lo pactado y **realiza un acto de disposición del que se lucra** y beneficia el otro, nos hallamos en presencia de la estafa conocida como negocio o contrato criminalizado» (STS 416/2015, de 22 de junio).

Tipo básico

A tenor del art. 248 CP:

«Cometen estafa los que, con ánimo de lucro, utilizaren engaño bastante para producir error en otro, induciéndolo a realizar un acto de disposición en perjuicio propio o ajeno.

Los reos de estafa serán castigados con la pena de prisión de seis meses a tres años. Para la fijación de la pena se tendrá en cuenta el importe de lo defraudado, el quebranto económico causado al perjudicado, las relaciones entre este y el defraudador, los medios empleados por este y cuantas otras circunstancias sirvan para valorar la gravedad de la infracción.

Si la cuantía de lo defraudado no excediere de 400 euros, se impondrá la pena de multa de uno a tres meses».

También se consideran reos de estafa:

> Art. 249
>
> «1. También se consideran reos de estafa y serán castigados con la pena de prisión de seis meses a tres años:
>
> a) Los que, con ánimo de lucro, obstaculizando o interfiriendo indebidamente en el funcionamiento de un sistema de información o introduciendo, alterando, borrando, transmitiendo o suprimiendo indebidamente datos informáticos o valiéndose de cualquier otra manipulación informática o artificio semejante, consigan una transferencia no consentida de cualquier activo patrimonial en perjuicio de otro.
>
> b) Los que, utilizando de forma fraudulenta tarjetas de crédito o débito, cheques de viaje o cualquier otro instrumento de pago material o inmaterial distinto del efectivo o los datos obrantes en cualquiera de ellos, realicen operaciones de cualquier clase en perjuicio de su titular o de un tercero.
>
> 2. Con la misma pena prevista en el apartado anterior serán castigados:
>
> a) Los que fabricaren, importaren, obtuvieren, poseyeren, transportaren, comerciaren o de otro modo facilitaren a terceros dispositivos, instrumentos o datos o programas informáticos, o cualquier otro medio diseñado o adaptado específicamente para la comisión de las estafas previstas en este artículo.
>
> b) Los que, para su utilización fraudulenta, sustraigan, se apropiaren o adquieran de forma ilícita tarjetas de crédito o débito, cheques de viaje o cualquier otro instrumento de pago material o inmaterial distinto del efectivo.
>
> 3. Se impondrá la pena en su mitad inferior a los que, para su utilización fraudulenta y sabiendo que fueron obtenidos ilícitamente, posean, adquieran, transfieran, distribuyan o pongan a disposición de terceros tarjetas de crédito o débito, cheques de viaje o cualesquiera otros instrumentos de pago materiales o inmateriales distintos del efectivo».

➜ **Bien jurídico protegido:** el bien jurídico protegido es el patrimonio (la referencia a cualquier activo patrimonial como objeto material sobre el que deba recaer la acción típica así lo avala). Además, la modalidad comisiva a través de manipulaciones informáticas tiende a conseguir una transferencia no consentida de activos patrimoniales (SJP n.º 1, n.º 82/2020, de 19 de marzo de 2020, de Toledo).

➜ **Acción típica:** estamos ante un tipo de estafa peculiar, pues no hay engaño, error, ni relación causal con el acto de disposición. Por otra parte, la víctima no cede nada al autor, siendo este el que toma directamente la cosa.

En la conducta típica ha de haber el ánimo de lucro, el carácter inconsentido de la prestación y el perjuicio de tercero. Ha de existir un traspaso fáctico de un activo, de un elemento patrimonial que tiene valor económico y que pasará de un patrimonio a otro.

El término de «manipulación informática» ha sido criticado por parte de la doctrina por ser demasiado vago, pero en un mundo tecnológico tan cambiante como es el de la informática, reducir las acciones posibles a un listado que pueda ser adecuado en un momento dado y resultar atrasado a los pocos meses resultaría peligroso para la eficacia del sistema legal; siendo así, la utilización de palabras o cláusulas abiertas es la única manera de mantener la aplicabilidad de la ley. *Vid*. (Aranzadi Instituciones, 2016, p. 2).

Mata y Martín (2008, p. 65 y ss.) concreta el término de «manipulación informática» indicando que:

> «(...) por manipulación habría de entenderse cualquier alteración del resultado de un procesamiento electrónico de datos. La otra, más restringida, que atiende no tanto a las consecuencias sino al objeto sobre el que se actúa, descartando la intervención sobre los datos y sobre el hardware e incluyendo únicamente las actuaciones manipulativas sobre las instrucciones de procesamiento automatizado del sistema informático (software)».

➔ **Sujeto activo:** puede serlo cualquiera, pero si concurren las relaciones del art. 268 CP, se beneficiará de la excusa absolutoria (visto *ut supra*).

➔ **Sujeto pasivo:** puede serlo cualquiera, pero ha de tener un mínimo de capacidad intelectual para ser engañado.

➔ **Elemento subjetivo:** se trata de un delito doloso, pues el sujeto activo ha de tener ánimo de lucro y ha de realizar una manipulación informática o artificio semejante para conseguir el desplazamiento patrimonial de la víctima. Entendemos que el sujeto activo ha de tener una pericia especial en informática para cometer el delito, ha de estar preparado, como lo puede ser un hacker.

➔ **Consumación:** se tendrá en cuenta la causa de la acción efectiva del perjuicio. Como consecuencia de la transferencia no consentida de un activo patrimonial que se consigue a través de la manipulación informática o artificio semejante concluirá en la consumación del delito. Cabe la tentativa.

➔ **Penalidad:** son las penas previstas en el art. 249 o 250 CP previstas también para los supuestos de estafa cometidos mediante manipulación informática u otro artificio semejante.

> STS n.º 49/2020, de 12 de febrero de 2020
> El conocido como fraude informático está previsto como una modalidad de estafa con configuración propia, que no responde a la estructura tradicional aquella. Es un tipo a través del que se pretende proteger el patrimonio de los ataques que propician las nuevas tecnologías y cuyo eje lo constituye lo que el Código describe como «manipulación informática o artificio semejante». Son éstos los que han de ser idóneos para conseguir esa transferencia inconsentida de un activo patrimonial, que integra el acto de disposición que provoca el enriquecimiento que el autor persigue. A diferencia de lo que ocurre respecto a la estafa prevista en el nº 1 del artículo 248 del CP, el engaño ya no es un elemento básico ni es de imprescindible presencia. Se ha visto sustituido en esa función por los artificios prohibidos. En palabras de la STS 533/2007 de 12 de junio, no es precisa la concurrencia de engaño alguno por el estafador, porque el acecho a patrimonios ajenos realizados mediante manipulaciones informáticas actúa con automatismo en perjuicio de tercero, precisamente porque existe la manipulación informática y por ello no se exige el engaño personal.

El legislador adelanta aquí la intervención penal para proteger el patrimonio en los casos en que se intervengan programas informáticos creados específicamente para cometer la estafa. Se trata de una especie de actos preparatorios para perpetrar el delito de estafa informática que el legislador considera que de forma ineludible estarán unidos a la comisión del delito informático. (Fernández Teruelo, 2007).

Se requiere un mínimo de **diligencia para evitar la estafa mediante tarjetas de crédito**, y según la STS 3 junio 2003 se indica que:

> «En este orden de cosas las exigencias de comprobación de la identidad del sujeto que presenta una tarjeta de crédito para su utilización como medio de pago, y la comprobación de la pertenencia es requisito exigible y exigido por las reglas comerciales, y constituyen una práctica corriente en la contratación, que tiende a proteger a los legítimos titulares y a las entidades que garantizan al comerciante el pago de la mercancía. En el caso de autos no se realizó la mínima comprobación de identidad, ni siquiera si el que presentaba la tarjeta era hombre o mujer, por lo que el engaño, no puede ser calificado de bastante, para considerarlo causal al desplazamiento económico».

Sin embargo, por otro lado, la exigencia al comerciante se agota con la comprobación de la **identidad entre los nombres y apellidos** que figuran en ambos documentos, sin que sea necesario efectuar mayores comprobaciones ni sobre la fisonomía del sujeto (STS 26 junio 2000) ni sobre su firma (SSTS de 11 de abril de 2005 y de 21 de abril de 2003).

Las estafas perpetradas a través de tarjetas se pueden materializar de diversas formas como advierte Mata y Martín (2008, p. 3):

> «Los más habituales serán los de abono del producto o servicio a través de tarjetas de crédito o débito u otros recursos jurídicos en algún tipo de establecimiento comercial. Dentro de los mismos se pueden distinguir los usos irregulares realizados por el titular del instrumento jurídico de pago, de los puestos en práctica por un tercero diverso al titular, que son los más frecuentes. En los primeros resultarían englobados los casos en que el titular legítimo de la tarjeta la emplea sobrepasando el crédito autorizado, o una vez que ha caducado o ha sido cancelada. A pesar de que el avance de la tecnología dificulta hoy en día sensiblemente la producción de los mismos, no obstante, puede suceder que por un fallo técnico el pago resulte habilitado y se produzca el fraude patrimonial. Aquí la jurisprudencia se decanta, sin fisuras, por la apreciación de la estafa».

En el caso de un cheque sin fondos, si forma parte de la inducción engañosa tendente a un acto de disposición, cabrá hablar de estafa. De esta forma ocurrirá si el sujeto activo induce a la víctima a entregar unos productos comerciales, sabiendo el primero que pagará con un cheque sin fondos (STS n.º 419/2010, de 7 de mayo).

➜ **Bien jurídico protegido**: es el patrimonio ajeno en cualquiera de sus elementos integrantes, bienes muebles o inmuebles, derechos, etc. La estafa puede afectar a cualquiera de los elementos que integran el patrimonio y se ha de producir un **perjuicio patrimonial efectivo relevante**, pues hay que contemplar el **principio de intervención mínima** del derecho penal.

Parte de la doctrina sostiene que en este delito no solamente se protege el patrimonio, sino también la **buena fe** o las **relaciones de confianza** que han de presidir cualquier negocio jurídico.

➜ **Acción típica**: en el delito de estafa han de darse una serie de elementos que son: engaño bastante, error, acto de disposición y perjuicio. Puede cometerse este delito también por **omisión**, pues puede darse el caso de una venta de un inmueble en el que se oculten vicios escondidos no diciendo nada al comprador que después de un tiempo verá como sus expectativas de que todo esté en condiciones normales son defraudadas.

En muchas ocasiones, la víctima lo es porque confía plenamente en alguien que le recomienda que realice un acto de disposición patrimonial con el «boca a boca». Un sobrino recomienda con muy buena fe a su tío que invierta sus ahorros por ejemplo en filatelia, como sucedió con el desgraciadamente famoso caso Fórum Filatélico. Recordemos que este caso acabó con los ahorros de miles de ciudadanos mediante una estafa piramidal estilo Ponzi, de forma similar al *modus operandi* del que se servía Bernard Madoff en EE. UU.

Como anécdota, decir que Madoff era socio de más de cincuenta clubes de golf, donde captaba a sus clientes entre la jet set. El 29 de junio de 2009 fue sentenciado a **150 años de prisión**, pues cometió el mayor fraude llevado a cabo por una sola persona.

➔ **Sujeto activo**: puede serlo cualquiera, pero si concurren las relaciones del art. 268 CP, se beneficiará de la **excusa absolutoria**, que indica que:

> «1. Están exentos de responsabilidad criminal y sujetos únicamente a la civil los cónyuges que no estuvieren separados legalmente o de hecho o en proceso judicial de separación, divorcio o nulidad de su matrimonio y los ascendientes, descendientes y hermanos por naturaleza o por adopción, así como los afines en primer grado si viviesen juntos, por los delitos patrimoniales que se causaren entre sí, siempre que no concurra violencia o intimidación, o abuso de la vulnerabilidad de la víctima, ya sea por razón de edad, o por tratarse de una persona con discapacidad.
> 2. Esta disposición no es aplicable a los extraños que participaren en el delito».

Estamos ante un **delito común** y además es un delito que tipifica la **responsabilidad penal de las personas jurídicas** *ex* art. 251 bis CP si se comete en beneficio de las mismas con los términos que se establecen en el artículo 31 bis CP.

➔ **Sujeto pasivo**: puede serlo cualquiera, pero ha de tener un mínimo de capacidad intelectual para ser engañado. Si se estafa a un menor o a un enfermo mental, el engaño que determina que una persona en esta situación entregue una cosa se considera por la mayoría de la doctrina como hurto y no como estafa.

El engaño puede actuar sobre la víctima o sobre otra persona, y cuando el perjudicado es una persona distinta al engañado se habla de **estafa en triángulo**.

Puede ser víctima una persona física o una jurídica, inclusive las de derecho público.

➔ **Elemento subjetivo**: es un delito doloso porque ha de existir **ánimo de lucro** que ha de entenderse como cualquier ventaja, provecho, beneficio o utilidad. El dolo tiene que ser anterior o concurrente con la actividad defraudatoria, pues si es sobrevenido no se contemplará en el tipo penal. El Tribunal Supremo refleja, en su sentencia de 11 de diciembre de 2000 (LA LEY 4691/2001), que:

> «(...) el dolo penal consiste en el **propósito de no cumplir o de tan sólo iniciar su cumplimiento**, para desembocar en un definitivo incumplimiento, versando el contrato sobre un negocio vacío que oculta la realidad de un atentado contra el patrimonio ajeno».

Indica el Tribunal Supremo, Sala Segunda, de lo Penal, en su auto n.º 834/2016, de 28 de abril (LA LEY 56936/2016) lo siguiente:

> «(...) en el ilícito penal de la estafa, el sujeto activo sabe, desde el mismo momento de la perfección del contrato, que no podrá o no querrá cumplimentar la contraprestación que le corresponde en compensación del valor o cosa recibidos, y que se enriquecerá con ellos. Esta doctrina es la conocida como la de los **contratos civiles o mercantiles criminalizados**».

➜ **Consumación**: se consuma con la producción del perjuicio patrimonial y puede existir **tentativa**, por ejemplo, en los casos en los que se intenta engañar, pero la víctima contrasta los detalles de la compra y se percata de que iba a ser engañado. Aquí cabe el ejemplo de quien compra un automóvil que tiene una muy buena apariencia, pero que tiene el embrague muy dañado. La víctima acude antes de cerrar la compra a un mecánico de confianza y le desaconseja la compra porque descubre que iba a ser víctima de una posible estafa.

La estafa es un delito de resultado, que requiere la existencia de perjuicio evaluable económicamente, **consumado** o en grado de **tentativa**.

➜ **Concurso**: se trata de una cuestión compleja, pues pueden utilizarse documentos falsos para perpetrar una estafa y conseguir un provecho a costa de la víctima. La cuestión no es pacífica y la doctrina jurisprudencial no es unánime, siendo preciso acudir al análisis del caso concreto.

Tal y como indica JAÉN (2002), si hay un autor que falsifica un cheque y luego lo utiliza para engañar y realizar la estafa, el concurso es real, mientras que si quien usa el **cheque falso** no es autor de la falsedad, el concurso sería ideal ya que el uso del documento falso y el engaño se superponen, siendo una única acción que se subsume en dos tipos penales.

Según MATA Y MARTÍN (2008:4):

> «quien finge ser titular de una tarjeta de debido o crédito en una operación presencial para lograr la entrega de ciertos bienes o la prestación de algún servicio estaría creando una falsa apariencia de crédito con la presentación de la misma frente al comerciante o empleado. Lo mismo cabría predicar respecto a la utilización de otros medios de pago, de menor aceptación, como la tarjeta monedero, el pago mediante el teléfono móvil, los cheques electrónicos o el dinero electrónico en sentido estricto, siempre claro está que se empleen en una relación comercial directa y personal».

Elementos fundamentales de la estafa

Los elementos fundamentales de los delitos de estafa han sido fijados por la doctrina del Tribunal Supremo en varias sentencias, como la STS de 4 de mayo, la STS de 17 de noviembre de 1999 y la STS de 26 de diciembre de 2014, siendo tales elementos los siguientes:

➜ **Engaño bastante** para producir error en otra persona. Este engaño ha de ser lo suficientemente relevante para influir en el ánimo de la víctima y ser contemplado por el derecho penal.

Es importante remarcar que aquí se han de tener muy en cuenta las circunstancias del caso como la personalidad del sujeto, la inteligencia, la edad, las relaciones con el sujeto activo, etc. No es lo mismo vender un piso con un vicio oculto como la aluminosis a un vendedor de camisas que a un arquitecto, pues a este último se le supone que tiene una serie de conocimientos en la materia que harán que sea mucho más complejo estafarle. En este sentido el Tribunal Supremo declara a estos efectos, en la sentencia de 24 de marzo de 1999 (LA LEY 4551/1999), que:

> «(...) no se estiman suficientes los artificios engañosos si el sujeto pasivo de los mismos hubiere podido descubrir el fraude mediante una actividad de comprobación de la realidad de las prestaciones entregadas o prometidas fraudulentamente por el promotor del engaño y **si tal actividad de comprobación lo era exigible por su calificación empresarial**».

En estos casos se suelen tener muy en cuenta las **condiciones del afectado para admitir o inadmitir la concurrencia del delito** y para separarlo del mero incumplimiento civil, ya que, si fuera asumible percibir la existencia del incumplimiento, dadas las condiciones profesionales del perjudicado, habría que acudir a esta vía civil (MAGRO, 2017, p. 7): «Desde el punto de vista objetivo, es bastante todo **engaño que adopte una apariencia de veracidad y de realidad creíbles por el "ciudadano medio"**. Sin embargo, desde el punto de vista subjetivo, la suficiencia del engaño depende de las condiciones personales del sujeto engañado, de modo que la condición de bastante se debe valorar *intuitu personae*».

Por otra parte, Goyena (2017) indica de forma muy acertada que:

> «(...) **no hay estafa** si el engaño carece de un contenido mínimo; por ello, no se considera "bastante" el **engaño burdo, fantástico o increíble**, incapaz de mover la voluntad de las personas normalmente constituidas intelectualmente según el ambiente social y cultural en el que se desenvuelven. Sin embargo, ese engaño insuficiente puede convertirse en "bastante" cuando actúa sobre un inferior nivel del sujeto pasivo, aprovechado por el acusado conscientemente, de manera que el engaño así desplegado se convierte en suficiente y resulta así dotado de una eficacia de la que en otros casos carecería».

Es relevante y a la vez curioso el hecho de que existan en el tráfico mercantil las llamadas **«mentiras permitidas»**, pues no es nada infrecuente *ad exemplum* que un vendedor de coches diga a su posible cliente que le está haciendo el máximo descuento de feria posible incluso perdiendo dinero en la operación, y días más tarde, el ya comprador descubre que ha comprado a un precio totalmente normal. Estamos ante lo que se llama el ***dolus bonus*** o la exageración de los vendedores con la finalidad de vender cuanto más mejor, pues le interesa ascender en la empresa.

Tampoco será una estafa cuando alguien intenta engañar, pero lo hace con mentiras tan absurdas que no pueden ser creíbles de ninguna forma, como el que dice que vende un elixir que consigue el éxito en encontrar una pareja para toda la vida de forma casi inmediata.

Sin embargo, en los llamados casos de **multipropiedad** que surgieron sobre todo en la década de los 90, no se podía pedir a las víctimas que fueran lo suficientemente ilustradas como para dirimir que aquello era una estafa o cuando menos un negocio antieconómico a todas luces. *Vid.* al respecto: STS 1926/2002, de 21 noviembre.

> Existen las llamadas «mentiras permitidas», que no son estafa, pero sí una exageración.

➔ **Error**, en la víctima del delito. Ha de ser un error esencial en el sujeto pasivo, al dar por ciertos los hechos simulados por el agente, conocimiento inexacto de la realidad del desplazamiento originador del perjuicio o lesión de sus intereses económicos. Sin embargo, MATA y MARTÍN (2008, p. 26-27) opina en cuanto al desplazamiento que:

> «(...) el acto de disposición, como elemento típico del delito de estafa, no debe traducirse necesariamente en un desplazamiento patrimonial, sino que puede consistir también en una prestación de servicios».

➔ Un **acto de disposición patrimonial** por parte de la víctima. Para determinar el importe del perjuicio patrimonial hay que atenerse al valor de mercado de la cosa o prestación defraudada, es decir, del elemento patrimonial dañado, que es el específico bien jurídico protegido en el delito de estafa. Hay una consecuencia del engaño sufrido, que en numerosas ocasiones adquiere cuerpo a través de pactos, acuerdos o negocios.

➔ **Perjuicio patrimonial**, en la víctima o un tercero. La víctima engañada a consecuencia del error debe realizar una disposición patrimonial, ha de llevar a cabo la entrega de una cosa o la prestación de un servicio, es indiferente que consista en un hacer (realizar un pago) o en un omitir (renunciar a un crédito).

➔ **Nexo causal** o relación de causalidad entre el engaño provocado y el perjuicio de la víctima. Primero ha de haber el engaño, y luego el perjuicio patrimonial. El *dolo subsequens* no es relevante desde el punto de vista penal.

Asimismo, se afirma en la STS de 12 de junio de 1999:

> «(...) entre el engaño y la disposición patrimonial debe darse una relación de causalidad, que queda excluida cuando el sujeto pasivo ha omitido un comportamiento diligente en la conclusión del negocio jurídico. En tales supuestos, resulta claro que no es posible determinar si la representación falsa de la realidad proviene de la mendacidad fácilmente descubrible del autor o de la falta de diligencia del sujeto pasivo».

Demostrar que el sujeto activo quería engañar desde un principio a veces resulta una cuestión harto compleja a nivel probatorio, pero es aquí donde los indicios pueden revelar que se quería estafar, mediante historias colaterales falsas, documentos falsos, colaboración de otros sujetos como «ganchos», etc. *Vid.* DOPICO (2018).

➔ **Ánimo de lucro**, ya sea en beneficio propio o de un tercero.

La estafa existe únicamente en los casos en los que el autor simula un propósito serio de contratar cuando en realidad solo quería aprovecharse del cumplimiento de la parte contraria y del propio incumplimiento (MAGRO, 2017).

> «Igualmente en el ámbito civil existe el dolo como vicio del consentimiento en el momento de la contratación que implica la intención previa de no cumplir con las obligaciones, estamos en presencia del dolo vicio como causa de la nulidad de los contratos, artículo 1269 CC, se produce el dolo cuando con maquinaciones insidiosas de parte de uno de los contratantes es inducido el otro a celebrar un contrato que sin ellas no lo hubiese celebrado; el artículo 1270 CC, determina que este dolo ha de ser grave, no haber sido empleado por las dos partes contratantes; dolo incidental que obliga a indemnizar por daños y perjuicios» (ÁNGELES, 2018).

Para apreciar una estafa se tienen en cuenta las circunstancias personales de la víctima y la capacidad para autoprotegerse.

En el **proceso penal** deben valorarse y tenerse en cuenta las circunstancias concurrentes en orden a:

- Cómo se celebró el contrato.
- Cuáles eran las circunstancias concurrentes en orden a cómo se había concertado cumplir el contrato por la parte obligada a ello.
- Con qué elementos o datos contaba el obligado a cumplir para poder hacerlo.
- Si el obligado a cumplir tenía capacidad para hacerlo y de los actos posteriores se apreciaba que existiera una intención de llevar a cabo el cumplimiento.
- Si tras el contrato hay actos iniciales que determinen que se iba a cumplir el contrato, o ya desde inicio se aprecia que «nunca» se iba a cumplir, lo que es dato demostrativo de que había estafa y no un mero incumplimiento contractual (MAGRO, 2017, p. 8).

En la estafa el dolo ha de existir desde el comienzo del contrato, pues si es a posteriori, estaríamos en el ámbito de lo civil.

Estafadores del amor

Buscan perfiles de personas sin pareja y con buena posición económica. Estos estafadores conocen a sus posibles víctimas a través de las aplicaciones de citas o redes sociales. Su *modus operandi* es ganarse la confianza de la víctima. Para ello le engaña con una relación amorosa y finalmente le pide ayudas económicas que, posteriormente, no devuelve.

Para saber más... accede a la página desde la siguiente dirección web:
https://bit.ly/3BBT2lo

Difieren del art. 399 bis CP (más penado) de falsificación de tarjetas bancarias en que este exige la construcción física de soportes reales alternos, y exige su uso físico concreto, a diferencia de esta estafa informática vinculada a tarjetas bancarias, donde el mero uso inconsentido de datos reales y veraces, solo que por parte de quien no es su titular, ya constituye la acción como asimilada a la estafa, uso que se verifica totalmente en el espacio virtual (VELASCO NÚÑEZ 2021).

Subtipos agravados

Según el artículo 250 CP:

«1. El delito de estafa será castigado con las penas de prisión de uno a seis años y multa de seis a doce meses, cuando:

1.° Recaiga sobre cosas de **primera necesidad**, viviendas u otros bienes de reconocida utilidad social.

2.° Se perpetre **abusando** de firma de otro, o sustrayendo, **ocultando o inutilizando**, en todo o en parte, algún proceso, expediente, protocolo o documento público u oficial de cualquier clase.

3.° Recaiga sobre bienes que integren el **patrimonio artístico, histórico, cultural o científico.**

4.° Revista **especial gravedad**, atendiendo a la entidad del perjuicio y a la situación económica en que deje a la víctima o a su familia.

5.° El **valor de la defraudación** supere los 50.000 euros, o afecte a un elevado número de personas.

6.° Se cometa con **abuso de las relaciones personales** existentes entre víctima y defraudador, o aproveche éste su credibilidad empresarial o profesional.

7.° Se cometa **estafa procesal.** Incurren en la misma los que, en un procedimiento judicial de cualquier clase, manipularen las pruebas en que pretendieran fundar sus alegaciones o emplearen otro fraude procesal análogo, provocando error en el juez o tribunal y llevándole a dictar una resolución que perjudique los intereses económicos de la otra parte o de un tercero.

8.° Al delinquir el culpable hubiera sido **condenado** ejecutoriamente al menos por **tres delitos comprendidos en este Capítulo.** No se tendrán en cuenta antecedentes cancelados o que debieran serlo.

2. Si concurrieran las circunstancias incluidas en los numerales 4.°, 5.°, 6.° o 7.° con la del numeral 1.° del apartado anterior, se impondrán las penas de prisión de cuatro a ocho años y multa de doce a veinticuatro meses. La misma pena se impondrá cuando el valor de la defraudación supere los 250.000 euros».

El estafador que se hizo rico engañando a nazis y otros famosos falsificadores de cuadros

Para saber más sobre el caso puedes acceder a la siguiente dirección web:
https://bit.ly/2XaYq5w

Análisis de las circunstancias agravatorias del art. 250 CP

1. «**Cosas de primera necesidad**, viviendas u otros bienes de reconocida utilidad social».

Aquí se busca el castigo para los que quieran engañar interviniendo una tipología de bienes que son especialmente sensibles y en los que cuando recae sobre los mismos una estafa, el perjuicio merece mayor desvalor penal y, por ende, mayor pena. Podemos pensar aquí en los casos en los que promotores anuncian que realizarán una serie de casas adosadas, construyen una como piloto para ser enseñada y luego venden sobre plano cobrando una paga y señal, desapareciendo posteriormente sin realizar la construcción cuando ya han cobrado de varias personas, que serán las víctimas.

Por otra parte, se quiere castigar al que estafa con bienes de primera necesidad como el pan, la leche, e incluso hoy día a través de contratos de telefonía fraudulentos, todo ello causando un perjuicio relevante a la víctima. Según el acta del pleno no jurisdiccional de la Sala Segunda del Tribunal Supremo de 23 de mayo de 2017:

«1. En caso de **cantidades anticipadas** a los promotores para la construcción de viviendas, el mero incumplimiento, por sí solo, de las obligaciones previstas en la Disposición Adicional Primera de la Ley 38/1999, de 5 de noviembre, de Ordenación de la Edificación, en la redacción dada por la Ley 20/2015, de 14 de julio, consistentes en garantizar mediante un seguro la devolución de dichas cantidades para el caso de que la construcción no se inicie o no llegue a buen fin, y de percibir esas cantidades a través de cuenta especial en entidades de crédito, no constituye delito de apropiación indebida.

2. **Cuando las cantidades entregadas no se hayan destinado a la construcción de las viviendas** comprometidas con los adquirentes, podrá apreciarse un delito de estafa si concurren los elementos del tipo, entre ellos un engaño determinante del acto de disposición, o bien un delito previsto en los artículos 252 o 253 CP si concurren los elementos de cada tipo».

2. Abuso de firma de otro, o sustracción, ocultación o inutilización en todo o en parte de algún proceso, expediente, protocolo o documento público u oficial de cualquier clase.

Lo relevante de esta circunstancia es la **manipulación** de un documento, ya sea mediante falsificación, por daño o hurto del mismo. Esta circunstancia dará lugar al concurso con el delito que corresponda y, si el sujeto activo es un funcionario que abusa de su posición, podrá cometer el delito de infidelidad en la custodia de documentos.

3. En relación con que la estafa afecte a bienes del **patrimonio artístico, histórico, cultural o científico**, podemos acudir al art. 235.1 del CP, pues el castigo tiene una pena igual que en el caso del hurto de este tipo de bienes, siendo de prisión de uno a tres años.

Sobre estafas con **falsificación de obras de arte**, son muy famosos casos como el de René Alphonse van den Berghe (n. 1941), más conocido como Erik el Belga, que publicó en 2012 su libro *Por amor al arte*, y que anunció como sus memorias, en el que combina informaciones sobre sustracciones de arte en Europa, con pocas menciones a las efectuadas en España y por las que es conocido en nuestro país. Sobre las técnicas utilizadas se señala el empleo de tablas antiguas y tintes siguiendo la técnica de la época; piezas que se roban y se reproducen, con posterior venta de ambas obras como auténticas; falsificaciones de obras existentes en una iglesia determinada de manera que se da el cambiazo de la imitada por la original, que es vendida; la transformación de la obra sustraída a través de restauraciones agresivas y poco cuidadosas o, de manera señalada, el acuerdo con expertos en arte que están dispuestos a firmar la autenticidad de la obra por el precio pactado, sin olvidar los canales de distribución de las obras (un cambiazo de una obra de arte auténtica por una falsa en un museo es la trama de la película *El secreto de Thomas Crown* que McTiernan dirigió en 1999). *Vid.* Roma (2015, pp. 2-3).

Falsificar arte para estafar puede resultar para algunos delincuentes relativamente fácil con los medios tecnológicos que existen hoy día, pero luego será preciso vender y obtener un beneficio, cosa harto compleja y que Roma (2015) resume con las siguientes posibilidades:

a) Gran arte distribuido a través de **casas de subastas internacionales** sitas en Reino Unido, Suiza, Alemania o Estados Unidos, que garantizan la autenticidad de la obra apoyando la garantía en informes de expertos.

b) Casas de subastas **de alcance nacional** especializadas por sectores (arte, antigüedades, numismática, bibliofilia, etc.) que divulgan el contenido de sus ventas públicas a través de catálogos impresos que reproducen las obras.

c) **Comercios locales**, cada vez más especializados y que en su mayoría apoyan su distribución en páginas web.

d) **Chamarileros** locales que actúan en mercadillos y enajenan los bienes que previamente han comprado con un precio sujeto a regateo.

e) Distribución a través de **portales de Internet** de obras falsas y que, por su canal de venta, son muy complejas de encontrar y castigar.

Hemos de mencionar que existe una entidad sin ánimo de lucro sita en Nueva York denominada Art Loss Register, entre cuyos fines se encuentra el registro de las obras falsificadas para la prevención de su distribución.

Citamos aquí algunas sentencias sobre el tema: sentencias del Tribunal Supremo n.º 1295/2007 (LA LEY 202403/2007), de 23 de febrero, y n.º 18/2008, de 3 de enero (cuadros de Sorolla y Miró), y las sentencias de la Audiencia Provincial de Pontevedra (5.ª) n.º 918/2014, 21 de mayo, Zaragoza (Tercera) n.º 3242/2006, de 29 de noviembre y Madrid (15.ª) n.º 4143/2006, de 22 de febrero.

4. Las cualificaciones 4.ª y 5.ª contemplan la gravedad del perjuicio causado. Concretamente, en la cualificación 5.ª se indica que se tiene en cuenta que: «El valor de la defraudación supere los **50 000 euros**, o afecte a un **elevado número de personas**». Para la aplicación de la cualificación 4.ª se tiene en cuenta la especial gravedad y las circunstancias en las que se deje a la víctima y, aunque no se llegue a los 50 000 euros, podrá aplicarse atendiendo a la gravedad del caso.

5. En la agravación 6.ª se tendrá en cuenta la **relación de especial confianza y credibilidad** de la que goza el sujeto activo frente a la víctima, siendo la misma muy relevante. Un ejemplo claro de ello son las desgraciadamente famosas «**preferentes**» que muchas entidades financieras vendieron a personas jubiladas en su mayoría que confiaban en el director o empleado que conocían «de toda la vida», siendo en realidad un producto muy complejo y solo para expertos. El resultado fue que, en la inmensa mayoría de los casos, las víctimas perdieron gran parte de sus ahorros, o cuando menos, no cobraron intereses si recuperaban el principal en el mejor de los casos.

También sucedió algo similar en el caso de los **valores del Banco Santander**, pues estamos en presencia de un producto complejo, objetivo de dicha oferta, en búsqueda de financiación para adquirir un banco holandés, parecía ser que la operación estaba claramente determinada, por las explicaciones y la información que el producto y el banco ofrecía. Por otra parte, hemos de comentar los **depósitos estructurados de Banesto**. Eran un producto de inversión y, además, de riesgo, donde la información fue tergiversada, no clara, omisiva de elementos esenciales, sobre todo con la aportación de la entidad financiera involucrándose en la operación. Es decir, se hacía creer al cliente que las aportaciones que Banesto emitían en dichos contratos financieros de plazo no tenían que ser luego devueltos por el cliente inversor, y se desconocía que jamás se podría recuperar lo invertido al tener que devolver el dinero prestado por el banco para generar mayores intereses. Los clientes creían que efectivamente estaban realizando un contrato financiero a plazo de cuatro años y que recuperarían su capital invertido siempre, dado que los intereses iban conforme la Bolsa de Valores. Por tanto, en este supuesto es claro que estamos en presencia de un engaño suficiente y bastante y en consecuencia ante la comisión de un delito de estafa del 248 CP (Ángeles, 2018).

6. La cualificación séptima es la **estafa procesal**. Este tipo de estafa ha de cumplir todos los requisitos del tipo penal y está justificada en cuanto con estas conductas se perjudica, no solo el patrimonio privado ajeno sino también el buen funcionamiento de la administración de justicia, pues se utiliza como mecanismo de la estafa el engaño al juez, que ha de ser lo suficientemente relevante para burlar la profesionalidad del juzgador y las garantías del procedimiento protegidas en nuestra Constitución en su art. 24.

Ejemplo:

Sentencia del Tribunal Supremo, Sala 2.ª n.º 539/2016, de 17 junio (LA LEY 69818/2016), siendo ponente el Ilmo. Sr. Pablo Llarena Conde en la que se juzgó una **estafa procesal** analizando los elementos del tipo. Se aportó en el caso un contrato de arrendamiento que no respondía a la realidad con la finalidad de paralizar el lanzamiento en un procedimiento de ejecución hipotecaria. La estafa procesal se estimó en grado de **tentativa**. Si bien la acción engañosa existió y era idónea para producir error en el juez, con perjuicio para la parte procesal, el lanzamiento no llegó a materializarse por causas ajenas a la voluntad de los acusados. El carácter abusivo del préstamo, o la necesidad de vivienda del acusado, no fue causa de atipicidad de la conducta. Se apreció asimismo la reincidencia como agravante por antecedentes de **estafa básica**.

7. Es de aplicación cuando al delinquir el culpable hubiera sido condenado ejecutoriamente, al menos, por **tres delitos** comprendidos en este capítulo, indicándose que no se tendrán en cuenta antecedentes cancelados o que debieran serlo. El mayor desvalor aquí opera en base a la reincidencia del sujeto activo.

8. Hay que tener en cuenta el apartado 2 del art. 250 CP que preceptúa que:

«2. Si concurrieran las circunstancias incluidas en los numerales **4.º, 5.º, 6.º o 7.º con la del numeral 1.º** del apartado anterior, se impondrán las penas de prisión de cuatro a ocho años y multa de doce a veinticuatro meses. La misma pena se impondrá cuando el valor de la defraudación **supere los 250.000** euros».

Vemos que aquí se contempla una estafa multicausal, y que por ello tiene mayor desvalor y castigo.

> El fundamento de la protección de obras de arte se encuentra en la pérdida que implica para la sociedad la desaparición de los bienes que cuentan con valor histórico o cultural.

Modalidades defraudatorias específicas

En relación con el artículo 251 CP:

«Será castigado con la pena de prisión de uno a cuatro años:

1.º Quien, **atribuyéndose falsamente** sobre una cosa mueble o inmueble **facultad de disposición** de la que carece, bien por no haberla tenido nunca, bien por haberla ya ejercitado, la enajenare, gravare o arrendare a otro, en perjuicio de éste o de tercero.

2.º El que dispusiere de una cosa mueble o inmueble **ocultando** la existencia de **cualquier carga** sobre la misma, o el que, habiéndola enajenado como libre, la gravare o enajenare nuevamente antes de la definitiva transmisión al adquirente, en perjuicio de éste, o de un tercero.

3.º El que otorgare en perjuicio de otro un **contrato simulado**».

Aquí estamos ante los **contratos «criminalizados»**, esto es, cuando hay la posibilidad de que dentro de un contrato bilateral aparezca una actuación engañosa consistente en artificios o maniobras falsas de un contratante, para hacer creer al otro que concurren ciertas cualidades aparentes de la prestación que son inexistentes o para convencerle de que cumplirá la prestación futura a que se ha comprometido, ocultando su propósito de no cumplirla (STS n.º 1077/06 de 31 de octubre o STS n.º 1341/05, de 18 de noviembre).

Entran aquí los casos de **dobles ventas** de inmuebles, o de **ventas de inmuebles con gravámenes inscritos**, habiéndose de tener en cuenta las circunstancias de la víctima, pues si es alguien que por su formación podía haber consultado en el Registro de la Propiedad, no se podrá aplicar esta modalidad defraudatoria. Sin embargo, hay veces en que las víctimas confían en una apariencia de legalidad, y así lo recoge la STS de 3 noviembre de 2010:

> «La **apariencia de empresa seria y solvente** que exteriorizaban los acusados con la puesta en escena descrita en el factum, hizo que se ganasen la confianza de los distintos perjudicados, sin que la falta de consulta en los juzgados correspondientes del estado del procedimiento de ejecución o del asiento registral por parte de los compradores implique ese relajamiento del deber de autoprotección. El primero por el desconocimiento que la mayoría de ciudadanos suele tener sobre el funcionamiento de las subastas judiciales, y el segundo porque esta Sala, STS 687/2008 de 30/10 ha precisado que la existencia del registro mercantil, como la de los demás registros públicos, está concebida como instrumento de **protección de la fe pública**, de la confianza en la realidad de lo que reflejan los asientos registrales».

Sin embargo, y en relación con víctimas no comerciantes, el Tribunal Supremo se ha pronunciado en diversas ocasiones: «Incluso la inscripción de la hipoteca en el Registro de la Propiedad, que tiene carácter constitutivo, no empece a la comisión del delito, siempre que el vendedor lo ocultase» (STS n.º 809/2005, de 23 de junio). El Tribunal Supremo ha afirmado que negar en absoluto la tipicidad de la estafa sobre datos registrales no sería compatible con el Derecho vigente, pues con ello «estaríamos vaciando de contenido el art. 251.2 CP» (STS n.º 646/2005, de 19 de mayo), que contempla fraudes donde el engaño recae sobre datos que se pueden consultar de forma fidedigna en el Registro de la Propiedad.

En cuanto al art. 251.3 del CP que recoge el contrato simulado, puede entenderse si se considera que el otorgamiento del contrato es una conducta engañosa que va dirigida a otro, ajeno a los contratantes, que se fía de la apariencia contractual y realiza una disposición patrimonial que le perjudica.

Si el contrato simulado se realiza para perjudicar al acreedor de uno de los contratantes, la simulación será considerada como el tipo penal de **alzamiento de bienes**.

> «El otorgamiento de contrato simulado —que tantas veces será la vía de participación en un delito de alzamiento de bienes— llamado a veces **falsedad defraudatoria**, parece que se presenta legalmente como un acto desconectado de fines y consecuencias; pero la jurisprudencia y la doctrina señalan que no concurren ni el error ni la disposición patrimonial a favor de otro, sino que expresa un negocio jurídico ficticio o inexistente, orientado a esconder la intención última de los otorgantes, que será causar conscientemente un perjuicio injusto a otros» (Aranzadi Instituciones, 2016, p. 5).

Responsabilidad de las personas jurídicas

A tenor del artículo 251 bis CP:

> «Cuando de acuerdo con lo establecido en el artículo 31 bis una persona jurídica sea responsable de los delitos comprendidos en esta Sección, se le impondrán las siguientes penas:
> a) **Multa del triple al quíntuple de la cantidad defraudada**, si el delito cometido por la persona física tiene prevista una pena de prisión de más de cinco años.
> b) **Multa del doble al cuádruple de la cantidad defraudada**, en el resto de los casos.
> Atendidas las reglas establecidas en el artículo 66 bis, los jueces y tribunales podrán asimismo imponer las penas recogidas en las letras b) a g) del apartado 7 del artículo 33».

Pero además, el juez podrá imponer las siguientes penas contempladas en las letras b) a g) del apartado 7 del artículo 33 CP, atendidas las reglas establecidas en el artículo 66 bis CP:

- **Disolución** de la persona jurídica.
- **Suspensión** de sus actividades por un plazo que no podrá exceder de cinco años.
- **Clausura** de sus locales y establecimientos por un plazo que no podrá exceder de cinco años. Es la más grave, pues supone la «muerte» de la persona jurídica.
- **Prohibición de realizar en el futuro** las actividades en cuyo ejercicio se haya cometido, favorecido o encubierto el delito. Esta prohibición podrá ser temporal o definitiva. Si fuere temporal, el plazo no podrá exceder de quince años.
- **Inhabilitación** para obtener subvenciones y ayudas públicas, para contratar con el sector público y para gozar de beneficios e incentivos fiscales o de la Seguridad Social, por un plazo que no podrá exceder de quince años.
- **Intervención judicial** total o parcial, por el tiempo que se establezca que no podrá exceder de cinco años, para salvaguardar los derechos de los trabajadores o de los acreedores.

Asimismo, el juez podrá adoptar durante la instrucción del procedimiento las siguientes **medidas cautelares**:

- La **clausura temporal** de los locales o establecimientos.
- La **suspensión** de las actividades sociales.
- La **intervención** judicial.

Las personas jurídicas y, más concretamente, las instituciones financieras también pueden resultar víctimas de una estafa, y la jurisprudencia indica al respecto que: «Especialmente cuando el engaño se dirige contra organizaciones complejas, como ocurre con personas jurídicas del tipo de las entidades bancarias, es del todo evidente que **el sujeto pasivo dispone de un potente arsenal defensivo**, que correctamente utilizado podría llegar a evitar la eficacia del engaño en numerosos casos» *Vid.* STS de 1 julio de 2014.

De este modo, no puede ser igual el deber de autoprotección que incumbe, por ejemplo, a una potente empresa dotada de un importante gabinete jurídico, que el deber de autoprotección que atañe al titular de un negocio personal o cuasi artesanal (GOYENA, 2017).

Un supuesto de especial interés es el del **engaño llevado a cabo por los propios empleados de la empresa o institución estafada**. En estos casos, parece razonable estimar que la sola participación de esos empleados en el fraude refuerza la suficiencia del engaño, a la vez que disminuye la exigencia de autoprotección del sujeto pasivo, como se indica en la STS 21 julio 2006.

También las entidades bancarias han de extremar precauciones para no ser estafadas, pues como se afirma en la STS 30 julio 2013:

> «En el presente caso, como bien razona el Tribunal sentenciador en el Fundamento Jurídico del que hemos acotado un fragmento, se está en presencia de un descuento de pagarés de cuantía elevada efectuado por entidades bancarias que tienen como pautas de comportamiento exigible **efectuar las correspondientes comprobaciones** para verificar la realidad de las operaciones que soportan los documentos a descontar, contando además con los medios necesarios para estas comprobaciones. En esta situación, y como se refleja en el factum y se recoge en la argumentación de la sentencia **sin adoptar las mínimas garantías** procedieron al descuento de los pagarés».

Según el artículo 269 CP:

> «La **provocación, la conspiración y la proposición** para cometer los delitos de robo, extorsión, estafa o apropiación indebida, serán castigadas con la pena inferior en uno o dos grados a la del delito correspondiente».

10.3. Administración desleal

Dentro del marco de los delitos societarios, era preciso crear la figura de la administración desleal o fraudulenta con la finalidad de suplir las deficiencias que tenía el ordenamiento penal. Se buscaba tipificar una conducta cada vez más habitual y que ya no encajaba dentro de los delitos tradicionales a través de los que anteriormente se habían castigado, como la estafa o, en la mayoría de los casos, la apropiación indebida (Mata, 1999).

Queralt Jiménez (2011) colma de elogios a la tipificación de la administración desleal considerando una gran novedad que la misma supone y que también, tomándola como la figura principal dentro de los delitos societarios, se llega a determinar que las demás conductas que forman este ámbito que protege los intereses de la sociedad y, en consecuencia, los de los miembros en ella integrados, son simplemente «tributarias de esta capital infracción».

Vamos a ver la diferencia entre la administración desleal y la apropiación indebida de la mano de Castelló Nicás (2017, p. 20) que nos dice:

> «No es lo mismo el administrador que **despoja a la empresa de sus bienes en beneficio personal o en el de terceros**, que el administrador que no tiene como meta apropiarse o enriquecerse personalmente con los bienes que administra, pero que **por su mala gestión empresarial lleva a la entidad a la ruina**; no es lo mismo, pues, hacer gestiones para quedarme con el dinero de la sociedad, que administrarla inadecuadamente, con una inadecuación tal, eso sí, que quede de lado la responsabilidad de otro orden jurídico, para entrar en el campo de la ilicitud penal».

Gálvez Jiménez (2015, p. 10) aprecia una mayor complejidad a efectos probatorios en el delito de administración desleal:

> «Pero aun así, no creo que se deba comparar la pertinencia de ambos delitos, considero que **el delito de administración desleal trae consigo aparejado mayores problemas probatorios** que el delito de falsificación de documentos en el ámbito social. Sin duda, probar una gestión con respecto al patrimonio de la sociedad calificada como desleal puede generar discutidas opiniones así como llevar a equívocos; en cambio, generalmente resultará más sencillo demostrar la calificación de unos documentos como falsos».

A tenor del artículo 252 CP:

«Serán castigados con las penas del artículo 248 o, en su caso, con las del artículo 250, los que teniendo facultades para administrar un patrimonio ajeno, emanadas de la ley, encomendadas por la autoridad o asumidas mediante un negocio jurídico, las infrinjan excediéndose en el ejercicio de las mismas y, de esa manera, causen un perjuicio al patrimonio administrado.
2. Si la cuantía del perjuicio patrimonial no excediere de 400 euros, se impondrá una pena de multa de uno a tres meses».

➜ **Bien jurídico protegido**: se intenta proteger el **patrimonio** en general, ya sea **persona individual** o una **sociedad**.

Según GÁLVEZ JIMÉNEZ (2015, p. 18):

«La doctrina mayoritaria entiende que se contrae al patrimonio de los socios, depositarios, cuentapartícipes o titulares de los bienes, valores o capital que se administra, dejando completamente inerte frente a estos ataques al patrimonio social».

➜ **Acción típica**: se castiga al que, teniendo la potestad para administrar un **patrimonio ajeno** legitimado por la ley, encomendado por la autoridad o asumido mediante un negocio jurídico, infrinja su cometido excediéndose en su ejercicio causando un **perjuicio** al patrimonio administrado.

Se trata de un **delito de resultado**, que exige para su consumación la causación de un perjuicio económico evaluable. Un ejemplo puede ser el «bróker» que no puede realizar inversiones arriesgadas sin que el inversor lo autorice de forma expresa, después de haberle informado de los riesgos, y mucho menos si lo hace en su provecho y no en interés del que le ha confiado el dinero para su gestión.

Los **elementos básicos del delito** de administración desleal son:

1. Ostentar facultades de administración de un patrimonio ajeno.
2. Excederse en el ejercicio de las facultades otorgadas.
3. Causar un perjuicio patrimonial.

➜ **Sujeto activo**: puede ser cualquier persona que tenga la potestad para administrar dimanante de la ley, negocio jurídico o autoridad. Puede cometer este delito quien tenga esa potestad sin importar la denominación del cargo que ostente y del origen de su nombramiento.

De forma muy gráfica NIETO MARTÍN (2018, p. 251) afirma que el administrador que actúa de forma desleal, lo hace desde **dentro de la organización**, puede **prevalerse de su cargo**, y además se le supone que es un **garante protector del patrimonio empresarial**, con lo cual, se incrementa la posibilidad de perpetrar el delito de forma exitosa: «Si lo comparáramos con los delitos contra la vida sería una situación semejante al asesinato alevoso, por ejemplo con una metralleta, de un niño de corta edad por su padre».

Cabe aplicar la **excusa absolutoria** del art. 268 CP que reza como sigue:

«1. Están exentos de responsabilidad criminal y sujetos únicamente a la civil los cónyuges que no estuvieren separados legalmente o de hecho o en proceso judicial de separación, divorcio o nulidad de su matrimonio y los ascendientes, descendientes y hermanos por naturaleza o por adopción, así como los afines en primer grado si viviesen juntos, por los delitos patrimoniales que se causaren entre sí, siempre que no concurra violencia o intimidación, o abuso de la vulnerabilidad de la víctima, ya sea por razón de edad, o por tratarse de una persona con discapacidad.

2. Esta disposición no es aplicable a los extraños que participaren en el delito».

➜ **Sujeto pasivo**: puede serlo cualquiera, y no solamente una sociedad.

➜ **Consumación**: se produce la consumación cuando el sujeto activo se ha extralimitado en las funciones que tenía encomendadas y produce un perjuicio al administrado. Entendemos que sí cabe la **tentativa**.

Cabe la comisión por omisión, pues:

«(...) la doctrina suele poner como ejemplo el **desaprovechar oportunidades de negocio**, con el fin de que se aprovechen de ellas otros competidores o una empresa del mismo administrador, el **no reclamar deudas** que la empresa pueda tener dejando que prescriban, el **no denunciar contratos** que son perjudiciales para la entidad, el **no impedir daños** a los bienes administrados. Incluso en este punto podrían **incluirse no impedir**, consintiendo, **delitos realizados por terceros** que menoscaben el patrimonio de la empresa» Nieto Martín (2018, pp. 256-257).

➜ **Tipo subjetivo**: según la STS 947/2016, 15 de diciembre, basta la actuación dolosa consistente en actuar con el conocimiento y consentimiento del perjuicio que se está ocasionando. La STS 8818/2011, de 7 de diciembre apunta que el tipo no comporta necesariamente el *animus rem sibi habendi*, aunque tampoco lo excluye, sino que solo precisa el dolo genérico que contiene el conocimiento y consentimiento del perjuicio que se está ocasionando al sujeto pasivo.

➜ **Penalidad**: Serán castigados con las penas del artículo 248 o, en su caso, con las del artículo 250.

➜ Hay que atenerse a las siguientes circunstancias:

- Importe defraudado.
- Daño económico causado a la víctima.
- Relaciones entre la víctima y el sujeto activo.
- Medios utilizados por el sujeto activo.
- Cualesquiera extremos que sirvan para valorar la gravedad de la infracción.

Según el art. 252.2 CP, si la cuantía del perjuicio patrimonial **no excediere de 400 euros**, se impondrá una pena de multa de uno a tres meses.

Por ejemplo, la administración desleal se produce, en ocasiones, con el administrador de fincas que distrae dinero de la cuenta de la comunidad de propietarios que administra y se excede en sus funciones contrayendo obligaciones que causan un perjuicio para la comunidad.

En la administración desleal el autor es un enemigo interno, actúa desde dentro, como un caballo de Troya.

Circunstancias de agravamiento

Según el art. 252 CP en relación con el art. 250 del mismo texto legal, conforman un **mayor desvalor** y, por lo tanto, un **mayor castigo** las siguientes circunstancias:

- Recaiga sobre **cosas de primera necesidad**, viviendas u otros bienes de reconocida utilidad social.
- Se perpetre **abusando** de la firma de otro, o sustrayendo, ocultando o inutilizando, en todo o en parte, algún proceso, expediente, protocolo o documento público u oficial de cualquier clase.
- Recaiga sobre bienes que integren el **patrimonio artístico, histórico, cultural o científico.**
- Revista **especial gravedad**, atendiendo a la entidad del perjuicio y a la situación económica en que deje a la víctima o a su familia.
- El **valor de la defraudación** supere los 50 000 euros, o afecte a un elevado número de personas.
- Se cometa con **abuso de las relaciones personales** existentes entre víctima y defraudador, o aproveche este su credibilidad empresarial o profesional.
- Se cometa **estafa procesal**.
- Al delinquir el culpable hubiera sido condenado ejecutoriamente al menos por tres delitos comprendidos en este capítulo (reincidencia).

La penalidad en estos casos es de prisión de uno a seis años y multa de seis a doce meses.

Según el art. 252 CP en relación con el art. 250 CP:

> «Si concurrieran las circunstancias incluidas en los numerales 4.°, 5.°, 6.° o 7.° con la del numeral 1.° del apartado anterior, se impondrán las penas de prisión de cuatro a ocho años y multa de doce a veinticuatro meses. La misma pena se impondrá cuando el valor de la defraudación supere los 250.000 euros».

10.4. Apropiación indebida

Mario Conde fue uno de los empresarios de más éxito de los años 80 y principios de los 90: era la época de la llamada «cultura del pelotazo». Llegó a ser presidente de Banesto, hasta que la entidad tuvo que ser intervenida por el Estado, ya que había un grave riesgo de quiebra debido a administraciones desleales, apropiaciones indebidas, entre otros delitos. Conde, que llegó a ser doctor *honoris* causa el 9 de junio de 1993, en la Universidad Complutense de Madrid, fue condenado a veinte años de prisión por el Tribunal Supremo. Actualmente, Conde es la cuarta persona física más morosa de España según el listado oficial de deudores a la Agencia Tributaria del año 2018, con una deuda que asciende a 14 961 664,79 euros a la Hacienda Pública, lo que,además, supone un aumento de 5,6 millones de euros con respecto a las deudas con el fisco que tenía en el año 2017.

El *glamour* de la jet set se terminó y Conde ingresó en el Centro penitenciario Alcalá-Meco.

Para saber más sobre el caso Conde, puedes acceder a la siguiente dirección web donde habla el propio protagonista:
https://bit.ly/38ZK9vk

A tenor del artículo 253 CP:

«1. Serán castigados con las penas del artículo 248 o, en su caso, del artículo 250, salvo que ya estuvieran castigados con una pena más grave en otro precepto de este Código, los que, en perjuicio de otro, se apropiaren para sí o para un tercero, de dinero, efectos, valores o cualquier otra cosa mueble, que hubieran recibido en depósito, comisión, o custodia, o que les hubieran sido confiados en virtud de cualquier otro título que produzca la obligación de entregarlos o devolverlos, o negaren haberlos recibido.

2. Si la cuantía de lo apropiado no excediere de 400 euros, se impondrá una pena de multa de uno a tres meses».

➔ **Bien jurídico protegido**: es el patrimonio y la propiedad. En la **apropiación indebida** se tutela el patrimonio de las personas físicas o jurídicas frente a maniobras de apropiación o distracción en beneficio propio, mientras que **en la administración desleal** se reprueba una conducta societaria que rompe los vínculos de fidelidad y lealtad que unen a los administradores con la sociedad. *Vid.* CASTELLÓ (2017).

➔ **Acción típica**: se trata de una acción mediante la cual una persona hace suya una cosa incorporándola a su patrimonio con la intención de usarla o disponer de ella en calidad de dueño y con **ánimo de no restituirla**.

En la apropiación indebida existen dos elementos fundamentales que son: los **actos materiales realizados** por el sujeto y que están dirigidos a la incorporación de la cosa a su patrimonio y, por otro lado, ha de existir un estado de ánimo consistente en la intención de que el sujeto haga suya la cosa (SIMONS, 2005).

En este delito, la posesión de la cosa es en principio lícita y después surge el ánimo de apropiársela ilícitamente (MUÑOZ CONDE, 2022). Por otra parte, según CUGAT (2004, p. 1126), «las conductas que comportan detracción del patrimonio deben reconducirse a la apropiación indebida».

Elementos que conforman la apropiación indebida:

1. Haber recibido dinero, efectos, valores o cualquier otra cosa mueble o activo patrimonial. Es decir, la cosa ha de tenerse por un título traslativo de la posesión.
2. Los efectos han de haberse recibido, en depósito, comisión o administración o por otro título que pueda producir la obligación de entregarlos a devolverlos. En la frase «en virtud de cualquier otro título» han de entenderse comprendidos otros contratos traslativos de la posesión como el comodato, el mandato, la prenda con desplazamiento, el arrendamiento y la aparcería (MUÑOZ CONDE, 2022).
3. Ha de haber una negativa de haberlo recibido.
4. Ha de existir ánimo de lucro y perjuicio de un tercero.
5. La cuantía de la apropiación no ha de exceder de 400 euros. Si la cuantía del apropiado no sobrepasa los 400 euros procederá la imposición de la pena de multa de uno a tres meses.

➜ **Sujeto activo**: puede serlo cualquiera. El sujeto activo de la apropiación indebida ha de estar, por tanto, en **posesión de la cosa** de la que se apropia, siendo la propiedad directamente el bien jurídico protegido en este delito.

➜ **Sujeto pasivo**: puede serlo cualquiera.

➜ **Elemento subjetivo**: es un delito doloso, pues se exige además que exista ánimo de lucro, el apoderamiento con intención de hacer suya la cosa apropiada, violando el derecho de propiedad del perjudicado. Ha de haber la intención de apropiarse de la cosa —*animus rem sibi habendi*—, o de disponer de ella sin facultades para ello, lo que produce un perjuicio en el sujeto pasivo.

También hay que incluir en el art. 254 CP la apropiación de la cosa **recibida por error**. Hay que tener en cuenta la jurisprudencia en estos casos *ad exemplum*:

> «STS 630/2009, de 19 de mayo: Una cosa es sufrir error como consecuencia de un comportamiento propio del cual derive causalmente la equivocación que convierte en idóneo un engaño que por sí mismo en principio no lo era, y otra muy distinta sufrir el error por el engaño adecuado desplegado por el tercero, y convertir en negligencia causante de la equivocación la buena fe y la confianza del engañado».

➜ **Causas de justificación**: suelen invocarse el **derecho de retención y el estado de liquidación o rendición de cuentas** pendientes. En relación con el derecho de retención, el Código Civil y el Código de Comercio permiten en algunos casos la retención por el poseedor de las cosas a él entregadas hasta que se le satisfagan los gastos realizados para su conservación, manutención, etc.; el ejercicio de este derecho dentro de los límites marcados en estos cuerpos legales justifica la apropiación, aunque a veces faltará ya la propia tipicidad de la conducta. Por ejemplo, el caso de un reparador de electrodomésticos que retiene una lavadora hasta que el cliente no le pague la reparación (Muñoz Conde, 2017).

➜ **Consumación**: se produce en el momento en el que el autor se apropia de una cosa cuya posesión la tenía de forma legítima otra persona. El resultado de la apropiación indebida consiste en la apropiación, que se concreta al realizarse los actos de disposición o al negar haber recibido las cosas poseídas, y en el consiguiente perjuicio que la apropiación repercute en el sujeto pasivo que quiere recuperar la posesión. Cabe la tentativa.

Diferente del desistimiento es la **reparación del daño**, que se produce posteriormente a la concreción del perjuicio, que todo lo más puede constituir una circunstancia atenuante *(ex* art. 21, 5.ª CP).

➜ **Penalidad**: 1. Serán castigados con las penas del artículo 248 o, en su caso, del artículo 250, salvo que ya estuvieran castigados con una pena más grave en otro precepto de este Código...

➜ 2. Si la cuantía de lo apropiado no excediere de 400 euros, se impondrá una pena de multa de uno a tres meses

➜ En los años de la llamada «burbuja inmobiliaria», existían promotores que construían sobre plano, y ello mediante la financiación de compradores que entregaban un dinero a cuenta solamente viendo un piso piloto. Está claro que el dinero que se estaba entregando al promotor o constructor estaba destinado a la finalidad de construir y entregar la vivienda y no a otra, pero en ocasiones, y máxime cuando estalló la «burbuja inmobiliaria», hubo promotores y constructores que se apropiaron de las cantidades entregadas y literalmente desaparecieron, algunos incluso sin dejar ni rastro. Tal y como señala NIETO (2018, p. 247):

> «(...) **la apropiación por parte del promotor de las cantidades anticipadas** por la **compra de una vivienda** sobre plano, en aquellos casos en los que el promotor no entrega la vivienda ni devuelve los fondos admitidos como anticipo. Desde finales de los años 60 existe una legislación tuitiva del comprador (Ley 57/1968 sobre percepción de cantidades anticipadas en la construcción y venta de viviendas y hoy Ley 38/1999 de ordenación de la edificación) en virtud de la cual **el promotor tiene el deber de depositar los fondos en una cuenta separada** y la prohibición expresa de disponer de ellos salvo para atenciones derivadas para la construcción de la vivienda. La jurisprudencia acertadamente ha catalogado estos casos como **apropiación indebida**».

El Tribunal Supremo, por ejemplo, en la sentencia n.º 148/2008, de 29 de abril considera en estos casos que se trata de un título específico, distinto a la compraventa, que da lugar a la apropiación indebida.

Por otra parte, el mediático suceso de las **«tarjetas *black*»** que se entregaron a altos cargos de Bankia (antigua Caja Madrid) constituyó también un caso de apropiación indebida en cuanto a los directivos que tenían poder de administrar, tal y como lo explicita la sentencia de la Audiencia Nacional (Sala de lo Penal, Sección 4) n.º 4/2017, de 23 de febrero:

> «Caja Madrid, entidad que después pasaría a ser Bankia, tenía implantada desde 1998 una particular forma de retribuir a sus consejeros y miembros del órgano de control de la Caja. Como la legislación vigente solo preveía retribuir a los consejeros mediante **dietas de asistencia** y estas tenían además un importe limitado, con el fin de "dignificar" el cargo "se les facilitaba una tarjeta de empresa VISA titularidad de Caja [...]". Como pone de manifiesto la sentencia los múltiples acusados, castigados por delito continuado de apropiación indebida en su redacción anterior a la reforma de 1995, utilizaron las tarjetas para gastos exclusivamente personales. **Los importes gastados mediante la tarjeta no figuraban en el certificado que la caja les enviaba cada año a efectos de la tributación por el IRPF.** Los miembros de la Comisión de Retribuciones, que también poseían tarjeta, tampoco mencionaron nunca esta retribución en sus reuniones».

Siguiendo a NIETO (2018, p. 249) y en relación con la utilización de tarjetas de crédito por parte de empleados de una empresa:

> «La utilización indebida de tarjetas de la entidad constituye un caso de apropiación indebida cuando se realiza por personas que no pueden ser consideradas administradoras de la entidad (por ejemplo, comerciales o ejecutivos que utilizan su tarjeta para fines personales). Las tarjetas de empresa otorgan a su portador —no administrador— un uso limitado sobre los bienes de la sociedad, que no puede catalogarse ni de lejos como una administración a los efectos del art. 252».

Entre el delito de **estafa** y el de **apropiación indebida** hay puntos de conexión, pero son distintos, como lo expresa con meridiana claridad la sentencia del Tribunal Supremo n.º 4464/2017, de 13 de diciembre, ECLI:ES:TS:2017:4464:

> «(...) los delitos de **estafa** y **apropiación indebida** tienen un carácter absolutamente heterogéneo en cuanto **diferentes son los requisitos subjetivos** que uno y otro requieren para su comisión. Así en la estafa del ataque patrimonial se lleva a cabo mediante un engaño con el consiguiente desplazamiento en el patrimonio, mientras que en el segundo desplazamiento no tiene su origen en aquel engaño motor, sino en **el abuso de la confianza** ya depositada en el sujeto activo, lo que conlleva que este recibe el dinero o cosa apropiada de forma legítima, transmitiendo dicha posesión legítima en disposición ilegítima abusando de aquella confianza».

Tipo cualificado

A tenor del artículo 254 CP:

> «1. Quien, fuera de los supuestos del artículo anterior, se apropiare de una **cosa mueble ajena**, será castigado con una pena de multa de tres a seis meses. Si se tratara de cosas de **valor artístico, histórico, cultural o científico**, la pena será de prisión de seis meses a dos años.
> 2. Si la cuantía de lo apropiado no excediere de 400 euros, se impondrá una pena de multa de uno a dos meses».

En este caso se pueden incluir supuestos como el de la apropiación de cosa perdida o la apropiación de la cosa recibida por error. Por bien extraviado entendemos el bien mueble del que, de forma accidental, está privado su propietario por algún acto que lo ponga fuera de su alcance. A él equivale la cosa de dueño desconocido. No tiene tal cualidad la cosa abandonada, que puede ser objeto de apropiación por cualquiera, igual que la *res nullius*. La apropiación de cosa olvidada tiene el mismo tratamiento jurídico que la cosa perdida. El delito se produce cuando el que se encuentra la cosa perdida o de dueño desconocido se apropia de ella, aunque no basta el incumplimiento de los deberes que impone el art. 615 del Código Civil.

Sobre el delito de **apropiación indebida** pueden verse las siguientes sentencias del Tribunal Supremo:

- Sentencia del Tribunal Supremo 1181/2016, ECLI:ES:TS:2016:1181 Id Cendoj: 28079120012016100215.
- Sentencia del Tribunal Supremo de 17/03/2016 4423/2016, ECLI:ES:TS:2016:4423.
- Sentencia del Tribunal Supremo Roj: STS 5531/2016, ECLI:ES:TS:2016:5531.
- Sentencia del Tribunal Supremo Roj: STS 4464/2017, ECLI:ES:TS:2017:4464.

10.5. Las defraudaciones de fluidos eléctricos y análogas

Las conductas previstas en esta sección son, asimismo, engaños defraudatorios. Los tipos se refieren a la electricidad, gas, agua, telecomunicaciones u otro elemento, energía o fluidos ajenos.

Utilización ilícita de energía ajena (art. 255 CP)

A tenor del artículo 255 CP:

> «1. Será castigado con la pena de multa de tres a doce meses el que cometiere **defraudación utilizando energía eléctrica, gas, agua, telecomunicaciones** u otro elemento, **energía o fluido ajenos**, por alguno de los medios siguientes:
> 1.° Valiéndose de **mecanismos** instalados para realizar la defraudación.
> 2.° Alterando maliciosamente las **indicaciones** o aparatos **contadores**.
> 3.° Empleando cualesquiera otros **medios clandestinos**.
> 2. Si la cuantía de lo defraudado no excediere de 400 euros, se impondrá una pena de multa de uno a tres meses».

➔ **Bien jurídico protegido**: el suministro de electricidad, gas, agua, telecomunicaciones, energía o fluidos ajenos.

➔ **Acción típica**: consiste en esta defraudación empleando los medios descritos en la ley (instalando mecanismos o valiéndose de ellos para la utilización de la energía eléctrica, etc., alterando de forma maliciosa las indicaciones o aparatos contadores, o empleando cualesquiera otros medios clandestinos). *Vid.* QUINTERO OLIVARES (2017).

«Entre las defraudaciones en el ámbito de la telecomunicación caben tanto las referidas a medios eléctricos (teléfono, telégrafo, fax, etc.) como a los que utilizan ondas hertzianas (radio, televisión, etc.) u otros medios semejantes a estos efectos (rayos láser, etc.)» (MANZANARES SAMANIEGO, 2016, p. 1).

➔ **Sujeto activo**: puede serlo cualquiera, en realidad son hechos que solo pueden ser autores los consumidores.

➔ **Sujeto pasivo**: puede serlo cualquiera, pero normalmente lo serán las compañías suministradoras o el vecino que detecta que su factura sube de forma inusitada porque alguien se ha «enganchado» a su luz.

➔ **Elemento subjetivo**: es un delito eminentemente doloso.

➔ **Consumación**: para la consumación es precisa la producción de un perjuicio, que si no llega a los 400 euros se castiga con la pena de multa de uno a tres meses (apartado 2, art. 255). Caben, pues las formas imperfectas de ejecución cuando no se llega a producir el perjuicio. Los actos pueden ser realizados por el beneficiario o por un tercero.

➔ **Penalidad**: multa de tres a doce meses. Si la cuantía de lo defraudado no excediere de 400 euros, se impondrá una pena de multa de uno a tres meses.

Uso indebido de equipos de telecomunicación ajenos

Según el artículo 256 CP:

«1. El que hiciere uso de cualquier **equipo terminal de telecomunicación**, sin consentimiento de su titular, y causando a éste un perjuicio económico, será castigado con la pena de multa de tres a doce meses. 2. Si la cuantía del perjuicio causado no excediere de 400 euros, se impondrá una pena de multa de uno a tres meses».

➔ **Bien jurídico protegido**: las comunicaciones.

«Basta la actuación sin **consentimiento del titular del equipo**. El delito puede cometerse tanto en la esfera particular como en la pública, pero por lo que respecta la primera habrá de tenerse en cuenta la excusa absolutoria del artículo 268. Los usos abusivos en la Administración deberían solucionarse preferentemente por la vía disciplinaria. Las críticas al precepto denuncian su incompatibilidad con el principio de intervención mínima del Derecho penal y hacen hincapié en las **dificultades probatorias** respecto al alcance de las autorizaciones» (MANZANARES, 2016, p. 3).

➔ **Acción típica**: en las más de las veces hay un abuso de confianza o una especie de apropiación indebida de un uso por parte del que no está autorizado por el titular, aunque también puede darse por la llamada subrepticia de alguien que no tiene facultades para utilizar el equipo de telecomunicación.

«Por equipo terminal de telecomunicación se entiende los puntos extremos de un medio de comunicación a distancia, al margen de que se utilicen impulsos eléctricos o electrónicos, ondas hertzianas u otras energías susceptibles de transmitir imágenes, signos o palabras, como es el caso del teléfono, el fax, el correo electrónico o las comunicaciones inalámbricas» (MANZANARES, 2016, p. 2).

➔ **Sujeto activo**: es quien usa el equipo terminal sin la autorización de su titular, teniendo como tal a la persona que abonará el precio de la utilización.

➔ **Sujeto pasivo**: puede serlo cualquiera. No se identifica siempre con el propietario, ya que el disfrute puede tenerse en virtud de otro título, como el contrato, el leasing o el arrendamiento (MANZANARES SAMANIEGO, 2016).

➔ **Elemento subjetivo**: es eminentemente doloso, pues requiere ánimo de lucro.

➔ **Consumación**: el delito es de resultado, pero no es fácil imaginar la tentativa.

➔ **Penalidad**: pena de multa de tres a doce meses. Si la cuantía del perjuicio causado no excediere de 400 euros, se impondrá una pena de multa de uno a tres meses.

10.6. Referencias bibliográficas

ÁNGELES. M., «Delimitación fronteriza entre el «delito de estafa y el dolo in contrahendo» en el ámbito civil, es decir los engaños en la contratación sin relevancia penal», en *Revista Aranzadi Doctrinal*, 1. Parte Cuestiones, 2018.

ARANZADI INSTITUCIONES, «Sobre las defraudaciones: Estafas, administración desleal y apropiación indebida y defraudaciones de fluido eléctrico y análogas», en *Manuales Universitarios. Compendio de la Parte Especial del Derecho Penal*, 2016.

CASTELLÓ, N., «Administración desleal y apropiación indebida tras la reforma de 2015: ¿Compartimentos estancos?», en *Revista Electrónica de Ciencia Penal y Criminología*, 19, 2017.

CUGAT, M., «Delitos contra el patrimonio y el orden socioeconómico», en *Comentarios al Código Penal, Parte Especial*, GARCÍA ARÁN, J. (coord.), Córdoba, 2004.

DOMINGO, J., «Estafa. Nuevo módulo de medida socioeconómico del engaño», *en Diario La Ley*, 9092, 2017.

DOPICO, J. MATA, N. J., NIETO, A. y **LASCURAÍN, J. A.**, *Derecho penal económico y de la empresa*. Madrid, Dykinson, 2018.

FERNÁNDEZ TERUELO, J., «Respuesta penal frente a fraudes cometidos en Internet: estafa, estafa informática y los nudos de la red», en *Revista de Derecho Penal y Criminología*, 19, 2007, pp. 217-243.

GÁLVEZ, A., «Reflexiones sobre el delito de administración fraudulenta. Concepto y bien jurídico protegido», en *Revista Electrónica de Ciencia Penal y Criminología*, 17, 2015.

GOYENA, J., «El delito de estafa y el deber de autoprotección de la víctima», en *Revista Aranzadi Doctrinal*, 10. Parte Jurisprudencia, 2017.

JAÉN, M., «Estafa realizada mediante cheque», en *Revista Española de Ciencia Penal y Criminología*, 2002.

JAVATO, A. M., «Sobre: estafa convencional, estafa informática y robo en el ámbito de los medios electrónicos de pago. El uso fraudulento de tarjetas y otros instrumentos de pago. Recensión del libro de Ricardo M. Mata y Martín», en *Revista Electrónica de Ciencia Penal y Criminología*, 10, 2008.

LAMARCA, C. (Coord.) *et. al. Delitos. La parte especial del Derecho penal*. Madrid, Dykinson, 2017.

LIÑÁN LAFUENTE, A., *Trazos de Derecho penal Parte especial*. Badajoz: Edición en copyleft. 2017. Fecha última consulta: 20 de agosto de 2019. Disponible en: https://bit.ly/3E1hjzi

MAGRO SERVET. V., «¿Delito de estafa o incumplimiento contractual? ¿Ilícito civil o ilícito penal?», en *La Ley Penal*, 125, 2017.

MANZANARES SAMANIEGO, J. L., «De las defraudaciones de fluido eléctrico y análogas», en *La Ley* 3219, 2016.

MATA MARTÍN, R. M., «Delitos societarios: administración desleal y demás figuras delictivas», en *Empresa y Derecho penal*, 340. Madrid, Consejo General del Poder Judicial, 1999.

MOYA FUENTES, M. M., «Nueva forma de ataque a las telecomunicaciones: el cardsharing», en *La Ley Penal*, 107, 2014.

MUÑOZ CONDE, F. J., *Derecho penal Parte General*. Valencia, Tirant lo Blanch, 2017.

NIETO MARTÍN, A., «La apropiación indebida», en *Derecho penal económico y de la empresa*. MATA BARRANCO, N. J., DOPICO GÓMEZ-ALLER, J. y LASCURAÍN SÁNCHEZ, J. A. Madrid, Dykinson, 2018.

QUERALT JIMÉNEZ, J. J., *Derecho penal español. Parte especial*. Barcelona, Atelier, 2011.

QUINTERO OLIVARES, G., «Comentario a los artículos 248 a 256», en *Comentarios al Código penal español*. 7.ª ed. Aranzadi-Thomson, 2017.

REAL ACADEMIA ESPAÑOLA. *Diccionario de la lengua española*. Fecha de consulta: 8 de agosto de 2019. Disponible en: https://dle.rae.es

ROMA VALDÉS, A., «La estafa agravada por el valor cultural del objeto y la falsificación de obras de arte y antigüedades», en *La Ley Penal*, 116, 2015.

SERRANO GÓMEZ, A. y **SERRANO MAÍLLO, A.**, *Derecho penal. Parte especial*. Madrid, Dykinson, 2011.

SERRANO GÓMEZ, A., **SERRANO MAÍLLO, A.**, **SERRANO TÁRRAGA, M. D.** y **VÁZQUEZ GONZÁLEZ, C.**, *Curso de Derecho Penal. Parte especial*. Madrid, Dykinson, 2017.

SIMONS VALLEJO, R. R., «Sobre el contenido injusto de los delitos de apropiación indebida (reflexiones a propósito de los artículos 252 y siguientes del Código Penal español», en *Revista penal*, 15, 2005, pp. 150-168.

VÁZQUEZ GONZÁLEZ, C., *Curso de derecho penal parte especial*. Madrid, Dykinson, 2017.

VELASCO NUÑEZ, E., *Delitos tecnológicos. Cuestiones penales y procesales*. Madrid, Wolters Kluwer España, S. A., 2021.

Jurisprudencia

- Sentencia del Tribunal Supremo Sala 2.ª, de 24 de marzo de 1999 (LA LEY 4551/1999).

- Sentencia del Tribunal Supremo Sala 2.ª,de 4 de mayo de 1999.
- Sentencia del Tribunal Supremo Sala 2.ª, de 12 junio de 1999.
- Sentencia del Tribunal Supremo Sala 2.ª, de 17 de noviembre de 1999.
- Sentencia del Tribunal Supremo Sala 2.ª, de 26 junio de 2000.
- Sentencia del Tribunal Supremo Sala 2.ª, de 11 de diciembre de 2000 (LA LEY 4691/2001).
- Sentencia del Tribunal Supremo Sala 2.ª, de 21 noviembre 1926/2002.
- Sentencia del Tribunal Supremo Sala 2.ª, de 21 abril de 2003.
- Sentencia del Tribunal Supremo Sala 2.ª, de 3 junio de 2003.
- Sentencia del Tribunal Supremo Sala 2.ª, de 11 abril de 2005.
- Sentencia del Tribunal Supremo Sala 2.ª, de 19 de mayo 646/2005.
- Sentencia de la Audiencia Provincial, de 21 de mayo, Zaragoza (Tercera) 3242/2006.
- Sentencia del Tribunal Supremo Sala 2.ª, de 23 de junio 809/2005.
- Sentencia del Tribunal Supremo Sala 2.ª, de 21 julio de 2006.
- Sentencia de la Audiencia Provincial de Madrid n.º 4143/2006, de 29 de noviembre (Decimoquinta).
- Sentencia del Tribunal Supremo Sala 2.ª n.º 1295/2007, de 23 de febrero (LA LEY 202403/2007).
- Sentencia del Tribunal Supremo Sala 2.ª n.º 18/2008, de 3 de enero.
- Sentencia del Tribunal Supremo Sala 2.ª n.º 148/2008, de 29 de abril.
- Sentencia del Tribunal Supremo Sala 2.ª n.º 687/2008, de 30 de octubre.
- Sentencia del Tribunal Supremo Sala 2.ª n.º 630/2009, de 19 de mayo.
- Sentencia del Tribunal Supremo Sala 2.ª n.º 419/2010 de 7 de mayo.
- Sentencia del Tribunal Supremo de 3 de noviembre de 2010.
- Sentencia del Tribunal Supremo Sala 2.ª n.º 8818/2011, de 7 de diciembre.
- Sentencia del Tribunal Supremo Sala 2.ª de 30 julio de 2013.
- Sentencia de la Audiencia Provincial de Pontevedra (Quinta) n.º 918/2014.
- Sentencia del Tribunal Supremo Sala 2.ª, de 1 de julio de 2014.
- Sentencia del Tribunal Supremo Sala 2.ª, de 26 de diciembre de 2014.
- Sentencia del Tribunal Supremo Sala 2.ª, de 22 de junio 416/2015.
- Sentencia del Tribunal Supremo n.º 4423/2016, de 17 de marzo, ECLI:ES:TS:2016:4423
- Auto del Tribunal Supremo, Sala 2.ª, de lo Penal, n.º 834/2016, de 28 de abril, en (LA LEY 56936/2016).
- Sentencia del Tribunal Supremo, Sala 2.ª, de lo Penal, rec. 2296/2015, de 17 de junio de 2016, Ponente: Llarena Conde, Pablo. LA LEY 69818/2016.
- Sentencia del Tribunal Supremo Sala 2.ª n.º 947/2016 de 15 de diciembre de 2016.
- Sentencia del Tribunal Supremo n.º 4423/2016, ECLI:ES:TS:2016:4423.
- Sentencia del Tribunal Supremo STS n.º 5531/2016, ECLI:ES:TS:2016:5531.
- Sentencia del Tribunal Supremo n.º 4464/2017, de 13 de diciembre, ECLI:ES:TS:2017:4464.
- Sentencia del Tribunal Supremo n.º 4464/2017, ECLI:ES:TS:2017:4464.

- Sentencia de la Audiencia Nacional (Sala de lo Penal, Sección 4) n.º 4/2017, de 23 de febrero.
- Acta del pleno no jurisdiccional de la Sala Segunda del Tribunal Supremo, de 23 de mayo de 2017.

Para saber más...

Lupin, el violento cerebro de las estafas que sólo se relacionaba con su abuela

HERRÁIZ, P. (2019). *Lupin, el violento cerebro de las estafas que solo se relacionaba con su abuela*. [Artículo en línea]. Disponible en: https://bit.ly/3yYLIJP

Te recomendamos la lectura de este artículo y visualización del reportaje que encontrarás en la web sobre el mayor ciber-estafador de España.

Sellos, baloncesto y delitos económicos: la mayor estafa de la historia de España

Noticiasjurídicas.com. Página web. Disponible en: https://bit.ly/3lcOMIg

Te recomiendo la consulta de esta página web donde podrás encontrar diversos artículos. El Fórum filatélico fue una sociedad española de bienes tangibles que tuvo que ser intervenida judicialmente junto a Afinsa el 9 de mayo de 2006 acusada de estafa, blanqueo de capitales, insolvencia punible y administración desleal.

Estafas por enfermedad

Lavanguardia.es. (2019). *Detenidas madre e hija por estafar medio millón utilizando la enfermedad de un familiar en televisión*. [Archivo de vídeo]. Disponible en: https://bit.ly/3njpHOq

La Policía Nacional detuvo en julio de 2019 a una madre y a una hija que acudieron al programa de televisión Entre todos, de RTVE para pedir ayuda económica, pues contaban que el padre de la familia padecía una grave enfermedad. Los relatos de la madre y la hija fueron tan verosímiles que lograron recaudar más de 500 000 euros.

Test

Administración desleal y apropiación indebida

1. **¿Qué artículo del Código Penal español sanciona el delito de administración desleal?**
   a) Artículo 252.
   b) Artículo 250.
   c) Artículo 295.
   d) Artículo 290.

2. **¿Qué elemento es esencial para que se configure el delito de administración desleal?**
   a) Disposición patrimonial en perjuicio de otro.
   b) Que exista violencia o intimidación.
   c) Que se trate de administradores de una sociedad.
   d) Que haya ocultación de bienes.

3. **¿Qué diferencia principal existe entre la apropiación indebida y la administración desleal?**
   a) La apropiación indebida requiere ánimo de lucro.
   b) La apropiación indebida protege cualquier tipo de patrimonio, mientras que la administración desleal es específica de administradores.
   c) La administración desleal es un delito privado.
   d) La administración desleal siempre implica la existencia de una sociedad.

4. **¿La administración desleal puede ser cometida por cualquier persona o es específica de algún sujeto?**
   a) Cualquier persona puede cometerla.
   b) Es específica de administradores de bienes ajenos.
   c) Sólo la pueden cometer los administradores concursales.
   d) Únicamente la cometen los administradores de hecho de una empresa.

5. **¿Qué se requiere para que exista apropiación indebida?**
   a) Que el sujeto activo haya obtenido el bien mediante un engaño previo.
   b) Que inicialmente haya una tenencia legítima del bien.
   c) Que el objeto material sea siempre dinero.
   d) Que haya un registro público de la apropiación.

6. **En el delito de apropiación indebida, ¿la tenencia inicial del bien por parte del sujeto activo debe ser ilegítima?**
   a) Sí.
   b) No necesariamente.
   c) Sólo en los casos de bienes inmuebles.
   d) Solo en los casos de bienes muebles.

7. **¿Cuál es una gran diferencia entre el delito de estafa y la apropiación indebida?**
   a) La estafa requiere un acto de disposición por error.
   b) La estafa no implica la tenencia previa del bien.
   c) La apropiación indebida se castiga con penas más graves.
   d) Solo la apropiación indebida puede ser cometida por un grupo organizado.

8. **Según ciertas interpretaciones de la jurisprudencia, ¿un delito continuado de apropiación indebida cómo se considera?**
   a) Como una pluralidad de infracciones punibles independientes.
   b) Una suma de delitos a efectos de concurso real.
   c) Una serie de acciones homogéneas que constituyen un proceso unitario.
   d) Una concatenación de delitos sin relación entre sí.

9. **¿Qué tipo de bienes protege el delito de administración desleal?**
   a) Bienes inmuebles exclusivamente.
   b) Bienes públicos principalmente.
   c) Cualquier tipo de patrimonio gestionado por el sujeto activo.
   d) Únicamente bienes tangibles o materiales.

10. **¿Bajo qué circunstancias podría agravarse la pena en los delitos de apropiación indebida y administración desleal?**
    a) Cuando existe reincidencia por parte del sujeto activo.
    b) Si se trata de una cantidad especialmente elevada de perjuicio.
    c) Cuando los afectados son menores de edad.
    d) Únicamente si el delito se comete en ámbitos internacionales.

Solucionario

1. **a) 252**
2. **a) Disposición patrimonial en perjuicio de otro.**
3. **b) La apropiación indebida protege cualquier tipo de patrimonio, mientras que la administración desleal es específica de administradores.**
4. **b) Es específica de administradores de bienes ajenos.**

5. **b) Que inicialmente haya una tenencia legítima del bien.**
6. **b) No necesariamente.**
7. **b) La estafa no implica la tenencia previa del bien.**
8. **c) Una serie de acciones homogéneas que constituyen un proceso unitario.**
9. **c) Cualquier tipo de patrimonio gestionado por el sujeto activo.**
10. **b) Si se trata de una cantidad especialmente elevada de perjuicio.**

TEMA 11.

DELITOS CONTRA EL PATRIMONIO Y EL ORDEN SOCIOECONÓMICO (III)

11.1. Introducción y objetivos

Esta noche he podido ver a dos ancianos cogidos de la mano sentados en la zona de embarque del aeropuerto de Lanzarote. La verdad es que, en un primer momento, me han causado admiración por llegar a estas edades queriéndose como quinceañeros, pero pocos minutos después he podido comprobar que los rostros de estos dos entrañables viejecitos denotaban angustia, cuando no, temor. Me he acercado a ellos por si necesitaban algo y les podía ayudar, y resulta que empezaron a hablar en inglés con la voz entrecortada, casi llorando. Mi inglés no es muy fluido, pero he podido entender que tenían que tomar un avión hacia Birmingham que contrataron sus nietos como regalo de sus bodas de platino en la compañía Thomas Cook y que se habían cancelado todos los vuelos de la misma porque acababa de quebrar repentinamente. Me ofrecí a ayudarles a buscar un nuevo vuelo o incluso un hotel, pero me dijeron de forma agradecida que estaban esperando la llamada de uno de sus hijos para que les ayudase.

Thomas Cook, el segundo operador más grande del mundo, con 178 años de historia, a finales de septiembre de 2019 cerraba *ipso facto* sus puertas, dejando a miles y miles de viajeros en las frías salas de espera de cientos de aeropuertos de todo el planeta.

La justicia española tendrá que velar por los intereses de los viajeros que han visto frustradas sus expectativas de hacer realidad un derecho —que es el de disfrutar de los servicios de vuelo, en este caso— y, sobre todo, habrá que investigar qué es lo que ha sucedido para que de golpe cerraran sus puertas. ¿Quizás ha habido algún tipo de insolvencia generada de forma irregular?

Para saber más sobre el caso Thomas Cook, consultad el siguiente enlace con información escrita y audiovisual:
https://bit.ly/3k2ohpl

Los objetivos de este tema son los detallados a continuación:

- Conocer los delitos relativos a la frustración de la ejecución.
- Estudiar las insolvencias punibles.
- Determinar las alteraciones de precios en concursos y subastas públicas.
- Conocer los daños.

11.2. Frustración de la ejecución

Partimos en este tema de una clara separación entre las conductas de **obstaculización o frustración de la ejecución**, a las que tradicionalmente se ha entendido referido el delito de **alzamiento de bienes**, y los **delitos de insolvencia o bancarrota**.

Alzamiento de bienes

Según el artículo 257 CP:

> «1. Será castigado con las penas de prisión de uno a cuatro años y multa de doce a veinticuatro meses:
>
> 1.° El que **se alce con sus bienes** en perjuicio de sus acreedores.
>
> 2.° Quien con el mismo fin realice cualquier **acto de disposición patrimonial o generador de obligaciones** que dilate, dificulte o impida la eficacia de un embargo o de un procedimiento ejecutivo o de apremio, judicial, extrajudicial o administrativo, iniciado o de previsible iniciación.
>
> 2. Con la misma pena será castigado quien realizare actos de disposición, contrajere obligaciones que **disminuyan su patrimonio u oculte** por cualquier medio elementos de su patrimonio sobre los que la ejecución podría hacerse efectiva, con la finalidad de eludir el pago de responsabilidades civiles derivadas de un delito que hubiere cometido o del que debiera responder.
>
> 3. Lo dispuesto en el presente artículo será de aplicación cualquiera que sea la naturaleza u origen de la obligación o deuda cuya satisfacción o pago se intente eludir, incluidos los derechos económicos de los trabajadores, y con independencia de que el acreedor sea un **particular o cualquier persona jurídica, pública o privada**.
>
> No obstante lo anterior, en el caso de que la deuda u obligación que se trate de eludir sea de Derecho público y la acreedora sea una persona jurídico pública, o se trate de obligaciones pecuniarias derivadas de la comisión de un delito contra la Hacienda Pública o la Seguridad Social, la pena a imponer será de prisión de uno a seis años y multa de doce a veinticuatro meses.
>
> 4. Las penas previstas en el presente artículo se impondrán en su **mitad superior** en los supuestos previstos en los numerales 5.° o 6.° del apartado 1 del artículo 250.
>
> 5. Este delito será perseguido aun cuando tras su comisión se iniciará un **procedimiento concursal**».

➜ **Bien jurídico protegido**: después de la reforma de la LO 1/2015, de 30 de marzo, se busca proteger no solo al acreedor sino a la propia eficacia de la actividad ejecutiva dirigida a satisfacer las deudas pecuniarias, y es por ello por lo que el legislador ha modificado la nomenclatura del capítulo VII y ha englobado dichas conductas bajo el título «frustración de la ejecución».

En la exposición de motivos de la Ley Orgánica 1/2015, de 30 de marzo, por la que se modifica la Ley Orgánica 10/1995, de 23 de noviembre, del Código Penal, se destaca lo siguiente:

> «(...) se lleva a cabo una revisión técnica de los delitos de insolvencia punible que parte de la necesidad de establecer una **clara separación entre las conductas de obstaculización o frustración de la ejecución**, a las que tradicionalmente se ha entendido referido el delito de alzamiento de bienes, y los delitos de **insolvencia o bancarrota**».

Por otra parte, según MARTÍNEZ-BUJÁN (2013, pp. 47-48):

> «Una tesis intermedia sostiene que se trata de delitos que protegen en primera instancia el **patrimonio**, el cual podría denominarse bien jurídico en sentido técnico, y por tanto este sería el bien jurídico que debe ser puesto en peligro o lesionado, y en segunda instancia y de forma mediata, el delito o los delitos de alzamiento de bienes tutelaría un **bien jurídico supraindividual**, identificado con el **orden socioeconómico**».

➜ **Acción típica**: es aquella conducta que materializa un deudor en virtud de la cual disminuye o anula su patrimonio con la finalidad de frustrar las expectativas de derecho del acreedor a cobrar su deuda.

No podemos olvidar que el deudor debe hacer frente a la deuda con todos sus bienes presentes y futuros, pues existe la responsabilidad patrimonial universal, *ex* artículo 1911 del Código Civil, y el acreedor podrá dirigirse contra el patrimonio del deudor para satisfacer su deuda.

Hay una diferencia de la regulación actual con la anterior regulación del Código Penal derogado, pues ahora se sancionan dos conductas: **el alzamiento procesal o procedimental, y el alzamiento para eludir la responsabilidad civil derivada del delito,** *ex* artículo 257.2 del Código Penal. Es una lesión directa del derecho de crédito (MUÑOZ CONDE, 2022).

Es preciso diferenciar el **alzamiento de bienes** del delito de **estafa**, y MAGRO SERVET (2005, p. 7) lo indica con meridiana claridad:

> «**La clave diferencial se encuentra en el momento de los actos de enajenación** u ocultación de bienes y si la deuda era anterior a los mismos, ya que si la situación de insolvencia total o parcial es anterior a la existencia de la deuda nos encontraríamos ante una clara estafa. Por ello, para que exista alzamiento de bienes debe existir una deuda previa a los actos de alzamiento, ocultación o enajenación».

➜ **Sujeto activo**: es quien tiene deudas frente a terceros.

➜ **Sujeto pasivo**: es el acreedor o acreedores.

➜ **Elemento subjetivo**: se trata de un delito doloso. El elemento subjetivo que debe existir para provocar el resultado tipificado es que el sujeto pasivo realice esa conducta en perjuicio de los acreedores. Habiendo este elemento subjetivo se excluye la posibilidad de que se castigue la conducta como imprudente.

No es posible el dolo eventual.

➜ **Circunstancias modificativas de la responsabilidad criminal**: es posible apreciar el **estado de necesidad**, pues hay casos en los que se puede producir una venta para hacer frente a los gastos de una familia que están en situación precaria económicamente.

La consumación se produce cuando el sujeto activo entra en una situación de insolvencia total o parcial, y es posible la tentativa.

➔ **Consumación**: se trata de un delito de riesgo o mera actividad, pues no es preciso que se llegue a efectuar el perjuicio.

➔ **Concurso**: un **concurso real** entre alzamiento de bienes y estafa si cometida esta última se produce luego la conducta descrita en el tipo penal, lo que podría integrar la conducta del art. 258 CP.

➔ **Penalidad**: se castiga con penas de prisión de uno a cuatro años y multa de doce a veinticuatro meses aquellas conductas que tengan como objeto frustrar el derecho de crédito de un tercero y, por consiguiente, la posible ejecución dineraria respecto al patrimonio del deudor que pudiera efectuarse.

Se agrava la pena a imponer —prisión de uno a seis años y multa de doce a veinticuatro meses— cuando la deuda u obligación que se trate de eludir sea de derecho público y la acreedora sea una persona jurídico-pública, o se trate de obligaciones pecuniarias derivadas de la comisión de un delito contra la Hacienda Pública o la Seguridad Social. QUINTERO (2010) considera que existe una **punición desproporcionada** en estos casos, al reputarse más grave para el legislador el intento de elusión del pago de un tributo en vía ejecutiva que la propia defraudación tributaria.

Conforme al art. 257.4 CP: «Las penas previstas en el presente artículo se impondrán en su mitad superior en los supuestos previstos en los numerales 5.º o 6.º del apartado 1 del artículo 250», siendo el delito perseguible aun cuando tras su comisión se iniciará un procedimiento concursal.

Gerardo Díaz Ferrán es un empresario español que desde 1985 y, hasta su venta fraudulenta en junio de 2010, fue copropietario del Grupo Marsans junto a su socio Gonzalo Pascual. Desde 2007 hasta 2010 fue presidente de la Confederación Española de Organizaciones Empresariales (CEOE). Fue nada más y nada menos que el representante más relevante de los empresarios de España.

El 3 de diciembre de 2012 fue detenido y acusado de alzamiento de bienes y blanqueo de dinero. El 2 de julio de 2015 fue condenado por dilapidar el patrimonio del Grupo Marsans. Fue declarado culpable el mes de junio de 2013 por el Juzgado de lo Mercantil número 12 de Madrid por el concurso de Viajes Marsans, y también fue condenado por fraude a la Hacienda española en la compra de Aerolíneas Argentinas.

El 29 de julio de 2016, el titular del Juzgado de Instrucción número 8 de Palma concluyó la instrucción del denominado caso Mar Blau. En concreto, el magistrado apuntó a la comisión de delitos de alteración de precios de concursos y subastas públicas, prevaricación, revelación de secretos, tráfico de influencias, cohecho, malversación de caudales públicos y pertenencia a organización criminal. Díaz Ferrán terminó ingresando en prisión.

Para saber más sobre el caso Marsans, consultad el siguiente
enlace con información escrita y audiovisual:
https://bit.ly/3z4YNMv

Alzamiento de bienes para dilatar o impedir un embargo, procedimiento ejecutivo o de apremio

Se encuentra regulado en el art. 257.1.2.° CP, que castiga al que persigue la finalidad de perjudicar a sus acreedores:

> «2.° Quien con el mismo fin realice cualquier acto de disposición patrimonial o generador de obligaciones que dilate, dificulte o impida la eficacia de un embargo o de un procedimiento ejecutivo o de apremio, judicial, extrajudicial o administrativo, iniciado o de previsible iniciación».

➔ **Acción típica**: por «previsible» hemos de entender que el sujeto activo conoce que va a existir una alta probabilidad de embargo y/o procedimiento de ejecución.

Procedimientos hay de varios tipos, y pueden ser los supuestos de embargo, ejecutivos y de apremio de la Ley de Enjuiciamiento Civil. Además, hay otros procedimientos como los de la Ley General Tributaria y la Ley de Régimen Jurídico y Procedimiento Administrativo Común.

➔ **Consumación**: se produce la consumación en el momento en el que el sujeto activo se alza con todo o parte del patrimonio o intenta no asumir las obligaciones que ha de cumplir con la finalidad de impedir o entorpecer un embargo o procedimiento ejecutivo. Basta con el hecho de intentar impedir o entorpecer el embargo, aunque no se consiga la finalidad propuesta, y es por ello que **procede la tentativa**.

➔ **Penalidad**: prisión de uno a cuatro años y multa de doce a veinticuatro meses.

Requisitos

1. **Elemento objetivo**: ha de existir una obligación jurídica que preexista a la actuación ilícita.
    a) Esta obligación ha de existir en un título formal, e incluso puede ser reconocida en sentencia.
    b) El acreedor puede ser un particular o cualquier persona jurídica, pública o privada.
2. **Elemento subjetivo**: el sujeto activo quiere y busca provocar el resultado típico, una conducta en perjuicio de los acreedores; ello excluye la posibilidad de que se castigue la conducta como imprudente.
3. **Concreción del ánimo defraudatorio**: se puede realizar de diversas formas para conseguir la insolvencia, mediante diversos negocios jurídicos, donaciones, ventas, hipotecas, etc.
4. **Resultado**: se ha de haber producido una situación de insolvencia ya sea total o parcial, real o ficticia, siempre y cuando se hayan visto frustradas las posibilidades de cobro de las deudas por los acreedores.

Por el contrario, otros entienden que es un **delito de mera actividad**, considerando que lo verdaderamente importante es la conducta del sujeto con la intención de frustrar las expectativas de sus acreedores.

Disminución u ocultación de elementos del patrimonio

Según el art. 257.2 CP se castiga a:

> «2. (...) quien realizare actos de disposición, contrajere obligaciones que **disminuyan su patrimonio u oculte** por cualquier medio elementos de su patrimonio sobre los que la ejecución podría hacerse efectiva, con la finalidad de eludir el pago de responsabilidades civiles derivadas de un delito que hubiere cometido o del que debiera responder».

➔ **Penalidad**: prisión de uno a cuatro años y multa de doce a veinticuatro meses.

Supuestos específicos de alzamiento de bienes

Según el art. 257.3 CP se indica que:

> «3. Lo dispuesto en el presente artículo será de aplicación **cualquiera que sea la naturaleza u origen de la obligación o deuda** cuya satisfacción o pago se intente eludir, incluidos los derechos económicos de los trabajadores, y con independencia de que el acreedor sea un particular o cualquier persona jurídica, pública o privada.
>
> (...)».

➔ **Penalidad**: prisión de uno a cuatro años y multa de doce a veinticuatro meses.

Se trata de un artículo que tampoco añade nada relevante y resulta superfluo (SERRANO GÓMEZ y SERRANO MAÍLLO, 2017).

Supuestos agravados

Aumenta el desvalor de la acción punible cuando el sujeto pasivo es la Hacienda Pública o la Seguridad Social y, como bien dice MIGUEL ARIAS (2013, p. 1):

> «(...) ya desde una perspectiva penal, el delito de alzamiento de bienes constituye también una vía de defensa eficaz ante ciertas **maniobras elusivas de los contribuyentes** que permite garantizar **los intereses del Erario público**».

Sin embargo, como magistralmente afirma MESTRE DELGADO (2016, p. 428), no existe la prisión por deudas al Estado:

> «**La prisión por deudas al Estado está prohibida** en nuestro país, así como en la mayoría de nuestro entorno. Esto implica que ningún sujeto que deba dinero a otro va a tener que responder penalmente por dicha situación. Un sujeto que se encuentre en situación de insolvencia o bancarrota no podrá ser perseguido ni sancionado penalmente por hallarse en dicho estado. **Cuestión diferente es que el sujeto lleve a cabo algún tipo de comportamiento con objeto de perjudicar los derechos de crédito de terceros o para obstaculizar de algún modo los procedimientos legales previstos para garantizar el cobro de lo debido en sede civil o mercantil**; de tales conductas sí puede desprenderse un desvalor de hecho con suficiente entidad para pasar a formar parte del elenco de conductas que prevé el Código Penal».

En España no existe la prisión por deudas al Estado

Deuda u obligación de derecho público y acreedor persona jurídica pública:

Según el art. 257.3 *in fine* CP:

> «(...) en el caso de que **la deuda u obligación** que se trate de eludir sea de **Derecho público** y la **acreedora sea una persona jurídico pública**, o se trate de obligaciones pecuniarias derivadas de la comisión de un delito contra la **Hacienda Pública o la Seguridad Social** (...)».

➔ **Penalidad**: prisión de uno a seis años y multa de doce a veinticuatro meses.

Se produce aquí un agravio comparativo, pues se protege a la Hacienda Pública y a la Seguridad Social cuando, en realidad, el sujeto pasivo es una persona física, que suele tener una mayor afectación (SERRANO GÓMEZ y SERRANO MAÍLLO, 2017).

Cuando se hace referencia al concepto de **deuda tributaria**, se entienden integrados en ella también los **recargos o intereses exigibles** (art. 58.2 LGT), resultando dudoso que el delito de alzamiento pueda cometerse para impedir el pago de una sanción, dada la naturaleza punitiva de esta última. Así BLÁZQUEZ (2005) y el mismo autor ha señalado que:

> «(...) la **preexistencia de una liquidación** constituye un **presupuesto esencial del delito examinado**, debiendo exigirse, por tanto, la previa comprobación administrativa de la autoliquidación como requisito de procedibilidad para interponer la correspondiente querella».

Alzamiento de bienes y procedimientos concursales

Según el art. 257.5 CP: «Este delito será perseguido aun cuando tras su comisión se iniciará un procedimiento concursal».

De ello se comprende que el procedimiento penal y el civil son totalmente independientes, sin perjuicio de la problemática que pudiera derivarse de la jurisdicción civil. MAGRO (2005, p. 2) indica sobre esta problemática lo siguiente:

> «**Lo correcto es restablecer la situación anterior al alzamiento de bienes**, anulando los actos jurídicos patrimoniales que lo provocaron y reintegrando así al patrimonio del deudor los bienes ilícitamente extraídos del mismo mediante tales actos viciados. La **declaración de nulidad de los negocios jurídicos celebrados por el deudor** que se alza con sus bienes en perjuicio de sus acreedores, es una consecuencia del vicio de la voluntad de que adolecen al estar impulsados por la decisión de dar cobertura lícita a un propósito delictivo que no es otro que defraudar las legítimas aspiraciones de los acreedores de hacerse pago con la totalidad de los bienes en virtud del principio de responsabilidad universal proclamado en el Código Civil».

Pero habrá veces en las que resultará imposible la restitución de los bienes, y MAGRO (2005, pp. 2-3) indica al respecto que:

> «**La reparación e indemnización es también un medio sustitutivo** de la integridad patrimonial cercenada por el acto de disposición fraudulento cuando la reintegración es imposible, con la salvedad de que la obligación de indemnizar (importe de la deuda pendiente) debe estar comprendida en el valor del bien existente en el patrimonio cuyo desplazamiento de la acción de los acreedores constituye su verdadero perjuicio, luego

en la medida que la indemnización no exceda del valor del bien sustraído a la ejecución debe aplicarse como remedio subsidiario la indemnización correspondiente de daños y perjuicios».

Lo correcto es restablecer la situación anterior al alzamiento de bienes.

Presentar relación de bienes incompleta o mendaz en un procedimiento de ejecución

Según el artículo 258.1 CP:

«1. Será castigado con una pena de prisión de tres meses a un año o multa de seis a dieciocho meses quien, en un procedimiento de ejecución judicial o administrativo, presente a la autoridad o funcionario encargados de la ejecución una **relación de bienes o patrimonio incompleta o mendaz**, y con ello **dilate, dificulte o impida** la satisfacción del acreedor».

➔ **Acción típica**: como relación incompleta hay que entender lo que indica el art. 258.1 *in fine*:

«La relación de bienes o patrimonio se considerará **incompleta** cuando el deudor ejecutado utilice o disfrute de bienes de titularidad de terceros y no aporte justificación suficiente del derecho que ampara dicho disfrute y de las condiciones a que está sujeto».

Aquí se castigan actos específicos mediante los que el deudor **imposibilita, dificulta, o dilata** que el acreedor conozca su verdadera situación económica y, pueda, en consecuencia, dirigir las acciones de ejecución de sus títulos de crédito contra el patrimonio con el que, legalmente, aquel está obligado a responder de tales deudas.

Estamos ante un articulado que compromete la seguridad jurídica (SERRANO GÓMEZ y SERRANO MAÍLLO, 2017). Como **«mendaz»** se entiende la declaración de bienes cuando es falsa, en el sentido expresado en el art. 390.1.4.º relativo a las falsedades ideológicas.

Por otra parte, la **declaración incompleta** se constata, según el propio legislador, «cuando el deudor ejecutado utilice o disfrute de bienes de titularidad de terceros y no aporte justificación suficiente del derecho que ampara dicho disfrute y de las condiciones a que está sujeto». A lo que hace referencia el legislador es a aquellos supuestos en los que el deudor ha transmitido bienes de forma ficticia a un tercero sin que realmente estos hayan salido de su control. *Vid.* SOUTO (2015).

Es de destacar que el deudor tiene la **obligación de colaborar con la Administración de Justicia**, pues a tenor del art. 589.1 de la Ley de Enjuiciamiento Civil:

«1. Salvo que el ejecutante señale bienes cuyo embargo estime suficiente para el fin de la ejecución, **el Letrado de la Administración de Justicia** requerirá, mediante diligencia de ordenación, de oficio al ejecutado **para que manifieste relacionadamente bienes y derechos suficientes para cubrir la cuantía de la ejecución**, con expresión, en su caso, de cargas y gravámenes, así como, en el caso de inmuebles, si están ocupados, por qué personas y con qué título».

Y, además, en el punto dos del citado artículo se advierte al deudor que, si no colabora, cuanto menos podrá ser sancionado de una **desobediencia grave**:

«2. El requerimiento al ejecutado para la manifestación de sus bienes se hará con apercibimiento de las sanciones que pueden imponérsele, cuando menos por **desobediencia grave**, en caso de que no presente la relación de sus bienes, incluya en ella bienes que no sean suyos, excluya bienes propios susceptibles de embargo o no desvele las cargas y gravámenes que sobre ellos pesaren».

E incluso se advierte en el punto tres del mismo artículo que se podrán imponer multas coercitivas:

«3. El Letrado de la Administración de Justicia podrá también, mediante decreto, imponer **multas coercitivas periódicas** al ejecutado que no respondiere debidamente al requerimiento a que se refiere el apartado anterior».

➔ **Penalidad**: prisión de tres meses a un año o multa de seis a dieciocho meses.

Se trata de una pena que es alternativa, pues procede la multa o la prisión.

Conductas por omisión

«2. La misma pena se impondrá cuando el deudor, requerido para ello, **deje de facilitar la relación de bienes o patrimonio** a que se refiere el apartado anterior».

➔ **Penalidad**: prisión de tres meses a un año o multa de seis a dieciocho meses.

Rectificación de los hechos

Se da aquí una oportunidad de rectificar al sujeto activo, pues según el art. 258.3 CP:

«3. Los delitos a que se refiere este artículo **no serán perseguibles** si el autor, antes de que la autoridad o funcionario hubieran descubierto el carácter mendaz o incompleto de la declaración presentada, compareciera ante ellos y presentara una declaración de bienes o patrimonio veraz y completa».

Uso de bienes embargados constituidos en depósito judicial

A tenor del artículo 258 bis. CP:

«Serán castigados con una pena de prisión de tres a seis meses o multa de seis a veinticuatro meses, salvo que ya estuvieran castigados con una pena más grave en otro precepto de este Código, quienes hagan uso de **bienes embargados por autoridad** pública que hubieran sido **constituidos en depósito** sin estar autorizados para ello».

➔ **Penalidad**: prisión de tres a seis meses o multa de seis a veinticuatro meses, salvo que ya estuvieran castigados con una pena más grave en otro precepto de este Código. En estos casos se castiga con la mayor de las penas.

Responsabilidad de las personas jurídicas

Según el artículo 258 ter. CP: «Cuando de acuerdo con lo establecido en el **artículo 31 bis una persona jurídica** sea responsable de los delitos comprendidos en este Capítulo, se le impondrán las siguientes penas [...]».

➔ Penalidad:

«(...) a) Multa de dos a cinco años, si el delito cometido por la persona física tiene prevista una pena de prisión de más de cinco años.

b) Multa de uno a tres años, si el delito cometido por la persona física tiene prevista una pena de prisión de más de dos años no incluida en el inciso anterior.

c) Multa de seis meses a dos años, en el resto de los casos.

Atendidas las reglas establecidas en el artículo 66 bis, los jueces y tribunales podrán asimismo imponer las penas recogidas en las letras b a g del apartado 7 del artículo 33».

Pero siendo realistas sabemos que imponer una multa a una persona jurídica que tiene problemas económicos es, cuanto menos, ilusorio. Tal y como indica Souto García, 2015, p. 10-11):

«Como algunos autores han señalado, resulta cuanto menos sorprendente que se imponga una pena de corte patrimonial a una persona jurídica que se encuentra precisamente pasando dificultades económicas, hasta el punto de incurrir en la comisión de delitos de insolvencia punibles para tratar de evitar el pago de las deudas a los acreedores. En relación con esta cuestión, ha de indicarse que el art. 33.7 del CP, también modificado en la reforma de 2010 pero no en la de 2015, contiene un catálogo con sanciones más adecuadas que la pena pecuniaria —v. gr. disolución de la persona jurídica o suspensión de sus actividades—. Lo lógico es pensar que **va a resultar difícil, por no decir prácticamente imposible, cobrar la multa**, lo cual no servirá más que para agravar la situación de crisis económica en la que se encuentra la empresa. Por todo ello, no puede sino afirmarse que la aplicación de las medidas del art. 33.7 del CP deviene más adecuada para estos supuestos que la imposición de la pena de multa».

> Va a resultar difícil, por no decir prácticamente imposible, cobrar la multa, lo cual no servirá más que para agravar la situación de crisis económica en la que se encuentra la empresa.

11.3. Insolvencias punibles

En opinión de los profesores García Valdés y Mestre Delgado, el **delito de insolvencias punibles** encajaría exclusivamente con el concepto de **delito contra el orden socioeconómico**.

En relación con el concepto de **insolvencia** Abel Souto (2015, p. 4) hace la siguiente referencia:

«El elemento que aglutina a todas las figuras de este capítulo es la insolvencia, concepto definido en el art. 2.2 de la Ley Concursal cuando especifica que «se encuentra en estado de insolvencia el deudor que no puede cumplir regularmente con sus obligaciones exigibles», añadiendo el 2.3 que la insolvencia puede ser «actual o inminente», identificándose como inminente aquella situación en la que el deudor que prevea que no podrá cumplir regular y puntualmente sus obligaciones».

En cuanto a la «**inminencia**» de insolvencia es según Heredia y Camarena (2015, p. 518):

«es aquella en la que se espera que el deudor no va a poder cumplir regular y puntualmente con sus obligaciones de pago, y por tanto es una mera presunción (no existe aún un incumplimiento de las obligaciones)».

Según el artículo 259 CP:

«1. Será castigado con una pena de prisión de uno a cuatro años y multa de ocho a veinticuatro meses quien, encontrándose en una situación de insolvencia actual o inminente, realice alguna de las siguientes **conductas**:

1.ª **Oculte, cause daños o destruya** los bienes o elementos patrimoniales que estén incluidos, o que habrían estado incluidos, en la masa del concurso en el momento de su apertura.

2.ª **Realice actos de disposición** mediante la entrega o transferencia de dinero u otros activos patrimoniales, o mediante la asunción de deudas, que no guarden proporción con la situación patrimonial del deudor, ni con sus ingresos, y que carezcan de justificación económica o empresarial.

3.ª **Realice operaciones de venta o prestaciones de servicio** por precio inferior a su coste de adquisición o producción, y que en las circunstancias del caso carezcan de justificación económica.

4.ª **Simule créditos de terceros** o proceda al reconocimiento de **créditos ficticios.**

5.ª Participe en **negocios especulativos**, cuando ello carezca de justificación económica y resulte, en las circunstancias del caso y a la vista de la actividad económica desarrollada, contrario al deber de diligencia en la gestión de asuntos económicos.

6.ª **Incumpla el deber legal de llevar contabilidad**, lleve doble contabilidad, o cometa en su llevanza irregularidades que sean relevantes para la comprensión de su situación patrimonial o financiera. También será punible la destrucción o alteración de los libros contables, cuando de este modo se dificulte o impida de forma relevante la comprensión de su situación patrimonial o financiera.

7.ª **Oculte, destruya o altere la documentación** que el empresario está obligado a conservar antes del transcurso del plazo al que se extiende este deber legal, cuando de este modo se dificulte o imposibilite el examen o valoración de la situación económica real del deudor.

8.ª **Formule las cuentas anuales o los libros contables de un modo contrario a la normativa reguladora de la contabilidad mercantil**, de forma que se dificulte o imposibilite el examen o valoración de la situación económica real del deudor, o incumpla el deber de formular el balance o el inventario dentro de plazo.

9.ª **Realice cualquier otra conducta activa u omisiva** que constituya una infracción grave del deber de diligencia en la gestión de asuntos económicos y a la que sea imputable una disminución del patrimonio del deudor o por medio de la cual se oculte la situación económica real del deudor o su actividad empresarial.

2. La misma pena se impondrá a quien, mediante alguna de las conductas a que se refiere el apartado anterior, **cause su situación de insolvencia.**

3. Cuando los hechos se hubieran cometido por **imprudencia**, se impondrá una pena de prisión de seis meses a dos años o multa de doce a veinticuatro meses.

4. Este delito **solamente será perseguible cuando el deudor haya dejado de cumplir regularmente sus obligaciones exigibles o haya sido declarado su concurso.**

5. Este delito y los delitos singulares relacionados con él, cometidos por el deudor o persona que haya actuado en su nombre, **podrán perseguirse sin esperar a la conclusión del concurso y sin perjuicio de la continuación de este**. El importe de la responsabilidad civil derivada de dichos delitos deberá incorporarse, en su caso, a la masa.

6. En ningún caso, la calificación de la insolvencia en el proceso concursal vinculará a la jurisdicción penal».

➔ **Bien jurídico protegido**: el derecho a hacer efectiva una obligación legal.

➔ **Acción típica**: Es una acción que consiste en la comisión de un fraude para perjudicar legítimos derechos de crédito de terceros, o para hacer ineficaces los instrumentos establecidos, ya sean estos mercantiles o judiciales, para garantizar el cobro de lo debido, constituyendo ello la infracción penal denominada como **insolvencia punible**.

Se castigan aquí varias conductas, y que podemos resumir en:

- La **ocultación o destrucción** de bienes y elementos patrimoniales de la masa del concurso.
- La **causación o agravación** dolosa de la situación de crisis económica o insolvencia.
- La **simulación de créditos** de terceros o créditos ficticios.
- La **participación en negocios** «de riesgo», siempre que sea contrario al deber de diligencia en la gestión de negocios económicos.
- La **presentación de datos falsos,** destrucción y alteración de los mismos o formulación contraria a la normativa reguladora de la contabilidad mercantil (norma penal en blanco), relativos al estado contable, en el procedimiento judicial de crisis económica o insolvencia.
- La realización de cualquier otra conducta activa u omisiva que suponga una infracción grave del deber de diligencia en la gestión de asuntos económicos y que sea causa de la disminución del patrimonio del deudor u oculte la situación económica real del mismo.

➔ **Sujeto activo**: puede serlo cualquiera.

➔ **Sujeto pasivo**: son los acreedores burlados en sus derechos y expectativas legítimas.

➔ **Penalidad**: prisión de uno a cuatro años y multa de ocho a veinticuatro meses.

Cuando los hechos se hubieran cometido por **imprudencia,** se impondrá una pena de prisión de seis meses a dos años o multa de doce a veinticuatro meses.

Tipo hipercualificado de insolvencias punibles

A tenor del artículo 259 bis. CP:

> «Los hechos a que se refiere el artículo anterior serán castigados con una pena de prisión de dos a seis años y multa de ocho a veinticuatro meses, cuando concurra alguna de las siguientes circunstancias:
>
> 1.ª Cuando se produzca o pueda producirse **perjuicio patrimonial** en una **generalidad de personas** o pueda ponerlas en una **grave situación económica.**
>
> 2.ª Cuando se causare a alguno de los acreedores un **perjuicio económico superior a 600.000 euros.**
>
> 3.ª Cuando al menos la mitad del importe de los créditos concursales tenga como titulares a la **Hacienda Pública, sea esta estatal, autonómica, local o foral y a la Seguridad Social**».

➔ **Acción típica**: En el primer apartado estamos ante una suerte de agravación por insolvencias punibles tratadas como **delito masa**. En el segundo apartado se atenderá al perjuicio económico total causado, siendo siempre delito agravado cuando **este supere los 600 000 €** en alguno de los acreedores y valorable por el juez o tribunal cuando las cantidades sean inferiores a esta cantidad, pero de notoria importancia.

En el tercer caso se otorga una **mayor protección** al **erario público,** agravando las conductas de insolvencias punibles que tengan como sujeto pasivo a la Hacienda Pública o la Seguridad Social.

➜ **Bien jurídico protegido**: es el patrimonio privado, o en el tercer caso, el patrimonio del Estado, que en definitiva nos afecta a la sociedad.

(BUSTOS, 2018, p. 23) nos indica que:

> «Podemos caer fácilmente en la cuenta de que las **circunstancias agravantes** analizadas pivotan sobre la causación de un cierto perjuicio patrimonial a los acreedores, sean estos de Derecho público o privado, por lo que puede afirmarse que en este art. 259 bis CP. [...] el mayor desvalor, que las convierte en conductas agravadas, radica en que, **además de ponerse en peligro la institución del crédito, se está afectando a ciertos intereses patrimonialistas de los acreedores**, ahora sí como bien jurídico de carácter individual».

➜ **Elemento subjetivo**: es un delito doloso pues el sujeto activo busca la forma de eludir el pago a Hacienda y existen los elementos cognitivo y volitivo, aunque ello a veces cueste de demostrar y sea preciso acudir a **indicios**, y así lo expresa GALLEGO (2005):

> «Siendo el presente **elemento del tipo penal el más complejo de probar** en la práctica, la jurisprudencia ha venido a señalar que el mismo puede acreditarse a través de indicios, tales como un precio irrisorio, la proximidad de la actuación efectuada con la fecha de nacimiento o vencimiento de las obligaciones, así como la inexistencia de racionalidad económica de las operaciones realizadas, sin que resulte indicativo de un carácter delictivo, en cambio, el mero cierre empresarial y el impago de las deudas [...]».

➜ **Sujeto activo**: el que lleve a cabo las conductas descritas.

➜ **Sujeto pasivo**: cualquier ciudadano o en el caso del número 3, es el Estado.

➜ **Penalidad**: prisión de dos a seis años y multa de ocho a veinticuatro meses.

Favorecimiento de acreedores

A tenor del artículo 260.1 CP:

> «1. Será castigado con la pena de seis meses a tres años de prisión o multa de ocho a veinticuatro meses, el deudor que, encontrándose en una situación de insolvencia actual o inminente, **favorezca a alguno de los acreedores** realizando un acto de disposición patrimonial o generador de obligaciones destinado a pagar un crédito no exigible o a facilitarle una garantía a la que no tenía derecho, cuando se trate de una operación que carezca de justificación económica o empresarial».

➜ **Bien jurídico protegido**: el derecho de realización de una obligación legal.

➜ **Acción típica**: favorecer mediante «maniobras jurídicas» a ciertos acreedores en detrimento de otros.

Favorecer a ciertos acreedores en casos en los que la acreedora es la Hacienda Pública resultará complejo, pues se prevé una prelación de créditos en favor de la misma.

➜ **Sujeto activo**: el que favorece a ciertos acreedores.

➜ **Sujeto pasivo**: el que ve como unos acreedores tienen un trato de favor en detrimento suyo.

➜ **Penalidad**: seis meses a tres años de prisión o multa de ocho a veinticuatro meses.

Favorecimiento de acreedores una vez esté admitido a trámite el concurso

Según el art. 260.2 CP:

> «2. Será castigado con la pena de uno a cuatro años de prisión y multa de doce a veinticuatro meses el deudor que, una vez admitida a trámite la solicitud de concurso, sin estar autorizado para ello ni judicialmente ni por los administradores concursales, y fuera de los casos permitidos por la ley, realice cualquier **acto de disposición patrimonial o generador de obligaciones**, destinado a pagar a uno o varios acreedores, privilegiados o no, con posposición del resto».

➜ **Bien jurídico protegido**: el derecho a percibir el cobro de lo que esté estipulado legalmente a través de un negocio jurídico legal.

➜ **Acción típica**: son conductas que tienden a favorecer a unos acreedores frente a otros que se encuentran en posición privilegiada conforme a lo dispuesto por las normas que regulan el concurso de acreedores. Es un delito especial, de mera actividad y de conducta activa. Requiere que la acción típica se lleve a cabo una vez que se haya admitido a trámite la solicitud de declaración judicial del estado concursal, que el deudor carezca de autorización expresa por el órgano judicial o los órganos concursales, que persiga pagar a uno o varios acreedores, con posposición del resto, y que la conducta no esté amparada por una previsión legal.

➜ **Sujeto activo**: el que realiza las maniobras para favorecer a unos acreedores en detrimento de otros.

➜ **Sujeto pasivo**: el acreedor que ve como su derecho al cobro se ve conculcado en beneficio de otros acreedores.

➜ **Consumación**: Se produce cuando se concreta el acto de disposición patrimonial el acreedor queda en situación de disponer lo que le fue transmitido o cuando el acto generador de obligaciones cobra efectividad.

➜ **Penalidad**: uno a cuatro años de prisión y multa de doce a veinticuatro meses.

Falsedades contables para conseguir la declaración de insolvencia

A tenor del artículo 261 CP:

> «El que en procedimiento concursal presentare, **a sabiendas, datos falsos relativos al estado contable**, con el fin de lograr indebidamente la declaración de aquel, será castigado con la pena de prisión de uno a dos años y multa de seis a 12 meses».

➜ **Acción punible**: se trata de una conducta fraudulenta del que utiliza de forma premeditada datos falsos para provocar error en el órgano judicial, y así obtener indebidamente la declaración judicial de un estado legal de concurso que **no correspondería al solicitante**.

➜ **Bien jurídico protegido**: el patrimonio de quien tiene la expectativa de recibirlo a través de un título legal. Entendemos que también se protege a la Administración de Justicia para que no sea víctima del engaño.

➜ **Sujeto activo**: puede serlo cualquiera.

➔ **Sujeto pasivo**: entendemos que será quien sufra el perjuicio de no poder ver cumplidas sus expectativas conforme a la legalidad. De alguna manera podemos entender que la Administración de Justicia también resulta dañada a través del engaño.

➔ **Elemento subjetivo**: se trata de un delito doloso, pues aparece en el texto del artículo **«a sabiendas»**, que nos indica que el sujeto activo sabe perfectamente lo que está haciendo y las consecuencias que su actuación pueden tener. Dicho esto, no cabe el dolo eventual.

➔ **Consumación**: no es necesario un resultado y basta con la presentación de una serie de documentos que estén pensados para conseguir que el órgano judicial entre en una situación de error.

➔ **Concurso**: puede producirse en: apropiaciones indebidas, estafas, delitos contra la Hacienda Pública, impago de pensiones, abandono de familia, etc.

➔ **Penalidad**: prisión de uno a dos años y multa de seis a doce meses.

Responsabilidad penal de las personas jurídicas

A tenor del artículo 261 bis CP:

> «Cuando de acuerdo con lo establecido en el **artículo 31 bis una persona jurídica** sea responsable de los delitos comprendidos en este capítulo, se le impondrán las siguientes penas:
> a) Multa de dos a cinco años, si el delito cometido por la persona física tiene prevista una pena de prisión de más de cinco años.
> b) Multa de uno a tres años, si el delito cometido por la persona física tiene prevista una pena de prisión de más de dos años no incluida en el inciso anterior.
> c) Multa de seis meses a dos años, en el resto de los casos.
> Atendidas las reglas establecidas en el artículo 66 bis, los jueces y tribunales podrán asimismo imponer las penas recogidas en las letras b) a g) del apartado 7 del artículo 33».

Según Muñoz Conde (2022: 385-386):

> «Los delitos tipificados en el Capítulo VII bis **son normalmente cometidos en el ámbito empresarial** y en empresas que adoptan la forma de **sociedades mercantiles**, generalmente de responsabilidad limitada o anónima, así que en esta materia se plantea con especial relevancia la responsabilidad penal de la persona jurídica a través de la cual o en cuyo nombre se haya cometido alguno de estos delitos; de ahí que en el art. 261 bis se disponga la responsabilidad penal de las personas jurídicas conforme a los previsto en el art. 31 bis y demás disposiciones concordantes».

11.4. Alteraciones de precios en concursos y subastas públicas

La legislación española en nuestra economía de mercado lo que persigue es sancionar las conductas más graves que pueden llegar a alterar los precios de los bienes y servicios, y es por ello por lo que se puede afectar a la **libertad decisoria** de los consumidores y usuarios.

Ubicado en el capítulo VIII, del título XIII, del libro II del Código Penal, forma parte integrante del título dedicado a los «Delitos contra el patrimonio y contra el orden socioeconómico» y es importante el sector doctrinal que justifica tal ubicación desde la consideración de que con su tipificación **no solo tutela un bien jurídico de naturaleza individual (la libre disposición del patrimonio), sino colectivo, cual es la correcta formación de los precios en los concursos y subastas públicos**. Llarena Conde (2016).

La tipificación de estos delitos tiene su razón de ser en la protección del buen funcionamiento de nuestra economía de mercado evitando maniobras distintas fuera de la legalidad con el objetivo de manipular precios e incluso cantidades.

A tenor del artículo 262 CP:

> «1. Los que solicitaren dádivas o promesas para no tomar parte en un concurso o subasta pública; los que intentaren alejar de ella a los postores por medio de amenazas, dádivas, promesas o cualquier otro artificio; los que se concertaren entre sí con el fin de alterar el precio del remate, o los que fraudulentamente quebraren o abandonaren la subasta habiendo obtenido la adjudicación, serán castigados con la pena de prisión de uno a tres años y multa de 12 a 24 meses, así como inhabilitación especial para licitar en subastas judiciales entre tres y cinco años. Si se tratare de un concurso o subasta convocados por las Administraciones o entes públicos, se impondrá además al agente y a la persona o empresa por él representada la pena de inhabilitación especial que comprenderá, en todo caso, el derecho a contratar con las Administraciones públicas por un período de tres a cinco años.
>
> 2. El juez o tribunal podrá imponer alguna o algunas de las consecuencias previstas en el artículo 129 si el culpable perteneciere a alguna sociedad, organización o asociación, incluso de carácter transitorio, que se dedicare a la realización de tales actividades.
>
> 3. Quedarán exentos de responsabilidad criminal los directores, administradores de hecho o de Derecho, gerentes y otros miembros del personal actuales y anteriores de cualquier sociedad, constituida o en formación, que en esa condición hayan cometido alguno de los hechos previstos en este artículo, cuando pongan fin a su participación en los mismos y cooperen con las autoridades competentes de manera plena, continua y diligente, aportando informaciones y elementos de prueba de los que estas carecieran, que sean útiles para la investigación, detección y sanción de las demás personas implicadas, siempre que se cumplan las siguientes condiciones:
>
> a) Cooperen activamente en este sentido con la autoridad de la competencia que lleva el caso,
>
> b) estas sociedades o personas físicas hayan presentado una solicitud de exención del pago de la multa de conformidad con lo establecido en la Ley de Defensa de la Competencia,
>
> c) dicha solicitud se haya presentado en un momento anterior a aquel en que los directores, administradores de hecho o de Derecho, gerentes y otros miembros del personal actuales o anteriores de la sociedad, constituida o en formación, hayan sido informados de que están siendo investigados en relación con estos hechos,
>
> d) se trate de una colaboración activa también con la autoridad judicial o el Ministerio Fiscal, proporcionando indicios útiles y concretos para asegurar la prueba del delito e identificar a otros autores».

➔ **Acción típica**: solicitar dádivas o promesas para no concurrir a un concurso o subasta pública, concertarse para alterar el precio del remate o abandonar fraudulentamente la subasta obtenida la adjudicación, tratar de alejar al resto de los postores mediante amenaza, promesa o artificio semejante.

Según VÁZQUEZ IRUZUBIETA (2019): una dádiva es un premio o un obsequio que se hace sin esperar contraprestación, por lo cual se trata, en este caso, de un vocablo poco afortunado para lo que se quiere significar. La dádiva puede consistir en cualquier cosa que tenga un valor de mercado y no solamente dinero, aunque esto será lo más corriente. La solicitud puede también ser de una promesa de dádiva, igualmente con un amplio alcance. Resulta difícil concebir que pueda haber causas de justificación.

El art. 262 CP contiene cuatro modalidades de conducta, configurando un tipo mixto alternativo, esto es, para entender cometido el delito basta con que se verifique una sola de las modalidades incriminadas. Por otra parte, la concurrencia de varias de estas modalidades no dará lugar a un concurso de delitos, sino que continuaremos ante un único delito de alteración de precios en concursos y subastas públicas.

¿Qué entendemos por concurso?

«Concurso» designa la «competencia entre quienes aspiran a encargarse de ejecutar una obra o prestar un servicio bajo determinadas condiciones, a fin de elegir la propuesta que ofrezca mayores ventajas»; mientras que «subasta» es tanto la «venta pública de bienes o alhajas que se hace al mejor postor, y regularmente por mandato y con intervención de un juez u otra autoridad», como la «adjudicación de una contrata, generalmente de servicio público, como la ejecución de una obra, el suministro de provisiones, etc., a quien presenta la propuesta más ventajosa» (RAE, 2014).

Como posibles ejemplos cabe pensar en la organización de concursos para la adjudicación de determinados contratos del sector público, o las subastas judiciales de bienes embargados.

El calificativo de «públicas», aunque gramaticalmente se refiere únicamente a las subastas, debe entenderse referido tanto a las subastas como a los concursos (MARTÍNEZ-BUJÁN, 2015, p. 406). Tal calificación ha de entenderse en un sentido puramente descriptivo, de modo que se incluirían tanto los concursos y subastas oficiales como los privados, siempre que resulten de acceso y participación abiertos al público (BRAGE CENDÁN, 2001, pp. 364 y ss.; FARALDO CABANA, 2011, p. 1011; MARTÍNEZ-BUJÁN, 2015, pp. 401-402).

Tal interpretación puede sustentarse en el hecho de que el inciso segundo del apartado 1 del art. 262 CP contiene un tipo cualificado referido a concursos o subastas del sector público, lo cual determina que en el tipo básico cabe incluir concursos o subastas de cualquier naturaleza siempre que sean accesibles al público en general.

- La **primera modalidad** típica consiste en solicitar dádivas o promesas para no participar en un concurso o subasta. Se configura aquí un delito de resultado cortado, de modo que para la consumación no es necesario llegar a obtener tal dádiva de forma efectiva.
- La **segunda modalidad** constituye el mero intento de alejar a los postores a través de amenazas, dádivas, promesas o cualquier otro artificio. En este caso, para la consumación del delito tampoco es necesario que se logre apartar efectivamente a los postores. Cabría incluir también los medios de carácter violento, pues aunque los métodos descritos en el art. 262 CP son de carácter intimidatorio o fraudulento, la cláusula de cierre debería ser interpretada en un sentido amplio (FARALDO, 2011, p. 1011).
- La **tercera modalidad** supone que dos o más postores se conciertan entre sí para alterar el precio del remate. Nuevamente, para consu-

mar el delito no es necesario que se logre efectivamente la adjudicación alterando el precio (BRAGE, 2001, p. 398). Una forma habitual de hacerlo consiste en que un postor realiza una puja objetivamente desproporcionada al alza con el valor de los bienes, para posteriormente dejar de consignar la cantidad ofrecida, forzando la adjudicación a favor de otro postor que ofrece una cantidad muy inferior (*vid.* como ejemplo la SAP de Valladolid de 19 de abril de 2005) (MARTÍNEZ-BUJÁN, 2015, p. 406; FARALDO, 2011, p. 1011).

- La **cuarta modalidad** consiste en quebrar o abandonar fraudulentamente la subasta habiendo obtenido la adjudicación. La denominada «quiebra de la subasta» aparece regulada en el art. 653 de la Ley de Enjuiciamiento Civil. Según este precepto, tal quiebra implica que ninguno de los rematantes (los postores definitivamente adjudicatarios del bien o bienes subastados) llega a consignar el precio en el plazo señalado, o que por su culpa deja de tener efecto la venta del bien. La consecuencia de la quiebra es que los rematantes «perderán el depósito que hubieran efectuado, y se procederá a nueva subasta, salvo que con los depósitos constituidos por aquellos rematantes se pueda satisfacer el capital e intereses del crédito del ejecutante y las costas».

Según VÁZQUEZ IRUZUBIETA (2019), el abandono o quiebra del remate deben ser fraudulentos, de suerte que, si la malicia no se prueba, la conducta es impune. Se trata de dos nuevas acciones delictivas. El abandonar significa retirarse del lugar, renunciar a lo hecho y en lo que consisten las consecuencias, dado que se retira luego de lograr la adjudicación. El quebrar el remate consiste en provocar su ineficacia, determinando la necesidad de una nueva convocatoria.

➔ **Bien jurídico protegido**: se protege la libertad de los licitadores y, en definitiva, podemos entender que lo que se protege también es la expectativa del ciudadano a acudir a una subasta o concurso en igualdad de condiciones con los demás postores y siempre dentro de la legalidad vigente.

Creemos que también se está protegiendo a la administración y a los entes públicos, pues existe un desvalor superior cuando los mismos convocan una subasta o concurso, y por ende existe un castigo mayor.

Otro sector entiende que se trata de un auténtico bien jurídico de naturaleza socioeconómica, tutelándose la correcta formación de los precios en concursos y subastas públicas, cuyo fundamento se encuentra en el mantenimiento de la libertad de pujar (BRAGE, 2001, p. 64). Incluso hay autores que mantienen una posición mixta (SERRANO y SERRANO, 2011, p. 466), afirmando que resultan tutelados ambos aspectos: la libertad de pujar de los licitadores, y los intereses patrimoniales de los propietarios de los bienes objeto de concursos o subastas públicas.

Evidentemente, la toma de posición a favor de una u otra teoría determinará la identificación del sujeto pasivo de este delito. Parece más acertada la tesis defensora de la existencia de un bien jurídico de naturaleza individual, o la teoría de carácter mixto, teniendo en cuenta que, si bien el patrimonio individual puede ser el bien jurídico directamente protegido, resulta innegable que estas conductas afectan también a la libertad de pujas y a la correcta formación de los precios en los concursos y subastas públicas.

➜ **Elemento subjetivo**: se trata de un delito doloso, pues las acciones que se llevan a cabo **suelen estar muy bien pensadas** para poder alterar el funcionamiento normal de las subastas y concursos mediante distintos tipos de actuaciones con apariencia de legalidad.

El dolo debería interpretarse como dolo directo (Brage Cendán, 2001, p. 418; Martínez-Buján, 2015, p. 408). La modalidad de conducta consistente en el acuerdo entre postores es la única que exige expresamente que se actúe «con el fin de alterar el precio del remate». No obstante, como se ha visto, estamos aquí ante delitos de resultado cortado, que se consuman cuando el autor actúa con una determinada finalidad pero no resulta necesario que la logre efectivamente.

Según Muñoz Conde (2019) En la modalidad de concertación, además del dolo es necesaria la finalidad de alterar el precio de remate; pero en el caso en que se solicite dádiva o promesa para no tomar parte en la subasta, no es exigible esta finalidad.

➜ **Sujeto activo**: puede serlo cualquiera.

El sujeto activo del delito puede ser un licitador, el adjudicatario o cualquier otra persona, según la modalidad típica en cuestión. En suma, se trata de un delito común (Brage Cendán, 2001, pp. 342 y ss.).

➜ **Cuestiones de autoría y participación**

Resulta evidente que la tercera modalidad de conducta, al castigar el concierto entre varios postores para alterar el precio del remate, determina la intervención de dos o más personas en la ejecución del delito. Todos ellos podrán ser calificados lógicamente como coautores. No obstante, puede resultar más problemático el caso de la primera modalidad, que sanciona a quien solicita dádivas o promesas para no participar en un concurso o subasta.

En este caso, evidentemente, quien realiza la solicitud será autor del delito del art. 262 CP, pero cabe plantearse cómo calificar al sujeto que, atendiendo tal solicitud, decide pagar o prometer algo a este sujeto con la finalidad de que permanezca al margen del concurso o subasta. Aunque claramente quien paga o promete no ha tomado la iniciativa en la ejecución del delito, lo cierto es que al acceder a la propuesta está interviniendo en el comportamiento delictivo.

Dado que no se tipifica expresamente su conducta, como sí ocurre por ejemplo en el ámbito del delito de cohecho (donde se castiga a quien solicita y a quien paga la dádiva), no resultaría adecuado calificarlo como autor, pues realmente no lleva a cabo la acción típica de solicitar. Por consiguiente, lo más correcto sería considerarlo como partícipe en el hecho delictivo (Faraldo, 2011, p. 1012).

➜ **Sujeto pasivo**: puede serlo cualquiera que vea como sus expectativas de acudir a un concurso o subasta son frustradas de forma ilegal mediante diversos tipos de actuaciones y tiene así un perjuicio.

➔ **Penalidad**: pena de prisión de uno a tres años y multa de 12 a 24 meses, así como inhabilitación especial para licitar en subastas judiciales entre tres y cinco años. Si se tratare de un concurso o subasta convocados por las Administraciones o entes públicos, se impondrá además al agente y a la persona o empresa por él representada la pena de inhabilitación especial que comprenderá, en todo caso, el derecho a contratar con las Administraciones públicas por un período de tres a cinco años

Conviene detenerse aquí en el hecho de que, con la reforma del Código Penal efectuada por LO 5/2010, de 22 de junio, se introduce en nuestro ordenamiento por vez primera la responsabilidad penal de las personas jurídicas.

En la actualidad, el régimen del art. 129 CP puede aplicarse a los mismos delitos que contemplan la posibilidad de atribuir responsabilidad penal a las personas jurídicas, y a mayores a un reducido número de delitos: arts. 162, 262, 294, 318, 386.4, 520, y 570 quáter del Código Penal.

Hay que remitirse a los **apartados c) a g) del art. 33.7 CP**, donde se contienen las siguientes previsiones en relación con la entidad responsable:

«c) Suspensión de sus actividades por un plazo que no podrá exceder de cinco años.

d) Clausura de sus locales y establecimientos por un plazo que no podrá exceder de cinco años.

e) Prohibición de realizar en el futuro las actividades en cuyo ejercicio se haya cometido, favorecido o encubierto el delito. Esta prohibición podrá ser temporal o definitiva. Si fuere temporal, el plazo no podrá exceder de quince años.

f) Inhabilitación para obtener subvenciones y ayudas públicas, para contratar con el sector público y para gozar de beneficios e incentivos fiscales o de la Seguridad Social, por un plazo que no podrá exceder de quince años.

g) Intervención judicial para salvaguardar los derechos de los trabajadores o de los acreedores por el tiempo que se estime necesario, que no podrá exceder de cinco años».

A mayores, el propio art. 129 CP contempla la posibilidad de prohibir definitivamente al ente la realización de cualquier actividad, aunque sea lícita.

Consecuencias accesorias

Existe aquí un mayor desvalor y, por lo tanto, un castigo superior si el delito se comete perteneciendo a alguna **sociedad, organización o asociación**, aunque sea de carácter transitorio. Se comprende este castigo mayor, pues existen organizaciones muy bien estructuradas que lo que buscan es cometer este tipo de delitos normalmente tras una **apariencia de legalidad** creando sociedades de diversas tipologías.

Art. 262.2 CP

«2. El juez o tribunal podrá imponer alguna o algunas de las consecuencias previstas en el artículo 129 si el culpable perteneciere a alguna sociedad, organización o asociación, incluso de carácter transitorio, que se dedicare a la realización de tales actividades».

Y el art. 129 CP preceptúa que:

«1. En caso de delitos cometidos en el seno, con la colaboración, a través o por medio de empresas, organizaciones, grupos o cualquier otra clase de entidades o agrupaciones de personas que, por carecer de personalidad jurídica, no estén comprendidas en el artículo 31 bis, el juez o tribunal podrá imponer motivadamente a dichas empresas, **organizaciones, grupos, entidades o agrupaciones** una o varias consecuencias accesorias a la pena que corresponda al autor del delito, con el contenido previsto en las letras c) a g) del apartado 7 del artículo 33. Podrá también acordar la prohibición definitiva de llevar a cabo cualquier actividad, aunque sea lícita.

2. Las consecuencias accesorias a las que se refiere en el apartado anterior solo podrán aplicarse a las **empresas, organizaciones, grupos o entidades** o agrupaciones en él mencionados cuando este Código lo prevea expresamente, o cuando se trate de alguno de los delitos por los que el mismo permite exigir responsabilidad penal a las personas jurídicas.

3. La **clausura temporal** de los locales o establecimientos, la **suspensión de las actividades** sociales y la **intervención judicial** podrán ser acordadas también por el Juez Instructor como **medida cautelar** durante la instrucción de la causa a los efectos establecidos en este artículo y con los límites señalados en el artículo 33.7».

Situaciones concursales

La modalidad consistente en intentar alejar postores mediante el uso de cualquier artificio, podría dar lugar a un concurso entre el delito del art. 262 CP y otros delitos como las amenazas, las coacciones, las detenciones ilegales, las lesiones, etc. (Brage Cendán, 2001, p. 429; Martínez-Buján, 2015, p. 408). No obstante, en relación concretamente con las amenazas, otros autores han manifestado que realmente se verifica aquí un concurso de normas entre el art. 262 CP y los tipos de amenazas, que habría que resolver a favor del primer precepto citado con base en el principio de especialidad (Serrano y Serrano, 2011, p. 467).

Si la conducta se realiza de mutuo acuerdo con un funcionario público (cabe pensar como ejemplo en una subasta judicial), habría responsabilidad para este último por el correspondiente delito contra la Administración pública, que podría ser cohecho o prevaricación, y asimismo por el presente delito de alteración de precios en concursos y subastas (Brage, 2001, pp. 429-430; Martínez-Buján, 2015, p. 408; Faraldo, 2011, p. 1011).

Según Quintero Olivares (2019) en la práctica, se había reclamado la necesidad de una intervención contundente respecto de los funcionarios que pudiesen actuar en connivencia con los autores del delito, o los que mediante el silencio o cualquier otro medio lograsen de hecho que el deudor no tuviera cabal conocimiento de la ejecución o de la subasta misma, a fin de que no pudiese igualar el precio de adjudicación. Ese problema, que es de una indudable gravedad, no tiene que resolverlo el Código Penal, el cual ya dispone de las amenazas correspondientes a la prevaricación y al cohecho, sino que corresponde a las normas encargadas de velar por la corrección de las subastas y que pueden dar lugar a la anulación de esa parte final del proceso ejecutivo.

El tipo agravado del segundo inciso del art. 262.1 CP

El segundo inciso del apartado 1 del art. 262 CP contiene un tipo agravado, disponiendo lo siguiente:

«1. (...) Si se tratare de un concurso o subasta convocados por las Administraciones o entes públicos, se impondrá además al agente y a la persona o empresa por él representada la pena de inhabilitación especial que comprenderá, en todo caso, el derecho a contratar con las Administraciones públicas por un período de tres a cinco años».

El ámbito de aplicación de esta figura agravada se circunscribe a los concursos y subastas convocados por las Administraciones o entes públicos.

Esto corrobora, como se ha indicado, la interpretación del tipo básico en el sentido de que en él quedan incluidas cualesquiera clases de concursos y subastas que sean accesibles al público, aunque sean convocados por una entidad privada.

Por otra parte, por esta vía se introduce indirectamente una auténtica consecuencia accesoria para la persona jurídica implicada o simplemente favorecida por el delito, que realmente cabría incluir en el apartado f) del art. 33.7 CP, al cual se remite el propio art. 129 CP, y que es aún de más amplio alcance: «inhabilitación para obtener subvenciones y ayudas públicas, para contratar con el sector público y para gozar de beneficios e incentivos fiscales o de la Seguridad Social, por un plazo que no podrá exceder de quince años» (art. 291 CP).

La causa personal de exclusión de la pena del art. 268 CP

Al estar situado en el art. 262 CP, al delito de alteración de precios en concursos y subastas públicas es aplicable la causa personal de exclusión de la pena prevista en el art. 268 CP. Esta concreta ubicación es la que también sirve como base para afirmar la naturaleza patrimonial individual del bien jurídico protegido en este delito, aunque también resulte afectado mediatamente un bien supraindividual como la libertad de pujas y la igualdad de oportunidades para todos los participantes en concursos y subastas.

11.5. Los daños

En los daños solo hay una «desposesión vacía, sin enriquecimiento correlativo del autor».

Tipo básico

A tenor del art. 263 CP:

> «1. El que causare daños en propiedad ajena no comprendidos en otros títulos de este Código, será castigado con multa de seis a veinticuatro meses, atendidas la condición económica de la víctima y la cuantía del daño.
> Si la cuantía del daño causado no excediere de 400 euros, se impondrá una pena de multa de uno a tres meses».

➔ **Bien jurídico protegido**: en este delito se busca proteger la propiedad.

➔ **Acción típica**: son daños causados en propiedad ajena, pero no pueden estar recogidos en otros artículos del Código Penal y sí en leyes penales especiales.

- Los daños cometidos **en bienes propios no son considerados como delito**.
- Los daños han de superar los 400 €.
- El delito puede cometerse por **acción u omisión**.

➔ **Elemento subjetivo**: aunque no concurra el ánimo de lucro entendemos que fundamentalmente se trata de un **delito doloso**, pues se buscará dañar, menos cavar, destruir, deteriorar o inutilizar.

➜ **Sujeto activo**: puede serlo cualquiera, excepto el propietario del bien. Se trata del sujeto causante de los daños en la propiedad ajena.

➜ **Sujeto pasivo**: es el propietario del bien que se ha dañado.

➜ **Consumación**: entendemos que la consumación del delito se producirá cuando haya un deterioro de la propiedad como cosa ajena, la destrucción, alteración o inutilización. Los daños han de ser **evaluables económicamente**, y no se incluirán los daños morales aunque sean realmente relevantes. Sobre el daño moral: *vid.* URBANO (2019).

Según la STS 855/2016, de 11 de noviembre:

> «Constituye doctrina bien arraigada, que **el daño moral fluye de manera directa y natural** del hecho delictivo que se ha declarado probado; y no requiere un específico establecimiento de bases para su cuantificación, pues la indemnización que deba señalarse no puede ser calculada con criterios objetivos sino únicamente a través de un **juicio global basado en el sentimiento social de reparación** del daño producido por la ofensa delictiva atendiendo a la naturaleza del hecho, reiteración y contexto en el que se desarrolla».

Cabe la tentativa si por ejemplo se ha intentado dañar el bien ajeno y no se ha conseguido.

➜ **Circunstancias modificativas de la responsabilidad criminal**: se puede apreciar la causa de justificación del cumplimiento de un deber o el ejercicio legítimo de un derecho oficio o cargo.

➜ **Penalidad**: multa de seis a veinticuatro meses, atendidas la condición económica de la víctima y la cuantía del daño.

Se considera un **delito leve** si la cuantía del daño causado **no excediere de 400 euros**, y se impondrá una pena de multa de uno a tres meses.

Supuestos agravados

Son los que se encuentran previstos y penados en el art. 263.2 CP:

> «2. Será castigado con la **pena de prisión de uno a tres años y multa de doce a veinticuatro meses** el que causare daños expresados en el apartado anterior, si concurriere alguno de los supuestos siguientes:
>
> 1.° Que se realicen **para impedir el libre ejercicio de la autoridad** o como consecuencia de acciones ejecutadas en el ejercicio de sus funciones, bien se cometiere el delito **contra funcionarios públicos**, bien **contra particulares que, como testigos** o de cualquier otra manera, hayan contribuido o puedan contribuir a la ejecución o aplicación de las Leyes o disposiciones generales.
>
> 2.° Que se cause por cualquier medio, **infección o contagio** de ganado.
>
> Entendemos **ganado** como el conjunto de animales cuadrúpedos de una o varias especies que son criados para su explotación y comercio: cabezas de ganado; ganado bovino; ganado lanar; la guerra provocó un drástico descenso del censo de ganado de labor; el ganado está pastando en el campo.
>
> 3.° Que se empleen **sustancias venenosas o corrosivas**.
>
> 4.° Que afecten a **bienes de dominio o uso público o comunal**».

Podemos pensar en daños cometidos a bienes de dominio o uso público como los autobuses, farolas, mobiliario urbano, teléfonos públicos, buzones de correos etc.

> «5.° Que arruinen al **perjudicado** o se le coloque en **grave situación económica**».

Este es un caso complejo, pues habrá que demostrar que realmente se ha colocado al sujeto pasivo en una situación muy precaria económicamente, y es por ello que entendemos que hay que estar siempre *ad casum*.

> «6.° Se hayan ocasionado **daños de especial gravedad o afectado a los intereses generales**».

➔ **Penalidad**: prisión de uno a tres años y multa de doce a veinticuatro meses.

Daños informáticos

Tipo básico

A tenor del artículo 264.1 CP:

> «1. El que por cualquier medio, sin autorización y de manera grave borrase, dañase, deteriorase, alterase, suprimiese o hiciese inaccesibles datos informáticos, programas informáticos o documentos electrónicos ajenos, cuando el resultado producido fuera grave, será castigado con la pena de prisión de seis meses a tres años».

Es una ley penal en blanco. Hay que acudir a normas extrapenales para conocer el contenido de datos informáticos, programas informáticos y documentos electrónicos (SERRANO GÓMEZ y SERRANO MÁILLO 2019, p. 367).

Caso real. Sentencia de la AP de Lleida (Sección 1.ª) n.º 201/2018, de 4 de mayo.

> «Así, en cuanto a la conducta, la gravedad del ataque podrá revestir las más diversas modalidades, desde las más elementales, consistentes simplemente en borrar o dañar datos informáticos, programas o documentos, hasta otras mucho más elaboradas, como el denominado *ciberpunking* que se diferencia a su vez del *hacking* (o intrusismo informático) o del *cracking* (o vulneración de los derechos de autor) y, entre las primera se encuentran desde los ya conocidos troyanos u otros virus informáticos hasta las llamadas *time bombs* (bombas lógicas de acción retardada que destruyen ficheros) o el *superzapping* (o uso no autorizado de un programa de utilidad para alterar o borrar los datos almacenados) o los *cáncer rutine* (ordenes que provocan su reproducción en otros programas) entre otros procedimientos idóneos de afectar directamente a los datos o programas informático o a los documentos electrónicos».

➔ **Bien jurídico protegido**: podemos entender aquí que lo que se está protegiendo son los datos, programas informáticos (software) y también los equipos informáticos (hardware).

➔ **Acción típica**: se trata del **sabotaje informático**, y estamos ante una **ley penal en blanco**, pues tendremos que acudir a leyes que están fuera del Código Penal a los efectos de conocer programas informáticos, daños informáticos, documentos informáticos, etc., máxime cuando estamos en un ámbito absolutamente cambiante y dinámico que sería inabarcable *intramuros* de un código penal.

> «Este delito comprende una serie de conductas que tienen en común que a través de diversos procedimientos impiden la posibilidad de uso de los datos, programas informáticos o documentos electrónicos. En este caso en el concepto de daño sí se incluye la

afectación de la posibilidad de uso del objeto material sobre el que recae la acción, ya que aquí, a diferencia de lo que sucede con otros objetos materiales, el imposibilitar el uso del objeto material equivale al daño del mismo» (Muñoz Conde, 2022).

➔ **Sujeto activo**: puede serlo cualquiera.

➔ **Sujeto pasivo**: puede serlo cualquiera.

➔ **Elemento subjetivo**: se trata de un delito de carácter doloso.

➔ **Consumación**: se trata de un **delito de resultado** y cabe la **tentativa**, pues puede darse el caso de un borrado masivo de datos que posteriormente se puedan recuperar y no se consiga el daño que se buscaba.

➔ **Penalidad**: prisión de seis meses a tres años.

Supuestos agravados

Sigue el artículo 264.2 del Código Penal:

> «2. Se impondrá una pena de prisión de dos a cinco años y multa del tanto al décuplo del perjuicio ocasionado, cuando en las conductas descritas concurra alguna de las siguientes circunstancias:
> 1.ª Se hubiese cometido en el marco de una organización criminal».

Aquí tenemos que acudir al artículo 570 bis del Código Penal que indica que: «A los efectos de este Código se entiende por organización criminal la **agrupación formada por más de dos personas con carácter estable o por tiempo indefinido**, que de manera concertada y coordinada se repartan diversas tareas o funciones con el fin de cometer delitos».

Continúa el artículo 264:

> «2.ª Haya ocasionado **daños de especial gravedad** o afectado a un número elevado de sistemas informáticos.
> 3.ª El hecho hubiera perjudicado gravemente el funcionamiento de **servicios públicos esenciales o la provisión de bienes de primera necesidad**.
> En este caso tenemos que acudir a la jurisprudencia, pues se pueden realizar daños a servicios públicos esenciales como por ejemplo el control del funcionamiento de las líneas de metro o ferrocarril de una gran ciudad.
> 4.ª Los hechos hayan afectado al sistema informático de una **infraestructura crítica** o se hubiera creado una situación de peligro grave para la seguridad del Estado, de la Unión Europea o de un Estado Miembro de la Unión Europea. A estos efectos se considerará infraestructura crítica un elemento, sistema o parte de este que sea esencial para el mantenimiento de funciones vitales de la sociedad, la salud, la seguridad, la protección y el bienestar económico y social de la población cuya perturbación o destrucción tendría un impacto significativo al no poder mantener sus funciones.
> 5.ª El delito se haya cometido utilizando alguno de los medios a que se refiere el artículo 264 ter».

Según el artículo 264 ter CP, se puede tratar de: a) un programa informático, concebido o adaptado principalmente para cometer alguno de los delitos a que se refieren los dos artículos anteriores; o b) una contraseña de ordenador, un código de acceso o datos similares que permitan acceder a la totalidad o a una parte de un sistema de información.

➔ **Penalidad**: pena de prisión de dos a cinco años y multa del tanto al décuplo del perjuicio ocasionado. Si los hechos hubieran resultado de **extrema gravedad, podrá imponerse la pena superior en grado**.

Supuestos hiperagravados

Según el art. 264.3 CP:

«3. Las penas previstas en los apartados anteriores se impondrán, en sus respectivos casos, en su mitad superior, cuando los hechos se hubieran cometido mediante la **utilización ilícita de datos personales de otra persona** para facilitarse el acceso al sistema informático o para ganarse la confianza de un tercero».

Obstaculización o interrupción del funcionamiento de servicios informáticos

Siguiendo el modelo del Convenio de Europa y de la Directiva 2013/40, el CP distingue entre la intromisión o daños a los datos (art. 264 CP) y la intromisión o los ciberataques a sistemas de la información (sistemas de redes o el hardware) en el art. 264 bis CP (Gómez Rivero *et al.* 2020, p. 2018).

Tipo básico

A tenor del artículo 264 bis. CP:

«1. Será castigado con la pena de prisión de seis meses a tres años el que, sin estar autorizado y **de manera grave**, obstaculizará o interrumpiera el funcionamiento de un sistema informático ajeno:

a) realizando alguna de las conductas a que se refiere el artículo anterior;

b) introduciendo o transmitiendo datos; o

c) destruyendo, dañando, inutilizando, eliminando o sustituyendo un sistema informático, telemático o de almacenamiento de información electrónica. (...)».

➔ **Bien jurídico** protegido: se busca proteger a los bienes informáticos ajenos.

➔ **Acción típica**: la conducta que castiga el Código Penal en este artículo es la de **obstaculizar o interrumpir** el normal funcionamiento de un sistema informático. La acción debe llevarse a cabo sin autorización, y además la conducta ha de producir **daños graves**.

➔ **Sujeto activo**: puede serlo cualquiera.

➔ **Sujeto pasivo**: puede serlo cualquiera.

➔ **Elemento subjetivo**: se trata de un delito de resultado.

➔ **Consumación**: se trata de un **delito de resultado**, y es posible la **tentativa**.

➔ **Penalidad**: prisión de seis meses a tres años.

Supuestos agravados

Los encontramos en el art. 264 bis 1 *in fine*: «Si los hechos hubieran perjudicado **de forma relevante** la actividad normal de una empresa, negocio o de una Administración pública [...]».

➔ **Penalidad**: se impondrá la pena en su mitad superior, pudiéndose alcanzar la pena superior en grado.

Si existe la concurrencia en los hechos perpetrados de alguna de las circunstancias del apartado dos el artículo anterior, y que según el artículo 264.2 CP son las siguientes:

> «2. (...).
> 1.ª Se hubiese cometido en el marco de una **organización criminal**.
> 2.ª Haya ocasionado **daños de especial gravedad** o afectado a un número elevado de sistemas informáticos.
> 3.ª El hecho hubiera **perjudicado gravemente el funcionamiento de servicios públicos esenciales** o la provisión de bienes de primera necesidad.
> 4.ª Los hechos hayan afectado al sistema informático de una **infraestructura crítica** o se hubiera creado una situación de peligro grave para la seguridad del Estado, de la Unión Europea o de un Estado Miembro de la Unión Europea. A estos efectos se considerará infraestructura crítica un elemento, sistema o parte de este que sea esencial para el mantenimiento de funciones vitales de la sociedad, la salud, la seguridad, la protección y el bienestar económico y social de la población cuya perturbación o destrucción tendría un impacto significativo al no poder mantener sus funciones.
> 5.ª El delito se haya cometido utilizando alguno de los medios a que se refiere el artículo 264 ter».

Si acudimos al segundo párrafo del artículo 264.2 del Código Penal podemos ver que existe una agravación de segundo grado: «Si los hechos hubieran resultado de **extrema gravedad**, podrá imponerse **la pena superior en grado»**.

➜ **Penalidad**: prisión de dos a cinco años y multa del tanto al décuplo del perjuicio ocasionado.

Según el art. 264 bis 3 CP:

> «(...) cuando los hechos se hubieran cometido mediante la utilización ilícita de datos personales de otra persona para facilitarse el acceso al sistema informático o para ganarse la confianza de un tercero».

➜ **Penalidad**: las penas previstas en los apartados anteriores se impondrán, en sus respectivos casos, en su mitad superior.

Facilitación de instrumentos para cometer delitos informáticos

A tenor del artículo 264 ter CP:

> «Será castigado con una pena de prisión de seis meses a dos años o multa de tres a dieciocho meses el que, sin estar debidamente autorizado, produzca, adquiera para su uso, importe o, de cualquier modo, facilite a terceros, con la intención de facilitar la comisión de alguno de los delitos a que se refieren los dos artículos anteriores:
> a) un programa informático, concebido o adaptado principalmente para cometer alguno de los delitos a que se refieren los dos artículos anteriores; o
> b) una contraseña de ordenador, un código de acceso o datos similares que permitan acceder a la totalidad o a una parte de un sistema de información».

➜ **Acción típica**: en este artículo se está castigando a los llamados «hackers». Son varias las acciones que aquí se castigan: por una parte, son acciones para el uso propio, y por otra, para facilitar a otras personas programas informáticos a los efectos de perpetrar delitos. También se castiga a los que consiguen de forma ilegal contraseñas que permiten acceder a una información no autorizada.

➔ **Sujeto activo**: puede serlo cualquiera.

➔ **Sujeto pasivo**: puede serlo cualquiera.

➔ **Elemento subjetivo**: se trata de un delito de carácter doloso, pues existe una clara intención de facilitar la comisión de delitos.

➔ **Consumación**: se consuma el delito en el momento en el que se consigue un programa informático o un código para acceder a un sistema con el objetivo de perpetrar un delito informático. Puede darse el caso de que no se consiga el objetivo que se perseguía al delinquir, y estaríamos ante una **tentativa**.

➔ **Concurso**: el delito se agrava cuando previamente concurra un delito de revelación de secretos para obtener ilícitamente los datos personales que permitan el acceso a los sistemas informáticos. Por este motivo, los delitos previos que sirvan al propósito de la obtención ilícita de tales datos quedarán absorbidos por el tipo penal más complejo, conforme a lo establecido en el concurso de leyes penales del art. 8 CP.

➔ **Penalidad**: prisión de seis meses a dos años o multa de tres a dieciocho meses.

Responsabilidad penal de las personas jurídicas

Según el artículo 264 quáter CP:

> «Cuando de acuerdo con lo establecido en el artículo 31 bis una persona jurídica sea responsable de los delitos comprendidos en los tres artículos anteriores, se le impondrán las siguientes penas:
>
> a) Multa de dos a cinco años o del quíntuplo a doce veces el valor del perjuicio causado, si resulta una cantidad superior, cuando se trate de delitos castigados con una pena de prisión de más de tres años.
>
> b) Multa de uno a tres años o del triple a ocho veces el valor del perjuicio causado, si resulta una cantidad superior, en el resto de los casos.
>
> Atendidas las reglas establecidas en el artículo 66 bis, los jueces y tribunales podrán asimismo imponer las penas recogidas en las letras b) a g) del apartado 7 del artículo 33».

Daños en instalaciones militares

Hemos de tener en cuenta que se trata de un delito que ataca a una serie de bienes muy sensibles para la **seguridad de toda la ciudadanía**, y que algunos autores entienden que la pena debería de ser más alta.

Según el artículo 265 CP:

> «El que **destruyere, dañare** de modo grave, o **inutilizare** para el servicio, aun de forma temporal, obras, establecimientos o instalaciones militares, buques de guerra, aeronaves militares, medios de transporte o transmisión militar, material de guerra, aprovisionamiento u otros medios o recursos afectados al servicio de las Fuerzas Armadas o de las Fuerzas y Cuerpos de Seguridad, será castigado con la pena de prisión de dos a cuatro años si el daño causado excediere de mil euros».

➔ **Bien jurídico protegido**: en definitiva lo que se está protegiendo es la seguridad del estado que está delegada en manos del Ejército y de las Fuerzas y Cuerpos de Seguridad del Estado, y por ende se protege a la ciudadanía española.

➔ **Acción típica**: se trata de destruir dañar o inutilizar instalaciones militares y también material militar perteneciente a las Fuerzas Armadas o a las Fuerzas y Cuerpos de Seguridad del Estado.

➔ **Sujeto activo**: puede serlo cualquiera.

➔ **Sujeto pasivo**: de forma directa son el Ejército Español y las Fuerzas y Cuerpos de Seguridad del Estado y por consiguiente la ciudadanía española, que verá mermada su seguridad.

➔ **Elemento subjetivo**: se trata de un delito doloso, porque el ataque se produce a instalaciones y equipamiento militar y/o policial y que si se quiere atacar se requiere de tener un plan previsto muy bien trazado y premeditado.

➔ **Consumación**: se produce la consumación cuando se destruye, daña o se inutiliza, y entendemos que cabe también la **tentativa**.

➔ **Penalidad**: prisión de dos a cuatro años si el daño causado excediere de mil euros.

Daños imprudentes

A tenor del artículo 267 CP:

> «Los daños causados por imprudencia grave en cuantía superior a 80.000 euros, serán castigados con la pena de multa de tres a nueve meses, atendiendo a la importancia de los mismos.
>
> Las infracciones a que se refiere este artículo sólo serán perseguibles previa denuncia de la persona agraviada o de su representante legal. El Ministerio Fiscal también podrá denunciar cuando aquélla sea menor de edad, persona con discapacidad necesitada de especial protección o una persona desvalida.
>
> En estos casos, el perdón de la persona ofendida extingue la acción penal».

➔ **Perseguibilidad**: se indica que las infracciones a las que se refiere el presente artículo solamente serán perseguibles si existe una **denuncia previa** de la persona agraviada o de su representante legal. El Ministerio Fiscal tiene la posibilidad de denunciar cuando la persona agraviada sea menor de edad, padezca una discapacidad que necesite de una especial protección o bien sea una persona desvalida.

11.6. Disposiciones comunes a los delitos patrimoniales

Excusa absolutoria por parentesco y convivencia

Según el artículo 268 CP:

> «1. Están exentos de responsabilidad criminal y sujetos únicamente a la civil los cónyuges que no estuvieren separados legalmente o de hecho o en proceso judicial de separación, divorcio o nulidad de su matrimonio y los ascendientes, descendientes y hermanos por naturaleza o por adopción, así como los afines en primer grado si viviesen juntos, por los delitos patrimoniales que se causaren entre sí, siempre que no concurra violencia o intimidación, o abuso de la vulnerabilidad de la víctima, ya sea por razón de edad, o por tratarse de una persona con discapacidad.
>
> 2. Esta disposición no es aplicable a los extraños que participaren en el delito».

Vemos que en este artículo los sujetos activo y pasivo han de tener una relación de afinidad que aporta fundamento a esta excusa absolutoria. Ahora bien, hay que tener en cuenta que, además de esta relación de parentesco, no puede existir violencia o intimidación, ni abuso de la vulnerabilidad de la víctima, ya sea por la edad, o por ser una persona que tenga una discapacidad.

En el apartado dos de este artículo se excluyen a los extraños que participaren en el delito y que sí van a responder por los hechos cometidos, aunque haya parientes que se hayan beneficiado de esta excusa absolutoria.

Actos preparatorios punibles

Se castigan en el art. 269 la provocación, la conspiración y la proposición para cometer los delitos de robo, extorsión, estafa o apropiación indebida con la pena inferior en uno o dos grados a la del delito correspondiente.

11.7. Contra la propiedad intelectual e industrial (arts. 270 a 277 CP)

El art. 273 CP protege los ataques más graves a las patentes, modelos de utilidad, dibujo industrial...; el art. 274 CP a las marcas, títulos de obtención vegetal...; el art. 275 CP a las denominaciones de origen o indicaciones geográficas de calidad y el art. 277 CP a las patentes secretas.

Las infracciones contra sendas propiedades intelectual e industrial (Art. 288 CP) son delitos susceptibles de ser cometidos por personas jurídicas (VELASCO NÚÑEZ 2021).

Elemento subjetivo

Todos los casos son **delitos dolosos**, pues no está legalmente prevista ninguna modalidad imprudente (VÁZQUEZ GONZÁLEZ 2019, p. 379).

Caso real. Sentencia del Tribunal de Justicia de la Unión Europea de 8 de septiembre de 2016, C-160/15.

«Caso señora BG Dekker contra Sanoma Media Netherlands BV, editora de la revista Playboy, analiza el caso de unas fotos que, sin permiso, se publicaron en la Red mediante un hipervínculo a Filefactory de alguien que remitió un anónimo, publicándolas la Web Geenstijl —con más de 230.000 visitantes diarios, una de las 10 más vistas en Holanda— que explota GS Media, sin pagar por los derechos que aquella cedió a Sanoma, sin tener autorización para hacerlo».

«La colocación de un hipervínculo en un sitio de Internet que remite a obras protegidas por los derechos de autor y publicadas sin la autorización del autor en otro sitio de Internet no constituye una «comunicación al público» cuando la persona que coloca tal vínculo actúa sin ánimo de lucro y sin conocer la ilegalidad de la publicación de esas obras En cambio, si tales hipervínculos se proporcionan con ánimo de lucro, debe presumirse que se conoce el carácter ilegal de la publicación en el otro sitio de Internet»(TRIBUNAL DE JUSTICIA DE LA UNIÓN EUROPEA. COMUNICADO DE PRENSA n.° 92/16).

11.8. Espionaje informático (arts. 278 a 280 CP)

Se regula en los artículos 278, 279 y 280 del Código Penal, el delito de revelación de secretos de empresa o espionaje industrial en sus distintas modalidades. En primer lugar, el delito de descubrimiento de secretos de empresa (art. 278.1 CP). Delito que se ve, además, agravado (art. 278.2 CP). El artículo 279 CP, castiga la difusión, revelación o cesión de un secreto de empresa llevada a cabo por quien tenga legal o contractualmente obligación de guardar reserva, imponiendo una pena igual a la del tipo anterior y sancionando. Como conducta atenuada (con una pena en su mitad inferior), aquellos casos en que el secreto se utilizare únicamente en provecho propio. Por último, el artículo 280 CP sanciona la violación del secreto de empresa por quien no ha tomado parte en su descubrimiento.

El delito de espionaje informático de secretos de empresa protege el carácter singular de ciertos elementos y componentes sustanciales y diferenciales de la empresa, que abarcan los específicos conocimientos diferenciales sobre el sector productivo en que operan —ya sea en forma de datos, documentos escritos/electrónicos, soportes informáticos u otros objetos referidos a ellos (Velasco Núñez, 2021).

11.9. Referencias bibliográficas

Blázquez, A., «Algunas cuestiones sobre el delito de alzamiento de bienes por deudas tributarias», en Aa.Vv., *La aplicación de los tributos en la nueva Ley General Tributaria* (La Ley 1914/2003). Xlix Semana de Estudios de Derecho Financiero. Madrid, Ministerio de Economía y Hacienda-Instituto de Estudios Fiscales, 730, 2001.

Blázquez, A., «Deudas autoliquidadas y no ingresadas en el delito de alzamiento de bienes», en *Revista Contabilidad y Tributación*, 264, 2005, pp. 129 y ss.

Brage, S. B., *Los delitos de alteración de precios*. Granada, Comares, 2001, pp. 64, 342 y ss., 398, 418, 429 y 430.

Bustos, M., «Los delitos de bancarrota: una modalidad de insolvencia punible», en *Revista Aranzadi de Derecho y Proceso Penal*, 50. Parte Análisis doctrinal, 2018.

Faraldo, P., «Artículo 262», en *Comentarios al Código Penal*, Gómez, M. (Dir.) Valladolid, Lex Nova, 2011, pp. 1011-1013.

Llarena Conde, P., «Delito de alteración de precios en concursos y subastas públicas», en *Compendio de la parte especial del derecho penal,* Navarra, Aranzadi, 2016.

Miguel, S., «Aspectos problemáticos del delito de alzamiento de bienes en fraude de la Hacienda pública», en *Impuestos: Revista de doctrina, legislación y jurisprudencia*, año 29, 2, 2013, pp. 13-34.

Urbano, E., «El daño moral en los delitos económicos», en *Revista Aranzadi Doctrinal*, 4, 2019.

GALLEGO, J. I., «Comentario a los artículos 234 a 262 del CP», en *La Ley*, 574, 1995.

GARCÍA VALDÉS, C., *Derecho penal práctico. Parte especial*. Centro de Estudios Madrid, Ramón Areces, 1999.

GARCÍA VALDÉS, C., **MESTRE, E.** y **FIGUEROA, M. C.**, *Apuntes de Derecho penal (Parte especial)*. Cersa. Alcalá de Henares, Universidad de Alcalá, 2010.

HEREDIA, A. L. y **CAMARENA, G. W.**, «Insolvencias punibles. Estudios sobre el tratamiento del alzamiento de bienes en el Derecho Penal español», en *Estudios de política criminal y Derecho Penal, actuales tendencias. Tomo II*. GASPAR, A. y MARTÍNEZ HUAMÁN, R. E. (dirs.). Lima, Ed. Gaceta Jurídica, 2015.

MAGRO, V., «La responsabilidad civil en el delito de alzamiento de bienes», en *La Ley* 4577, 2005.

MARTÍNEZ-BUJÁN, C., *Derecho Penal Económico y de la Empresa. Parte Especial*. 4.ª Ed. Valencia, Tirant lo Blanch, 2013.

MESTRE, E., «Delitos contra el patrimonio y contra el orden socioeconómico», en *Delitos: la parte especial del Derecho penal*. LAMARCA, C. (coord.). Madrid, Dykinson, 2017.

MUÑOZ CONDE, F. J., *Derecho penal Parte General*. Valencia, Tirant lo Blanch, 2019.

QUINTERO, G., «Las agravaciones de la pena del alzamiento de bienes en caso de deudas o acreedores de derecho público o de cualificaciones de la estafa (art. 257)», en *La Reforma Penal de 2010: Análisis y Comentarios*, QUINTERO, G. (dir.) Madrid, Aranzadi, 2010.

QUINTERO, G., «Artículo 262», en *Comentarios al Código penal español, Tomo II*. QUINTERO, G. (dir.). Cizur Menor: Thomson Reuters – Aranzadi, 2016, p. 183.

REAL ACADEMIA ESPAÑOLA. *Diccionario de la lengua española*. Fecha de consulta: 8 de agosto de 2019. Disponible en: https://dle.rae.es

SERRANO GÓMEZ, A., **SERRANO MAÍLLO, A.**, **SERRANO TÁRRAGA, M.ª D.** y **VÁZQUEZ GONZÁLEZ, C.**, *Curso de Derecho Penal. Parte especial*. Madrid, Dykinson, 2017.

SOUTO, E. M., «La tutela penal del derecho de crédito tras la reforma operada por la Ley Orgánica 1/2015, de 30 de marzo: los «nuevos» delitos de frustración de la ejecución y de insolvencia punible», en *Revista Aranzadi de Derecho y Proceso Penal*, 38. Parte Análisis Doctrinal, 2015.

VÁZQUEZ IRUZUBIETA, C., *Código penal comentado*. Barcelona, Atelier, 2015.

Jurisprudencia

- Sentencia del Tribunal Supremo Sala 2.ª n.º 867/2013, de 28 de noviembre de 2013.
- Sentencia del Tribunal Supremo Sala 2.ª n.º 331/2014, de 15 de abril de 2014.
- Sentencia del Tribunal Supremo Sala 2.ª n.º 855/2016, de 11 de noviembre de 2016.
- Sentencia del Tribunal Supremo Sala 2.ª n.º 562/2017, de 13 de julio de 2017.
- Sentencia del Tribunal Supremo Sala 2.ª n.º 821/2017, de 13 de diciembre de 2017.
- Sentencia del Tribunal Supremo Sala 2.ª n.º 841/2017, de 21 de diciembre de 2017.
- Sentencia del Tribunal Supremo Sala 2.ª n.º 194/2018, de 24 de abril de 2018.

Para saber más...

Insolvencias punibles

GÓMEZ, J. (2016). Las insolvencias punibles en el Código Penal. *Revista de Derecho Concursal y Paraconcursal*, 26, 1-19.

Es de interés el presente artículo para que podáis apreciar los diferentes tipos de insolvencias punibles contrastadas a través de la doctrina de diferentes autores especialistas en la materia.

Rumasa, 20 años después

RTVE. (2003). *Rumasa, 20 años después*. [Archivo de vídeo]. Disponible en https://bit.ly/3npRVqU

Es muy recomendable visionar el presente reportaje de *Informe Semanal* en el que veréis la historia resumida de lo que un día fue el mayor imperio empresarial de España.

Test

Alzamiento de bienes

1. **¿Qué pena establece el Código Penal para quien se alce con sus bienes en perjuicio de sus acreedores?**
   a) Prisión de seis meses a un año
   b) Prisión de uno a cuatro años y multa de doce a veinticuatro meses
   c) Prisión de tres a cinco años
   d) Multa de seis a doce meses

2. **¿Cuál de las siguientes acciones constituye un alzamiento de bienes?**
   a) No declarar ingresos a la Hacienda Pública
   b) No pagar una multa de tráfico
   c) Realizar actos de disposición patrimonial que impidan o dificulten la ejecución judicial
   d) No pagar la cuota de la comunidad de propietarios

3. **¿Qué bien jurídico protege el delito de alzamiento de bienes?**
   a) La libertad individual
   b) El derecho de crédito del acreedor
   c) El orden público
   d) La salud pública

4. **¿Qué elemento subjetivo debe concurrir para que se configure el delito de alzamiento de bienes?**
   a) Negligencia
   b) Dolo eventual
   c) Culpa
   d) Dolo

5. **¿Cuándo se consuma el delito de alzamiento de bienes?**
   a) Al contraer la deuda
   b) Cuando hay insolvencia total o parcial
   c) Al momento de recibir una denuncia
   d) Cuando se inicia un procedimiento de ejecución

6. **¿Es posible la tentativa en el delito de alzamiento de bienes?**
   a) No, ya que requiere un perjuicio materializado
   b) Sí, ya que se trata de un delito de mera actividad
   c) Solamente si hay un daño a la propiedad pública
   d) No, porque es un delito imprudente

7. ¿Qué circunstancia puede modificar la responsabilidad criminal en el delito de alzamiento de bienes?

a) Estado de necesidad

b) Legítima defensa

c) Ejercicio regular de un derecho

d) Consentimiento del ofendido

8. ¿Con qué delito puede existir un concurso real en el alzamiento de bienes?

a) Homicidio

b) Robo

c) Estafa

d) Desobediencia a la autoridad

9. ¿Puede ser perseguido el delito de alzamiento de bienes si se inicia un procedimiento concursal después de su comisión?

a) No, el procedimiento concursal lo impide

b) Sí, el delito es perseguible en cualquier caso

c) Solo si el procedimiento concursal falla

d) Únicamente si la deuda es con la Administración

10. ¿Qué se agrava en alzamiento de bienes cuando la deuda u obligación que se trata de eludir es de derecho público y el acreedor una persona jurídico-pública?

a) La multa se reduce a seis meses

b) La pena de prisión disminuye a seis meses a un año

c) La pena se impone en su mitad superior

d) La pena de prisión es de uno a seis años y multa de doce a veinticuatro meses

Solucionario:

1. **b) Prisión de uno a cuatro años y multa de doce a veinticuatro meses**

2. **c) Realizar actos de disposición patrimonial que impidan o dificulten la ejecución judicial**

3. **b) El derecho de crédito del acreedor**

4. **d) Dolo**

5. **b) Cuando hay insolvencia total o parcial**

6. **b) Sí, ya que se trata de un delito de mera actividad**

7. **a) Estado de necesidad**

8. c) Estafa

9. b) Sí, el delito es perseguible en cualquier caso

10. d) Prisión de uno a cuatro años y multa de doce a veinticuatro meses

Insolvencias punibles

1. **¿Qué se entiende por insolvencia punible en el Derecho Penal español?**
   a) La situacion económica de no poder afrontar las deudas.
   b) Incumplimiento deliberado de los pagos de un préstamo.
   c) La situación de no poder temporalmente pagar las deudas debido a una crisis económica.
   d) Ocultar o disipar bienes con la intención de eludir el pago a los acreedores.

2. **¿En cuál de los siguientes artículos del Código Penal español se regulan las insolvencias punibles?**
   a) Artículos 250-251
   b) Artículos 257-258
   c) Artículo 259
   d) Artículos 260-261

3. **¿Qué tipo de conducta NO sería considerada como insolvencia punible?**
   a) Ocultar activos durante un proceso concursal.
   b) La insolvencia sobrevenida por causas no imputables al deudor.
   c) Simular créditos ficticios.
   d) Vender bienes por debajo de su valor de mercado para evitar el embargo.

4. **¿Cuáles de estos elementos son necesarios para apreciar la existencia de una insolvencia punible?**
   a) Dolo o fraude y perjuicio a acreedores.
   b) Negligencia y perjuicio a acreedores.
   c) Dolo y enriquecimiento propio.
   d) Insolvencia sobrevenida y ánimo de lucro.

5. **¿Cómo se clasifica la insolvencia punible?**
   a) Como un delito contra el patrimonio.
   b) Como un delito contra la orden socioeconómica.
   c) Como un delito contra la Administración de Justicia.
   d) Como un delito contra la salud pública.

6. ¿Qué circunstancia puede agravar la pena en casos de insolvencia punible?

a) Que el valor de los bienes disipados sea especialmente alto.

b) La reiteración en la conducta insoluta.

c) Que existan numerosos acreedores afectados.

d) Todas las anteriores.

7. ¿Qué se requiere para que la simple insolvencia se convierta en punible?

a) Intervención judicial declarando la insolvencia.

b) La existencia de un procedimiento concursal.

c) Acción u omisión dolosa que provoque o agrave la situación de insolvencia.

d) Que el deudor haya estado en situación de insolvencia previamente durante un determinado tiempo.

8. La responsabilidad penal por insolvencia:

a) Se extingue si el deudor satisface la totalidad de las deudas antes de que se dicte sentencia.

b) Puede conllevar penas de prisión.

c) Solo conlleva responsabilidad civil.

d) Es exclusiva de las personas jurídicas.

9. ¿Qué significa que una insolvencia sea calificada como «fortuita»?

a) Que se produjo sin la intención del deudor y sin que pudiera preverse o evitarse.

b) Que fue provocada intencionadamente por el deudor.

c) Que el deudor se beneficia directamente de la insolvencia.

d) Que afecta exclusivamente a créditos de derecho público.

10. ¿Puede ser punible la insolvencia de una persona jurídica?

a) No, solo las personas físicas pueden cometer delitos de insolvencia.

b) Sí, pero sólo en el caso de que se pueda identificar una persona física responsable directo.

c) Sí, y pueden ser sujetos del delito tanto la persona jurídica como sus administradores o representantes.

d) No, las personas jurídicas no tienen responsabilidad penal en el ordenamiento jurídico español.

Solucionario

1. **d) Ocultar o disipar bienes con la intención de eludir el pago a los acreedores.**

2. **b) Artículos 257-258**

3. **b) La insolvencia sobrevenida por causas no imputables al deudor.**

4. **a) Dolo o fraude y perjuicio a acreedores.**
5. **b) Como un delito contra el orden socioeconómico.**
6. **d) Todas las anteriores.**
7. **c) Acción u omisión dolosa que provoque o agrave la situación de insolvencia.**
8. **b) Puede conllevar penas de prisión.**
9. **a) Que se produjo sin la intención del deudor y sin que pudiera preverse o evitarse.**
10. **c) Sí, y pueden ser sujetos del delito tanto la persona jurídica como sus administradores o representantes.**

TEMA 12.

DELITOS DE CORRUPCIÓN EN LOS NEGOCIOS

12.1. Introducción y objetivos

En este tema se analiza la figura básica de corrupción en los negocios, cuyo tipo básico se encuentra en los apartados 1 y 2 del art. 286 bis, el tipo atenuado en el apartado 3 del mismo precepto, y los tipos agravados en el art. 286 quáter. También examinaremos el artículo 286 ter relativo a la Administración pública.

Objetivos

- Analizar los elementos del delito de corrupción en los negocios.
- Distinguir las modalidades de corrupción activa y de corrupción pasiva.
- Analizar los tipos de corrupción deportiva., corrupción en las actividades económicas internacionales y corrupción en las actividades económicas internacionales con los delitos contra la Administración pública.
- Examinar los tipos agravados.

12.2. El tipo básico del delito de corrupción en los negocios

El delito de corrupción en los negocios en Ecuador

Para saber más:
https://cutt.ly/6QPU2FD

La reforma penal de 2010 introdujo un nuevo delito, relativo a la corrupción en el deporte, aprovechando la creación en el Código Penal de la nueva figura delictiva relativa a la corrupción entre particulares (en la reforma del 2015 ha pasado a denominarse «corrupción en los negocios»). (RODRÍGUEZ MORÓN en QUINTERO, 2016, p. 912.

Artículo 286 bis CP

«1. El directivo, administrador, empleado o colaborador de una empresa mercantil o de una sociedad que, por sí o por persona interpuesta, reciba, solicite o acepte un beneficio o ventaja no justificados de cualquier naturaleza, u ofrecimiento o promesa de obtenerlo, para sí o para un tercero, como contraprestación para favorecer indebidamente a otro en la adquisición o venta de mercancías, o en la contratación de servicios o en las relaciones comerciales, será castigado con la pena de prisión de seis meses a cuatro años, inhabilitación especial para el ejercicio de industria o comercio por tiempo de uno a seis años y multa del tanto al triplo del valor del beneficio o ventaja.

2. Con las mismas penas será castigado quien, por sí o por persona interpuesta, prometa, ofrezca o conceda a directivos, administradores, empleados o colaboradores de una empresa mercantil o de una sociedad, un beneficio o ventaja no justificados, de cualquier naturaleza, para ellos o para terceros, como contraprestación para que le favorezca indebidamente a él o a un tercero frente a otros en la adquisición o venta de mercancías, contratación de servicios o en las relaciones comerciales.

3. Los jueces y tribunales, en atención a la cuantía del beneficio o al valor de la ventaja, y a la trascendencia de las funciones del culpable, podrán imponer la pena inferior en grado y reducir la de multa a su prudente arbitrio.

4. Lo dispuesto en este artículo será aplicable, en sus respectivos casos, a los directivos, administradores, empleados o colaboradores de una entidad deportiva, cualquiera que sea la forma jurídica de ésta, así como a los deportistas, árbitros o jueces, respecto de aquellas conductas que tengan por finalidad predeterminar o alterar de manera deliberada y fraudulenta el resultado de una prueba, encuentro o competición deportiva de especial relevancia económica o deportiva.

A estos efectos, se considerará competición deportiva de especial relevancia económica, aquélla en la que la mayor parte de los participantes en la misma perciban cualquier tipo de retribución, compensación o ingreso económico por su participación en la actividad; y competición deportiva de especial relevancia deportiva, la que sea calificada en el calendario deportivo anual aprobado por la federación deportiva correspondiente como competición oficial de la máxima categoría de la modalidad, especialidad, o disciplina de que se trate.

5. A los efectos de este artículo resulta aplicable lo dispuesto en el artículo 297 (...)».

➔ **Bien jurídico protegido**: el bien jurídico que aquí se pretende proteger, coherentemente con la ubicación del precepto en un capítulo dedicado a los delitos contra el mercado y los consumidores, es el mantenimiento de una competencia leal en el mercado. Lo que se pretende es que las relaciones entre competidores en el mercado se desarrollen de forma correcta, eliminando tratos de favor injustificados para determinados competidores.

➔ **Acción típica**: la esencia de la conducta delictiva del art. 286 bis del Código Penal se halla en el ofrecimiento, la entrega, la solicitud o la aceptación de ventajas injustificadas en el marco de las relaciones entre entidades de naturaleza privada que operan en el mercado, con el fin de favorecer indebidamente a un sujeto en el ámbito de la adquisición o venta de mercancías, en la contratación de servicios o en las relaciones comerciales. Se pretende atajar la práctica en la que una entidad privada ofrece o entrega una comisión a cambio de asegurarse un trato preferente en la adquisición de bienes o servicios, de modo que la entidad receptora de tal comisión favorece indebidamente a este sujeto (RODRÍGUEZ y MORÓN en QUINTERO, 2016, pp. 407 y ss.).

Estamos ante una figura delictiva que supone una relación bilateral, tipificándose tanto la corrupción pasiva —en el apartado 1 del art. 286—, como la activa —en el apartado 2—.

La corrupción pasiva consiste en las conductas de recibir, solicitar o aceptar un beneficio o ventaja no justificados; la corrupción activa implica prometer, ofrecer o conceder tal beneficio o ventaja (MARTÍNEZ-BUJÁN, 2015, pp. 384 y ss.).

➔ **Elemento subjetivo**: se trata de un delito doloso, en tanto que se exigen los elementos cognitivo y volitivo.

> «El tipo penal en cuestión, exige cuando menos un dolo eventual, y además otros dos elementos subjetivos adicionales a aquél: que el sujeto realice el comportamiento con el fin de que las autoridades o funcionarios públicos extranjeros o de organizaciones internacionales actúen o se abstengan de actuar en relación con el ejercicio de las funciones públicas; para conseguir o conservar un contrato u otro beneficio irregular en la realización de actividades económicas internacionales. En definitiva, sólo son reconducibles al precepto que nos ocupa, los supuestos en los que el corruptor pretende que el funcionario público extranjero o agente: realice en el ejercicio de su cargo i) una acción u omisión constitutivos de delito en la legislación del país del funcionario público extranjero; ii) un acto injusto no delictivo, conforme a la legislación del agente público extranjero. O se abstenga de ejecutar un acto que debería practicar en el ejercicio de su cargo. La sólo es típica cuando se lleva a cabo en el marco de transacciones económicas internacionales, esto es, en aquellas en las que se encuentran involucrados más de un Estado. Existe esta intencionalidad, evidentemente, cuando una empresa española hace un pago a un funcionario de un país extranjero para obtener o conservar un contrato en dicho país. Elementos todos ellos que, como es de ver en el relato de hechos probados concurren en el caso de autos. Siendo así que en la actualidad dicha conducta se regula en los artículos 286 bis y siguientes en sede «de los delitos de corrupción en los negocios», recogiendo el artículo 286 ter Código Penal, en las actividades económicas internacionales». (SAN 3/2017, Sección 1.ª de la Sala de lo Penal, de 23 de febrero).

➔ **Sujeto activo**: en cuanto a la figura de corrupción activa, se configura como un delito común. No se exige en este caso ninguna condición para ser sujeto activo del delito. No obstante, dado el específico ámbito donde se lleva a cabo este comportamiento delictivo, lo cierto es que tanto corruptor como corrompido forman parte de empresas mercantiles o sociedades.

Cabe destacar que se mantiene la mención de los «colaboradores», denominación que se ha considerado genérica e imprecisa pero que, según ha puesto de manifiesto la doctrina, permitiría abarcar a personas que, sin ser propiamente empleadas de la entidad, tienen con ella una relación de prestación de servicios, sin necesidad de que sea habitual. (SANTANA, 2015, p. 1003).

En el ámbito del Derecho mercantil existe el concepto consolidado de «colaboradores del empresario», que son personas que participan en el desarrollo de la actividad empresarial y que tienen un poder específico de representación del empresario, pudiendo distinguirse entre colaboradores dependientes, que están vinculados al empresario por una relación de subordinación; e independientes, que tienen autonomía de gestión y se sitúan al margen de la empresa (SÁNCHEZ CALERO Y SÁNCHEZ-CALERO GUILARTE, 2015, pp. 151 y ss.).

Por otra parte, las empresas han de operar en el sector privado y no prestar servicios públicos, pues si son empresas públicas o empresas privadas que presten servicios públicos habrá que acudir al delito de cohecho (Suárez-Mira, 2020, p. 444).

➔ **Sujeto pasivo**: comenzando por la figura de corrupción pasiva, en su círculo de sujetos activos se integran «el directivo, administrador, empleado o colaborador de una empresa mercantil o de una sociedad».

➔ **Consumación del delito**: el delito se consuma con la ejecución de cualquiera de las acciones previstas en el tipo penal. No es necesaria para la consumación ni la entrega ni la recepción efectiva del beneficio o ventaja, ni tampoco lograr de forma efectiva la relación comercial pretendida con tal beneficio.

➔ **Grado de ejecución**: el delito se consuma con la ejecución de cualquiera de las acciones previstas en el tipo penal. No es necesaria para la consumación ni la entrega ni la recepción efectiva del beneficio o ventaja, ni tampoco lograr de forma efectiva la relación comercial pretendida con tal beneficio.

➔ **Penalidad**: prisión de seis meses a cuatro años, inhabilitación especial para el ejercicio de industria o comercio por tiempo de uno a seis años y multa del tanto al triplo del valor del beneficio o ventaja.

Con las mismas penas será castigado quien, por sí o por persona interpuesta, prometa, ofrezca o conceda a directivos, administradores, empleados o colaboradores de una empresa mercantil o de una sociedad, un beneficio o ventaja no justificados, de cualquier naturaleza, para ellos o para terceros, como contraprestación para que le favorezca indebidamente a él o a un tercero frente a otros en la adquisición o venta de mercancías, contratación de servicios o en las relaciones comerciales.

Los jueces y tribunales, en atención a la cuantía del beneficio o al valor de la ventaja, y a la trascendencia de las funciones del culpable, podrán imponer la pena inferior en grado y reducir la de multa a su prudente arbitrio.

Los tipos agravados del delito de corrupción en los negocios

¿Qué sucede en Perú con el delito de corrupción en los negocios?

Para saber más:
https://bit.ly/3z0J0y5

En este artículo encontramos los tipos agravados, que resultaron reformados en relación al art. 286 bis en la Ley Orgánica 1/2019, de 20 de febrero, parte final de este texto.

Artículo 286 quáter CP.

«Si los hechos a que se refieren los artículos de esta Sección resultaran de especial gravedad, se impondrá la pena en su mitad superior, pudiéndose llegar hasta la superior en grado.

Los hechos se considerarán, en todo caso, de especial gravedad cuando:
a) el beneficio o ventaja tenga un valor especialmente elevado,
b) la acción del autor no sea meramente ocasional,
c) se trate de hechos cometidos en el seno de una organización o grupo criminal, o
d) el objeto del negocio versara sobre bienes o servicios humanitarios o cualesquiera otros de primera necesidad.
En el caso del apartado 4 del artículo 286 bis, los hechos se considerarán también de especial gravedad cuando:
a) tengan como finalidad influir en el desarrollo de juegos de azar o apuestas; o.
b) sean cometidos en una competición deportiva oficial de ámbito estatal calificada como profesional o en una competición deportiva internacional».

Estamos ante un tipo agravado centrado en la especial gravedad de los hechos delictivos. La sanción prevista es la pena del tipo básico en su mitad superior y, facultativamente, se podría aplicar la pena superior en grado. La «especial gravedad» constituye una cláusula que no resulta desconocida en el articulado del Código Penal, y que ciertamente se caracteriza por su carácter valorativo, de modo que los tribunales habrán de calibrar en cada caso si el hecho delictivo resulta especialmente grave (Puente, 2015b, pp. 929 y ss.).

El tipo privilegiado: art. 286 bis apartado 3

«3. Los jueces y tribunales, en atención a la cuantía del beneficio o al valor de la ventaja, y a la trascendencia de las funciones del culpable, podrán imponer la pena inferior en grado y reducir la de multa a su prudente arbitrio».

El apartado 3 del art. 286 CP contiene un tipo atenuado en relación con las figuras básicas de corrupción en los negocios de los apartados 1 y 2 del mismo precepto. Según este apartado 3, la atenuación de pena será decidida por los tribunales en atención a la cuantía del beneficio o al valor de la ventaja y a la trascendencia de las funciones del culpable. Obviamente este tipo atenuado es de apreciación totalmente valorativa y ha sido criticado por la inadecuación de los criterios en los que se fundamenta (Andrés en VVAA, 2013, p. 355; Bolea Bardon, 2013, p. 26) y por el riesgo de que se convierta en figura de aplicación preferente frente al tipo básico (Queralt Jiménez, 2013, p. 809).

El valor del beneficio o ventaja han de ser adecuados para doblegar la voluntad del sujeto destinatario y, por lo tanto, estará en función de las características de su receptor, pero no incide directamente en la competencia leal en el mercado.

En relación con el segundo criterio, la trascendencia de las **funciones del culpable**, se trata de un criterio excesivamente vago, difícil de concretar y que tampoco guarda estrecha relación con la lealtad de la competencia (Rodríguez y Morón en Quintero Olivares, 2016, pp. 412). Únicamente cabría interpretar aquí que, al efectuarse una enumeración de distintos sujetos activos en el ámbito de la corrupción pasiva, no serían igual de trascendentes las funciones encomendadas a un directivo que las propias de un empleado de la entidad (Santana, 2015, p. 1006).

Si la apreciación de las circunstancias de atenuación ya presenta un carácter valorativo, lo mismo va a ocurrir con la pena aplicable. El Código

Penal establece que, de verificarse estas circunstancias, se podrá imponer la pena inferior en grado y reducir la pena de multa al prudente arbitrio del juez o tribunal.

En cuanto a la concreta pena atenuada, se impondrán las penas de prisión e inhabilitación especial inferiores en grado a las previstas en la figura básica. En relación con la pena de multa proporcional, el juez o tribunal podrá reducirla «a su prudente arbitrio». Esto último significa que existe discrecionalidad para que se determine en sede judicial la cuantía exacta de la multa.

El delito de corrupción en los negocios en Colombia

Para saber más:
https://cutt.ly/gQPOewK

12.3. El tipo básico del delito de corrupción deportiva

La práctica del deporte desde antaño ha sido asociada a un estilo de vida sano y al tiempo de ocio utilizado de forma saludable. Ahora bien, con la extensión de la práctica deportiva a gran parte de la sociedad española, en las últimas décadas, y principalmente con la práctica masiva del fútbol desde edades muy tempranas, la profesionalización ha llegado de forma acelerada, y con ello han surgido también una serie de conductas irregulares derivadas de intereses económicos. Cuando el deporte amateur ha ido perdiendo terreno en favor de los deportes profesionales como el fútbol, el baloncesto, el tenis, el ciclismo, etc., el ánimo de lucro se ha convertido en algo muy normal incluso entre los menores, que fichan por clubes deportivos que manejan ingentes cantidades de dinero.

Rememorando la historia deportiva de España de forma breve y en aras de contextualizar, podemos decir que no habíamos sido una potencia mundial en el mundo del deporte, si bien hubo deportistas que destacaron a base de enormes sacrificios y sin apenas apoyo de las administraciones ni de patrocinadores. Ejemplo de estos deportistas son: Joaquín Blume, Ángel Nieto, Federico Martín Bahamontes, Manolo Santana, Manuel Orantes y Santiago Esteva, Paquito Fernández Ochoa, entre otros.

España en la década de los 80 desde el punto de vista deportivo contemplábamos a la NBA como un «sueño» inalcanzable al que por aquel entonces solo el ya fallecido jugador del Real Madrid Fernando Martín, consiguió llegar dejando de ganar varios millones de pesetas para poder estar entre los más grandes, concretamente en el Portland Trail Blazers.

En 1982 se organizó el Mundial de fútbol en nuestro país, pero ello no fue más que una ilusión, con muchos estadios remodelados, eso sí, pero la selección española no pasó de la segunda fase, quedando el número doce de 24 selecciones, un fracaso deportivo estrepitoso. Dos años más tarde, «La

Roja», en aquel entonces más conocida como «la Furia española», consiguió el meritorio subcampeonato de Europa de fútbol ante Francia, la anfitriona, y algo empezaba a cambiar en positivo.

Podemos decir que nuestro país vive una eclosión del deporte cuando se conoce que Barcelona será la organizadora de los juegos olímpicos y se invierten importantes cantidades de dinero público para preparar a deportistas de élite a través del llamado Plan ADO de ayudas al deporte olímpico. En los juegos olímpicos de Barcelona de 1992, España consiguió la sexta posición en el medallero con un total de 22 medallas, de las cuales 13 fueron de oro, algo que jamás se ha vuelto a repetir.

En 2008, la selección española de fútbol, entrenada por Luis Aragonés «El sabio de Hortaleza» ganó la Eurocopa y nuestro país estaba ya en el preludio de unos años venideros repletos de triunfos.

En el año 2010 España se encumbra en el mundo del deporte codeándose con los mejores, pues se consigue el primer puesto en el Mundial de Fútbol de Sudáfrica, el tenista Rafael Nadal ganaba tres de los cuatro *Grand Slam* del año: Roland Garros, Wimbledon y el US Open, Pau Gasol triunfaba en la NBA ganando su segunda liga con los Ángeles Lakers, en motociclismo Marc Márquez, Toni Elías y Jorge Lorenzo conseguían llegar a ser campeones del Mundo. Pero, además, Alberto Contador ganaba su tercer Tour de Francia en ciclismo, y Fernando Alonso terminaba segundo en el mundial de pilotos de Fórmula 1, una disciplina en la que jamás España había tenido presencia destacada. No podemos olvidar a quien se considera uno de los mejores golfistas de todos los tiempos, Severiano Ballesteros, y la entrada en la NBA de Marc Gasol y Ricky Rubio entre otros que vinieron años más tarde, así como los triunfos épicos de Mireia Belmonte.

España hoy día ya es una potencia mundial en el mundo del deporte, sin complejos, y respetada. *Vid.* (ABADÍAS SELMA, 2020, pp. 300-301).

Nuestra norma fundamental y fundamentadora del Ordenamiento jurídico español, la Constitución española de 1978, en su artículo 43.3 preceptúa que: «Los poderes públicos fomentarán la educación sanitaria, la educación física y el deporte. Asimismo, facilitarán la adecuada utilización del ocio». Por otra parte, entre las competencias que podrán asumir las comunidades autónomas que se recogen en el art. 148 CE se encuentra: «(...) 19.ª Promoción del deporte y de la adecuada utilización del ocio». En cuanto al ámbito estatal, debemos aludir a la Ley 10/1990, de 15 de octubre, del Deporte, norma de carácter administrativo en la que se regulan distintos aspectos de las competiciones deportivas, de las federaciones y órganos de supervisión y control e, inclusive, de las distintas sanciones que se pueden imponer.

La Ley del Deporte dispone en el artículo 76.1 c) que califica como infracción muy grave, las actuaciones dirigidas a predeterminar, mediante precio, intimidación o simples acuerdos, el resultado de una prueba o competición. Por otra parte, el artículo 76.4 b) define como infracción grave los actos notorios y públicos que atenten a la dignidad y decoro deportivos.

El catálogo de sanciones está preceptuado en el artículo 79, que dispone sanciones proporcionadas y disuasorias, que pueden llegar a suponer la anulación de los resultados alcanzados fraudulentamente, la pérdida de la categoría y el apartamiento temporal y también definitivo de la competición deportiva de quienes han manipulado la competición. Podemos ver así que esta ley de carácter administrativo contiene disposiciones que tienen un carácter fuertemente disuasorio para castigar conductas graves sin tener que acudir al Derecho penal, que solo ha de actuar como ultima ratio, y así lo indica (Seligrat, 2018).

Como bien indica (De Urbano Castrillo, 2009), es de resaltar que la iniciativa para que se incorporase a la legislación penal la corrupción deportiva se atribuye *prima facie* a dos colectivos con contraposición de intereses, como son la Liga de Fútbol Profesional (LFP) y la Asociación de Futbolistas Profesionales (AFP), que consiguió convencer de alguna forma al Consejo Superior de Deportes (CSD), y este al legislador.

En cuanto a normativa europea se refiere, hay que citar el Convenio del Consejo de Europa sobre la manipulación de las competiciones deportivas realizado en Magglingen-Macolin (Suiza) en fecha 18 de septiembre de 2014, que recoge en su preámbulo que la corrupción en este ámbito es como una «amenaza global a la integridad del deporte», y concreta la preocupación existente por la incidencia de la delincuencia organizada en este sector, así como por su carácter transnacional. Se reconoce aquí un traspaso de lo individual a lo colectivo. Los principales objetivos del Convenio son prevenir, detectar y sancionar la manipulación nacional o transnacional de las competiciones deportivas nacionales y transnacionales, y asimismo, promover la cooperación nacional e internacional contra la manipulación de competiciones deportivas entre las autoridades públicas competentes, así como con las organizaciones y actores que participen en las competiciones y en el ámbito de las apuestas deportivas.

También en la esfera de la legislación europea hay que destacar la Decisión Marco 2003/568/JAI, del Consejo, de 22 de julio de 2003, que hace referencia a la lucha contra la corrupción en el sector privado, si bien en tal instrumento no se menciona de modo directo el mundo del deporte. Sin embargo, se alude a la necesidad de reprimir la corrupción, ya que se califica en su Considerando 9 como: «una amenaza para el Estado de Derecho, al tiempo que distorsiona la competencia respecto de la adquisición de bienes o servicios comerciales e impide un desarrollo económico sólido».

El apartado 4 del art. 286 bis CP contempla una modalidad de corrupción que se desarrolla en relación con unas entidades privadas específicas: las entidades deportivas.

En este sentido, el art. 286 bis 4 CP preceptúa:

> «4. Lo dispuesto en este artículo será aplicable, en sus respectivos casos, a los directivos, administradores, empleados o colaboradores de una entidad deportiva, cualquiera que sea la forma jurídica de ésta, así como a los deportistas, árbitros o jueces, respecto de aquellas conductas que tengan por finalidad predeterminar o alterar de manera deliberada y fraudulenta el resultado de una prueba, encuentro o competición deportiva de especial relevancia económica o deportiva.

A estos efectos, se considerará competición deportiva de especial relevancia económica, aquélla en la que la mayor parte de los participantes en la misma perciban cualquier tipo de retribución, compensación o ingreso económico por su participación en la actividad; y competición deportiva de especial relevancia deportiva, la que sea calificada en el calendario deportivo anual aprobado por la federación deportiva correspondiente como competición oficial de la máxima categoría de la modalidad, especialidad, o disciplina de que se trate».

Una competición será de especial relevancia deportiva cuando aparezca calificada como competición oficial de la máxima categoría dentro del calendario deportivo anual aprobado por la federación deportiva correspondiente. Para aclarar los conceptos aquí empleados es útil acudir a la Ley del Deporte (Ley 10/1990, 15-10), que clasifica las competiciones deportivas, según su naturaleza, en oficiales o no oficiales, y de carácter profesional o no profesional.

El art. 46 de esta ley establece que son competiciones oficiales de ámbito estatal aquellas que así se califiquen por la correspondiente federación deportiva española, salvo las de carácter profesional, cuya calificación corresponderá al Consejo Superior de Deportes. Los criterios para la calificación de las competiciones oficiales de ámbito estatal pueden establecerse en la normativa de desarrollo de la Ley del Deporte y, también, en los Estatutos federativos correspondientes.

➔ **Bien jurídico protegido**: es el correcto desarrollo de la libre competición deportiva, con base en los principios de integridad y transparencia (MORALES, 2016, p. 414).

Si entendemos el deporte como una actividad fundamentalmente de carácter educativo que beneficia a la sociedad en general, podemos defender que aquí se estaría salvaguardando algo tan importante como unos valores éticos que han de primar en un juego limpio o *Fair play* que luego se trasladarán al comportamiento social en sus diferentes ámbitos. En este sentido (Valls Prieto 2009) señala que el deporte traspasa la esfera privada de los deportistas y adquiere una proyección pública, alcanzando tal magnitud que el deporte tiene un estatus especial en las sociedades de todo el mundo.

Va más lejos (CASTRO MORENO, 2019) cuando indica que no queda claro cuál es el bien jurídico que se pretende proteger con este tipo específico, si el espíritu deportivo, la limpieza en el deporte o los intereses económicos que rodean al mundo del deporte profesional, y además afirma que llevar la vulneración de este tipo de bienes jurídicos a la categoría de delito, y con penas de prisión, resultan del todo punto exorbitadas y fuera de lugar.

Por su parte, (GILI PASCUAL, 2012) muestra sus dudas acerca de si se consideran seriamente los principios que deben informar dicha clase de intervención penal.

En un polo totalmente opuesto se encuentra la postura de (BENÍTEZ ORTÚZAR, 2011), pues proponía de *lege ferenda* que se incluyera incluso en el CP un título sobre delitos relativos al deporte, que tuviese como bien jurídico integrador la «integridad deportiva» pues, según el autor, nuestro legislador tiene un panorama de clara diseminación jurídica que afecta a la coherencia.

La postura más común entre la doctrina es que el Código Penal no protege los valores que hemos comentado, y así, (CARUSO FONTÁN, 2009) indica que el deporte es una actividad privada donde no es posible hablar de un bien jurídico a proteger más allá del patrimonio, y que no existe ningún bien jurídico de lealtad deportiva que pueda merecer una protección penal.

Es por ello que la corrupción en los negocios protege el tráfico mercantil que se ha de producir conforme a la legalidad y preservando la igualdad de oportunidades. Que una competición deportiva de alto nivel se lleve a cabo de forma «limpia» y sin irregularidades, puede suponer de forma clara que toda una serie de negocios vinculados transcurran con total normalidad. Pensemos en todo el negocio de apuestas que existe en la actualidad, los millonarios contratos de publicidad, así como el negocio de las plataformas digitales. Estamos, pues, ante una serie de competiciones deportivas de alto nivel y de mucha relevancia económica que no pueden verse afectados por la corrupción, pues entendemos que ya aquí estamos ante un bien jurídico protegido supraindividual, como es el tráfico mercantil que afecta incluso al orden socioeconómico, y así (DE LA CUESTA ARZAMENDI y BLANCO CORDERO, 2002).

También González Uriel indica en esta línea y de forma muy clara que:

> «(...) la faceta socioeconómica del tipo se ve fortalecida con esta comprensión pero que, a su vez, no solo se centra en ella, sino que se pone en un primer plano la importancia de las competiciones deportivas en cuanto tales, en cuanto instrumentos de cohesión social, que deben adecuarse a unas normas, en las que es preciso cumplir unos deberes y que, en aquellos supuestos más graves, pueden dar lugar a una represión penal». (GONZÁLEZ URIEL, 2018, p. 16).

Vemos también muy completa la motivación sobre la idoneidad de la tutela penal de (FERRAJOLI 1995) basada en la teoría negativa del bien jurídico, que propone cuatro criterios pare delimitar el ámbito penal, a saber:

a) Las prohibiciones penales solo están justificadas cuando su finalidad es impedir ataques concretos a bienes fundamentales, individuales o sociales, de carácter meta jurídico.

b) El valor del bien penalmente protegido ha de ser mayor que el de los bienes que arrebata la pena.

c) La justificación de las prohibiciones penales en su idoneidad, esto es, en su funcionalidad preventiva.

d) El cuarto criterio es el de subsidiariedad, que prevé que la protección penal de bienes jurídicos solo está justificada cuando es subsidiaria de una política extra-penal de tutela de esos mismos bienes.

➔ **Acción típica**: realmente el apartado 4 del art. 286 bis CP no describe las conductas incriminadas, sino que se remite a los apartados anteriores del mismo precepto, que regulan las figuras genéricas de corrupción en los negocios.

En cuanto a la conducta punible se refiere, el legislador penal ha optado, como no podía ser de otra forma, por sancionar una serie de maniobras graves como son los sobornos que perpetran los miembros de las entidades deportivas y también los llevados a cabo por los propios deportistas, árbitros y jueces con una finalidad muy concreta, que es intentar predeterminar o alterar de forma fraudulenta un resultado de una competición, encuentro, etc., siempre que exista una relevancia económica y deportiva profesional.

En realidad, lo que se busca alterar es el resultado de una prueba, encuentro o competición deportiva de especial relevancia económica o deportiva. Tal finalidad puede consistir en lograr que la prueba o competición se pierda o se empate, lo importante es modificar el resultado lógico y natural de tal prueba o competición (Morales, 2016, p. 422).

No podemos soslayar que no todas las conductas que se pueden calificar como corrupción en el deporte tienen encaje en el artículo 286 bis. 4 del Código Penal. Es por ello que, hemos de realizar la distinción entre delitos de corrupción en la gestión de las entidades deportivas y corrupción en la competición. Esta última de las conductas es la que entendemos que tiene correcta ubicación en el artículo 286 bis. 4 del Código Penal.

Por otra parte, la corrupción en la gestión de entidades deportivas se refiere a acciones punibles perpetradas en el ámbito de la actividad económica de las sociedades deportivas, que se incardinarían en figuras delictivas como: estafa, tráfico de influencias, corrupción de funcionario extranjero, cohecho, blanqueo de capitales, delitos societarios o fraude fiscal, así (García-Herrera, 2016).

En la conducta delictiva tenemos que diferenciar dos acciones: por una parte, el de la persona que ofrece el beneficio al deportista para que altere el resultado, y por otra, el de la que participa en la actividad deportiva alterando con su actuación el resultado.

Cabrá distinguir la modalidad de corrupción pasiva, que consiste en las conductas de recibir, solicitar o aceptar un beneficio o ventaja no justificados, que serán llevadas a cabo por los deportistas, árbitros o jueces deportivos; y la corrupción activa, que implica prometer, ofrecer o conceder tal beneficio o ventaja, lo cual corresponderá a los directivos, administradores, empleados o colaboradores de una entidad deportiva (Martínez-Buján, 2015, p. 392). Estamos, por lo tanto, ante un esquema equivalente al del delito de cohecho.

La conducta tipificada de este delito está en relación a los dos primeros números del artículo 286 bis CP, presentando una vertiente objetiva, consistente en «recibir», «solicitar» o «aceptar» (artículo 286 bis 1 CP), beneficios o ventajas no justificados de cualquier naturaleza, para sí o para un tercero como contraprestación para favorecer indebidamente a otro, o en «prometer», «ofrecer» o «conceder» (artículo 286 bis 2 CP), beneficios o ventajas no justificados de cualquier naturaleza para ellos o para terceros, como contraprestación para obtener para sí o para terceros un favorecimiento indebido frente a otros.

Por su parte, (Muñoz Ruiz, 2010) aprecia que la descripción típica de la compraventa de partidos encaja en el concepto de corrupción, pero indica que no está tan claro que se trate de una corrupción de naturaleza delictiva, ni que la depuración de tales responsabilidades debiese ser depurada en un proceso penal.

Según (Castro Moreno, 2019), no puede aplicarse este tipo delictivo a los casos en los que se hacen regalos importantes en relación a la importancia de los sujetos intervinientes, del tipo: viajes, vehículos de alta gama, relojes, tarjetas de crédito, dietas de «lujo», etc. Sin embargo, pensamos que ello sí tendría una repercusión penal si se puede demostrar con carga probatoria.

Siguiendo a (ANARTE BORRALLO y ROMERO SÁNCHEZ 2012), quedan excluidas también las conductas cuya fuerza motivadora provenga de prestaciones irreales o imposibles y/o de estímulos negativos como puede ser el «chantaje», así como cuando la citada contraprestación quede por completo desconectada del corruptor por obedecer a factores externos, como los que operan en el delito de tráfico de influencias.

Quedan al margen del ámbito típico los conocidos y controvertidos supuestos de las primas a terceros para fomentar que una prueba o competición se ganen, ya que en este caso no se busca alterar de manera fraudulenta el resultado, sino que se incentiva la finalidad lógica del juego, que es vencer (MORALES, 2016, p. 422-423; SANTANA EN CORCOY y MIR, 2015, p. 1007).

➜ **Sujeto activo**: estamos ante un delito de carácter especial, pues los sujetos activos solamente podrán ser: directivos, administradores, empleados o colaboradores de una entidad deportiva, deportistas, árbitros o jueces. Vemos aquí que hay un amplio elenco de posibles sujetos activos. En este delito se incluyen como sujetos activos, por lo tanto, a los dirigentes de las entidades deportivas, que son los que en realidad suelen tener la suficiente esfera de poder para cometer este tipo de ilícitos.

Entre los sujetos a los que se refiere el artículo, entendemos que el término "colaboradores", es susceptible de interpretación y puede generar inseguridad jurídica, pues tampoco aparece en la Ley 10/1990, de 15 de octubre, del Deporte. Esta figura del colaborador, puede llegar a ser como una especie de "cajón de sastre" donde ubicar a ciertas personas que han participado en el delito de una forma u otra, con un cargo u otro, y que de esta forma, no escapan al rigor de la ley penal, como bien apunta (QUERALT JIMÉNEZ 2010).

Según (ROMERO SÁNCHEZ 2012), hay ambigüedad, cuando no opacidad en los términos empleados:

> «(...) el art. 286 bis 4. del Código penal constituye un paradigma de opacidad legislativa. En efecto, contiene términos ambiguos y conceptos vagos (administradores, colaboradores, deportistas, jueces), todos ellos, como hemos visto, de difícil determinación. Además —y esto es aún más grave— utiliza expresiones y giros equívocos —por ejemplo: «Lo dispuesto en este artículo será aplicable, en sus respectivos casos, (...)» —, que imponen arduos esfuerzos hermenéuticos para preservar su coherencia». (ROMERO SÁNCHEZ, 2012, p. 20).

En lo que se refiere a los deportistas, es preciso ceñirse a quienes son participantes de forma activa en competiciones oficiales. Aquí vemos que no se incluyen a los entrenadores y técnicos, aunque estos últimos tendrían encaje en el tipo penal en calidad de colaboradores o empleados, entendiendo siempre que sean necesarios para la comisión delictiva.

Estamos de acuerdo con (CASTRO MORENO, 2019) en que la omisión de la figura del administrador de facto, que goza de tradición en la legislación penal española, apareciendo en diversos delitos y normas como las contenidas en los delitos societarios o en el artículo 31 CP, es un error.

Lo relevante es que en la competición participen mayoritariamente deportistas a cambio de una contraprestación económica, ya sean profesionales o amateurs (PUENTE y GONZÁLEZ, 2015, pp. 933 y ss.).

Por «deportistas» debería entenderse aquellas personas que practican el deporte compitiendo (MORALES, 2016, p. 416). Para ello es preciso ser jugador federado. A partir de aquí se plantea la duda de si los técnicos y entrenadores del equipo pueden ser considerados deportistas. Parece que, atendiendo a su configuración y tareas, principalmente teniendo en cuenta la legislación deportiva, encajan más bien en la figura de «colaboradores» de una entidad deportiva (MARTÍNEZ-BUJÁN, 2015, p. 393; MORALES, 2016, p. 416).

La Decisión Marco 2003/568/JAI de la que trae causa la regulación del artículo 286 bis CP, cuando se refiere a la **responsabilidad de las personas jurídicas**, establece esta en función de los actos de sus representantes legales (artículo 5.1.a), y de las personas que toman las decisiones (artículo 5.1.b) o ejercen el control en el seno de la persona jurídica (artículo 5.1.c). Y es que el administrador de hecho, el que tiene en su esfera de actuación un poder de decisión importante que le permite realizar operaciones y negocios diversos, es insoslayable que no se tenga en cuenta en el articulado.

Por otra parte, vemos claramente que en el tipo aparecen las figuras del delito de corrupción en los negocios de: directivos, administradores, empleados o colaboradores de entidades deportivas, cualquiera que sea la forma jurídica de ésta.

En otro orden, el legislador ha optado por sustituir las menciones expresas a las asociaciones, fundaciones u organizaciones que contenía la regulación de 2010, por una remisión del concepto de sociedad al contemplado artículo 297 CP. Y para ello, se ha incluido un nuevo número 5 en el artículo 286 bis, conforme al cual: «A los efectos de este artículo resulta aplicable lo dispuesto en el artículo 297». Conforme a dicho artículo 297 CP:

> «(...) se entiende por sociedad toda cooperativa, Caja de Ahorros, mutua, entidad financiera o de crédito, fundación, sociedad mercantil o cualquier otra entidad de análoga naturaleza que para el cumplimiento de sus fines participe de modo permanente en el mercado».

Estamos totalmente de acuerdo con (CASTRO MORENO 2019) en que, en relación con las fundaciones deportivas, muy comunes en los grandes clubes de fútbol, no cabe lugar a dudas de que deben ser consideradas como entidades a los efectos del número cuatro del artículo 286 bis.

➔ **Sujeto pasivo**: pasando a tratar el asunto en relación al sujeto pasivo de las conductas que recoge este delito entendemos que se tendrá que valorar en primer lugar, cuál es el bien jurídico protegido —como ya hemos hecho—, para acto seguido poder pronunciarnos. Indicamos esto pues si nos limitamos a ver este delito desde la única perspectiva de la corrupción en los negocios, las víctimas, los sujetos pasivos, serán aquellos que han sido damnificados por un fraude, como podría ser por ejemplo, una afectación económica sobre derechos de retransmisión televisiva de una competición amañada que provoca de forma «adulterada» una expulsión de un equipo. Nos inclinamos por pensar que este delito, como hemos comentado con anterioridad, no se circunscribe a la esfera privada, y por ende, afecta a la sociedad en su conjunto socavando incluso el orden socioeconómico. Asimismo, en tanto que las federaciones deportivas son entes privados, pero con determinadas funciones públicas, si no consiguen mantener a su deporte en circunstancias que lo alejen de la corrupción, se verá también afectada la credibilidad de nuestro sistema democrático, pues el ciudadano de a pie, sabe que por ejemplo, una selección de fútbol española, que juega al máximo nivel mundial, se financia en buena parte con los impuestos que pagamos todos los contribuyentes.

➔ **Elemento subjetivo**: en cuanto al elemento subjetivo, entendemos que se trata de un delito doloso, cabiendo la posibilidad del dolo eventual, pues alterar fraudulentamente el resultado de un encuentro o competición, como reza el precepto que comentamos, exige el elemento cognitivo y el elemento volitivo en el sujeto activo. Hay por lo tanto, un componente subjetivo que limita el castigo de las conductas a «...aquellas conductas que tengan por finalidad predeterminar o alterar **de manera deliberada y fraudulenta** el resultado de una prueba, encuentro o competición deportiva de especial relevancia económica o deportiva (...)».

De forma muy acertada, Anarte Borrallo y Romero Sánchez (2012) apuntan que junto al dolo ha de concurrir un elemento subjetivo adicional, que es que la conducta del sujeto activo responda a la finalidad de predeterminar o alterar de manera deliberada y fraudulenta el resultado de una prueba, encuentro o competición deportiva profesional. Y por ende, las conductas tipificadas han de ser objetivamente idóneas para poder condicionar el resultado y, así, se aprecia una clara conexidad entre el dolo y la finalidad típica.

➔ **Consumación**: el delito se consuma con la ejecución de cualquiera de las acciones previstas en el tipo penal. No es necesaria para la consumación ni la entrega ni la recepción efectiva del beneficio o ventaja. Tampoco es necesario conseguir la efectiva alteración del resultado de la prueba o competición deportiva (Morales, 2016, p. 422; Santana en Corcoy y Mir, 2015, p. 1006; Martínez-Buján, 2015, p. 395).

➔ **Penalidad**: en cuanto a la punibilidad, las consecuencias jurídico-penales que se prevén en este tipo penal son las mismas que las recogidas en el tipo general de corrupción entre particulares: pena de prisión de seis meses a cuatro años, inhabilitación especial para el ejercicio de industria o comercio por tiempo de uno a seis años y multa del tanto al triplo del valor del beneficio o ventaja. El artículo 286 bis.3 concede al Juez, en atención a la cuantía del beneficio o al valor de la ventaja, y la trascendencia de las funciones del culpable, la facultad de imponer la pena inferior en grado de acuerdo a las reglas penales (en caso *ad exemplum*, de penas mínimas serían de 3 a seis meses de prisión y de seis meses a un año de inhabilitación) y con reducción de la de multa a su prudente arbitrio, y todo ello en función de las circunstancias de participación que aprecie en cada sujeto o deportista que intervenga en el ilícito penal.

Entendemos que no ofrece polémica la pena de multa establecida, siempre que exista una contraprestación que se pueda evaluar de forma económica y lo más objetivamente posible.

En relación a la pena de inhabilitación, entendemos que se trata de un tipo de inhabilitación especial para poder practicar un deporte mediante el cual se ha cometido el fraude. Se trata de un castigo más que razonable, pues al ser un delito en el que se sanciona por importes relevantes penalmente, el inhabilitar *ad exemplum*, a una figura del baloncesto de la NBA *mutatis mutandis* puede hacerle perder millones de dólares. La inhabilitación creemos que es especialmente efectiva en relación a los directivos, que actualmente en la mayoría de ocasiones son accionistas. Asimismo, entendemos que inhabilitar a jueces y árbitros que a sabiendas han adulterado una competición deportiva es algo necesario incluso en pos de demostrar a la sociedad que las leyes están para cumplirlas, y que en primer lugar son estos especialistas del deporte los que han de dar ejemplo. Al hilo de lo dicho, recuérdese la larvada mala fama que se dio al cuerpo arbitral de fútbol con el «caso Guruceta», que comportó durante décadas, que se gritase su apellido en las gradas de cualquier estadio cuando se cometía una injusticia arbitral flagrante.

En cuanto a la posible responsabilidad de las personas jurídicas estamos de acuerdo con (SILVA SÁNCHEZ, 2008) que apunta que en la responsabilidad penal de las personas jurídicas, existe en un modelo de responsabilidad por atribución que presupone la comisión de un hecho delictivo por parte de unas personas físicas integradas en el seno de la persona jurídica (órgano o representante), de tal forma que la responsabilidad por ese hecho delictivo se transfiere a la persona jurídica, en la medida en que se considera que los actos de dichos órganos, en virtud de la relación funcional existente entre éstos y aquélla, son, también, de esta última .

Para evitar la responsabilidad penal de las personas jurídicas, cada vez es más relevante disponer de un programa de cumplimiento normativo de conformidad con el artículo 31 bis del Código penal y la figura del *Compliance officer*, que actualmente los grandes clubes tienen como algo muy normalizado.

Los tipos agravados de corrupción deportiva (art. 286 quáter CP)

Se trata de una cláusula de carácter valorativo, de modo que será el juez o tribunal quien determine cuándo concurre esa especial gravedad. No obstante, el propio precepto indica cuatro situaciones en las que ha de considerarse en todo caso que está presente esa especial gravedad. Para el análisis de estas cuatro primeras circunstancias de agravación cabe remitirse a lo indicado en el tema anterior. Únicamente es necesario precisar aquí que, dado el específico ámbito donde se desarrolla la modalidad de corrupción deportiva, no parece que sea posible la verificación de la última circunstancia de agravación, relativa a los bienes humanitarios o de primera necesidad.

Finalmente, el art. 286 quáter establece otras dos circunstancias en las que, en todo caso, habrá de estimarse concurrente la especial gravedad de los hechos, que serán aplicables únicamente al tipo de corrupción deportiva:

> «(...). En el caso del apartado 4 del artículo 286 bis, los hechos se considerarán también de especial gravedad cuando:

a) tengan como finalidad influir en el desarrollo de juegos de azar o apuestas; o

b) sean cometidos en una competición deportiva oficial de ámbito estatal calificada como profesional o en una competición deportiva internacional».

En primer lugar, los hechos constitutivos de corrupción deportiva se considerarán de especial gravedad cuando tengan como finalidad influir en el desarrollo de juegos de azar o apuestas. Evidentemente, el texto punitivo se refiere a cualquier clase de juegos o apuestas de naturaleza deportiva (v.gr. quinielas o apuestas deportivas). La previsión de una agravación, en este sentido, obviamente parte de considerar que las conductas de corrupción en el ámbito de las apuestas deportivas encajan en el ámbito típico del art. 286 bis 4, cuestión que ha suscitado algunos interrogantes en el ámbito de la doctrina (ANARTE BORRALLO y ROMERO SÁNCHEZ, 2012, pp. 39-41).

En segundo lugar, los hechos serán considerados de especial gravedad cuando sean cometidos en una competición deportiva oficial de ámbito estatal calificada como profesional o en una competición deportiva internacional.

El tipo privilegiado de corrupción deportiva (art. 286 bis 3 CP)

Como ya hemos hecho referencia a ello, solamente recordar que se trata de un tipo atenuado de carácter facultativo, que se aplicará atendiendo a la cuantía del beneficio o al valor de la ventaja y a la trascendencia de las funciones del culpable. Para su análisis, se remite a lo indicado en el tema anterior. En todo caso, aquí cabe advertir que, a pesar de la específica dicción legal del art. 286 bis 4, la naturaleza de estos criterios quizás no parece muy acorde con la específica naturaleza de la corrupción deportiva (MARTÍNEZ-BUJÁN, 2015, pp. 395-396).

12.4. El delito de corrupción en las actividades económicas internacionales

La Audiencia Nacional investiga a la constructora española FCC por supuesta corrupción en las transacciones internacionales y blanqueo entre 2009 y 2015 por el pago de 82 millones de euros (73 millones de dólares) en comisiones para la adjudicación de dos líneas de metro y de la Ciudad de la Salud en Panamá (en la foto). Precisamente sobre la corrupción en transacciones internacionales versa la columna del doctor en derecho Ricardo Rodríguez Fernández.

Para saber más:
https://bit.ly/3lj4TUs

Artículo 286 ter CP

«1. Los que mediante el ofrecimiento, promesa o concesión de cualquier beneficio o ventaja indebidos, pecuniarios o de otra clase, corrompieren o intentaren corromper, por sí o por persona interpuesta, a una **autoridad o funcionario público en beneficio** de estos o de un tercero, o atendieran sus solicitudes al respecto, con el fin de que actúen o se abstengan de actuar en relación con el ejercicio de funciones públicas para conseguir o conservar un contrato, negocio o cualquier otra ventaja competitiva en la **realización de actividades económicas internacionales**, serán castigados, salvo que ya lo estuvieran con una pena más grave en otro precepto de este Código, con las penas de prisión de prisión de tres a seis años, multa de doce a veinticuatro meses, salvo que el beneficio obtenido fuese superior a la cantidad resultante, en cuyo caso la multa será del tanto al triplo del montante de dicho beneficio.

Además de las penas señaladas, se impondrá en todo caso al responsable la pena de prohibición de contratar con el sector público, así como la pérdida de la posibilidad de obtener subvenciones o ayudas públicas y del derecho a gozar de beneficios o incentivos fiscales y de la Seguridad Social, y la prohibición de intervenir en transacciones comerciales de trascendencia pública por un periodo de siete a doce años.

2. A los efectos de este artículo se entenderá por funcionario público los determinados por los artículos 24 y 427».

➔ **Bien jurídico protegido**: aquí se intenta tutelar, como bien jurídico protegido, el desarrollo de una competencia leal en el mercado (internacional) (Benito, 2012, pp. 173-174; Fabián, 2003, pp. 80-81; Rodríguez en Quintero, 2016, p. 431; Santana en Corcoy, 2015, p. 1009; Suárez – Mira, Judel y Piñol, 2012, pp. 139 y ss.; Puente en González, 2015a, pp. 921 y ss.).

➔ **Acción típica**: se castiga a quien corrompe o intenta corromper al funcionario, o atiende a sus solicitudes, ofreciendo o concediendo ventajas indebidas.

El núcleo del comportamiento se halla en la búsqueda de una ventaja competitiva importante en el desarrollo de actividades comerciales internacionales.

En esta figura delictiva solo aparece contemplada la **modalidad de corrupción activa**, puesto que se sanciona únicamente a los que ofrecen o entregan el beneficio o ventaja, la dádiva (Martínez-Buján, 2015, p. 398).

Se contiene exclusivamente la tipificación de la corrupción activa, esto es, se castiga únicamente al particular que actúe para corromper al funcionario, pero no se castiga correlativamente al funcionario cuando solicita o acepta el correspondiente soborno. Esta omisión ya venía siendo puesta de relieve por la doctrina con anterioridad, alegando que la ausencia de tipificación expresa de la corrupción pasiva (es decir, la sanción de la conducta del funcionario) significaba que no se estaban cumpliendo los compromisos internacionales asumidos en la lucha contra este tipo de corrupción (Benito, 2012, pp. 312; Cugat, 2004, p. 345-346; Faraldo, 2012, p. 16).

Se pretende conseguir una determinada actuación o abstención de una autoridad o funcionario público en un ámbito muy específico: la obtención de contratos en la esfera internacional.

El beneficio obtenido o ventaja no tiene por qué ser estrictamente material o económico, sino que puede ser de cualquier otra clase. De este modo, podrían tener cabida reconocimientos honoríficos, favores sexuales, o cualquier otra ventaja inmaterial que resulte complicado traducir en términos económicos (Santana en Corcoy, 2015, p. 1009).

➔ **Sujeto activo**: puede serlo cualquiera, siendo así un delito común. Se sanciona a cualquier persona que ofrezca la dádiva a la autoridad o funcionario público o que atienda sus solicitudes al respecto. (RODRÍGUEZ en QUINTERO, 2016, p. 432; SANTANA en CORCOY, 2015, p. 1009).

Con la actual extensión del concepto penal de funcionario público, se plantea la duda de si los tribunales españoles podrán perseguir al funcionario extranjero que solicita o recibe una dádiva y cuya conducta encaje en alguno de los tipos penales de cohecho.

➔ **Sujeto pasivo**: no existe un sujeto pasivo en concreto, pero sí que podemos decir que serían las personas o entidades que se han visto perjudicadas por esta forma de corrupción internacional en detrimento de la igualdad de oportunidades.

Caso real

«(...) de la querella e investigación preliminar fiscal resultarían posibles pagos dinerarios realizados a autoridades y funcionarios públicos argelinos, y a sus familiares, en relación con dos contratos de obras, denominados la E. D. de A. de S- T- por importe de 250000.000 € y el T. de O. por importe de 230000000 € que fueron adjudicados a las empresas I. de D. E. S. A. y E. S. A. a través del despacho V. L., el cual era dirigido por P. G. de la S. V. y G. de A. S. R., y por la actuación del agente externo C. T. B. Y ello sin perjuicio del resultado de las investigaciones a realizar, que podría identificar otros contratos de obra, servicio o suministro, y otros países donde intervienen agentes externos por encargo del mismo despacho denominado V. L»..

➔ **Consumación del delito**: para consumar este delito tampoco es necesaria la entrega efectiva del beneficio o ventaja, ni se exige la efectiva consecución del contrato pretendido en el ejercicio de las actividades económicas internacionales. Basta la mera realización de las conductas típicas (ofrecer, prometer, conceder o atender a solicitudes) con este último objetivo. (RODRÍGUEZ en QUINTERO, 2016, p. 434).

➔ **Penalidad**: serán castigados, salvo que ya lo estuvieran con una pena más grave en otro precepto de este Código, con las penas de prisión de prisión de tres a seis años, multa de doce a veinticuatro meses, salvo que el beneficio obtenido fuese superior a la cantidad resultante, en cuyo caso la multa será del tanto al triplo del montante de dicho beneficio.

Además de las penas señaladas, se impondrá al responsable, en todo caso, al responsable la pena de prohibición de contratar con el sector público, así como la pérdida de la posibilidad de obtener subvenciones o ayudas públicas y del derecho a gozar de beneficios o incentivos fiscales y de la Seguridad Social, y la prohibición de intervenir en transacciones comerciales de trascendencia pública por un periodo de siete a doce años.

Tipos agravados

(Hay que remitirse al tema que hemos tratado de corrupción en los negocios).

12.5. La relación del delito de corrupción en las actividades económicas internacionales con los delitos contra la Administración pública

Corrupción en Ecuador

Corrupción en Ecuador, la «otra pandemia» que hereda el gobierno de Guillermo Lasso

Erradicar las redes ilegales para desviar los fondos públicos es uno de los desafíos del mandatario, quien ha dicho que respetará la independencia de funciones.

Para saber más sobre el caso:
https://cutt.ly/WQZALZC

A pesar de que el agente público aparece como núcleo fundamental del comportamiento delictivo, realmente la esencia de la conducta reside en la búsqueda de una ventaja competitiva en las actividades económicas internacionales, y el bien jurídico protegido es, precisamente, la leal competencia en el ámbito internacional (Martínez-Buján, 2015, p. 397; Puente en González, 2015a, pp. 921 y ss.).

No obstante, precisamente la participación de un agente público en el comportamiento delictivo puede plantear importantes problemas de delimitación con los delitos contra la Administración pública y, particularmente, con el delito de cohecho. El propio legislador es consciente de esta situación, incluyendo en el art. 286 ter CP una cláusula concursal específica, indicando que las conductas en él sancionadas se incardinarán en este art. 286 ter, aplicándoseles la pena en él prevista, «salvo que ya lo estuvieran con una pena más grave en otro precepto de este Código». No obstante, como se verá a continuación, tal cláusula concursal no resulta del todo adecuada.

El propio art. 286 ter indica que los comportamientos en él previstos se castigarán «salvo que ya lo estuvieran con una pena más grave en otro precepto de este Código». Esto significa que, cuando las penas determinadas para el cohecho activo fuesen superiores a las establecidas en el art. 286 ter CP, resultaría de aplicación preferente el delito contra la Administración pública.

Se generan problemas concursales entre esta figura y las distintas modalidades de cohecho activo. El legislador, como ha hecho en otras ocasiones, pretende solucionar estas posibles colisiones con una referencia genérica al **principio de alternatividad**, de tal modo que cuando la conducta encajase en el art. 286 ter y en otro precepto del Código, sería aplicable el que previera la **pena de mayor gravedad**.

Lo que realmente existe entre el cohecho activo y la actual conducta del art. 286 ter es una relación de especialidad, pues la figura aquí comentada es ahora una específica modalidad de cohecho activo que se caracteriza por la particularidad del objetivo perseguido (esto es, la consecución de determinadas ventajas en el ámbito de las actividades económicas internacionales).

Actualmente, tras la reforma de la LOPJ, se incluye al delito de corrupción en las transacciones comerciales internacionales en el marco del citado principio, pero tal «universalidad» queda limitada por la exigencia de que, para que los tribunales españoles puedan perseguir el delito, el procedimiento ha de dirigirse contra un español, o contra un extranjero que resida habitualmente en España, o en relación con personas jurídicas con sede o domicilio social en España.

En suma, en relación con este punto, cabe afirmar la conveniencia de tipificar la corrupción pasiva (Benito, 2012, pp. 312; Cugat, 2004, p. 345; Faraldo, 2012, p. 16; Rodríguez en Quintero, 2016, p. 432), pero preferentemente en el marco específico de la corrupción en las transacciones económicas internacionales.

Interpol contra la corrupción

Los efectos de la corrupción tienen un gran alcance: pueden socavar la estabilidad política, social y económica y, en última instancia, amenazar la seguridad de la sociedad en su conjunto.

La corrupción crea un terreno fértil para las actividades de la delincuencia organizada, incluso el terrorismo, pues los delincuentes se ven ayudados en sus actividades ilícitas por la complicidad de funcionarios públicos corruptos.

La mundialización de la economía ha hecho de la corrupción un delito sin fronteras. El mundo competitivo de los negocios internacionales puede dejar a las empresas expuestas a sobornos y prácticas financieras fraudulentas.

Las transacciones corruptas pueden traspasar múltiples jurisdicciones, haciendo que la consiguiente investigación policial sea prolongada y compleja.

Para saber más:
https://www.interpol.int/es/Delitos/Corrupcion

Artículo 288 CP.

«En los supuestos previstos en los artículos anteriores se dispondrá la publicación de la sentencia en los periódicos oficiales y, si lo solicitara el perjudicado, el juez o tribunal podrá ordenar su reproducción total o parcial en cualquier otro medio informativo, a costa del condenado.

Cuando de acuerdo con lo establecido en el artículo 31 bis una persona jurídica sea responsable de los delitos recogidos en este Capítulo, se le impondrán las siguientes penas:

1.° En el caso de los delitos previstos en los artículos 270, 271, 273, 274, 275, 276, 283 y 286:

a) Multa del doble al cuádruple del beneficio obtenido, o que se hubiera podido obtener, si el delito cometido por la persona física tiene prevista una pena de prisión de más de dos años.

b) Multa del doble al triple del beneficio obtenido, favorecido o que se hubiera podido obtener, en el resto de los casos.

2.° En el caso de los delitos previstos en los artículos 277, 278, 279, 280, 281, 282, 282 bis, 284, 285, 285 bis, 285 quáter y 286 bis al 286 quáter:

a) Multa de dos a cinco años, o del triple al quíntuple del beneficio obtenido o que se hubiere podido obtener si la cantidad resultante fuese más elevada, cuando el delito cometido por la persona física tiene prevista una pena de más de dos años de privación de libertad.

b) Multa de seis meses a dos años, o del tanto al duplo del beneficio obtenido o que se hubiere podido obtener si la cantidad resultante fuese más elevada, en el resto de los casos.

3.° Atendidas las reglas establecidas en el artículo 66 bis, los jueces y tribunales podrán asimismo imponer las penas recogidas en las letras b) a g) del apartado 7 del artículo 33».

(Se modifica por el art. único.9 de la Ley Orgánica 1/2019, de 20 de febrero. Ref. BOE-A-2019-2363).

➔ El art. 288 CP dispone, para todos los delitos contenidos en las secciones 1.ª a 4.ª del capítulo XI del título XIII del libro II del Código Penal (dedicado a los delitos relativos a la propiedad intelectual e industrial, y contra el mercado y los consumidores), la obligación de publicar la sentencia en los periódicos oficiales y la posibilidad de que el juez o tribunal ordene, en este caso a costa del condenado, su reproducción total o parcial en cualquier otro medio informativo.

➔ A tenor de este art. 288 del Código Penal, **las personas jurídicas** podrán ser declaradas penalmente responsables de los delitos contenidos en tales secciones y, por lo tanto, de los delitos de corrupción.

➔ En el caso de los delitos que estamos analizando, la pena de prisión prevista tiene, en todos los casos, un marco penal que supera los dos años, con la única excepción del tipo privilegiado previsto en el apartado 3 del art. 286 bis del Código Penal.

12.6. Referencias bibliográficas

Abadías Selma, A. (2020). «El delito de corrupción en el deporte: Del "Caso Oikos" al "Caso Osasuna", entre otras tramas delictivas», en *Mapa de riesgos penales y prevención del delito en la empresa*. Simón Castellano, P. y Abadías Selma, A. Madrid, Bosch, 2020.

Anarte Borrallo, E. y **Romero Sánchez, C.**, «El delito de corrupción deportiva Aspectos metodológicos, dogmáticos y político-criminales», en *Revista Electrónica de Ciencia Penal y Criminología*, 2012 pp. 14-20.

Andrés, A. C., «El nuevo delito de corrupción entre privados (art. 286 bis CP)», en *Libro homenaje al Prof. Luis Rodríguez Ramos*, VV. AA. Valencia, Tirant lo Blanch, pp. 352-361.

Benítez Ortúzar, I. F., *El delito de fraudes deportivos. Aspectos criminológicos, político-criminales y dogmáticos del artículo 286 bis.4 del Código Penal*, Madrid, Dykinson, 2011.

Benito, D., *El delito de corrupción en las transacciones económicas internacionales* (pp. 222 y ss.). Madrid, Iustel, 2012, pp. 222 y ss.

Bolea, C., *El delito de corrupción privada*. Indret, 2, 2013, pp. 11-26.

CARUSO FONTÁN, M. V., «El concepto de corrupción. Su evolución hacia un nuevo delito de fraude en el deporte», en *Revista Foro, Nueva Época 9*, 2009.

CASTRO, A., *Derecho deportivo. 2.ª Edición*, PALOMAR OLMEDA, A. y PÉREZ GONZÁLEZ, C. (coords.). Valencia, Tirant Lo Blanch, 2019.

CUGAT, M., «La corrupción en las transacciones comerciales internacionales», en *Estudios de Derecho judicial*, VVAA, 67, 2004, pp. 340-346.

DE LA CUESTA ARZAMENDI, J. L. y **BLANCO CORDERO, I.**, «La criminalización de la corrupción en el sector privado: ¿Asignatura pendiente del Derecho penal español?», en *La Ciencia del Derecho Penal ante el nuevo siglo: libro homenaje al Profesor Doctor D. José Cerezo Mir.* J. L. DÍEZ RIPOLLÉS (coord.), Madrid, Tecnos, 2002.

DE URBANO CASTRILLO, E., «¿Están tipificados actualmente los fraudes deportivos? Compras de partidos, primas a terceros y sobornos arbitrales ante el Código Penal vigente», en ¿Es necesaria la represión penal para evitar los fraudes en el deporte profesional? CARDENAL CARRO, M., GARCÍA CABA, M. M. y GARCÍA SILVERO, E. A. (coords.), Murcia, Laborum, 2009.

FABIÁN, E. A., *La corrupción de agente público extranjero e internacional*. Valencia, Tirant lo Blanch, 2003, pp. 80, 81 y 89.

FARALDO, P., «¿Se adecua el Derecho penal español al Convenio de la OCDE de lucha contra la corrupción de agentes públicos extranjeros en las transacciones comerciales internacionales? Avance de resultados de la evaluación en fase 3», en *Boletín del Ministerio de Justicia, 2148, 16*, 2012.

FERRAJOLI, L., *Derecho y raz*ón (trads. ANDRÉS IBÁÑEZ, P., RUIZ MIGUEL, A., BAYÑON MOHINO, J. C., TERRADILLOS BASOCO, J. M.ª y CANTARERO BANDRÉS, R.) Madrid, Trotta, 1995.

GARCÍA-HERRERA, A., «Transparencia, buen gobierno y compliance: su eficacia preventiva sobre la corrupción en la gestión de federaciones y clubes de futbol», en *Revista Aranzadi de Derecho del Deporte y Entretenimiento*, n.º 53, 2016.

GILI PASCUAL, A., «La tipificación penal del fraude en competiciones deportivas. Problemas técnicos y aplicativos», en *Revista de Derecho Penal y Criminología*, núm. 8, 2012.

GONZÁLEZ URIEL, D., «El bien jurídico protegido en el delito de fraude deportivo tras la reforma de 2015», en *La Ley Penal*, n.º 132, Sección Legislación aplicada a la práctica, Editorial Wolters Kluwer, mayo-junio, 2018.

MARTÍNEZ – BUJÁN, C., *Derecho penal económico y de la empresa. Parte especial*. Valencia, Tirant lo Blanch, 2015.

MORALES, F., «Artículo 286 bis 4», en *Comentarios al Código Penal español. Tomo II* **QUINTERO, G.** (dir.) Cizur Menor, Aranzadi- Thomson Reuters, 2016, pp. 413-427.

MUÑOZ RUIZ, J., «El nuevo delito de corrupción en el deporte», en *Revista Andaluza de Derecho del Deporte*, núm. 9, 2010.

NIETO, A. y **BAÑERES, F.**, «Corrupción entre privados», en *Boletín del Ministerio de Justicia, núm. extraordinario 2015, 224*, 2006.

PUENTE, L. M., «Corrupción en el deporte (art. 286 bis 4 y 286 quáter in fine CP)», en *Comentarios a la reforma del Código Penal de 2015*, GONZÁLEZ, J. L. (dir.) 2.ª ed. Valencia, Tirant lo Blanch, 2015, pp. 933-938.

PUENTE, L. M., «Tipos agravados en relación con los artículos 286 bis y ter CP (art. 286 quáter CP)», en *Comentarios a la reforma del Código Penal de 2015*, GONzález, J. L. (dir.) 2.ª ed. Valencia, Tirant lo Blanch, 2015, pp. 929-932.

Puente, L. M., «Publicación de la sentencia y sanciones para las personas jurídicas (art. 288 CP)», en *Comentarios a la reforma del Código Penal de 2015*, González, J. L. (dir.) 2.ª ed. Valencia, Tirant lo Blanch, 2015, pp. 939-942.

Queralt Jiménez, J. J., *Derecho penal español. Parte especial.* Barcelona, Tirant lo Blanch, 2015.

Rodríguez, M. J., «Artículo 286 quáter», en *Comentarios al Código penal español. Tomo II*, Quintero, G. (Dir.). Cizur Menor: Aranzadi – Thomson Reuters, 2016, pp. 437-438.

Santana, D., «Artículo 286 bis»., en *Comentarios al Código penal. Reforma LO 5/2010*, Corcoy, M. y Mir, S. (dir.). Valencia, Tirant lo Blanch, 2015, pp. 1006-1007.

Seligrat, V., «Corrupción en el deporte, responsabilidad penal de personas jurídicas deportivas y compliance: cuestiones de difícil combinación», en *Aranzadi instituciones*, Bib 2018\6192, Editorial Aranzadi, S.A.U., Cizur Menor. 2018.

Silva Sánchez, J. M., «La evolución ideológica de la discusión sobre la "responsabilidad penal" de las personas jurídicas», en *Derecho Penal y Criminología*, vol. 29, n.º 86-87, 2008.

Suárez – Mira, C., Judel, A. y **Piñol, J. R.**, "Delitos de corrupción en las transacciones comerciales internacionales», en *La corrupción a examen*, VVAA. Cizur Menor: Aranzadi, 2012, pp. 139-142.

Valls, J., «La intervención del Derecho penal en la actividad deportiva». En *Revista Electrónica de Ciencia Penal y Criminología*, 11, 2009.

Para saber más...

El delito de corrupción en los negocios

Berenguer Pascual, S. (2020). *El delito de corrupción en los negocios*. Madrid: BOE. Disponible en: https://bit.ly/3nnjsce

Se trata de una obra magna, por su extensión y calidad, que expone este delito ya con las reformas de 2019, y que resultará de máximo interés al alumno por la profundidad del tratamiento del tema.

La progresiva ampliación del ámbito típico del delito de corrupción privada

Otero González, P. (2019). La progresiva ampliación del ámbito típico del delito de corrupción privada. En INDRET *Revista para el análisis del Derecho*. Disponible en: https://bit.ly/3hnlVyK

Es de interés este artículo para conocer en qué casos se aplica el delito de corrupción en los negocios y cómo se ha ido ampliando su implementación en la casuística jurídica.

El delito de corrupción deportiva

Anarte Borrallo, E. y **Cándido Romero Sánchez, C.** (2012). El delito de corrupción deportiva: Aspectos metodológicos, dogmáticos y político-criminales. En *Revista Electrónica de Ciencia Penal y Criminología*. Disponible en: https://bit.ly/3z3eYKb

El trabajo es del máximo interés, puesto que se centra en la radicalización de la lucha contra la corrupción, por medio del Derecho penal, operada por el art. 286 bis 4. del CP español con el estudio de este delito y todos sus elementos estructurales.

El delito de corrupción en el deporte: claroscuro de la expansión del concepto de corrupción

Sánchez Bernal, J. (2011). «Breves notas acerca del nuevo delito de corrupción en el deporte». En *Cuadernos del Tomás*, n.° 3

Disponible en: https://bit.ly/38Z1sMZ

El trabajo se centra en el análisis de este tipo penal a través de un estudio pormenorizado del tipo que ilustra sobremanera a quien quiera acercarse a este delito tan sui generis.

Corrupción en las actividades económicas internacionales (art. 286 ter CP)

Puente, L. M. (2015). Corrupción en las actividades económicas internacionales (art. 286 ter CP). En González, J. L. (Dir.), *Comentarios a la reforma del Código Penal de 2015* (2.ª ed. pp. 921-928). Valencia: Tirant lo Blanch.

En este capítulo se examinan las novedades que la LO 1/2015, de 30 de marzo, ha aportado al delito de corrupción en las actividades económicas internacionales.

Corrupción en las transacciones comerciales internacionales

Díaz-Maroto y Villarejo, J. (2018). Corrupción en las transacciones comerciales internacionales. En *EUNOMÍA. Revista en Cultura de la Legalidad*. Disponible en: https://bit.ly/3z3gNqu

El trabajo es de mucho interés porque, mediante un análisis del artículo 286 ter del Código Penal, explica la respuesta que el ordenamiento jurídico-penal español ofrece a un fenómeno tan frecuente y dañino como es el de la corrupción en el ámbito concreto de las transacciones económicas internacionales. La materia, objeto de atención de los organismos internacionales (ONU, OCDE, UE, etcétera), constituye uno de los temas más candentes dentro de la actual política criminal.

Test

Corrupción en los negocios

1. **¿Cuál es el bien jurídico protegido principalmente por los delitos de corrupción en los negocios?**
   a) La confianza en el mercado
   b) La moral pública
   c) El patrimonio personal
   d) La libre competencia

2. **¿Qué elemento es esencial en la configuración del delito de corrupción entre particulares según el Código Penal español?**
   a) Que exista una relación comercial previa
   b) Que se dañe el patrimonio del Estado
   c) Que se obtenga un beneficio económico personal
   d) La existencia de un acto de competencia desleal

3. **La responsabilidad de las personas jurídicas en delitos de corrupción en los negocios está contemplada en:**
   a) Código Civil
   b) Ley de Contratos del Sector Público
   c) Código Penal
   d) Ley de Enjuiciamiento Criminal

4. **¿Qué tipo de conducta puede ser considerada una forma de corrupción en los negocios?**
   a) Interponer una demanda contra una empresa
   b) Rechazar una oferta comercial
   c) Sobornar a un empleado de otra empresa para obtener ventajas competitivas
   d) Aceptar condiciones de mercado justas y equitativas

5. **La figura del compliance officer en una empresa sirve principalmente para:**
   a) Evitar la comisión de infracciones fiscales
   b) Supervisar las estrategias de marketing
   c) Prevenir la comisión de delitos como la corrupción en los negocios
   d) Gestionar las nóminas de la empresa

6. **¿Qué puede implicar el delito de tráfico de influencias en el ámbito de los negocios?**
   a) Incremento en el precio de las acciones de una empresa
   b) Uso injusto de una posición privilegiada para obtener un beneficio
   c) Compartir información privilegiada con la competencia
   d) Realizar negocios internacionales

7. **¿Cuál de estas opciones NO es considerada una consecuencia de la corrupción en los negocios?**
   a) Pérdida de la reputación corporativa
   b) Incremento de la eficiencia empresarial
   c) Distorsión de la competencia en el mercado
   d) Imposición de sanciones legales y multas

8. **Una empresa puede ser sancionada por delitos de corrupción en los negocios cuando:**
   a) No alcanza los objetivos de ventas anuales
   b) No tiene un código de conducta interno
   c) Sus representantes o empleados cometen el delito en su nombre o beneficio
   d) Realiza donaciones a organizaciones de caridad

9. **¿En qué se diferencia la corrupción en los negocios de la corrupción pública?**
   a) Solo la corrupción pública es penalizada
   b) La corrupción en los negocios solo afecta a empresas privadas
   c) La corrupción en los negocios no implica funcionarios públicos
   d) La corrupción pública tiene penas más leves

10. **¿Qué principio es fundamental para la imposición de penas a personas jurídicas por delitos de corrupción en el ámbito de los negocios?**
   a) Principio de legalidad
   b) Principio de culpabilidad
   c) Principio de proporcionalidad
   d) Principio de oportunidad

Solucionario

1. **a) La confianza en el mercado**

2. **c) Que se obtenga un beneficio económico personal**

3. **c) Código Penal**

4. **c) Sobornar a un empleado de otra empresa para obtener ventajas competitivas**

5. **c) Prevenir la comisión de delitos como la corrupción en los negocios**
6. **b) Uso injusto de una posición privilegiada para obtener un beneficio**
7. **b) Incremento de la eficiencia empresarial**
8. **c) Sus representantes o empleados cometen el delito en su nombre o beneficio**
9. **c) La corrupción en los negocios no implica funcionarios públicos**
10. **b) Principio de culpabilidad**

TEMA 13.

DELITOS SOCIETARIOS

13.1. Introducción y objetivos

Cuántas noches hemos pasado un buen rato frente al televisor viendo la serie *Cuéntame cómo pasó*, protagonizada entre otros por Ana Duato e Imanol Arias. La familia Alcántara nos ha recordado a todos cómo era la España de los últimos cuarenta años, desde la Dictadura hasta la Transición democrática, y nos ha ido acompañando a lo largo de veinte temporadas con historias, tópicos e iconos de cada época en la cual algunos nos hemos sentido de alguna manera representados. Ha habido momentos en los que la familia Alcántara lo ha pasado bien, y otros en los que han sufrido las peripecias normales de una típica familia española de clase media.

Sin embargo, la cruda realidad está alcanzando a los máximos protagonistas de esta serie de televisión, pues la Audiencia Nacional está investigando a Ana Duato y a Imanol Arias junto a veintinueve personas más por haber defraudado a la Hacienda Pública española mediante el asesoramiento de un despacho de abogados de Madrid. Y es que, en definitiva, defraudar a la Hacienda española es defraudar a la misma ciudadanía, al mismo pueblo llano y sencillo que se las ve y se las desea para llegar a fin de mes sin dejar jamás de cumplir con la cita de ver un capítulo más de *Cuéntame cómo pasó*.

Próximamente sabremos más detalles sobre esta macro investigación de la Audiencia Nacional que será realmente mediática debido a los protagonistas que esta vez salen de las pantallas de televisión y se enfrentan a la Administración de Justicia con todo el rigor que tiene el derecho penal, como podremos estudiar en este tema que presentamos.

Para saber más sobre el caso, consultad el siguiente enlace:
https://bit.ly/3E39BOV

Los objetivos que alcanzaremos con el estudio de este tema son los siguientes:

- Conocer las clases de delitos societarios.
- Estudiar los delitos de recepción.

- Analizar el blanqueo de capitales.
- Abordar los delitos contra la Hacienda Pública y la Seguridad Social.

13.2. Los delitos societarios: clases

Ante la constante evolución socioeconómica de la sociedad, el espacio macroeconómico que crean diversas naciones como la Unión Europea y la globalización, es más posible que se cometan delitos de carácter económico que la legislación penal ha de sancionar.

No podemos obviar que en las últimas décadas el sistema capitalista ha polarizado el estatus económico de los ciudadanos y la riqueza se ha concentrado en manos de unos pocos, generando ello grandes tensiones sociales.

Desde la promulgación del Código Penal de 1995, los delitos de carácter societario son una herramienta muy útil contra la lucha de las infracciones llamadas de «cuello blanco», término acuñado por Edwin H. Shuterland.

Sutherland es uno de los criminólogos más relevantes del siglo XX, y una de las teorías más importantes elaboradas por el mismo fue la **teoría de la asociación diferencial**, en donde explica que las conductas que protagonizan los delincuentes no proceden desde el nacimiento, y que se aprenden a lo largo de la vida. Pero la motivación final para delinquir o no, será un juicio de valor que realizará quien delinque considerando los pros y los contras.

El delito de «cuello blanco» o «*white collar crime*» está protagonizado por personas que son profesionales o de negocios normalmente con estatus social elevado que saben muy bien la forma de cometer delitos a través de su normal quehacer laboral, y que además, en muchas ocasiones pasan desapercibidos por la sociedad bajo una apariencia de respetabilidad. Estos delincuentes que visten bien, usan perfumes caros y se codean con gente importante, se ganan la confianza de sus víctimas mediante una cara que no es la auténtica, y pueden llegar a dejar a miles de personas arruinadas por haber confiado en ellos. Según Cuervo (2009, p. 174):

> «(...) aquello que caracteriza al Delincuente de Cuello Blanco es la **actividad profesional**, y la **capacidad de aprendizaje por imitación de valores** y técnicas proclives a la delincuencia, los cuales se llegan a interiorizar».

Hay varios casos en España que han sido calificados como lo hizo Sutherland. Sería el caso de Martinsa–Fadesa, que durante la época de la expansión inmobiliaria tuvo más terreno urbanizable que nadie e hizo promociones inmobiliarias cobrando adelantos a los futuros propietarios que jamás vieron construidas sus casas y perdieron todo su dinero. Esta inmobiliaria protagonizó la mayor suspensión de pagos conocida hasta 2008 en España y se estima que la deuda del grupo llegó a ser superior a los 7 000 millones de euros.

Hablamos de delitos societarios y se impone, en primer lugar, acercarnos al concepto de «sociedad» que según la RAE (2019) en su acepción 4.ª señala que es una: «agrupación comercial de carácter legal que cuenta con un capital inicial formado con las aportaciones de sus miembros». *Vid.* RODRÍGUEZ MOURULLO (2009).

Es preciso acudir al art. 31 bis del CP que sienta la responsabilidad de los administradores, de cualquier clase, de hecho o de derecho, o representantes de las sociedades. Entendemos que, muy acertadamente, PAVÓN HERRADÓN (2019, pp. 393-394) indica lo siguiente:

> «Se coincide con carácter general por la doctrina en señalar que la inclusión de los delitos societarios en la norma penal sustantiva, representó, además de una importante novedad), un verdadero avance en cuanto a la necesidad de proporcionar debida protección a los intereses de las entidades mercantiles, así como a los intereses de las personas que devenían vinculadas a las mismas (socios, acreedores, etc.), cubriendo una laguna de impunidad) y dándose oportuna respuesta a la demanda que venía produciéndose desde hacía tiempo por la doctrina), no solo penal sino igualmente mercantil».

Y el artículo 297 CP indica que:

> «A los efectos de este capítulo **se entiende por sociedad** toda cooperativa, Caja de Ahorros, mutua, entidad financiera o de crédito, fundación, sociedad mercantil o cualquier otra entidad de análoga naturaleza que para el cumplimiento de sus fines participe de modo permanente en el mercado».

La falsedad

El artículo 290 CP preceptúa que:

> «Los administradores, de hecho o de derecho, de una sociedad constituida o en formación, que falsearen las cuentas anuales u otros documentos que deban reflejar la situación jurídica o económica de la entidad, de forma idónea para causar un perjuicio económico a la misma, a alguno de sus socios, o a un tercero, serán castigados con la pena de prisión de uno a tres años y multa de seis a doce meses.
>
> Si se llegare a causar el perjuicio económico se impondrán las penas en su mitad superior».

➔ **Bien jurídico protegido**: se trata de proteger el patrimonio de la sociedad, de los socios y también de los terceros, además del derecho de los socios y de terceros interesados en conocer la situación jurídica, económica real y auténtica de la sociedad (FARALDO CABANA, 2000).

➔ **Acción típica**: la conducta a castigar consiste en falsear las cuentas anuales que deberían reflejar la situación jurídica y económica de una empresa de forma fidedigna. Se podrán falsear las cuentas anuales en las que están el balance, la cuenta de pérdidas y ganancias y la memoria, entre otros documentos.

Para que la conducta pueda ser considerada un delito se han de cumplir dos requisitos: por una parte, que se lleve a cabo en una sociedad constituida o que esté en formación, y por otra que la falsedad sea idónea para conseguir un perjuicio económico.

La conducta puede ser por **acción u omisión**.

Se trata de un delito especial.

➔ **Sujeto activo**: solo pueden ser los autores de la conducta típica los administradores de hecho o de derecho, de una sociedad.

➜ **Sujeto pasivo**: es la sociedad, alguno de los socios o bien algún tercero.

➜ **Elemento subjetivo**: se trata de una conducta dolosa.

➜ **Consumación**: se produce la consumación cuando se realiza la falsedad y no se precisa que se produzca el daño económico, pues hay una anticipación antes de la comisión del mismo.

➜ **Concurso**: puede existir el concurso de leyes entre el presente delito y el de falsificación de documentos públicos, oficiales o mercantiles.

➜ **Penalidad**: pena de prisión de uno a tres años y multa de seis a doce meses.

Supuesto agravado

Está recogido en el párrafo segundo del artículo 290 del Código Penal: «***Si se llegare a causar el perjuicio económico*** [...]». En este caso se impondrán las penas en su mitad superior.

Aquí podemos apreciar que lo que se castiga es el resultado, que, en definitiva, es **el haber conseguido el perjuicio económico** de forma efectiva y que no se requiere en el tipo básico.

Imposición de acuerdos abusivos

El artículo 291 del Código Penal indica que:

> «Los que, prevaliéndose de su **situación mayoritaria** en la Junta de accionistas o el órgano de administración de cualquier sociedad constituida o en formación, **impusieren acuerdos abusivos**, con ánimo de lucro propio o ajeno, en perjuicio de los demás socios, y sin que reporten beneficios a la misma, serán castigados con la pena de prisión de seis meses a tres años o multa del tanto al triplo del beneficio obtenido».

➜ **Bien jurídico protegido**: lo que se busca proteger en este tipo penal es el patrimonio de los socios que son minoritarios.

➜ **Acción típica**: se trata de tomar acuerdos que van en contra de los intereses de los socios, y para que esta conducta pueda ser tipificada como delito se precisan los siguientes requisitos:

- Prevalerse de la situación mayoritaria que tiene el sujeto activo en la junta de accionistas de la sociedad.
- Ha de existir un ánimo de lucro.
- Tiene que producirse un perjuicio para el resto de los socios.
- No puede haber ningún beneficio para la sociedad. (SERRANO GÓMEZ y SERRANO MAÍLLO, 2017).

Pero ¿qué es una conducta abusiva?:

> «**Abusiva** es la decisión que favorece **intereses extrasocietarios** tanto frente a los societarios como frente a los **intereses intrasocietarios** de los socios minoritarios (por ejemplo, aumentando injustificadamente el capital social, no distribuyendo dividendos o limitando la negociabilidad de las acciones, negándose a emprender una acción de responsabilidad contra el anterior administrados -caso este de la SAP Barcelona, 8.ª, 287/2004, de 9 de noviembre-)» (LASCURAÍN 2018, p. 471).

➜ **Sujeto activo**: es el socio o socios que tienen una situación mayoritaria.

➜ **Sujeto pasivo**: son los socios que no tienen una situación mayoritaria.

➜ **Elemento subjetivo**: es un delito doloso pues lo que se busca es el perjuicio de los demás socios.

➜ **Consumación**: se producirá la consumación en el momento en el que se toman los acuerdos que van a perjudicar a los socios minoritarios y no es necesario que se produzca el resultado lesivo.

➜ **Concurso**: En los casos en los que el perjuicio de los socios minoritarios lo sea porque lo es de la sociedad, parece que debe imponerse en el concurso de normas la figura de la administración desleal (art. 252 CP) (LASCURAÍN, 2018).

➜ **Penalidad**: prisión de seis meses a tres años o multa del tanto al triplo del beneficio obtenido.

Imposición o aprovechamiento de acuerdos ilícitos

A tenor del artículo 292 CP:

> «La misma pena del artículo anterior se impondrá a los que impusieren o se aprovecharen para sí o para un tercero, **en perjuicio de la sociedad** o de **alguno de sus socios**, de un **acuerdo lesivo adoptado por una mayoría ficticia**, obtenida por abuso de firma en blanco, por atribución indebida del derecho de voto a quienes legalmente carezcan del mismo, por negación ilícita del ejercicio de este derecho a quienes lo tengan reconocido por la Ley, o por cualquier otro medio o procedimiento semejante, y sin perjuicio de castigar el hecho como corresponde si constituyese otro delito».

➜ **Bien jurídico protegido**: se trata de proteger el patrimonio de la sociedad y de todos los socios.

➜ **Acción típica**: se trata de imponer acuerdos lesivos con una **mayoría ficticia** o bien aprovecharse de estos acuerdos para uno mismo o un tercero que no ha participado en la formación de esta mayoría. Debe matizarse el término de «mayoría ficticia» que, según MESTRE (2017), se refiere en realidad a una **mayoría real obtenida de forma ilícita**.

Para obtener una mayoría ficticia, se puede conseguir mediante:

- El abuso de firma en blanco.
- Porque se realiza una atribución indebida del derecho de voto a quienes por ley carecen del mismo.
- Porque se ha negado de forma ilegal el ejercicio del derecho de voto a quien legalmente lo tiene reconocido.
- Mediante cualquier otro medio o procedimiento parecido a los anteriores.

➜ **Sujeto activo**: son los que imponen o se aprovechan de un acuerdo lesivo.

➜ **Sujeto pasivo**: es la sociedad o alguno de los socios perjudicados.

➜ **Elemento subjetivo**: es un delito doloso, pues ha de haber una intención de causar un perjuicio económico a la sociedad o a alguno de los socios.

➜ **Consumación**: existen una serie de diferencias que hay que remarcar, pues en el primer caso la consumación se produce cuando se impone el acuerdo lesivo adoptado por una **mayoría ficticia**, y en el segundo caso hay un **aprovechamiento** para uno mismo o para un tercero de los acuerdos lesivos que han sido adoptados por otros y sin haber participado en la adopción de los mismos. La consumación se produce cuando se obtiene el beneficio, y cabe la tentativa.

➜ **Concurso**: hay que estar a lo que indica el último párrafo de este artículo que preceptúa lo siguiente: «[...] y sin perjuicio de castigar el hecho como corresponde si constituyese otro delito».

➜ **Penalidad**: prisión de seis meses a tres años o multa del tanto al triplo del beneficio obtenido.

Impedir ilegalmente al socio el ejercicio de su derecho de información, participación o control de la actividad societaria o suscripción preferente de acciones

A tenor del art. 293 CP:

> «Los administradores de hecho o de derecho de cualquier sociedad constituida o en formación, que sin causa legal **negaren o impidieren** a un socio el ejercicio de los derechos de información, participación en la gestión o control de la actividad social, o suscripción preferente de acciones reconocidos por las Leyes, serán castigados con la pena de multa de seis a doce meses».

➜ **Bien jurídico protegido**: se trata de proteger el ejercicio de los derechos de información, de participación en la gestión o control de la actividad social, o la suscripción preferente de acciones, de los socios de una sociedad que tienen una serie de derechos reconocidos por las leyes.

Según la STS 477/2014, de 10 de junio:

> «Es pacífico en la doctrina científica y en la jurisprudencia de la Sala estimar que los derechos mínimos de información (sic) del socio tienen una doble naturaleza: a) **económico patrimonial** y b) **político-personal**. Pertenecen al primer grupo el derecho a participar en los beneficios, en la cuota de liquidación y en el derecho de suscripción preferente, son derechos del segundo grupo los de información y asistencia y voto en las Juntas Generales» (FD 4).

De forma esquemática podemos indicar que se protegen los siguientes derechos:

1. **El derecho de información**.

> «El derecho de información no tiene otro objeto que permitir al socio conocer el estado de salud de sus intereses. Con su definición entre los deberes que delimitan el status socii se persigue asegurar los principios de fidelidad y buena fe como presupuestos para el logro del interés común que, por definición, anima toda forma societaria» (STS 91/2013, de 1 de febrero, FD 4).

2. El derecho de **«participación en la gestión»** de la actividad social.
3. El derecho de **control de la actividad social**.

> «Más allá del derecho de examen e inspección de las (escasas) sociedades colectivas (arts. 133 y 173 CCom), cabría considerar como derechos de control de

los socios o de determinados grupos de los mismos los derechos a que se convoque junta general (art. 168 LSC) o a que se complemente el orden del día de la convocatoria (art. 172 LSC), el derecho a solicitar la presencia de un notario que levante acta de la junta general (art. 203.2 LSC), el derecho de impugnación de acuerdos (arts. 93.c y 206 LSC) y de solicitud de su suspensión (art. 251.1 LSC), el derecho de exigir responsabilidad a los administradores (art. 239 LSC), el derecho de representación proporcional en el consejo de administración de las sociedades anónimas (art. 243 LSC) o el derecho de poner en marcha la auditoría de las cuentas anuales en aquellas sociedades que no estén obligadas a someterlas a la verificación de un auditor (art. 265.2 LSC)».

4. El derecho de **suscripción preferente de acciones**. (Lascuraín Sánchez, 2018, p. 281).

➔ **Acción típica**: se trata de una conducta de comisión que se podrá realizar de dos formas con carácter alternativo:

- Negar los derechos a los socios.
- Impedir el ejercicio de los derechos de información, participación en la gestión o control de la actividad social, o la suscripción preferente de acciones. Se trata de un delito especial.

«Una de las preocupaciones constantes de la doctrina jurisprudencial dictada en torno a este precepto es la de interpretarlo de un modo restrictivo tal que preserve la obligada naturaleza pena de **ultima ratio legis** (recientemente la STS 91/2013, de 1 de febrero, FD 4».

➔ **Sujeto activo**: son los administradores de hecho o de derecho de la sociedad.

➔ **Sujeto pasivo**: son los socios a los que se les impide el ejercicio de sus derechos.

➔ **Elemento subjetivo**: es un delito de carácter **doloso** pues existen los elementos cognitivo y volitivo. Se admite el **dolo eventual**.

➔ **Consumación**: entendemos que se produce la consumación cuando se concreta la negación o el impedimento de una serie de derechos que legalmente tienen los socios.

➔ **Penalidad**: multa de seis a doce meses. «Llama la atención que cierta mala conciencia del legislador por el exceso se plasme en una pena de **simple multa que olvida**, como han subrayado Queralt Jiménez y Martínez Buján, la pertinencia en estos casos de la inhabilitación» Lascuraín (2018).

Según Gálvez (2019, p. 222) este artículo contiene una pena demasiado benévola y sería necesaria su reforma:

«Los esfuerzos realizados por la doctrina y la jurisprudencia por desarrollar el contenido del delito societario de forma que se ajuste a los cánones de una norma penal que sea taxativa y concreta, no son suficientes para que el artículo 293 CP contenga aspectos criticables. En este sentido, la inclusión de una **pena excesivamente benévola** (ya que únicamente contempla la pena de multa) y que no permite acumular una pena accesoria de inhabilitación, deberían ser objeto de una **futura reforma**».

Negativa o impedimento de las funciones de inspección o supervisión de la sociedad, por parte de la autoridad administrativa competente

A tenor del artículo 294 CP se castiga a:

«Los que, como administradores de hecho o de derecho de cualquier sociedad constituida o en formación, **sometida o que actúe en mercados sujetos a supervisión administrativa, negaren o impidieren** la actuación de las personas, órganos o entidades inspectoras o supervisoras, serán castigados con la pena de prisión de seis meses a tres años o multa de doce a veinticuatro meses.

Además de las penas previstas en el párrafo anterior, la autoridad judicial podrá decretar algunas de las medidas previstas en el artículo 129 de este Código».

➜ **Bien jurídico protegido**: se busca proteger el orden socioeconómico, el funcionamiento correcto de los mercados financieros, y por ende se pretende proteger a los socios y a la ciudadanía.

➜ **Acción típica**: es una conducta que consiste en **negar o impedir** una actividad inspectora o supervisora. Se trata de un delito especial propio, y aquí el sujeto activo tendrá que ser una sociedad que opere en mercados sometidos legalmente a supervisión administrativa. Entre las entidades que están sujetas a la obligación de someterse a la inspección administrativa están las entidades financieras, las de seguros y las que cotizan en bolsa.

➜ **Sujeto activo**: son los administradores de hecho o de derecho de la sociedad que está sometida al control administrativo por ley.

➜ **Sujeto pasivo**: cuando el Estado vela por el buen funcionamiento de los mercados financieros, en definitiva, está protegiendo al sujeto pasivo final, que son los ciudadanos.

➜ **Elemento subjetivo**: se trata de un delito doloso, aunque también entendemos que una negativa a una inspección podría producirse por un error cuando quien ha que realizar la misma no se identifica correctamente y se impide su actuación.

➜ **Consumación**: se producirá la consumación cuando el administrador de la sociedad se niegue a que se lleven a cabo las supervisiones administrativas o se impida una inspección empleando ya sea la resistencia, la violencia o la intimidación.

➜ **Penalidad**: pena de prisión de seis meses a tres años o multa de doce a veinticuatro meses. Como medidas complementarias el párrafo segundo del artículo 294 del Código Penal establece que: «la autoridad judicial podrá decretar algunas de las medidas previstas en el artículo 129 de este Código».

➜ **Perseguibilidad**: en el artículo 296 del Código Penal se preceptúa que:

«1. Los hechos descritos en el presente capítulo, **solo serán perseguibles mediante denuncia de la persona agraviada o de su representante legal**. Cuando aquélla sea menor de edad, persona con discapacidad necesitada de especial protección o una persona desvalida, también podrá denunciar el Ministerio Fiscal.

2. No será precisa la denuncia exigida en el apartado anterior cuando la comisión del delito afecte a los **intereses generales o a una pluralidad de personas**».

13.3. Delitos de receptación

Tipo básico

Según el artículo 298.1 CP:

> «1. El que, con **ánimo de lucro** y con conocimiento de la comisión de un delito contra el patrimonio o el orden socioeconómico, en el que **no haya intervenido ni como autor ni como cómplice**, ayude a los responsables a aprovecharse de los efectos del mismo, o reciba, adquiera u oculte tales efectos, será castigado con la pena de prisión de seis meses a dos años. (...)».

➜ **Bien jurídico protegido**: este delito protege dos bienes jurídicos:

El **patrimonio individual** de la persona de la que proceden los bienes que se receptan, en cuanto se perpetúa el delito dificultando su esclarecimiento, el descubrimiento de los autores y la recuperación de los bienes.

El **orden socioeconómico** en cuanto esta conducta supone un modo de comercio ilícito, que se realiza al margen de los circuitos oficiales, suponiendo una competencia ilegal, que perjudica a los comerciantes legalmente establecidos que operan en la economía, pagando sus impuestos y cumpliendo las restantes cargas sociales y obligaciones legítimamente impuestas por las autoridades competentes.

➜ **Acción típica**: se trata de ayudar a los responsables de un delito para que se aprovechen de los efectos de este, y por otra parte puede tratarse de recibir, adquirir u ocultar los efectos de un delito.

Es un delito **común** y de **mera actividad**.

> «Se trata de **actos que no requieren de una actividad** mayor que la contemplada en alguno de los verbos fijados en el precepto, es decir, recibir, adquirir u ocultar, o sea, delitos de mera actividad, a los que se añaden dos elementos subjetivos relacionados con el ánimo de lucro y el conocimiento de que esos bienes proceden de la comisión de un delito contra el patrimonio o el orden socioeconómico en los que no intervino en ningún grado de participación criminal» MAGRO SERVET (2019, p. 1).

Según sentencia de la Audiencia Provincial de Ourense, Sección 2.ª, rec. 338/2017, de 9 de mayo de 2017, **los elementos característicos y típicos** del delito de receptación son:

- La comisión o perpetración previa o antecedente de un delito patrimonial «contra el patrimonio o el orden socioeconómico».
- Que el acusado no haya participado en el mismo como autor o cómplice.
- Que el acusado tenga conocimiento, no mera sospecha, impresión o sugestión, del delito cometido anteriormente, si bien no se exige que tal conocimiento sea pormenorizado, exhaustivo o detallado.
- El elemento subjetivo que se identifica con el ánimo lucrativo que se vertebra alrededor del conocimiento del sujeto activo de la procedencia ilícita de los objetos adquiridos.

Los verbos «poseer» y «utilizar» son contemplados en el **Código Civil español** así:

Artículo 430 CC

«Posesión natural es la tenencia de una cosa o el disfrute de un derecho por una persona. Posesión civil es esa misma tenencia o disfrute unidos a la intención de haber la cosa o derecho como suyos».

Artículo 431 CC

«La posesión se ejerce en las cosas o en los derechos por la misma persona que los tiene y los disfruta, o por otra en su nombre».

Artículo 432 CC

«La posesión en los bienes y derechos puede tenerse en uno de dos conceptos: o en el de dueño, o en el de tenedor de la cosa o derecho para conservarlos o disfrutarlos, perteneciendo el dominio a otra persona».

➔ **Sujeto activo**: puede serlo cualquiera siempre que no haya intervenido en calidad de autor ni como cómplice en el delito del cual proceden los bienes. El sujeto activo ha de actuar conociendo de forma clara que los bienes provienen de un delito.

➔ **Sujeto pasivo**: puede serlo cualquiera.

➔ **Elemento subjetivo**: se trata de un delito de carácter doloso pues ya en el mismo enunciado aparece la expresión «ánimo de lucro».

En cuanto al elemento intencional o subjetivo, señala la Audiencia Provincial de Sevilla, Sección 1.ª, en la sentencia, rec. 9014/2016, de 27 de octubre de 2016, lo siguiente:

«El delito de receptación es necesariamente **doloso**, pero puede ser cometido tanto por **dolo directo** (conocimiento con seguridad de la procedencia ilícita de los efectos), como por **dolo eventual**, cuando el receptador realiza sus actos a pesar de haberse representado como altamente probable que los efectos tienen su origen en un delito contra el patrimonio o el orden socioeconómico, es decir cuando el origen ilícito de los bienes receptados aparezca con un alto grado de probabilidad, dadas las circunstancias concurrentes».

La jurisprudencia del TS ha venido entendiendo que la existencia de un **precio «ínfimo» o «vil»**, claramente desproporcionado con el valor real de los objetos adquiridos, es un **elemento indiciario** del conocimiento del origen ilícito.

➔ **Consumación**: hay que realizar dos distinciones, pues por una parte cuando se ayuda a los responsables del delito para que se aprovechen del mismo, la consumación se producirá cuando se ha prestado de forma eficaz esa ayuda, y por otra parte se produce la consumación cuando se recibe, adquiere u oculta los efectos del delito. Existe la posibilidad de **tentativa**.

➔ Según sentencias del Tribunal Supremo de 17 de marzo, 15 de junio, 28 de noviembre de 1990, y 14 de abril de 1991: la consumación del delito viene determinada por el **aprovechamiento real o potencial de los bienes**, entendiendo por tal la disponibilidad de los mismos de acuerdo con la doctrina de la *illatio*, de manera que el aprovechamiento real y efectivo pertenece a la fase del agotamiento del delito, irrelevante a efectos penales.

➔ **Penalidad**: prisión de seis meses a dos años.

Subtipos agravados

1. Supuestos agravados del artículo 298.1 del Código Penal:

- Cuando se trate de cosas de valor artístico, histórico, cultural o científico.
- Cuando se trate de cosas de primera necesidad, conducciones, cableado, equipos o componentes de infraestructuras de suministro eléctrico o de servicios de telecomunicaciones, o de otras cosas destinadas a la prestación de servicios de interés general, productos agrarios o ganaderos o de los instrumentos o medios que se utilizan para su obtención.
- Cuando los hechos revistan especial gravedad, atendiendo al valor de los efectos receptados o a los perjuicios que previsiblemente hubiera causado su sustracción.

➔ **Penalidad**: prisión de uno a tres años de prisión.

2. Supuestos agravados del artículo 298.2 del Código Penal:

- **Por causa de tráfico de los bienes receptados**. En este caso se castiga a quien reciba, adquiera u oculte los efectos del delito para traficar con ellos. Esta modalidad supone un mayor desvalor sobre la receptación básica en cuanto el receptador no solo se queda con bienes procedentes de delitos sino que utiliza este medio de aprovisionamiento para comerciar posteriormente de forma ilegal.
- Así lo señala la sentencia de la Audiencia Provincial de Barcelona, Sección 6.ª, rec. 297/2017, de 15 de diciembre de 2017, que recoge que:

> «El reconocimiento por parte del acusado de los hechos susceptibles de comprobación objetiva, esto es, de que **adquirió** las dos bicicletas y posteriormente **vendió una y lo intentó con la segunda**, hace que la única cuestión planteable sea la concurrencia del dolo propio del delito de receptación, esto es, el conocimiento de la procedencia ilícita de los objetos adquiridos, un conocimiento que no es susceptible de ser acreditado por prueba directa (no se puede acceder directamente a si alguien sabe o no un hecho externo) sino que debe ser inferido de los datos indiciarios y periféricos que sean objeto de acreditación».

- Si el tráfico se realizase con la **utilización de un establecimiento o local comercial o industrial**. Es la modalidad de receptación en la que los sujetos activos se valen de un local o establecimiento que les sirve de centro de operaciones y que potencia su capacidad delictiva al tiempo que dificulta la persecución del delito y su autor, ya que de habitual se esconde con una actividad de apariencia legal, que se utiliza como se dice vulgarmente «tapadera», en cuanto es falsa.
- Según Magro Servet (2019, pp. 6-7):

> «(...) la referencia del local como vehículo por el que se lleva a cabo el tráfico de esos bienes no es preciso que se exija como elemento del tipo penal, ya que, de utilizarse, ello operaría como agravante, por lo que la existencia del local para ese fin es importante, pero no exigible».

Veamos las características de esta agravación del art. 298 CP.

➔ **Penalidad**: prisión de dos a tres años. En este caso se impondrán, además, las siguientes penas:

- Pena de multa de doce a veinticuatro meses.
- Penas accesorias: atendiendo a la gravedad del hecho y a las circunstancias personales del delincuente, se podrán imponer también al autor las siguientes:
  - Inhabilitación especial para el ejercicio de su profesión o industria por tiempo de dos a cinco años.
  - Clausura temporal o definitiva del establecimiento o local. Si la clausura fuese temporal, su duración no podrá exceder de cinco años.

Limitación de la pena

A tenor del artículo 298.3 del Código Penal:

> «3. **En ningún caso podrá imponerse pena privativa de libertad que exceda de la señalada al delito encubierto.** Si este estuviese castigado con pena de otra naturaleza, la pena privativa de libertad será sustituida por la de multa de 12 a 24 meses, salvo que el delito encubierto tenga asignada pena igual o inferior a esta; en tal caso, se impondrá al culpable la pena de aquel delito en su mitad inferior».

Responsabilidad de los receptadores

Según el artículo 300 CP: «Las disposiciones de este capítulo se aplicarán aun cuando el autor o el cómplice del hecho de que provengan los efectos aprovechados **fuera irresponsable o estuviera personalmente exento de pena».**

Lo que aquí se busca es castigar a los sujetos activos del delito de receptación incluyendo los casos en los que los autores de los delitos de los que provienen los objetos de forma ilegal no tuvieran responsabilidad o estuviesen exentos de pena.

13.4. Blanqueo de capitales

> «Desde antiguo muchos autores han mantenido que en realidad no puede encontrarse una justificación suficiente al momento de mantener como delito el fenómeno del blanqueo de capitales» MOLINA (2009, pp. 5 y ss).
>
> «Más aún, dependiendo de a qué autor acudamos, podemos encontrar incluso justificaciones tendentes a **blanquear el propio blanqueo de dinero**, entendiéndose que los poderes públicos deberían mantener y promocionar las conductas de blanqueo por resultar positivas para el sistema económico del país» BUSTOS (2019, p. 1).

En la actualidad el uso del dinero electrónico (tarjetas de crédito, Banca *online*, *E-cash*, Casinos *online*, etc.) y de los sistemas- electrónicos de micro pagos cada vez es más usual. Este método es el que se está utilizando últimamente para retornar al mercado ganancias delictivas blanqueándolas.

El «blanqueo de capitales» se dirige, en la práctica, a la lucha contra la delincuencia organizada. Es el campo delictivo de los llamados **«paraísos**

fiscales»: actualmente hay más de sesenta contabilizados; a título ejemplificativo cabe destacar cómo las Islas Caimán, probablemente el más famoso paraíso fiscal, con una extensión de 250 km2 y poco más de 50 000 habitantes, tiene más del doble del PIB de España en depósitos bancarios, 40 000 compañías registradas y 600 bancos distintos. *Vid.* BUSTOS M., GÓMEZ PAVÓN y PAVÓN HERRADOR, (2019).

La normativa de lucha contra el blanqueo de capitales y la financiación del terrorismo ha ido evolucionando desde los años 90, en virtud de las distintas tipologías detectadas por las autoridades y la constante monitorización sobre la eficacia de las normas ya existentes. *Vid.* ORCINA Y CAPELLO (2012).

La lucha contra el **blanqueo de capitales** y la **financiación del terrorismo** es una de las prioridades de la Comisión Juncker. El marco regulador de la UE se ha visto considerablemente reforzado con la adopción de la cuarta Directiva Antiblanqueo (en vigor desde junio de 2015) y la quinta Directiva Antiblanqueo (en vigor desde el 9 de julio de 2018). En base a ello, existe la nueva lista publicada de «paraísos fiscales» que sustituye a la que estaba vigente desde julio de 2018, y recoge a veintitrés países y territorios que son los siguientes: Afganistán, Arabia Saudí, Bahamas, Botsuana, Etiopía, Ghana, Guam, Irak, Irán, Islas Vírgenes de los Estados Unidos, Libia, Nigeria, Pakistán, Panamá, Puerto Rico, República Popular Democrática de Corea, Samoa, Samoa Americana, Siria, Sri Lanka, Trinidad y Tobago, Túnez y Yemen.

Pero el blanqueo no siempre tiene el desvalor penal, e incluso está visto como algo positivo e incluso legalizable por algunos autores, y así lo indica LASCURAÍN SÁNCHEZ (2018, p. 498):

> «(...) algunos teóricos de la economía y del Derecho abogan por la **legalización del blanqueo**; tan es así que ocasionalmente los Estados promueven el blanqueo con fines fundamentalmente de financiación pública (por ejemplo, comprometiéndose a no investigar el origen de los fondos o a no gravarlos con la cuota preceptiva si se invierten en deuda pública o abonan cierta cuota fiscal)».

Tipo básico

A tenor del artículo 301 CP:

> «1. El que adquiera, posea, utilice, convierta, o transmita bienes, sabiendo que éstos tienen su origen en una actividad delictiva, cometida por él o por cualquiera tercera persona, o realice cualquier otro acto para ocultar o encubrir su origen ilícito, o para ayudar a la persona que haya participado en la infracción o infracciones a eludir las consecuencias legales de sus actos, será castigado con la pena de prisión de seis meses a seis años y multa del tanto al triplo del valor de los bienes. En estos casos, los jueces o tribunales, atendiendo a la gravedad del hecho y a las circunstancias personales del delincuente, podrán imponer también a éste la pena de inhabilitación especial para el ejercicio de su profesión o industria por tiempo de uno a tres años, y acordar la medida de clausura temporal o definitiva del establecimiento o local. Si la clausura fuese temporal, su duración no podrá exceder de cinco años».

➜ **Bien jurídico protegido**: es el patrimonio y también entendemos que se intenta proteger a la Hacienda Pública.

> «Indagar en cuál es o debe ser entendido como **bien jurídico tutelado** en el delito de blanqueo de capitales constituye, a nuestro modo de ver, el camino esencial e ineludible

si lo que pretendemos es fundamentar un tipo penal que, como ocurre en el caso del blanqueo de capitales, se ha manifestado ya como una de las **figuras delictivas que más dudas** plantea desde el punto de vista de su legitimidad» Bustos (2019, p. 2).

Hay autores y sectores en nuestra jurisprudencia (en este sentido la STS 642/2018, de 13 de diciembre) que entienden el delito de blanqueo de capitales como un **delito contra el correcto funcionamiento del orden socioeconómico**, ya que con el proceso de blanqueo se ataca al normal funcionamiento del sistema financiero del país, a su correcto control y desarrollo fiscal, al estarse introduciendo bienes de procedencia ilícita en el circuito financiero legal del país, dando a aquellos una apariencia de efectiva legalidad. Así, Bustos (2019):

> «[...] ya de forma algo más concreta, se defiende que el delito de blanqueo de capitales es un delito que afecta a las funciones de averiguación e investigación de la Administración de Justicia, y por tanto a su normal funcionamiento, dado que realmente con la ejecución de ese tipo penal se está encubriendo el origen ilícito de los bienes, dificultándose la averiguación y conocimiento de su procedencia, así como la existencia del delito previo» Abel Souto (2005, p. 28). *Vid.* también a Martín Sagrado (2018).

Con este delito se desestabiliza la competencia y el sistema de mercado. También se ha pronunciado la jurisprudencia en sus SSTS n.º 1113/2004, de 9 de octubre, y n.º 266/2005, de 1 de marzo, entre otras.

➜ **Acción típica**: son una serie de actuaciones que lo que persiguen es convertir en legales bienes procedentes del delito. Se habla también de «lavado de dinero» o incluso de «reciclaje de dinero».

El término «blanqueo» lo define claramente Lascuraín Sánchez (2018, p. 496):

> «Tanto el término «blanqueo» como el término «lavado», que son los usuales para denominar la actividad delictiva que nos ocupa, tienen un afortunado componente metafórico. Se trata de hacer aparecer como blanco o limpio lo que en realidad es negro o está sucio, porque lo que se quiere es ocultar esa realidad. Ese «lo» se refiere normalmente a dinero y la negrura o suciedad califica su origen en un delito previo».

Según Molina (2007, pp. 87 y ss.):

> «El blanqueo es una conducta delictiva que **no consiste en un solo acto**, sino que es producto de un proceso más o menos complejo en el que **se efectúan diversas operaciones** a través de las cuales se oculta la procedencia delictiva de los bienes, encubriendo su naturaleza como si se hubieran obtenido de manera legítima».

El GAFI (Grupo de Acción Financiera contra el Blanqueo de Capitales), organización intergubernamental a la que pertenecen 34 Estados —entre ellos España— y dos organizaciones regionales —entre ellas la Comisión Europea— descompone pedagógicamente en tres las fases lógicas del blanqueo: **colocar** el capital, **ensombrecer** su origen e **integrarlo** en la economía legal.

Se pueden castigar dos conductas distintas:

1. En este caso se llevará a cabo la acción delictiva sobre el objeto material del delito pudiendo realizarse las siguientes acciones: poseer, utilizar, adquirir, transmitir vienes a sabiendas que proceden de una actividad delictiva.

2. Aquí se persigue el hecho de ocultar el origen legal de los bienes y que se concreta en diferentes actuaciones como: realizar cualesquiera actos para favorecer la ocultación o llevar a cabo el encubrimiento del origen ilícito de los bienes o con la finalidad de ayudar a la persona que haya participado en la acción ilegal para eludir las consecuencias legales derivadas de sus actos.

A tenor de la Ley 10/2010, de 28 de abril, de Prevención del Blanqueo de Capitales y de la Financiación del Terrorismo (BOE n.º 103, de 29/04/2010):

> «2. A los efectos de la presente Ley, **se considerarán blanqueo de capitales** las siguientes actividades:
> a) La **conversión o la transferencia** de bienes, a sabiendas de que dichos bienes proceden de una actividad delictiva o de la participación en una actividad delictiva, con el propósito de ocultar o encubrir el origen ilícito de los bienes o de ayudar a personas que estén implicadas a eludir las consecuencias jurídicas de sus actos.
> b) La **ocultación o el encubrimiento** de la naturaleza, el origen, la localización, la disposición, el movimiento o la propiedad real de bienes o derechos sobre bienes, a sabiendas de que dichos bienes proceden de una actividad delictiva o de la participación en una actividad delictiva.
> c) La **adquisición, posesión o utilización** de bienes, a sabiendas, en el momento de la recepción de los mismos, de que proceden de una actividad delictiva o de la participación en una actividad delictiva.
> d) La **participación** en alguna de las actividades mencionadas en las letras anteriores, la asociación para cometer este tipo de actos, las tentativas de perpetrarlas y el hecho de ayudar, instigar o aconsejar a alguien para realizarlas o facilitar su ejecución.
> Existirá blanqueo de capitales aun cuando las conductas descritas en las letras precedentes sean realizadas por la persona o personas que cometieron la actividad delictiva que haya generado los bienes.
> A los efectos de esta Ley se entenderá por bienes procedentes de una actividad delictiva todo tipo de activos cuya adquisición o posesión tenga su origen en un delito, tanto materiales como inmateriales, muebles o inmuebles, tangibles o intangibles, así como los documentos o instrumentos jurídicos con independencia de su forma, incluidas la electrónica o la digital, que acrediten la propiedad de dichos activos o un derecho sobre los mismos, con inclusión de la cuota defraudada en el caso de los delitos contra la Hacienda Pública.
> Se considerará que hay blanqueo de capitales aun cuando las actividades que hayan generado los bienes se hubieran desarrollado en el territorio de otro Estado».

Según la **Directiva (UE) 2015/849 del Parlamento Europeo y del Consejo, de 20 de mayo de 2015**, relativa a la prevención de la utilización del sistema financiero para el blanqueo de capitales o la financiación del terrorismo (artículo 1.3):

> «A efectos de la presente Directiva, las siguientes actividades, realizadas intencionadamente, se considerarán blanqueo de capitales: a) la conversión o la transferencia de bienes, a sabiendas de que dichos bienes proceden de una actividad o un hecho delictivo o de la participación en ese tipo de actividad, con el propósito de ocultar o encubrir el origen ilícito de los bienes o de ayudar a personas que estén implicadas en dicha actividad a eludir las consecuencias jurídicas de su acto; b) la ocultación o el encubrimiento de la naturaleza, el origen, la localización, la disposición, el movimiento o la propiedad reales de bienes o de derechos sobre esos bienes, a sabiendas de que dichos bienes proceden de una actividad delictiva o de la participación en ese tipo de actividad; c) la adquisición, posesión o utilización de bienes, a sabiendas, en el momento de la recepción de los mismos, de que proceden de una actividad delictiva o de la participación en ese tipo de actividad; d) la participación en alguna de las acciones a que se refieren las letras a), b) y c), la asociación para cometer ese tipo de acciones, las tentativas de perpetrarlas y el hecho de ayudar, instigar o aconsejar a alguien para realizarlas o de facilitar su ejecución».

El blanqueo de dinero es cometido también a través de **Internet** a través del ***phising***:

«Ante el problema de la desmedida extensión objetiva del tipo de blanqueo producto de la reforma van a poder incluirse muchos de los casos del *phishing* que hasta ahora se calificaban de cooperación en la estafa informática, ya que el intermediario posee y transmite los bienes. Incluso a pesar de la expresa previsión de elementos subjetivos, como son que el autor actúe «sabiendo» o «para» o «a sabiendas» de que los bienes tienen su origen en una actividad delictiva, así como el propósito o finalidad de ocultar o encubrir aquel origen ilícito, ya no será tan complicado demostrar el dolo del intermediario» GÓMEZ INIESTA (2013, p. 6).

➔ **Sujeto activo**: puede serlo cualquiera. Según BUSTOS (2019, p. 14):

«(...) la tendencia a lo global, dejando a un lado la estricta lesividad individual a que nos tiene acostumbrado el Derecho penal tradicional (sea como injusto efectivamente lesivo o de peligro), sosteniéndose que lo determinante es la **visión macroeconómica o macrosocial más allá de la imputabilidad personal de un sujeto por su actuación individual**».

➔ **Sujeto pasivo**: puede serlo cualquiera.

➔ **Elemento subjetivo**: es un delito doloso, pues quien lo comete sabe perfectamente las acciones que realiza para convertir en legal aquello que ha obtenido procedente de acciones delictivas. Sin embargo, cabe la posibilidad de que exista el delito de blanqueo de capitales **con imprudencia grave** (STS 2611/2019 de 23/07/2019 - ECLI:ES:TS:2019:2611).

Caso real (muleros bancarios). STS n.º 506/2015, de 27 de julio de 2015

«Y es evidente que la conducta realizada por el recurrente, al aceptar en su cuenta una cantidad que procedía de una actividad delictiva, y contribuir a ocultarla, transfiriéndola a una persona situada en el extranjero, es objetivamente constitutiva de blanqueo. Y, subjetivamente, es también evidente que el acusado omitió las más elementales medidas de cuidado al aceptar recibir en su cuenta cantidades de dinero de procedencia desconocida y actuar como intermediario para transmitirlas a una persona situada en Ucrania, pues aun cuando formalmente desconociese la procedencia delictiva de las sumas recibidas, es claro para cualquier persona de inteligencia media que la operación que se le solicitaba conducía a ocultar unos bienes en un lugar de difícil acceso para la actividad policial, sin que sea necesaria la intervención de intermediarios para realizar transferencias lícitas, por lo que su procedencia delictiva era fácilmente deducible utilizando un mínimo de diligencia».

La figura de los muleros está siendo muy controvertida por parte de la jurisprudencia, calificando al mulero unas veces como cooperador necesario de una estafa informática y otras como autor de un delito de blanqueo de capitales con imprudencia grave. El TS, en su sentencia n.º 834/2012, 25 de octubre de 2012, resuelve que «la calificación jurídica de los hechos como integrantes de un delito de estafa informática, receptación o **blanqueo** de **capitales**, obligará a analizar en qué medida el dolo de ese tercero que hace posible el rendimiento del capital evadido, capta los elementos del tipo objetivo del delito de estafa».

En el blanqueo de capitales, la imprudencia no recae sobre la forma en que se ejecuta el hecho, sino en el conocimiento de la naturaleza delictiva de los bienes receptados.

➔ **Concurso**: podría plantearse el concurso entre el delito de blanqueo de capitales y el delito de encubrimiento.

➔ **Consumación**: en el primero de los casos la consumación tendrá lugar cuando se materialicen las conductas descritas en el tipo, cuando se produzca la adquisición del bien o de los bienes que proceden del delito, cuando se posean, si es que esta acción la realiza el mismo sujeto activo y también cuando se convierte el bien o se produce una transmisión.

En el segundo tipo las acciones van encaminadas a encubrir el delito, y se consuma cuando se llevan a cabo alguna de las acciones descritas. Cabe la tentativa.

➔ **Penalidad**: prisión de seis meses a seis años y multa del tanto al triplo del valor de los bienes. Atendiendo a la **gravedad del hecho y a las circunstancias personales del delincuente**, podrán imponer también a este la pena de inhabilitación especial para el ejercicio de su profesión o industria por tiempo de uno a tres años, y acordar la medida de clausura temporal o definitiva del establecimiento o local.

Supuestos agravados

Delitos relacionados con el tráfico de estupefacientes, delitos contra la Administración Pública y delitos sobre la ordenación del territorio y el urbanismo.

Art. 301.1 párrafo 2.º CP

«La pena se impondrá en su mitad superior cuando los bienes tengan su origen en alguno de los delitos relacionados con el tráfico de drogas tóxicas, estupefacientes o sustancias psicotrópicas descritos en los artículos 368 a 372 de este Código. En estos supuestos se aplicarán las disposiciones contenidas en el artículo 374 de este Código.

También se impondrá la pena en su mitad superior cuando los bienes tengan su origen en alguno de los delitos comprendidos en el título VII bis, el capítulo V del título VIII, la sección 4.ª del capítulo XI del título XIII, el título XV bis, el capítulo I del título XVI o los capítulos V, VI, VII, VIII, IX y X del título XIX».

Delitos cometidos por personas integradas en organizaciones criminales

Según el art. 302.1 CP:

«1. En los supuestos previstos en el artículo anterior se impondrán las penas privativas de libertad en su mitad superior a las personas que pertenezca a una organización dedicada a los fines señalados en los mismos, y la pena superior en grado a los jefes, administradores o encargados de las referidas organizaciones.

También se impondrá la pena en su mitad superior a quienes, siendo sujetos obligados conforme a la normativa de prevención del blanqueo de capitales y de la financiación del terrorismo, cometan cualquiera de las conductas descritas en el artículo 301 en el ejercicio de su actividad profesional».

Para conocer lo que es una **organización criminal** hay que acudir al artículo 570 bis del Código Penal que indica:

«A los efectos de este Código se entiende por organización criminal la agrupación formada por más de dos personas con carácter estable o por tiempo indefinido, que de manera concertada y coordinada se repartan diversas tareas o funciones con el fin de cometer delitos».

Imprudencia grave

En el artículo 301.3 del Código Penal se castigan los hechos que se han realizado mediante imprudencia grave con: «3. Si los hechos se realizasen por imprudencia grave, la pena será de prisión de seis meses a dos años y multa del tanto al triplo».

Perseguibilidad

A tenor del art. 301.4 CP: «4. El culpable será igualmente castigado aunque el delito del que provinieren los bienes, o los actos penados en los apartados anteriores hubiesen sido cometidos, total o parcialmente, en el extranjero».

Decomiso

De conformidad con artículo 301.5 del Código Penal: «5. Si el culpable hubiera obtenido ganancias, serán decomisadas conforme a las reglas del artículo 127 de este Código».

Y el art. 127 del CP dispone que:

> «1. Toda pena que se imponga por un delito doloso llevará consigo la pérdida de los efectos que de él provengan y de los bienes, medios o instrumentos con que se haya preparado o ejecutado, así como de las ganancias provenientes del delito, cualesquiera que sean las transformaciones que hubieren podido experimentar.
>
> 2. En los casos en que la ley prevea la imposición de una pena privativa de libertad superior a un año por la comisión de un delito imprudente, el juez o tribunal podrá acordar la pérdida de los efectos que provengan del mismo y de los bienes, medios o instrumentos con que se haya preparado o ejecutado, así como de las ganancias provenientes del delito, cualesquiera que sean las transformaciones que hubieran podido experimentar.
>
> 3. Si por cualquier circunstancia no fuera posible el decomiso de los bienes señalados en los apartados anteriores de este artículo, se acordará el decomiso de otros bienes por una cantidad que corresponda al valor económico de los mismos, y al de las ganancias que se hubieran obtenido de ellos. De igual modo se procederá cuando se acuerde el decomiso de bienes, efectos o ganancias determinados, pero su valor sea inferior al que tenían en el momento de su adquisición».

Responsabilidad de las personas jurídicas

Cuando el hecho está perpetrado por una persona jurídica, como podría ser una gran empresa, se incrementa el desvalor de la acción, así:

Art. 302.2 CP

> «2. En tales casos, cuando de acuerdo con lo establecido en el artículo 31 bis sea responsable una persona jurídica, se le impondrán las siguientes penas:
>
> a) Multa de dos a cinco años, si el delito cometido por la persona física tiene prevista una pena de prisión de más de cinco años.
>
> b) Multa de seis meses a dos años, en el resto de los casos.
>
> Atendidas las reglas establecidas en el artículo 66 bis, los jueces y tribunales podrán asimismo imponer las penas recogidas en las letras b) a g) del apartado 7 del artículo 33».

Delitos cometidos por personas cualificadas

Aquí tenemos que acudir al artículo 303 del Código Penal que castiga los delitos de los artículos 301 y 302 del mismo cuerpo legal cuando el sujeto activo hubiere sido: un empresario, un intermediario del sector financiero, un funcionario público, un facultativo, un docente o educador en el ejercicio o un trabajador social.

La pena será la que se establezca en los artículos 301 y 302 del Código Penal, además de la inhabilitación especial para el empleo o cargo público, profesión, oficio, industria o comercio de tres a diez años. La inhabilitación absoluta será de diez a veinte años cuando los hechos fueren realizados por autoridad oh agente de la misma.

Art. 303 CP

«(...). A tal efecto, se entiende que son facultativos los médicos, psicólogos, las personas en posesión de títulos sanitarios, los veterinarios, los farmacéuticos y sus dependientes».

Provocación, conspiración y proposición

Según el artículo 304 CP:

«La **provocación**, la **conspiración** y la **proposición** para cometer los delitos previstos en los artículos 301 a 303 se castigará, respectivamente, con la pena inferior en uno o dos grados».

13.5. Los delitos de financiación ilegal de los partidos políticos

El tipo básico

En España, en los últimos años hemos tenido una serie de casos de financiación ilegal de partidos políticos que han afectado a la práctica totalidad de formaciones, a saber: caso Pallerols (Unió Democrática de Catalunya), «caso Over Marketing» (PP), La Caixa (PSC), Filesa (PSOE), Naseiro (PP), Tragaperras (PNV), Caso Casinos (CDC), Flick (PSOE, ERC, AP), Sellberg (PSOE), 3 % y Palau de la Música (CiU), «Pápeles de Bárcenas» y Gürtel (PP), etcétera, pero como veremos, estamos ante un problema global. (Abadías 2019).

Caso real en Ecuador. Financiación ilegal de partidos políticos. 4 de enero de 2020

La justicia de Ecuador ha llamado a juicio al expresidente Rafael Correa por el caso sobornos, en el cual se investiga un entramado de pagos de empresas al partido Alianza PAÍS a cambio de obtener contratos. La decisión de la jueza Daniella Camacho comenzó con un tirón de orejas para la Fiscalía por haber presentado una acusación desordenada e incompleta, sin embargo, la magistrada enjuició a última hora de este viernes al exmandatario y a otras 20 personas, entre las que se encuentran los miembros más cercanos a su anterior Gobierno.

KELSEN 1997, 37) afirmaba:

«(...) la democracia solo es posible cuando los individuos a fin de lograr una actuación sobre la voluntad colectiva se reúnen en organizaciones definidas por diversos fines políticos, de tal manera que entre el individuo y el Estado se interponen aquellas colectividades que agrupan en forma de partidos políticos las voluntades políticas coincidentes de los individuos».

Para Montesquieu, (citado por PRESNO LINERA 2009), los partidos son elementos necesarios para el recto funcionamiento del régimen constitucional, pues favorecen la libertad individual, la diferencia de opiniones, el libre juego y la recíproca influencia de las distintas opciones políticas.

Siguiendo a TORRES DEL MORAL (2004), de forma esquemática, y que seguidamente ampliaremos, la financiación de los partidos políticos en España es en parte privada y en parte pública.

La financiación pública está compuesta por los siguientes conceptos:

- Las subvenciones por gastos electorales.
- Las subvenciones estatales anuales con cargo a los Presupuestos Generales del Estado.
- Subvenciones estatales a los grupos parlamentarios de las Cortes y de los Parlamentos autonómicos.
- La financiación privada está compuesta por: Las cuotas y aportaciones de los afiliados.
- Los productos de las actividades propias del partido y los rendimientos de su patrimonio.
- Las aportaciones de las personas físicas o jurídicas, nacionales o extranjeras, siempre que observen los límites legales y no sean anónimas ni finalistas ni revocables. Estas aportaciones no podrán proceder de gobiernos u organismos públicos extranjeros.
- Los créditos.
- Herencias, legados, etc.

ARIÑO ORTIZ (2009) indica que tanto la financiación pública como la privada presentan peligros para la democracia, pues la financiación privada conlleva: mediatización y endeudamiento de los partidos, desigualdad entre ellos, secuestro por los donantes y protectores e insuficiencia, y por otra parte, la financiación pública tiene otros problemas como: crecimiento ilimitado, despilfarro, aislamiento y desconexión de la sociedad, consolidación de una oligarquía burocrática y secuestro de la sociedad por los partidos.

Hay que hacer constar aquí también parte de los sueldos de los representantes políticos electos, pero ello es un pacto entre el cargo electo y el partido, pues de forma mutua se benefician.

El tipo básico del nuevo delito de financiación ilegal de partidos políticos aparece en los apartados 1 y 4 del art. 304 bis, que disponen lo siguiente:

> «1. Será castigado con una pena de multa del triplo al quíntuplo de su valor, el que reciba donaciones o aportaciones destinadas a un partido político, federación, coalición o agrupación de electores con infracción de lo dispuesto en el artículo 5.Uno de la Ley Orgánica 8/2007, de 4 de julio, sobre financiación de los partidos políticos. [...]
>
> [...] 4. Las mismas penas se impondrán, en sus respectivos casos, a quien entregare donaciones o aportaciones destinadas a un partido político, federación, coalición o agrupación de electores, por sí o por persona interpuesta, en alguno de los supuestos de los números anteriores» (art. 304 bis LO 1/2015, de 30 de marzo)».

➔ **Bien jurídico protegido**: el art. 1.1 de la Constitución española determina el pluralismo político como uno de los cuatro valores superiores del ordenamiento jurídico, a la vez que el art. 6 de la Constitución española (en adelante CE). Es fundamental que los partidos políticos tengan la función que les asigna de forma prístina la Constitución española de 1978, que es expresar el pluralismo político, contribuir a la formación y manifestación de la voluntad popular. Los partidos son instrumento fundamental para la participación política de los ciudadanos, a tenor del art. 6 CE. (RODRÍGUEZ-VERGARA, 1992) matiza que los partidos, más que expresar el pluralismo político, son una expresión de este.

En definitiva, el bien jurídico a proteger es el correcto funcionamiento del sistema democrático de partidos, caracterizado por la transparencia en su financiación, por la igualdad de oportunidades para todas las formaciones políticas, y por la necesaria confianza de los ciudadanos.

➜ **Acción típica**: financiarse de forma irregular

➜ **Sujeto activo**: puede serlo cualquiera y por lo tanto es un delito de carácter común. El castigo de la financiación ilegal de los partidos políticos contempla los dos participantes en tal comportamiento, esto es, quien recibe la donación y quien la ofrece. No obstante, cuando estamos ante la financiación irregular de las formaciones políticas, podemos encontrarnos con tres posibles sujetos implicados: La propia formación política, el donante, y con gran frecuencia, un sujeto intermediario. No obstante, cabe apreciar una destacada ausencia en este catálogo de entidades: se trata de las fundaciones o cualquier tipo de asociaciones vinculadas a los partidos políticos. (BUSTOS 2016).

También las personas jurídicas pueden ser responsables de este delito. Este apartado indica que se impondrán las mismas penas a las personas jurídicas que, de acuerdo con lo previsto en el art. 31 bis, resulten responsables de este delito.

➜ **Sujeto pasivo**: pueden ser partido político, federación, coalición o agrupación de electores.

➜ **Penalidad**: la penalidad prevista para el tipo básico (apartados 1 y 4) es una multa del triplo al quíntuplo del importe de la donación efectuada. Para los tipos agravados del apartado 2 se prevé prisión de seis meses a cuatro años y multa del triplo al quíntuplo del importe de la donación o de su exceso. Por consiguiente, el valor de referencia para el cálculo de la multa proporcional dependerá de la concreta modalidad delictiva.

➜ **Tentativa y consumación**: el tipo básico del delito de financiación ilegal de partidos políticos se consuma con la mera entrega o recepción de la donación ilícita.

➜ **Concurso**: generalmente el delito de financiación ilegal de partidos entra en concurso con otras infracciones delictivas. Fundamentalmente cabe referirse a la posible realización de falsedades documentales, quienes oculten o hagan constar datos falsos en las cuentas del partido estarán llevando a cabo falsedades de carácter ideológico que, cuando sean cometidas por particulares, no resultarán punibles (art. 392 CP).

También podría verificarse un delito de tráfico de influencias, en alguna de sus modalidades, cuando la concesión ilegal de fondos del partido ha sido lograda tras el ejercicio de una influencia sobre la autoridad o funcionario implicado en la asignación de tales fondos al partido político.

Cabrá apreciar un delito de malversación cuando los recursos obtenidos por el partido proceden de las arcas públicas.

En el supuesto de que la decisión de financiar irregularmente al partido proviniera únicamente de alguno de los directivos del ente, que podrían llegar a cometer algún delito societario o el delito de administración desleal de patrimonio (art. 252 CP).

El art. 304 bis del Código Penal castiga únicamente determinadas irregularidades en la financiación privada de los partidos políticos; se castiga concretamente la infracción de lo dispuesto en el art. 5.1 LOFPP, que prohíbe los siguientes tipos de donaciones:

- **Donaciones anónimas, finalistas o revocables**: se pretende impedir que las aportaciones privadas se efectúen con la intención de asegurar un determinado favor futuro. Las finalistas serían las que se destinan a una finalidad concreta, siguiendo a (De Miguel Beriain, 2015).
- **Donaciones procedentes de una misma persona superiores a 50 000 euros anuales**: se exceptúan no obstante de este límite las donaciones de bienes inmuebles, siempre que se cumplan los requisitos del art. 4.2 LOFPP, esto es, siempre **que se haga constar la identificación del donante y que se atestigüe documentalmente la entrega del bien donado y el carácter irrevocable de la donación**.

  Se trata obviamente de donaciones de personas físicas, puesto que tras la reforma de la LOFPP efectuada por LO 3/2015, de 30 de marzo, las personas jurídicas no pueden dar aportaciones a los partidos políticos.

  Llama la atención que tal límite taxativo opera solo en relación con las donaciones en dinero, y también en especie, pero con exclusión de los bienes inmuebles. Según el propio art. 5.1 LOFPP, las donaciones de bienes inmuebles quedan exentas de tal límite siempre que se cumplan los requisitos del art. 4.2.e): como se ha dicho, que se haga constar la identificación del donante y que se atestigüe documentalmente la entrega del bien donado y el carácter irrevocable de la donación.
- **Donaciones procedentes de personas jurídicas y de entes sin personalidad jurídica**.

  Según Gómez Benítez (2016), las donaciones anónimas son la fuente principal de financiación ilegal de los partidos políticos y entendemos por ello que la opacidad que generarán podrá contribuir a pagar sobresueldos y a sufragar gastos "inconfesables" siempre en "negro" o en el eufemístico "b".

  Aquí queremos hacer reseña de otra forma de realizar aportaciones que podría considerarse prácticamente como anónima, que es la del llamado *Crowdfunding*.

  El límite de 50.000 euros al año que se establece para las personas físicas puede ser excesivamente elevado, y podría contribuir a que se utilizasen por parte de empresas a personas interpuestas para cometer fraude, en este sentido también (Sánchez 2015).

Los apartados 1 y 4 del art. 304 bis del Código Penal contienen la definición de las dos vertientes del tipo básico de financiación ilegal de partidos políticos:

- El apartado 1 castiga al receptor de la donación ilegal.
- El apartado 4 sanciona el comportamiento correlativo del donante.

En cuanto a posibles aportaciones extranjeras, el art. 7 de la LOFPP permite expresamente las donaciones que procedan de personas físicas extranjeras, pero establece que los partidos no podrán aceptar ninguna forma de financiación de Gobiernos y organismos, entidades o empresas públicas extranjeras o de empresas relacionadas, directa o indirectamente, con los mismos.

Cabe llamar la atención sobre el hecho de que esta nueva infracción penal no incluye referencia alguna a una de las novedades que ha incluido la reciente reforma de la LOFPP: la prohibición de que las entidades de crédito efectúen condonaciones parciales o totales de deudas a los partidos políticos (art. 4.4 LOFPP).

Esta podría ser una vía de burlar los límites a la financiación privada, constituyendo una forma encubierta de realizar una aportación de fondos a un partido por parte de la entidad de crédito. A través de la LO 3/2015, se ha introducido en la LOFPP la prohibición de las condonaciones totales o parciales de deudas a los partidos políticos.

La configuración del tipo penal deja también fuera las operaciones asimiladas, esto es, la asunción de gastos del partido por parte de terceros.

Tampoco hay referencia a las donaciones de empresas con contrato vigente con Administración pública.

Tampoco se tipifica la realización de falsedades en la contabilidad del partido, al estilo del delito del artículo 149 LOREG, que castiga justamente la acción de falsear las cuentas del partido para ocultar aportaciones o gastos ilícitos.

El art. 304 bis del Código Penal olvida la fuente de financiación más importante de los partidos políticos: la financiación de origen público, en cuyo ámbito, evidentemente, también pueden presentarse irregularidades.

La LOREG estipula tres tipos de financiación, a saber: 1) la financiación directa a través de subvenciones que tendrán como límite el montante de los gastos electorales que vienen a su vez determinados en sus arts. 227 y ss.; 2) la financiación indirecta pública que se presta durante la campaña y que consiste en una serie de prestaciones materiales por parte del Estado recogidas en los art. 55 y ss.; 3) la financiación privada de personas físicas y jurídicas con el límite de 10.000 euros.

La problemática del sobre endeudamiento de los partidos políticos ya fue señalada en el Informe de Evaluación sobre España del Grupo de Países del Consejo de Europa contra la Corrupción (en adelante GRECO) (2009), que ponía especial énfasis en la excesiva dependencia del crédito y en la falta de normativa reguladora. Todo y así, la situación no fue a mejor y se sucedió el Primer Informe de Cumplimiento del GRECO de 2011 que denunció el incumplimiento de las autoridades españolas ante las recomendaciones de 2009. El mismo informe GRECO 2011 indicaba que los préstamos concedidos en condiciones ventajosas y los acuerdos de renegociación, cuando supongan una condonación, constituyen indudablemente donaciones encubiertas que podían servir para sortear los límites legales de las aportaciones privadas.

En el Segundo Informe de Cumplimiento del GRECO de 2013, se volvió a remarcar que no se habían atendido las recomendaciones realizadas y que se debían reforzar las medidas para conseguir una total transparencia.

La reforma de la LO 3/2015 intentó corregir las deficiencias que se observaron por los anteriores informes mencionados y reguló que los partidos políticos pueden renegociar sus deudas con las entidades de crédito de conformidad a la legislación vigente, pero introduce la prohibición de que estos acuerdos de renegociación conlleven una condonación total o parcial, en concordancia con la prohibición de donaciones a los partidos por parte de personas jurídicas.

Estas reformas fueron consideradas de forma positiva en el *Addendum* al Segundo Informe de Cumplimiento del GRECO (2015), pero se sigue recordando que existen deficiencias en transparencia y que la situación de endeudamiento excesivo de los partidos políticos es excesiva (ABADÍAS SELMA, 2019).

Los tipos agravados de financiación ilegal de partidos políticos

El tipo agravado del art. 304 bis apartado 2

El apartado 2 del art. 304 bis dispone lo siguiente:

> «2. Los hechos anteriores serán castigados con una pena de prisión de seis meses a cuatro años y multa del triplo al quíntuplo de su valor o del exceso cuando:
>
> a) Se trate de donaciones recogidas en el artículo 5.Uno, letras a) o c) de la Ley Orgánica 8/2007, de 4 de julio, sobre financiación de los partidos políticos, de importe superior a 500.000 euros, o que superen en esta cifra el límite fijado en la letra b) del aquel precepto, cuando sea ésta el infringido.
>
> b) Se trate de donaciones recogidas en el artículo 7.Dos de la Ley Orgánica 8/2007, de 4 de julio, sobre financiación de los partidos políticos, que superen el importe de 100.000 euros».

Las donaciones del art. 5.1 LOFPP

Se castigan las donaciones prohibidas en el art. 5.1 letras a) y c) LOFPP, cuando superen la cantidad de 500 000 euros.

En segundo lugar, se contiene la referencia a las donaciones prohibidas en el art. 5.1 b) LOFPP. Las donaciones procedentes de una misma persona superiores a 50 000 euros constituyen el tipo básico del art. 304 bis (apartado 1; además, suponen una infracción de la LOFPP); estaremos ante el tipo agravado del apartado 2 b) cuando tales donaciones superen los 550 000 euros anuales.

Las donaciones del art. 7.2 LOFPP

Existe un tipo agravado con las donaciones que procedan de Gobiernos u organismos extranjeros, de entidades o empresas públicas extranjeras, o de empresas relacionadas directa o indirectamente con todos los anteriores, siempre que se supere el importe de 100 000 euros.

El tipo agravado del art. 304 bis apartado 3

El apartado 3 del art. 304 bis del Código Penal establece:

> «3. Si los hechos a que se refiere el apartado anterior resultaran de especial gravedad, se impondrá la pena en su mitad superior, pudiéndose llegar hasta la superior en grado».

La expresión «especial gravedad» es de carácter valorativo y su apreciación corresponde a los tribunales.

Han pasado años desde que el caso Gürtel se destapó. Ha pasado de todo: jueces destituidos, escuchas invalidadas, muertes de algunos imputados, juicios, condenas, y escándalos que aparecían por doquier. La historia ha llegado al cine.

Para saber más sobre el caso:
https://cutt.ly/xQvLkko

La agravación por pertenencia a una organización criminal

La Sala de lo Penal de la Audiencia Nacional ha confirmado el auto del magistrado José de la Mata que propone juzgar al expresidente de la Generalitat de Cataluña Jordi Pujol; a su mujer, Marta Ferrusola; y a sus hijos.

Para saber más sobre el caso Pujol:
https://cutt.ly/1QvL0GQ

Finalmente, el art. 304 ter del Código Penal contiene la específica agravación centrada en la pertenencia a una **organización criminal**. Este precepto dispone lo siguiente:

> «1. Será castigado con la pena de prisión de uno a cinco años, el que participe en estructuras u organizaciones, cualquiera que sea su naturaleza, cuya finalidad sea la financiación de partidos políticos, federaciones, coaliciones o agrupaciones de electores, al margen de lo establecido en la ley.
>
> 2. Se impondrá la pena en su mitad superior a las personas que dirijan dichas estructuras u organizaciones.
>
> 3. Si los hechos a que se refieren los apartados anteriores resultaran de especial gravedad, se impondrá la pena en su mitad superior, pudiéndose llegar hasta la superior en grado».

El art. 304 ter establece una **penalidad más agravada** para los casos en que la financiación ilegal de los partidos políticos se articule a través de una estructura u organización específicamente destinada a tal fin.

La redacción legal permite la apreciación de un concurso de delitos entre la propia figura de financiación ilegal de partidos (art. 304 bis) y la pertenencia o dirección de una organización estructurada para llevar a cabo este tipo de comportamientos (art. 304 ter).

El art. 570 quáter contiene una cláusula concursal que determina la aplicación de la cuarta regla del art. 8 (el principio de alternatividad) para resolver las posibles situaciones concursales entre la regulación de las organizaciones y grupos criminales y otros preceptos del Código Penal que contemplen una agravación por ejecutar el delito en el marco de una estructura u organización.

En su apartado 3, el art. 304 ter establece otro supuesto agravado, previéndose la aplicación de la pena de los apartados anteriores en su mitad superior, y facultativamente la pena superior en grado, cuando los hechos resultaran «de especial gravedad».

El delito específico relativo a la financiación electoral

Para saber más sobre el caso:
https://cutt.ly/1QbpHNj

Ya existía en la LO 5/1985, de 19 de junio, del Régimen Electoral General (en adelante, LOREG), una infracción delictiva relacionada con la financiación electoral de los partidos políticos.

Constituye una infracción restringida a la financiación de naturaleza electoral, vinculada exclusivamente a sufragar los gastos derivados de las campañas electorales desarrolladas con carácter inmediatamente previo a la celebración de elecciones. Se trata del **art. 149 LOREG**, que dispone lo siguiente:

> «1. Los administradores generales y de las candidaturas de los partidos, federaciones, coaliciones o agrupaciones de electores que falseen las cuentas, reflejando u omitiendo indebidamente en las mismas aportaciones o gastos o usando de cualquier artificio que suponga aumento o disminución de las partidas contables, serán castigados con la pena de prisión de uno a cuatro años y multa de doce a veinticuatro meses.
>
> 2. Los tribunales atendiendo a la gravedad del hecho y sus circunstancias podrán imponer la pena en un grado inferior a la señalada en el párrafo anterior».

➔ **Bien jurídico protegido**: la funcionalidad del documento en el tráfico jurídico y un interés ulterior: la transparencia del sistema electoral.

➔ **Acción típica**: la conducta delictiva recae sobre las partidas contables y las cuentas electorales. Las falsedades han de darse en la contabilidad electoral en sentido amplio, es decir, en todo el conjunto de documentación relativo a las cuentas electorales que ha de presentarse para su fiscalización al Tribunal de Cuentas o a las Juntas Electorales.

➔ **Sujeto activo**: los sujetos activos del delito del art. 149 LOREG pueden ser los administradores electorales y los administradores generales de las candidaturas de los partidos, federaciones, coaliciones o agrupaciones de electores. Por este motivo ha sido calificado como un delito especial.

➔ **Consumación**: el delito del art. 149 LOREG se consuma en el momento de realización de la falsedad, de producción de la alteración en las partidas contables.

➔ **Penalidad**: el tipo básico del art. 149 LOREG está castigado con una pena de prisión de uno a cuatro años y multa de doce a veinticuatro meses.

Hay que tener en cuenta que, según el art. 137 LOREG, se impone además, como al resto de los delitos electorales, la inhabilitación especial para el derecho de sufragio pasivo.

Tipo atenuado

El apartado 2 del art. 149 LOREG establece un tipo atenuado en función de la gravedad del hecho y de sus circunstancias. Se configura, por lo tanto, este tipo privilegiado de forma facultativa y valorativa para el juzgador, que será quien deba determinar si la falsedad en las cuentas electorales reviste escasa gravedad. El legislador no aporta pautas más clarificadoras.

13.6. Delitos contra la Hacienda Pública y contra la Seguridad Social

El **bien jurídico protegido** en estos delitos deriva del mandato establecido en el **art. 31.1** de nuestra **Constitución de 1978** (y en los arts. 226 y 327 Ley General Tributaria):

> «Todos contribuirán al sostenimiento de los gastos públicos de acuerdo con su capacidad económica mediante un sistema tributario justo inspirado en los principios de **igualdad** y **progresividad** que, en ningún caso, tendrá alcance confiscatorio».

No se puede soslayar que del artículo 31 de la Constitución se derivan no solo deberes de los particulares para contribuir al gasto público, sino también deberes del Estado relativos a un sistema tributario justo, sistema, que según la STC de 20 de julio de 1981, ha de reconocer los principios de **progresividad e igualdad** (artículo 31 CE) y el de la **capacidad contributiva** que obliga a buscar la riqueza allí donde se encuentra.

Según Mestre Delgado (2016), el hecho de que el incumplimiento del deber de pago de los tributos pueda ser sancionado penalmente deriva del carácter social del modelo de Estado diseñado en el art. 1.1 de la Constitución de 1978.

García Valdés (2017) apunta que el delito fiscal ha sufrido a lo largo de los años un ir y venir de la legislación penal especial a las leyes tributarias y al Código Penal.

Es preciso realizar la distinción entre: **defraudaciones tributarias o fiscales y defraudaciones a la Seguridad Social.**

➔ Defraudación tributaria. A tenor del artículo 305.1 CP:

> «1. El que, por acción u omisión, defraude a la Hacienda Pública estatal, autonómica, foral o local, eludiendo el pago de tributos, cantidades retenidas o que se hubieran debido retener o ingresos a cuenta, obteniendo indebidamente devoluciones o disfrutando beneficios fiscales de la misma forma, siempre que la cuantía de la cuota defraudada, el importe no ingresado de las retenciones o ingresos a cuenta o de las devoluciones o beneficios fiscales indebidamente obtenidos o disfrutados exceda de ciento veinte mil euros será castigado con la pena de prisión de uno a cinco años y multa del tanto al séxtuplo de la citada cuantía, salvo que hubiere regularizado su situación tributaria en los términos del apartado 4 del presente artículo.

La mera presentación de declaraciones o autoliquidaciones no excluye la defraudación, cuando ésta se acredite por otros hechos.

Además de las penas señaladas, se impondrá al responsable la pérdida de la posibilidad de obtener subvenciones o ayudas públicas y del derecho a gozar de los beneficios o incentivos fiscales o de la Seguridad Social durante el período de tres a seis años».

➜ **Bien jurídico protegido**: es la función recaudatoria de la Administración para que pueda ejercer su labor, y por ende se protegen los servicios públicos de la ciudadanía.

➜ **Acción típica**: la acción consiste en defraudar, es decir, en incumplir las prestaciones jurídico-tributarias a las que se está obligado, y se puede llevar a cabo, bien eludiendo el pago de tributos, cantidades retenidas o que se hubieran debido retener o ingresos a cuenta, bien obteniendo indebidamente devoluciones o disfrutando beneficios fiscales de la misma forma MUÑOZ CONDE (2017).

En definitiva, se trata de no pagar el importe correspondiente a un impuesto defraudando; esto es, creando una falsa apariencia de situación tributaria, en definitiva, engañar a la Administración recaudatoria (MESTRE DELGADO, 2016).

Se puede cometer el delito por **acción** o por **omisión**.

Según LUZÓN (2012, p. 1):

«Existe de un tiempo a esta parte una recurrente discusión en el ámbito doctrinal —que ha sido igualmente trasladada al ámbito jurisdiccional— acerca de la posibilidad de que las cuotas defraudadas a la Hacienda Pública puedan ser objeto de un **posterior delito de blanqueo de capitales**».

También existe delito contra la Hacienda Pública cuando se ocultan elementos patrimoniales adquiridos ilícita o delictivamente como, por ejemplo, el «**dinero negro**» procedente de narcotráfico, cohecho, malversación, etc. Cuestión diferente es que, por la vía del concurso de leyes (art. 8 CP), se considere que si la obtención ilícita del dinero ha sido ya objeto de sanción penal (como cohecho, blanqueo de capitales, etc.), se absorba la infracción fiscal en la pena del delito del que proceden los ingresos (cfr. SSTS 1493/1999, de 21 de diciembre —«caso Roldán»— y 20/2001, de 28 de marzo —«caso Urralburu»—) (MUÑOZ CONDE, 2017).

➜ **Sujeto activo**: el obligado tributariamente puede serlo cualquiera. Es un **delito especial**, en el que cabe la participación, a título de inductores, de cooperadores necesarios o de cómplices, de las personas (asesores fiscales, testaferros, etc.) que hayan participado en el fraude fiscal, pero no como autores o coautores. Puede serlo también una persona jurídica a tenor del art. 31 CP.

Sobre los asesores fiscales, el Tribunal Supremo se ha pronunciado en diversas ocasiones, pues en los últimos veintiún años lo ha hecho en trece ocasiones en las que interviene un asesor fiscal (o varios) en la comisión del delito de defraudación tributaria diseñando (y muchas veces llevando a cabo) el **plan o estrategia fraudulenta**.

Sin embargo, es preciso realizar alguna puntualización sobre la autoría de estos delitos ya que, según Torres (2018, pp. 1-2):

> «En el contexto del estudio del delito de defraudación tributaria previsto en el art. 305 CP, una de las cuestiones que ha generado mayor controversia es precisamente la clasificación del tipo penal como un **tipo común o un tipo especial**. Conforme a esta clasificación se dice que son delitos comunes los que pueden ser realizados por cualquier sujeto a título de autor y que son delitos especiales los que, en cambio, solo pueden ser cometidos por un círculo restringido (o limitado) de sujetos, a título de autor. En la actualidad se dice que la doctrina mayoritaria entiende que **el delito de defraudación tributaria es un delito especial propio**, sin embargo, no es para nada usual que se profundice en el concepto de delito especial, en su fundamento, en la naturaleza jurídica de los elementos que limitan la autoría ni, tampoco, en la determinación del círculo de posibles autores».

➔ **Sujeto pasivo**: pueden serlo los titulares de la Hacienda Pública, es decir, el Estado, los entes autonómicos, forales o locales y la Hacienda de la Unión Europea.

Es la Administración recaudatoria, y ello daña a la **ciudadanía**, pues con los impuestos se sufragan los servicios públicos que todos hemos de recibir, como: la sanidad, la educación, la defensa nacional, la seguridad, etc.

Pero la Hacienda Pública es defendida por cuanto indica Choclán (2003, p. 173):

> «En nuestro caso, la Hacienda Pública es tutelada por medio de la imposición de deberes de contribuir a los ciudadanos, y el obligado tributario adquiere el deber especial de contribuir al sostenimiento de los gastos públicos por la razón de haber realizado determinados hechos (obtención de una renta, por ejemplo), que pongan de manifiesto capacidad contributiva (**capacidad de acción**). Pero la imposición formal de un deber no presupone la cuestión de si es accesible a un tercero esa posición de obligado tributario».

➔ **Consumación**: el resultado exige que se produzca un perjuicio que se consuma desde el momento en que se elude el pago de tributos, cantidades retenidas o que se hubieran debido retener o ingresos a cuenta, o se obtengan indebidamente devoluciones o se disfruten de la misma forma de beneficios fiscales. Ahora bien, la cuantía de la cuota defraudada, el importe que no se ha ingresado de las retenciones o ingresos a cuenta o de las devoluciones o beneficios fiscales indebidamente obtenidos o disfrutados **ha de exceder de ciento veinte mil euros**.

Solamente son razones políticas las que dirimen en que se fije una cantidad u otra para diferenciar el **delito** de la simple **infracción administrativa**.

Cabe la tentativa.

➔ **Elemento subjetivo**: es un delito doloso, pues se quiere y se sabe que se está defraudando a la Administración recaudatoria. Podría pensarse en el error, aunque sea difícil hallarlo. Puede existir la despreocupación por informarse de forma fidedigna. Se castiga la acción u omisión **«dolosa»**, quedando excluida del tipo penal, por tanto, la imprudente. Basta el dolo eventual.

➔ **Penalidad**: pena de prisión de uno a cinco años y multa del tanto al séxtuplo de la citada cuantía.

En este delito encontramos algunas modalidades y subtipos, que son los siguientes:

Subtipo agravado

Según el artículo 305 bis. CP:

> «1. El delito contra la Hacienda Pública será castigado con la pena de prisión de dos a seis años y multa del doble al séxtuplo de la cuota defraudada cuando la defraudación se cometiere concurriendo alguna de las circunstancias siguientes:
>
> a) Que la cuantía de la cuota defraudada **exceda de seiscientos mil euros**.
>
> b) Que la defraudación se haya cometido en el seno de una **organización o de un grupo criminal**.
>
> c) Que la utilización de personas físicas o jurídicas o entes sin personalidad jurídica interpuestos, negocios o instrumentos fiduciarios o paraísos fiscales o territorios de nula tributación **oculte o dificulte la determinación de la identidad** del obligado tributario o del responsable del delito, la determinación de la cuantía defraudada o del patrimonio del obligado tributario o del responsable del delito.
>
> 2. A los supuestos descritos en el presente artículo les serán de aplicación todas las restantes previsiones contenidas en el artículo 305.
>
> En estos casos, además de las penas señaladas, se impondrá al responsable la **pérdida de la posibilidad de obtener subvenciones o ayudas públicas y del derecho a gozar de los beneficios o incentivos fiscales** o de la Seguridad Social durante el período de cuatro a ocho años».

Se recogen aquí una serie de acciones complejas que aumentan el desvalor y que dificultan mucho la identificación del sujeto activo del delito y/o participantes. Estos procedimientos penales suelen durar mucho en el tiempo por la gran dificultad que existe, incluso con la determinación de la cuantía. No podemos olvidar, también, las complejas operaciones llamadas «de ingeniería financiera», término que fue llevado a la fama entre otros por Mario Conde; y, por otra parte, no podemos obviar los «paraísos fiscales» que ponen en jaque a los intereses tributarios de varios países generando incluso tensiones políticas. Para la lucha contra esta tipología de delitos se precisan medios especializados, y en España los hay, tal y como indica Iglesias García (2019, p. 229):

> «España cuenta dentro de las Fuerzas y Cuerpos de Seguridad con dos cuerpos estatales en la investigación de delitos económicos: por un lado, la Guardia Civil, a través de su Jefatura de Policía Judicial con unidad especializada y centralizada como es la Unidad Central Operativa (UCO) con sede en Madrid, la cual tiene entre otras misiones la de investigar y perseguir los asuntos relacionados con la delincuencia organizada, económica e internacional así como de la investigación de delitos de contrabando y blanqueo de capitales».

Se trata de un tipo penal en blanco, pues para su sanción hay que acudir a la legislación fiscal.

El famoso jugador de fútbol Cristiano Ronaldo ha tenido problemas con Hacienda, y por cantidades muy elevadas merecedoras de sanción penal, pero finalmente parece ser que devolviendo gran parte de lo defraudado y llegando a acuerdos con la Fiscalía no será preciso que esta estrella del fútbol cumpla una pena de prisión.

Para saber más sobre el caso, consultad el siguiente enlace:
https://bit.ly/3lmdvKi

Subtipos especializados

A tenor del artículo 306 CP:

> «El que por acción u omisión defraude a los presupuestos generales de la Unión Europea u otros administrados por esta, en cuantía superior a cincuenta mil euros, eludiendo, fuera de los casos contemplados en el apartado 3 del artículo 305, el pago de cantidades que se deban ingresar o, dando, fuera de los casos contemplados en el artículo 308, a los fondos obtenidos una aplicación distinta de aquella a que estuvieren destinados u obteniendo indebidamente fondos falseando las condiciones requeridas para su concesión u ocultando las que la hubieran impedido, será castigado con la pena de prisión de uno a cinco años y multa del tanto al séxtuplo de la citada cuantía y la pérdida de la posibilidad de obtener subvenciones o ayudas públicas y del derecho a gozar de los beneficios o incentivos fiscales o de la Seguridad Social durante el período de tres a seis años.
>
> Si la cuantía defraudada o aplicada indebidamente no superase los cincuenta mil euros, pero excediere de cuatro mil, se impondrá una pena de prisión de tres meses a un año o multa del tanto al triplo de la citada cuantía y la pérdida de la posibilidad de obtener subvenciones o ayudas públicas y del derecho a gozar de los beneficios o incentivos fiscales o de la Seguridad Social durante el período de seis meses a dos años». (Reforma de la LO 9/2021).

Este delito fue recogido en el Código Penal como consecuencia del convenio relativo a la protección de los intereses financieros de las comunidades europeas (DOCE 316/49, de 27-11-95). A tenor de su art. 2, los Estados miembros deberán tomar las medidas necesarias para castigar de forma eficaz los fraudes relativos a los fondos comunitarios.

➔ **Bien jurídico protegido**: es la función recaudatoria de la Unión Europea, y por ende, los servicios de los ciudadanos del grupo de países que la conforman.

➔ **Acción típica**: actuar por acción u omisión defraudando a los presupuestos generales de la Unión Europea u otros administrados por esta, en cuantía superior a cincuenta mil euros. También se castiga el hecho de dar a los fondos obtenidos una aplicación distinta de aquella a que estuvieren destinados u obteniendo indebidamente fondos falseando las condiciones requeridas para su concesión u ocultando las que la hubieran impedido.

➔ **Elemento subjetivo**: solo se sancionan las **conductas dolosas**, siendo imposible la punición de las conductas imprudentes (**STS de 19 de abril de 2007**). No cabe cláusula de incriminación de la **imprudencia**.

➔ **Consumación**: el delito se consuma una vez **depositada la declaración tributaria fraudulenta**, se **percibe la cantidad** de la devolución indebida o el **beneficio fiscal improcedente**. En el caso de **omisión**, se consuma el delito en el momento en el que **expira el plazo legalmente previsto para efectuar la declaración**.

➔ **Penalidad**: pena de prisión de uno a cinco años y multa del tanto al séxtuplo de la citada cuantía y la pérdida de la posibilidad de obtener subvenciones o ayudas públicas y del derecho a gozar de los beneficios o incentivos fiscales o de la Seguridad Social durante el período de tres a seis años.

Si la cuantía defraudada o aplicada indebidamente no superase los cincuenta mil euros, pero excediere de cuatro mil, se impondrá una pena de prisión de tres meses a un año o multa del tanto al triplo de la citada cuantía y la pérdida de la posibilidad de obtener subvenciones o ayudas públicas y del derecho a gozar de los beneficios o incentivos fiscales o de la Seguridad Social durante el período de seis meses a dos años.

Una de las tonadilleras más famosas de España, y que llevó durante años el sobrenombre de la «Viuda de España» a causa del fallecimiento en el ruedo de su marido Francisco Rivera Paquirri en Pozoblanco, intentó rehacer su vida con el exalcalde de Marbella Julián Muñoz, pero su romance terminó mal. Isabel Pantoja fue condenada a veinticuatro meses de prisión por blanqueo y delitos contra la Hacienda Pública, con una multa de 1 147 000 euros, de los que solo abonó 100 000, y tuvo que ingresar finalmente en la cárcel de Alcalá de Guadaíra el 21 de noviembre de 2014.

En la actualidad parece ser que la cantante ha tenido que acudir a un *reality show* para poder pagar sus deudas, pero la Hacienda Pública le reclama importes anteriores a su entrada en el programa.

Después de separarse de Maite Zaldívar, Julián Muñoz disponía de una cantidad de dinero en efectivo considerable. Con la finalidad de esconder su origen —el del dinero— y aflorarlo con apariencia de licitud, lo empleó —para satisfacer su bienestar y el de su nueva pareja, la acusada Isabel Pantoja— en la adquisición de bienes inmuebles e inversiones empresariales.

Julián Muñoz tomó posesión como alcalde de Marbella el 14 de junio de 2003. Ejerció su mandato hasta el 12 de agosto de 2003, fecha en la que cesó mediante moción de censura. Durante toda su etapa relacionada con el gobierno municipal de Marbella, ya fuese como concejal y alcalde accidental, ya fuese como alcalde-presidente electo, amparándose y aprovechándose de tal condición de máximo responsable municipal, usó su cargo para servirse del mismo con un fin estrictamente privado. Estuvo implicado en un elevadísimo número de procedimientos penales y fue condenado en varios de ellos, hechos que le llevaron a cumplir penas de prisión.

Para saber más sobre el caso, consultad el siguiente enlace:
https://bit.ly/3np7UW3

Defraudaciones a la Seguridad Social

Las defraudaciones a la Seguridad Social tienen una estructura muy similar a las anteriormente vistas. Doctrina y jurisprudencia (STS de 19 de mayo de 2006) lo han corroborado.

La Seguridad Social se erige en el moderno Estado social y democrático de derecho como un bien jurídico autónomo de carácter social *ex* art. 41 CE:

> «Los **poderes públicos** mantendrán un **régimen público de Seguridad Social** para todos los ciudadanos, que garantice la asistencia y prestaciones sociales suficientes ante situaciones de necesidad, especialmente en caso de desempleo. La asistencia y prestaciones complementarias serán libres».

Este precepto constitucional consagra un **régimen público**:

«(...) cuya preservación se juzga **indispensable** para asegurar los principios constitucionales, estableciendo, un núcleo o reducto **indisponible por el legislador** (STC 32/1981), de tal suerte que ha de ser preservado en términos **recognoscibles** para la imagen que de la misma tiene la conciencia social en cada tiempo y lugar (SSTC 26/1987 y 76/1988)».

Los principios informadores de dicho modelo de Estado son los siguientes:

1. **Universalidad** de la protección dispensada por el sistema de Seguridad Social para todos los ciudadanos.
2. Garantía de **protección** frente a **situaciones de necesidad**.
3. **Suficiencia de las prestaciones**, lo que conlleva trasladar a un primer plano la situación de necesidad y la carencia de ingresos (función de compensación de las prestaciones) (Mercader, 2018).

Tipo básico

Según el artículo 307 CP:

«1. El que, por **acción u omisión**, defraude a la Seguridad Social **eludiendo** el pago de las cuotas de esta y conceptos de recaudación conjunta, **obteniendo indebidamente devoluciones** de las mismas o disfrutando de **deducciones** por cualquier concepto asimismo de forma indebida, siempre que la cuantía de las cuotas defraudadas o de las devoluciones o deducciones indebidas **exceda de cincuenta mil euros** será castigado con la pena de prisión de uno a cinco años y multa del tanto al séxtuplo de la citada cuantía salvo que hubiere regularizado su situación ante la Seguridad Social en los términos del apartado 3 del presente artículo» (...).

➔ **Bien jurídico protegido**: puede afirmarse la existencia de dos posturas fundamentales en torno a la cuestión de delimitación del bien jurídico protegido en el delito contra la Seguridad Social:

- **Tesis funcionalistas**: que entienden que el bien jurídico protegido es la función recaudatoria de la Seguridad Social.
- **Tesis patrimonialistas**: que abogan por considerar que el objeto de protección fundamental es el patrimonio público de la Seguridad Social.
- En definitiva, se trata de proteger el mantenimiento del **sistema de bienestar** que afecta a la clase obrera, a los trabajadores fundamentalmente.
- Podríamos añadir también que se afecta a la **política social del Estado** y a la **economía**, pues no están en igualdad de condiciones las empresas que cumplen y las que no cumplen con el abono de los impuestos que sufragan los servicios y prestaciones que dispensa la Seguridad social.

➔ **Acción típica**: consiste en una acción u omisión, que comporta eludir el pago de las cuotas de esta de la Seguridad Social y conceptos de recaudación conjunta, obtener indebidamente devoluciones de las mismas o disfrutar de deducciones por cualquier concepto asimismo de forma indebida.

➔ **Sujeto activo**: es la persona obligada al cumplimiento de los deberes para con la Seguridad Social, incluyendo a las personas jurídicas.

➔ **Sujeto pasivo**: es la Seguridad Social que ve aminorados sus ingresos, repercutiendo ello en la sociedad.

➔ **Elemento subjetivo**: es un delito doloso.

➔ **Consumación**: se consuma en el momento en el que se eluden pagos, se obtienen devoluciones indebidas, se disfruta de deducciones siempre que la cuantía de las cuotas defraudadas o de las devoluciones o deducciones indebidas **exceda de cincuenta mil euros**.

➔ **Penalidad**: prisión de uno a cinco años y multa del tanto al séxtuplo de la citada cuantía.

Subtipo agravado

A tenor del artículo 307 bis. CP:

> «1. El delito contra la Seguridad Social será castigado con la pena de prisión de dos a seis años y multa del doble al séxtuplo de la cuantía cuando en la comisión del delito concurriera alguna de las siguientes circunstancias:
>
> a) Que la cuantía de las cuotas defraudadas o de las devoluciones o deducciones indebidas **exceda de ciento veinte mil euros.**
>
> b) Que la defraudación se haya cometido en el seno de una **organización o de un grupo criminal**.
>
> c) Que la utilización de personas físicas o jurídicas o entes sin personalidad jurídica interpuestos, negocios o instrumentos fiduciarios o **paraísos fiscales o territorios de nula tributación** oculte o dificulte la determinación de la identidad del obligado frente a la Seguridad Social o del responsable del delito, la determinación de la cuantía defraudada o del patrimonio del obligado frente a la Seguridad Social o del responsable del delito.
>
> 2. A los supuestos descritos en el presente artículo le serán de aplicación todas las restantes previsiones contenidas en el artículo 307.
>
> 3. En estos casos, además de las penas señaladas, se impondrá al responsable la pérdida de la posibilidad de obtener subvenciones o ayudas públicas y del derecho a gozar de los beneficios o incentivos fiscales o de la Seguridad Social durante el período de cuatro a ocho años».

Concretamente cuando se cometen delitos contra la Seguridad Social por parte de organizaciones o grupos criminales, no es infrecuente que lo hagan tras el velo de grandes corporaciones empresariales con la finalidad de lucrarse a toda costa y, como indica CÁMARA ARROYO (2019, p. 122):

> «El comportamiento criminoso de estas grandes corporaciones —muchas de ellas a nivel **multinacional**—, estaría orientado a obtener unos **mayores réditos empresariales, el máximo beneficio**, un mejor posicionamiento en el mercado, acabar con la competencia, crear monopolios, etc. Para este tipo de corporaciones el crimen es simplemente un medio más para conseguir sus fines y se encuentra, de algún modo, institucionalizado como un método empresarial más (crimen corporativo)».

Se trata de una serie de conductas que aumentan el desvalor de la acción delictiva contra la Seguridad Social, como es el caso de actuar en el seno de una organización criminal.

El sujeto activo es aquella persona que se encuentre en condiciones fácticas de defraudar a la Seguridad Social mediante la elusión del pago de las cuotas (normalmente el empresario), la obtención indebida de las devoluciones o su disfrute indebido.

Si el delito se produce en el seno de una persona jurídica, la responsabilidad penal recaerá en la persona física que actúe como directivo, órgano o representante legal o voluntario de la misma. Asimismo, se específica que la persona jurídica puede tener responsabilidad penal conforme a lo indicado en el art. 31 bis CP y en el art. 310 bis CP, cuando el delito contra la Seguridad Social haya sido cometido en nombre o por cuenta de esta y en su provecho.

Hemos de diferenciar este supuesto de aquellos casos en los que sea de aplicación lo dispuesto en el art. 307 bis.1.c CP, **tipo agravado del delito de defraudación**, cuando se produzca la utilización de **personas jurídicas** que oculte o dificulte la determinación de la identidad del obligado frente a la Seguridad Social:

> «c) Que la utilización de personas físicas o jurídicas o entes sin personalidad jurídica interpuestos, negocios o instrumentos fiduciarios o paraísos fiscales o territorios de nula tributación oculte o dificulte la determinación de la identidad del obligado frente a la Seguridad Social o del responsable del delito, la determinación de la cuantía defraudada o del patrimonio del obligado frente a la Seguridad Social o del responsable del delito».

El tipo penal no concreta los conceptos que integran la cuota eludida, pero es criterio doctrinal y jurisprudencial mayoritario que la obligación incluye a lo que los empresarios tienen que pagar periódicamente en calidad de cuota empresarial y cuota obrera, así como los demás abonos que se hacen conjuntamente con dichas cuotas.

Están fuera del tipo penal otras defraudaciones a la Seguridad Social, tales como las **deducciones indebidas** con base en la **simulación de la condición de pensionista** para obtener de forma gratuita determinados medicamentos.

Se introduce un nuevo artículo 307 ter que establece:

> «1. Quien obtenga, para sí o para otro, el disfrute de prestaciones del Sistema de la Seguridad Social, la prolongación indebida del mismo, o facilite a otros su obtención, por medio del error provocado mediante la simulación o tergiversación de hechos, o la ocultación consciente de hechos de los que tenía el deber de informar, causando con ello un perjuicio a la Administración Pública, será castigado con la pena de seis meses a tres años de prisión (...)».

➜ **Bien jurídico protegido**: el tipo penal se refiere a **prestaciones del sistema de Seguridad Social como objeto material**, de forma que incluye también el fraude de pensiones. Quedan dentro del tipo objetivo tanto las prestaciones contributivas como las no contributivas. Además de las prestaciones económicas, cabe incluir la asistencia sanitaria, la prestación farmacéutica y los servicios sociales que, si bien son prestaciones en especie, tienen una gran repercusión económica y social.

Así las cosas, se está protegiendo al sistema de la Seguridad Social, y por ende al bienestar social de la ciudadanía española.

➜ **Acción típica**: el art. 307 ter, busca acabar con la impunidad en la que quedaba el fraude a la función de gasto de la Seguridad Social, cuando se obtenían indebidamente prestaciones de la misma.

La acción consiste en:

- **Obtener**, pese a que en un sentido semántico también ofrece el significado de «mantener» o «conservar», se interpreta como «conseguir» o «lograr» desde cero (por primera vez) las prestaciones de manera fraudulenta; esto es, a través del engaño.

- **Prolongar** equivale a «alargar, dilatar o extender» o «hacer que dure algo más tiempo de lo regular».
- **Simular**: supone representar, fingir o imitar la situación que abriría la posibilidad de beneficiarse de las prestaciones. Estamos en este caso ante la modalidad que más se parece al concepto de engaño de la estafa, pues nos remite a una representación o a cierta teatralidad para inducir a error a la Administración pública.
- **Tergiversar**: dar una interpretación forzada, errónea o trastrocar el supuesto de hecho que impediría ser beneficiario de las prestaciones, para convertirlo en un acontecimiento favorable a la obtención de las mismas. Básicamente se trata de una **modalidad de engaño** en el que se convierte o se muda de forma torticera una situación, desfavorable a la adquisición de las prestaciones, por otra favorable a su obtención.
- **Ocultar**: esconder, disfrazar u omitir la información acerca de los hechos sobre los que tenía obligación de informar. Estamos ante una modalidad de omisión que supone una infracción del deber. La STS n.º 661/1995 de 18 de mayo ya dejó claro que «el engaño constituye la afirmación de los hechos falsos como verdaderos, o bien el ocultamiento de hechos reales».
- **Facilitar** a terceros la obtención indebida de prestaciones: hay que tener en cuenta que el propio tipo penal ya establece que el beneficiario del delito no tiene por qué ser el propio sujeto activo («para sí o para otro»).

➔ **Sujeto activo**: se trata de un **delito común**, pues cualquiera puede ser el sujeto activo. Puede darse la presencia de dos elementos personales: el **favorecedor** de la obtención de la prestación, que podrá ser tanto una persona física como jurídica, y el directamente **favorecido** por ella, que solamente podrá ser una persona física.

➔ **Sujeto pasivo**: será la Administración pública que gestione la prestación a la Seguridad Social objeto de defraudación: INSS, CC. AA., SPEE, FOGASA, TGSS, etc.

➔ **Consumación**: Estamos ante un delito de resultado y cabe la tentativa.

➔ **Elemento subjetivo**: se trata de un delito doloso, pues ello se extrae del propio articulado que indica: «error provocado mediante la **simulación** o **tergiversación** de hechos, o la **ocultación consciente**».

➔ **Penalidad**: pena de seis meses a tres años de prisión.

El presente artículo dispone de un tipo muy atenuado (art. 307 ter. 1 CP) para los **supuestos que no revistan especial gravedad**, concepto indeterminado y que hace alusión a la cuantía de lo defraudado, los medios empleados y las circunstancias personales del autor (extrema necesidad, deficitario nivel educativo, económico o social, haber solicitado sin obtenerlo lícitamente prestaciones por la falta de escasos requisitos o por mínimos períodos de carencia pendientes de completar, etcétera).

Subtipo agravado

El art. 307 ter. 2 CP indica que:

«2. Cuando el valor de las prestaciones fuera **superior a cincuenta mil euros** o hubiera concurrido cualquiera de las circunstancias a que se refieren las letras b) o c) del apartado 1 del artículo 307 bis, se impondrá una pena de prisión de dos a seis años y multa del tanto al séxtuplo.

En estos casos, además de las penas señaladas, se impondrá al responsable la **pérdida de la posibilidad de obtener subvenciones y del derecho a gozar de los beneficios o incentivos fiscales o de la Seguridad Social** durante el período de cuatro a ocho años».

Fraude de subvenciones

El artículo 308 CP indica que:

«1. El que obtenga **subvenciones o ayudas** de las Administraciones Públicas, **incluida la Unión Europea**, en una cantidad o por un **valor superior a cien mil euros** falseando las condiciones requeridas para su concesión u ocultando las que la hubiesen impedido será castigado con la pena de prisión de uno a cinco años y multa del tanto al séxtuplo de su importe, salvo que lleve a cabo el reintegro a que se refiere el apartado 6.

2. Las mismas penas se impondrán al que, en el desarrollo de una actividad sufragada total o parcialmente con fondos de las Administraciones públicas, incluida la Unión Europea, los aplique en una cantidad superior a cien mil euros a **fines distintos de aquellos para los que la subvención o ayuda fue concedida**, salvo que lleve a cabo el reintegro a que se refiere el apartado 6.

3. Además de las penas señaladas, se impondrá al responsable la **pérdida de la posibilidad de obtener subvenciones o ayudas públicas y del derecho a gozar de beneficios o incentivos fiscales o de la Seguridad Social** durante un período de tres a seis años.

4. Si la cuantía obtenida, defraudada o aplicada indebidamente **no superase los cien mil euros** pero **excediere de diez mil**, se impondrá una pena de prisión de tres meses a un año o multa del tanto al triplo de la citada cuantía y la pérdida de la posibilidad de obtener subvenciones o ayudas públicas y del derecho a gozar de los beneficios o incentivos fiscales o de la Seguridad Social durante el período de seis meses a dos años, salvo que lleve a cabo el reintegro a que se refiere el apartado 6.

5. A los efectos de determinar la cuantía a que se refiere este artículo, **se atenderá al total de lo obtenido, defraudado o indebidamente aplicado**, con independencia de si procede de una o de varias Administraciones Públicas conjuntamente.

6. Se entenderá realizado el **reintegro** al que se refieren los apartados 1, 2 y 4 cuando por el perceptor de la subvención o ayuda se proceda a devolver las subvenciones o ayudas indebidamente percibidas o aplicadas, incrementadas en el interés de demora aplicable en materia de subvenciones desde el momento en que las percibió, y se lleve a cabo antes de que se haya notificado la iniciación de actuaciones de comprobación o control en relación con dichas subvenciones o ayudas o, en el caso de que tales actuaciones no se hubieran producido, antes de que el Ministerio Fiscal, el Abogado del Estado o el representante de la Administración autonómica o local de que se trate, interponga querella o denuncia contra aquel dirigida o antes de que el Ministerio Fiscal o el juez de instrucción realicen actuaciones que le permitan tener conocimiento formal de la iniciación de diligencias. El reintegro impedirá que a dicho sujeto se le persiga por las posibles falsedades instrumentales que, exclusivamente en relación con la deuda objeto de regularización, el mismo pudiera haber cometido con carácter previo a la regularización de su situación.

7. La existencia de un procedimiento penal por alguno de los delitos de los apartados 1, 2 y 4 de este artículo, **no impedirá que la Administración competente exija el reintegro por vía administrativa** de las subvenciones o ayudas indebidamente aplicadas. El importe que deba ser reintegrado se entenderá fijado provisionalmente por la Administración, y se ajustará después a lo que finalmente se resuelva en el proceso penal.

El procedimiento penal tampoco paralizará la acción de cobro de la Administración, que podrá iniciar las actuaciones dirigidas al cobro salvo que el juez, de oficio o a instancia de parte, hubiere acordado la suspensión de las actuaciones de ejecución previa prestación de garantía. Si no se pudiere prestar garantía en todo o en parte, excepcionalmente el juez podrá acordar la suspensión con dispensa total o parcial de garantías si apreciare que la ejecución pudiese ocasionar daños irreparables o de muy difícil reparación.

8. Los jueces y tribunales **podrán imponer al responsable de este delito la pena inferior en uno o dos grados**, siempre que, antes de que transcurran dos meses desde la citación judicial como investigado, lleve a cabo el **reintegro** a que se refiere el apartado 6 y **reconozca** judicialmente los hechos. Lo anterior será igualmente aplicable respecto de otros partícipes en el delito distintos del obligado al reintegro o del autor del delito, cuando colaboren activamente para la obtención de pruebas decisivas para la identificación o captura de otros responsables, para el completo esclarecimiento de los hechos delictivos o para la averiguación del patrimonio del obligado o del responsable del delito».

➔ **Bien jurídico protegido**: esta infracción penal tendrá por objeto la tutela de las subvenciones, desgravaciones o ayudas otorgadas por las Administraciones Públicas.

Se pretende proteger a la Hacienda Pública española y europea en su vertiente de gasto público; es decir, la asignación equitativa de los recursos públicos canalizados mediante las subvenciones o ayudas a particulares, también a personas jurídicas, para fomentar actividades económicas determinadas.

Según Muñoz Conde (2022, p. 880):

«(...) el bien jurídico protegido es la Hacienda Pública en su vertiente de gasto público; es decir, **la asignación equitativa de los recursos públicos** a través de las subvenciones o ayudas a particulares, también a personas jurídicas, para el fomento de actividades económicas determinadas».

➔ **Acción típica**: se castiga el hecho de **falsear** las condiciones requeridas para la concesión de la subvención o ayuda u **ocultando** las que la hubieran impedido, y también se castigará al que aplique la subvención o ayuda a **fines distintos** de aquellos para los que fue concedida.

Las dos formas de comisión de este delito van a requerir acudir a normas extrapenales que regulen la subvención o ayuda, y es por ello que se trata de una **norma penal en blanco**.

➔ **Sujeto activo**: puede serlo cualquiera, y también una persona jurídica que se beneficie de forma ilegal de la subvención o le dé una finalidad distinta para la que le fue concedida. Es exclusivamente el solicitante **beneficiario de la subvención**.

➔ **Sujeto pasivo**: pueden serlo la Administración pública española y la europea.

➔ **Consumación**: para que el delito se consuma se requiere la producción de un resultado separado: la obtención de una subvención o ayuda de las administraciones públicas, siendo, por tanto, un **delito de resultado**. Y el segundo apartado es un **delito de mera actividad**, pues se aplica la subvención o ayuda a fines distintos de aquellos para los que fue concedida.

Ya sea el apartado primero o el segundo, el hecho solo constituye delito si el importe de la subvención o ayuda (o la cantidad que se aplica a fines distintos) supera los 100 000 euros (condición objetiva de penalidad).

➔ **Elemento subjetivo**: se trata de un **delito doloso** que debe ir en relación con los hechos suficientemente relevantes desde el punto de vista penal para que se haya concedido la subvención o haya afectado a la aplicación de la subvención o ayuda a fines distintos a aquellos para los que fue concedida. No está contemplado el castigo de la modalidad imprudente.

➔ **Penalidad**: según el art. 308.1 y 308.2 CP prisión de uno a cinco años y multa del tanto al séxtuplo de su importe.

Según el art. 308.3 CP, además de las penas señaladas, se impondrá al responsable la pérdida de la posibilidad de obtener subvenciones o ayudas públicas y del derecho a gozar de beneficios o incentivos fiscales o de la Seguridad Social durante un período de tres a seis años.

Según el art. 308.4 CP se castigará con pena de prisión de tres meses a un año o multa del tanto al triplo de la citada cuantía y la pérdida de la posibilidad de obtener subvenciones o ayudas públicas y del derecho a gozar de los beneficios o incentivos fiscales o de la Seguridad Social durante el período de seis meses a dos años.

A tenor del art. 308.8 CP, los jueces y tribunales podrán imponer al responsable de este delito la **pena inferior en uno o dos grados**, siempre que, **antes de que transcurran dos meses desde la citación judicial** como investigado, lleve a cabo el reintegro a que se refiere el apartado 6 y **reconozca judicialmente** los hechos.

Responsabilidad penal de las personas jurídicas

El artículo 310 bis CP preceptúa que:

> «Cuando de acuerdo con lo establecido en el artículo 31 bis una persona jurídica sea responsable de los delitos recogidos en este Título, se le impondrán las siguientes penas:
>
> a) Multa del tanto al doble de la cantidad defraudada o indebidamente obtenida, si el delito cometido por la persona física tiene prevista una pena de prisión de más de dos años.
>
> b) Multa del doble al cuádruple de la cantidad defraudada o indebidamente obtenida, si el delito cometido por la persona física tiene prevista una pena de prisión de más de cinco años.
>
> c) Multa de seis meses a un año, en los supuestos recogidos en el artículo 310.
>
> Además de las señaladas, se impondrá a la persona jurídica responsable la pérdida de la posibilidad de obtener subvenciones o ayudas públicas y del derecho a gozar de los beneficios o incentivos fiscales o de la Seguridad Social durante el período de tres a seis años. Podrá imponerse la prohibición para contratar con las Administraciones Públicas.
>
> Atendidas las reglas establecidas en el artículo 66 bis, los Jueces y Tribunales podrán asimismo imponer las penas recogidas en las letras b), c), d), e) y g) del apartado 7 del artículo 33».

En el art. 308 bis CP, se introduce una **nueva condición para la suspensión de la pena privativa de libertad** con la siguiente redacción:

> «1. La suspensión de la ejecución de las penas impuestas por alguno de los delitos regulados en este Título se regirá por las disposiciones contenidas en el Capítulo III del Título III del Libro I de este Código, completadas por las siguientes reglas:
>
> 1.ª La **suspensión de la ejecución de la pena** de prisión impuesta requerirá, además del cumplimiento de los requisitos regulados en el artículo 80, que **el penado haya abonado la deuda tributaria o con la Seguridad Social**, o que haya procedido al **reintegro de las subvenciones o ayudas** indebidamente recibidas o utilizadas.
>
> Este requisito se entenderá cumplido cuando **el penado asuma el compromiso de satisfacer la deuda tributaria**, la deuda frente a la Seguridad Social o de proceder al

reintegro de las subvenciones o ayudas indebidamente recibidas o utilizadas y las responsabilidades civiles de acuerdo a su capacidad económica y de facilitar el decomiso acordado, y sea razonable esperar que el mismo será cumplido. La suspensión no se concederá cuando conste que el penado ha facilitado información inexacta o insuficiente sobre su patrimonio.

La resolución por la que el juez o tribunal concedan la suspensión de la ejecución de la pena será comunicada a la representación procesal de la Hacienda Pública estatal, autonómica, local o foral, de la Seguridad Social o de la Administración que hubiera concedido la subvención o ayuda.

2.ª El juez o tribunal revocarán la suspensión y ordenarán la ejecución de la pena, además de en los supuestos del artículo 86, **cuando el penado no dé cumplimiento al compromiso** de pago de la deuda tributaria o con la Seguridad Social, al de reintegro de las subvenciones y ayudas indebidamente recibidas o utilizadas, o al de pago de las responsabilidades civiles, siempre que tuviera capacidad económica para ello, o facilite información inexacta o insuficiente sobre su patrimonio. En estos casos, el juez de vigilancia penitenciaria podrá denegar la concesión de la libertad condicional.

2. En el supuesto del artículo 125, el juez o tribunal oirán previamente a la representación procesal de la Hacienda Pública estatal, autonómica, local o foral, de la Seguridad Social o de la Administración que hubiera concedido la subvención o ayuda, al objeto de que aporte **informe patrimonial de los responsables del delito** en el que **se analizará la capacidad económica y patrimonial** real de los responsables y se podrá incluir una propuesta de fraccionamiento acorde con dicha capacidad y con la normativa tributaria, de la Seguridad Social o de subvenciones».

13.7. Referencias bibliográficas

Abadías Selma, A., «El delito de financiación ilegal de los partidos políticos: consideraciones penales ante su inminente reforma», en *El sistema socioeconómico desde el prisma del derecho penal y la criminología*. 1.ª ed. Bustos, M. y Rodríguez Almirón, F. (dirs.). Pamplona, Aranzadi, 2019.

Abel, M., *El delito de blanqueo en el Código Penal español*. Barcelona, Ed. Bosch, 2005.

Ariño Ortiz, G., «La Financiación de los Partidos Políticos», en *Documentos del Foro de la Sociedad Civil*, N.º 1, 2009.

Bustos, M., «El nuevo delito de financiación ilegal de partidos políticos», en *Revista Penal*, 37, 2016, pp. 64-73.

Bustos, M., «Del «blanqueo del blanqueo» a la libertad de competencia: la sempiterna cuestión del bien jurídico en el delito de blanqueo de capitales», en *El sistema socioeconómico desde el prisma del derecho penal y la criminología*. 1.ª ed. Bustos, M. y Rodríguez Almirón, F. (dirs.). Pamplona, Aranzadi, 2019.

Bustos, M., Gómez Pavón, P. y **Pavón Herrador, D.**, *Delitos económicos análisis doctrinal y jurisprudencial*. Barcelona, Editorial Bosch, 2019.

Cámara, S., «Delito corporativo y defraudaciones a la Seguridad Social», en *El sistema socioeconómico desde el prisma del derecho penal y la criminología*. 1.ª ed. Bustos, M. y Rodríguez Almirón, F. (dirs.). Pamplona, Aranzadi, 2019.

Cuervo, A., «El perfil criminológico del delincuente de Cuello Blanco», en *El sistema socioeconómico desde el prisma del derecho penal y la criminología*. 1.ª ed. Bustos, M. y Rodríguez Almirón, F. (dirs.). Pamplona, Aranzadi, 2019.

Choclán, J. A., *Responsabilidad de auditores de cuentas y asesores fiscales. Tratamiento penal de la información societaria inveraz*. Bosch, Barcelona, 2003.

De Carreras, F., «Los partidos en nuestra democracia de partidos», en *Revista Española de Derecho Constitucional,* año24, 70, 2004.

De Miguel Beriain, I., «Delitos de financiación ilegal de los partidos políticos», en *Derecho penal. Parte Especial conforme a las Leyes Orgánicas 1 y 2/2015, de 30 de marzo*, Romeo Casabona y Boldova Pasamar (Coord.), Granada, Comares, 2016.

Faraldo-Cabana, P., *Los delitos societarios aspectos dogmáticos y jurisprudenciales*. Valencia, Tirant lo Blanch, 2000.

Gálvez, A., «El delito de obstaculización de los derechos del socio (artículo 293 del Código Penal)», en *El sistema socioeconómico desde el prisma del derecho penal y la criminología*. 1.ª ed. Bustos, M. y Rodríguez Almirón, F. (dirs.). Pamplona, Aranzadi, 2019.

García Valdés, C., **Mestre Delgado, E.** y **Figueroa Navarro, C.**, *Lecciones de Derecho penal. Parte Especial*. Madrid, Edisofer, 2017.

Gómez Iniesta, D., «Estafa y blanqueo de dinero a través de internet», en *La Ley 8899*, 2013.

Gómez Benítez, J. M., «Financiación ilegal de partidos políticos y corrupción», en *Prevención y tratamiento de la corrupción en la contratación pública y privada*. Castro Moreno y Otero González (Dirs.), Madrid, Dykinson,2016, pp. 152 y 153.

Iglesias García, M. J., «La obtención de indicios en la investigación de delitos económicos y otros delitos relacionados con el blanqueo de capitales» en *El sistema socioeconómico desde el prisma del derecho penal y la criminología*. 1.ª ed. Bustos, M. y Rodríguez Almirón, F. (dirs.). Pamplona, Aranzadi, 2019.

Javato, A., «Artículos 304 bis – 304 ter», en *Comentarios prácticos al Código penal, Tomo III*. Gómez, M. (Dir.). Cizur Menor, Thomson Reuters – Aranzadi, 2015.

Kelsen, H., *Esencia y valor de la democracia*, Barcelona, Labor, 1997, p. 37.

Lascuraín, J. A., «Delitos societarios», en *Derecho penal económico y de la empresa* De la Mata, N. J., Dopico, J. y Nieto, A. Madrid, Dykinson, 2018.

Luzón, E., «Blanqueo de cuotas defraudadas y la paradoja McFly», en *Diario La Ley*, 7818, 2012.

Magro, V., «El ánimo de traficar con los bienes recibidos en el delito de receptación del artículo 298.2 del Código Penal», en *La Ley Penal*, 136, 2019.

Martín, O., «La determinación del bien jurídico protegido por el delito de blanqueo de capitales y el autoblanqueo. Un debate que no cesa», en *Boletín del Ministerio de Justicia*, 2206, 8, 2018.

Mercader, J. R., *Comentarios a la Constitución española*. Madrid, BOE, 2018.

Mestre, E., «Delitos contra el patrimonio y contra el orden socioeconómico», en *Delitos: la parte especial del Derecho penal*. Lamarca, C. (coord.) Madrid, Dykinson, 2016.

Molas, I., *Los partidos políticos*. Barcelona, Salvat, 1973.

Molina, M. C., «El delito de blanqueo de capitales: concepto y fases», en *La Ley Penal*, 41, 2007, 87 y ss.

Muñoz Conde, F. J., *Derecho penal Parte General*. Valencia, Tirant lo Blanch, 2017.

Navarro Méndez, J. I., Partidos políticos y «democracia interna». Madrid, *Centro de Estudios Políticos y Constitucionales*, 1999.

Olcina, E. y **Capello, S.**, «Blanqueo de capitales y financiación del terrorismo: evolución y retos», en *Estrategia Financiera*, 293,2012, pp. 62-67.

Pavón Herradón, D. (2019). «Principio de mínima intervención y delitos societarios», en *El sistema socioeconómico desde el prisma del derecho penal y la criminología*. 1.ª ed. Bustos, M. y Rodríguez Almirón, F. (dirs.). Pamplona, Aranzadi, 2019.

Pope, J., *National Integrity Systems: The Ti Source Book*. Berlin, Transparency International, 1996.

Presno Linera, M. A., «Pluralismo de partidos, no separación de poderes», en *Fundamentos: Cuadernos monográficos de Teoría del Estado, Derecho Público e Historia Constitucional*, Junta General del Principado de Asturias, número 5, 2009, p. 245.

Ramírez, N., «Los partidos políticos en la Constitución española de 1978», en *Revista de Estudios Políticos (Nueva Época)*, 13, enero-febrero, 1980.

Real Academia Española. *Diccionario de la lengua española*. Fecha de consulta: 28 de septiembre de 2019. Disponible en: https://www.rae.es

Rodríguez Mourullo, G., «Estudios y Comentarios Legislativos (Civitas)», en *Estudios de Derecho Penal Económico*. Editorial Aranzadi, 2009.

Rodríguez Teruel, J. (coord.), *Finançament de partits i transparencia democrática. Bones Pràctiques a Europa i Amèrica del Nord*. Barcelona, Fundació Catalunya Europa, 2013.

Rodríguez-Vergara Díaz, A. J., «El artículo 6 de la constitución: los partidos políticos», en *Revista de Derecho Político*, núm. 36, 1992, p. 53.

Sánchez Goyanes, E., *Constitución española comentada*. Madrid, Paraninfo, 1989.

Sánchez Muñoz, O., «La insuficiente reforma de la financiación de los partidos: la necesidad de un cambio de modelo», en *Revista Española de Derecho Constitucional*, núm. 104, 2015, págs. 49-82, http://dx.doi.org/10.18042/cepc/redc.

Serrano Gómez, A., **Serrano Maíllo, A**, **Serrano Tárraga, M. D.** y **Vázquez González, C.**, *Curso de Derecho Penal. Parte especial*. Madrid, Dykinson, 2017.

Torres, N., «El delito de defraudación tributaria: ¿un delito especial o un delito común? Una propuesta (de lege lata) de delimitación del círculo de posibles autores del art. 305 CP», en *Revista Electrónica de Ciencia Penal y Criminología (Criminet)*, 20, 2018.

Torres Del Moral, A., *Principios de derecho constitucional español I: sistema de fuentes*. 5.ª ed. Madrid, Universidad Complutense, 2004.

Jurisprudencia

- Sentencia del Tribunal Supremo Sala 2.ª de 2013, de 1 de febrero, FD 4.
- Sentencia del Tribunal Constitucional, de 20 de julio de 1981.
- Sentencia del Tribunal Constitucional n.º 32/1981.
- Sentencia del Tribunal Constitucional n.º 26/1987.
- Sentencia del Tribunal Constitucional n.º 76/1988.

- Sentencias del Tribunal Supremo de 17 de marzo de 1990, 15 de junio y 28 de noviembre.
- Sentencia del Tribunal Supremo Sala 2.ª de 1990.
- Sentencia del Tribunal Supremo Sala 2.ª de 14 de abril de 1991.
- Sentencia del Tribunal Supremo Sala 2.ª n.º 661/1995 de 18 de mayo.
- Sentencia del Tribunal Supremo Sala 2.ª n.º 1113/2004 de 9 de octubre.
- Sentencia de la Audiencia Provincial de Barcelona, 8.ª, n.º 287/2004, de 9 de noviembre.
- Sentencia del Tribunal Supremo Sala 2.ª n.º 266/2005 de 1 de marzo.
- Sentencia del Tribunal Supremo Sala 2.ª, de 19 de mayo de 2006.
- Sentencia del Tribunal Supremo Sala 2.ª, de 19 de abril de 2007.
- Sentencia del Tribunal Supremo Sala 2.ª n.º 91/2013, de 1 de febrero (F.D. 4).
- Sentencia del Tribunal Supremo Sala 2.ª n.º 477/2014, de 10 de junio.
- Sentencia de la Audiencia Provincial de Sevilla, Sección 1.ª, rec. 9014/2016, de 27 de octubre de 2016.
- Sentencia de la audiencia Provincial de Ourense, Sección 2.ª, rec. 338/2017, de 9 de mayo de 2017.
- Sentencia de la Audiencia Provincial de Barcelona, Sección 6.ª, rec. 297/2017, de 15 de diciembre de 2017.
- Sentencia del Tribunal Supremo Sala 2.ª n.º 642/2018, de 13 de diciembre.
- Sentencia del Tribunal Supremo Sala 2.ª n.º 2611/2019, de 23 de julio, ECLI:ES:TS:2019:2611.

Para saber más...

CENDOJ

Sentencia del Tribunal Supremo. Sala de lo Penal, n.º 2611/2019, de 23 de julio, ECLI:ES:TS:2019:2611. Id Cendoj: 28079120012019100447.

Entra en el buscador del sistema del Consejo General del Poder Judicial (CENDOJ) en el que encontrarás la sentencia. Es de interés su consulta sentencia para que puedas apreciar el delito de blanqueo de capitales en su forma de **imprudencia grave** en contraste con las acciones dolosas.

Accede a la sentencia desde la siguiente dirección web:
https://bit.ly/3yXRDtm

Paraísos fiscales

Documentostv. (2017). *Paraísos fiscales*. [Archivo de vídeo]. Disponible en: https://bit.ly/3nl9c4p

Te recomiendo que visualices el programa dedicado a los paraísos fiscales, donde podrás apreciar qué es un paraíso fiscal y cómo se puede llegar a esos lugares en los que el dinero es totalmente opaco a las normas legales. Hablan también algunos de los protagonistas de este fenómeno que daña muy seriamente al erario público de varios países del mundo.

Test

Receptación

1. **¿Qué tipo de delito protege el bien jurídico del delito de receptación según el artículo 298 CP?**
   a) La seguridad pública.
   b) La salud pública.
   c) El patrimonio y el orden socioeconómico.
   d) El medio ambiente.

2. **El artículo 298.1 del Código Penal sanciona a quien:**
   a) Haya participado como autor del delito patrimonial.
   b) Ayude a los responsables de un delito a aprovecharse de los efectos del mismo, sabiendo que proceden de un delito.
   c) Tenga sospechas de que los bienes podrían proceder de un delito.
   d) Haya actuado sin ánimo de lucro.

3. **¿Qué caracteriza al delito de receptación?**
   a) Es un delito de peligro.
   b) Es un delito de mera actividad.
   c) Requiere una acción dañina concreta.
   d) Solo se aplica a objetos de valor artístico.

4. **¿Qué elemento subjetivo se requiere para la comisión del delito de receptación?**
   a) Negligencia.
   b) Ánimo de lucro y conocimiento de la procedencia ilícita de los bienes.
   c) Mala fe contractual.
   d) Error de tipo.

5. **¿Cuál de los siguientes NO es un verbo típico de la acción punible en el delito de receptación según el CP?**
   a) Ayudar.
   b) Robar.
   c) Adquirir.
   d) Ocultar.

6. ¿Qué significa que el delito de receptación es de carácter doloso?

a) Que puede ser cometido sin conciencia de estar cometiendo un delito.

b) Que es necesario que el sujeto haya actuado de forma premeditada y con conocimiento.

c) Que es suficiente una actuación imprudente o negligente.

d) Que se sanciona incluso el dolo eventual.

7. El delito de receptación se consuma:

a) Cuando se inició la ayuda para el aprovechamiento de los efectos del delito.

b) Únicamente con la obtención del lucro efectivo.

c) Al realizar la actividad de recibir, adquirir u ocultar, independientemente del resultado.

d) Cuando se pruebe que el sujeto conocía el origen ilícito de los bienes con detalle.

8. ¿Qué tipo de penalidad establece el CP para el delito básico de receptación?

a) Multa de seis a doce meses.

b) Prisión de seis meses a dos años.

c) Servicios a la comunidad y multa.

d) Inhabilitación especial por uno a tres años.

9. Según el CP, un supuesto agravado de receptación se da cuando:

a) Se trata de cosas de valor sentimental.

b) Los hechos son de especial gravedad.

c) Se comete por parte de un funcionario público.

d) El valor de los efectos no tiene una relevancia considerable.

10. El artículo 298.3 del CP limita la pena privativa de libertad para no exceder de:

a) La señalada al delito encubierto.

b) Diez años de prisión.

c) La pena impuesta por delitos relacionados.

d) La pena mínima establecida para el delito base.

Solucionario

1. c) El patrimonio y el orden socioeconómico.

2. b) Ayude a los responsables de un delito a aprovecharse de los efectos del mismo, sabiendo que proceden de un delito.

3. b) Es un delito de mera actividad.

4. b) Ánimo de lucro y conocimiento de la procedencia ilícita de los bienes.

5. b) Robar.

6. b) Que es necesario que el sujeto haya actuado de forma premeditada y con conocimiento.

7. c) Al realizar la actividad de recibir, adquirir u ocultar, independientemente del resultado.

8. b) Prisión de seis meses a dos años.

9. b) Los hechos son de especial gravedad.

10. a) La señalada al delito encubierto.

Blanqueo de capitales

1. ¿Cuál es el bien jurídico protegido principalmente por la tipificación del delito de blanqueo de capitales?

a) El honor y la imagen
b) La integridad moral
c) El orden socioeconómico
d) El medio ambiente

2. ¿Qué acción NO está contemplada como blanqueo de capitales según el art. 301.1 CP?

a) La conversión de bienes sabiendo que proceden de un delito
b) La transferencia de bienes para ocultar su origen ilícito
c) La denuncia de bienes procedentes de un delito
d) La ocultación del origen de los bienes sabiendo que proceden de un delito

3. ¿Qué no se considera necesario para que se cometa el delito de blanqueo de capitales?

a) Que los bienes procedan de una actividad delictiva
b) Que exista una intención de encubrir el origen ilícito
c) Que los bienes hayan sido utilizados previamente en un delito de estafa
d) Que el sujeto actúe a sabiendas del origen delictivo de los bienes

4. La jurisprudencia española considera al blanqueo de capitales como un delito que ataca principalmente:

a) La seguridad nacional
b) El honor de las personas
c) El correcto funcionamiento del sistema financiero del país
d) Las normas de tráfico y seguridad vial

5. ¿Cuál de las siguientes conductas constituye un ejemplo de blanqueo de capitales?

a) Ocultar el origen ilícito de bienes mediante su inserción en el circuito financiero legal

b) Falsificar moneda y distribuirla

c) Realizar un robo con violencia

d) Repartir propaganda ilegal

6. ¿Puede una persona que cometió la actividad delictiva originaria ser también sujeto activo del delito de blanqueo de capitales?

a) Sí, siempre que participe en las acciones típicas de blanqueo

b) No, debe ser una persona diferente

c) Solo si no ha sido condenada por el delito previo

d) Únicamente si ha sido requerida por un tercero

7. ¿Qué término NO está asociado con el delito de blanqueo de capitales?

a) Lavado de dinero

b) Encubrimiento

c) Reciclaje de dinero

d) Falsificación de documentos

8. ¿Qué se requiere para que exista el delito de blanqueo de capitales?

a) Que los bienes tengan un alto valor económico

b) Que los bienes blanqueados provengan exclusivamente de delitos de narcotráfico

c) Que haya un perjuicio para una víctima identificable

d) Que se actúe con conocimiento de la procedencia delictiva de los bienes

9. ¿Cuál de los siguientes elementos es considerado como una tentativa al delito de blanqueo de capitales?

a) Tener la intención de ocultar bienes pero sin llegar a hacerlo

b) Asociarse para cometer blanqueo de capitales

c) Aconsejar a alguien sobre cómo realizar blanqueo de capitales

d) Todas las anteriores

10. ¿Qué se entiende por "reciclaje de dinero" en el contexto del blanqueo de capitales?

a) La reutilización de billetes y monedas que estaban fuera de circulación

b) La transformación de dinero procedente de delitos en activos aparentemente legítimos

c) La inversión de fondos ilegales en actividades de reciclaje y gestión de residuos

d) La creación de empresas ficticias para eludir impuestos

Solucionario

1. **c) El orden socioeconómico**
2. **c) La denuncia de bienes procedentes de un delito**
3. **c) Que los bienes hayan sido utilizados previamente en un delito de estafa**
4. **c) El correcto funcionamiento del sistema financiero del país**
5. **a) Ocultar el origen ilícito de bienes mediante su inserción en el circuito financiero legal**
6. **a) Sí, siempre que participe en las acciones típicas de blanqueo**
7. **d) Falsificación de documentos**
8. **d) Que se actúe con conocimiento de la procedencia delictiva de los bienes**
9. **d) Todas las anteriores**
10. **b) La transformación de dinero procedente de delitos en activos aparentemente legítimos**

Financiación ilegal de partidos políticos

1. **¿Qué artículo del Código Penal regula el delito de financiación ilegal de partidos políticos?**
   a) Artículo 301
   b) Artículo 304 bis
   c) Artículo 307
   d) Artículo 310
2. **¿Qué bien jurídico pretende proteger la regulación de financiación ilegal de los partidos políticos?**
   a) El patrimonio económico
   b) El sistema democrático de partidos y la ciudadanía
   c) El honor de los representantes políticos
   d) La integridad territorial de España
3. **¿Cuál es la pena básica establecida para quien participe en la financiación ilegal de partidos políticos según el art. 304 ter 1 CP?**
   a) Multa del doble al triple de su valor
   b) Prisión de uno a tres años
   c) Prisión de uno a cinco años
   d) Inhabilitación especial para empleo o cargo público

4. De acuerdo con la LOFPP, ¿qué tipo de donaciones NO pueden aceptar los partidos políticos?

a) Anónimas, finalistas o revocables

b) De empleados públicos

c) De una misma persona superiores a 100.000 euros anuales

d) De entidades bancarias

5. ¿Quién recibe una pena más grave según el art. 304 ter 2 CP?

a) Los que realizan la donación

b) Los directores de las estructuras u organizaciones de financiación ilegal

c) Los tesores de los partidos políticos

d) Los particulares que facilitan sus cuentas bancarias

6. ¿Cómo se sanciona según el Código Penal en caso de que los hechos resulten de especial gravedad?

a) Con multa proporcional a la gravedad

b) Se impondrá la pena en su mitad superior, pudiendo llegar hasta la superior en grado

c) No hay una sanción específica por la especial gravedad

d) Con la disolución del partido político implicado

7. ¿Qué cantidad máxima establece la LOFPP para donaciones de una misma persona física?

a) 50.000 euros anuales

b) 100.000 euros anuales

c) 60.000 euros anuales

d) No hay límite establecido

8. ¿Se pueden aceptar donaciones procedentes de personas jurídicas según la LOFPP?

a) Sí, en cualquier caso

b) No, en ningún caso

c) Sí, pero hasta un máximo de 10.000 euros anuales

d) Sí, pero solamente si son de partidos políticos europeos

9. ¿Cuál de las siguientes afirmaciones es verdadera respecto al principio de intervención mínima en los delitos de financiación ilegal de partidos políticos?

a) Se sancionan todas las conductas sin atender a su relevancia

b) Sólo se sancionan conductas suficientemente relevantes

c) Cualquier irregularidad debe ser sancionada penalmente

d) Se juzga según el criterio del partido político afectado

10. ¿Qué sanción establece el art. 304 bis CP para quien reciba donaciones ilegales?

a) Prisión de seis meses a un año

b) Multa del doble al quíntuplo del valor de la donación

c) Prisión de uno a cinco años

d) Inhabilitación especial para empleo o cargo público de uno a diez años

Solucionario

1. **b) Artículo 304 bis**
2. **b) El sistema democrático de partidos y la ciudadanía**
3. **c) Prisión de uno a cinco años**
4. **a) Anónimas, finalistas o revocables**
5. **b) Los directores de las estructuras u organizaciones de financiación ilegal**
6. **b) Se impondrá la pena en su mitad superior, pudiendo llegar hasta la superior en grado**
7. **a) 50.000 euros anuales**
8. **b) No, en ningún caso**
9. **b) Sólo se sancionan conductas suficientemente relevantes**
10. **b) Multa del doble al quíntuplo del valor de la donación**

TEMA 14.

DELITOS CONTRA LA SEGURIDAD COLECTIVA (I)

14.1. Introducción y objetivos

Recuerdo que en aquel entonces era un crío de unos ocho años, y que siempre en casa a la hora de comer, nuestro padre nos hacía guardar silencio indicándonos que iba a empezar «el parte», que hoy día es lo que conocemos con el nombre de «telediario».

Era verano, hacía un calor espantoso y teníamos las ventanas abiertas para intentar refrescar un poco nuestra casa. Al encender el televisor entonces en blanco y negro, fue cuando pudimos ver que en el sur de Cataluña se había producido una auténtica tragedia, una deflagración provocada por el estallido de un camión que transportaba propileno. Las imágenes que pudimos ver eran de total desolación porque aquel camión estalló frente a un *camping* que estaba repleto de turistas y que cuando escucharon el estruendo y sintieron el terrible calor de las llamas corrieron hacia el mar en busca de salvación, pero el agua también había alcanzado temperaturas altísimas.

Se pudieron ver imágenes de cadáveres calcinados que quedaron justo en la misma postura en la que estaban segundos antes del estallido. La propagación del incendio recuerda a la explosión del volcán Vesubio que calcinó Pompeya, Herculano y Estabia.

El desastre del camping Los Alfaques ocurrió el 11 de julio de 1978 en Alcanar, cerca de Tarragona. El camión cisterna iba cargado con veintitrés toneladas de propileno licuado altamente inflamable. 217 personas (incluido el conductor) perdieron la vida y 200 más sufrieron graves quemaduras. La mayoría de las víctimas eran campistas que estaban de vacaciones.

El desastre ocurrió a las 14:35 mientras el camión pasaba frente al camping de Los Alfaques después de haber recorrido 102 km. El reloj del conductor, que todavía se encontraba en la muñeca quemada, se había detenido a las 14:36, hora de la explosión.

Las causas de aquel desgraciado accidente mortal todavía hoy no se conocen con precisión, y se apunta a que pudo haber reventado una llanta del camión y provocado el accidente al salirse de la carretera Nacional 340.

Hoy día, el *camping* sigue en funcionamiento después de haberse remodelado, como si allí jamás hubiera sucedido la tragedia.

En este tema vamos a tratar, entre otras cuestiones, los incendios, estragos, etc. y una serie de peligros que existen pero que son «el precio» de una sociedad del bienestar.

Para saber más sobre el caso, consultad el siguiente enlace que os llevará a un vídeo explicativo (debo avisar sobre la crudeza de algunas de las imágenes): https://www.youtube.com/watch?v=K37kNwt1nyk

---

Los objetivos de este tema son los siguientes:

- Estudiar el **capítulo I**. De los delitos de riesgo catastrófico.
  - Sección 1.ª De los delitos relativos a la energía nuclear y a las radiaciones ionizantes (artículos 341 al 345 CP).
  - Sección 2.ª De los estragos (artículos 346 y 347 CP).
  - Sección 3.ª De otros delitos de riesgo provocados por otros agentes (artículos 348 al 350 CP).
- Estudiar el **capítulo II**. De los incendios.
  - Sección 1.ª De los delitos de incendio (artículo 351 CP).
  - Sección 2.ª De los incendios forestales (artículos 352 al 355 CP).
  - Sección 3.ª De los incendios en zonas no forestales (artículo 356 CP).
  - Sección 4.ª De los incendios en bienes propios (artículo 357 CP).
  - Sección 5.ª Disposición común (artículo 358 CP).
- Estudiar el **capítulo III**. De los delitos contra la salud pública (artículos 359 al 378 CP).

14.2. Delitos de riesgo catastrófico

Como muy bien recoge Suárez-Mira, Judel y Piñol (2011) este tipo de delitos ya forman parte de la llamada «sociedad del riesgo», pues simplificando la cuestión, todos queremos tener luz, calefacción, aires acondicionados, etc., pero para poder disfrutar de todo ello, existen una serie de riesgos inevitables que hay que minimizar, los cuales existen y podemos incardinar en:

- El cambio de los peligros actuales
- La complejidad de las relaciones de responsabilidad.
- La existencia de una sensación de inseguridad subjetiva que, diría, está ya admitida en una sociedad actual evolucionada.

Los delitos de riesgo catastrófico se configuran como **delitos de peligro**, y el bien jurídico tutelado en estos delitos es la **seguridad colectiva**. Pero ¿qué se entiende por seguridad colectiva en nuestro ordenamiento jurídico penal? es la obligación, asumida por el Estado social, de velar por la idoneidad de las condiciones de vida de los ciudadanos.

Se trata de unos tipos penales en los que el Estado va a reaccionar *ex* ante, es decir, **anticipándose a una posible lesión** mediante una especie de adelantamiento de una «barrera protectora». El Estado no espera a que se produzca el daño y castiga una serie de conductas que realmente tienen una seria probabilidad de lesionar. La situación de peligro será algo que los jueces habrán de valorar aquilatando muy bien cada situación y para que no se actúe de forma arbitraria.

En la primera parte de este tipo de delitos vemos los delitos relativos a la energía nuclear y a las radiaciones ionizantes. En este ámbito hemos de acudir a las **leyes penales en blanco**, pues habrá que ir extramuros del Código Penal para valorar ciertas circunstancias a través de normativa administrativa como:

- Ley 25/1964, de 29 de abril, de Energía Nuclear (LEN).
- Reglamento sobre instalaciones nucleares y radioactivas (RD 1836/1999, de 3 de diciembre).
- Reglamento sobre protección sanitaria contra radiaciones ionizantes (RD 783/2001, de 6 de junio).

El Chernobyl español

España también ha tenido algunos episodios de graves riesgos radioactivos que quizás la gente no recuerde. El 7 de noviembre de 1970 hubo un escape radioactivo en Madrid.

Era un sábado, y los operarios venían de una operación rutinaria de trasvase de 700 litros de desechos radiactivos desde el tanque de la planta del reactor a un depósito en otra planta aneja, en el que se procesarían. Se trataba de Estroncio-90, Cesio-137, Rutenio-106 y partículas de plutonio. Durante la operación de llenado del depósito se produjo una filtración a través de una válvula abierta hacia el alcantarillado. Durante cinco minutos, decenas de litros de líquido irradiado terminaron vertiéndose al Manzanares.

Se ordenó que se llevasen a cabo muestreos de los campos de cultivo con afectación, pero fueron espaciados y puntuales para evitar sospechas. En enero de 1971, la Comisión de Seguridad del JEN (Junta de Energía Nuclear) conminaba a «impedir el consumo de los vegetales que crezcan en las parcelas contaminadas» e «impedir el riego con agua de los canales y ríos que contengan agua o fangos contaminados». Pero no se activó jamás una alerta; de hecho, este informe no se conoció hasta 1994 cuando lo publicó el diario El País.

Para saber más, accede a la siguiente dirección web:
https://bit.ly/3nl9zfj

Seguidamente, vamos a estudiar la forma de abordar estos desastres nucleares a través del derecho penal.

A tenor del artículo 341 CP:

> «El que libere energía nuclear o elementos radiactivos que pongan en peligro la vida o la salud de las personas o sus bienes, aunque no se produzca explosión, será sancionado con la pena de prisión de quince a veinte años, e inhabilitación especial para empleo o cargo público, profesión u oficio por tiempo de diez a veinte años».

➔ **Bien jurídico protegido**: es la seguridad colectiva.

➔ **Acción típica**: la acción típica consiste en liberar energía nuclear o elementos radiactivos, aunque no se produzca explosión. Se trata de liberar energía nuclear o elementos radiactivos que **pongan en peligro la vida o la salud de las personas o sus bienes**.

Siguiendo a Muñoz Conde (2022, p. 500):

> «El punto de referencia de dicha situación de peligrosidad tiene que ser la "vida o la salud de las personas o sus bienes". Por los propios caracteres de la acción típica (la liberación de energía nuclear o elementos radiactivos), la protección de estos bienes adquiere una dimensión eminentemente colectiva, en cuanto que la propia incontrolabilidad del peligro creado impide acotar el riesgo en la vida, salud o bienes de concretas personas».

Según Manzanares Samaniego (2016, p. 2):

> «Puesto que cualquier proceso nuclear para la obtención de energía es una liberación de energía nuclear, el tipo no puede entenderse sin el componente negativo de la falta de control. Se trata de una liberación incontrolada de energía nuclear o elementos radiactivos porque sólo así se estará ante un riesgo catastrófico».

➔ **Sujeto activo**: puede serlo cualquiera, pero normalmente serán solo determinados sujetos cualificados los que estén en condiciones, por sus conocimientos técnicos y posición, de provocar tales liberaciones de energía nuclear, máxime cuando se perpetren desde una central nuclear.

➔ **Sujeto pasivo**: puede serlo cualquiera.

➔ **Elemento subjetivo**: se trata de un delito doloso, en el que cabe el dolo eventual.

➔ **Consumación**: la conducta típica se consuma con la conducta de liberar energía nuclear o elementos radioactivos, sin que sea necesaria la explosión.

Es posible la comisión por omisión, y de hecho, en muchos casos podrá plantearse incriminar al funcionario —especialmente de los organismos relacionados con el tema (Consejo de Seguridad Nuclear)— que omite el control, supervisión, inspección o autorización del uso de las instalaciones nucleares.

➔ **Concurso**: puede producirse peligro general respecto al bien jurídico de la seguridad colectiva que puede ir también acompañado de una o varias lesiones de bienes jurídicos individuales con las que entraría en concurso ideal de delitos.

➔ **Penalidad**: prisión de quince a veinte años, e inhabilitación especial para empleo o cargo público, profesión u oficio por tiempo de diez a veinte años.

Hay que buscar un equilibro en utilizar la energía nuclear y conseguir un **medioambiente** que sea **sostenible**, y ello lo indican con meridiana claridad SUÁREZ-MIRA, JUDEL y PIÑOL (2011, p. 2):

«La sensación vivida por la ciudadanía la lleva a considerar los imponderables derivados del uso de esa forma de energía en el marco de una política de crecimiento o desarrollo sostenible. Se entiende por tal, en la Unión Europea, aquella política de desarrollo económico y social continuo que no vaya en detrimento del medio ambiente ni de los recursos naturales, de cuya calidad dependen la continuidad de la actividad y el desarrollo de los seres humanos».

Perturbación del funcionamiento o alteración del desarrollo de actividades nucleares o radioactivas

Según el art. 342 CP:

«El que, sin estar comprendido en el artículo anterior, **perturbe el funcionamiento** de una instalación nuclear o radiactiva, o altere el desarrollo de actividades en las que intervengan materiales o equipos productores de radiaciones ionizantes, creando una **situación de grave peligro para la vida o la salud de las personas**, será sancionado con la pena de prisión de cuatro a diez años, e inhabilitación especial para empleo o cargo público, profesión u oficio por tiempo de seis a diez años».

➜ **Bien jurídico protegido**: es la seguridad colectiva.

➜ **Acción típica**: se castiga el **perturbar el funcionamiento** de una instalación nuclear o radiactiva, o en la alteración del desarrollo de las actividades en las que intervengan materiales o equipos productores de radiaciones ionizantes.

➜ Es preciso crear una **situación de grave peligro** para la **vida** o **salud** de las personas.

«Perturbación» es cualquier desorden o desviación del normal funcionamiento de la instalación, siempre que repercuta en el proceso en que interviene la energía nuclear.

➜ **Sujeto activo**: puede serlo cualquiera, pero normalmente se trata de personas que conocen bien el lugar y tienen una capacidad técnica para perpetrar este delito.

➜ **Sujeto pasivo**: puede serlo cualquiera.

➜ **Elemento subjetivo**: es un delito doloso, aunque cabe el dolo eventual.

➜ **Consumación**: se consuma en cuanto se ha entrado en una fase de puesta en peligro cierta y muy probable que ha producido la perturbación.

➜ **Penalidad**: prisión de cuatro a diez años, e inhabilitación especial para empleo o cargo público, profesión u oficio por tiempo de seis a diez años.

Exposición de personas a radiaciones ionizantes

A tenor del art. 343 CP:

«1. El que mediante el vertido, la emisión o la introducción en el aire, el suelo o las aguas de una cantidad de materiales o de radiaciones ionizantes, o la exposición por cualquier otro medio a dichas radiaciones ponga en peligro la vida, integridad, salud o bienes de una o varias personas, será sancionado con la pena de prisión de seis a doce años e inhabilitación especial para empleo o cargo público, profesión u oficio por tiempo de seis a diez años. La misma pena se impondrá cuando mediante esta conducta se ponga en peligro la calidad del aire, del suelo o de las aguas o a animales o plantas.

2. Cuando con ocasión de la conducta descrita en el apartado anterior se produjere, además del riesgo prevenido, un resultado lesivo constitutivo de delito, cualquiera que sea su gravedad, los jueces o tribunales apreciarán tan sólo la infracción más gravemente penada, aplicando la pena en su mitad superior.

3. Cuando de acuerdo con lo establecido en el artículo 31 bis una persona jurídica sea responsable de los delitos recogidos en este artículo, se le impondrá la pena de multa de dos a cinco años.

Atendidas las reglas establecidas en el artículo 66 bis, los jueces y tribunales podrán asimismo imponer las penas recogidas en las letras b) a g) del apartado 7 del artículo 33».

➜ **Bien jurídico protegido**: la seguridad colectiva, el aire, animales, plantas y el ecosistema en definitiva.

➜ **Acción típica**: castiga el vertido, la emisión o la introducción en el aire, el suelo o las aguas de materiales o radiaciones ionizantes, y la exposición por cualquier otro medio a dichas radiaciones. Se entiende que deben ponerse en peligro la vida, integridad, salud o bienes de una o varias personas. Pero el inciso segundo del art. 343.1 CP contiene también una referencia expresa a la puesta en peligro de la calidad del aire, del suelo o de las aguas, o de animales o plantas.

«La conducta se concreta en el hecho de realizar vertidos, emisiones o introducciones en el aire, el suelo o las aguas que supongan exponer a otros a radiaciones ionizantes. "Exposición" equivale a afectación o sometimiento a la acción de este tipo de radiaciones» (SUÁREZ-MIRA RODRÍGUEZ *et al.*, 2011, p. 4).

➜ **Sujeto activo**: el sujeto activo puede ser, cualquier persona, si bien la especialidad de la conducta típica determina la limitación material de los posibles sujetos activos a los titulares de la actividad y, en su caso, a los profesionales que tengan tareas relacionadas.

No olvidemos que las normas administrativas exigen una especial cualificación y preparación de quienes manipulan materiales e instalaciones de alto riesgo, y ello en aras de conseguir minimizar al máximo los riesgos «permitidos», y así lo indica DE LA CUESTA (2001, p. 10).

«(...) a los explotadores y responsables de instalaciones de este tipo les es exigible un **cuidado extremo en su gestión** y les está **prohibido asumir "nuevos" riesgos** o realizar conductas que pueden implicar un decremento de la seguridad. De esta forma, y en base a este principio de minimización del riesgo —que en el ámbito administrativo se ve reforzado por el principio de responsabilidad objetiva—, el baremo de cuidado exigible a los responsables y explotadores de instalaciones nucleares y/o radiactivas es muy superior al exigible al hombre medio. De ahí que la conducta imprudente en relación con la prohibición absoluta de creación de riesgos nuevos sea fácilmente calificable como grave, pues existe una norma expresa que eleva el listón del cuidado debido».

➜ **Sujeto pasivo**: puede serlo cualquiera.

➜ **Elemento subjetivo**: es una conducta dolosa, pero también es punible la comisión imprudente al contemplarse expresamente su incriminación en el art. 344 CP.

➜ **Consumación**: entendemos que el delito se consuma cuando se pone en peligro de forma efectiva la vida o la integridad de las personas incluyendo también el medioambiente.

➔ **Penalidad**: prisión de seis a doce años e inhabilitación especial para empleo o cargo público, profesión u oficio por tiempo de seis a diez años.

Cuando se produce la conducta descrita, además del riesgo prevenido, hay un resultado lesivo constitutivo de delito; cualquiera que sea su gravedad, los jueces o tribunales apreciarán tan solo la infracción más gravemente penada, aplicando la pena en su mitad superior.

A tenor del art. 31 bis CP, a una persona jurídica, si es responsable de los delitos recogidos en este artículo, se le impondrá la pena de multa de dos a cinco años.

Atendidas las reglas establecidas en el artículo 66 bis, los jueces y tribunales podrán asimismo imponer las penas recogidas en las letras b) a g) del apartado 7 del artículo 33.

Según el art. 344 CP: «Los hechos previstos en los artículos anteriores serán sancionados con la pena inferior en grado, en sus respectivos supuestos, cuando se hayan cometido por imprudencia grave».

Adquisición de materiales nucleares o elementos radioactivos

Según el art. 2 de la Ley de Energía Nuclear, son sustancias nucleares determinados combustibles nucleares, así como los productos o desechos radioactivos.

Según el artículo 345 CP:

> «1. El que, contraviniendo las leyes u otras disposiciones de carácter general, adquiera, posea, trafique, facilite, trate, transforme, utilice, almacene, transporte o elimine materiales nucleares u otras sustancias radiactivas peligrosas que **causen o puedan causar la muerte o lesiones graves a personas, o daños sustanciales a la calidad del aire, la calidad del suelo o la calidad de las aguas o a animales o plantas**, será castigado con la pena de prisión de uno a cinco años, multa de seis a dieciocho meses, e inhabilitación especial para profesión u oficio por tiempo de uno a tres años.
>
> 2. El que **sin la debida autorización** produjere tales materiales o sustancias será castigado con la pena superior en grado.
>
> 3. Si los hechos a que se refieren los apartados anteriores se hubieran cometido por **imprudencia grave**, se impondrá la pena inferior en grado a la señalada en los mismos».

➔ **Bien jurídico protegido**: se protege la vida, la integridad física y el medioambiente.

➔ **Acción típica**: adquirir, poseer, traficar, facilitar, tratar, transformar, utilizar, almacenar, transportar o eliminar materiales nucleares u otras sustancias radiactivas peligrosas. Estas conductas deben realizarse contraviniendo las leyes u otras normas de carácter general, lo que nos remite a la correspondiente reglamentación.

➔ **Sujeto activo**: puede serlo cualquiera, si bien, lo normal es que exista una profesión del sujeto activo que le permita manejar el tipo de productos relacionados en el artículo.

➔ **Sujeto pasivo**: puede serlo cualquiera.

➔ **Elemento subjetivo**: las conductas anteriormente referenciadas pueden ser cometidas dolosa o imprudentemente. El tipo imprudente está incardinado en el art. 344 CP *ut supra* indicado.

➜ **Consumación**: en el art. 345.1 CP se indican una serie de acciones: «que causen o puedan causar [...]», es por ello que se trata de un delito de peligro y que no es preciso que se cause el daño para la consumación, sino que se cree de forma evidente la situación de riesgo.

➜ **Concurso**: según MUÑOZ CONDE (2022, pp. 506-507):

> «La referencia a la causación o peligro de causar daños a los recursos naturales citados, unida a la mención de algunas conductas (como la eliminación o el transporte), puede provocar problemas concursales con el delito del art. 325 (que se refiere a emisiones y radiaciones), del art. 326 (que castiga la gestión ilegal y el transporte de residuos) o del art. 326 bis (que se refiere a la explotación de instalaciones donde se realicen actividades peligrosas o se usen sustancias peligrosas). El concurso de leyes habrá de resolverse aquí por **alternatividad, aplicando el delito que prevea mayor pena**».

➜ **Penalidad**: art. 345.1 CP: prisión de uno a cinco años, multa de seis a dieciocho meses, e inhabilitación especial para profesión u oficio por tiempo de uno a tres años.

Art. 345.2 CP: será castigado con la pena superior en grado.

Art. 345.3 CP: por imprudencia grave, se impondrá la pena inferior en grado.

Estragos

A tenor del art. 346 CP:

> «1. Los que provocando explosiones o utilizando cualquier otro medio de similar potencia destructiva, causaren la **destrucción** de aeropuertos, puertos, estaciones, edificios, locales públicos, depósitos que contengan materiales inflamables o explosivos, vías de comunicación, medios de transporte colectivos, o la inmersión o varamiento de nave, inundación, explosión de una mina o instalación industrial, levantamiento de los carriles de una vía férrea, cambio malicioso de las señales empleadas en el servicio de ésta para la seguridad de los medios de transporte, voladura de puente, destrozo de calzada pública, daño a oleoductos, perturbación grave de cualquier clase o medio de comunicación, perturbación o interrupción del suministro de agua, electricidad, hidrocarburos u otro recurso natural fundamental incurrirán en la pena de prisión de diez a veinte años, cuando los **estragos** comportaran necesariamente un **peligro para la vida o integridad de las personas**.
>
> 2. Cuando no concurriere tal peligro, se castigarán con una pena de cuatro a ocho años de prisión.
>
> 3. Si, además del peligro, se hubiere producido lesión para la vida, integridad física o salud de las personas, los hechos se castigarán separadamente con la pena correspondiente al delito cometido».

➜ **Bien jurídico protegido**: es el grave peligro común.

➜ **Acción típica**: este delito tipifica la catástrofe, hechos que con mucha probabilidad conlleven resultados devastadores en la convivencia social. Se trata de agresiones con métodos masivos de destrucción y en lugares o locales que se caracterizan por ser sitios públicos o concurridos, así como importante vía de paso o forma convencional de transporte y comunicación. La acción consiste en causar explosiones o utilizar cualquier otro medio de parecida eficacia destructiva.

Según Tamarit Sumalla (2008, p. 1):

> «(...) tal como sucede con la mayor parte de las figuras reunidas en el nuevo título dedicado a los delitos contra la seguridad colectiva. Lo que caracteriza a esta clase de delitos no es meramente la estructura típica de peligro, sino que **el riesgo se refiere a una colectividad indeterminada de personas**».

➔ **Sujeto activo**: puede serlo cualquiera.

➔ **Sujeto pasivo**: puede serlo cualquiera.

➔ **Elemento subjetivo**: el delito se podrá cometer con **dolo** (directo y eventual), así como por **imprudencia grave**. Sobre el dolo Tamarit (2018, p. 4) indica que:

> «El dolo debe comprender no sólo la causación de alguno de los supuestos de estragos descritos en el precepto, sino también el conocimiento del peligro concreto para la vida o la integridad de las personas. **Cabe el dolo eventual** tanto en lo que concierne a la causación de los estragos como a la provocación del peligro».

➔ **Consumación**: se consuma cuando se haya producido un resultado de peligro para la vida o la integridad de las personas, configurándose así el precepto, por tanto, como un delito de **peligro concreto**.

➔ **Penalidad**: prisión de **diez a veinte años** si los hechos comportaran necesariamente un peligro para la vida o integridad de las personas *ex* art. 346.1 CP.

Ex art. 346.2 CP: «(...) se castigarán con una pena de cuatro a ocho años de prisión».

Ex art. 346.3 CP: «Si, además del peligro, se hubiere producido lesión para la vida, integridad física o salud de las personas, **los hechos se castigarán separadamente** con la pena correspondiente al delito cometido».

La sentencia 30/2001, de 17 de enero, de la Sala 2.ª TS, recuerda los elementos del tipo de estragos, del artículo 346 del Código Penal, a la luz del caso concreto enjuiciado:

> «1.°. Hubo una **explosión provocada**, en este caso por el escape deliberadamente preparado del gas butano procedente de tres bombonas que se habían dejado abiertas en el comedor; 2.° Se produjo la **destrucción** de un edificio, siendo bastante al respecto la destrucción parcial, que en estos hechos afectó a dos pisos de la planta primera que quedaron destrozados y a otros elementos de las seis plantas del inmueble; 3.° Tales hechos **causaron un peligro para la vida e integridad** de las personas que ocupaban el edificio, como lo acreditan las lesiones que efectivamente se produjeron».

Tipo imprudente

Según el artículo 347 CP: «El que por imprudencia grave provocare un delito de estragos será castigado con la pena de prisión de uno a cuatro años».

Tipo impropio

Ex artículo 336 CP

> «El que, sin estar legalmente autorizado, emplee para la caza o pesca veneno, medios explosivos u otros instrumentos o artes de similar eficacia destructiva o no selectiva para

la fauna, será castigado con la pena de prisión de cuatro meses a dos años o multa de ocho a veinticuatro meses y, en cualquier caso, la de inhabilitación especial para profesión u oficio e inhabilitación especial para el ejercicio del derecho a cazar o pescar por tiempo de uno a tres años, con la privación del derecho para la tenencia y porte de armas por el mismo periodo. Si el daño causado fuera de notoria importancia, se impondrá la pena de prisión antes mencionada en su mitad superior».

➔ **Bien jurídico protegido**: la fauna y en definitiva, la biodiversidad.

➔ **Acción típica**: no estar autorizado y emplear para la caza o pesca veneno, medios explosivos u otros instrumentos o artes de similar eficacia destructiva o no selectiva para la fauna.

➔ **Sujeto activo**: puede serlo cualquiera.

➔ **Sujeto pasivo**: es la fauna, el ecosistema, y por lo tanto también el hombre.

➔ **Elemento subjetivo**: es un delito doloso, pero cabe la imprudencia.

➔ **Consumación**: no ha de estar legalmente autorizado, y se emplea elemento con un espacial poder destructivo.

➔ **Penalidad**: prisión de cuatro meses a dos años o **multa** de ocho a veinticuatro meses y, en cualquier caso, la de **inhabilitación especial** para profesión u oficio e inhabilitación especial para el ejercicio del derecho a cazar o pescar por tiempo de uno a tres años.

Delitos de riesgo provocados por otros agentes

Contravención de normas de seguridad en relación con sustancias, materias, aparatos o artificios peligrosos

Ex art. 348.1 CP

«1. Los que en la fabricación, manipulación, transporte, tenencia o comercialización de explosivos, sustancias inflamables o corrosivas, tóxicas y asfixiantes, o cualesquiera otras materias, aparatos o artificios que puedan causar estragos, contravinieran las normas de seguridad establecidas, poniendo en concreto peligro la **vida, la integridad física o la salud de las personas, o el medio ambiente**, serán castigados con la pena de prisión de seis meses a tres años, multa de doce a veinticuatro meses e inhabilitación especial para empleo o cargo público, profesión u oficio por tiempo de seis a doce años. Las mismas penas se impondrán a quien, de forma ilegal, produzca, importe, exporte, comercialice o utilice sustancias destructoras del ozono».

➔ **Bien jurídico protegido**: son la vida, la integridad física o la salud de las personas, o el medioambiente.

➔ **Acción típica**: se castiga al que realiza una **infracción de las normas** que regulan la fabricación, manipulación, transporte, tenencia o comercialización de explosivos, sustancias inflamables o corrosivas, tóxicas y asfixiantes, o cualesquiera otras materias, aparatos o artificios que puedan causar estragos, contravinieran las normas de seguridad establecidas, poniendo en concreto peligro la vida, la integridad física o la salud de las personas, o el medioambiente.

Dicha situación de peligrosidad tiene que ser consecuencia de la infracción de las normas de seguridad establecidas.

Este último requisito le imprime un carácter de **norma penal en blanco**.

«El tipo concierne a la **contravención de las normas de seguridad**, legal y reglamentariamente previstas, que regulan todo el ciclo de producción y distribución de sustancias capaces de producir estragos. Estamos ante una norma penal en blanco. Requiere, a fin de respetar el **principio de intervención mínima**, la producción de un **peligro para la vida, la integridad de las personas o el medio ambiente**» SUÁREZ-MIRA *et al.* (2011, p. 6).

➔ **Sujeto activo**: puede serlo cualquiera, si bien, se ha de tener una espacial pericia.

➔ **Sujeto pasivo**: puede serlo cualquiera y teniendo en cuenta que, si se daña al medioambiente, también resulta dañada la integridad física y la vida de las personas.

➔ **Elemento subjetivo**: es un delito doloso que se refiere tanto al **carácter peligroso** de las materias, aparatos o artificios, como al **incumplimiento de las reglas de seguridad**. El **error** sobre estos extremos determinaría, conforme al art. 14.1 todo lo más la apreciación de la imprudencia, que debido a la falta de una cláusula de incriminación expresa es impune.

➔ **Consumación**: es el momento en el que se infringen las normas de seguridad poniendo en peligro la vida, la integridad física o la salud de las personas, o el medioambiente.

➔ **Penalidad**: pena de prisión de seis meses a tres años, multa de doce a veinticuatro meses e inhabilitación especial para empleo o cargo público, profesión u oficio por tiempo de seis a doce años.

Art. 348.2 CP

«2. Los **responsables de la vigilancia, control y utilización** de explosivos que puedan causar estragos que, contraviniendo la normativa en materia de explosivos, hayan facilitado su efectiva pérdida o sustracción serán castigados con las penas de prisión de seis meses a tres años, multa de doce a veinticuatro meses e inhabilitación especial para empleo o cargo público, profesión u oficio de seis a doce años».

➔ **Bien jurídico protegido**: son la vida, la integridad física o la salud de las personas, o el medioambiente.

➔ **Acción típica**: facilitar la pérdida o sustracción de explosivos que puedan causar estragos.

➔ **Sujeto activo**: son delitos especiales, ya que sujetos activos de los mismos solo pueden ser los que tienen que cumplir con estos deberes, «los responsables».

➔ **Sujeto pasivo**: puede serlo cualquiera y teniendo en cuenta que, si se daña al medioambiente, también resulta dañada la integridad física y la vida de las personas.

➔ **Elemento subjetivo**: es un delito doloso.

➔ **Consumación**: se produce cuando los responsables de la vigilancia hayan facilitado su efectiva pérdida o sustracción.

➔ **Penalidad**: prisión de seis meses a tres años, multa de doce a veinticuatro meses e inhabilitación especial para empleo o cargo público, profesión u oficio de seis a doce años.

Se tiene en cuenta también el castigo penal de las personas jurídicas en base al art. 31 bis CP:

> «3. En los supuestos recogidos en los apartados anteriores, cuando de los hechos fuera responsable una persona jurídica de acuerdo con lo establecido en el **artículo 31 bis** de este Código, se le impondrá la pena de multa de uno a tres años, salvo que, acreditado el perjuicio producido, su importe fuera mayor, en cuyo caso la multa será del doble al cuádruple del montante de dicho perjuicio».

Y, además:

> «Atendidas las reglas establecidas en el artículo 66 bis, los jueces y tribunales podrán asimismo imponer las penas recogidas en las letras b) a g) del apartado 7 del artículo 33.
>
> Las penas establecidas en los apartados anteriores se impondrán en su mitad superior cuando se trate de los directores, administradores o encargados de la sociedad, empresa, organización o explotación».

En relación con el art. 348.4 del CP:

> «4. Serán castigados con las penas de prisión de seis meses a un año, multa de seis a doce meses e inhabilitación especial para empleo o cargo público, profesión u oficio por tiempo de tres a seis años los **responsables de las fábricas, talleres, medios de transporte, depósitos y demás establecimientos relativos a explosivos** que puedan causar estragos, cuando incurran en alguna o algunas de las siguientes conductas:
>
> a) **Obstaculizar** la actividad inspectora de la Administración en materia de seguridad de explosivos.
>
> b) **Falsear u ocultar** a la Administración información relevante sobre el cumplimiento de las medidas de seguridad obligatorias relativas a explosivos.
>
> c) **Desobedecer** las órdenes expresas de la Administración encaminadas a subsanar las anomalías graves detectadas en materia de seguridad de explosivos».

➜ **Bien jurídico protegido**: son la vida, la integridad física o la salud de las personas, o el medioambiente.

➜ **Acción típica**: obstaculizar la actividad inspectora de la Administración, falsear u ocultar a la Administración información relevante y/o desobedecer a la Administración.

➜ **Sujeto activo**: personas responsables de las fábricas, talleres, medios de transporte, depósitos y demás establecimientos relativos a explosivos.

➜ **Sujeto pasivo**: puede serlo cualquiera.

➜ **Elemento subjetivo**: es un delito eminentemente doloso.

➜ **Consumación**: se consuma el delito cuando obstaculicen la actividad inspectora de la Administración en materia de seguridad de explosivos, falseen u oculten a la Administración información relevante sobre el cumplimiento de las medidas de seguridad obligatorias relativas a explosivos, desobedezcan las órdenes expresas de la Administración encaminadas a subsanar las anomalías.

➜ **Concurso**: si se produce un resultado lesivo habrá de apreciarse un concurso ideal de delitos (art. 77 CP), pues se trataría efectivamente de un solo hecho que produce dos delitos.

➜ **Penalidad**: prisión de seis meses a un año, multa de seis a doce meses e inhabilitación especial para empleo o cargo público, profesión u oficio por tiempo de tres a seis años.

Contravención de normas de seguridad en relación con organismos

Según el artículo 349 CP:

> «Los que en la **manipulación, transporte o tenencia de organismos contravinieren las normas o medidas de seguridad** establecidas, poniendo en **concreto peligro** la vida, la integridad física o la salud de las personas, o el medio ambiente, serán castigados con las penas de prisión de seis meses a dos años, multa de seis a doce meses, e inhabilitación especial para el empleo o cargo público, profesión u oficio por tiempo de tres a seis años».

➔ **Bien jurídico protegido**: la vida, la integridad física o la salud de las personas, y el medioambiente.

➔ **Acción típica**: manipular, transportar o tener organismos infringiendo las normas de seguridad y, derivado de ello, crear una situación de peligro. Se trata de una **norma penal en blanco**, pues hay que acudir a normativa que está fuera del Código Penal para saber si se han infringido las normas o **medidas de seguridad** establecidas.

A tenor de la Ley 9/2003, de 25 de abril, de **Organismos Modificados Genéticamente**, «organismo» es cualquier entidad biológica capaz de reproducirse o de transferir material genético, incluyéndose dentro de este concepto a las entidades microbiológicas, sean o no celulares. Según la exposición de motivos de esta ley:

> «La ley tiene por **finalidad prevenir los eventuales riesgos o reducir los posibles daños** que para la salud humana y el medio ambiente pudiesen derivarse de dichas actividades. En consecuencia, de acuerdo con las competencias que los distintos Estatutos de Autonomía otorgan a las comunidades autónomas sobre dichas materias, corresponde a aquéllas otorgar las autorizaciones de las actividades de utilización confinada y liberación voluntaria, excluidas las de comercialización, así como ejercer las restantes funciones de gestión».

➔ **Sujeto activo**: puede serlo cualquiera, pero se ha de tener una profesión y/o pericia para ejecutar las acciones descritas en el tipo penal.

➔ **Sujeto pasivo**: puede serlo cualquiera.

➔ **Elemento subjetivo**: ha de existir el **dolo**, si bien, cabe el **dolo eventual**. No cabe la imprudencia.

➔ **Consumación**: se consuma en el momento en el que se contravienen las normas de seguridad y se crea una situación de peligro concreto. Cabe la tentativa.

➔ **Concurso**: si se produce un resultado lesivo habrá de apreciarse un **concurso ideal** de delitos (art. 77 CP), pues se trataría efectivamente de un solo hecho que produce dos delitos.

➔ **Penalidad**: prisión de seis meses a dos años, multa de seis a doce meses, e inhabilitación especial para el empleo o cargo público, profesión u oficio por tiempo de tres a seis años.

> Se trata de un tipo penal en blanco, pues para conocer su sanción hay que acudir a normas que no están en el Código Penal.

Contravención de las normas de seguridad en relación con obras y edificaciones

A tenor del artículo 350 CP:

«Sin perjuicio de lo dispuesto en el artículo 316, incurrirán en las penas previstas en el artículo anterior los que en la apertura de pozos o excavaciones, en la construcción o demolición de edificios, presas, canalizaciones u obras análogas o, en su conservación, acondicionamiento o mantenimiento infrinjan las normas de seguridad establecidas cuya inobservancia pueda ocasionar resultados catastróficos, y pongan en concreto peligro la vida, la integridad física de las personas o el medio ambiente».

Aquí tendremos que acudir a la normativa administrativa que indica las medidas necesarias en cada una de las actividades mencionadas en el tipo para no aumentar el riesgo. Será necesario que se objetive un riesgo de resultados catastróficos y de peligro para la vida, la integridad física o el medioambiente. El precepto ya delimita su campo de actuación respecto al delito del artículo 316 (Suárez-Mira, *et al.*, 2011).

➜ **Bien jurídico protegido**: la vida, la integridad física de las personas y el medioambiente.

➜ **Acción típica**: abrir pozos o excavaciones, construir o demoler edificios, presas, canalizaciones u obras análogas o, en su conservar, acondicionar o mantener infringiendo las normas de seguridad. Se trata de una ley penal en blanco, pues se ha de acudir a normativa que se encuentra fuera del Código Penal para saber si se infringen las normas de seguridad.

➜ **Sujeto activo**: puede serlo cualquiera, pero se ha de tener una profesión y/o pericia para ejecutar las acciones descritas en el tipo penal.

➜ **Sujeto pasivo**: puede serlo cualquiera.

➜ **Elemento subjetivo**: ha de existir el dolo, si bien, cabe el dolo eventual. No cabe la imprudencia.

➜ **Consumación**: se consuma en el momento en el que se contravienen las normas de seguridad y se crea una situación de peligro concreto. Cabe la tentativa.

➜ **Concurso**: si se produce un resultado lesivo habrá de apreciarse un concurso ideal de delitos (art. 77 CP), pues se trataría efectivamente de un solo hecho que produce dos delitos.

➜ **Penalidad**: prisión de seis meses a dos años, multa de seis a doce meses, e inhabilitación especial para el empleo o cargo público, profesión u oficio por tiempo de tres a seis años.

14.3. Incendios

Según el *Diccionario* de la RAE en la primera acepción de la palabra «incendio» aparece: «Fuego **grande** que destruye **lo que no debería quemarse»**. Vemos aquí que se habla no de cualquier fuego, sino de un fuego destructor que daña, que destruye algo que no debiera haberse quemado.

Incendio con riesgo para la vida o integridad física de las personas (Tipo básico)

Según el artículo 351 CP:

> «Los que provocaren un incendio que comporte un peligro para la vida o integridad física de las personas, serán castigados con la pena de prisión de diez a veinte años. Los Jueces o Tribunales podrán imponer la pena inferior en grado atendidas la menor entidad del peligro causado y las demás circunstancias del hecho.
>
> Cuando no concurra tal peligro para la vida o integridad física de las personas, los hechos se castigarán como daños previstos en el artículo 266 de este Código».

➔ **Bien jurídico protegido**: es la vida o integridad física de las personas, si bien puede dañar a múltiples bienes. «Se trata de un delito pluriofensivo en el que, junto con el componente ambiental, se hace hincapié en el peligro de propagación del incendio (esto es, en la seguridad colectiva entendida de esa forma)» (Delgado, 2009 p. 3).

➔ **Acción típica**: se castiga la provocación de un incendio. Según la sentencia del Tribunal Supremo de 18 de marzo de 2015: «la configuración del delito de incendio como un delito de peligro permite la atenuación en función de la peligrosidad del incendio, de la intencionalidad de la extensión de un resultado previsible en definitiva, de la concreción de un peligro».

➔ **Sujeto activo**: puede serlo cualquiera.

➔ **Sujeto pasivo**: puede serlo cualquiera.

➔ **Elemento subjetivo**: se trata de un delito doloso, por cuanto del artículo extraemos el vocablo «provocaren», que nos revela una intención de querer hacer el daño. Se admite dolo eventual.

➔ **Concurso**: se puede producir un concurso de delitos cuando además del riesgo creado se produce un resultado de lesión o muerte. Se castigará en ese supuesto por los dos ilícitos penales.

➔ **Consumación**: se consuma en el momento en el que se ha provocado el incendio. Cabe la tentativa. Basta con crear el riesgo, sabiendo que existe el peligro de alcanzar a personas, para que sea aplicable este tipo penal (STS n.º 1384/05, de 28 de octubre).

Nuestro Código Penal, en palabras de Serrano Gómez y Serrano Maillo (2011) intenta evitar que el autor de los hechos llegue al agotamiento del delito, es decir, conseguir lo que pretendía con el incendio no se llegue a consumar.

Según Muñoz Conde (2022, p. 517):

> «La consumación, el resultado típico del delito de incendio, requiere, por tanto, que **se comunique al objeto a incendiar** y que se propague el fuego o sea susceptible de arder, una vez prendido, autónomamente.
>
> La cuestión tiene gran importancia práctica, no sólo ampara determinar la pena a imponer, sino sobre todo ante la posibilidad de que el sujeto desista voluntariamente, quedando libre de pena».

Es posible la comisión por omisión.

➔ **Penalidad**: prisión de diez a veinte años. Sin embargo, se ha de analizar caso a caso para poder modular la pena, y los jueces o tribunales podrán imponer la pena inferior en grado atendidas la menor entidad del peligro causado y las demás circunstancias del hecho.

Hemos de decir que el ámbito de los incendios es proclive al fraude para poder percibir indemnizaciones de las compañías aseguradoras y existen múltiples pleitos que diriman si hay responsabilidad del asegurador, o bien se trata de una situación irregular. *Vid. ad exemplum*, SOTO (2003) que comenta la sentencia de la Sala Segunda del Tribunal Supremo de 9 de diciembre de 2002 (La Ley 855/2003).

El fuego de Gran Canaria, el más grave de 2019

El fuego, que quemó más de 12 000 hectáreas, cuadriplicó al que hasta ahora había sido el mayor gran incendio de España de 2019, el de la Torre del Español, entre Tarragona y Lleida, con 4 072,24 hectáreas, de las que 2 493,23 eran superficie de árboles. A este fuego le sigue el que dañó a Toledo y Madrid en las poblaciones de Almorox-Cenicientos-Cadalso en los mismos días, el 28 de junio, y que calcinó 2 987,68 hectáreas, 641 de ellas de superficie arbolada.

En tercer lugar, hubo el de Barchín del Hoyo en Cuenca, que dejó 2 392 hectáreas quemadas y el cuarto por hectáreas quemadas se registró en Beas (Fuente de la Corcha), en Huelva, donde ardieron 1 483,10 hectáreas, mientras a este le sigue el de Gavilanes (Ávila), que quemó 1 414 hectáreas. En sexto lugar en Toledo, el 28 de junio, se quemaron 1 017 hectáreas.

Los incendios forestales parece que son algo inevitable, pues cuando llega el verano empiezan a arder los montes, dañando a nuestro ecosistema y afectando también al ser humano. El Código Penal castiga duramente los incendios, y lo podremos ver en las siguientes líneas.

No podemos olvidar que tras un incendio puede haber intereses económicos para conseguir por ejemplo **recalificaciones de terrenos**, tal y como indica NIETO (2019, p. 7):

> «El autor del delito, de no ser descubierto es consciente de que puede obtener beneficios económicos directos o indirectos de forma inmediata o con el paso del tiempo, si su móvil es la recalificación de suelo —si contase con el beneplácito administrativo de las comunidades autónomas—. Es por ello que cuando es descubierto y es castigado debe abordarse:
> —Intervención terapéutica de concienciación en políticas medioambientales.
> —Intervención terapéutica propia de los condenados por delincuencia económica.
> —Intervención terapéutica sobre la necesidad de hacer frente al abono de la responsabilidad civil como objetivación de la asunción de la responsabilidad criminal».

Incendios forestales (tipo básico)

Según el artículo 352 CP:

> «Los que **incendiaren montes o masas forestales**, serán castigados con las penas de prisión de uno a cinco años y multa de doce a dieciocho meses.

Si ha existido peligro para la vida o integridad física de las personas, se castigará el hecho conforme a lo dispuesto en el artículo 351, imponiéndose, en todo caso, la pena de multa de doce a veinticuatro meses».

➔ **Bien jurídico protegido**: la Ley 43/2003 de 21 de noviembre de montes en su artículo 1 indica que: «tiene por objeto garantizar la **conservación y protección** de los montes españoles, promoviendo su restauración, mejora, sostenibilidad y aprovechamiento racional, apoyándose en la solidaridad colectiva y la cohesión territorial».

Y entendemos que para comprender el alcance de esta norma hay que acudir a su **exposición de motivos** en su párrafo tercero, que explicita que:

«Es el objeto de esta ley constituirse en un **instrumento eficaz** para garantizar la **conservación de los montes españoles**, así como promover su **restauración**, mejora y racional aprovechamiento apoyándose en la indispensable solidaridad colectiva. La ley se inspira en unos principios que vienen enmarcados en el concepto primero y fundamental de la gestión forestal sostenible. A partir de él se pueden deducir los demás: la multifuncionalidad, la integración de la planificación forestal en la ordenación del territorio, la cohesión territorial y subsidiariedad, el fomento de las producciones forestales y del desarrollo rural, la conservación de la biodiversidad forestal, la integración de la política forestal en los objetivos ambientales internacionales, la cooperación entre las Administraciones y la obligada participación de todos los agentes sociales y económicos interesados en la toma de decisiones sobre el medio forestal».

Es preciso acudir a la Ley 43/2003 de 21 de noviembre de montes, y es por ello que estamos ante una **ley penal en blanco**. Según esta ley en su art. 6 k), incendio forestal es «el fuego que se extiende sin control sobre combustibles forestales situados en el **monte»**.

Para saber lo que es un monte y lo que no lo es, es preciso acudir a la Ley 43/2003 de 21 de noviembre de montes en su artículo 5 que especifica que:

«1. A los efectos de esta ley, **se entiende por monte** todo terreno en el que vegetan especies forestales arbóreas, arbustivas, de matorral o herbáceas, sea espontáneamente o procedan de siembra o plantación, que cumplan o puedan cumplir funciones ambientales, protectoras, productoras, culturales, paisajísticas o recreativas.

Tienen también la consideración de monte:

a) Los terrenos yermos, roquedos y arenales.

b) Las construcciones e infraestructuras destinadas al servicio del monte en el que se ubican.

c) Los terrenos agrícolas abandonados que cumplan las condiciones y plazos que determine la comunidad autónoma, y siempre que hayan adquirido signos inequívocos de su estado forestal.

d) Todo terreno que, sin reunir las características descritas anteriormente, se adscriba a la finalidad de ser repoblado o transformado al uso forestal, de conformidad con la normativa aplicable.

e) Los enclaves forestales en terrenos agrícolas con la superficie mínima determinada por la Comunidad Autónoma. [...] **no tienen la consideración de monte**:

a) Los terrenos dedicados al cultivo agrícola.

b) Los terrenos urbanos.

c) Los terrenos que excluya la comunidad autónoma en su normativa forestal y urbanística».

En la parte final del artículo 352 del CP se indica que habrá castigo para los que pongan en **peligro la vida o integridad física de las personas**, que por lo tanto también es un bien jurídico a proteger.

Hay que tener en cuenta el art. 5.3 de la Ley 43/2003 de 21 de noviembre de montes que nos indica que serán las **comunidades autónomas** las que delimitarán las zonas consideradas como monte:

> «3. Las comunidades autónomas, de acuerdo con las características de su territorio, **podrán determinar la dimensión de la unidad administrativa mínima que será considerada monte** a los efectos de la aplicación de esta ley».

Hay que decir, además, que el incendio forestal también protege como bien jurídico al orden socioeconómico, pues tal y como indica Nieto (2019, p. 1):

> «Junto al "patrimonio" se protege "el orden socioeconómico" lo que significa que el ataque contra el que protege el Código no es sólo el que se dirige contra intereses patrimoniales individuales o colectivos de la vida económica sino también al orden económico estatal en su conjunto».

➔ **Acción típica**: se trata de incendiar montes o masas forestales, y entenderemos por monte como todo terreno en el que vegetan todo tipo de especies, arbóreas, arbustivas, matorrales o herbáceas ya sea de forma espontánea o mediante una plantación.

➔ **Sujeto activo**: puede serlo cualquiera.

➔ **Sujeto pasivo**: puede serlo cualquiera.

➔ **Elemento subjetivo**: es un delito de carácter doloso, y cabe el dolo eventual, así como la tentativa.

> «Tanto si se trata del tipo doloso de incendio forestal como si nos referimos al delito, también doloso, de incendio en zonas de vegetación no forestales, el objeto material viene relacionado con algunos elementos valorativos en sede penal y que en nada determina una definición extra penal del mismo.
>
> Los incendios en zonas no forestales solo resultan incriminados cuando perjudican «gravemente» el medio natural y no en otro caso» Delgado Gil (2009, p. 6).

➔ **Consumación**: se consuma el tipo con la provocación de un incendio en una zona considerada monte de acuerdo con la Ley de Montes, lo que obligará en todo caso a acudir a la normativa autonómica sobre la materia, para saber si estamos ante esta clase de terreno. Se aplica el incendio en masa forestal cuando se incendia un parque natural, aunque ciertamente no todo lo que se halla en el interior de estos, sea zona forestal (sentencia del Tribunal Supremo de 5 de mayo de 2005).

➔ **Penalidad**: prisión de uno a cinco años y multa de doce a dieciocho meses. Si ha existido peligro para la vida o integridad física de las personas, hay un plus de desvalor y se castigará el hecho conforme a lo dispuesto en el artículo 351 (prisión de diez a veinte años), imponiéndose, en todo caso, la pena de multa de doce a veinticuatro meses.

Pero al delincuente incendiario hay que reinsertarle, pues es preceptivo a tenor del art. 25 de la CE, y Nieto (2019, p. 1) sigue indicando que:

> «Es la existencia de esos intereses económicos del autor del delito de incendio lo que, con independencia de su catalogación como delito contra la seguridad colectiva, determina su **intervención terapéutica** cuando fuere condenado a pena privativa de libertad o alternativa a prisión en los programas de tratamiento de delincuencia económica».

Subtipo agravado de incendio forestal

A tenor del artículo 353 CP:

> «1. Los hechos a que se refiere el artículo anterior serán castigados con una pena de prisión de tres a seis años y multa de dieciocho a veinticuatro meses cuando el incendio alcance especial gravedad, atendida la concurrencia de alguna de las circunstancias siguientes:
> 1.ª Que afecte a una **superficie de considerable** importancia.
> 2.ª Que se deriven **grandes o graves efectos** erosivos en los suelos.
> 3.ª Que **altere significativamente las condiciones de vida animal o vegetal, o afecte a algún espacio natural protegido.**
> 4.ª Que el incendio afecte a zonas próximas a **núcleos de población** o a lugares habitados.
> 5.ª Que el incendio **sea provocado** en un momento en el que las **condiciones climatológicas** o del terreno incrementen de forma relevante el riesgo de propagación del mismo.
> 6.ª En todo caso, cuando se ocasione **grave deterioro o destrucción** de los recursos afectados.
> 2. Se impondrá la misma pena cuando el autor actúe para **obtener un beneficio económico** con los efectos derivados del incendio».

➔ **Bien jurídico protegido**: de igual forma que en el artículo 352 CP, hemos de acudir a la Ley 43/2003 de 21 de noviembre de montes en su artículo 1., que indica que: «tiene por objeto garantizar la conservación y protección de los montes españoles, promoviendo su restauración, mejora, sostenibilidad y aprovechamiento racional, apoyándose en la solidaridad colectiva y la cohesión territorial».

➔ **Acción típica**: como en el artículo 352 CP, la acción a castigar es incendiar montes o masas forestales, y entenderemos por monte como todo terreno en el que vegetan todo tipo de especies, arbóreas, arbustivas, matorrales o herbáceas ya sea de forma espontánea o mediante una plantación. Sin embargo, estos incendios son provocados en una serie de circunstancias que recoge el artículo que aumentan su desvalor, y por lo tanto el castigo penal.

Como hemos dicho anteriormente, es preciso acudir a las diferentes leyes autonómicas, que son las que regulan las zonas consideradas como montes.

Como bien indica Muñoz Conde (2017, p. 522), el juzgador aquí tiene un amplio margen para calibrar las circunstancias en las que se produjeron los hechos:

> «Aspecto común a todos ellos es el **amplio margen de arbitrio** que necesariamente corresponde al juzgador, al emplear conceptos que requieren una apreciación judicial ("considerable importancia", "grandes o graves efectos erosivos", "grave deterioro o destrucción", "zona próxima", incremento "relevante" del riesgo de propagación)».

➔ **Sujeto activo**: puede serlo cualquiera.

➔ **Sujeto pasivo**: puede serlo cualquiera.

➔ **Elemento subjetivo**: se trata de un delito doloso, si bien cabe el dolo eventual.

➔ **Consumación**: se consuma el tipo con la provocación de un incendio en una zona considerada monte de acuerdo con la Ley de Montes, realizándose en circunstancias de especial gravedad que indica el presente artículo 353 CP.

➔ **Penalidad**: se castigarán con las siguientes penas conjuntas: prisión de tres a seis años y multa de dieciocho a veinticuatro meses.

Incendio forestal sin propagación

Según el artículo 354 CP:

> «1. El que prendiere fuego a montes o masas forestales **sin que llegue a propagarse** el incendio de los mismos, será castigado con la pena de prisión de seis meses a un año y multa de seis a doce meses.
> 2. La conducta prevista en el apartado anterior quedará exenta de pena si el incendio no se propaga por la **acción voluntaria y positiva de su autor**».

➜ **Bien jurídico protegido**: hemos de acudir a la Ley 43/2003 de 21 de noviembre de montes en su artículo 1., que indica que:

> «(...) tiene por objeto garantizar la conservación y protección de los montes españoles, promoviendo su restauración, mejora, sostenibilidad y aprovechamiento racional, apoyándose en la solidaridad colectiva y la cohesión territorial».

➜ **Acción típica**: se castiga el prender fuego a montes o masas forestales sin que llegue a propagarse por causas ajenas a la voluntad del sujeto activo.

Aquí también estamos ante una ley penal en blanco, pues se habrá de acudir a la Ley 43/2003 de 21 de noviembre de montes y a la legislación autonómica al respecto.

En el supuesto de que haya falta de propagación y ello se deba a un acto positivo y voluntario del sujeto activo, quedará este exento de condena a tenor del art. 354.2 CP.

➜ **Sujeto activo**: puede serlo cualquiera.

➜ **Sujeto pasivo**: aquí los damnificados son los montes, y de forma correlativa, el ser humano, que ve degradar el ecosistema en el que vive.

➜ **Elemento subjetivo**: es un delito doloso.

➜ **Consumación**: se consuma en el momento en el que se prende el fuego.

➜ **Penalidad**: se castiga con las siguientes penas conjuntas: prisión de seis meses a un año y multa de seis a doce meses.

Disposición común a todos los incendios forestales

Según el artículo 355 CP:

> «En todos los casos previstos en esta sección, los Jueces o Tribunales podrán acordar que la calificación del suelo en las zonas afectadas por un incendio forestal no pueda modificarse en un plazo de hasta treinta años. Igualmente podrán acordar que se limiten o supriman los usos que se vinieran llevando a cabo en las zonas afectadas por el incendio, así como la intervención administrativa de la madera quemada procedente del incendio».

Incendios en zonas no forestales

A tenor del artículo 356 CP: «El que incendiare zonas de vegetación **no forestales perjudicando gravemente el medio natural**, será castigado con la pena de prisión de seis meses a dos años y multa de seis a veinticuatro meses».

➜ **Bien jurídico protegido**: son las zonas de vegetación, el medio natural.

➜ **Acción típica**: incendiar zonas de vegetación no forestales perjudicando gravemente el medio natural.

➜ **Sujeto activo**: puede serlo cualquiera.

➜ **Sujeto pasivo**: aquí los damnificados son las zonas de vegetación, el medio natural y de forma correlativa, el ser humano, que ve degradar el ecosistema en el que vive.

➜ **Elemento subjetivo**: es un delito doloso, y cabe el dolo eventual.

➜ **Consumación**: se consuma en el momento en el que se prende el fuego y se incendiare zonas de vegetación no forestales con perjuicio grave del medio natural.

➜ **Concurso**: cuando además del perjuicio producido al medio natural tenga lugar una situación de peligro para la vida o integridad física, será de aplicación también el art. 351 CP, con el que entraría, por tanto, en una relación de **concurso ideal**.

➜ **Penalidad**: prisión de seis meses a dos años y multa de seis a veinticuatro meses.

Incendios en bienes propios

Según el artículo 357 CP:

> «El incendiario de **bienes propios** será castigado con la pena de prisión de uno a cuatro años si tuviere propósito de defraudar o perjudicar a terceros, hubiere causado defraudación o perjuicio, existiere peligro de propagación a edificio, arbolado o plantío ajeno o hubiere perjudicado gravemente las condiciones de la vida silvestre, los bosques o los espacios naturales».

➜ **Bien jurídico protegido**: si hay un autoincendio para cobrar de un seguro se estaría protegiendo la seguridad jurídica y el sector mercantil que comercializa con estos productos. Por otra parte, se protege al arbolado o plantío ajeno y las condiciones de la vida silvestre, los bosques o los espacios naturales. Entendemos que también se protege a terceros cuando el artículo indica que «existiere peligro de propagación a edificio».

➜ **Acción típica**: se castiga el autoincendio, o incendio de bienes propios, siempre que vaya unido a determinados comportamientos:

- Propósito de defraudar o perjudicar a un tercero para por ejemplo cobrar un seguro.
- Haber causado perjuicio a terceros.
- Que se haya producido un peligro de propagación a edificio, arbolado, plantío, bosques o espacios naturales.
- Que se haya perjudicado gravemente las condiciones de la vida silvestre, los bosques o los espacios naturales.

➜ **Sujeto activo**: puede serlo cualquiera.

➔ **Sujeto pasivo**: puede ser un tercero al que se defrauda, como una compañía de seguros, y también el tercero que ve su propiedad en peligro por la propagación, además de que si se perjudica la vida silvestre, los bosques o los espacios naturales, se perjudica al ecosistema y por ende al ser humano también.

➔ **Elemento subjetivo**: es un delito de carácter doloso, y cabe el dolo eventual.

➔ **Concurso**: puede haber un concurso ideal entre el incendio y algún tipo de defraudación, como la estafa o la insolvencia punible.

➔ **Consumación**: se consuma cuando se provoca el autoincendio, y cabe la tentativa.

➔ **Penalidad**: prisión de uno a cuatro años.

Disposiciones comunes a todos los delitos de incendios

Según el artículo 358 CP: «El que por **imprudencia grave** provocare alguno de los delitos de incendio penados en las secciones anteriores, será castigado con la **pena inferior en grado**, a las respectivamente previstas para cada supuesto».

Como bien dice Delgado (2009, p. 7), el concepto de **«gravedad»** es objeto de interpretación por amplia jurisprudencia:

> «El **principio de intervención mínima** del Derecho penal se observa, de forma general, en el cambio del sistema de incriminación de las conductas imprudentes, pero también, ya en el concreto tipo en estudio, en que la aludida imprudencia sea "**grave**" [...] Son muchas las resoluciones de nuestros Tribunales que se han ocupado de determinar **el contenido de la "gravedad"**, tanto en general (aplicable, por tanto, a otros tipos delictivos en que lo previsto es también la imprudencia grave) como particularmente en relación con el delito de incendio forestal».

A tenor del artículo 358 bis. CP: «Lo dispuesto en los artículos 338 a 340 será también aplicable a los delitos regulados en este Capítulo».

Son conductas tipificadas en el capítulo V del título XVI del libro II del Código Penal De los delitos relativos a la **ordenación del territorio y el urbanismo, la protección del patrimonio histórico y el medioambiente**. Son las siguientes:

1. Agravación de la pena por afectación de espacio natural protegido.

   En relación con el art. 338 CP, cuando como consecuencia de un delito de incendios de los tipificados en los arts. 351 a 357 CP afecte a algún espacio natural protegido, se impondrán las penas superiores en grado a las respectivamente previstas.

2. Restauración del equilibrio ecológico perturbado.

   A tenor del art. 339 CP, los jueces o tribunales ordenarán la adopción, a cargo del autor del hecho, de las medidas necesarias encaminadas a restaurar el equilibrio ecológico perturbado, así como de cualquier otra medida cautelar necesaria para la protección de los bienes tutelados en el título XVI, libro II del Código Penal.

3. Atenuación de la pena por reparación voluntaria del daño causado.

   El art. 340 CP dispone de una facultad para los jueces y tribunales de rebajar la pena en un grado cuando el culpable de los hechos tipificados como delito de incendios, en cualquiera de sus modalidades, hubiera procedido voluntariamente a reparar el daño causado.

14.4. Delitos contra la salud pública relacionados con el comercio

La salud pública es un bien que ha empezado a tener una protección en tiempos relativamente cercanos, pues en la antigüedad, el hombre entendía que una enfermedad era algo como un castigo divino y que se debía sufrir y en su caso realizar ritos y ofrendas para apaciguar a los dioses correspondientes en la materia.

Con los avances de la medicina como disciplina científica, el ser humano se dio cuenta de que «algo» podía hacer para curar, pero también para prevenir las enfermedades, sobre todo las contagiosas, que llegaron a provocar epidemias cuando no pandemias que se cobraban miles de vidas.

El Estado empezó a preocuparse por la salud no solamente individual, sino también por la del conjunto de sus ciudadanos, y comenzó a tomar medidas para prevenir enfermedades que afectaban a la colectividad a través de normas administrativas controladoras del bien jurídico de la salud pública. Las vacunaciones y los controles del Estado en aras de prevenir antes de que aparezcan las enfermedades se han convertido en algo prioritario para el legislador, pues una sociedad que tiene mucha mortalidad y/o morbilidad, es una sociedad que tendrá un progreso difícil cuando no imposible.

Los estados modernos se preocupan por la salud pública a través de sus legislaciones e intentan mantener unos estándares mínimos de seguridad e higiene que contribuyen a la salud de todos, y la sanidad se convierte en una de las partidas presupuestarias más importantes de los países desarrollados. Un país que tiene una buena sanidad que protege a la salud pública se entiende que es un estado socialmente avanzado.

El artículo 43 de la Constitución española preceptúa que:

> «1. Se reconoce el derecho a la protección de la salud.
> 2. Compete a los poderes públicos organizar y tutelar la salud pública a través de medidas preventivas y de las prestaciones y servicios necesarios. La ley establecerá los derechos y deberes de todos al respecto.
> 3. Los poderes públicos fomentarán la educación sanitaria, la educación física y el deporte. Asimismo facilitarán la adecuada utilización del ocio».

Además, hay una relación con el derecho fundamental a la integridad física (art. 15 CE), que es el vínculo directo de la protección de la salud que más frecuentemente declara la jurisprudencia constitucional.

Ya en nuestra norma más importante se reconoce el derecho de protección a la salud y también la **competencia de los poderes públicos** para organizar y tutelar la salud pública. Es decir, de «cuidar de nosotros», porque una falta de salud puede conllevar un grave **riesgo de exclusión social**, como indica Santiago (2018, p. 43):

> «(...) la situación de **desventaja relativa de determinadas personas en el mercado de trabajo**, en razón de sus circunstancias físicas o de salud y su eventual riesgo de exclusión social, constituyen problemas cuya atención corresponde a los poderes públicos, de conformidad con el art. 9.2 CE, a través, entre otros, del conjunto de medidas de política sanitaria, de formación y readaptación profesionales y, en su caso, de protección social a las que se refieren los arts. 43.2, 40.2 y 41 CE, instrumentos esenciales para hacer realidad el modelo de **Estado social y democrático de Derecho** que la Constitución impone (art. 1.1 CE)».

Pero no solamente la Constitución española y las leyes administrativas han de prever la protección del bien jurídico de la salud pública, sino que además, el derecho penal también va a actuar en los casos más graves atendiendo siempre al principio de **intervención mínima** y de ***ultima ratio***.

Nuestra normativa penal castigará no solamente los ataques más graves a la salud pública, sino que también lo hará con las normas sanitarias sobre elaboración y tráfico de ciertos tipos de productos químico-farmacéuticos y alimenticios que puedan comportar daños en la salud de las personas dentro de los delitos ***contra la seguridad colectiva***. Se ha definido la seguridad colectiva como:

> «(...) un marco en el que se integran una serie de bienes jurídicos más precisos, como son la propia seguridad material de grandes masas de población ante daños y peligros de gran magnitud, la salud pública y el tráfico automovilístico» (Muñoz Conde, 2022, p. 569).

La normativa penal en esta materia se ubica el capítulo III del título XVII, bajo la rúbrica «De los delitos contra la salud pública»; y por otra parte es importante indicar que en este mismo capítulo se incardinan los delitos relativos al tráfico de drogas, de cuyas características hablaremos en el siguiente tema.

Estamos ante unos delitos de peligro que pueden terminar con resultados muy lesivos para las personas, y cuando entremos en el ámbito del tráfico y consumo de drogas, veremos que comportan un grave riesgo de enfermedades físicas y psíquicas para los consumidores, pero también tienen un componente de elevado riesgo para la paz social.

En el presente epígrafe vamos a abordar:

- Delitos que se refieren a la elaboración, despacho o suministro, sin la preceptiva autorización, de sustancias nocivas o productos químicos que pueden causar estragos.
- Delitos relativos al envenenamiento o adulteración con productos infecciosos de aguas potables o alimentos destinados al uso público o a una colectividad de personas.

El caso del envenenamiento del aceite de colza

El 20 de mayo de 1989, la justicia juzgó la causa que estaba abierta a 38 empresarios relacionados con el **envenenamiento masivo por el aceite de**

colza con fines industriales. Ocho años después de que falleciera el primer intoxicado —un niño de ocho años en Torrejón de Ardoz (Madrid)—, solo trece de ellos fueron condenados a penas de entre seis meses y veinte años de prisión, sanciones muy inferiores a las solicitadas por el fiscal, en las que se llegó a pedir para algunos de los acusados entre 10 000 y 100 000 años de cárcel.

Las cifras del **síndrome tóxico**, como se le denominó en un primer momento, dejaron alrededor de **25 000 afectados** en una veintena de provincias y más de **300 muertos**. *El País* cubrió un tema que se consideró de «emergencia pública» y de «epidemia», sobre todo en los primeros meses en los que la virulencia del envenenamiento se intensificó.

Todo empezó con una serie de empresarios que adulteraban el aceite para consumo humano con aceite para uso industrial, pero siempre aseguraron que nunca se pensaban que ello generaría tanta mortandad, lesiones y morbilidad.

Para saber más, accede a la siguiente dirección web:
https://bit.ly/3nsGgaC

Cuestiones comunes a estos delitos

➜ **Naturaleza**: son delitos de peligro abstracto, que castigan conductas que ponen de forma potencial en riesgo la vida o salud de los ciudadanos. No se exige un resultado de daños, sino que se castiga la puesta en peligro de la vida o la salud de la colectividad.

Son una serie de delitos que en cumplimiento de la Constitución española pautan una serie de medidas de carácter preventivo, y no se espera a que se produzcan daños adelantándose una «barrera protectora» para la ciudadanía.

➜ **Bien jurídico protegido**: se protege la vida, la salud y la integridad de las personas, que son bienes constitucionales de primerísimo orden. La protección lo es para cada individuo y por consiguiente para la sociedad.

➜ **Sujeto activo**: puede serlo cualquiera. Ahora bien, cometen este tipo de delitos personas que por su actividad profesional tienen a su alcance el delinquir con más facilidad, como son los farmacéuticos o fabricantes de alimentos, por ejemplo.

➜ **Sujeto pasivo**: lo es la sociedad como conjunto de personas, pero a veces el sujeto pasivo no está tan claro, y así lo indica González Rivero (2018, p. 3):

> «La **falta de víctima concreta** se da en los delitos de riesgo, también llamados de peligro. En dichos delitos el Estado reacciona imponiendo el castigo penal no ante la causación de un resultado material de daño o lesión, sino ante el peligro de que ese daño material o lesión aparezca, o lo que es lo mismo, ante la probabilidad o la amenaza de la destrucción o menoscabo de aquello que quiere proteger, es decir, del bien jurídico protegido. Los delitos de riesgo o peligro suponen, por tanto, un adelantamiento de la barrera penal a momentos previos a la lesión. Ese peligro puede ir referido a bienes jurídicos individuales o colectivos».

➔ **Objeto**: lo son los elementos químicos y las sustancias nocivas, los alimentos, medicamentos, el agua potable, etc.; dependerá de cada delito.

Uno de los problemas más importantes a resolver en este tipo de delitos es conseguir probar la **relación causa-efecto** entre la sustancia y los daños producidos. Las pruebas periciales son aquí decisivas, y no es un terreno nada fácil. Así lo corrobora REDONDO (2011, p. 1):

> «Una cuestión jurídico-penal de gran relevancia que se plantea con cierta recurrencia es el relativo a la necesidad de **prueba pericial de laboratorio**, en orden a la sanción por delito contra la salud pública. Parecería que, en principio, la pericia de laboratorio estaría indicada como el medio idóneo y necesario para determinar la condición de estupefaciente de una determinada sustancia, así como la calidad de la misma en orden a su virtualidad para poner en riesgo la salud pública».

➔ **Elemento subjetivo**: se trata de delitos dolosos.

Se castiga penalmente la **imprudencia grave**, cuando se demuestra una negligencia y un descuido básicos, que no pueden permitirse a una persona normal, *ex* art. 367 CP.

Tipología de delitos

Elaboración de sustancias nocivas para la salud o productos químicos que pueden causar estragos

Según el artículo 359 CP:

> «El que, **sin hallarse debidamente autorizado**, elabore **sustancias nocivas para la salud o productos químicos** que puedan causar estragos, o los despache o suministre, o comercie con ellos, será castigado con la pena de prisión de seis meses a tres años y multa de seis a doce meses, e inhabilitación especial para profesión o industria por tiempo de seis meses a dos años».

➔ **Bien jurídico protegido**: se protege la vida, la salud y la integridad de las personas.

➔ **Acción punible**: elaborar **sustancias nocivas para la salud** o productos químicos que puedan causar estragos, despachar, suministrar o comerciar con ellos.

➔ **Sujeto activo**: puede serlo cualquiera. Ahora bien, cometen este tipo de delitos personas que por su actividad profesional tienen a su alcance el delinquir con más facilidad, como serán los fabricantes y vendedores de estos productos químicos.

➔ **Sujeto pasivo**: lo es la sociedad como conjunto de personas.

➔ **Elemento subjetivo**: es un delito doloso, si bien, entendemos que cabe el dolo eventual.

➔ **Consumación**: se consuma cuando se elaboran sustancias nocivas para la salud o productos químicos que puedan causar estragos, se despachan, se suministran, o se comercia con ellos. Cabe la tentativa.

➔ **Penalidad**: pena de prisión de seis meses a tres años y multa de seis a doce meses, e inhabilitación especial para profesión o industria por tiempo de seis meses a dos años.

A tenor del art. 360 CP:

> «El que, hallándose **autorizado para el tráfico** de las sustancias o productos a que se refiere el artículo anterior, los despache o suministre **sin cumplir con las formalidades previstas en las Leyes y Reglamentos respectivos**, será castigado con la pena de multa de seis a doce meses e inhabilitación para la profesión u oficio de seis meses a dos años».

Sirve lo comentado en el art. anterior, aunque aquí el sujeto activo sí está autorizado para el tráfico, pero no cumple con las formalidades previstas en las leyes y reglamentos previstos. Se trata, por lo tanto, de una ley penal en blanco.

Delitos relativos al despacho y composición de los medicamentos (art. 361, 362 y 362 bis CP)

A tenor del art. 361 CP:

> «El que **fabrique, importe, exporte, suministre, intermedie, comercialice, ofrezca o ponga en el mercado, o almacene** con estas finalidades, medicamentos, incluidos los de uso humano y veterinario, así como los medicamentos en investigación, que **carezcan de la necesaria autorización** exigida por la ley, o productos sanitarios que no dispongan de los documentos de conformidad exigidos por las disposiciones de carácter general, o que estuvieran deteriorados, caducados o incumplieran las exigencias técnicas relativas a su composición, estabilidad y eficacia, y con ello se genere un riesgo para la vida o la salud de las personas, será castigado con una pena de prisión de seis meses a tres años, multa de seis a doce meses e inhabilitación especial para profesión u oficio de seis meses a tres años».

➜ **Bien jurídico protegido**: la salud pública.

➜ **Acción típica**: castiga la fabricación, importación, exportación, suministro, intermediación, comercialización, ofrecimiento o puesta en el mercado, o almacén con las mismas finalidades, que genere un riesgo para la vida o la salud de las personas, de los siguientes productos:

- Medicamentos de uso humano y veterinario.
- Medicamentos en investigación, que carezcan de la necesaria autorización exigida por la ley.
- Productos sanitarios que no dispongan de los documentos de conformidad exigidos por las disposiciones de carácter general.
- Productos sanitarios que estuvieran deteriorados, caducados o incumplieran las exigencias técnicas relativas a su composición, estabilidad y eficacia.

➜ **Sujeto activo**: puede serlo cualquiera, sin embargo, hay ciertas profesiones que facilitan la comisión de este delito, como por ejemplo los importadores y exportadores.

➜ **Sujeto pasivo**: lo es la sociedad como conjunto de personas.

➜ **Elemento subjetivo**: es un delito doloso, si bien, entendemos que cabe el dolo eventual.

➜ **Consumación**: se consuma cuando se produce la fabricación, importación, exportación, suministro, intermediación, comercialización, ofrecimiento o puesta en el mercado o almacén con las mismas finalidades, que genere un riesgo para la vida o la salud de las personas.

→ **Penalidad**: prisión de seis meses a tres años, multa de seis a doce meses e inhabilitación especial para profesión u oficio de seis meses a tres años.

Fomentar trastornos alimenticios

Hacer apología de trastornos alimenticios como la anorexia o la bulimia a través de Internet o de cualquier otra tecnología de la información o de la comunicación es un nuevo delito de peligro contra la salud con la reforma del CP de 2021. Lo que se pretende es avanzar la protección en colectivos vulnerables que se ven acechados por medio de Internet.

Etiquetas como *#A4Paperchalleger*, *#iphone6challenge* o *#collarbonechallenge* son páginas que proponen retos para fomentar la delgadez extrema como estereotipos a seguir. Se trata de alcanzar, por ejemplo, que la cintura sea más estrecha que una hoja DIN A4.

Accede a la página desde la siguiente dirección web:
https://bit.ly/3gWennx

Las secuelas que producen estos tipos de trastornos alimenticios es la disminución de la esperanza de vida de las personas afectadas, así como el desarrollo de problemas de salud añadidos como la osteoporosis, la menopausia precoz en mujeres y daños en órganos como hígado, corazón y riñón, pérdida de visión, infertilidad o problemas dermatológicos y digestivos. La aparición de trastornos mentales es otro de los costes asociados a la bulimia y la anorexia, apareciendo tasas de suicidio del 4 % y del 5 % respectivamente. Otras consecuencias son la esquizofrenia y las adicciones (Grau *et al.* 2019).

Artículo 361 bis CP

«La distribución o difusión pública a través de Internet, del teléfono o de cualquier otra tecnología de la información o de la comunicación de contenidos específicamente destinados a promover o facilitar, entre personas menores de edad o personas con discapacidad necesitadas de especial protección, el consumo de productos, preparados o sustancias o la utilización de técnicas de ingestión o eliminación de productos alimenticios cuyo uso sea susceptible de generar riesgo para la salud de las personas será castigado con la pena de multa de seis a doce meses o pena de prisión de uno a tres años.

Las autoridades judiciales ordenarán la adopción de las medidas necesarias para la retirada de los contenidos a los que se refiere el párrafo anterior, para la interrupción de los servicios que ofrezcan predominantemente dichos contenidos o para el bloqueo de unos y otros cuando radiquen en el extranjero».

El art. 43.2 de la Constitución preceptúa: «Compete a los poderes públicos organizar y tutelar la salud pública a través de medidas preventivas y de las prestaciones y servicios necesarios. La ley establecerá los derechos y deberes de todos al respecto».

El Derecho penal recoge solo las infracciones más graves de las normas sanitarias sobre elaboración y tráfico de determinadas sustancias químicofarmacéuticas y alimenticias que pueden acarrear daños en la salud de las personas dentro de los delitos contra la seguridad colectiva, en el capítulo III del título XVII, bajo la rúbrica «De los delitos contra la salud pública» (Muñoz Conde, 2019, p. 591)

➔ Bien jurídico protegido

Un bien jurídico colectivo de referente individual que puede ser definido no como la suma de las saludes individuales, sino como el conjunto de condiciones positivas y negativas que garantizan la salud de los integrantes de una comunidad (sentencia Tribunal Supremo Sala 2.ª de 1-6-2001).

Acción típica: generar riesgo para la salud de las personas.

➔ Elemento subjetivo

Son comportamientos dolosos.

➔ Formas de ejecución

Son conductas de peligro ya que la redacción no exige un resultado, solo que sean susceptibles de generar riesgo para la salud de los menores de edad o personas con discapacidad necesitadas de especial protección.

➔ Sujetos

Sujeto activo puede ser cualquiera.

Sujeto pasivo solo pueden ser los menores de edad o personas con discapacidad necesitadas de especial protección.

➔ Penalidad

Pena de multa de seis a doce meses o pena de prisión de uno a tres años.

> Se prevé expresamente que las autoridades judiciales retirarán estos contenidos de la red para evitar la persistencia delictiva.

Según el artículo 362 CP:

«1. Será castigado con una pena de prisión de seis meses a cuatro años, multa de seis a dieciocho meses e inhabilitación especial para profesión u oficio de uno a tres años, el que elabore o produzca, a) un medicamento, incluidos los de uso humano y veterinario, así como los medicamentos en investigación; o una sustancia activa o un excipiente de dicho medicamento; b) un producto sanitario, así como los accesorios, elementos o materiales que sean esenciales para su integridad; de modo que se presente engañosamente: su identidad, incluidos, en su caso, el envase y etiquetado, la fecha de caducidad, el nombre o composición de cualquiera de sus componentes, o, en su caso, la dosificación de los mismos; su origen, incluidos el fabricante, el país de fabricación, el país de origen y el titular de la autorización de comercialización o de los documentos de conformidad; datos relativos al cumplimiento de requisitos o exigencias legales, licencias, documentos de conformidad o autorizaciones; o su historial, incluidos los registros y documentos relativos a los canales de distribución empleados, siempre que estuvieran destinados al consumo público o al uso por terceras personas, y generen un riesgo para la vida o la salud de las personas.

2. Las mismas penas se impondrán a quien altere, al fabricarlo o elaborarlo o en un momento posterior, la cantidad, la dosis, la caducidad o la composición genuina, según lo autorizado o declarado, de cualquiera de los medicamentos, sustancias, excipientes,

productos sanitarios, accesorios, elementos o materiales mencionados en el apartado anterior, de un modo que reduzca su seguridad, eficacia o calidad, generando un riesgo para la vida o la salud de las personas».

➔ **Bien jurídico protegido**: la salud pública.

➔ **Acción típica**: castiga la elaboración o producción de una lista de productos, siempre que estén destinados al consumo público o al uso por terceras personas y generen un **riesgo para la vida o la salud de las personas**. Son los siguientes:

- Medicamentos de uso humano y veterinario.
- Medicamentos en investigación.
- Una sustancia activa o un excipiente de dicho medicamento.
- Un producto sanitario y los accesorios, elementos o materiales esenciales para su integridad, presentando de modo engañoso:
- Su identidad, incluidos, en su caso, el envase y etiquetado.
- La fecha de caducidad.
- El nombre o composición de cualquiera de sus componentes.
- La dosificación de los mismos.
- Su origen, incluidos el fabricante, el país de fabricación, el país de origen y el titular de la autorización de comercialización o de los documentos de conformidad.
- Datos relativos al cumplimiento de requisitos o exigencias legales, licencias, documentos de conformidad o autorizaciones.
- Su historial, incluidos los registros y documentos relativos a los canales de distribución empleados.

La alteración de esos productos, al fabricarlos o elaborarlos o en un momento *a posteriori*, de modo que se reduzca su seguridad, eficacia o calidad, generando un riesgo para la vida o la salud de las personas, alterando o realizando simulación de medicamentos (tanto al fabricarlos, despacharlos, anunciarlos o facilitarlos), modificando su cantidad, dosis, caducidad o composición, dándoles apariencia de verdaderos, a sabiendas de su imitación y poniendo con ello en peligro la vida o salud de las personas.

➔ **Sujeto activo**: puede serlo cualquiera, pero hay profesiones que hacen que cometer estas acciones sea más fácil, como por ejemplo, los fabricantes de medicamentos.

➔ **Sujeto pasivo**: puede serlo cualquiera.

➔ **Elemento subjetivo**: es un delito doloso, si bien, entendemos que cabe el dolo eventual.

➔ **Consumación**: se consuma el delito cuando se realizan las acciones descritas en el artículo, sin que se precise un resultado concreto.

➔ **Penalidad**: se castiga con las penas conjuntas de prisión de seis meses a cuatro años, multa de seis a dieciocho meses, e inhabilitación especial para profesión u oficio de uno a tres años.

A tenor del art. 362 bis CP:

> «Será castigado con una pena de prisión de seis meses a cuatro años, multa de seis a dieciocho meses e inhabilitación especial para profesión u oficio de uno a tres años, el que, **con conocimiento de su falsificación o alteración**, importe, exporte, anuncie o haga publicidad, ofrezca, exhiba, venda, facilite, expenda, despache, envase, suministre, incluyendo la intermediación, trafique, distribuya o ponga en el mercado, cualquiera de los medicamentos, sustancias activas, excipientes, productos sanitarios, accesorios, elementos o materiales a que se refiere el artículo anterior, y con ello genere un riesgo para la vida o la salud de las personas.
>
> Las mismas penas se impondrán a quien los adquiera o tenga en depósito con la finalidad de destinarlos al consumo público, al uso por terceras personas o a cualquier otro uso que pueda afectar a la salud pública».

➜ **Bien jurídico protegido**: la salud pública.

➜ **Acción típica**: castiga la conducta que genere un riesgo para la vida o la salud de las personas consistente en: importar, exportar, anunciar o publicitar, ofrecer, exhibir, vender, facilitar, expender, despachar, envasar, suministrar, incluyendo la intermediación, traficar, distribuir o poner en el mercado, con conocimiento de su alteración o falsificación de cualquiera de las sustancias referidas en el artículo 362 CP. Adquirirlos o tenerlos en depósito con la finalidad de destinarlos al consumo público, al uso por terceras personas o a cualquier otro uso que pueda afectar a la salud pública.

➜ **Sujeto activo**: puede serlo cualquiera, pero hay profesiones que pueden facilitar la comisión de estos delitos, como los vendedores y exportadores, *ad exemplum*.

➜ **Sujeto pasivo**: puede serlo cualquiera.

➜ **Elemento subjetivo**: es un delito doloso, si bien cabe el dolo eventual.

➜ **Consumación**: se consuma la conducta que genere un riesgo para la vida o la salud de las personas consistente en toda la serie de acciones relacionadas en este artículo conociéndose la falsificación o alteración de los productos.

➜ **Penalidad**: se castiga con las penas conjuntas de prisión de seis meses a cuatro años, multa de seis a dieciocho meses e inhabilitación especial para profesión u oficio de uno a tres años. Las mismas penas se impondrán a quien los adquiera o tenga en depósito con la finalidad de destinarlos al consumo público, al uso por terceras personas o a cualquier otro uso que pueda afectar a la salud pública.

Según el artículo 362 ter CP se castiga a:

> «El que elabore cualquier **documento falso o de contenido mendaz** referido a cualquiera de los medicamentos, sustancias activas, excipientes, productos sanitarios, accesorios, elementos o materiales a que se refiere el apartado 1 del artículo 362, incluidos su envase, etiquetado y modo de empleo, para cometer o facilitar la comisión de uno de los delitos del artículo 362, será castigado con la pena de seis meses a dos años de prisión, multa de seis a doce meses e inhabilitación especial para profesión u oficio de seis meses a dos años».

➜ **Bien jurídico protegido**: la salud pública.

➜ **Acción típica**: se castiga la elaboración de cualquier documento falso o de contenido mendaz referido a cualquiera de los medicamentos, sustancias activas, excipientes, productos sanitarios, accesorios, elementos o materiales a que se refiere el art. 362.1 CP, incluidos su envase, etiquetado y modo de empleo, para cometer o facilitar la comisión de uno de los delitos del artículo 362 CP.

➔ **Sujeto activo**: puede serlo cualquiera, pero hay profesiones más proclives a la comisión de este delito, como los laboratorios farmacéuticos.

➔ **Sujeto pasivo**: puede serlo cualquiera.

➔ **Elemento subjetivo**: es un delito doloso, si bien, cabe el dolo eventual.

➔ **Consumación**: puede haber concurso con la falsificación de documentos públicos y/o privados.

➔ **Penalidad**: se castiga con las siguientes penas conjuntas: prisión de seis meses a dos años, multa de seis a doce meses, e inhabilitación especial para profesión u oficio de seis meses a dos años.

A tenor del artículo 362 quáter CP:

> «Se impondrán las penas superiores en grado a las señaladas en los artículos 361, 362, 362 bis o 362 ter, cuando el delito se perpetre concurriendo alguna de las circunstancias siguientes:
>
> 1.ª Que el culpable fuere autoridad, funcionario público, facultativo, profesional sanitario, docente, educador, entrenador físico o deportivo, y obrase en el ejercicio de su cargo, profesión u oficio.
>
> 2.ª Que los medicamentos, sustancias activas, excipientes, productos sanitarios, accesorios, elementos o materiales referidos en el artículo 362: a) se hubieran ofrecido a través de medios de difusión a gran escala; o b) se hubieran ofrecido o facilitado a menores de edad, personas con discapacidad necesitadas de especial protección, o personas especialmente vulnerables en relación con el producto facilitado.
>
> 3.ª Que el culpable perteneciera a una organización o grupo criminal que tuviera como finalidad la comisión de este tipo de delitos.
>
> 4.ª Que los hechos fuesen realizados en establecimientos abiertos al público por los responsables o empleados de los mismos».

Es un **subtipo agravado** de los delitos contemplados en los artículos 361, 362, 362 bis o 362 ter CP, según modificaciones operadas por la LO 1/2015 de 30 de marzo y se aplica cuando en la comisión del delito concurran alguna de las circunstancias siguientes:

➔ El culpable fuera autoridad, funcionario público, facultativo, profesional sanitario, docente, educador, entrenador físico o deportivo, y obre en el ejercicio de su cargo, profesión u oficio.

➔ Que los medicamentos, sustancias activas, excipientes, productos sanitarios, accesorios, elementos o materiales referidos en el artículo 362 CP:

- Se hubieran ofrecido a través de medios de **difusión a gran escala**.
- Se hubieran ofrecido o **facilitado a menores de edad, personas con discapacidad necesitadas de especial protección, o personas especialmente vulnerables** en relación con el producto facilitado.
- Que el culpable perteneciera a una **organización o grupo criminal** que tuviera como finalidad la comisión de este tipo de delitos.
- Que los hechos fuesen realizados en **establecimientos abiertos al público** por los responsables o empleados de los mismos.

➔ **Bien jurídico protegido**: la salud pública.

➔ **Penalidad**: se castiga con las penas superiores en grado a las señaladas en los artículos 361, 362, 362 bis o 362 ter CP, según modificaciones operadas por LO 1/2015 de 30 de marzo.

Dopaje deportivo

«No me drogué, me cortaron las piernas», afirmó Diego Maradona el 30 de junio de 1994, durante la celebración del Mundial de Italia 90, tras conocer que había sido expulsado por haber dado positivo en un control antidopaje. Cinco días antes Argentina había vencido a Nigeria por 2 a 1 en el segundo partido del Mundial de Estados Unidos 94.

Es el último caso de dopaje en un mundial de fútbol, al menos que se conozca. El Pelusa tuvo que abandonar la concentración de Argentina a petición de la FIFA, que lo penalizó de forma cautelar. Después cumplió una sanción de catorce meses.

El dopaje en el deporte es algo que se ha extendido a grandes figuras, a grandes mitos que han visto cómo se truncaba su carrera por haber sido descubiertos por las autoridades, y nuestras leyes penales no son ajenas a este grave problema que decepciona a seguidores y ensucia la nobleza de las lides deportivas.

Nombres tan importantes como: Alberto Contador, Diego Armando Maradona, Marion Jones, Ben Johnson, Lance Armstrong, etc., son nombres que siempre quedarán ensombrecidos por la duda.

Según el artículo 362 quinquies CP:

> «1. Los que, sin justificación terapéutica, prescriban, proporcionen, dispensen, suministren, administren, ofrezcan o faciliten a deportistas federados no competitivos, deportistas no federados que practiquen el deporte por recreo, o deportistas que participen en competiciones organizadas en España por entidades deportivas, sustancias o grupos farmacológicos prohibidos, así como métodos no reglamentarios, destinados a aumentar sus capacidades físicas o a modificar los resultados de las competiciones, que por su contenido, reiteración de la ingesta u otras circunstancias concurrentes, pongan en peligro la vida o la salud de los mismos, serán castigados con las penas de prisión de seis meses a dos años, multa de seis a dieciocho meses e inhabilitación especial para empleo o cargo público, profesión u oficio, de dos a cinco años.
>
> 2. Se impondrán las penas previstas en el apartado anterior en su mitad superior cuando el delito se perpetre concurriendo alguna de las circunstancias siguientes:
>
> 1.ª Que la víctima sea menor de edad.
>
> 2.ª Que se haya empleado engaño o intimidación.
>
> 3.ª Que el responsable se haya prevalido de una relación de superioridad laboral o profesional».

➔ **Bien jurídico protegido**: la salud pública y la igualdad de oportunidades en las competiciones deportivas.

➔ **Acción típica**: castiga a los que, sin justificación terapéutica, prescriban, proporcionen, dispensen, suministren, administren, ofrezcan o faciliten a deportistas federados no competitivos, deportistas no federados que practiquen el deporte por recreo, o deportistas que participen en competiciones organizadas en España por entidades deportivas, sustancias o grupos farmacológicos prohibidos, así como métodos no reglamentarios, destinados a aumentar sus capacidades físicas o a modificar los resultados de las competiciones, que por su contenido, reiteración de la ingesta u otras circunstancias concurrentes, pongan en peligro la vida o la salud de los mismos.

➜ **Sujeto activo**: puede serlo cualquiera, pero hay profesiones que facilitan el cometer este delito, como entrenador deportivo.

➜ **Sujeto pasivo**: cualquier deportista.

➜ **Consumación**: se consuma cuando se realizan las acciones que indica el artículo aunque no haya lesión.

➜ **Elemento subjetivo**: es un delito doloso, pero cabe el dolo eventual.

➜ **Penalidad**: se castiga con las siguientes penas conjuntas: prisión de seis meses a dos años, multa de seis a dieciocho meses, e inhabilitación especial para empleo o cargo público, profesión u oficio, de dos a cinco años.

Subtipo agravado

El art. 362 quinquies CP recoge el **delito de dopaje** que ya fuera introducido por la LO 5/2010 en el antiguo art. 361 bis, que ahora queda redactado como sigue:

> «1. Los que, sin justificación terapéutica, prescriban, proporcionen, dispensen, suministren, administren, ofrezcan o faciliten a deportistas federados no competitivos, deportistas no federados que practiquen el deporte por recreo, o deportistas que participen en competiciones organizadas en España por entidades deportivas, sustancias o grupos farmacológicos prohibidos, así como métodos no reglamentarios, destinados a aumentar sus capacidades físicas o a modificar los resultados de las competiciones, que por su contenido, reiteración de la ingesta u otras circunstancias concurrentes, pongan en peligro la vida o la salud de los mismos, serán castigados con las penas de prisión de seis meses a dos años, multa de seis a dieciocho meses e inhabilitación especial para empleo o cargo público, profesión u oficio, de dos a cinco años.
>
> 2. Se impondrán las **penas previstas en el apartado anterior en su mitad superior** cuando el delito se perpetre concurriendo alguna de las circunstancias siguientes:
>
> 1.ª Que la víctima sea menor de edad.
>
> 2.ª Que se haya empleado engaño o intimidación.
>
> 3.ª Que el responsable se haya prevalido de una relación de superioridad laboral o profesional».

Vemos que en el apartado dos del art. 362 quinquies CP se establece un ***subtipo agravado***, que se aplica cuando los hechos se cometan concurriendo alguna de las circunstancias siguientes:

1. Que la víctima sea menor de edad.
2. Que se haya empleado engaño o intimidación.
3. Que el responsable se haya prevalido de una relación de superioridad laboral o profesional.

➜ **Penalidad**: se castiga con las siguientes penas conjuntas: prisión de quince meses a dos años, multa de doce meses a dieciocho meses e inhabilitación especial para empleo o cargo público, profesión u oficio, de tres años y seis meses a cinco años.

En el artículo 362 sexties CP se establece en relación con el **decomiso** que:

> «En los delitos previstos en los artículos anteriores de este Capítulo serán objeto de decomiso las sustancias y productos a que se refieren los artículos 359 y siguientes, así como los bienes, medios, instrumentos y ganancias con sujeción a lo dispuesto en los artículos 127 a 128».

Delitos relacionados con el tráfico y elaboración de productos alimenticios

A tenor del artículo 363 CP se establece que:

> «Serán castigados con la pena de prisión de uno a cuatro años, multa de seis a doce meses e inhabilitación especial para profesión, oficio, industria o comercio por tiempo de tres a seis años los **productores, distribuidores o comerciantes** que pongan en peligro la salud de los consumidores:
>
> 1. **Ofreciendo** en el mercado productos alimentarios con **omisión o alteración** de los requisitos establecidos en las leyes o reglamentos sobre caducidad o composición.
> 2. **Fabricando o vendiendo** bebidas o comestibles destinados al consumo público y nocivos para la salud.
> 3. **Traficando** con géneros corrompidos.
> 4. Elaborando productos cuyo **uso no se halle autorizado y sea perjudicial** para la salud, o comerciando con ellos.
> 5. **Ocultando o sustrayendo** efectos destinados a ser inutilizados o desinfectados, para comerciar con ellos».

➔ **Bien jurídico protegido**: se protege la salud pública.

➔ **Acción típica**: se castiga a los productores, distribuidores o comerciantes que pongan en peligro la salud de los consumidores mediante la realización de alguna de estas conductas:

- **Ofrecer** en el mercado productos alimentarios con omisión o alteración de los requisitos establecidos en las leyes o reglamentos sobre caducidad o composición.
- **Fabricar** o vender bebidas o comestibles destinados al consumo público y nocivos para la salud.
- **Traficar** con géneros corrompidos.
- **Elaborar** productos cuyo uso no se halle autorizado y sea perjudicial para la salud, o comerciar con ellos.
- **Ocultar o sustraer** efectos destinados a ser inutilizados o desinfectados, para comerciar con ellos.

➔ **Sujeto activo**: puede serlo cualquiera, pero hay profesiones, como comerciante, mediante las que será más fácil perpetrar el delito.

➔ **Sujeto pasivo**: los consumidores.

➔ **Elemento subjetivo**: es un delito doloso, si bien cabe el dolo eventual.

➔ **Concurso**: puede haber concurso *ad exemplum* con el delito de lesiones.

➔ **Penalidad**: se castiga con las siguientes penas conjuntas: prisión de uno a cuatro años, multa de seis a doce meses, inhabilitación especial para profesión, oficio, industria o comercio por tiempo de tres a seis años.

Según el artículo 364 CP:

«1. El que **adulterare con aditivos u otros agentes no autorizados** susceptibles de causar daños a la salud de las personas los alimentos, sustancias o bebidas destinadas al comercio alimentario, será castigado con las penas del artículo anterior. Si el reo fuera el propietario o el responsable de producción de una fábrica de productos alimenticios, se le impondrá, además, la pena de inhabilitación especial para profesión, oficio, industria o comercio de seis a diez años.

2. Se impondrá la misma pena al que realice cualquiera de las siguientes conductas:

1.° Administrar a los animales cuyas carnes o productos se destinen al consumo humano **sustancias no permitidas** que generen riesgo para la salud de las personas, o en dosis superiores o para fines distintos a los autorizados.

2.° Sacrificar animales de abasto o destinar sus productos al consumo humano, sabiendo que se les ha administrado las sustancias mencionadas en el número anterior.

3.° **Sacrificar animales de abasto** a los que se hayan aplicado tratamientos terapéuticos mediante sustancias de las referidas en el apartado 1.°

4.° **Despachar al consumo público** las carnes o productos de los animales de abasto sin respetar los períodos de espera en su caso reglamentariamente previstos».

➔ **Bien jurídico protegido**: es la salud pública.

➔ **Acción típica**: el artículo 364 CP castiga:

- **Adulterar** alimentos, sustancias o bebidas destinadas al comercio alimentario con aditivos u otros agentes no autorizados susceptibles de causar daños a la salud de las personas.
- **Administrar** sustancias no permitidas que generen riesgo para la salud de las personas, o en dosis superiores o para fines distintos a los autorizados, a los animales cuyas carnes o productos se destinen al consumo humano.
- **Sacrificar animales de abasto** o destinar sus productos al consumo humano, sabiendo que se les ha administrado las sustancias mencionadas en el número anterior.
- **Sacrificar animales de abasto** a los que se hayan aplicado tratamientos terapéuticos mediante sustancias de las referidas en el apartado 1.°.
- Despachar al consumo público las carnes o productos de los animales de abasto sin respetar los períodos de espera en su caso reglamentariamente previstos.

➔ **Sujeto activo**: el que lleva a cabo las acciones descritas en el artículo.

➔ **Sujeto pasivo**: los consumidores.

➔ **Elemento subjetivo**: se trata de un delito doloso eminentemente, pero cabe el dolo eventual.

➔ **Concurso**: puede haber concurso *ad exemplum*, con el delito de lesiones.

➔ **Penalidad**: se castiga con las penas conjuntas de prisión de uno a cuatro años, multa de seis a doce meses e inhabilitación especial para profesión, oficio, industria o comercio.

- Por tiempo de tres a seis años.
- Por tiempo de seis a diez años si el reo fuera el propietario o el responsable de producción de una fábrica de productos alimenticios.

Envenenamiento o adulteración de aguas potables o alimentos

A tenor del artículo 365 CP:

> «Será castigado con la pena de prisión de dos a seis años el que **envenenare o adulterare con sustancias infecciosas**, u otras que puedan ser gravemente nocivas para la salud, las **aguas potables** o las **sustancias alimenticias** destinadas al uso público o al consumo de una colectividad de personas».

➔ **Bien jurídico protegido**: la salud pública.

➔ **Acción típica**: se castiga al que envenene o adultere con sustancias infecciosas, u otras que puedan ser gravemente nocivas para la salud, las aguas potables o las sustancias alimenticias destinadas al uso público o al consumo de una colectividad de personas.

➔ **Sujeto activo**: puede serlo cualquiera, pero hay profesiones, como por ejemplo quien trabaje en una planta potabilizadora de agua, que pueden facilitar el delito.

➔ **Sujeto pasivo**: los consumidores.

➔ **Concurso**: puede haber concurso con el delito de lesiones.

➔ **Consumación**: se consuma cuando se ha envenenado, adulterado con sustancias infecciosas el agua potable y sustancias alimenticias.

➔ **Elemento subjetivo**: se trata de un delito doloso fundamentalmente, pero cabe el dolo eventual.

➔ **Penalidad**: se castiga con la prisión de dos a seis años.

Disposiciones comunes a todos

Según el artículo 366 CP:

> «Cuando de acuerdo con lo establecido en el artículo 31 bis una **persona jurídica sea responsable** de los delitos recogidos en los artículos anteriores de este Capítulo, se le impondrá una pena de multa de uno a tres años, o del doble al quíntuplo del valor de las sustancias y productos a que se refieren los artículos 359 y siguientes, o del beneficio que se hubiera obtenido o podido obtener, aplicándose la cantidad que resulte más elevada.
>
> Atendidas las reglas establecidas en el artículo 66 bis, los jueces y tribunales podrán asimismo imponer las penas recogidas en las letras b) a g) del apartado 7 del artículo 33».

Vemos que el art. 366 CP establece la **responsabilidad penal de las personas jurídicas** cuando, con arreglo a lo establecido en el artículo 31 bis, sea declarada responsable de los delitos contemplados en los arts. 361 a 365 CP.

Se aplicarán las penas siguientes:

- Pena de multa de la cantidad que resulte más elevada de entre las siguientes:
  - Multa de uno a tres años.
  - Multa del doble al quíntuplo del valor de las sustancias y productos a que se refieren los artículos 359 CP y siguientes.
  - Multa del beneficio que se hubiera obtenido o podido obtener.

- Medidas accesorias: atendidas las reglas establecidas en el artículo 66 bis CP, reformado por LO 1/2015 de 30 de marzo los jueces y tribunales podrán asimismo imponer las penas recogidas en el artículo 33.7 b) a g) CP.
- Disolución de la persona jurídica. Suspensión de sus actividades por un plazo que no podrá exceder de cinco años.
- Clausura de sus locales y establecimientos por un plazo que no podrá exceder de cinco años.
- Prohibición de realizar en el futuro las actividades en cuyo ejercicio se haya cometido, favorecido o encubierto el delito.
- Inhabilitación para obtener subvenciones y ayudas públicas, para contratar con el sector público y para gozar de beneficios e incentivos fiscales o de la Seguridad Social.
- Intervención judicial para salvaguardar los derechos de los trabajadores o de los acreedores por el tiempo que se estime necesario.
- Imprudencia punible.

Subtipo por imprudencia grave

Según el artículo 367 CP: «Si los hechos previstos en todos los artículos anteriores fueran realizados por **imprudencia grave**, se impondrán, respectivamente, las penas inferiores en grado».

14.5. Referencias bibliográficas

De la Cuesta Aguado, P. M., «Imprudencia y energía nuclear», en *La Ley*, 2, 200, pp. 1790-1797.

Delgado, A., «El delito imprudente de incendio forestal y en zonas de vegetación no forestales (art. 358 cp): una visión jurisprudencial», en *La Ley Penal*, 64, 4, 2009.

García Valdés, C., **Mestre, E.** y **Figueroa, C.**, *Lecciones de Derecho penal. Parte Especial*. Madrid, Edisofer, 2017.

González Rivero, P., «La Justicia Restaurativa y las finalidades del Derecho Penal. Una experiencia concreta en un delito contra la Salud Pública», en *La Ley Digital* 1048, 2018.

Manzanares, J. L., «De los delitos relativos a la energía nuclear y a las radiaciones ionizantes», en *Diario La Ley*, 9138, 2016.

Mestre, E., «Delitos contra el patrimonio y contra el orden socioeconómico», en *Delitos: la parte especial del Derecho penal*, Lamarca, C. (coord.) Madrid, Dykinson, 2016.

Muñoz Conde, F., *Derecho penal parte especial*. Valencia, Tirant lo Blanch, 2017.

Nieto, Á. J., «El incendiario forestal y su intervención tratamental penitenciaria como delincuente económico», en *Diario La Ley*, 9456, 2019.

Real Academia Española. *Diccionario de la lengua española*. Fecha de consulta: 20 de octubre de 2019. Disponible en: https://www.rae.es/

Redondo, Á., «La pericial en el proceso por delito contra la salud pública», en *La Ley Penal*, 89, 4, 2011.

Sánchez Goyanes, E., *Constitución española comentada*. Madrid, Paraninfo, 1989.

Santiago Redondo, H., *Comentarios a la Constitución española*. Rodríguez-Piñero y Bravo-Ferrer, M., Casas Baamonde, M. E. (dirs.). Madrid, BOE, 2018.

Serrano Gómez, A. y **Serrano Maíllo, A.**, *Derecho Penal. Parte Especial*. 16.ª ed. Madrid, Dykinson, 2011.

Serrano Gómez, A., **Serrano Maíllo, A.**, **Serrano Tárraga, M. D.** y **Vázquez González, C.**, *Curso de Derecho Penal. Parte especial*. Madrid, Dykinson, 2017.

Soto, S., «Delito de incendio. Operatividad y alcance del seguro de incendios», en *La Ley*, 3, 2003, pp. 1448-1451.

Suárez-Mira, C., **Judel, A.** y **Piñol, J. R.**, *Delitos de riesgo catastrófico*. Cizur Menor, Navarra, Editorial Aranzadi, S.A.U, 2011.

Tamarit, J. M., *Comentarios al Código Penal (Tomo III)*. Cizur Menor, Navarra, Editorial Aranzadi, S.A.U, 2008.

Torres, A., *Principios de derecho constitucional español I: sistema de fuentes*. 5.ª ed. Madrid, Universidad Complutense, 2004.

Jurisprudencia

- Sentencia del Tribunal Supremo Sala 2.ª n.º30/2001, de 17 de enero.
- Sentencia de la Sala 2.ª del Tribunal Supremo, de 9 de diciembre de 2002 (LA LEY 855/2003).
- Sentencia del Tribunal Supremo, de 5 de mayo de 2005.
- Sentencia del Tribunal Supremo Sala 2.ª n.º 1384/2005, de 28 de octubre.
- Sentencia del Tribunal Supremo, de 18 de marzo de 2015.

Para saber más...

El incendiario forestal

Nieto, A. J. (2019). El incendiario forestal y su intervención tratamental penitenciaria como delincuente económico. En la ley 7455/2019.

Os invito a que leáis este artículo que pretende ampliar el abanico de delitos objeto de intervención, en particular el delito de incendio cuando converjan **intereses económicos**, pues en definitiva, para el derecho penal el patrimonio está compuesto por el conjunto de los derechos patrimoniales económicamente valuables poseídos por el sujeto en virtud de una relación reconocida por el ordenamiento jurídico.

Luchando contra el olvido

Informe Semanal. (2017). *Luchando contra el olvido*. [Archivo de vídeo]. Disponible en: https://bit.ly/3E7YTqm

En esta ocasión os invito a que veáis el programa dedicado a las víctimas del envenenamiento masivo que se declaró en 1981 en España y que fue objeto del juicio penal con más damnificados y partes intervinientes de la historia de España. El macrojuicio del aceite de colza ha dejado una huella muy profunda en nuestro país, pues quedan miles de personas que todavía tienen secuelas y que no quieren que se las olvide.

Test

Delitos de riesgo catastrófico

1. **Según el art. 341 CP se castiga**
   a) al que libere energía nuclear o elementos radiactivos que pongan en peligro la vida o la salud de las personas o sus bienes, aunque no se produzca explosión.
   b) al que libere energía nuclear o elementos radiactivos que no pongan en peligro la vida o la salud de las personas o sus bienes, aunque no se produzca explosión.
   c) al que libere energía nuclear o elementos radiactivos que pongan en peligro la vida o la salud de las personas o sus bienes, si se produce explosión.
   d) al que libere energía nuclear o elementos radiactivos que pongan en peligro la vida o la salud de las personas.

2. **¿Qué tipo de imprudencia se sanciona en el artículo 342 CP?**
   a) Leve.
   b) Menos grave.
   c) Grave.
   d) No requiere imprudencia.

3. **El artículo 343 CP se refiere a:**
   a) Vertidos y emisiones.
   b) Catástrofes ferroviarias.
   c) Delitos informáticos.
   d) Riesgos provocados por explosivos.

4. **¿Qué bien jurídico protege el artículo 344 CP?**
   a) La propiedad.
   b) La confianza en el comercio electrónico.
   c) La seguridad pública.
   d) La salud pública.

5. **¿Cuál es el bien jurídico protegido por el artículo 345 CP?**
   a) La seguridad colectiva.
   b) La integridad física.
   c) El patrimonio histórico.
   d) La seguridad vial.

6. Según el artículo 346 CP, los estragos son:

a) Daños en bienes propios.
b) Daños causados por estructuras arquitectónicas.
c) Daños causados por medios mecánicos.
d) Daños de especial gravedad.

7. ¿Cuál de los siguientes NO es considerado un estrago según el Código Penal?

a) Una explosión en una fábrica.
b) Un incendio forestal.
c) Una inundación como resultado de negligencia.
d) Un robo con fuerza.

8. ¿Qué agravante específica menciona el artículo 347 CP en el caso de los estragos?

a) Si se causa con ánimo de lucro.
b) Si afecta a bienes de dominio público.
c) Si hay peligro para la vida o la integridad de las personas.
d) Si los hechos se realizan por la noche.

9. En los delitos de riesgo catastrófico,

a) Se adelanta la barrera de la tuición penal.
b) No se adelanta la barrera de la tuición penal.
c) Se adelanta la barrera de la tuición administrativa.
d) Se adelanta la barrera de la tuición tributaria.

10. ¿Qué tipo de imprudencia se requiere para la sanción del delito de incendios forestales?

a) Cualquier tipo de imprudencia.
b) Imprudencia leve.
c) Imprudencia menos grave.
d) Imprudencia grave.

Solucionario

1. **A - Al que libere energía nuclear o elementos radiactivos que pongan en peligro la vida o la salud de las personas o sus bienes, aunque no se produzca explosión.**

2. **C - Grave.**

3. **A – Vertidos y emisiones.**

4. **C - La seguridad pública.**

5. **A - La seguridad colectiva.**
6. **D - Daños de especial gravedad.**
7. **D - Un robo con fuerza.**
8. **C - Si hay peligro para la vida o la integridad de las personas.**
9. **A - Se adelanta la barrera de la tuición penal.**
10. **D - Imprudencia grave.**

Estragos

1. **¿Cuál es la pena máxima prevista en el artículo 346.1 CP para quien cause estragos?**
   a) Prisión de quince a veinte años.
   b) Prisión de diez a quince años.
   c) Prisión de diez a veinte años.
   d) Prisión de ocho a quince años.

2. **De acuerdo con el artículo 347 CP, ¿qué pena se aplica por causar estragos por imprudencia grave?**
   a) Prisión de seis meses a dos años.
   b) Prisión de uno a cuatro años.
   c) Prisión de dos a cinco años.
   d) Multa de seis a doce meses.

3. **¿Qué elemento del tipo penal debe concurrir para que se aplique el art. 346.1 CP?**
   a) Que haya habido un incendio.
   b) Que los hechos comporten necesariamente un peligro para la vida o integridad de las personas.
   c) Que se produzcan daños en bienes culturales.
   d) Que haya ánimo de lucro.

4. **Según el artículo 346.2 CP, ¿se castigan más severamente los estragos si producen daños de especial gravedad?**
   a) No, siempre se aplica la misma pena.
   b) Sí, la pena de prisión de cuatro a ocho años.
   c) Sí, pero solo si hay lesiones a personas.
   d) No, pero se castiga el peligro creado a la integridad de las personas.

5. ¿Cuál de las siguientes opciones correspondería a un delito de estragos imprudente?

a) Provocar intencionadamente una inundación.

b) Olvidar apagar una estufa, causando un incendio en un edificio.

c) Colocar una bomba en una estación de tren.

d) Incendiar un bosque por diversión.

6. Según el artículo 346.3 CP, si se hubiere producido lesión para la vida, ¿cómo se castigarán los hechos?

a) Con la pena del delito de lesiones independiente.

b) Con una pena menor debido a la concurrencia de delitos.

c) Con una pena de multa adicional.

d) Con la pena correspondiente al delito cometido, pero aumentada.

7. ¿El artículo 346 CP tipifica los estragos causados por cualquier medio?

a) No, solo por medios explosivos.

b) Sí, por cualquier medio que pueda causar estragos.

c) No, únicamente por medios químicos.

d) Sí, pero se especifican ciertos medios como más graves.

8. ¿Los daños causados a infraestructuras críticas se consideran estragos según el artículo 346 CP?

a) Sí, siempre.

b) No, nunca.

c) Solo si hay peligro para la vida o integridad de las personas.

d) Dependiendo del contexto y la intención del autor.

9. ¿Qué se requiere para aplicar el artículo 346 CP?

a) Que haya imprudencia leve.

b) Que haya imprudencia profesional.

c) Que haya dolo o imprudencia grave.

d) Que se actúe por motivos ideológicos.

10. ¿El delito de estragos puede concurrir con otros delitos?

a) No, excluye la aplicación de otros tipos penales.

b) Sí, y se aplicarán las penas correspondientes a ambos delitos.

c) Solo puede concurrir con delitos contra la propiedad.

d) Solo si los otros delitos son menos graves.

Solucionario

1. **C - Prisión de diez a veinte años. (Art. 346.1 CP)**
2. **B - Prisión de uno a cuatro años. (Art. 347 CP)**

3. **B - Que los hechos comporten necesariamente un peligro para la vida o integridad de las personas.**
4. **C - Sí, pero solo si hay lesiones a personas. (Art. 346.3 CP)**
5. **B - Olvidar apagar una estufa, causando un incendio en un edificio.**
6. **D - Con la pena correspondiente al delito cometido, pero aumentada. (Art. 346.3 CP)**
7. **B - Sí, por cualquier medio que pueda causar estragos.**
8. **A - Sí, siempre.**
9. **C - Que haya dolo o imprudencia grave.**
10. **B - Sí, y se aplicarán las penas correspondientes a ambos delitos.**

TEMA 15.

DELITOS CONTRA LA SEGURIDAD COLECTIVA (II)

15.1. Introducción y objetivos

¿Plata o plomo...?

Hace unos días entré en la habitación de mi hijo y pude ver que, en lugar de estar estudiando, estaba viendo una serie de un canal privado con mucha atención. Me acerqué y le pregunté qué estaba mirando con tanto interés y me dijo: «Papá, estoy mirando la serie de televisión sobre Pablo Escobar».

Es ciertamente curioso cómo un niño de doce años puede estar interesado en saber las andanzas de uno de los delincuentes dedicados al narcotráfico más importantes de la historia. Estamos hablando de Pablo Escobar Gaviria, que de pequeño ya apuntaba maneras siendo mucho más espabilado que los demás chavales de su edad. Y la verdad es que no podemos negar que su corta vida es digna de realizar una serie televisiva de un gran éxito, como ha sucedido.

Pablo nació en el seno de una familia campesina, y empezó a trapichear desde edades muy tempranas. A comienzos de la década de los 80, hizo alianza con diversos delincuentes narcotraficantes de Colombia y fundó el llamado «cártel de Medellín». Pablo Escobar llegó a controlar más del 80 % de toda la producción mundial de marihuana y cocaína consiguiendo también traficar en los Estados Unidos de América. Pablo Escobar consiguió ser uno de los hombres más ricos del mundo según la revista Forbes y llevaba una vida colmada de lujos, desenfreno y peligro. Para limpiar su imagen hizo diversas obras de caridad, e incluso entró en política llegando a ocupar un escaño en el Congreso de los Diputados en el año 1982. Sin embargo, el diario *El Espectador* y la acusación del ministro de justicia de Colombia consiguieron que fuera acusado por sus negocios claramente ilegales y mafiosos. Pocos meses después, el ministro de justicia y el director del periódico fueron asesinados. A partir de este momento, el Gobierno de Colombia intentó luchar contra los narcotraficantes, pero Pablo Escobar ya tenía a un auténtico ejército de sicarios bajo sus órdenes. El mismo delincuente ordenó diversos secuestros y asesinatos de jueces y funcionarios del Estado en una auténtica guerra contra los mandatarios de su país. Se especula que Escobar fue el responsable del asesinato de más de 650 policías, decenas de secuestros y extorsiones de todo tipo. Cuando en Colombia se prohibió la extradición de ciudadanos colombianos a los Estados Unidos de América, Pablo Escobar decidió entregarse a la justicia, pero bajo la condición de estar en una peculiar cárcel llamada La Catedral, que era un «centro penitenciario» ostentoso, que además estaba en sus propios terrenos, y ello no sirvió para que dejase de delinquir, pues dirigía el cartel desde la cárcel.

El gobierno intentó capturar a Pablo para que cesara de sus actividades delictivas y él mismo se fugó de la cárcel lujosa en la que estaba, para mayor vergüenza de las autoridades colombianas. Después de diecisiete largos meses de persecución, la policía encontró a Pablo Escobar Gaviria en un barrio lujoso de Medellín, y después de un tiroteo espectacular falleció a la pronta edad de 44 años pasando a la historia por haber sido un narcotraficante extremadamente cruel y vengativo que había amasado una auténtica fortuna y que ahora servía de «héroe» a una serie televisiva con índices de audiencia altísimos en decenas de países.

Todos los seguidores de la serie televisiva saben perfectamente lo que significaba la frase **«plata o plomo...»**.

Para saber más sobre la historia de Pablo Escobar Gaviria,
consultad el siguiente enlace:
https://bit.ly/3k4n9li

En este tema vamos a hablar, entre otras cuestiones, sobre cuestiones que atentan contra la **seguridad ciudadana colectiva** como el narcotráfico, que tan duramente golpea a nuestra sociedad, sobre todo a través de los más jóvenes que se inician con el consumo de marihuana, y después pasan a consumos de sustancias químicas muy adictivas y peligrosas para la salud.

Por lo tanto, los objetivos que se alcanzarán con el estudio de este tema son los siguientes:

- Estudiar los delitos contra la salud pública (drogas).
- Conocer los delitos contra la seguridad vial (delitos de tráfico).

15.2. Delitos relativos a drogas tóxicas, estupefacientes y sustancias psicotrópicas

Según el *Diccionario* de la RAE, en su segunda acepción la palabra droga es una: «sustancia o preparado medicamentoso de efecto estimulante, deprimente, narcótico o alucinógeno».

Según la Organización Mundial de la Salud (OMS), el **concepto de droga**:

> «(...) resulta aplicable a cualquier sustancia terapéutica o no, que introducida en el organismo por cualquier mecanismo (ingestión, inhalación, administración intramuscular o intravenosa, etc.) **es capaz de actuar sobre el sistema nervioso central del consumidor**

provocando un cambio en su comportamiento, ya sea una alteración física o intelectual, una experimentación de nuevas sensaciones o una modificación de su estado psíquico, caracterizadas por:
El deseo abrumador o necesidad de continuar consumiendo (dependencia psíquica).
Necesidad de aumentar la dosis para aumentar los mismos efectos (tolerancia).
La dependencia física u orgánica de los efectos de la sustancia (que hace verdaderamente necesarios su uso prolongado, para evitar el síndrome de abstinencia)».

Podemos encontrar legislación relativa a los delitos por consumo y/o tráfico de drogas en distintos niveles de organización política y que son los siguientes:

- Normativa internacional.
- Normativa europea.
- Normativa española.
- Normativa de las comunidades autónomas.
- Normativas municipales.
- Circulares, instrucciones, resoluciones e informes parlamentarios.

En este punto solamente vamos a señalar y sin ánimo de exhaustividad la legislación más relevante:

- Convención única de 1961 sobre estupefacientes, enmendada por el Protocolo que modifica la Convención única de 1961 sobre estupefacientes. Nueva York, 8 de agosto de 1975 (BOE n.° 264, de 4 de noviembre de 1981).
- Ley 17/1967, de 8 de abril, por la que se actualizan las normas vigentes sobre estupefacientes y adaptándolas a lo establecido en el convenio de 1961 de las Naciones Unidas (BOE n.° 86, de 11 de abril de 1967).
- Instrumento de adhesión de España al Convenio sobre sustancias psicotrópicas. Hecho en Viena el 21 de febrero de 1971 (BOE n.° 218, de 10 de septiembre de 1976).
- Instrumento de ratificación de la Convención de las Naciones Unidas contra el tráfico ilícito de estupefacientes y sustancias psicotrópicas, hecha en Viena el 20 de diciembre de 1988.

Pero para saber más sobre la legislación que afecta al
tráfico y consumo ilegal de drogas os invitamos a consultar la
página oficial del Plan Nacional sobre Drogas, donde encontraréis toda la
normativa más reciente y que además os podéis descargar.
La tienes disponible en esta dirección:
https://bit.ly/3txHna9

Para abordar este tema, previamente hemos de tener claros una serie de conceptos, que son los siguientes:

- **Consumidor**: (alcohol o drogas) (*use alcohol or drug*): autoadministración de una sustancia psicoactiva.
- **Traficante**: es el que vende, comercia o hace negocio que suponga la transmisión de la droga a terceros.

- **Tenencia para el autoconsumo**: la tenencia para el autoconsumo no es constitutiva de delito, porque penalmente no se considera reprobable. Este criterio está sometido a la posesión de ciertas medidas o cantidades para el consumo.
- **Donación**: si existe una donación de una cantidad de droga considerada ilegal, el donante cometerá delito, aunque la cantidad sea mínima, pues este tipo de conductas facilitan el consumo y el tráfico ilegal. Hay que tener en cuenta que en este caso existe la figura del beneficiario de la donación, y si la recibe en pequeñas cantidades para su autoconsumo, no será una acción delictiva, pero si toda o parte de la donación la vende, o incluso realiza una permuta, sí que estará en la esfera del castigo penal. *Vid.* SERRANO GÓMEZ y SERRANO MAÍLLO (2019).

Conforme al **principio de insignificancia** la conducta es atípica cuando la cantidad de droga es tan insignificante que resulta incapaz de producir efecto nocivo alguno a la salud (STS n.° 1889/2000, de 11 de diciembre de 2000).

Ejemplos de aplicación del principio de insignificancia por la jurisprudencia del Tribunal Supremo:

- 0,05 gr heroína (STS 12 septiembre 1994).
- 0,06 gr heroína (STS 28 octubre 1996).
- 0,02 gr heroína (STS 22 enero 1997).
- 0,10 gr cocaína (STS 22 septiembre 2000).
- 0,02 gr cocaína (STS 11 diciembre 2000).
- Compartir dosis de un tratamiento de metadona (STS de 18 de julio de 2001).

Los límites entre tipicidad y atipicidad lo marcan las siguientes cantidades:

- Heroína 0,66 mg / 0,00066 gr.
- Cocaína 50 mg / 0,05 gr.
- Hachís 10 mg / 0,01 gr.
- LSD 20 mg / 0,02 gr.
- MDMA (éxtasis) 20 mg / 0,02 gr.
- Morfina 2 mg/ 0,002 gr.

En la sentencia n.° 413/2007, de 9 de mayo, el Tribunal Supremo establece una interpretación a favor del reo aceptando que en los análisis de las sustancias respecto del pesaje y determinación de la pureza puede existir un margen de error de un 5 %.

Como bien recoge LUZÓN CUESTA (2019, p. 268):

> «Aunque "basta con que el **peligro para la salud pública sea potencial**», en «los demás casos" a que se refiere el tipo, "para dar seguridad a la apreciación sobre qué cantidad de droga encierra aquel potencial peligro, **la jurisprudencia ha acogido un criterio científico consistente en la dosis mínima psicoactiva**", que al no alcanzarse determina la atipicidad».

Según el Instituto Nacional de Toxicología, las dosis mínimas de cada droga que afectan a las funciones psíquicas o físicas son:

- Sustancia tóxica: dosis mínima psicoactiva.
- Heroína: 0,66 mg.
- Cocaína: 50 mg.
- Hachís: 10 mg.
- Morfina: 2 mg.
- MDMA/LSD: 20 mg.

Sustancia tóxica	Dosis mínima psicoactiva
Heroína	0,66 mg
Cocaína	50 mg
Hachís	10 mg
Morfina	2 mg
MDMA/LSD	20 mg

Tabla 1. Dosis mínimas de cada droga que afectan a las funciones psíquicas o físicas. Fuente: basado en Instituto Nacional de Toxicología.

➔ **Droga dura**: las drogas consideradas «duras» producen un mayor impacto social y sanitario, ya que la peligrosidad de su consumo a corto plazo es mayor (cocaína, heroína, LSD, etc).

➔ **Droga blanda**: las drogas consideradas «blandas» son sustancias aceptadas socialmente, que son percibidas como menos perjudiciales y/o son legales (alcohol, tabaco y cannabis).

Un vocabulario amplio sobre el mundo de las drogas lo podéis consultar en el siguiente enlace de la World Health Association (ONU) y el Ministerio de Sanidad y Consumo del Gobierno de España: https://bit.ly/38Zq2gC

Tipo básico

A tenor del artículo 368 CP:

«Los que ejecuten actos de **cultivo, elaboración o tráfico**, o de otro modo promuevan, favorezcan o faciliten el consumo ilegal de drogas tóxicas, estupefacientes o sustancias psicotrópicas, o las **posean con aquellos fines**, serán castigados con las penas de prisión de tres a seis años y multa del tanto al triplo del valor de la droga objeto del delito si se tratare de sustancias o productos que causen grave daño a la salud, y de prisión de uno a tres años y multa del tanto al duplo en los demás casos.

No obstante, lo dispuesto en el párrafo anterior, los tribunales podrán imponer la pena inferior en grado a las señaladas, en atención a la escasa entidad del hecho y a las circunstancias personales del culpable. No se podrá hacer uso de esta facultad si concurriere alguna de las circunstancias a que se hace referencia en los artículos 369 bis y 370».

➜ **Bien jurídico protegido**: es la salud pública.

➜ **Acción típica**: se trata de ejecutar actos de cultivo, elaboración o tráfico, o de otro modo promover, favorecer o facilitar el consumo ilegal de las anteriores sustancias, o poseerlas con aquellos fines.

Se trata de un delito de **peligro abstracto** que se caracteriza por castigar la simple actividad sin que sea preciso que se produzca un daño concreto e individualizado. Se exige que haya un verdadero peligro abstracto a la salud pública.

➜ **Sujeto activo**: puede serlo cualquier persona, incluso una persona jurídica. Puede constituir una circunstancia agravante el tener una determinada profesión que facilite esta tipología de delitos, como sería el caso del colectivo de farmacéuticos.

➜ **Sujeto pasivo**: lo es la sociedad en su conjunto.

➜ **Elemento subjetivo**: es un delito doloso y por lo tanto el sujeto activo tiene que tener conocimiento y voluntad de realizar la conducta típica.

➜ **Consumación**: se considera por la jurisprudencia que se trata de un **delito tendencial, de resultado cortado**, que, salvo casos excepcionales, no admite formas imperfectas de ejecución, **bastando la posesión o tenencia** con vocación de tráfico. Según LUZÓN CUESTA (2019, p. 265):

> «**La posesión suscita el problema de determinar, cuando el agente no sea sorprendido en actos de tráfico**, si está destinada al propio consumo, en que resulta impune, o a su difusión, entendiendo la jurisprudencia que habrá de atenderse al conjunto de circunstancias concurrentes: cantidad superior a la normal para el propio consumo, variedad, cualidad o no de drogadicto, lugar donde se encuentre la droga, utensilios para su preparación, capacidad adquisitiva del sujeto, etc».

Según SERRANO GÓMEZ y SERRANO MAÍLLO (2019), las situaciones previstas y penadas en el artículo 368 del Código Penal hace que, en un principio, sea complejo el contemplar el grado de tentativa sin tener que rechazarla por completo, pues la jurisprudencia la contempla en algunas ocasiones. Sí que se admite la comisión por omisión.

➜ **Concurso**: puede haber concurso de leyes con la Ley Orgánica 12/1995, de 12 de diciembre, de Represión del Contrabando, y concretamente en su artículo 3 que indica que:

> «1. Los que cometieren el **delito de contrabando** serán castigados con las penas de prisión de uno a cinco años y multa del tanto al séxtuplo del valor de los bienes, mercancías, géneros o efectos».

➜ **Penalidad**: prisión de tres a seis años y multa del tanto al triplo del valor de la droga objeto del delito si se tratare de sustancias o productos que causen grave daño a la salud, y de prisión de uno a tres años y multa del tanto al duplo en los demás casos.

Y, en este punto, es importante realizar un inciso, pues tendremos que acudir a la legislación que está fuera del Código Penal para diferenciar lo que son las drogas que causan un grave daño a la salud y las demás. Tendremos que acudir a la normativa internacional que hemos mencionado anteriormente, y que España ha ido incorporando a su legislación. Estamos pues ante una **ley penal en blanco**.

La jurisprudencia en este punto va a ser decisiva para determinar lo que son drogas que causan un grave daño a la salud y las que no lo causan:

➜ **Causan grave perjuicio para la salud**: morfina, heroína, metadona —metasedin—, bupremorfina —buprex, prefin—, destropoxifeno, metacualona, cocaína, *crack*, *speedball*, cocaína sintética o sidocaína, ácido lisérgico (LSD), anfetaminas, *speed*, metanfetaminas, y las llamadas «drogas de diseño».

➜ **No causan grave daño a la salud**: derivados del cáñamo índico (marihuana, hachís) y las benzodiacepinas. Este tipo de drogas en un principio no tienen por qué causar un grave daño a la salud, sin embargo, el auténtico peligro es la adicción que genera y que, con el paso del tiempo, sí llega a producir daños muy severos a la salud como, por ejemplo, que se manifiesten enfermedades mentales como la esquizofrenia.

Supuesto atenuado

En la medida en que se produce una **escasa entidad del hecho** valorando también las **circunstancias del sujeto activo** se puede imponer la pena inferior en grado siempre que concurra alguna de las circunstancias previstas en los artículos 369 bis y 370 CP. Cuanto menor sea la cantidad y calidad de la droga que se posee con finalidad típica menor será la entidad o gravedad del hecho. Se tienen también en cuenta las circunstancias del sujeto activo, como podría ser el que trapichea con **cantidades mínimas** para poder seguir consumiendo.

En el caso de que no se pueda cuantificar el valor económico de la droga se tendrá que prescindir de la pena de multa. Es «presupuesto indispensable para la imposición de la pena de multa, la determinación del valor de la droga, de suerte que si no consta tal dato en los hechos probados, no procederá la imposición de la pena de multa» (STS. 1452/2005, de 13-12).

Subtipo agravado

A tenor del artículo 369 CP:

«1. Se impondrán las **penas superiores en grado** a las señaladas en el artículo anterior y multa del tanto al cuádruplo cuando concurran alguna de las siguientes circunstancias:

1.ª El culpable fuere autoridad, funcionario público, facultativo, trabajador social, docente o educador y obrase en el ejercicio de su cargo, profesión u oficio.

2.ª El culpable participare en otras actividades organizadas o cuya ejecución se vea facilitada por la comisión del delito.

3.ª Los hechos fueren realizados en establecimientos abiertos al público por los responsables o empleados de los mismos.

4.ª Las sustancias a que se refiere el artículo anterior se faciliten a menores de 18 años, a disminuidos psíquicos o a personas sometidas a tratamiento de deshabituación o rehabilitación.

5.ª Fuere de notoria importancia la cantidad de las citadas sustancias objeto de las conductas a que se refiere el artículo anterior.

6.ª Las referidas sustancias se adulteren, manipulen o mezclen entre sí o con otras, incrementando el posible daño a la salud.

7.ª Las conductas descritas en el artículo anterior tengan lugar en centros docentes, en centros, establecimientos o unidades militares, en establecimientos penitenciarios o en centros de deshabituación o rehabilitación, o en sus proximidades.

8.ª El culpable empleare violencia o exhibiere o hiciese uso de armas para cometer el hecho».

Se trata de un tipo penal en blanco, pues para conocer su sanción hay que acudir a normas que no están en el Código Penal.

Vamos a realizar seguidamente una somera relación de las circunstancias y casos que merecen más de ese valor penal y, por lo tanto, mayor castigo:

➔ **Circunstancia primera**: la razón de la agravación «no puede ser otra que la **mayor facilidad y trascendencia** que para la difusión de las drogas en el entorno social tiene el desempeño de una actividad pública, docente o comunitaria» (STS. 1762/1994, de 11-10, Conde-Pumpido), exigiéndose que el delito guarde relación con el cargo público ejercido. Es importante remarcar que a ninguno de los comprendidos en este artículo le será aplicable la agravación de la pena cuando estén actuando como particulares. También quedarán excluidos los que tienen una titulación, pero no están ejerciendo porque están en paro, excedencia, etc. *Vid.* Serrano Gómez y Serrano Maíllo (2019).

➔ **Circunstancia segunda**: la mayor peligrosidad lo es por la vinculación del sujeto a otra organización no dedicada al tráfico de drogas, que facilita la realización de una u otra actividad delictiva. El culpable ha de participar en otras actividades organizadas o cuya ejecución se vea facilitada por la comisión del delito. Se trata de una circunstancia confusa que puede generar inseguridad jurídica, como bien indica Muñoz Conde (2019).

➔ **Circunstancia tercera**: puesto que la ley no determina ningún local de forma específica se entenderá que se trata de cualquier tipo de local abierto al público, y ya sea una cafetería o una sala de juegos por poner un ejemplo. Esta circunstancia agravante se aplicará en el caso de que se produzca el delito por parte del gerente, administrador, etc. del local, y también afecta a los empleados del mismo.

El delito se ha de cometer en **horario abierto al público**, y no mientras esté cerrado, pues lo que se castiga aquí es la **mayor facilidad de traficar** utilizando un local que tiene un mayor acceso a la gente que quiere consumir.

➔ **Circunstancia cuarta**: esta agravación puede presentar **dificultades de prueba** en la venta a menores, pues a veces no se comprueba su edad, aunque se apreció por la Sala Segunda el dolo eventual (STS. 5-11-1986, Jiménez Villarejo). Se aplica esta circunstancia cuando las sustancias a que se refiere el artículo 368.1 CP se faciliten a menores de dieciocho años, a disminuidos psíquicos o a personas sometidas a tratamiento de deshabituación o rehabilitación, art. 369.4.º CP.

➔ **Circunstancia quinta**: el Acuerdo del Pleno no jurisdiccional de la Sala 2.ª de lo Penal del TS, de 19 de octubre de 2001, en relación con el criterio de consumo diario estimado por el informe del Instituto Nacional de Toxicología, de 18 de octubre de 2001, y el baremo de las quinientas dosis, establece como cantidades de notoria importancia, las siguientes:

Sustancia	Cantidad de notoria importancia
Heroína	300 gr
Metadona	120 gr
Clorhidrato de cocaína	750 gr

Marihuana	10 kg
Hachís	2,5 kg
Aceite de hachís	300 gr
LSD	300 mg
MDA, MDMA, MDEA	240 gr

Tabla 2. Cantidades de notoria importancia. Fuente: basado en Acuerdo del Pleno no jurisdiccional de la Sala 2.ª de lo Penal del TS, de 19 de octubre de 2001.

➔ **Circunstancia sexta**: se trata de adulterar las dosis de la droga, y ello puede producir incluso la muerte, entrándose en el ámbito del concurso de delitos. La mera adulteración con sustancias inocuas es intrascendente.

➔ **Circunstancia séptima**: incrementa el valor penal el hecho de traficar en una serie de lugares especialmente sensibles: cuando las conductas descritas en el artículo 368.1 CP tengan lugar en centros docentes, en centros, establecimientos o unidades militares, en establecimientos penitenciarios o en centros de deshabituación o rehabilitación, o en sus proximidades.

Lo que la ley pretende proteger es el riesgo o peligro de que la droga acceda y se difunda entre estos colectivos de personas que ocupan los centros que enumera, no apreciándose la agravación si no existió tal posibilidad, como en el caso de que fuera descubierta en un registro previo.

➔ **Circunstancia octava**: se castiga especialmente el uso de violencia o armas, cuando el culpable empleara violencia o exhibiera o hiciese uso de las mismas para cometer el hecho.

Hemos visto, por lo tanto, que estamos ante una serie de circunstancias que aumentan el valor porque se producen en **circunstancias que incrementan la peligrosidad** para la sociedad.

Subtipo hiperagravado de pertenencia a organización delictiva

A tenor del artículo 369 bis. CP:

«Cuando los hechos descritos en el artículo 368 se hayan realizado por quienes pertenecieren a una **organización delictiva**, se impondrán las penas de prisión de nueve a doce años y multa del tanto al cuádruplo del valor de la droga si se tratara de sustancias y productos que causen grave daño a la salud y de prisión de cuatro años y seis meses a diez años y la misma multa en los demás casos.

A los **jefes, encargados o administradores** de la organización se les impondrán las penas superiores en grado a las señaladas en el párrafo primero.

Cuando de acuerdo con lo establecido en el artículo 31 bis una **persona jurídica** sea responsable de los delitos recogidos en los dos artículos anteriores, se le impondrán las siguientes penas:

a) Multa de dos a cinco años, o del triple al quíntuple del valor de la droga cuando la cantidad resultante fuese más elevada, si el delito cometido por la persona física tiene prevista una pena de prisión de más de cinco años.

b) Multa de uno a tres años, o del doble al cuádruple del valor de la droga cuando la cantidad resultante fuese más elevada, si el delito cometido por la persona física tiene prevista una pena de prisión de más de dos años no incluida en el anterior inciso.

Atendidas las reglas establecidas en el artículo 66 bis, los jueces y tribunales podrán asimismo imponer las penas recogidas en las letras b) a g) del apartado 7 del artículo 33».

Respecto a la organización delictiva LUZÓN CUESTA (2019, p. 271) recoge:

«Aun no incluyendo el tipo la expresión "incluso de carácter transitorio", en anterior redacción contenida en el art. 369.2.ª, sin duda es de aplicación la doctrina de la Sala Segunda, que venía exigiendo, de un lado, una **pluralidad de personas**, que aunque no constituyan una organización formalizada **dispongan de medios idóneos** para desarrollar un plan de actuación con la finalidad de difundir la droga, en el que los asociados han repartido las tareas a realizar y, de otro lado, una cierta continuidad temporal o durabilidad que sobrepase la simple y ocasional "**consorciabilidad" para el delito**».

Se diferencia entre hechos cometidos por miembros no directores, de una organización delictiva, art. 369 bis párrafo. 1.º CP.

Penas conjuntas:

➜ Cuando son sustancias que **causan grave daño** a la salud:
- Prisión de nueve a doce años.
- Multa del tanto al cuádruplo del valor de la droga objeto del delito.

➜ Cuando son sustancias que **NO causan grave daño** a la salud:
- Prisión de cuatro años y seis meses a diez años.
- Multa del tanto al cuádruplo.

Hechos cometidos por los jefes, encargados o administradores de la organización delictiva, art. 369 bis párrafo 2 CP

En estos casos, los hechos se castigarán con las siguientes penas conjuntas:

➜ Cuando son sustancias que **causan grave daño** a la salud:
- Prisión de doce años y un día a dieciocho años.
- Multa del tanto al cuádruplo del valor de la droga objeto del delito.

➜ Cuando son sustancias que **NO causan grave daño** a la salud:
- Prisión de diez años y un día a quince años.
- Multa del tanto al cuádruplo.

Responsabilidad penal de las personas jurídicas

«Cuando de acuerdo con lo establecido en el artículo 31 bis una **persona jurídica** sea responsable de los delitos recogidos en los dos artículos anteriores, se le impondrán las siguientes penas:

a) Multa de dos a cinco años, o del triple al quíntuple del valor de la droga cuando la cantidad resultante fuese más elevada, si el delito cometido por la persona física tiene prevista una pena de prisión de más de cinco años.

b) Multa de uno a tres años, o del doble al cuádruple del valor de la droga cuando la cantidad resultante fuese más elevada, si el delito cometido por la persona física tiene prevista una pena de prisión de más de dos años no incluida en el anterior inciso.

Atendidas las reglas establecidas en el artículo 66 bis, los jueces y tribunales podrán asimismo imponer las penas recogidas en las letras b) a g) del apartado 7 del artículo 33».

Si el delito que ha sido cometido por la persona física tiene prevista una pena de prisión de más de cinco años

➜ Multa de dos a cinco años.

➜ Multa del triple al quíntuple del valor de la droga, si la cantidad resultante fuese más elevada.

Si el delito cometido por la persona física tiene prevista una pena de prisión de más de dos años no incluida en el anterior inciso

➜ Multa de uno a tres años.

➜ O multa del doble al cuádruple del valor de la droga, si la cantidad resultante fuese más elevada.

Medidas accesorias

Atendidas las reglas establecidas en el artículo 66 bis CP, los jueces y tribunales podrán asimismo imponer las penas recogidas en las letras b) a g) del apartado 7 del artículo 33 CP siguientes:

➜ Disolución de la persona jurídica.

➜ Suspensión de sus actividades por un plazo que no podrá exceder de cinco años.

➜ Clausura de sus locales y establecimientos.

➜ Prohibición de realizar en el futuro las actividades en cuyo ejercicio se haya cometido, favorecido o encubierto el delito.

➜ Inhabilitación para obtener subvenciones y ayudas públicas, para contratar con el sector público y para gozar de beneficios e incentivos fiscales o de la Seguridad Social.

➜ Intervención judicial.

Subtipo hiperagravado de segundo grado

Según el artículo 370 CP:

«Se impondrá la **pena superior en uno o dos grados** a la señalada en el artículo 368 cuando:

1.° Se utilice **a menores de 18 años o a disminuidos psíquicos** para cometer estos delitos.

2.° Se trate de los **jefes, administradores o encargados de las organizaciones** a que se refiere la circunstancia 2.ª del apartado 1 del artículo 369.

3.° Las conductas descritas en el artículo 368 fuesen de **extrema gravedad**.

Se consideran de extrema gravedad los casos en que la cantidad de las sustancias a que se refiere el artículo 368 excediere notablemente de la considerada como de notoria importancia, o se hayan utilizado **buques, embarcaciones o aeronaves como medio de transporte específico**, o se hayan llevado a cabo las conductas indicadas simulando operaciones de comercio internacional entre empresas, o se trate de redes internacionales dedicadas a este tipo de actividades, o cuando concurrieren tres o más de las circunstancias previstas en el artículo 369.1.

> En los supuestos de los anteriores números 2.º y 3.º se impondrá a los culpables, además, una multa del tanto al triplo del valor de la droga objeto del delito».

En este artículo se castiga con la **pena superior en uno o dos** grados a la señalada en el artículo 368 CP porque se contemplan tres situaciones que incrementan el desvalor, y que son:

1. Utilizar a menores de dieciocho años o a disminuidos psíquicos para la comisión del delito. Aquí se aplica cuando los menores utilizados son conscientes de lo que hacen o no.
2. Cuando se trate de jefes, administradores o encargados de las organizaciones a que se refiere la circunstancia 2.ª del apartado 1 del artículo 369 CP.

   Se trata del hecho de participar en otras actividades organizadas o cuya ejecución tenga mayor facilidad por la comisión del delito, que es a la que se refiere este número 2.º del art. 370. La expresión:

   > «"otras actividades organizadas" carece incluso gramaticalmente de sentido, y, en todo caso, no se comprende muy bien por qué tiene que tener este carácter especialmente agravatorio el ser jefe, administrador o encargado de una organización que ni siquiera tiene que ser delictiva, ni, por supuesto, dedicada específicamente al tráfico de drogas, para lo que está ya el art. 369 bis. La presente cualificación carece, por tanto, de justificación» Muñoz Conde (2017, p. 560).

3. Las conductas descritas en el artículo 368 del CP fuesen de **extrema gravedad**. Aquí se contempla la cantidad de las sustancias referidas al art. 368 CP cuando se exceda notablemente de la considerada como de notoria importancia, o que en los hechos se hayan utilizado buques o aeronaves como medio de transporte específico, cuando se hayan cometido las conductas con simulación de operaciones de comercio internacional entre empresas o se trate de redes internacionales dedicadas a este tipo de actividades, o bien cuando concurrieren **tres o más de las circunstancias** previstas en el art. 369.1. La LO 5/2010, de 22 de junio, introdujo en esta cualificación que en el tráfico de drogas además de «buques o aeronaves» se utilicen «embarcaciones».

El niño

Seguramente os sonará el film *El niño* de 2014, protagonizado por Jesús Castro, Luis Tosar y Eduard Fernández, entre otros. En esta película se narraba la historia de un joven que transportaba marihuana en grandes cantidades desde Marruecos hasta España utilizando lanchas motoras con tanta cilindrada que ni la Guardia Civil costera podían alcanzar. Las cantidades objeto del narcotráfico cada vez eran mayores, y este joven puso en jaque en varias ocasiones a la Benemérita, pues además de veloz, conocía muy bien la costa y la forma de entrar en el Guadalquivir sin ser detectado.

Este film dirigido por Daniel Monzón, que ganó cuatro premios Goya de un total de dieciséis nominaciones, según su director, está basado en historias reales de varios narcotraficantes del Estrecho que se ganaban la vida transportando droga en lanchas en cantidades muy importantes.

Uno de los personajes que inspiró al director de *El niño* fue Iván Odero, El Niño de Sanlúcar, un delincuente al que le gustaba el dinero fácil, la ropa de marca y coches de gama alta que corriesen a gran velocidad, como las lanchas que utilizaba para transportar marihuana y hachís desde Tánger a Chefchaouen y Larache hasta Isla Mayor, en la provincia de Sevilla, que se encuentra en la llanura marismeña del río Guadalquivir, muy cerca del parque natural de Doñana.

El 28 de octubre de 2016, El niño fue detenido por segunda vez e ingresaba en prisión, pues como hemos visto, el transportar droga en embarcaciones se contempla como un tipo agravado del artículo 370. 3 CP.

Para saber más, accede a la siguiente dirección web:
https://bit.ly/3z4mioS

Tráfico de precursores del art. 371 CP:

«1. El que fabrique, transporte, distribuya, comercie o tenga en su poder equipos, materiales o sustancias enumeradas en el cuadro I y cuadro II de la Convención de Naciones Unidas, hecha en Viena el 20 de diciembre de 1988, sobre el tráfico ilícito de estupefacientes y sustancias psicotrópicas, y cualesquiera otros productos adicionados al mismo Convenio o que se incluyan en otros futuros Convenios de la misma naturaleza, ratificados por España, a sabiendas de que van a utilizarse en el cultivo, la producción o la fabricación ilícitas de drogas tóxicas, estupefacientes o sustancias psicotrópicas, o para estos fines, será castigado con la pena de prisión de tres a seis años y multa del tanto al triplo del valor de los géneros o efectos.

2. Se impondrá la pena señalada en su mitad superior cuando las personas que realicen los hechos descritos en el apartado anterior pertenezcan a una organización dedicada a los fines en él señalados, y la pena superior en grado cuando se trate de los jefes, administradores o encargados de las referidas organizaciones o asociaciones.

En tales casos, los jueces o tribunales impondrán, además de las penas correspondientes, la de inhabilitación especial del reo para el ejercicio de su profesión o industria por tiempo de tres a seis años, y las demás medidas previstas en el artículo 369.2».

Este precepto se introdujo para dar cumplimiento a los tratados internacionales de los que España es parte. La tipificación propia del tráfico de determinadas sustancias como: ácido lisérgico, efedrina, ergometrina, acetona, ácido autranílico, fenilacético, etc., o, en su caso, sus respectivas sales, siempre que ello sea a sabiendas de que van a utilizarse para la fabricación de las drogas tóxicas, estupefacientes o sustancias psicotrópicas. Aquí encontraremos dificultades probatorias importantes, pues la tenencia o la elaboración de esas sustancias no tiene trascendencia penal.

Decomiso

Se da potestad al ente público a embargar tanto el propio objeto delictivo, eso es, las drogas tóxicas, estupefacientes, sustancias, etc. y cualesquiera de sus precursores como cuantos instrumentos se han servido o medios han sido utilizados por los traficantes para el comercio (aeronaves, buques...); y, por último, las ganancias o los bienes obtenidos de esa actividad, sea cual fuere su transformación (cuentas corrientes, bienes muebles, viviendas, locales, negocios o similares).

Por otra parte, el decomiso no se podrá decretar sobre los bienes que sean pertenecientes a terceros que no hayan sido partícipes en el delito cometido y que hayan actuado de buena fe. *Vid.* SERRANO GÓMEZ y SERRANO MAÍLLO (2019).

Según el artículo 374 CP:

> «En los delitos previstos en el párrafo segundo del apartado 1 del artículo 301 y en los artículos 368 a 372, además de las penas que corresponda imponer por el delito cometido, serán objeto de **decomiso las drogas tóxicas, estupefacientes o sustancias psicotrópicas, los equipos, materiales y sustancias** a que se refiere el artículo 371, así como los bienes, medios, instrumentos y ganancias con sujeción a lo dispuesto en los artículos 127 a 128 y a las siguientes normas especiales:
>
> 1.ª Una vez firme la sentencia, se procederá a la **destrucción de las muestras** que se hubieran apartado, o a la destrucción de la totalidad de lo incautado, en el caso de que el órgano judicial competente hubiera ordenado su conservación.
>
> 2.ª Los bienes, medios, instrumentos y ganancias definitivamente decomisados por sentencia, que no podrán ser aplicados a la satisfacción de las responsabilidades civiles derivadas del delito ni de las costas procesales, serán adjudicados íntegramente al Estado».

«No me pueden hacer nada porque es para consumo propio»

Seguro que esta frase la habréis escuchado muchas veces sobre todo en relación con el consumo de marihuana, y es que quizás fumar hachís o marihuana en la calle no sea delito dependiendo de la cantidad que se lleve encima, pero lo que sí constituye es una infracción administrativa que puede costar unos seiscientos euros.

La marihuana es la droga ilegal más consumida, y una «industria» que opera en los límites de la legalidad. En España está permitido el consumo propio y la posesión de marihuana, pero solo en casa. Somos el tercer país europeo en número de consumidores.

Para saber más, accede a la siguiente dirección web:
https://bit.ly/3tDqaMC

Disposiciones generales en relación con los delitos previstos en los arts. 368 a 371 CP

En los delitos que están previstos en el párrafo segundo del apartado 1 del artículo 301 CP y en los artículos 368 a 372 CP, además de las penas que corresponda imponer por el delito cometido, serán objeto de **decomiso las drogas tóxicas**, estupefacientes o sustancias psicotrópicas, los equipos, materiales y sustancias a que se refiere el artículo 371, así como los bienes, medios, instrumentos y ganancias con sujeción a lo dispuesto en los artículos 127 a 128 y a las siguientes normas especiales:

> «1.ª Una vez firme la sentencia, se procederá a la **destrucción de las muestras** que se hubieran apartado, o a la destrucción de la totalidad de lo incautado, en el caso de que el órgano judicial competente hubiera ordenado su conservación.
>
> 2.ª Los bienes, medios, instrumentos y ganancias definitivamente decomisados por sentencia, que **no podrán ser aplicados a la satisfacción de las responsabilidades civiles** derivadas del delito ni de las costas procesales, serán adjudicados íntegramente al Estado» *(ex* art. 374 CP).

La circulación o entrega vigilada de drogas: procede del Convenio de Schengen y la Convención de Viena. La Ley 9/1992 llevó esta técnica al art. 263 bis LECrim

El art. 263 bis, 1 LECrim permite: «autorizar la circulación o entrega vigilada de drogas tóxicas, estupefacientes o sustancias psicotrópicas, así como de otras sustancias prohibidas».

Esta circulación o entrega vigilada es también posible en todos los delitos a los que se refiere el art. 301 del Código Penal (blanqueo de capitales) y en los relacionados con el tráfico de animales y vegetales, falsificación de moneda y tarjetas de crédito, y tenencia y depósito de armas y municiones (arts. 332, 334, 386, 399 bis, 566, 568 y 569 del Código Penal). Existirá la categoría de causa de justificación, por ejercicio legítimo de un derecho o incluso cumplimiento de un deber u obediencia debida, una conducta cuestionada en varias ocasiones en los últimos años. El objetivo que se busca es descubrir las **conexiones y contactos** de los traficantes detectados.

A tenor del art. 263 bis LECrim, la entrega vigilada se decidirá «caso por caso» y siempre teniendo en cuenta «su necesidad a los fines de investigación en relación con la importancia del delito y con las posibilidades de vigilancia», la propia dinámica del narcotráfico imprime a esta actividad un riesgo que no se puede ocultar (Muñoz Conde, 2017).

Delito provocado: la teoría del delito provocado se ha centrado específicamente en las acciones ahora examinadas. Encontramos la definición de delito provocado en la STS (Sala 2.ª) 57/2003, de 23 de enero de 2003, en la que se establece que:

> «Por **delito provocado** se entiende aquel que llega a realizarse en virtud de la **inducción engañosa de una determinada persona**, generalmente miembro de las Fuerzas de Seguridad que, deseando la detención de sospechosos, **incita a perpetrar la infracción** a quien no tenía previamente tal propósito, originando así el nacimiento de una voluntad criminal en supuesto concreto, delito que de no ser por tal provocación no se hubiere producido aunque de otro lado su compleja ejecución resulte prácticamente imposible por la prevista intervención "ab initio" de la fuerza policial».

Comisión por omisión: se acepta por la jurisprudencia la **posición de garante** en el caso del propietario o socio de un establecimiento que, en lugar reservado y cerrado, permiten la difusión de la droga.

Arrepentidos:

Según el artículo 376 CP:

> «En los casos previstos en los artículos 361 a 372, los jueces o tribunales, razonándolo en la sentencia, podrán imponer la pena inferior en uno o dos grados a la señalada por la ley para el delito de que se trate, siempre que el sujeto haya abandonado voluntariamente sus actividades delictivas y haya **colaborado activamente con las autoridades o sus agentes** bien para impedir la producción del delito, bien para obtener pruebas decisivas para la identificación o captura de otros responsables o para impedir la actuación o el desarrollo de las organizaciones o asociaciones a las que haya pertenecido o con las que haya colaborado».

Para que pueda aplicarse la reducción de la pena se exigen una serie de requisitos que son: el abandono voluntario de las actividades delictivas, la colaboración con las autoridades o sus agentes para poder impedir que se produzcan delitos que estén relacionados con el tráfico de estupefacientes. También se contempla para los casos en los que se ha colaborado para conseguir pruebas decisivas para identificar, capturar a otros responsables o también impedir la actuación de organizaciones con las que ha habido una relación.

Según SERRANO GÓMEZ y SERRANO MAÍLLO (2019), la figura del arrepentido puede conllevar una serie de inconvenientes, como por ejemplo, el tratar de inculpar a personas que no han participado en los hechos delictivos, agravar la situación, ratificar las denuncias policiales, etc.

Supuestos atenuados para drogodependientes

Uno de los tratamientos más utilizados para «desengancharse» de las drogas es la utilización de metadona bajo control médico. Sin embargo, la metadona puede ser también adictiva y ocasionar problemas de respiración graves o que pongan en riesgo la vida, especialmente durante las primeras 24 a 72 horas de su tratamiento. Poder demostrar que se está en un tratamiento de deshabituación de consumo de drogas puede ser tenido en cuenta por los jueces como atenuante, y en especial cuando se ha terminado con éxito.

A tenor del párrafo segundo del artículo 376 del Código Penal:

> «Igualmente, en los casos previstos en los artículos 368 a 372, los jueces o tribunales podrán imponer la pena inferior en uno o dos grados al reo que, siendo **drogodependiente en el momento de comisión de los hechos**, acredite suficientemente que ha finalizado con éxito un tratamiento de deshabituación, siempre que la cantidad de drogas tóxicas, estupefacientes o sustancias psicotrópicas no fuese de notoria importancia o de extrema gravedad».

Para que pueda aplicarse esta atenuación se exige:

- Que el sujeto fuera **drogodependiente** cuando se ejecutaron los hechos.
- Que el sujeto acredite **haber terminado con éxito un tratamiento** de deshabituación.
- Que los estupefacientes que son objeto del delito **no sean de notoria importancia o extrema gravedad.**

Es importante indicar que el Código Penal dispone de beneficios especiales para la suspensión de la ejecución de las penas a los que cometieran el hecho delictivo a causa de la dependencia a los tóxicos cuando sea una persona deshabituada, o bien esté en tratamiento con esta finalidad. *Vid.* SERRANO GÓMEZ y SERRANO MAÍLLO (2019).

Podemos ver en la siguiente imagen una de las salas de consumo supervisado de drogas o narcosalas, que son instalaciones sanitarias con supervisión profesional donde los consumidores de drogas pueden consumirlas en condiciones seguras e higiénicas. Incluyen servicios muy especializados en la materia en el marco de una red de servicios para usuarios de drogas, pero su ubicación siempre ha sido motivo de protestas vecinales, pues nadie quiere tener un servicio así cerca de su casa.

15.3. Delitos contra la seguridad vial

En los últimos tiempos, ha habido una excesiva criminalización de conductas relacionadas con la circulación vial que no siempre han cumplido con el principio de intervención mínima ni con la última ratio.

El hecho de conducir será la base para poder aplicar los diferentes tipos penales que protegen al bien jurídico de la seguridad vial. Al respecto, VILLEGAS GARCÍA y ENCIMAR DEL POZO (2017, p. 22) aseveran que:

> «La acción de conducir un vehículo de motor incorpora de esa forma unas mínimas coordenadas espaciotemporales, un desplazamiento, el traslado de un punto geográfico a otro. **Sin movimiento no hay conducción.** Pero no es necesaria una relevancia de esas coordenadas, ni una prolongación determinada del trayecto. Actos de **aparcamiento o desaparcamiento**, o desplazamientos de pocos metros del vehículo colman ya las exigencias típicas, más allá de que algunos casos muy singulares y de poco frecuente aparición en la praxis de nuestros tribunales (el vehículo no consigue ser arrancado pues se cala tras el intento de ponerlo en marcha; desplazamiento nimio por un garaje particular...)».

Otra cuestión es la de considerar lo que es un vehículo a motor, y para ello deberemos acudir a la legislación administrativa que nos indica que se trata de:

> «(...) todo vehículo destinado al transporte de personas o cosas dotado de propulsión mecánica (coches, autobuses, ciclomotores, motos, camionetas, etc.) y que ruedan por vías urbanas o carreteras».

El vehículo se convierte en el elemento, en el instrumento para cometer una serie de infracciones mediante la circulación por la vía pública, que se considera como «**cualquier camino apto para el transporte de vehículos**, lo que excluye la conducción por lugares privados (patios, corrales, aparcamientos de fincas privadas)».

Por otra parte, LUZÓN CUESTA (2019, p. 278) sobre el espacio para la comisión del delito indica que:

> «Los delitos **podrán cometerse en cualquier espacio, abierto o cerrado** (como puede ser un aparcamiento) en que físicamente sea posible, aunque no lo sea legalmente (como en el caso de zonas peatonales), la conducción de un vehículo a motor o ciclomotor, que pueda ser utilizado "por una colectividad indeterminada de personas", cuya seguridad se protege».

El acto de conducir por parte del conductor, como la forma de trasladarse entre dos lugares, es el eje central sobre el cual van a gravitar varios delitos, ello mientras no existan ya como algo habitual los coches autodirigidos. De todas formas vamos a ver una sentencia muy peculiar, la STS de 29 de enero de 2014, que casa la sentencia de instancia y se absuelve por el delito de conducción temeraria a quien arranca en el aparcamiento del Puerto Olímpico de Barcelona y directamente se **arroja con su coche al mar**.

«Una sentencia muy peculiar»

> «En el caso de nuestra casación, el autor no realiza propiamente un acto de conducción en el sentido antedicho, no pretende un traslado entre dos lugares. La acción se desarrolla en un espacio excluido de la circulación y el autor no realiza una conducta que se enmarca en la circulación, como acción de enlazar dos localizaciones, sino que quiere precipitar el coche al mar, no conducir a través de una vía pública reservada a la circulación de vehículos a motor. El acto de circulación aparece excluido en el hecho» (farodevigo.es).

Hay varios tipos penales que hay que analizar, siendo delitos de peligro concreto o abstracto dependiendo de cada caso.

Las normas penales de seguridad vial son, casi todas, normas penales en blanco que nos remiten a leyes administrativas. Las leyes administrativas principales sobre la materia son, como se ha dicho, el Real Decreto Legislativo 6/2015, de 30 de octubre, por el que se aprueba el texto articulado de la Ley sobre Tráfico, Circulación de Vehículos a Motor y Seguridad Vial (LSV), y el Real Decreto 1428/2003, de 21 de noviembre, por el que se aprueba el Reglamento General de Circulación (RGC).

La Ley de Enjuiciamiento Criminal, en sus artículos 529 bis LEcrim, art. 762.11 LEcrim, art. 764.4 LEcrim, art. 765 LEcrim, art. 770 LEcrim, arts. 794 y 795 Lecrim, regula diversos aspectos procesales en temas relacionados con el tráfico y seguridad vial.

Así las cosas, podemos ver que existe una tutela legal sobre la seguridad vial a través del derecho administrativo y del derecho penal.

Tipos delictivos

Se pueden clasificar en:

- Delitos cuyo núcleo consiste en conducir un vehículo a motor.
- Delitos que crean grave peligro para la seguridad vial.
- Delito previsto en el art. 383 CP, consistente en la negativa a someterse a las pruebas de alcoholemia, y que tiene una naturaleza más cercana a un delito de desobediencia.

Conducción con exceso de velocidad o bajo la influencia de bebidas alcohólicas o drogas tóxicas, estupefacientes o sustancias psicotrópicas

A tenor del artículo 379 CP:

«1. El que condujere un vehículo de motor o un ciclomotor a velocidad **superior en sesenta kilómetros por hora** en vía urbana o en ochenta kilómetros por hora en vía interurbana a la permitida reglamentariamente, será castigado con la pena de prisión de tres a seis meses o con la de multa de seis a doce meses o con la de trabajos en beneficio de la comunidad de treinta y uno a noventa días, y, en cualquier caso, con la de privación del derecho a conducir vehículos a motor y ciclomotores por tiempo superior a uno y hasta cuatro años.

2. Con las mismas penas será castigado el que condujere un vehículo de motor o ciclomotor bajo **la influencia de drogas tóxicas, estupefacientes, sustancias psicotrópicas o de bebidas alcohólicas**. En todo caso será condenado con dichas penas el que condujere con una tasa de alcohol en aire espirado superior a 0,60 miligramos por litro o con una tasa de alcohol en sangre superior a 1,2 gramos por litro».

«Viva España, viva el rey, viva el orden y la ley»

Esta frase se hizo viral cuando apareció en el canal Cuatro un joven que con los ojos desorbitados bailaba y se reía ante un control de la Guardia Civil, pero poco se pensaba aquel joven que en virtud del artículo 379.2 CP podía ser castigado con pena de prisión de tres a seis meses o con la de multa de seis a doce meses o con la de trabajos en beneficio de la comunidad de treinta y uno a noventa días, y, en cualquier caso, con la de privación del derecho a conducir vehículos a motor y ciclomotores por tiempo superior a uno y hasta cuatro años.

➜ **Bien jurídico protegido**: la seguridad vial. Según Liñán Lafuente (2017, p. 204):

> «Nos encontramos ante un **bien jurídico supraindividual y abstracto**, pues lo que se protege es la seguridad vial, entendida como el nivel aceptable de riesgo que deben respetar todos aquellos que circulan por las vías públicas. Este bien jurídico es una que intenta salvaguardar el objeto último de protección, que no deja de ser la vida o la salud de quienes participan en la circulación vial».

➜ **Acción típica**: conducir a una **velocidad superior** a la permitida y/o conducir un vehículo de motor o ciclomotor **bajo la influencia de drogas tóxicas, estupefacientes, sustancias psicotrópicas o de bebidas alcohólicas**, es un delito de peligro.

Se diferencia de la infracción administrativa únicamente en el porcentaje de la velocidad que se supera, ya que el comportamiento es similar.

La jurisprudencia considera suficiente para estimar este delito que los testigos y especialmente la Policía de Tráfico corrobore la influencia del consumo de bebidas alcohólicas o de drogas por datos inequívocos, como la forma de expresarse el conductor, andar vacilante, olor.

Hay que tener en consideración, para las *actio libera in causa*, ya que muchas veces el conductor en el momento de la conducción es inimputable, total o parcialmente, pero la culpabilidad va referida al momento en que, consciente de que va a conducir un vehículo de motor, bebe de forma que altera su capacidad para conducir, aunque no haya buscado esta situación con el propósito de cometer la infracción (Muñoz Conde 2019).

➜ **Sujeto activo**: puede serlo cualquiera.

➜ **Sujeto pasivo**: puede serlo cualquiera.

➜ **Elemento subjetivo**: es un delito doloso, refiriéndose en este caso el dolo a la conducción a velocidad excesiva, mientras que la relación subjetiva respecto de los resultados de muerte o lesiones que pudieran tener lugar será normalmente de imprudencia.

➜ **Consumación**: se consuma cuando se sobrepasa la velocidad permitida sin tener que existir un resultado lesivo, y también se producirá la consumación cuando se circula bajo la influencia de drogas tóxicas, estupefacientes, sustancias psicotrópicas o de bebidas alcohólicas.

Villegas y Encinar (2017, p. 20) al respecto indican que no es preciso que existan signos de embriaguez para que se consume el delito:

> «La conducción con una tasa superior **es en todo caso punible**. Se ha tipificado una **tasa objetivada de alcohol** basada en un juicio de peligrosidad formulado *ex* ante por el legislador que ha ponderado la influencia estadística de esta fuente de peligro en la siniestralidad vial. No se requiere acreditar una afectación real (el legislador la presume en ese caso con la base de los conocimientos que proporcionan la experiencia y estudios científicos ligados a la toxicología); ni signos de embriaguez o alguna irregularidad vial».

➜ **Penalidad**: para la conducción temeraria de ir a una velocidad excesiva, se castiga con prisión de tres a seis meses o con la de multa de seis a doce meses o con la de trabajos en beneficio de la comunidad de treinta y uno a noventa días, y, en cualquier caso, con la de privación del derecho a conducir vehículos a motor y ciclomotores por tiempo superior a uno y hasta cuatro años. Las mismas penas proceden cuando se circula bajo la influencia de drogas tóxicas, estupefacientes, sustancias psicotrópicas o de bebidas alcohólicas.

Conducción temeraria: delito de peligro concreto

Según el artículo 380 CP:

> «1. El que condujere un vehículo a motor o un ciclomotor con **temeridad manifiesta** y pusiere en **concreto peligro la vida o la integridad** de las personas será castigado con las penas de prisión de seis meses a dos años y privación del derecho a conducir vehículos a motor y ciclomotores por tiempo superior a uno y hasta seis años.
> 2. A los efectos del presente precepto se reputará manifiestamente temeraria la conducción en la que concurrieren las circunstancias previstas en el apartado primero y en el inciso segundo del apartado segundo del artículo anterior».

➜ **Bien jurídico protegido**: es la seguridad vial.

➜ **Acción típica**: es un delito de peligro concreto que consiste en conducir con temeridad manifiesta. La temeridad es equivalente a comportarse con desprecio absoluto de las reglas del tráfico más elementales: el conducir a 100 km/h donde solo está permitido ir como máximo a 50 km/h, el invadir la parte izquierda de la calzada en una curva sin visibilidad y viniendo mucho tráfico de frente, etc.

Pero, ¿qué entendemos por temeridad? Según Luzón Cuesta (2019, p. 283):

> «La **temeridad** de tal conducción ha de resultar **manifiesta**, término que **no se ha de confundir con probada**, sino que se identifica con evidente o apreciable, en relación con las reglas que regulan la circulación (velocidad, adelantamientos, luces, sentido de la circulación, señales de tráfico, etc.) por cualquier observador. Por último, tal conducta ha de **poner en peligro la vida o integridad de las personas** que se encuentren en la zona por donde se produzca la conducción bien como conductores de otros vehículos o como peatones, excluyéndose el peligro para el propio conductor».

Por otra parte, Liñán (2017, p. 209) al respecto matiza lo siguiente:

> «La conducción temeraria exige la aparición de un **peligro concreto para un tercero**, durante la comisión de la conducta típica. El riesgo puede ser **tanto para terceros como para acompañantes del conductor**. La conducción temeraria sin crear un peligro concreto no es suficiente para integrar este tipo penal».

➜ **Sujeto activo**: puede serlo cualquiera.

➜ **Sujeto pasivo**: puede serlo cualquiera.

➜ **Elemento subjetivo**: la conducta ha de ser dolosa (dolo de peligro-acción).

➜ **Consumación**: se produce cuando la temeridad es absoluta y se conduce con desprecio de las reglas más elementales a seguir. Es preciso que en el caso concreto se ponga en peligro alguno de dichos bienes jurídicos protegidos.

➔ **Penalidad**: penas de prisión de seis meses a dos años y privación del derecho a conducir vehículos a motor y ciclomotores por tiempo superior a uno y hasta seis años.

Conducción temeraria con manifiesto desprecio por la vida de los demás

A tenor del artículo 381 CP:

> «1. Será castigado con las penas de prisión de dos a cinco años, multa de doce a veinticuatro meses y privación del derecho a conducir vehículos a motor y ciclomotores durante un período de seis a diez años el que, con **manifiesto desprecio por la vida de los demás**, realizare la conducta descrita en el artículo anterior.
>
> 2. Cuando **no se hubiere puesto en concreto peligro la vida o la integridad** de las personas, las penas serán de prisión de uno a dos años, multa de seis a doce meses y privación del derecho a conducir vehículos a motor y ciclomotores por el tiempo previsto en el párrafo anterior».

➔ **Bien jurídico protegido**: la seguridad vial.

➔ **Acción típica**: se trata de la acción descrita en el artículo anterior, que es conducir con temeridad manifiesta. Puede tratarse incluso de verdaderas conductas homicidas.

➔ **Sujeto activo**: puede serlo cualquiera.

➔ **Sujeto pasivo**: puede serlo cualquiera.

➔ **Elemento subjetivo**: la conducta ha de ser dolosa (dolo de peligro-acción). La dificultad de la prueba de este elemento subjetivo convierte el delito previsto en el art. 381 en una especie de calificación alternativa para el caso en que la conducta no llegue a producir ningún resultado lesivo o letal (MUÑOZ CONDE, 2017). A diferencia de lo que acontece con el delito de conducción temeraria previsto en el art. 380 CP ya no es suficiente en el tipo subjetivo un dolo de peligro referido a la acción peligrosa en sí, sino que es preciso un elemento subjetivo específico del injusto constituido por el **manifiesto desprecio por la vida o la integridad de las personas** (MUÑOZ CONDE, 2017).

Según la STS n.º 561/2002, cabría el dolo eventual:

> «(...) en el delito al que ahora nos referimos el dolo abarca no solo la infracción de la norma de cuidado, sino también el **eventual resultado**. Si una persona crea, con su forma temeraria de conducir, un concreto peligro para la vida o la integridad de las personas y l crea con consciente desprecio para estos bienes jurídicos, debe entenderse que se representa y admite la posibilidad de su lesión, representación y consentimiento que obliga a atribuirle, al menos, el dolo que la doctrina y la jurisprudencia denominan **eventual**».

➔ **Concurso**: si además del riesgo que se prevé se ocasiona con las conductas reseñadas un resultado delictivo lesivo, se apreciará, en concurso de leyes, solo la infracción más gravemente penada (principio de absorción), aplicándose la pena en su mitad superior *ex* art. 382 CP.

➔ **Consumación**: se consuma cuando se entra en la conducta del artículo anterior.

➔ **Penalidad**: prisión de dos a cinco años, multa de doce a veinticuatro meses y privación del derecho a conducir vehículos a motor y ciclomotores durante un período de seis a diez años. Sin embargo, se distingue en el párrafo segundo que **si no se hubiere puesto en concreto peligro la vida o la integridad** de las personas, las penas serán de prisión de uno a dos años, multa de seis a doce meses y privación del derecho a conducir vehículos a motor y ciclomotores por el tiempo previsto en el párrafo anterior.

A tenor del artículo 382 CP:

> «Cuando con los actos sancionados en los artículos 379, 380 y 381 se ocasionare, además del riesgo prevenido, un **resultado lesivo constitutivo de delito**, cualquiera que sea su gravedad, los Jueces o Tribunales **apreciarán tan sólo la infracción más gravemente penada**, aplicando la pena en su mitad superior y condenando, en todo caso, al resarcimiento de la **responsabilidad civil** que se hubiera originado.
>
> Cuando el resultado lesivo concurra con un delito del artículo 381, se impondrá en todo caso la pena de privación del derecho a conducir vehículos a motor y ciclomotores prevista en este precepto en su mitad superior».

Vemos aquí un artículo que recoge las conductas de los arts. 379, 380 y 381 CP que castiga **la infracción más gravemente penada**, aplicando la pena en su mitad superior y condenando, en todo caso, al **resarcimiento de la responsabilidad civil** que se hubiera originado. La responsabilidad civil estará cubierta por el seguro de vehículos obligatorio, pero siempre y cuando el sujeto activo no haya cometido el daño y se demuestre que lo haya hecho conduciendo bajo los efectos del alcohol u otras drogas, porque en ese caso las compañías de seguros no se harán cargo de dicha responsabilidad, y en su caso podrán resarcirse repitiendo contra el asegurado. NIETO (2001, p. 3) indica al respecto que:

> «De ahí que la Ley, atenta por un lado a la **preocupación social** que le preside, ponga a disposición de los afectados los **medios resarcitorios y auxiliares arbitrados**, buscando su inmediata atendencia, y, de otra, reconozca una acción niveladora de regreso que permita retornar al asegurador el desembolso efectuado, situando, en definitiva, **a cargo del temerario responsable la carga económica de la indemnización anticipada**. Ha de dejarse bien sentado que no basta para la prosperabilidad de la pretensión repetitiva la demostración de que el conductor se hallase influido psíquicamente por la ingestión o consumo de las sustancias aludidas. **Sólo habrá lugar a la repetición cuando tal circunstancia haya sido el factor determinante y etiológico del evento dañoso**».

Carreras clandestinas y en sentido contrario

Las carreras clandestinas y las apuestas «suicidas» conduciendo en sentido contrario son acciones claramente punibles por el CP como un tipo de conducción temeraria. Se trata de conductas que desgraciadamente van apareciendo en las noticias de los medios de comunicación. Son hechos que ponen en peligro la vida no solo de sus autores, sino de cualesquiera usuarios de la vía pública.

El Código Penal no es ajeno a esta realidad y sanciona con graves penas a los conductores que manejan sus vehículos de forma temeraria y con absoluto desprecio de la ley y de la vida de los demás.

Para saber más, puedes ver el vídeo accediendo a la siguiente dirección web:
https://bit.ly/2XkcOUP

Abandono del lugar de los hechos

A tenor del artículo 382 bis CP:

> «1. El conductor de un vehículo a motor o de un ciclomotor que, fuera de los casos contemplados en el artículo 195, voluntariamente y sin que concurra riesgo propio o de terceros, abandone el lugar de los hechos tras causar un accidente en el que fallecieren una o varias personas o en el que se les causare alguna de las lesiones a que se refieren los artículos 147.1, 149 y 150, será castigado como autor de un delito de abandono del lugar del accidente.
> 2. Los hechos contemplados en este artículo que tuvieran su origen en una acción imprudente del conductor, serán castigados con la pena de prisión de seis meses a cuatro años y privación del derecho a conducir vehículos a motor y ciclomotores de uno a cuatro años.
> 3. Si el origen de los hechos que dan lugar al abandono fuera fortuito le corresponderá una pena de tres a seis meses de prisión y privación del derecho a conducir vehículos a motor y ciclomotores de seis meses a dos años».

El art. 382 bis CP fue introducido por LO 2/2019, de 1 de marzo.

➔ **Bien jurídico protegido**: la seguridad vial.

➔ **Acción típica:** castiga al conductor que, tras causar un accidente en el que existan víctimas mortales o con lesiones del artículo 152.2 CP, y fuera de los casos contemplados en el artículo 195 CP relativos a la omisión del deber de socorro, abandona el lugar del mismo, de manera voluntaria y sin que concurra riesgo propio o de terceros.

➔ **Sujeto activo**: puede serlo cualquiera.

➔ **Sujeto pasivo**: puede serlo cualquiera.

➔ **Elemento subjetivo**: para emprender la huida entendemos que se requiere una conducta dolosa.

➔ **Consumación**: entendemos que se consuma en el momento en el que el sujeto activo abandona el lugar del accidente, siendo posible la tentativa.

➔ **Penalidad**: según el párrafo segundo, corresponde prisión de seis meses a cuatro años y privación del derecho a conducir vehículos a motor y ciclomotores de uno a cuatro años. Se distingue en el párrafo tercero si el abandono fuera fortuito le corresponderá una pena de tres a seis meses de prisión y privación del derecho a conducir vehículos a motor y ciclomotores de seis meses a dos años.

Negativa a someterse a las pruebas de alcoholemia y otras drogas

El delito de negativa a someterse a las pruebas de detección de la intoxicación por alcohol u otras drogas fue una novedad del CP 1995. Su originario art. 380 (LA LEY 3996/1995) remitía al **delito de desobediencia** [art. 556 CP (LA LEY 3996/1995)].

El art. 380 CP rezaba así:

> «El conductor que, requerido por el agente de la autoridad, se negare a someterse a las pruebas legalmente establecidas para la comprobación de los hechos descritos en el artículo anterior, será castigado como autor de un delito de **desobediencia grave**, previsto en el art. 556 de este Código».

El presente tipo penal ha sido criticado por la doctrina, pues se consideraba **inconstitucional por vulnerar el art. 24 CE**. El Tribunal Constitucional ha declarado su conformidad con la Constitución entre otras, en las sentencias 161/1997 y 103/1985. El Tribunal Constitucional entiende que el deber de someterse al control de alcoholemia **no puede considerarse contrario al derecho a no declarar, y no declarar contra sí mismo**, y a no confesarse culpable, pues no se obliga a la persona a emitir una declaración que exteriorice un contenido que admita su culpabilidad, sino que se le conmina a que observe una colaboración no equiparable a la declaración comprendida en el ámbito de los derechos proclamados en los artículos 17.3 y 24.2 de la Constitución española. En igual sentido, se pronunció este tribunal en STC 76/1990, auto TC 837/1988 y auto 221/1990.

Los arts. 21 y 28 del Reglamento General de Circulación establecen los supuestos en que los agentes encargados de la vigilancia del tráfico requerirán el sometimiento a las pruebas para la detección de alcohol, drogas o estupefacientes, y que se harán:

➜ Cuando cualquier usuario de la vía o conductor de vehículo estuviera **implicado directamente como posible responsable** en un accidente de circulación.

➜ Conductores que **presenten síntomas** que permitan razonablemente presumir que lo hacen bajo la influencia de bebidas alcohólicas.

➜ **Conductores denunciados** por la comisión de alguna de las infracciones a las normas contenidas en este reglamento.

➜ **Controles preventivos** de alcoholemia.

Según el artículo 383 CP:

> «El conductor que, requerido por un agente de la autoridad, se negare a someterse a las pruebas legalmente establecidas para la comprobación de las tasas de alcoholemia y la presencia de las drogas tóxicas, estupefacientes y sustancias psicotrópicas a que se refieren los artículos anteriores, será castigado con las penas de prisión de seis meses a un año y privación del derecho a conducir vehículos a motor y ciclomotores por tiempo superior a uno y hasta cuatro años».

➜ **Bien jurídico protegido**: lo es la seguridad vial. Sin embargo, autores como VILLEGAS y ENCINAR (2017, p. 5) indican otro bien jurídico a proteger, que es el principio de autoridad:

> «Desde una perspectiva de política criminal es innegable su vinculación con la **seguridad del tráfico vial**. No puede dudarse de que el legislador tenía eso en mente. Pero si descendemos al terreno del derecho positivo y al plano de la estricta dogmática penal, esa conclusión tiene que ser modulada. Se trataría de un objeto de protección mediato muy mediato. El bien jurídico directamente tutelado es el **principio de autoridad**, como en los delitos de desobediencia».

Y en este sentido, la sentencia del Tribunal Constitucional 234/1997, de 18 de diciembre (La Ley 385/1998) y la sentencia del Tribunal Supremo 1/2002, de 22 de marzo (La Ley 4071/2002) entre otras.

➜ **Acción típica**: negarse a someterse a las pruebas de alcoholemia y otros tóxicos.

➜ **Sujeto activo**: puede serlo cualquiera.

➜ **Sujeto pasivo**: puede serlo cualquiera.

➜ **Elemento subjetivo**: ha de llevarse a cabo una conducta de negación de colaboración con la autoridad, y por lo tanto se trata de una conducta dolosa.

➜ **Consumación**: se produce en el momento en el que se da una negativa.

➜ **Penalidad**: prisión de seis meses a un año y privación del derecho a conducir vehículos a motor y ciclomotores por tiempo superior a uno y hasta cuatro años.

Hay que conocer varios aspectos sobre este delito, como son:

➜ Si no hay la voluntariedad del sometimiento a las pruebas, existe el **deber de soportar las consecuencias** que la negativa comporte.

➜ La aspiración de aire a través de un alcoholímetro **no constituye en rigor una declaración o testimonio** del presunto reo ni vulnera sus derechos.

➜ La norma es **preventiva y sancionadora**.

➜ **No es** una norma **inconstitucional**.

➜ Las pruebas han de realizarse por **agentes de la policía judicial de tráfico** con **formación específica** y de conformidad a las normas de seguridad vial. Y de esta forma lo corroboran VILLEGAS y ENCINAR (2017, p. 16):

> «El legislador ha enfatizado la **relevancia** que tiene la **pericia de alcoholemia** para averiguar y acreditar probatoriamente el delito contra la seguridad del tráfico de conducción bajo la influencia de bebidas alcohólicas, y ha querido reforzar las posibilidades de su punición obligando a los conductores a realizar la pericia mediante la amenaza disuasoria de la imposición de una pena».

➜ Si el test salival, al que obligatoriamente deberá someterse el conductor, arroja un resultado positivo, o el conductor presenta signos de haber consumido las sustancias que menciona el artículo, ***estará obligado a colaborar*** y facilitar saliva en cantidad suficiente, para ser analizada en laboratorios homologados y siempre garantizándose la cadena de custodia.

➜ Cualquier conductor puede solicitar una **prueba de contraste** consistente en análisis de sangre, orina u otras análogas.

➜ Si se llegan a practicar estas pruebas, se requerirá al personal sanitario que lo realice para que **remita el resultado al juzgado de guardia** por el medio más rápido y, en todo caso, antes del día y hora de la citación a que se refieren las reglas anteriores.

➜ **No soplar de manera correcta** en el aparato de aire espirado, provocando un resultado erróneo por insuflar una cantidad insuficiente de aire y de modo interrumpido, si se demuestra que obedecen a una voluntad firme y decidida del requerido de desobedecer las instrucciones del agente de la autoridad y de esta manera negarse a someterse a la prueba, podrán ser subsumidos igualmente en el delito del art. 383 CP.

➜ El control ha de proceder de un **agente de la autoridad que esté en servicio**. No tiene legitimidad para exigir esta prueba el agente que está fuera de las horas de trabajo, pero si considera que alguien está conduciendo bajo los efectos del alcohol o de las drogas, podrá ponerlo en conocimiento de la policía. El agente siempre debe identificarse, salvo que esté de uniforme, en cuyo caso se da por entendido que tiene esa condición. En cualquier caso, si el sujeto solicita su identificación **el agente estará obligado a mostrarla**.

Es preciso realizar este tipo de pruebas con todas las garantías, y así lo señala LUZÓN CUESTA (2019, p. 282) que indica:

> «Según reiteradísima doctrina del T.C., la consideración del test alcoholimétrico como prueba está supeditada a que se haya practicado con las **garantías formales** establecidas al objeto de preservar el derecho de defensa, y a que se incorpore al proceso y sea **susceptible de contradicción en el juicio oral** con la presencia de los agentes que lo hayan practicado o, al menos, que el test haya sido ratificado durante el curso del procedimiento, sin perjuicio de que se practiquen otras pruebas tendentes a acreditar la influencia de la bebida ingerida en la conducción del vehículo (STC. 202/1991, de 25-11)».

Conducción sin licencia o permiso

A tenor del art. 384 CP:

> «El que condujere un vehículo de motor o ciclomotor en los casos de **pérdida de vigencia del permiso o licencia por pérdida total** de los puntos asignados legalmente, será castigado con la pena de prisión de tres a seis meses o con la de multa de doce a veinticuatro meses o con la de trabajos en beneficio de la comunidad de treinta y uno a noventa días.
>
> La misma pena se impondrá al que realizare la conducción tras haber sido privado cautelar o definitivamente del permiso o licencia por decisión judicial y al que condujere un vehículo de motor o ciclomotor sin haber obtenido nunca permiso o licencia de conducción».

➔ **Bien jurídico protegido**: la seguridad vial.

➔ **Acción típica**: conducir sin la licencia de conducción. Según reiterada jurisprudencia nos encontramos ante un **delito de peligro abstracto**. En este sentido, entre otras, STS 977/2010, de 8 de noviembre (La Ley 203313/2010), STS 507/2013, de 20 de junio (La Ley 95733/2013); STS 1032/2013, de 30 de diciembre; y STS 115/2016, de 22 de febrero (La Ley 8607/2016).

Alguna sentencia como la de la Audiencia Provincial de Toledo (Sección 2.ª), de 4 de abril de 2016 (La Ley 136727/2016), entre otras muchas, tenía una posición distinta y consideraba que la conducción sin haber obtenido nunca permiso o licencia de conducir solo será delictiva cuando existiera un plus de peligrosidad a fin de **distinguir el delito de la infracción administrativa**.

La Sala de lo Penal, en la STS 369/2017, de 22 de mayo (La Ley 47880/2017), dirimió esta controversia, determinando que la conducción de vehículos a motor o ciclomotor, **sin haber obtenido nunca licencia o permiso** constituye el delito recogido en el art. 384.2 CP (La Ley 3996/1995), con independencia de que se infrinja alguna norma de tráfico o de que se genere un riesgo abstracto o concreto.

➔ **Sujeto activo**: puede serlo cualquiera.

➔ **Sujeto pasivo**: puede serlo cualquiera.

➔ **Elemento subjetivo**: es una conducta dolosa.

➔ **Consumación**: se consuma en el momento en el que se conduce un vehículo sin licencia, y entendemos que cabe la tentativa.

Villegas y Encinar (2017, p. 8) indican de forma clara que:

> «(...) la conducta se consuma cuando se conduce careciendo de la oportuna habilitación administrativa (permiso o licencia), **sin que tenga incidencia el haberse cometido infracción vial alguna**, ni haberse realizado maniobra antirreglamentaria, como parece exigir la Audiencia Provincial de Toledo, al punto que consigna tal precisión en el relato histórico que adiciona al que ya había sido confeccionado por el Juzgado de lo Penal, y que le sirve a los jueces "a quibus" de fundamento para la absolución».

➜ **Penalidad**: pena de prisión de tres a seis meses o con la de multa de doce a veinticuatro meses o con la de trabajos en beneficio de la comunidad de treinta y uno a noventa días.

La misma pena se impone al que realiza la conducción tras haber sido privado cautelar o definitivamente del permiso o licencia por decisión judicial y al que conduzca un vehículo de motor o ciclomotor sin haber obtenido nunca permiso o licencia de conducción.

Pero la situación no está tan clara, porque ¿qué sucede cuando un padre está enseñando a conducir a su hijo en un descampado sin ofrecer peligro alguno? La sentencia de la Audiencia Provincial de Toledo de 2 de julio de 2015 absolvió a un joven que, junto a su padre, hacía prácticas de conducir para preparar el examen, que obtuvo dos semanas después de que le parase la policía argumentando que:

> «(...) solo podrá hablarse de delito del art. 384 cuando el riesgo generado por el hecho de conducir sin permiso sea superior al que se produce por el solo hecho de hacerlo; dicho de otro modo, en general el conducir un vehículo de motor careciendo de permiso o licencia será infracción administrativa y solo cuando **se demuestre**, por las circunstancias concretas de los hechos, **que ese riesgo es superior al que trata de proteger la norma administrativa** podrá hablarse de delito».

Creación de riesgos para la circulación

A tenor del artículo 385 CP:

> «Será castigado con la pena de prisión de seis meses a dos años o a las de multa de doce a veinticuatro meses y trabajos en beneficio de la comunidad de diez a cuarenta días, el que **originare un grave riesgo para la circulación** de alguna de las siguientes formas:
> 1.ª Colocando en la vía **obstáculos imprevisibles, derramando sustancias deslizantes o inflamables o mutando**, sustrayendo o anulando la señalización o por cualquier otro medio.
> 2.ª **No restableciendo la seguridad de la vía**, cuando haya obligación de hacerlo».

➜ **Bien jurídico protegido**: es la seguridad vial.

➜ **Acción típica**: la acción consiste en alterar la seguridad vial por cualquiera de los medios citados en el art. 385.1 CP. Es un delito de peligro concreto y el riesgo que se origine ha de ser relevante y específico, no bastaría con la mera incomodidad.

➜ **Sujeto activo**: puede serlo cualquiera.

➜ **Sujeto pasivo**: puede serlo cualquiera.

➜ **Elemento subjetivo**: es necesario el dolo.

➜ **Consumación**: se consuma cuando se ha producido la situación de grave riesgo.

➔ **Penalidad**: prisión de seis meses a dos años o multa de doce a veinticuatro meses y trabajos en beneficio de la comunidad de diez a cuarenta días.

Se cierra el título con los siguientes artículos:

A tenor del artículo 385 bis CP:

> «El vehículo a motor o ciclomotor utilizado en los hechos previstos en este Capítulo se considerará instrumento del delito a los efectos de los artículos 127 y 128».

Según el artículo 385 ter CP:

> «En los delitos previstos en los artículos 379, 383, 384 y 385, el Juez o Tribunal, razonándolo en sentencia, **podrá rebajar en un grado** la pena de prisión en atención a la menor entidad del riesgo causado y a las demás circunstancias del hecho».

15.4. Referencias bibliográficas

García Valdés, C., **Mestre, E.** y **Figueroa, C.**, *Lecciones de Derecho penal. Parte Especial*. Madrid, Edisofer, 2017.

Liñán, A., *Trazos de Derecho penal. Parte especial*. Manual, autoedición, 2017.

Luzón Cuesta, J. M., *Compendio de Derecho Penal Parte especial*. Madrid, Dykinson, 2019. Fecha última consulta: 19 de noviembre de 2019. Disponible en: https://bit.ly/3hl1AuX

Muñoz Conde, F., *Derecho penal parte especial*. Valencia, Tirant lo Blanch, 2019.

Real Academia Española., Diccionario de la lengua española. Fecha de consulta: 20 de octubre de 2019. Disponible en: https://www.rae.es/

Sánchez Goyanes, E., *Constitución española comentada*. Madrid, Paraninfo, 1989.

Santiago, H., *Comentarios a la Constitución española*. Rodríguez-Piñero y Bravo-Ferrer, M. y Casas Baamonde, M. E. (dirs.) Madrid, BOE, 2018.

Serrano Gómez, A. y **Serrano Maillo, A.**, *Derecho Penal. Parte Especial*. 16.ª ed. Madrid, Dykinson, 2011.

Soto, F., «Delitos contra la seguridad en el tráfico. Producción de un resultado lesivo. Regla penológica específica», en *La Ley*, 2, 2000, pp. 1550-1551.

Torres, A., *Principios de derecho constitucional español I: sistema de fuentes*. 5.ª ed. Madrid, Universidad Complutense, 2004.

Villegas, M. A. y **Encinar, M. A.**, «Delitos contra la Seguridad Vial», en *Diario La Ley*, 9062, 2017.

Jurisprudencia

- Sentencia del Tribunal Constitucional n.º 103/1985.
- Sentencia del Tribunal Supremo Sala 2.ª, de 5 de noviembre de 1986.
- Auto del Tribunal Constitucional n.º 837/1988.
- Sentencia del Tribunal Constitucional n.º 76/1990.

- Auto del Tribunal Constitucional n.º 221/1990.
- Sentencia del Tribunal Constitucional n.º 202/1991, de 25 de noviembre.
- Sentencia del Tribunal Supremo Sala 2.ª n.º 1762/1994, de 11 de octubre.
- Sentencia del Tribunal Supremo Sala 2.ª, de 12 de septiembre de 1994.
- Sentencia del Tribunal Supremo Sala 2.ª, de 28 de octubre de 1996.
- Sentencia del Tribunal Supremo Sala 2.ª, de 22 de enero de 1997.
- Sentencia del Tribunal Constitucional n.º 234/1997, de 18 de diciembre.
- Sentencia del Tribunal Constitucional n.º 161/1997.
- Sentencia del Tribunal Supremo Sala 2.ª, de 22 de septiembre de 2000.
- Sentencia del Tribunal Supremo Sala 2.ª, de 11 de diciembre de 2000.
- Acuerdo del Pleno no jurisdiccional de la Sala 2.ª de lo Penal del TS, de 19 de octubre de 2001.
- Sentencia del Tribunal Supremo Sala 2.ª, de 18 julio de 2001.
- Sentencia del Tribunal Supremo Sala 2.ª n.º 561/2002.
- Sentencia del Tribunal Supremo n.º 1/2002 de 22 de marzo.
- Sentencia del Tribunal Supremo Sala 2.ª n.º 57/2003, de 23 de enero de 2003.
- Sentencia del Tribunal Supremo Sala 2.ª n.º 1452/2005, de 13 de diciembre.
- Sentencia del Tribunal Supremo Sala 2.ª n.º 413/2007, de 9 de mayo.
- Sentencia del Tribunal Supremo Sala 2.ª n.º 977/2010, de 8 de noviembre.
- Sentencia del Tribunal Supremo Sala 2.ª n.º 507/2013, de 20 de junio.
- Sentencia del Tribunal Supremo Sala 2.ª n.º 1032/2013, de 30 de diciembre.
- Sentencia del Tribunal Supremo Sala 2.ª, de 29 de enero de 2014.
- Sentencia de la Audiencia Provincial de Toledo, de 2 de julio de 2015.
- Sentencia del Tribunal Supremo Sala 2.ª n.º 115/2016 de 22 de febrero.
- Sentencia de la Audiencia Provincial de Toledo (Sección 2.ª), de 4 de abril de 2016.
- Sentencia del Tribunal Supremo Sala 2.ª n.º 369/2017, de 22 de mayo.

Para saber más...

Instituto Nacional de Toxicología y Ciencias Forenses

Instituto Nacional de Toxicología y Ciencias Forenses. (2018). *Hallazgos toxicológicos en víctimas mortales de accidentes de tráfico*. [Artículo en línea]. Disponible en: https://bit.ly/2YTEQMI

El consumo de substancias tóxicas está íntimamente relacionado con los accidentes de tráfico, y así lo demuestra la presente memoria de víctimas mortales en accidentes de tráfico 2018 realizada por el Instituto Nacional de Toxicología y Ciencias Forenses.

La información presentada en esta memoria hace referencia a los análisis toxicológicos realizados por el INTCF a partir de muestras *post mortem* de 535 conductores y 143 peatones fallecidos en accidentes de tráfico durante el año 2018. Su **objetivo es mostrar los resultados de los análisis toxicológicos** relativos a la presencia de alcohol, drogas de abuso y psicofármacos. Ello ha permitido poner de manifiesto la incidencia del consumo de cada uno de estos tres tipos de tóxicos, bien de manera aislada o en combinación. El estudio también relaciona dichos hallazgos toxicológicos con diversas variables epidemiológicas, tales como: el sexo, la edad, el tipo de vehículo o el día de la semana en la que se produjo el accidente mortal.

Narco de por vida

Informe Semanal. (2018). *Narco de por vida*. [Archivo de vídeo]. Disponible en: https://bit.ly/3lhmigj

Lejos de haberse reinsertado, el histórico capo gallego de la droga Sito Miñanco seguía dirigiendo en el área del Estrecho una organización dedicada al narcotráfico. Informe Semanal analiza cómo ha caído el «zar de la coca» y con él, una de las mayores organizaciones de narcos del mundo. El programa ofrecerá imágenes exclusivas de Sito Miñanco en Galicia pocos días antes de su detención y grabaciones de audio de sus lugartenientes.

La locura de las drogas

Documentos TV. (2012). *La locura de las drogas*. [Archivo de vídeo]. Disponible en: https://bit.ly/3C5lWQU

El consumo de drogas, extendido en nuestra sociedad en las últimas décadas, ha dejado tras de sí verdaderos estragos entre muchos de los consumidores. Hoy, seis de cada diez drogodependientes atendidos en la red de toxicomanías españolas padecen, además, un trastorno mental. Sufren una enfermedad que los especialistas han dado en llamar «patología dual». Es solo el lado visible del problema, porque la mayoría de los pacientes que sufren esta desconocida dolencia no están diagnosticados.

Test

Delitos contra la Salud Pública

1. **¿Qué acción se sanciona específicamente en el artículo 359 del Código Penal?**
   a) La elaboración de sustancias nocivas para la salud o productos químicos que puedan causar estragos.
   b) La falsificación de medicamentos.
   c) El tráfico de drogas.
   d) La contaminación con sustancias tóxicas.

2. **El artículo 361 CP castiga a quienes:**
   a) Propaguen epidemias.
   b) Comercien con sustancias nocivas.
   c) No denuncien la presencia de enfermedades contagiosas.
   d) Falsifiquen productos sanitarios.

3. **Según el artículo 362 CP, el castigo será de**
   a) Pena de prisión de seis meses a cuatro años, multa de seis a 18 meses e inhabilitación especial para profesión u oficio de uno a tres años.
   b) Pena de prisión de seis meses a cuatro años, multa de seis a 18 meses e inhabilitación especial para profesión u oficio de uno a cinco años.
   c) Pena de multa.
   d) Pena de inhabilitación.

4. **Según el artículo 363 CP**
   a) se castiga el hecho de traficar con géneros corrompidos.
   b) se castiga el hecho de traficar con géneros imitados.
   c) se castiga el hecho de traficar con géneros que no hayan pasado por el controladuanero.
   d) ninguna es válida.

5. **¿Qué delito se regula en el artículo 364 CP?**
   a) Tráfico de drogas.
   b) Contaminación ambiental.
   c) Manipulación genética.
   d) Ninguna es válida

6. **Las penas por delitos relacionados con la salud pública pueden ser aumentadas si:**
   a) El responsable era conocido como profesional sanitario.
   b) Se realizan en un establecimiento abierto al público.
   c) Resultan en enfermedad o muerte de las personas.
   d) Se considera que hubo imprudencia leve.

7. **El artículo 368 CP sanciona la conducta de:**
   a) El tráfico ilegal de órganos.
   b) El tráfico y cultivo de drogas.
   c) La exposición a radiación.
   d) El incumplimiento de las medidas sanitarias en un hospital.

8. **¿Qué implica la "promoción" en el contexto de delitos de drogas según el Código Penal?**
   a) La mejora de la calidad de las drogas.
   b) La financiación de campañas antidroga.
   c) Incentivar el consumo de drogas.
   d) La inversión en centros de rehabilitación.

9. **¿Qué establece el artículo 377 CP respecto al tráfico de sustancias nocivas para la salud?**
   a) La misma pena que por tráfico de drogas.
   b) Solo responsabilidad civil.
   c) No existe un artículo para este caso.
   d) Penas agravadas si hay peligro para la salud de un número elevado de personas.

10. **¿Cuáles son las consecuencias de cometer un delito contra la salud pública con el agravante de ser autoridad o funcionario público?**
   a) Exclusión de cualquier pena.
   b) Reducción de la pena.
   c) Incremento de la pena.
   d) Suspensión de empleo o cargo público.

Solucionario

1. **A- La elaboración de sustancias nocivas para la salud o productos químicos que puedan causar estragos.**

2. **B - Comercien con sustancias nocivas.**

3. **A - pena de prisión de seis meses a cuatro años, multa de seis a 18 meses e inhabilitación especial para profesión u oficio de uno a tres años.**

4. **A - se castiga el hecho de traficar con géneros corrompidos.**
5. **D. Ninguna es válida**
6. **C - Resultan en enfermedad o muerte de las personas.**
7. **B - El tráfico y cultivo de drogas.**
8. **C - Incentivar el consumo de drogas.**
9. **D - Penas agravadas si hay peligro para la salud de un número elevado de personas.**
10. **C - Incremento de la pena.**

Delitos contra la seguridad vial

1. **¿Cuál es la tasa de alcoholemia superior a la cual se considera delito conducir, según el art. 379.2 del Código Penal?**
   a) 0,25 mg/l en aire espirado
   b) 0,30 mg/l en aire espirado
   c) 0,60 mg/l en aire espirado
   d) 0,50 mg/l en aire espirado
2. **Según el art. 380 del Código Penal, ¿qué conducta de un conductor puede ser considerada como conducción temeraria?**
   a) Conducir a una velocidad ligeramente superior a la permitida
   b) Conducir causando un riesgo concreto y grave para la circulación
   c) Conducir sin prestar atención continua a la conducción
   d) Todas las anteriores
3. **De acuerdo con el art. 381 del Código Penal, ¿qué elemento adicional se debe presentar para que la conducción temeraria se considere agravada?**
   a) Conducir con un permiso que no corresponde al vehículo
   b) Conducir de forma negligente sin causar peligro
   c) Manifiesto desprecio por la vida de los demás
   d) No utilizar el cinturón de seguridad
4. **¿Cuál es la pena por conducir sin haber obtenido nunca un permiso o licencia de conducción, según el art. 384 del Código Penal?**
   a) Multa y trabajos en beneficio de la comunidad
   b) Prisión de 3 a 6 meses o multa de 12 a 24 meses o trabajos en beneficio de la comunidad de 31 a 90 días.
   c) Multa de 6 a 12 meses
   d) Ninguna es válida

5. Según el art. 385 del Código Penal, ¿es delito crear un grave riesgo para la circulación?

a) Sí, siempre
b) No, nunca es delito
c) Depende del resultado
d) Solo si hay dolo

6. El art. 385 bis del Código Penal trata sobre accidentes de tráfico. ¿Qué debe hacer el conductor implicado en un accidente según este artículo?

a) Fugarse del lugar del siniestro
b) Prestar ayuda o solicitar auxilio
c) Aguardar la llegada de peritos
d) Informar a su compañía aseguradora

7. De acuerdo con el art. 385 ter del Código Penal, ¿se puede imponer una pena a quien colabore en la huida del responsable de un accidente de tráfico?

a) Sí, siempre
b) No, nunca
c) Solo si hay pruebas
d) Únicamente si se trata de un familiar

8. Según el art. 383 del Código Penal, ¿qué pena se establece para quien se niegue a someterse a las pruebas de detección de alcohol o drogas?

a) Prisión de 6 meses a 1 año
b) Multa y trabajos en beneficio de la comunidad
c) Retirada del permiso de conducción
d) A y C son correctas

9. De acuerdo con el art. 379.1 del Código Penal, ¿qué se considera exceso de velocidad punible por este artículo?

a) Superar los 120 km/h
b) Superar en 60 km/h la velocidad permitida en ciudad
c) Superar en 80 km/h la velocidad permitida en carretera
d) B y C son correctas

10. Según el artículo 381 del Código Penal

a) Se puede castigar con penas de prisión de dos a cinco años.
b) Se puede castigar con penas de prisión de dos a diez años.
c) Se puede castigar con solo una multa.
d) B y C son correctas

Solucionario

1. **C. 0,60 mg/l en aire espirado**
2. **B. Conducir causando un riesgo concreto y grave para la circulación**
3. **C. Manifiesto desprecio por la vida de los demás**
4. **B. B. Prisión de 3 a 6 meses o multa de 12 a 24 meses o trabajos en beneficio de la comunidad de 31 a 90 días.**
5. **A. Sí, siempre (crear un grave riesgo para la circulación es delito)**
6. **B. Prestar ayuda o solicitar auxilio**
7. **A. Sí, siempre (se puede imponer una pena)**
8. **D. A y C son correctas (Prisión de 6 meses a 1 año y Retirada del permiso de conducción)**
9. **D. B y C son correctas (Superar en 60 km/h la velocidad permitida en ciudad y Superar en 80 km/h la velocidad permitida en carretera)**
10. **A. Se puede castigar con penas de prisión de dos a cinco años.**

Delitos contra la seguridad vial

1. **¿Qué pena se impone por conducir a exceso de velocidad, según el artículo 379.1?**
   a) Prisión de tres a seis meses.
   b) Multa de seis a doce meses.
   c) Privación del derecho a conducir.
   d) Todas las anteriores.
2. **¿Cuál es la sanción por conducir bajo la influencia de drogas, según el artículo 379.2?**
   a) La misma que por exceso de velocidad.
   b) Prisión de uno a cuatro años.
   c) Prisión de seis meses a tres años.
   d) Trabajos en beneficio de la comunidad.
3. **¿Qué delito contempla el artículo 380?**
   a) Conducción bajo la influencia del alcohol.
   b) Conducción temeraria.
   c) Exceso de velocidad.
   d) Negativa a someterse a las pruebas de alcoholemia.

4. **Según el artículo 381 CP**
   a) puede haber un castigo de penas de prisión de dos a cinco años.
   b) puede haber un castigo de penas de prisión de dos a diez años.
   c) puede haber un castigo de pena de confinamiento.
   d) ninguna es válida.

5. **Según el artículo 382, ¿qué circunstancia agrava los delitos contra la seguridad vial?**
   a) Conducir de noche.
   b) Conducir con permiso extranjero.
   c) Conducir con un permiso que no habilita para el tipo de vehículo.
   d) Ninguna es válida.

6. **¿Qué conducta sanciona el artículo 383 del Código Penal?**
   a) A) negarse a someterse a las pruebas legalmente establecidas para la comprobación de tasas, de alcoholemia y presencia de drogas tóxicas.
   b) Conducir sin seguro.
   c) Conducir sin haber pasado la ITV.
   d) Conducir vehículos que excedan los límites de contaminación.

7. **¿Qué pena establece el artículo 384 para los conductores de vehículos de motor que han perdido la vigencia del permiso?**
   a) Pena de prisión de tres a seis meses o multa de 12 a 24 meses o trabajos en beneficio de la comunidad.
   b) Solo pena de prisión de tres a seis meses.
   c) Solo trabajos en beneficio de la comunidad.
   d) La misma que la originalmente impuesta.

8. **¿Qué sanciona específicamente el artículo 385 en relación a la seguridad vial?**
   a) Conducción temeraria.
   b) Creación de riesgos para la circulación.
   c) Carreras ilegales.
   d) Negativa a realizar pruebas de alcohol y drogas.

9. **¿Qué supuesto contempla el artículo 385 bis respecto a los vehículos utilizados en delitos contra la seguridad vial?**
   a) Son considerados coautores del delito.
   b) Son considerados víctimas del delito.
   c) Son considerados instrumentos del delito.
   d) No se mencionan los vehículos en este contexto.

10. ¿Qué posibilidad contempla el artículo 385 ter para los jueces al sentenciar por delitos contra la seguridad vial?

a) Incrementar la pena en un grado.

b) Disminuir la pena en un grado.

c) Suspender la pena indefinidamente.

d) No aplicar sanciones penales.

Solucionario

1. **D) Todas las anteriores.**
2. **A) la misma que por exceso de velocidad.**
3. **B) Conducción temeraria.**
4. **A) puede haber un castigo de penas de prisión de dos a cinco años.**
5. **D) Ninguna es válida.**
6. **A) negarse a someterse a las pruebas legalmente establecidas para la comprobación de tasas, de alcoholemia y presencia de drogas tóxicas.**
7. **A) Pena de prisión de tres a seis meses o multa de 12 a 24 meses o trabajos en beneficio de la comunidad.**
8. **B) Creación de riesgos para la circulación.**
9. **C) Son considerados instrumentos del delito.**
10. **B) Disminuir la pena en un grado.**

TEMA 16.

DE LAS FALSEDADES. DELITOS CONTRA LA ADMINISTRACIÓN PÚBLICA

16.1. Introducción y objetivos

¡Quieto todo el mundo!

Era el 23 de febrero de 1981, justo terminaba de aquel duro entrenamiento de natación diario, y ya en los vestuarios de los chicos irrumpió una madre (que de alguna forma perturbó nuestra intimidad de niños de once a quince años) que a gritos le dijo a su hijo: «¡Date prisa y vístete ya, que ha habido un golpe de Estado!».

La mayoría de mis compañeros se miraban con caras de perplejidad, pues no sabían lo que podía suponer lo que anunciaba la madre asustada. Por si acaso, me apresuré en cambiarme y corrí hacia casa, y allí estaba mi madre que me corroboró que los militares habían entrado en el Congreso de los Diputados metralleta en mano. Recuerdo que no me moví de frente al televisor durante horas porque sabía que lo que estaba pasando era algo realmente grave, y no quería perderme el desenlace.

Después de ver las imágenes del teniente coronel Antonio Tejero Molina pistola en mano gritando el ya mítico «¡quieto todo el mundo!» y de ver los tanques recorriendo la ciudad de Valencia por orden del general Milans del Bosch, comprobé que todo iba muy en serio.

El general Gutiérrez Mellado, cuando las ráfagas de metralleta tocaban el techo del Congreso, se levantó del escaño y dio órdenes a los militares que entraron de que depusieran las armas, y no atendieron a su mandato de general y ministro de Defensa, y además le intentaron tirar al suelo.

Pasaba el tiempo y las imágenes del Congreso se terminaron y nos pusieron películas de Stan Laurel y Oliver Hardy (El Gordo y el Flaco) para distraernos, entendí.

Años después, supe que el presidente del Gobierno Adolfo Suárez, que había dimitido, fue conducido a un despacho del Congreso custodiado durante horas por militares. Suárez, llegó un momento en el que increpó al guardia que le custodiaba y le dijo: «¡Cuádrese, le habla su presidente del Gobierno!». El militar obedeció la orden de cuadrarse y escuchó al todavía presidente, pero no atendió a que dejasen las armas de una vez y se terminase aquel momento tan crítico.

Pasaron las horas y cuando pude ver por la televisión al rey emérito Juan Carlos I ataviado de capitán general de los tres ejércitos, llegó la calma, pues estaba diciendo claramente que había dado órdenes expresas a todas las autoridades civiles y militares para que se actuase dentro del orden constitucional.

He de reconocer que nació en mí una inmensa curiosidad por estudiar aquel episodio de la historia de España que dejó claro que nuestro país caminaba de forma definitiva hacia una senda democrática que nadie podía parar.

Fueron varias las órdenes que se incumplieron aquellas horas interminables y que tuvieron un final feliz..., o al menos a mí, como era un niño, me lo pareció.

Para saber más sobre el intento de golpe de Estado del 23 F, podéis ver el siguiente vídeo consultando el enlace: https://bit.ly/3EdgqgC

En este tema vamos a abordar lo que puede suponer el desobedecer órdenes de un superior jerárquico desde el punto de vista penal, además de otros delitos contra «el corazón» de nuestro sistema democrático, como pueden ser las falsedades, la malversación, la prevaricación y otras infracciones contra la Administración pública.

Los objetivos de este tema son:

- Estudiar los delitos de falsedades.
- Estudiar los delitos contra la Administración pública.

Este tema se dedica a las falsedades documentales, categoría delictiva que cobra especial relevancia en el marco de la criminalidad empresarial y de la corrupción, pues suele constituir un elemento imprescindible para la comisión de este tipo de delitos como, por ejemplo estafas, administración desleal, fraude fiscal, cohecho o financiación ilegal de partidos políticos, entre otros.

La Ley Orgánica 1/2015, de 30 de marzo ha supuesto la modificación de la redacción del artículo 386 CP, así como de los artículos 387 y 389 CP a los que se añaden nuevos apartados.

La LO 1/2019, de 20 de febrero modifica los artículos 386.1 y 5 y 387 CP introduciendo los siguientes cambios:

- Será delito exportar e importar moneda falsa, no solamente a España sino también a cualquier otro Estado de la Unión Europea.
- En lo que hace referencia a la responsabilidad penal de las personas jurídicas, subsana la ausencia de la referencia a la posibilidad de imponer las penas del art. 33.7 b) a g) CP, para asemejar este delito al resto de los que pueden ser responsables las personas jurídicas.
- Se concreta el objeto material sobre el que recae el delito, de manera que **será moneda la metálica y el papel moneda de curso legal y aquella que no ha sido todavía emitida o puesta en circulación oficialmente** pero que está destinada a su circulación como moneda de curso legal.

16.2. Las falsedades

«Desmantelado el mayor y más sofisticado laboratorio de falsedad documental localizado hasta la fecha»

En febrero de 2019, un grupo criminal formado por doce personas ya detenidas, falsificaba todo tipo de documentos: tarjetas de residencia, pasaportes, carnets de conducir y visados.

En Rivas Vaciamadrid se intervino dinero en efectivo (75 000 euros y 20 000 dólares), cuatro vehículos, un dron, varios dispositivos de almacenamiento masivo de información, documentos falsificados y otros en proceso de falsificación, así como soportes de documentos y medidas de seguridad.

Para conocer esta noticia sobre falsificadores consultad el enlace:
https://cutt.ly/Lrtyb84

Según el *Diccionario* de la RAE en su acepción 3.ª la palabra falsedad es un: «delito consistente en la alteración o simulación de la verdad, con efectos relevantes, hechas en documentos públicos o privados, en monedas, en timbres o en marcas».

Las falsedades son delitos con tradición, vinculadas al rey o con la fe pública, las primeras leyes castellanas las conocen y la codificación las consagra sistemáticamente. El largo giro que significa su consideración como delito de lesa majestad, por ultrajar la imagen soberana, hasta entenderlo como atentatorio a la seguridad del tráfico jurídico, es parte de nuestra historia legislativa (García Valdés, Mestre Delgado y Figueroa Navarro, 2017).

Para que exista falsedad con carácter penal es necesario que se cumplan cuatro requisitos fundamentales:

- Una **alteración de la verdad** realizada conscientemente, creando una apariencia.
- Que tal alteración sea apta para producir un daño o perjuicio, es decir, **capaz de lesionar intereses ajenos**.
- Que tal alteración esté **destinada** a entrar en el **tráfico jurídico**.
- Que la alteración de la verdad recaiga sobre **extremos esenciales** o sustanciales y no sobre puntos intrascendentes.

El bien jurídico protegido por estos delitos es la **fe pública**, que es la calidad que el Estado otorga a una serie de personas en virtud de la cual se consideran ciertos y veraces los hechos que reflejan, produciendo los efectos privilegiados que el derecho les otorga. Como ejemplo de estas personas podemos citar a los notarios y registradores de la propiedad.

Tipos penales de falsificación material o real

Falsificación de moneda y efectos timbrados

Tipo básico

A tenor del artículo 386 CP:

> «1. Será castigado con la pena de prisión de ocho a doce años y multa del tanto al décuplo del valor aparente de la moneda:
> 1.° El que altere la moneda o fabrique moneda falsa.
> 2.° El que exporte moneda falsa o alterada o la importe a España o a cualquier otro Estado miembro de la Unión Europea.
> 3.° El que transporte, expenda o distribuya moneda falsa o alterada con conocimiento de su falsedad.

2. Si la moneda falsa fuera puesta en circulación se impondrá la pena en su mitad superior.

La tenencia, recepción u obtención de moneda falsa para su **expedición o distribución** o puesta en circulación será castigada con la pena inferior en uno o dos grados, atendiendo al valor de aquélla y al grado de connivencia con el falsificador, alterador, introductor o exportador.

3. El que habiendo recibido de buena fe moneda falsa la expenda o distribuya después de constarle su falsedad será castigado con la pena de prisión de tres a seis meses o multa de seis a veinticuatro meses. No obstante, si el valor aparente de la moneda no excediera de 400 euros, se impondrá la pena de multa de uno a tres meses.

4. Si el culpable perteneciere a una sociedad, organización o asociación, incluso de carácter transitorio, que se dedicare a la realización de estas actividades, el juez o tribunal podrá imponer alguna o algunas de las consecuencias previstas en el artículo 129 de este Código.

5. Cuando, de acuerdo con lo establecido en el artículo 31 bis, una persona jurídica sea responsable de los anteriores delitos, se le impondrá la pena de multa del triple al décuplo del valor aparente de la moneda. Atendidas las reglas establecidas en el artículo 66 bis, los jueces y tribunales podrán asimismo imponer las penas recogidas en las letras b) a g) del apartado 7 del artículo 33».

Tal y como pone de relieve García Albero (2019, p. 9):

«La LO 1/2019 aprovecha también la ocasión para introducir, entre las conductas típicas previstas en el apartado primero del art. 386 CP, la relativa a la **"importación"** de moneda a cualquier país de otro Estado miembro de la Unión, antes sólo expresamente prevista para España. Aun cuando la Directiva no obliga específicamente a ello (se refiere indistintamente a **exportación** o **importación**), en el extraordinario supuesto de una conducta de importación a país de la Unión distinto de España que no pudiera ser calificado también de transporte y distribución (pues el dominio del hecho del transporte lo tiene por definición el importador), esta modalidad permite no generar vacío alguno ante el compromiso asumido (art. 8 de la Directiva) de extender la jurisdicción nacional a hechos cometidos enteramente fuera del territorio nacional (art. 8 Directiva), lo que efectivamente sucede al abrigo del art. 23.3 de la LOPJ».

➔ **Bien jurídico protegido**: es la seguridad del tráfico monetario, nacional como internacional. Se trata de evitar la introducción en el tráfico de monedas no emitidas por quien figura como emisor y con ello tener seguridad jurídica en las transacciones.

➔ **Acción típica**: alterar la moneda o fabricar moneda falsa, introducir en el país o exportar moneda falsa o alterada, transportar, expender o distribuir la moneda falsa o alterada con conocimiento de su falsedad. Según Luzón Cuesta (2019, p. 291): «Por **fabricar** ha de entenderse la acción de elaborar moneda, imitando a la genuina, hasta conseguir una apariencia de legítima para el no especialista en la materia».

➔ **Sujeto activo**: puede serlo cualquiera, aunque se precise de una pericia especial.

➔ **Sujeto pasivo**: puede serlo cualquiera.

➔ **Elemento subjetivo**: es un delito de carácter doloso.

➔ **Consumación**: se consuma en el momento en el que se actúan las acciones descritas ut supra. Cabe la tentativa cuando la entrega no llegue a realizarse por causas ajenas a la voluntad del agente, como puede ser la intervención policial o cuando la entrega fuese rehusada por la persona a quien se ofrece.

➔ **Penalidad**: pena de prisión de ocho a doce años y multa del tanto al décuplo del valor aparente de la moneda.

Subtipo agravado (art. 386.2 CP)

Vemos que si la moneda falsa fuera **puesta en circulación** se impondrá la pena en su mitad superior

Subtipos atenuados (art. 386.2 párrafo 2.° CP)

Lo son la **tenencia** de moneda falsa: «la tenencia, recepción u obtención de moneda falsa para su expedición o distribución o puesta en circulación será castigada con la pena inferior en uno o dos grados, atendiendo al valor de aquélla y al grado de connivencia con el falsificador, alterador, introductor o exportador».

Uso de moneda falsa adquirida de buena fe

Según el art. 386.3 CP:

> «El que habiendo recibido de buena fe moneda falsa la expenda o distribuya después de constarle su falsedad será castigado con la pena de prisión de tres a seis meses o multa de seis a veinticuatro meses. No obstante, si el valor aparente de la moneda no excediera de 400 euros, se impondrá la pena de multa de uno a tres meses».

Son precisos tres requisitos:

1. **Adquisición de buena fe, de moneda falsa o alterada.** Ello conlleva que el adquirente haya sido engañado por el expendedor o este se la ha entregado desconociendo igualmente su falta de autenticidad. Lo que es decisivo es el desconocimiento de la falsedad, y es indiferente que la posesión haya sido adquirida en virtud de una transacción lícita o ilícita, pues la buena fe se predica de la moneda en sí misma pero no del título de su adquisición.
2. **Conocimiento de la falsedad con posterioridad** a dicho momento adquisitivo.
3. **Que la moneda sea expendida o distribuida a un tercero**, y basta el acto de traslación.

Pertenencia a organización criminal

A tenor del art. 386.4 CP:

> «Si el culpable perteneciere a **una sociedad, organización o asociación**, incluso de **carácter transitorio**, que se dedicare a la realización de estas actividades, el juez o tribunal podrá imponer alguna o algunas de las consecuencias previstas en el artículo 129 de este Código».

Y las consecuencias penales que conlleva el art. 129 CP en relación con el art. 33.7 c) a g) CP, son:

- **Suspensión** de actividades.
- **Clausura** de locales y establecimientos.
- **Prohibición** de realizar en el futuro las actividades en cuyo ejercicio se haya cometido, favorecido o encubierto el delito.

- **Inhabilitación** para obtener subvenciones y ayudas públicas, para contratar con el sector público y para gozar de beneficios e incentivos fiscales o de la Seguridad Social.
- **Intervención judicial**. En aplicación de este subtipo atenuado se aplicará la pena inferior en uno o dos grados a la prevista en el art. 386 CP, según nueva redacción por LO 1/2015 de 30 de marzo.
- **Medidas cautelares** durante el desarrollo de la causa penal, el juez podrá acordar igualmente las siguientes medidas cautelares:

- Clausura temporal de los locales o establecimientos.
- Suspensión de las actividades sociales.
- Intervención judicial podrán ser acordadas también por el juez instructor como medida cautelar.

Personas jurídicas

Según el art. 386.5 CP:

> «Cuando, de acuerdo con lo establecido en el artículo 31 bis, una persona jurídica sea responsable de los anteriores delitos, se le impondrá la pena de multa del triple al décuplo del valor aparente de la moneda. Atendidas las reglas establecidas en el artículo 66 bis, los jueces y tribunales podrán asimismo imponer las penas recogidas en las letras b) a g) del apartado 7 del artículo 33».

Para comprender este artículo 386 CP es preciso aclarar una serie de extremos que contiene el artículo 387 CP, que reza así:

> «A los efectos del artículo anterior, **se entiende por moneda la metálica y el papel moneda de curso legal** y aquella que no ha sido todavía emitida o puesta en circulación oficialmente pero que está destinada a su circulación como moneda de curso legal. Se equipararán a la moneda nacional las de otros países de la Unión Europea y las extranjeras.
>
> Se tendrá igualmente por **moneda falsa** aquella que, pese a ser realizada en las instalaciones y con los materiales legales, se realiza incumpliendo, a sabiendas, las condiciones de emisión que hubiere puesto la autoridad competente o cuando se emita no existiendo orden de emisión alguna».

Según Muñoz Conde (2017), el **curso legal** es el poder liberatorio como medio de pago que el Estado confiere a un signo de valor determinado. Distinto del curso legal es el **curso forzoso**, es decir, la obligatoriedad de aceptar en pago monedas legítimas.

Falsificación de efectos timbrados

En relación con este delito hay que determinar una serie de conceptos fundamentales, y que son:

➔ **Sellos**. Establece el art. 3.7 de la Ley 43/2010, de 30 de diciembre, del Servicio Postal Universal, de los Derechos de los Usuarios y del Mercado Postal, que los sellos constituyen medios de franqueo que acreditan el pago de los servicios postales a los operadores postales que presten servicios incluidos en el servicio postal universal.

➔ **Efectos timbrados**. Tienen la consideración de efectos timbrados, según lo dispuesto en el art. 39 del Real Decreto 939/2005, de 29 de julio, Reglamento General de Recaudación:

- El papel timbrado común.
- El papel timbrado de pagos al Estado.
- Los documentos timbrados especiales.
- Los timbres móviles.
- Los aprobados por orden del ministro de Economía y Hacienda.

A tenor del art. 389 del CP (párrafo primero):

> «El que **falsificare o expendiere**, en connivencia con el falsificador, sellos de correos o efectos timbrados, o los introdujera en España conociendo su falsedad, será castigado con la pena de prisión de seis meses a tres años».

➔ **Bien jurídico protegido**: lo es el tráfico de correspondencia y el tráfico económico cuando estos efectos timbrados tienen un valor económico cuantificable.

➔ **Acción típica**: se castiga la falsificación de sellos de correos y efectos timbrados, la expendición de estos en connivencia con el falsificador y la introducción en España de los mismos conociendo su falsedad.

➔ **Sujeto activo**: puede serlo cualquiera. En el caso de la fabricación de sellos se trata de una tarea muy compleja, y la jurisprudencia entiendo que debe considerarse autor de este delito a todo aquel que participe en el proceso, en colaboración con los demás y que realice actos de ejecución totalmente necesarios para conseguir la falsificación. Así pues, el concepto de autoría es extenso.

➔ **Sujeto pasivo**: será el Estado y además todas aquellas personas determinadas a las que el delito de falsificación haya perjudicado.

➔ **Elemento subjetivo**: son delitos dolosos y no admiten su comisión imprudente.

➔ **Consumación**: se produce cuando se falsifica, se produce la expendición o hay la introducción de los efectos falseados en España. Cabe la tentativa.

➔ **Penalidad**: pena de prisión de seis meses a tres años.

Supuesto atenuado

A tenor del art. 389 CP (párrafo segundo):

> «El adquirente de buena fe de sellos de correos o efectos timbrados que, conociendo su falsedad, los distribuyera o utilizara será castigado con la pena de prisión de tres a seis meses o multa de seis a veinticuatro meses. No obstante, si el **valor aparente de los sellos o efectos timbrados no excediera de 400 euros**, se impondrá la pena de multa de uno a tres meses».

La conducta del art. 389.2 CP, según nueva redacción por LO 1/2015 de 30 de marzo, será constitutiva de un **delito leve** cuando el valor aparente de los sellos o efectos timbrados **no supere los 400 euros**. Se castiga con la pena de multa de uno a tres meses.

Falsificación documental

Estos delitos tienen en común que la acción recae sobre un documento, concepto jurídico definido en el art. 26 CP que reza:

> «A los efectos de este Código se considera documento todo soporte material que exprese o incorpore datos, hechos o narraciones con **eficacia probatoria** o cualquier otro tipo de **relevancia jurídica**».

Pero el concepto de documento es algo que ha ido transformándose con el paso del tiempo y las innovaciones tecnológicas cada vez más cambiantes y complejas, y así lo refleja Soto (2001, p. 1):

> «Si en un principio pudo ceñirse a la idea **de texto escriturario plasmado en papel**, reflejo de un pensamiento o manifestación de voluntad, en el curso del tiempo ha ido ensanchándose y enriqueciéndose la apreciación del documento, centrándose su importancia en la autenticidad y fijeza del mensaje que porta —siempre incidente en el tráfico jurídico— con independencia de la consistencia o fragilidad de la materia sobre que se corporeiza. En la tosquedad de una madera puede grabarse un texto que determine un modo de obligar para quien lo incorpora. Ha tiempo que viene reconociéndose la **eficacia probatoria de una fotografía o de un plano**. En lo concerniente a su sustentación material, **hemos de abrir para el documento privado horizontes inéditos** que sobrepasan, en mucho, los hasta ahora concebidos para el documento público. Las innovaciones tecnológicas, tales como un disco o cinta magnetofónica, las bandas magnéticas de los ordenadores, la grabación de un vídeo, hacen posible la fijación de un pensamiento, el trazado y contenido de una declaración de voluntad, el reflejo de una obligación contraída, la fijación de hechos o datos a perpetuar, la constancia de un abono dinerario, la gestación y hasta el surgimiento de una relación jurídica cualquiera».

Para poder determinar jurídicamente lo que es un documento es preciso que concurran tres elementos:

1. Un contenido, un **pensamiento humano** susceptible de tener **relevancia jurídica**.
2. Un **vehículo de expresión** donde plasmar ese pensamiento, pasando a ser el documento una realidad del mundo exterior, que incorpora unos signos o grafía.
3. Posibilidad de **imputar o atribuir a un sujeto** determinado **la autoría** del documento.

La sentencia del Tribunal Supremo de 28 de febrero de 1998, remarca una serie de características que configuran el **concepto jurídico de documento**, y que son:

- La información ha de contenerse en un soporte indeleble.
- Ha de tener procedencia humana.
- El contenido de la declaración debe ser comprensible de acuerdo a los usos sociales, es decir, significativa en sí misma.
- Se requiere la entrada en el tráfico jurídico.
- El documento válido es el documento original y no tienen tal carácter las copias ni fotocopias. Sin embargo, esta afirmación es cada vez más relativa al aumentar el tráfico jurídico y, por tanto, el número de documentos.

Se ha discutido la naturaleza de las fotocopias de un documento público, oficial o mercantil. La jurisprudencia ha oscilado en su calificación, y a estos efectos resulta sumamente ilustrativa, resumiendo las diferentes líneas interpretativas en la jurisprudencia, la STS n.º 11/2015, de 29 de enero:

> «Centrándonos en el problema de las fotocopias, la doctrina emanada de la jurisprudencia de esta Sala en relación a las mismas y su falsedad, no ha sido, ni mucho menos, uniforme. Así, en ocasiones se atribuyó a estos la categoría de documento, puesto que reflejaban una idea que era la misma de otro documento, el original, y si en las fotocopias se llevaban a cabo alteraciones que variaban su sentido debía reputarse contenido el delito de falsedad por la mendacidad plasmada en aquellas (STS. 1.4.91)».

En todo caso, es imprescindible la relevancia jurídica del documento, puesto que un documento cumple las siguientes funciones en el tráfico jurídico:

- **De perpetuación**: es decir, reflejar de modo duradero lo dicho u ocurrido.
- **Probatoria**: esto es, demostrar que se dijo o acordó algo (con independencia de la verdad de lo dicho o acordado).
- **De garantía**: identificación del autor y demás datos reflejados.

Existen varias clases de documentos, variando el objeto de protección en cada caso:

➔ **Documentos públicos**. Según el artículo 1216 del Código Civil: «Son documentos públicos los autorizados por un Notario o empleado público competente, con las solemnidades requeridas por la ley». Las clases de documentos públicos se relacionan en el art. 317 de la Ley de Enjuiciamiento Civil que reza: «A efectos de **prueba en el proceso**, se consideran documentos públicos:

> «1.º Las resoluciones y diligencias de actuaciones judiciales de toda especie y los testimonios que de las mismas expidan los Letrados de la Administración de Justicia.
> 2.º Los autorizados por notario con arreglo a derecho.
> 3.º Los intervenidos por Corredores de Comercio Colegiados y las certificaciones de las operaciones en que hubiesen intervenido, expedidas por ellos con referencia al Libro Registro que deben llevar conforme a derecho.
> 4.º Las certificaciones que expidan los Registradores de la Propiedad y Mercantiles de los asientos registrales.
> 5.º Los expedidos por funcionarios públicos legalmente facultados para dar fe en lo que se refiere al ejercicio de sus funciones.
> 6.º Los que, con referencia a archivos y registros de órganos del Estado, de las Administraciones públicas o de otras entidades de Derecho público, sean expedidos por funcionarios facultados para dar fe de disposiciones y actuaciones de aquellos órganos, Administraciones o entidades».

➔ **Documentos oficiales**. son los expedidos y firmados por funcionarios o empleados públicos cuando están ejerciendo las funciones propias de su cargo. La diferencia con los públicos está en que estos **no tienen atribuida la facultad de dar fe pública**.

➔ El Tribunal Supremo ha señalado como oficiales varios documentos como: las listas de números premiados de la Lotería Nacional, los cupones de la ONCE, los impresos para imposición de giros postales, avisos de Correos para recoger valores, cédulas de habitabilidad, permiso de conducir, recetas médicas de la Seguridad Social y de la Beneficencia de la Mutualidad de Funcionarios Civiles del Estado o las oficiales de una corporación municipal, y las exigidas para el despacho de estupefacientes y las de médicos particulares, cuando sirvan para adquirir sustancias a las que se refiere el Convenio de Viena de 1971, certificado de defunción visado de colegios oficiales, boletín de cotización al Régimen Especial Agrario de la Seguridad Social y relación de trabajadores por jornadas reales trabajadas («peonadas»).

El problema que se plantea con el concepto de documento oficial es que ha ido sufriendo paulatinamente una gran extensión. Así, al margen de los ejemplos referidos, que designan documentos emanados de una autoridad o funcionario, se ha considerado en la jurisprudencia también como documento oficial aquel que, aun no teniendo tal origen sino emanando de particulares, ha sido diligenciado o sellado por la Administración.

➔ **Documentos mercantiles**: son títulos, efectos, recibos, facturas, notas de débito y crédito, planillas de sueldos, vales de mercaderías, etc. Estos documentos sirven para legitimar el ejercicio de las transacciones y documentar las operaciones mercantiles en los comprobantes de contabilidad.

➔ **Documentos privados**: son todos aquellos en los que no hay intervención de funcionarios como tales.

A tenor del artículo 390 CP:

> «1. Será castigado con las penas de prisión de tres a seis años, multa de seis a veinticuatro meses e inhabilitación especial por tiempo de dos a seis años, la **autoridad o funcionario público** que, en el ejercicio de sus funciones, cometa falsedad:
>
> 1.º **Alterando un documento** en alguno de sus elementos o requisitos de carácter esencial.
>
> 2.º **Simulando un documento** en todo o en parte, de manera que induzca a error sobre su autenticidad.
>
> 3.º Suponiendo en un acto la intervención de personas que no la han tenido, o atribuyendo a las que han intervenido en él declaraciones o manifestaciones diferentes de las que hubieran hecho.
>
> 4.º **Faltando a la verdad** en la narración de los hechos [...]».

➔ **Bien jurídico protegido**: lo son la fe y la seguridad en el tráfico jurídico, evitando que tengan acceso a la vida civil o mercantil elementos probatorios falsos que puedan alterar la realidad jurídica de forma perjudicial para las partes implicadas (STS 514/2002, de 29 de mayo).

➔ **Acción típica**: alterar un documento en alguno de sus elementos o requisitos de carácter esencial; simular un documento en todo o en parte, de manera que induzca a error sobre su autenticidad; suponer en un acto la intervención de personas que no la han tenido, o atribuyendo a las que han intervenido en él declaraciones o manifestaciones diferentes de las que hubieran hecho; y faltar a la verdad en la narración de los hechos.

➔ **Sujeto activo**: lo será una autoridad o funcionario público. Se trata, por tanto, de **delitos especiales**, pero el mismo debe obrar en el **«ejercicio de sus funciones»**, de no hacerlo así, quedará **equiparado al particular** y solo será responsable del delito previsto en el art. 392 CP.

Para saber quiénes son **autoridades** y **funcionarios** es preciso acudir al art. 24 CP. Según Luzón Cuesta (2019) se excluyen los casos de **incompetencia absoluta** (pero no la relativa) y de **suspensión** en el ejercicio del cargo.

➔ **Sujeto pasivo**: puede serlo cualquiera.

➔ **Elemento subjetivo**: son delitos dolosos.

➔ **Consumación**: se consuma cuando se ha producido alguno de los actos descritos en la acción punible. Cabe la tentativa.

➔ **Concurso**: la estafa se apreciará en concurso ideal, conforme al actual art. 77 CP, con la falsificación documental pública, oficial y de comercio.

➔ **Penalidad**: prisión de tres a seis años, multa de seis a veinticuatro meses e inhabilitación especial por tiempo de dos a seis años.

Por otra parte, a tenor del art. 390.2 CP:

> «2. Será castigado con las mismas penas a las señaladas en el apartado anterior el responsable de **cualquier confesión religiosa** que incurra en alguna de las conductas descritas en los números anteriores, respecto de actos y documentos que puedan producir efecto en el estado de las personas o en el orden civil».

A los funcionarios se equiparan en el párrafo 2.° los responsables de **cualquier confesión religiosa** que incurrieren en alguno de los delitos «respecto de actos y documentos que puedan producir efecto en el estado de las personas o en el orden civil», *ad exemplum* documentos matrimoniales.

Tipo imprudente

A tenor del artículo 391 CP: «La autoridad o funcionario público que por **imprudencia grave** incurriere en alguna de las falsedades previstas en el artículo anterior o diere lugar a que otro las cometa, será castigado con la pena de multa de seis a doce meses y suspensión de empleo o cargo público por tiempo de seis meses a un año».

Se hace difícil creer que pueda existir una falsedad sin haberlo querido previamente, es decir, sin que existan los elementos volitivo y cognitivo propios del dolo.

La falsedad ideológica

Según la (STS de 26 de mayo de 1998), es: «aquella manifestación destinada a constar en un documento en la que quien la hace es consciente de que no se corresponde, no ya con la verdad absoluta, sino con su propia conciencia y convicción sobre la realidad del hecho». En esta falsedad alcanza **a lo que se recoge en el documento, no en el soporte que es verdadero**.

Es posible la falsedad ideológica en la medida en que el funcionario o autoridad, por razón de su oficio o cargo, esté obligado a reflejar la verdad, cosa que no siempre sucede en el caso del particular, en el que el supuesto de faltar a la verdad en la narración de los hechos **queda expresamente excluido** (Muñoz Conde, 2022).

A tenor del art. 392 CP:

> «1. El **particular** que cometiere en documento público, oficial o mercantil, alguna de las falsedades descritas en los tres primeros números del apartado 1 del artículo 390, será castigado con las penas de prisión de seis meses a tres años y multa de seis a doce meses.
> 2. Las mismas penas se impondrán al que, **sin haber intervenido en la falsificación, traficare de cualquier modo con un documento de identidad falso**. Se impondrá la pena de prisión de seis meses a un año y multa de tres a seis meses al que hiciere uso, a sabiendas, de un documento de identidad falso.
> Esta disposición es aplicable aun cuando el documento de identidad falso aparezca como perteneciente a otro Estado de la Unión Europea o a un tercer Estado o haya sido falsificado o adquirido en otro Estado de la Unión Europea o en un tercer Estado si es utilizado o se trafica con él en España».

➜ **Bien jurídico protegido**: lo son la fe pública y la seguridad en el tráfico jurídico.

➜ **Acción típica**: se remite al art. 390.1 CP. Queda excluida expresamente de la falsedad punible cometida por particular.

➜ **Sujeto activo**: es el particular, o la autoridad o funcionario público que no actúa en el ejercicio de sus funciones, aunque se prevalezca de su cargo.

➜ **Sujeto pasivo**: puede serlo cualquiera.

➜ **Elemento subjetivo**: en relación con los particulares solo es punible la comisión dolosa.

➜ **Consumación**: hay que remitirse a lo dicho en el art. 390 CP.

➜ **Penalidad**: prisión de seis meses a tres años y multa de seis a doce meses.

Subtipo atenuado

A tenor del art. 393 CP:

> «El que, a sabiendas de su falsedad, presentare en juicio o, para perjudicar a otro, hiciere uso de un documento falso de los comprendidos en los artículos precedentes, será castigado con la **pena inferior en grado a la señalada a los falsificadores**».

La falsificación de un documento acaba normalmente en su uso. Si el uso es materializado por el propio falsificador, es un acto posterior impune.

El Código castiga el uso perpetrado por el que no es falsificador si lo presenta en juicio o si es para perjudicar a otro. La primera variante se explica por la **importancia de la prueba documental en un proceso**, lo que determina que el uso del documento falso en juicio se castigue expresamente. La segunda modalidad se castiga en razón del perjuicio económico que puede causarse. En el caso de que el documento falso se utilice para perjudicar a otro y el perjuicio se produzca efectivamente, habrá además el correspondiente concurso ideal-medial con la estafa (Muñoz Conde, 2019).

Falsedad y uso de despachos telegráficos

Según el art. 394.1 CP:

> «1. La **autoridad o funcionario público** encargado de los servicios de telecomunicación que supusiere o falsificare un despacho telegráfico u otro propio de dichos servicios, incurrirá en la pena de prisión de seis meses a tres años e inhabilitación especial por tiempo de dos a seis años».

Apreciamos aquí que se trata de un **delito especial**, pues solo puede ser cometido por autoridad o funcionario público.

Las formas de la conducta, falsificar o suponer, se pueden clasificar en:

- **Creación** de un despacho telegráfico imaginario.
- **Constatación** falsa del texto entregado.
- **Alteración** de alguna de las indicaciones esenciales del despacho telegráfico, como fechas, contenido o lugar de la expedición.

Subtipo atenuado

Según el art. 394.2 CP: «2. El que, a sabiendas de su falsedad, **hiciere uso** del despacho falso para perjudicar a otro, será castigado con la **pena inferior en grado a la señalada a los falsificadores»**.

Vemos que merece un menor castigo el que hace uso del despacho falso en relación con el falsificador.

Falsificación de documentos privados

Documento privado será todo **aquel que no se incluye** dentro de los documentos públicos, oficiales, mercantiles, despachos telegráficos u otros propios de los servicios de telecomunicación o certificado.

El art. 395 del Código Penal castiga la falsificación de documentos privados. Obviamente, dada la menor relevancia del documento, se prevé una sanción más leve: prisión de seis meses a dos años.

Tipo básico

A tenor del art. 395 CP: «El que, para perjudicar a otro, cometiere en **documento privado** alguna de las falsedades previstas en los tres primeros números del apartado 1 del artículo 390, será castigado con la pena de prisión de seis meses a dos años».

De forma diferente a la falsificación de documentos públicos, oficiales o de comercio, la falsificación de documentos privados solamente será delito si se hace para perjudicar a otro.

Según (LUZÓN, 2019), se plantea un problema en la falsificación de documentos privados en relación con el concurso con la estafa, que no ofrece dudas en cuanto a los documentos públicos y aquí tropieza con el escollo de exigir el tipo de la falsedad el que sea «para perjudicar a otro». La solución jurisprudencial se encuentra en el concurso de normas, a tenor del art. 8. 4.ª CP castigando la infracción más gravemente penada: «4.ª En defecto de los criterios anteriores, **el precepto penal más grave** excluirá los que castiguen el hecho con pena menor».

Es muy interesante el concepto que nos indica (SÁNCHEZ MELGAR, 2016) sobre la **falsedad de documento oficial por progresión**, pues puede suceder que un documento privado cuando tiene como única finalidad la incorporación del mismo a un registro público, **ha de ser castigada como falsedad en documento oficial**, absorbiendo el desvalor anterior. Un ejemplo de este caso lo encontraríamos en el contrato privado de subarriendo falso que se ejecuta con la finalidad de ser incorporado en un registro de empadronamiento.

Subtipo atenuado

A tenor del art. 396 CP: «El que, a sabiendas de su falsedad, presentare en juicio o, para perjudicar a otro, hiciere uso de un documento falso de los comprendidos en el artículo anterior, incurrirá en la pena inferior en grado a la señalada a los falsificadores».

El Tribunal Supremo se inclina, en principio, por la **absorción de la falsedad en documento privado por la estafa**, a no ser que la falsedad tenga igual o mayor pena, castigando entonces solo por la falsedad (Muñoz Conde, 2019, p. 612).

Falsificación de certificados

Según el artículo 397 CP: «El **facultativo** que librare certificado falso será castigado con la pena de multa de tres a doce meses».

Se trata de un delito de carácter especial, pues como sujeto activo solo pueden serlo los facultativos, que según indica el *Diccionario* de la RAE en su acepción 5.ª, un facultativo es alguien especializado, técnico.

La relevancia del certificado médico es clara, y es preciso señalar que este precepto se refiere al **facultativo particular**, pues si es un funcionario público se aplicaría el art. 398 CP, que comentamos acto seguido.

El art. 398 CP reza:

> «La **autoridad o funcionario público** que librare **certificación falsa con escasa trascendencia** en el tráfico jurídico será castigado con la pena de suspensión de seis meses a dos años. Este precepto no será aplicable a los certificados relativos a la Seguridad Social y a la Hacienda Pública».

El término de «**escasa trascendencia**» hay que valorarlo como tal atendiendo a la finalidad de la falsificación. En realidad, todas las falsificaciones ejecutadas por funcionarios ya de por sí entendemos que son graves, pues se está dañando a la fe pública y a la confianza del ciudadano en las diferentes administraciones.

Siguiendo a Muñoz Conde (2022, p. 614), podemos ver que hace referencia a las **falsificaciones más graves, con mayor desvalor penal** cuando afirma que:

> «(...) como se indica en el párrafo segundo, este precepto no es aplicable a los certificados relativos a la Seguridad Social y la Hacienda Pública; pero no se aclara cuál sería el precepto aplicable, ya que el art. 399, al que remite la Exposición de Motivos, se refiere al particular, no al funcionario; por lo que habrá que entender que la falsificación de estos certificados y de otros de **«gran trascendencia»** se deben considerar como falsificaciones de **documentos oficiales**, rompiendo así con una tradición que los consideraba en general de menor trascendencia que éstos».

Según el art. 399 CP:

> «1. El **particular** que falsificare una certificación de las designadas en los artículos anteriores será castigado con la pena de multa de tres a seis meses.

2. La misma pena se impondrá al que **hiciere uso, a sabiendas**, de la certificación, así como al que, sin haber intervenido en su falsificación, traficare con ella de cualquier modo.
3. Esta disposición es aplicable aun cuando el certificado aparezca como perteneciente a otro Estado de la Unión Europea o a un tercer Estado o haya sido falsificado o adquirido en otro Estado de la Unión Europea o en un tercer Estado si es utilizado en España».

Vemos que los arts. 397, 398 y 399 del CP son delitos especiales, pues solamente los pueden cometer ciertas personas.

El sujeto pasivo puede serlo cualquiera, aunque normalmente este tipo de falsificaciones suelen tener la finalidad de **«engañar»** a las diferentes administraciones, *ad exemplum*, cuando alguien quiere seguir más días de baja laboral de los que tendría derecho y consigue falsificar un certificado médico.

Son delitos dolosos, y entendemos que cabe la tentativa, pues puede ser que se lleve a cabo la falsificación y que la misma se detecte por su destinatario y no se llegue a conseguir el fin perverso.

Falsificación de tarjetas de crédito

Según el artículo 399 bis. 1 CP:

«1. El que altere, copie, reproduzca o de cualquier otro modo falsifique tarjetas de crédito o débito, cheques de viaje o cualquier otro instrumento de pago distinto del efectivo, será castigado con la pena de prisión de cuatro a ocho años».

➔ **Bien jurídico protegido**: la seguridad del tráfico mercantil.

➔ **Acción típica**: alterar, copiar, reproducir y falsificar tarjetas de crédito o débito o cheques de viaje.

➔ **Sujeto activo**: puede serlo cualquiera, aunque para realizar estas conductas hay que tener una pericia especial que hace suponer que quien lleva a cabo estas conductas pueda ser alguien informático o que tenga una infraestructura de imprenta, por ejemplo.

➔ **Sujeto pasivo**: puede serlo cualquiera.

➔ **Elemento subjetivo**: son conductas dolosas.

➔ **Consumación**: se consuman en el momento en el que se ejecutan estas conductas, si bien, puede caber la tentativa porque, por poner un ejemplo, la cajera de un supermercado detecta la falsedad y avisa a un agente de seguridad o a la policía.

➔ **Penalidad**: prisión de cuatro a ocho años.

Subtipo agravado (crimen organizado)

Según el art. 399.1 bis., párrafo 1.° CP:

«Se impondrá la pena en su mitad superior cuando los efectos falsificados afecten a una generalidad de personas o cuando los hechos se cometan en el marco de una organización criminal dedicada a estas actividades».

Vemos que se incrementa el desvalor de la conducta en los casos de afectación a una **generalidad de personas** o se pertenezca a una **organización criminal**. Y atendiendo al mismo artículo del CP, también se penalizará a las **personas jurídicas**:

> «Cuando de acuerdo con lo establecido en el artículo 31 bis una persona jurídica sea responsable de los anteriores delitos, se le impondrá la pena de multa de dos a cinco años.
>
> Atendidas las reglas establecidas en el artículo 66 bis, los jueces y tribunales podrán asimismo imponer las penas recogidas en las letras b) a g) del apartado 7 del artículo 33».

En el art. 399 bis. 2 CP se castiga la **tenencia** con la finalidad de distribuir así: «2. La tenencia de tarjetas de crédito o débito o cheques de viaje falsificados destinados a la distribución o tráfico será castigada con la pena señalada a la falsificación».

Y en el art. 399 bis. 3 CP se castiga el **uso**:

> «3. El que sin haber intervenido en la falsificación **usare**, en perjuicio de otro y **a sabiendas** de la falsedad, tarjetas de crédito o débito o cheques de viaje falsificados será castigado con la pena de prisión de dos a cinco años».

Apreciamos que se trata de una conducta que castiga el uso «a sabiendas», es decir, es una acción **dolosa**, y que persigue la finalidad de perjudicar a alguien. Entendemos que también cabe la tentativa.

Acto seguido vamos a comentar algunas conductas relativas a este tipo de uso fraudulento de medios de pago:

- Las conductas de copia o reproducción (*skimming*) consisten en clonar o duplicar los datos contenidos en la banda magnética para confeccionar otra tarjeta falsa.
- Al margen de los supuestos de autoría, también se han admitido diversas actividades de participación en el delito. Así, se ha considerado cooperador necesario a quien capta la tarjeta o sus datos para luego permitir su falsificación.
- El hecho de que el responsable o dependiente de un establecimiento comercial permita que la tarjeta falsa se use como medio de pago en su local ha sido considerado estafa.
- Tanto falsificación como tenencia poseen la misma penalidad, pero el mero uso está castigado con una sanción menor en el apartado 3 del art. 399 bis, y además este último apartado puede generar situaciones concursales con el delito de estafa.
- Para sancionar la mera posesión, es necesario que el sujeto sea conocedor de que tales tarjetas o cheques son falsos, y además que tal posesión esté destinada a una posterior distribución o tráfico, esto es, que se pretenda introducir tales documentos en el tráfico jurídico. Ello se inferirá generalmente de la gran cantidad de tarjetas o cheques poseídos, que constituirá un indicio
- Se contemplan los supuestos de falsificaciones masivas, creándose un elevado número de tarjetas o cheques falsos.

- Ha de resultar de aplicación preferente este tipo agravado del propio art. 399 bis, frente a la solución concursal con por ejemplo el blanqueo.
- En la obtención de dinero en un cajero automático con una tarjeta bancaria ajena se ha de acudir al apartado c) del art. 248.2 del Código Penal, que castiga expresamente a «los que utilizando tarjetas de crédito o débito, o cheques de viaje, o los datos obrantes en cualquiera de ellos, realicen operaciones de cualquier clase en perjuicio de su titular o de un tercero». Es una estafa, pero no se exige la existencia de engaño ni de error.
- Dentro de este tipo de delitos existe el *Phishing* es el delito de engañar a las personas para que compartan información confidencial como contraseñas y números de tarjetas de crédito.
- Hay casos en que se verifica un delito de hurto o robo en el que, junto con otros bienes, se sustrae una tarjeta bancaria. Posteriormente, tal tarjeta es empleada para efectuar una defraudación.
- En tales casos, sería posible apreciar conjuntamente los delitos de hurto o robo y posterior estafa.
- Hay casos en los que se emplean tarjetas bancarias ajenas y se utilizan como medio de pago para la adquisición de bienes o servicios. En este caso sí puede apreciarse la existencia de un «engaño a otro», puesto que el autor del delito pretende hacer creer al vendedor del bien o prestador del servicio que es el auténtico titular del medio de pago y estaríamos en el ámbito de la estafa.
- Hay la posibilidad de efectuar adquisiciones a través de Internet y la figura de la estafa informática permite abarcar este tipo de supuestos, en los que la relación personal de «engaño a otro» viene sustituida por la realización de una «manipulación informática u otro artificio semejante». Se estaría cometiendo una estafa específica del art. 248.2, apartado c), del Código Penal. «c) Los que utilizando tarjetas de crédito o débito, o cheques de viaje, o los datos obrantes en cualquiera de ellos, realicen operaciones de cualquier clase en perjuicio de su titular o de un tercero».
- Puede suceder que un sujeto use una tarjeta falsa, pero no ha intervenido en su previa falsificación (o al menos, no se puede probar este extremo). En tales casos, se plantea un concurso de normas entre el art. 399 bis apartado 3, que sanciona el uso de tarjetas previamente falsificadas; y el art. 248.2 apartado c), que castiga el uso de tarjetas bancarias en perjuicio de su titular o de un tercero. Se acude al principio de alternatividad, aplicando entonces el precepto que prevea la pena más grave.
- Calificar los supuestos en que un mismo sujeto lleva a cabo la falsificación y, posteriormente, emplea las tarjetas falsificadas.
- Pueden haber supuestos en que un mismo sujeto lleva a cabo la falsificación y posteriormente emplea las tarjetas falsificadas. Se hace presente aquí de nuevo una situación concursal entre el art. 399 bis y

el art. 248.2, que en esta ocasión no supone un concurso de normas, sino un concurso de delitos. Concretamente, un concurso medial entre ambas figuras delictivas. Así, el art. 399 bis se configura como un medio para cometer posteriores estafas, de tal modo que habrá un concurso medial entre el art. 399 bis 1 y la estafa del art. 248.2 c).

- Hay que tener en cuenta el art. 399 ter. En relación con los medios de pago distintos del efectivo.
- «Artículo 399 ter.
- A los efectos de este Código, se entiende por instrumento de pago distinto del efectivo cualquier dispositivo, objeto o registro protegido, material o inmaterial, o una combinación de estos, exceptuada la moneda de curso legal, que, por sí solo o en combinación con un procedimiento o conjunto de procedimientos, permite al titular o usuario transferir dinero o valor monetario incluso a través de medios digitales de intercambio».

Disposiciones generales: arts. 400 y 400 bis. CP

En el capítulo III del título XVIII se recogen dos «disposiciones generales» que recogen las siguientes conductas punibles:

1. Punibilidad de los actos preparatorios.
2. Uso de documento por persona no legitimada.

A tenor del art. 400 CP:

> «La fabricación, recepción, obtención, tenencia, distribución, puesta a disposición o comercialización de útiles, materiales, instrumentos, sustancias, datos y programas informáticos, aparatos, elementos de seguridad o cualquier otro medio diseñado o adaptado específicamente para la comisión de los delitos descritos en los capítulos anteriores, se castigarán con la pena señalada en cada caso para los autores».

Y según el art. 400 bis CP:

> «En los supuestos descritos en los artículos 392, 393, 394, 396 y 399 de este Código también se entenderá por uso de documento, despacho, certificación o documento de identidad falsos el uso de los correspondientes documentos, despachos, certificaciones o documentos de identidad auténticos realizado por quien no esté legitimado para ello».

El art. 400 del Código Penal castiga determinadas conductas que constituyen realmente actos preparatorios de los delitos de falsedades. Tales actuaciones giran en torno a métodos o instrumentos específicamente destinados para cometer estos delitos, y que aparecen descritos en el texto punitivo de forma excesivamente casuística: útiles, materiales, instrumentos, sustancias, datos y programas informáticos, aparatos y elementos de seguridad.

Tipos penales de falsedades personales

1. Usurpación del estado civil:

Según la RAE, **«usurpar»** es: «1. **Apoderarse** de una propiedad o de un derecho que legítimamente pertenece a otro, por lo general con violencia. 2. **Arrogarse la dignidad, empleo u oficio** de otro, y usarlos como si fueran propios».

Y el estado civil es el conjunto de cualidades, atributos y circunstancias de la persona, que la identifican jurídicamente y que determinan su capacidad con cierto carácter de generalidad y permanencia.

El art. 401 CP indica que: «El que **usurpare el estado civil** de otro será castigado con la pena de prisión de seis meses a tres años».

➔ **Bien jurídico protegido**: se trata de un delito pluriofensivo, donde los bienes jurídicos protegidos son el estado civil de la persona y el falseamiento de la realidad, pero con prevalencia de este sobre el primero, como así lo han dispuesto la STS 635/2009, 15 de junio y STS 331/2012, de 4 de mayo, en las que se remarca que en el CP vigente, este delito está ubicado en el título dedicado a las Falsedades. Como consecuencia de ello, entendemos que se protege también la seguridad del tráfico jurídico, y en definitiva la fe pública (STS 28 de febrero de 2006).

➔ **Acción típica**: usurpar el estado civil de otro. Se trata de un delito de simple actividad, para cuya apreciación no basta una suplantación momentánea y parcial, sino que es preciso continuidad y persistencia, y asunción de la total personalidad ajena con ejercicio de sus derechos y acciones dentro de su «estatus» familiar y social (Luzón, 2019).

> Si no consta acreditada la total y absoluta suplantación de la identidad de otra persona, para todos los efectos que integran tal identidad, no nos hallaremos ante un delito de usurpación sino ante un mero uso público (prolongado o no) de nombre supuesto, penalmente atípico (Cámara Arroyo y Abadías Selma 2021).

➔ **Sujeto activo**: puede serlo cualquiera. Las personas jurídicas no pueden ser sujetos activos ya que el art. 31 bis CP no les reconoce tal posibilidad (Cámara Arroyo y Abadías Selma 2021).

➔ **Sujeto pasivo**: puede serlo cualquiera, pero ha de ser una persona viva, pues un ser que no existe no posee estado civil alguno (Cuello, 1957). Siguiendo a Manzanares (2016, p. 1):

> «En cuanto al sujeto pasivo, ha de tenerse en cuenta que ya no se trata de un delito contra el estado civil de otra persona, que ocuparía aquella posición como titular del bien jurídico protegido, sino de una **falsedad personal** que atenta, al menos en primer término, **contra la fe pública.** Sucede, sin embargo, que ésta se materializa en una identidad concreta cuya usurpación **puede lesionar también intereses particulares**».

Las personas jurídicas no pueden ser sujetos pasivos de este delito, pues la acusación incumbe a aquella persona física que hubiera visto usurpado su estado civil (Cámara Arroyo y Abadías Selma 2021).

➔ **Elemento subjetivo**: se trata de una conducta dolosa, se requiere la concurrencia de dolo directo. En ocasiones solo se buscará la ocultación de la propia personalidad.

➔ **Consumación**: se consuma cuando se materializa la usurpación, y entendemos que cabe la tentativa. La comisión por omisión, aunque improbable, no resulta enteramente imposible.

➜ **Concurso**: cabe el concurso medial con la estafa, el intrusismo y la celebración de matrimonios ilegales, aplicándose el artículo 77 CP.

➜ **Penalidad**: prisión de seis meses a tres años.

Suplantación de identidad digital

Los delitos tradicionales han evolucionado con las nuevas tecnologías propagándose a un ritmo vertiginoso. Uno de los delitos que se ha irradiado con mayor velocidad ha sido el robo o usurpación de identidad. Siete de cada cien internautas españoles han sido víctimas de robo o abusos de datos o de información privada en el último año. (Eurostat). Siendo el país de la Unión Europea con más víctimas perjudicadas por el robo de identidad.

La suplantación de la personalidad ajena, en la que uno se hace pasar por otro (muy propia de la cobardía de ciertos delincuentes informáticos) no es delito autónomo en España, como lo es en otros sistemas jurídicos en Derecho comparado, al no conformar en sí misma, la suficiente entidad penal (VELASCO NÚÑEZ, 2019, p. 225).

El hacerse pasar por otro suele formar parte de la descripción de ciertos elementos de otros tipos penales, en operaciones concretas, constituyendo parte del delito: como es el caso del engaño bastante en los *phishing*, *child grooming*, *stalking*, etcétera.

Aplicar el 401 CP para la suplantación de identidad es motivo de rechazo por la jurisprudencia debido al que el tipo exige la suplantación del estado civil, lo que no se da en estos casos.

La jurisprudencia de la Sala Segunda del Tribunal Supremo, reflejada en sus sentencias de 23 de mayo de 1986 y 1 de junio de 2009, se considera que para la comisión del delito de usurpación de estado civil no basta con una suplantación momentánea y parcial, sino que **es preciso continuidad y persistencia, y asunción de la total personalidad ajena con ejercicio de sus derechos y acciones dentro de su status familiar y social**. (Audiencia Provincial de Barcelona, Sección 8.ª, Sentencia 385/2016 de 28 Mar. 2016, Rec. 293/2015)

En opinión de Lloria García (2013), una vez que el delito aparece entre las falsedades personales, y en atención a que comienza a dotarse a las direcciones de correo electrónico y a los perfiles en redes sociales de la característica de identificación de baja intensidad, puede llegar a una interpretación del art. 401.

La obtención del carné de conducir mediante el delito de usurpación del estado civil

En los últimos años y, sobre todo, a raíz de la entrada en vigor de la normativa de circulación que incluye el sistema de sanción por puntos, se han visto casos en los que se han producido usurpaciones del estado civil para obtener y/o recuperar el citado documento, con el lucro que comporta para el que usurpa.

Este tipo de delito se está produciendo con cierta incidencia entre la población extranjera que precisa del carnet de conducir para ganarse la vida y, sin embargo, no saben ni tan solo nuestro idioma. No es infrecuente que la policía desarticule bandas organizadas que se aprovechan de colectivos de personas necesitadas para lucrarse suplantando identidades con la finalidad de obtener el carnet de conducir llegando a cobrar cantidades de hasta 3 000 euros por carnet conseguido.

En la siguiente noticia vemos un caso relacionado con este tipo de comisión delictiva. SEPÚLVEDA, A. (2019). Desarticulada en Palma una red que suplantaba identidades para obtener el carnet de conducir.
Disponible en: https://cutt.ly/Bryexpl

---

2. Usurpación de funciones públicas:

A tenor del art. 402 CP: «El que **ilegítimamente** ejerciere **actos propios de una autoridad o funcionario público** atribuyéndose carácter oficial, será castigado con la pena de prisión de uno a tres años».

➔ **Bien jurídico protegido**: es el ejercicio de las funciones que corresponden a las autoridades o funcionarios.

➔ **Acción típica**: los elementos que componen la conducta delictiva son los siguientes:

- Que se ejerzan **actos propios de una autoridad o funcionario público**.
- Que se realicen de **manera ilegítima**.
- Que el sujeto que realice la **conducta se atribuya carácter oficial**.

En cuanto a la **atribución**, según CÓRDOBA RODA (2004), ha de consistir en una acción positiva capaz de determinar un engaño, **bastando un acto inequívoco** respecto a los «actos propios».

➔ **Sujeto activo**: puede serlo cualquiera.

➔ **Sujeto pasivo**: puede serlo cualquiera.

➔ **Elemento subjetivo**: se trata de una conducta dolosa.

➔ **Concursos**: el hecho puede ser un medio para cometer una estafa, falsedades, etc., delitos con los que entra en concurso ideal-medial, siendo aplicable el art. 77.3. En el delito de detenciones ilegales la usurpación de funciones queda absorbida en la cualificación prevista en el art. 165 CP.

➔ **Consumación**: se consuma en el momento en el que el sujeto activo ejecuta los actos.

➔ **Penalidad**: prisión de uno a tres años.

Por otra parte, el art. 402 bis. CP indica que: «El que sin estar autorizado usare pública e indebidamente uniforme, traje o insignia que le atribuyan carácter oficial será castigado con la pena de multa de uno a tres meses».

Entendemos que aquí hay un acto de engaño que muy posiblemente busque alguna finalidad torticera. Esta conducta se vuelve a introducir en el Código Penal en la reforma de 2015 como delito leve.

3. Intrusismo:

Según la RAE, el intrusismo es el: «ejercicio de actividades profesionales por persona no autorizada para ello. Puede constituir delito».

A tenor del art. 403. 1 CP:

> «1. El que ejerciere actos propios de una profesión **sin poseer el correspondiente título académico expedido o reconocido en España** de acuerdo con la legislación vigente, incurrirá en la pena de multa de doce a veinticuatro meses. Si la actividad profesional desarrollada exigiere un título oficial que acredite la capacitación necesaria y habilite legalmente para su ejercicio, y no se estuviere en posesión de dicho título, se impondrá la pena de multa de seis a doce meses».

➜ **Bien jurídico protegido**: es el poder de policía, **estado de control de las profesiones** para que se ejerzan cumpliendo los requisitos de titulación establecidos en determinados ámbitos y tutelar los intereses económicos de los grupos profesionales. Los orígenes del intrusismo profesional se encuentran ya en el Derecho de Partidas y en la Novísima Recopilación en relación con los falsos médicos, pero nos podemos remontar a los antiguos gremios del medievo.

Según Luzón (2001, p. 4):

> «Es frecuente aludir —o, al menos, discutirlo— **al carácter pluriofensivo del delito**, sosteniendo parte de la doctrina y de la jurisprudencia la existencia de una **pluralidad de bienes jurídicos**».

El mismo autor destaca que el bien jurídico protegido fundamentalmente es el interés en exigir el título como garantía para el ejercicio profesional, que corresponde a la sociedad, que es por ello sujeto pasivo del delito.

➜ **Acción típica**: ejercer profesiones sin la titulación requerida.

➜ **Sujeto activo**: puede serlo cualquiera, aunque hay profesiones que requieren una especial pericia, como podría ser el higienista bucodental que trabaja como dentista.

➜ **Sujeto pasivo**: puede serlo cualquiera.

➜ **Elemento subjetivo**: es un delito doloso.

➜ **Consumación**: se consuma cuando se consigue ejercer sin el título, y entendemos que cabe la tentativa. Siguiendo a Luzón (2001, p. 5):

> «(...) comete el delito si ejerce actos profesionales, pese a sus conocimientos y pericia material, el profesor o titulado de una prestigiosa Universidad extranjera, cuyo título o diploma no haya sido reconocido o convalidado, o quien, teniendo terminada la carrera, no ha obtenido el título».

➜ **Penalidad**: multa de doce a veinticuatro meses.

Si la actividad profesional desarrollada exigiere un título oficial que acredite la capacitación necesaria y habilite legalmente para su ejercicio, y no se estuviere en posesión de dicho título, se impondrá la pena de multa de seis a doce meses.

Subtipo agravado

Según el art. 403.2 CP:

> «2. Se impondrá una pena de prisión de seis meses a dos años si concurriese alguna de las siguientes circunstancias:
> a) Si el culpable, además, **se atribuyese públicamente la cualidad** de profesional amparada por el título referido.
> b) Si el culpable ejerciere los actos a los que se refiere el apartado anterior en un **local o establecimiento abierto al público** en el que se anunciare la prestación de servicios propios de aquella profesión».

Vemos aquí un mayor castigo en el hecho de atribuirse una cualidad profesional **de forma pública** y también cuando la conducta se lleva a cabo en locales **o establecimientos abiertos al público**, pues el daño que pudiera causarse es mucho mayor.

Intrusismo profesional

El **intrusismo profesional** tiene un ámbito de actuación muy proclive a la comisión del delito en relación con la estética corporal. Liposucciones, operaciones mamarias, reducciones de estómago, etc. son un terreno en el que se maneja mucho dinero y en el que los que cometen intrusismo se aprovechan de la necesidad y la ignorancia de las personas para engañar y lucrarse sin escrúpulos.

Para saber más sobre el intrusismo, os recomendamos
ver el siguiente vídeo de Informe Semanal:
https://cutt.ly/Crtyfsa

16.3. Delitos contra la Administración pública

Lo que caracteriza a estos delitos es la confianza traicionada en la correcta gestión de la cosa pública por parte de los encargados de servirla, la ausencia de integridad del autor que se debe presuponer siempre, precisamente por la propia índole del puesto, mando o cargo desempeñado. Son, por ello, infracciones contra la sociedad que inciden en su adecuado funcionamiento y, en postrer término, en su indudable prestigio.

Ya el art. 103 CE indica que:

> «**La Administración Pública sirve con objetividad** los intereses generales y actúa de acuerdo con los principios de eficacia, jerarquía, descentralización, desconcentración y coordinación, con sometimiento pleno a la ley y al Derecho.
> Los órganos de la Administración del Estado son creados, regidos y coordinados de acuerdo con la ley.
> La ley regulará el estatuto de los funcionarios públicos, el acceso a la función pública de acuerdo con los principios de mérito y capacidad, las peculiaridades del ejercicio de su derecho a sindicación, el sistema de incompatibilidades y las garantías para la imparcialidad en el ejercicio de sus funciones».

Y en consonancia, la CE en su art. 106 preceptúa que:

> «Los Tribunales controlan la potestad reglamentaria y la **legalidad de la actuación administrativa**, así como el sometimiento de ésta a los fines que la justifican.
> Los particulares, en los términos establecidos por la ley, tendrán **derecho a ser indemnizados** por toda lesión que sufran en cualquiera de sus bienes y derechos, salvo en los casos de fuerza mayor, siempre que la lesión sea consecuencia del funcionamiento de los servicios públicos».

Para conocer el concepto de **autoridad o funcionario público** hay que acudir al art. 24 CP, que indica lo siguiente:

> «1. A los efectos penales se reputará **autoridad** al que por sí solo o como miembro de alguna corporación, tribunal u órgano colegiado tenga mando o ejerza jurisdicción propia. En todo caso, tendrán la consideración de autoridad los miembros del Congreso de los Diputados, del Senado, de las Asambleas Legislativas de las Comunidades Autónomas y del Parlamento Europeo. Tendrán también la consideración de autoridad los funcionarios del Ministerio Fiscal y los Fiscales de la Fiscalía Europea.
> 2. Se considerará **funcionario público** todo el que por disposición inmediata de la Ley o por elección o por nombramiento de autoridad competente participe en el ejercicio de funciones públicas».

La jurisprudencia ha considerado como autoridad a los diputados de las Cortes Generales, a los jueces incluidos los de paz, a los notarios, inspectores de trabajo, directores de centros penitenciarios, tenientes de alcalde, cuando ejercen como alcalde, decanos de colegios profesionales, como el de abogados, ministros, delegados de hacienda, vicedecanos en funciones de decano, jefes provinciales de correos, gobernadores civiles, miembros del Gobierno, magistrados del Tribunal Constitucional y del CGPJ, consejero de una comunidad autónoma, etc.

Muñoz Conde (2022, p. 809) indica que el funcionario público:

> «(...) tiene que participar en el ejercicio de funciones públicas, por **disposición inmediata de la ley, por elección o por nombramiento** de la autoridad competente, aunque estas tres fuentes de la incorporación pueden reducirse a una: a la disposición de la ley, por cuanto la elección o el nombramiento tienen que basarse en una ley que las determine. Quien realice funciones públicas careciendo de este requisito no es funcionario a efectos penales».

La jurisprudencia remarca que, en cuanto al acceso del funcionario a sus funciones públicas, nada importa en cuanto a requisitos de selección, categoría (aunque fuera modesta), sistema de retribución, estatuto legal y reglamentario, sistema de previsión, estabilidad o temporalidad. Resulta bastante un contrato laboral o incluso el acuerdo entre el interesado y la persona investida de facultades para el nombramiento (STS 2361/2001, 4-12 y STS 68/2003, 27-1).

Haciendo referencia a la confianza que la sociedad deposita en sus funcionarios, se pronuncia Roca (2013, p. 1) cuando afirma que:

> «La responsabilidad penal de los empleados públicos es una cuestión de suma importancia, tanto desde un punto de vista jurídico, como social. No en vano, cada vez que se comete un delito por un funcionario **la confianza que la sociedad tiene depositada en los gestores de lo público se resiente**».

Y es por ello que entendemos que estos delitos trascienden al caso y afectan de forma expansiva a la confianza de la ciudadanía en las administraciones públicas.

Tipos penales

Prevaricación

Era habitual que los jueces se amparasen en el **principio de intervención mínima** del derecho penal para desviar conductas hacia otros sectores del ordenamiento jurídico. Sin embargo, después de la crisis económica que empezó en 2008, ha habido un cambio de tendencia, pues se esquilmaron miles de bolsillos con delitos como el de prevaricación, dictándose resoluciones administrativas injustas a sabiendas, por ejemplo, en recalificaciones urbanísticas sin fundamento, y así se ha intentado evitar la absolución de sujetos criminalmente responsables (*Vid.* FERNÁNDEZ CABRERA, 2017).

El profesor MESTRE DELGADO (2017) ha sistematizado las conductas constitutivas de delito de prevaricación, basándose en la jurisprudencia del Tribunal Supremo, cuando la resolución dictada muestre:

> «(...) total ausencia de fundamento; si se ha dictado por órganos incompetentes; si se omiten trámites esenciales del procedimiento; si de forma patente y clamorosa desbordan la legalidad; si existe patente y abierta contradicción con el ordenamiento jurídico y desprecio de los intereses generales».

Según CADENA (2018, p. 5):

> «Por eso se exige para rellenar el contenido de la arbitrariedad, que la resolución no sólo sea jurídicamente incorrecta, sino que además no sea sostenible mediante ningún método aceptable de interpretación de la ley. Frecuentemente esa flagrante ilegalidad ha sido calificada mediante distintos adjetivos ("palmaria", "patente", "evidente", "grosera", "clamorosa", "grotesca", "esperpéntica", etc.), pero, en todo caso, **lo decisivo es el aspecto sustantivo**, es decir, los supuestos de hecho en los que esos adjetivos han sido utilizados».

Hay autores como CUGAT (2014) que distinguen entre una **resolución prevaricadora**, que es aquella arbitraria o injusta, y la que se deriva de un delito de **cohecho** o de **tráfico de influencias**, que simplemente sería desviada.

Tipo básico

Según el artículo 404 CP:

> «A la autoridad o funcionario público que, a sabiendas de su injusticia, **dictare una resolución arbitraria** en un asunto administrativo se le castigará con la pena de inhabilitación especial para empleo o cargo público y para el ejercicio del derecho de sufragio pasivo por tiempo de nueve a quince años».

➜ **Bien jurídico protegido**: es el correcto funcionamiento de la Administración Pública, y por ende se protege a la sociedad. Más concretamente se trata de proteger el recto y normal funcionamiento de la Administración Pública sujetándose al sistema de valores preceptuado en la Constitución, a tenor de los arts. 103 y 106, estableciendo el primero la obligación de la Administración pública de servir con objetividad a los intereses generales, con pleno sometimiento a la ley y al derecho, y el segundo el mismo sometimiento al principio de legalidad de la actuación administrativa y de esta a los fines que la justifican (LUZÓN CUESTA, 2019).

➜ **Acción típica**: dictar una resolución arbitraria en un asunto administrativo a sabiendas. Puede existir este delito por omisión.

La jurisprudencia reiterada del Tribunal Supremo en SSTS 1021/2013, de 26 de noviembre y 743/2013, de 11 de octubre (entre otras) ha señalado que, para apreciar la existencia de un delito de prevaricación será necesario:

1. Una resolución dictada por **autoridad o funcionario** en asunto administrativo.
2. Que sea objetivamente contraria al derecho, es decir, **ilegal**.
3. Que la contradicción con el derecho o ilegalidad, que puede manifestarse en la falta absoluta de competencia, en la omisión de trámites esenciales del procedimiento o en el propio contenido sustancial de la resolución, sea de tal entidad que no pueda ser explicada con una argumentación técnico-jurídica mínimamente razonable, es decir, **arbitraria**.
4. Que ocasione un **resultado materialmente injusto**.
5. Que la resolución sea dictada con la finalidad de hacer efectiva la voluntad particular de la autoridad o funcionario y con el **conocimiento de actuar en contra del derecho**.

➜ **Sujeto activo**: ha de ser autoridad o funcionario público.

➜ **Sujeto pasivo**: puede serlo cualquiera.

➜ **Elemento subjetivo**: «a sabiendas» nos indica que es un delito doloso. En el delito de prevaricación **el elemento subjetivo es determinante** para diferenciar la mera ilegalidad administrativa, por grave que resulte, del comportamiento sancionado penalmente. Dictar, u omitir, la resolución **arbitraria** no determina, por sí mismo, la comisión del delito de prevaricación, si no se constata la concurrencia del **elemento subjetivo** de la misma, pues para ello se requiere, como señala la STS 152/2015, de 24 de febrero o la STS 797/2015, de 24 de noviembre, la clara conciencia de la ilegalidad o de la arbitrariedad que se ha cometido.

Como bien indica Fernández Cabrera (2017, p. 15) otro de los aspectos problemáticos del tipo subjetivo del delito de prevaricación ha sido la **prueba del dolo**, problema compartido con el resto de los delitos contra la Administración pública. En este sentido, la doctrina suele aludir a la existencia de **dificultades probatorias insalvables**.

➜ **Concurso**: cabe el concurso con el cohecho (art. 419) y con el tráfico de influencias (art. 428).

➜ **Consumación**: se consuma cuando se dicta la resolución injusta.

➜ **Penalidad**: inhabilitación especial para empleo o cargo público y para el ejercicio del derecho de sufragio pasivo por tiempo de nueve a quince años.

El delito de prevaricación ha sido calificado por la jurisprudencia como actuaciones de los funcionarios ilegales: patentes, palmarias, evidentes, flagrantes, esperpénticas, etc.

El caso ERE: el mayor caso de corrupción pública de la historia de España

En noviembre de 2019, la Audiencia Provincial de Sevilla condenó a José Antonio Griñán a seis años de prisión por **prevaricación y malversación** y a Manuel Chaves a nueve años de inhabilitación especial por **prevaricación**. La Justicia «en mayúsculas» volvía a alcanzar a quienes fueron presidentes de la Junta de Andalucía, ministros y hombres de suma confianza del presidente Felipe González.

En una dura sentencia, la justicia castigó a la excúpula del PSOE andaluz por urdir un «sistema fraudulento» que contaba con 680 millones de euros que, de forma arbitraria, se repartieron a empresas en crisis. Pero lo más grave es que, en algunos casos, el dinero fue a parar a personas que nunca trabajaron en esas empresas. La exconsejera y exministra Magdalena Álvarez y el exconsejero Gaspar Zarrías fueron inhabilitados por **prevaricación** y el tribunal impuso penas de cárcel a otros cuatro exconsejeros.

La sentencia es un claro castigo a las políticas de empleo de la Junta de Andalucía, gobernada por el PSOE durante 36 años ininterrumpidos hasta diciembre de 2018. Chaves y Griñán, líderes históricos del socialismo andaluz, gobernaron la comunidad durante 23 años, período en el que se instauró el fondo de los ERE, cuya primera sentencia deja mancillada para siempre la carrera política de ambos. Solo dos de los 21 procesados fueron absueltos. Las defensas anunciaron que recurrirían el fallo ante el Tribunal Supremo.

Después de los miles de despidos causados por las crisis industriales de los 90, la Junta de Andalucía creó un fondo que respaldase económicamente a empresas con dificultades económicas. El objetivo era conceder subvenciones y prejubilaciones a trabajadores cuyas empresas entrasen en un ERE. La partida presupuestaria de los ERE, también denominada «fondo de reptiles», ascendió a 854 838 243 euros. Esta cifra hace de este caso de corrupción política el más grande de la historia de España. El 80 % del dinero se destinó a financiar las prejubilaciones de 5 982 trabajadores de Andalucía. Estos fondos procedían siempre de la partida presupuestaria 31-L y fueron repartidos por el Instituto de Fomento de Andalucía (IFA), luego renombrado como la agencia IDEA (Innovación y Desarrollo de Andalucía).

Se trata del proceso judicial con mayor número de investigados en España, unos 300 fueron los que respondieron en el juicio.

Para saber más sobre el caso de los ERE, os recomendamos los siguientes enlaces:
https://cutt.ly/rrt91a0 y https://cutt.ly/xrt9BGG

Nombramientos ilegales

Según el art. 405 CP:

> «A la autoridad o funcionario público que, en el ejercicio de su competencia y **a sabiendas de su ilegalidad**, propusiere, nombrare o diere posesión para el ejercicio de un determinado cargo público a cualquier persona sin que concurran los requisitos legalmente establecidos para ello, se le castigará con las penas de multa de tres a ocho meses y suspensión de empleo o cargo público por tiempo de uno a tres años».

➜ **Bien jurídico protegido**: el correcto funcionamiento de las administraciones públicas, y por ende se protege a la sociedad y a nuestro sistema democrático.

➜ **Acción típica**: se castiga el proponer, nombrar o dar posesión de un determinado cargo público a cualquier persona que no tiene los requisitos para ello. No se castiga al intruso designante, sino al que está facultado funcionario o autoridad que, competente de modo abstracto para tal proposición, nombramiento o posesión, lo **realiza a favor del sujeto carente de los requisitos legales** para el desempeño del cargo o función, de modo que, careciendo de tal competencia, no cometería este delito, sino, en su caso, el de usurpación de funciones (LUZÓN CUESTA, 2019, p. 308).

➜ **Sujeto activo**: es una autoridad o funcionario público y es necesario que goce de competencia para proponer, nombrar o dar posesión.

➜ **Sujeto pasivo**: puede serlo cualquiera.

➜ **Elemento subjetivo**: es un delito doloso.

➜ **Consumación**: se consuma con la mera propuesta, aunque no se haya llegado al nombramiento o a la toma de posesión.

➜ **Penalidad**: multa de tres a ocho meses y suspensión de empleo o cargo público por tiempo de uno a tres años.

Aceptación de nombramiento ilegal

A tenor del artículo 406 CP: «La misma pena de multa se impondrá a la persona que acepte la propuesta, nombramiento o toma de posesión mencionada en el artículo anterior, sabiendo que carece de los requisitos legalmente exigibles».

Según MUÑOZ CONDE (2019), el tipo requiere igualmente el conocimiento de la falta de los requisitos legalmente exigibles.

Delitos de dejación de funciones

A tenor del artículo 407 CP:

> «1. A la autoridad o funcionario público que **abandonare su destino** con el propósito de no impedir o no perseguir cualquiera de los delitos comprendidos en los Títulos XXI, XXII, XXIII y XXIV se le castigará con la pena de prisión de uno a cuatro años e inhabilitación absoluta para empleo o cargo público por tiempo de seis a diez años. Si hubiera realizado el abandono para no impedir o no perseguir cualquier otro delito, se le impondrá la pena de inhabilitación especial para empleo o cargo público por tiempo de uno a tres años.
>
> Las mismas penas se impondrán, respectivamente, cuando el abandono tenga por objeto no ejecutar las penas correspondientes a estos delitos impuestas por la autoridad judicial competente».

➜ **Bien jurídico protegido**: el correcto funcionamiento de las administraciones públicas, y por ende se protege a la sociedad y a nuestro sistema democrático.

➜ **Acción típica**: habrá de examinarse en cada caso si entre sus competencias figura la de impedir o perseguir delitos, y en cuanto al abandono, tanto puede ser temporal como definitivo, comunicándolo al superior o de forma subrepticia. Admite tanto la comisión activa (marcharse del puesto), como la omisiva (no ir al puesto). Se persigue el propósito de no impedir o no perseguir cualquiera de los delitos comprendidos en los títulos XXI, XXII, XXIII y XXIV CP.

➜ **Sujeto activo:** ha de ser autoridad o funcionario público.

➜ **Sujeto pasivo**: lo es la sociedad en general.

➜ **Elemento subjetivo**: es un delito doloso.

➜ **Consumación**: se produce la consumación en el momento del abandono, y entendemos que cabe la tentativa.

➜ **Penalidad**: inhabilitación especial para empleo o cargo público por tiempo de uno a tres años. Las mismas penas se impondrán, respectivamente, cuando el abandono tenga por objeto no ejecutar las correspondientes a estos delitos impuestas por la autoridad judicial competente.

Para este delito de dejación de funciones, puede verse la Sentencia del Tribunal Supremo, Sala Segunda, de lo Penal, Sentencia 698/2014 de 28 de octubre de 2014, Rec. 619/2014, siendo ponente D. Manuel Marchena Gómez (La Ley 174466/2014, ECLI:ES:TS:2014:4551). En dicha sentencia se discute si un agente de la Guardia Civil que proporciona al coacusado las planillas de servicio que le permiten conocer los puntos de control y vigilancia instalados por los agentes puede constituir cohecho.

No se trataba de hacer un favor personal, sino de una actuación enmarcada en su servicio profesional, como agente de la Guardia Civil. Los acusados eran conscientes de la obtención de un beneficio material, para uno la obtención de la dádiva, para otro la impunidad en la consecución de sus propósitos delictivos. Se discute si hubo **abandono de destino y temporal dejación de funciones** para favorecer la comisión de un delito u omitir su persecución, pues hubo aceptación por el agente del trato de debilitar los controles fronterizos con abono de una cuantía como contraprestación.

Delito especial de omisión propia

Según el artículo 408 CP:

> «La autoridad o funcionario que, faltando a la obligación de su cargo, dejare intencionadamente de promover la persecución de los delitos de que tenga noticia o de sus responsables, incurrirá en la pena de inhabilitación especial para empleo o cargo público por tiempo de seis meses a dos años».

➜ **Bien jurídico protegido**: el normal funcionamiento de las administraciones públicas y de nuestro sistema democrático.

➜ **Acción típica**: sus requisitos esenciales son el abandono efectivo del servicio y el grave perjuicio del servicio a la comunidad pública a causa de este abandono (se introducen elementos normativos culturales o sociales).

➜ **Sujeto activo**: Se trata de un delito de omisión pura que solo puede cometer la autoridad o funcionario encargado específicamente de la persecución y castigo de los delitos: jueces, policía judicial, fiscales, etc.

➜ **Sujeto pasivo**: la víctima es la sociedad que espera un comportamiento correcto de sus autoridades y funcionarios.

➜ **Elemento subjetivo**: es un delito doloso.

➜ **Concurso**: En el caso de que la no persecución dé lugar a la comisión de otros delitos de la misma naturaleza, como abandono de destino, infidelidad en la custodia de documentos, denegación de auxilio o encubrimiento, habrá un concurso de leyes a resolver por el criterio de la alternatividad (Muñoz Conde, 2019).

➜ **Consumación**: se produce cuando hay el abandono efectivo del servicio y el grave perjuicio del mismo.

➜ **Penalidad**: pena de inhabilitación especial para empleo o cargo público por tiempo de seis meses a dos años.

Me parece de sumo interés lo que indica el magistrado Conde-Pumpido con carácter previo a la sentencia del Tribunal Supremo n.º 259/2015, de 30 de abril, que asevera con meridiana claridad que:

> «(...) pocas dudas pueden albergarse, y menos en el momento actual en el que la reacción social frente al fenómeno de la **corrupción política** y administrativa está a la altura de la relevancia de esta lacra, respecto de la necesidad de que los gestores públicos gocen de la confianza y el respeto de los ciudadanos. Y si para ello es exigible **cierta ejemplaridad social a quien ejerce cualquier función pública**, con más intensidad debe hacerse respecto de aquellos cuya función consiste precisamente, en ser representantes de los ciudadanos».

Abandono colectivo de servicio público

Según el artículo 409 CP:

> «A las autoridades o funcionarios públicos que promovieren, dirigieren u organizaren el **abandono colectivo y manifiestamente ilegal** de un servicio público, se les castigará con la pena de multa de ocho a doce meses y suspensión de empleo o cargo público por tiempo de seis meses a dos años.
>
> Las autoridades o funcionarios públicos que meramente tomaren parte en el abandono colectivo o manifiestamente ilegal de un servicio público esencial y con grave perjuicio de éste o de la comunidad, serán castigados con la pena de multa de ocho a doce meses».

➜ **Bien jurídico protegido**: el normal funcionamiento de las administraciones públicas.

➜ **Acción típica**: penaliza «el abandono colectivo y manifiestamente ilegal», lo que solo puede ser punible si no se respetan esos servicios mínimos, ni la regulación jurídica de los mismos en casos de huelga. Indica Luzón Cuesta (2019, p. 310) en relación con el derecho de huelga que:

> «(...) en el Proyecto de 1994, el Grupo Parlamentario IU-IC propuso en el Congreso su supresión, por entender que "promover el abandono colectivo de un servicio puede pertenecer al **ejercicio legítimo del derecho de huelga y,** de entrar en el terreno de la ilegalidad, tiene **su tratamiento en el ámbito del Derecho administrativo** sancionador"».

➜ **Sujeto activo**: autoridades o funcionarios públicos.

➜ **Sujeto pasivo**: lo es la sociedad.

➜ **Elemento subjetivo**: es un delito doloso.

➜ **Consumación**: se consuma cuando se promueve, dirige u organiza el abandono colectivo y manifiestamente ilegal de un servicio público. También se consuma cuando se toma parte en el abandono colectivo o manifiestamente ilegal de un servicio público esencial.

➜ **Penalidad**: multa de ocho a doce meses y suspensión de empleo o cargo público por tiempo de seis meses a dos años. Y en relación con el segundo párrafo de este artículo, pena de multa de ocho a doce meses.

Dos años de cárcel para 23 trabajadores por invadir las pistas de El Prat en 2006

En 2006 una huelga de controladores aéreos terminó con invasión de las pistas y perjudicando a miles de usuarios que querían volar. Además, se estaba dañando el tráfico aéreo de una infraestructura del Estado considerada como de máxima importancia. Los trabajadores que ejercieron su derecho constitucional a la huelga vieron como la Fiscalía y diferentes asociaciones de afectados por la suspensión del tráfico aéreo comercial provocada por el **abandono colectivo y sin previo aviso** de sus funciones por parte de los controladores aéreos civiles intentaron que fueran condenados como reos de un **delito de sedición**, tipificado en los arts. 20 y 21 de la Ley 209/1964, de 24 de diciembre, Penal y Procesal en materia de Navegación Aérea.

El art. 20 LPPNA castiga con la pena de prisión menor (que oscilaba entre seis meses y tres años), como reos de sedición, a:

> «(...) los miembros de la tripulación de la aeronave o empleados de aeropuertos que, en número suficiente para **perturbar el servicio, abandonen colectivamente sus funciones** en la aeronave o el aeropuerto, en actitud de protesta, desobediencia coactiva o represalia contra el Comandante (de la aeronave) o Jefe (del aeropuerto) respectivo».

Y el art. 21 LPPNA establece la pena de prisión menor a prisión mayor que oscila entre seis meses y ocho años.

Finalmente, en 2010 la Audiencia de Barcelona condenó a **dos años de prisión a veintitrés de los veintisiete trabajadores** acusados de invadir las pistas del Aeropuerto de El Prat en el verano de 2006 durante una huelga ilegal, y **absolvió** a otros cuatro, todo ello en relación con un **delito de desórdenes públicos**.

Para saber más sobre el caso, consultad el siguiente documento:
https://cutt.ly/Crt0302

Supuestos especiales de abandono: los producidos cuando haya peligro de rebelión.

A tenor del artículo 483 CP:

> «Los funcionarios que continúen desempeñando sus cargos bajo el mando de los alzados o que, sin habérseles admitido la renuncia de su empleo, lo abandonen cuando haya peligro de rebelión, incurrirán en la pena de inhabilitación especial para empleo o cargo público de seis a doce años».

Se castigan aquí casos en los que peligra seriamente el orden constitucional si se trata de una situación de rebelión.

Desobediencia y denegación de auxilio

Según MUÑOZ CONDE (2022, p. 821):

> «La actuación de la función pública está informada por dos principios: el de jerarquía y el de coordinación. El primero supone la supeditación de los órganos inferiores a los superiores y el deber de obediencia de aquéllos frente a éstos. El segundo, la interrelación entre los diversos órganos y la mutua ayuda para el mejor cumplimiento de sus fines. La infracción de estos principios constituye la médula de los delitos que ahora vamos a examinar».

Desobediencia: delito especial impropio, de mera actividad

Según el art. 118 CE:

> «Es obligado cumplir las sentencias y demás resoluciones firmes de los Jueces y Tribunales, así como prestar la colaboración requerida por éstos en el curso del proceso y en la ejecución de lo resuelto».

Negativa abierta

Según el artículo 410 CP:

> «1. Las autoridades o funcionarios públicos que se negaren abiertamente a dar el debido cumplimiento a resoluciones judiciales, decisiones u órdenes de la autoridad superior, dictadas dentro del ámbito de su respectiva competencia y revestidas de las formalidades legales, incurrirán en la pena de multa de tres a doce meses e inhabilitación especial para empleo o cargo público por tiempo de seis meses a dos años».

➔ **Bien jurídico protegido**: se protege a la función pública y a la sociedad en general.

➔ **Acción típica**: la acción consiste en **«negarse abiertamente»**. Es preciso, por tanto, una **acción positiva**, no bastando el simple incumplimiento o inejecución: acción positiva que ha de ser además **«abierta»**, expresa, clara y terminante. Un sector doctrinal y jurisprudencial admite la posibilidad de la **simple omisión**.

El incumplimiento ha de recaer sobre «resoluciones judiciales, decisiones u órdenes de la autoridad superior, dictadas dentro del ámbito de su respectiva competencia y revestidas de las formalidades legales» (MUÑOZ CONDE, 2019, p. 822).

La negativa se caracteriza, no solo porque la desobediencia adopte en apariencia una forma abierta, terminante y clara, sino también es punible «la que resulte de pasividad reiterada o presentación de dificultades y trabas que en el fondo demuestran una voluntad rebelde» (STS 1203/1997, de 11-10).

➔ **Sujeto activo**: han de ser autoridades o funcionarios públicos.

➔ **Sujeto pasivo**: la víctima aquí en realidad es toda la sociedad.

➜ **Elemento subjetivo**: entendemos que es un delito doloso. Para demostrar el dolo, MAGRO (2015, pp. 5-6) indica que será preciso un apercibimiento previo para demostrar la actitud de no querer acatar lo estipulado, todo y que el tipo penal no lo prevea:

«Aunque el tipo legal del delito desobediencia no incluye que el mandato se ha de hacer con **apercibimiento específico** de poder incurrir en un delito de desobediencia en caso de no acatar la orden, es lo cierto que a tal presupuesto se viene atendiendo jurisprudencialmente con el objeto de verificar el ánimo rebelde de quién, a pesar de ello, decide despreciar lo ordenado, es decir, para **verificar el elemento subjetivo de la infracción o dolo**.

En consecuencia, adquiere especial trascendencia en el ámbito penal la existencia de un apercibimiento previo, a modo de requerimiento preciso, claro, expreso y terminante de las consecuencias que la vulneración del mandato u orden puede generar en el eventual incumplidor.

Con ello, aunque no forma parte del tipo, resultará preciso que en el requerimiento conste la advertencia de cometer el delito en el caso de reiteración en la conducta».

➜ **Consumación**: es suficiente con que la orden, resolución judicial, etc., que sea desobedecida tenga los **requisitos legales mínimos de apariencia de legitimidad** para obligar al funcionario.

➜ **Penalidad**: multa de tres a doce meses e inhabilitación especial para empleo o cargo público por tiempo de seis meses a dos años.

«Señalar que la imposición de **las multas coercitivas se imponen con independencia de que el condenado tenga abiertas las diligencias penales** por desobediencia, ya que se trata de dos hechos distintos, en tanto en cuanto las diligencias se le abren por un delito de desobediencia, y la multa coercitiva se impone por **desoír los requerimientos efectuados** para que deshaga lo mal hecho y reponga la situación creada al estado anterior si pese a la condena que recibió insistió en seguir adelante en sus conductas y fue por ello por lo que fue requerido para que cesara en su actuación, pese a lo cual persistió en su actuación» (MAGRO, 2015, p. 7).

Según el apartado 2 del art. 410 CP:

«2. No obstante lo dispuesto en el apartado anterior, no incurrirán en responsabilidad criminal las autoridades o funcionarios por no dar cumplimiento a un mandato que constituya una infracción manifiesta, clara y terminante de un precepto de Ley o de cualquier otra disposición general».

Se contiene aquí una causa de justificación, pues el carácter manifiesto, claro y terminante de la infracción debe estimarse con un criterio objetivo. Un ejemplo podría ser el desobedecer una orden que consista en entrar armado en el Congreso de los Diputados, como ocurrió en el intento de golpe de estado del 23 de febrero de 1981.

Desobediencia a una orden reiterada

A tenor del artículo 411 CP:

«La autoridad o funcionario público que, **habiendo suspendido**, por cualquier motivo que no sea el expresado en el apartado segundo del artículo anterior, la **ejecución de las órdenes de sus superiores**, las **desobedeciere** después de que aquéllos hubieren desaprobado la suspensión, incurrirá en las penas de multa de doce a veinticuatro meses, e inhabilitación especial para empleo o cargo público por tiempo de uno a tres años».

➔ **Bien jurídico protegido**: lo es el normal funcionamiento de las administraciones públicas.

➔ **Acción típica**: es el suspender la **ejecución de órdenes de sus superiores**, o desobedecer después de que aquellos hubieren desaprobado la suspensión.

Como señala ORTS (2019), la mayor pena solo puede explicarse atendiendo a que, en este caso el funcionario desobedece dos veces, una cuando suspende la ejecución, y otra cuando se reitera en su postura, pese a la indicación de su superior de que proceda a la ejecución de las órdenes recibidas.

➔ **Sujeto activo**: es una autoridad o funcionario público.

➔ **Sujeto pasivo**: la víctima lo es la sociedad.

➔ **Elemento subjetivo**: es necesario el dolo.

➔ **Consumación**: cuando este la desaprueba y manda continuar la ejecución es cuando se da esta modalidad.

➔ **Penalidad**: multa de doce a veinticuatro meses, e inhabilitación especial para empleo o cargo público por tiempo de uno a tres años.

Denegación de auxilio

A) Denegación de auxilio a la autoridad

Según el artículo 412.1 CP:

> «1. El funcionario público que, requerido por autoridad competente, **no prestare el auxilio debido** para la Administración de Justicia u otro servicio público, incurrirá en las penas de multa de tres a doce meses, y suspensión de empleo o cargo público por tiempo de seis meses a dos años».

➔ **Bien jurídico protegido**: se protege el normal funcionamiento de la Administración de Justicia u otro servicio público.

➔ **Acción típica**: no prestar el auxilio debido para la Administración de Justicia u otro servicio público.

➔ **Sujeto activo**: ha de ser un funcionario público.

➔ **Sujeto pasivo**: lo sufre la Administración de Justicia u otro servicio público.

➔ **Elemento subjetivo**: es un delito doloso.

➔ **Consumación**: el delito es de simple omisión.

➔ **Penalidad**: multa de tres a doce meses, y suspensión de empleo o cargo público por tiempo de seis meses a dos años.

Según el apartado 2 del art. 412 CP:

> «2. Si el requerido fuera **autoridad, jefe o responsable de una fuerza pública o un agente de la autoridad**, se impondrán las penas de multa de doce a dieciocho meses y suspensión de empleo o cargo público por tiempo de dos a tres años».

Aquí vemos que hay una especialidad en el sujeto activo, que ha de ser autoridad, jefe o responsable de una fuerza pública o un agente de la autoridad, como lo podría ser un guardia civil.

La falta de cooperación, según la interpretación jurisprudencial, ha de ser maliciosa, llevada a cabo con conciencia del deber de prestar la colaboración requerida y con voluntad expresa de rehusarlo (STS 22-3-1986). No es preciso que el requerimiento provenga de un superior jerárquico, pues la omisión comportaría el delito de desobediencia (S. 24-9-1990).

b) Denegación de auxilio a un particular

> «3. La autoridad o funcionario público que, **requerido por un particular** a prestar algún auxilio a que venga obligado por razón de su cargo para evitar un delito contra la vida de las personas, se abstuviera de prestarlo, será castigado con la pena de multa de dieciocho a veinticuatro meses e inhabilitación especial para empleo o cargo público por tiempo de tres a seis años.
>
> Si se tratase de un delito contra la integridad, libertad sexual, salud o libertad de las personas, será castigado con la pena de multa de doce a dieciocho meses y suspensión de empleo o cargo público de uno a tres años.
>
> En el caso de que tal requerimiento lo fuera para evitar cualquier otro delito u otro mal, se castigará con la pena de multa de tres a doce meses y suspensión de empleo o cargo público por tiempo de seis meses a dos años».

➔ **Bien jurídico protegido**: lo es la vida de las personas.

➔ **Acción típica**: consiste en la abstención de prestar auxilio para evitar un delito contra la vida de las personas.

➔ **Sujeto activo**: es una autoridad o funcionario público.

➔ **Sujeto pasivo**: lo puede ser cualquiera.

➔ **Elemento subjetivo**: es de carácter doloso.

➔ **Consumación**: se consuma cuando se produce la conducta omisiva.

➔ **Penalidad**: multa de dieciocho a veinticuatro meses e inhabilitación especial para empleo o cargo público por tiempo de tres a seis años.

Hay una especialidad en cuanto al bien jurídico protegido y, por ende, con la pena, pues si se tratase de un **delito contra la integridad, libertad sexual, salud o libertad de las personas**, será castigado con la pena de multa de doce a dieciocho meses y suspensión de empleo o cargo público de uno a tres años.

16.4. Infidelidad en la custodia de documentos y de la violación de secretos

a) Sustracción, destrucción, inutilización u ocultación de documentos

Según el artículo 413 CP:

> «La autoridad o funcionario público que, a sabiendas, **sustrajere, destruyere, inutilizare u ocultare**, total o parcialmente, documentos cuya custodia le esté encomendada por razón de su cargo, incurrirá en las penas de prisión de uno a cuatro años, multa de siete a veinticuatro meses, e inhabilitación especial para empleo o cargo público por tiempo de tres a seis años».

➜ **Bien jurídico protegido**: lo es la fiabilidad de las administraciones públicas que se sirven de funcionarios y/o autoridades para llevar a cabo el servicio a la ciudadanía.

➜ **Acción típica**: se trata de sustraer, destruir, inutilizar u ocultar, total o parcialmente, documentos cuya custodia le esté encomendada al sujeto activo.

➜ **Sujeto activo**: autoridad o funcionario, «por razón de su cargo» (o el particular en los casos previstos en el art. 416 CP.

El sujeto activo es necesario que tenga la **«custodia funcional»** del documento y así no se ha apreciado el delito respecto al policía que presta servicio de noche para la custodia y seguridad del edificio de la comisaría, en cuanto ello **no le convierte en encargado de los documentos depositados** en la misma, cuyo trámite, despacho o archivo no le están encomendados (STS 2740/1993, de 4-12).

➜ **Sujeto pasivo**: lo son las diferentes administraciones públicas, y por consiguiente también los ciudadanos afectados.

➜ **Elemento subjetivo**: «a sabiendas» nos indica que es un delito doloso.

➜ **Consumación**: se consuma en el momento en el que se producen los hechos descritos, si bien, cabe la tentativa.

➜ **Penalidad**: prisión de uno a cuatro años, multa de siete a veinticuatro meses, e inhabilitación especial para empleo o cargo público por tiempo de tres a seis años.

b) Quebrantamientos de medios puestos para impedir el acceso

A tenor del artículo 414 CP:

> «1. A la autoridad o funcionario público que, por razón de su cargo, tenga encomendada la custodia de documentos respecto de los que **la autoridad competente haya restringido el acceso**, y que a sabiendas destruya o inutilice los medios puestos para impedir ese acceso o consienta su destrucción o inutilización, incurrirá en la pena de prisión de seis meses a un año o multa de seis a veinticuatro meses y, en cualquier caso, inhabilitación especial para empleo o cargo público por tiempo de uno a tres años.

➜ **Bien jurídico protegido**: se protege el derecho de los ciudadanos a acceder a documentos de acceso restringido.

➜ **Acción típica**: lo relevante es que la autoridad competente haya restringido el acceso al documento mediante algún tipo de medio ideal para marcar alguna cosa (mueble o inmueble), identificarla, cerrarla, etc.

➜ **Sujeto activo**: es la autoridad o funcionario público.

➜ **Sujeto pasivo**: lo será el ciudadano que no puede acceder a esa documentación que requiera.

➜ **Elemento subjetivo**: «a sabiendas», nos indica que es un delito doloso. El consentimiento debe interpretarse como un consentimiento al quebrantamiento y, por ello, como un consentimiento doloso.

➔ **Consumación**: se consuma cuando se ha restringido el acceso al documento mediante algún tipo de medio ideal para marcar alguna cosa (mueble o inmueble), identificarla, cerrarla, etc., y entendemos que se admite la tentativa.

Según ORTS Berenguer (2019) no se requiere, en uno ni en otro apartado, que, como consecuencia de la destrucción de los medios referidos, se consiga el apoderamiento o destrucción o inutilización de los documentos, bastando para la consumación aquella destrucción o inutilización.

➔ **Penalidad**: prisión de seis meses a un año o multa de seis a veinticuatro meses y, en cualquier caso, inhabilitación especial para empleo o cargo público por tiempo de uno a tres años.

Según el art. 414.2 CP: «El **particular** que destruyere o inutilizare los medios a que se refiere el apartado anterior, será castigado con la pena de multa de seis a dieciocho meses».

Aquí apreciamos una variante en cuanto al **sujeto activo**, que habrá de ser un particular.

c) Acceso a documentos secretos

A tenor del artículo 415 CP:

> «La autoridad o funcionario público no comprendido en el artículo anterior que, a sabiendas y sin la debida autorización, accediere o permitiere acceder a documentos secretos cuya custodia le esté confiada por razón de su cargo, incurrirá en la pena de multa de seis a doce meses, e inhabilitación especial para empleo o cargo público por tiempo de uno a tres años».

➔ **Bien jurídico protegido**: se protege el acceso a la documentación de la ciudadanía.

➔ **Acción típica**: acceder o permitir acceder a documentos secretos sin la debida autorización.

➔ **Sujeto activo**: lo es la autoridad o funcionario público no comprendido en el artículo anterior.

➔ **Sujeto pasivo**: lo es cualquier ciudadano que quiere acceder a una documentación y se ve privado de ese derecho.

➔ **Elemento subjetivo**: «a sabiendas» nos indica que se trata de un delito doloso.

➔ **Consumación**: se tipifica también la conducta activa, como la comisión por omisión.

➔ **Penalidad**: multa de seis a doce meses, e inhabilitación especial para empleo o cargo público por tiempo de uno a tres años.

d) Violaciones de secretos

Esta palabra en su etimología viene del latín *secrētum* y la segunda acepción proviene del latín *secrētus*, participio pasivo de *secernĕre* que quiere decir *segregar*. Se trata de apartar una información y no divulgarla porque tiene un interés determinado.

Las peculiaridades del secreto son:

- Es conocido por personas determinadas.
- Existe un interés en mantenerlo oculto.
- En caso de que fuera dado a conocer ocasionaría un perjuicio.
- Ha de ser efectivo, esto es, no puede ser aparente o simulado.
- Ha de ser actual, ya que si el interés en mantener el secreto se ha diluido este ya no tendrá razón de ser.
- Ha de ser lícito (no puede subsistir en el derecho el deber de secreto para esconder la inmoralidad del delito).

Pero el secreto tiene unos límites, que son los siguientes:

- El deber de declarar.
- El deber de denunciar.
- El deber de colaboración.
- El deber de sigilo.

Según el artículo 416 CP:

> «Serán castigados con las penas de prisión o multa inmediatamente inferiores a las respectivamente señaladas en los tres artículos anteriores los particulares encargados accidentalmente del despacho o custodia de documentos, por comisión del Gobierno o de las autoridades o funcionarios públicos a quienes hayan sido confiados por razón de su cargo, que incurran en las conductas descritas en los mismos».

➜ **Bien jurídico protegido**: las Administraciones públicas y la ciudadanía.

➜ **Acción típica**: se trata de una acción supeditada a los tres artículos anteriores.

Este tipo penal se aplicó en relación con particulares **encargados accidentalmente** del reparto de propaganda electoral por comisión de la Jefatura Provincial de Telecomunicación, que procedieron a su quema o destrucción (STS 27-2-1985), o a encargado, como colaborador con el servicio de Correos, del reparto de correspondencia (STS 1843/1994, de 20-10), así como el abogado que recibió la causa para calificación a través del procurador (STS 289/1996, de 30-3).

➜ **Sujeto activo**: son los particulares encargados accidentalmente del despacho o custodia de documentos.

➜ **Sujeto pasivo**: va en función de los tres artículos anteriores.

➜ **Elemento subjetivo**: es un delito doloso.

➜ **Consumación**: se consuma en relación con los actos indicados en los tres artículos anteriores.

➜ **Penalidad**: prisión o multa inmediatamente inferiores a las respectivamente señaladas en los tres artículos anteriores.

A tenor del artículo 417.1 CP:

«1. La autoridad o funcionario público que **revelare secretos o informaciones de los que tenga conocimiento por razón de su oficio o cargo y que no deban ser divulgados**, incurrirá en la pena de multa de doce a dieciocho meses e inhabilitación especial para empleo o cargo público por tiempo de uno a tres años.

Si de la revelación a que se refiere el párrafo anterior resultara **grave daño para la causa pública** o para tercero, la pena será de prisión de uno a tres años, e inhabilitación especial para empleo o cargo público por tiempo de tres a cinco años».

La diferencia entre los tipos penales del art. 417 CP y la infracción administrativa al deber de sigilo y discreción que impone al funcionario público el art. 80 de la ley de funcionarios civiles del Estado, es la relevancia del hecho, la entidad, mayor o menor, del perjuicio a la causa pública o a un tercero (VELASCO NÚÑEZ 2021).

➜ **Bien jurídico protegido**: es el buen funcionamiento de la Administración Pública, y el servicio que los poderes públicos han de prestar a la comunidad, que se ve alterado por la revelación de los secretos.

Los principios de igualdad e imparcialidad, que no se respetan cuando se produce una violación de los secretos o informaciones protegidos por la ley, y que pueden perjudicar la causa pública afectan a este bien jurídico.

El bien jurídico tutelado es por un lado el cumplimiento del deber de sigilo por parte del funcionario y por otro lado se trata de proteger el buen y eficaz funcionamiento de la Administración *ex* art. 103.1 CE y por ende, la confianza depositada por el Estado en el servidor público (deber de fidelidad del funcionario). Se protege la confidencialidad de determinados secretos o informaciones que precien como necesarios. El daño que se produzca a la Administración por la revelación debe ser cierto, real y efectivo. *Vid.* SÁNCHEZ ADSUAR (2005).

➜ **Acción típica**: el concepto fundamental es el de secreto, es decir, algo conocido por pocas personas que, conforme al interés público o privado, **no debe ser publicado o dado a conocer a un círculo más amplio** (MUÑOZ CONDE, 2022).

En el secreto oficial, el carácter de secreto viene, normalmente, determinado por la propia naturaleza del hecho y en base a una ley o disposición de carácter general.

La regulación legal del **secreto administrativo** da lugar al doble deber de callar ante unos y hablar ante otros. El fundamento se encuentra en razones de interés público y privado, que se resumen en el buen funcionamiento de la Administración pública:

➜ **Eficacia**, relativa al proceso de toma de decisiones: requiere una cierta reserva o secreto que permita valorar sin presiones las circunstancias del caso y evitar la difusión de rumores contradictorios.

➜ La **perturbación** que al buen funcionamiento de la Administración produce la atención que hay que dedicar a responder preguntas y a proporcionar datos o documentos (SÁNCHEZ ADSUAR, 2005).

La revelación consiste en hacer público lo que no deba serlo.

Por otra parte, hay que estar aquí a lo que dispone la Ley 9/1968, de 5 de abril, **sobre secretos** oficiales (BOE n.º 84, de 06/04/1968), que ya en el preámbulo indica:

> «Mas si la **publicidad** ha de ser característica de la actuación de los Órganos del Estado, es innegable la necesidad de imponer limitaciones, cuando precisamente de esa publicidad puede derivarse perjuicio para la causa pública, la **seguridad del mismo Estado** o los **intereses de la colectividad nacional**».

Por otra parte, ello está en concordancia con el art. 301 de la Ley de Enjuiciamiento Criminal que reza:

> «**Las diligencias del sumario serán reservadas y no tendrán carácter público** hasta que se abra el juicio oral, con las excepciones determinadas en la presente Ley.
>
> El abogado o procurador de cualquiera de las partes que revelare indebidamente el contenido del sumario, será corregido con multa de 500 a 10.000 euros.
>
> En la misma multa incurrirá cualquier otra persona que no siendo funcionario público cometa la misma falta.
>
> El funcionario público, en el caso de los párrafos anteriores, incurrirá en la responsabilidad que el Código Penal señale en su lugar respectivo».

En la actualidad esta conducta se castiga en el art. 466 CP, entre los delitos contra la Administración de Justicia, si bien limitado al caso de **actuaciones procesales declaradas secretas**.

➔ **Sujeto activo**: lo es la autoridad o funcionario público, aunque no sea preciso que sea autoridad, con facultades resolutivas. Se puede castigar por este delito a un funcionario con facultad de mero informe (un funcionario con habilitación nacional), pero que ha revelado un secreto.

➔ **Sujeto pasivo**: puede serlo cualquiera.

➔ **Elemento subjetivo**: es un delito doloso.

➔ **Concurso**: si lo hubiera, estaríamos ante un delito contra el honor y el concurso será ideal.

➔ **Consumación**: se consuma en el momento de la revelación del secreto o información.

➔ **Penalidad**: prisión de uno a tres años, e inhabilitación especial para empleo o cargo público por tiempo de tres a cinco años.

Y según el art. 417.2 CP: «2. Si se tratara de **secretos de un particular**, las penas serán las de prisión de dos a cuatro años, multa de doce a dieciocho meses, y suspensión de empleo o cargo público por tiempo de uno a tres años».

El bien jurídico protegido es la intimidad, y es un derecho fundamental reconocido en el artículo 18 de la Constitución española cuando preceptúa, en su primer apartado (*Vid.* Sánchez Goyanes, 1989, pp. 67-68): «se garantiza el derecho al honor, a la intimidad personal y familiar y a la propia imagen». Este derecho fundamental tiene dos dimensiones, una dimensión que se denomina derecho a la **intimidad corporal**, y otra denominada derecho a la **intimidad personal**.

Aquí hay una diferenciación por parte del **sujeto pasivo**, pues **la víctima es un particular**. Se admite la comisión por omisión.

Podemos pensar aquí en algún secreto que sale a la luz pública porque un funcionario de Hacienda lo divulga por el barrio del contribuyente. Aquí entran los casos de los confidentes policiales, es decir, de los que prestan sus servicios de información a la policía, bien sea de forma altruista o remunerada.

Es obvio que la ocultación de sus nombres es importante para su propia eficacia, además de impedir represalias de los delatados. El confidente debe ser identificado ante la autoridad judicial que investigue un hecho, de lo contrario su testimonio carece de valor procesal (MUÑOZ CONDE, 2019).

> La regulación legal del secreto administrativo da lugar al doble deber de callar ante unos y hablar ante otros.

Diferencias entre la violación de secretos y la revelación de secretos

La relación existente entre los tipos penales de violación de secretos (art. 417 CP) y revelación de secretos (art. 197 CP) surge del texto de ambos. La cuestión se plantea entre el art. 197.2 y el 417.2, dado que este último hace referencia a secretos de un particular. Sin embargo, mientras en el caso del descubrimiento y revelación de secretos se trata de un acceso indebido a la fuente de datos (RODRÍGUEZ RAMOS LADARIA, *et al.* 2009, p. 1239).

A tenor del artículo 418 CP:

> «El particular que aprovechare para sí o para un tercero el secreto o la **información privilegiada** que obtuviere de un funcionario público o autoridad, será castigado con multa del tanto al triplo del beneficio obtenido o facilitado y la pérdida de la posibilidad de obtener subvenciones o ayudas públicas y del derecho a gozar de los beneficios o incentivos fiscales o de la Seguridad Social durante el período de uno a tres años. Si resultara grave daño para la causa pública o para tercero, la pena será de prisión de uno a seis años y la pérdida de la posibilidad de obtener subvenciones o ayudas públicas y del derecho a gozar de los beneficios o incentivos fiscales o de la Seguridad Social durante el período de seis a diez años».

16.5. Cohecho

Según el *Diccionario* de la RAE (2019) en su acepción 3.ª el cohecho es un «delito consistente en sobornar a un juez o a un funcionario en el ejercicio de sus funciones, o en la aceptación del soborno por parte de aquellos».

El delito de cohecho supone una relación bilateral entre dos personas, el particular y la autoridad o funcionario, entre los cuales media la existencia de un soborno, que evidentemente viene a alterar, en distintos niveles, el buen funcionamiento de la Administración pública.

De acuerdo con la terminología tradicional (y no muy intuitiva), el comportamiento del particular que lleva a cabo el soborno o acepta las exigencias del funcionario se denomina **«cohecho activo»**, mientras que la actuación del funcionario que solicita o acepta la dádiva o promesa recibe el nombre de **«cohecho pasivo»**. El delito de cohecho supone una relación bilateral entre dos personas, el particular y la autoridad o funcionario, entre los cuales media la existencia de un **soborno**, que evidentemente viene a alterar, en distintos niveles, el buen funcionamiento de la Administración pública.

Tal y como afirma LUZÓN CUESTA (2019, p. 318), estamos ante un delito bilateral, ya que:

> «(...) exige el **convenio o acuerdo entre las dos personas** que necesariamente han de intervenir en él y el conocimiento por parte de ellas del acto punible, la misma Sala Segunda ha destacado su carácter unilateral, en cuanto el Código "contempla dos figuras distintas de cohecho —**uno el activo y otro el pasivo**— ambas de carácter unisubjetivo", de modo que cada grupo responde de su propio delito —el cohecho activo o el pasivo— sin que le sea aplicable las reglas de la co-participación criminal, ya que para la consumación de los respectivos tipos basta la unilateral iniciativa o proposición-solicitud, sin que sea exigible un "pactum sceleris" o convenio corruptor».

El cohecho es un delito que se comete con bastante frecuencia, pero en pocas ocasiones se persigue y, por lo tanto, existe una elevada cifra negra que escapa al castigo penal.

El Código Penal regula tres modalidades de cohecho pasivo propio en los artículos 419, 420 y 421, en función de la finalidad perseguida con la dádiva.

a) Cohecho de funcionario

A tenor del artículo 419 CP:

> «La autoridad o funcionario público que, en provecho propio o de un tercero, recibiere o solicitare, por sí o por persona interpuesta, dádiva, favor o retribución de cualquier clase o aceptare ofrecimiento o promesa para realizar en el ejercicio de su cargo un acto contrario a los deberes inherentes al mismo o para no realizar o retrasar injustificadamente el que debiera practicar, incurrirá en la pena de prisión de tres a seis años, multa de doce a veinticuatro meses, e inhabilitación especial para empleo o cargo público y para el ejercicio del derecho de sufragio pasivo por tiempo de nueve a doce años, sin perjuicio de la pena correspondiente al acto realizado, omitido o retrasado en razón de la retribución o promesa, si fuera constitutivo de delito».

➔ **Bien jurídico protegido**: es, por una parte, el normal funcionamiento de los servicios públicos, que los órganos e instituciones del Estado vienen obligadas a proporcionar a los ciudadanos con arreglo a la Constitución y al resto del ordenamiento jurídico, y por otro, el prestigio de la función y de los servicios públicos, a quienes se debe proteger frente a cualquier injusta sospecha en relación con el adecuado cumplimiento de los deberes inherentes a su cargo.

➔ **Acción típica**: recibir dádiva, favor o retribución por sí o por otro. Ha de admitirse de forma efectiva la dádiva, independientemente de quien sea quien inicie la conducta. Puede consistir en:

- Solicitar estas, por sí o por otro, siendo suficiente la mera solicitud para su tipificación, y se entiende consumado en el mismo momento que esta se produce.
- Aceptar ofrecimiento o promesa.

El Código Penal emplea actualmente otros términos aparte de dádiva: favor, retribución de cualquier clase, ofrecimiento o promesa.

La jurisprudencia ha manifestado que no es necesario que conste la cuantía exacta de la dádiva, sino **solo su existencia** (STS 705/2000, de 18 de abril).

Ha de realizarse con una finalidad de aprovechamiento, ya sea propio o de un tercero. La conducta punible puede ser por acción u omisión.

➜ **Sujeto activo**: autoridad o funcionario público en el ejercicio de su cargo.

En primer lugar, la definición de **autoridad y funcionario público** está contenida en el artículo 24 del Código Penal:

> «1. A los efectos penales se reputará autoridad al que por sí solo o como miembro de alguna corporación, tribunal u órgano colegiado tenga mando o ejerza jurisdicción propia. En todo caso, tendrán la consideración de autoridad los miembros del Congreso de los Diputados, del Senado, de las Asambleas Legislativas de las Comunidades Autónomas y del Parlamento Europeo. Tendrán también la consideración de autoridad los funcionarios del Ministerio Fiscal y los Fiscales de la Fiscalía Europea.
> 2. Se considerará funcionario público todo el que por disposición inmediata de la Ley o por elección o por nombramiento de autoridad competente participe en el ejercicio de funciones públicas».

El concepto de autoridad se basa en tener mando o ejercer jurisdicción propia.

A tenor del art. 427 del CP también son funcionarios:

> Artículo 427 CP.
> «Lo dispuesto en los artículos precedentes será también aplicable cuando las conductas descritas sean realizadas por o afecten a:
> a) Cualquier persona que ostente un cargo o empleo legislativo, administrativo o judicial de un país de la Unión Europea o de cualquier otro país extranjero, tanto por nombramiento como por elección.
> b) Cualquier persona que ejerza una función pública para un país de la Unión Europea o cualquier otro país extranjero, incluido un organismo público o una empresa pública, para la Unión Europea o para otra organización internacional pública.
> c) Cualquier funcionario o agente de la Unión Europea o de una organización internacional pública.
> d) Cualquier persona a la que se haya asignado y que esté ejerciendo una función de servicio público que consista en la gestión, en los Estados miembros o en terceros países, de intereses financieros de la Unión Europea o en tomar decisiones sobre esos intereses».

El artículo 423 del Código Penal extiende a **algunos particulares**, en virtud de la específica función que desempeñan, la consideración de **posibles sujetos activos** del delito de cohecho pasivo, equiparados a las autoridades o funcionarios públicos. Según este precepto:

> «Lo dispuesto en los artículos precedentes será igualmente aplicable a los jurados y árbitros, nacionales o internacionales, así como a mediadores, peritos, administradores o interventores designados judicialmente, administradores concursales o a cualesquiera personas que participen en el ejercicio de la función pública».

➜ **Sujeto pasivo**: es el ciudadano que se ve perjudicado por un anormal funcionamiento de la Administración.

➜ **Elemento subjetivo**: es un delito doloso.

➜ **Concurso**: cabe concurso con otros delitos, sin embargo, no puede aplicarse la agravante de precio, recompensa o promesa ya que forman parte del tipo penal SERRANO GÓMEZ y SERRANO MAÍLLO (2011).

➜ **Consumación**: se consuma por la mera solicitud u ofrecimiento de la dádiva, y no es preciso que se produzca ningún resultado. Sin embargo, es posible la tentativa si la persona interpuesta no cumple todo el proceso, pues es el encargado de solicitar de un tercero la dádiva o presente y no lo hace SERRANO GÓMEZ y SERRANO MAÍLLO (2011).

➜ **Penalidad**: prisión de tres a seis años, multa de doce a veinticuatro meses, e inhabilitación especial para empleo o cargo público y para el ejercicio del derecho de sufragio pasivo por tiempo de nueve a doce años, sin perjuicio de la pena correspondiente al acto realizado.

Tipo atenuado

A tenor del artículo 420 CP:

> «La autoridad o funcionario público que, en provecho propio o de un tercero, recibiere o solicitare, por sí o por persona interpuesta, dádiva, favor o retribución de cualquier clase o aceptare ofrecimiento o promesa para realizar un acto propio de su cargo, incurrirá en la pena de prisión de dos a cuatro años, multa de doce a veinticuatro meses e inhabilitación especial para empleo o cargo público y para el ejercicio del derecho de sufragio pasivo por tiempo de cinco a nueve años».

La jurisprudencia demuestra que en el ámbito de esta modalidad se encuentran los actos de «trasfuguismo político».

Según el artículo 421 CP:

> «Las penas señaladas en los artículos precedentes se impondrán también cuando la dádiva, favor o retribución se recibiere o solicitare por la autoridad o funcionario público, en sus respectivos casos, como recompensa por la conducta descrita en dichos artículos».

Se trata del cohecho pasivo en recompensa por el acto ya realizado. La jurisprudencia exige para la consecución de este tipo delictivo la expresa aceptación de la solicitud o promesa.

Posibles ejemplos de esta modalidad de cohecho serían los siguientes: expedir pasaportes falsos; no hacer constar datos de relevancia tributaria por parte de un inspector fiscal; no tramitar expedientes sancionadores; miembros de Fuerzas de Seguridad que informan sobre redadas de vigilancia para permitir la entrada de droga (STS 676/2012, de 26 de julio); inspector médico que falsea expedientes de incapacidad (STS 636/2012, de 13 de julio, sobre la denominada «Operación Karlos»).

Siguiendo a (LUZÓN CUESTA, 2019), se sanciona una conducta denominada como «cohecho subsiguiente», en el que se pretende o acepta un modo de pago de la que parece ser considerada por el funcionario o por el particular como una deuda pendiente.

Tipo pasivo impropio

El artículo 422 CP indica que:

> «La autoridad o funcionario público que, en provecho propio o de un tercero, admitiera, por sí o por persona interpuesta, dádiva o regalo que le fueren ofrecidos en consideración a su cargo o función, incurrirá en la pena de prisión de seis meses a un año y suspensión de empleo y cargo público de uno a tres años».

➜ **Bien jurídico protegido**: el normal funcionamiento de los servicios públicos, que los órganos e instituciones del Estado vienen obligadas a proporcionar a los ciudadanos.

➔ **Acción típica**: admitir, por sí o por persona interpuesta, dádiva o regalo que le fueren ofrecidos en consideración a su cargo o función.

Mientras estas dádivas o regalos **no pasen de cuantías moderadas** o de lo que en los usos sociales (variables según la zona geográfica y el carácter de sus gentes) se considere forma habitual de relación amistosa (invitar a una cerveza, ofrecer tabaco, etc.), el art. 422 no debe ser aplicado, por más que el regalo se realice en consideración a su cargo o función. Se trataría, por lo tanto, de una dádiva de naturaleza material y contenido económico.

El problema se plantea cuando estas dádivas o regalos exceden de lo que se considera «adecuado socialmente» (Muñoz Conde, 2022).

Luzón Cuesta (2019, p. 320) puntualiza que:

> «El tipo, que suele calificarse como "**cohecho impropio**", a diferencia de los supuestos anteriores, no se refiere a la conducta de la autoridad o funcionario que "recibiere o solicitare" para seguir una determinada conducta, o como recompensa por la observada, sino del que "admitiera" lo que le fuere ofrecido "en consideración a su función", de modo que si una solicitud del funcionario, sin alguna de las finalidades señaladas, "no va seguida de la aceptación del solicitado y de la efectiva entrega del regalo por parte de éste a aquél, **no hay delito**, por más que esto parezca algo que no se corresponde con la sistemática que preside los otros tipos de cohecho"».

➔ **Sujeto activo**: es una autoridad o funcionario público.

➔ **Sujeto pasivo**: la ciudadanía.

➔ **Elemento subjetivo**: es un delito doloso. Exige el comportamiento doloso de la autoridad o funcionario público, que ha de poseer la voluntad libre y consciente de aceptar los regalos con la conciencia o en la convicción de que estos le son presentados por razón de su cargo.

➔ **Consumación**: se consuma en el momento de admitir, por sí o por persona interpuesta, dádiva o regalo. La autoridad o funcionario comete el delito cuando manifiesta su aceptación a la dádiva, sin necesidad de que llegue a recibirla de forma efectiva.

➔ **Penalidad**: prisión de seis meses a un año y suspensión de empleo y cargo público de uno a tres años.

Según el artículo 423 CP y, en relación con lo dicho:

> «Lo dispuesto en los artículos precedentes será igualmente aplicable a los jurados y árbitros, nacionales o internacionales, así como a mediadores, peritos, administradores o interventores designados judicialmente, administradores concursales o a cualesquiera personas que participen en el ejercicio de la función pública».

Vemos aquí que cambia el sujeto activo y que además estamos ante un **delito especial, pues solo lo puede cometer un tipo de personas muy concretas**. Además, en el art. 427 CP, se ha ampliado el círculo de posibles autores, recogiendo también los delitos de cohecho cometidos por funcionarios de la Unión Europea.

A tenor del artículo 427 CP:

> «Lo dispuesto en los artículos precedentes será también aplicable cuando las conductas descritas sean realizadas por o afecten a:

a) Cualquier persona que ostente un cargo o empleo legislativo, administrativo o judicial de un país de la Unión Europea o de cualquier otro país extranjero, tanto por nombramiento como por elección.

b) Cualquier persona que ejerza una función pública para un país de la Unión Europea o cualquier otro país extranjero, incluido un organismo público o una empresa pública, para la Unión Europea o para otra organización internacional pública.

c) Cualquier funcionario o agente de la Unión Europea o de una organización internacional pública.

d) Cualquier persona a la que se haya asignado y que esté ejerciendo una función de servicio público que consista en la gestión, en los Estados miembros o en terceros países, de intereses financieros de la Unión Europea o en tomar decisiones sobre esos intereses».

En cuanto a los funcionarios extranjeros, (ROCA 2013, p. 3) explicita que en un principio el art. 24 CP estaba pensado solo para funcionarios españoles, pero España no puede obviar que tiene múltiples compromisos internacionales:

«A raíz de ciertos compromisos internacionales adquiridos por España en la lucha contra la corrupción, resultaba insuficiente el concepto de funcionario contenido en el art. 24 CP y se ha tenido que extender en la Parte Especial el ámbito de la punibilidad de ciertas infracciones a los funcionarios extranjeros (arts. 427 y 445 CP). En efecto, desde un punto de vista histórico, cabe afirmar que el funcionario al que se refiere el art. 24 CP es exclusivamente un funcionario español.

Con la introducción de los preceptos aludidos, desde un punto de vista sistemático, dicha interpretación se ve corroborada, pues si no su previsión sería innecesaria».

Responsabilidad penal de las personas jurídicas

Se contiene en al artículo 427 bis. CP que indica que:

«Lo dispuesto en los artículos precedentes será también aplicable cuando las conductas descritas sean realizadas por o afecten a:

a) Cualquier persona que ostente un cargo o empleo legislativo, administrativo o judicial de un país de la Unión Europea o de cualquier otro país extranjero, tanto por nombramiento como por elección.

b) Cualquier persona que ejerza una función pública para un país de la Unión Europea o cualquier otro país extranjero, incluido un organismo público o una empresa pública, para la Unión Europea o para otra organización internacional pública.

c) Cualquier funcionario o agente de la Unión Europea o de una organización internacional pública.

d) Cualquier persona a la que se haya asignado y que esté ejerciendo una función de servicio público que consista en la gestión, en los Estados miembros o en terceros países, de intereses financieros de la Unión Europea o en tomar decisiones sobre esos intereses».

En el caso de condena a una autoridad o funcionario público por el delito de cohecho pasivo, tal responsabilidad penal no se transmitirá a ninguna Administración pública ni organismo público. La única excepción está constituida por las sociedades mercantiles públicas, que sí podrán ser consideradas penalmente responsables, si bien se limitan las clases de penas que les podrán ser aplicables.

b) Cohecho de particular (cohecho activo)

A tenor del artículo 424 CP:

«1. El particular que ofreciere o entregare dádiva o retribución de cualquier otra clase a una autoridad, funcionario público o persona que participe en el ejercicio de la función pública para que realice un acto contrario a los deberes inherentes a su cargo o un acto propio de su cargo, para que no realice o retrase el que debiera practicar, o en consideración a su cargo o función, será castigado en sus respectivos casos, con las mismas penas de prisión y multa que la autoridad, funcionario o persona corrompida.

2. Cuando un particular entregare la dádiva o retribución atendiendo la solicitud de la autoridad, funcionario público o persona que participe en el ejercicio de la función pública, se le impondrán las mismas penas de prisión y multa que a ellos les correspondan.

3. Si la actuación conseguida o pretendida de la autoridad o funcionario tuviere relación con un procedimiento de contratación, de subvenciones o de subastas convocados por las Administraciones o entes públicos, se impondrá al particular y, en su caso, a la sociedad, asociación u organización a que representare la pena de inhabilitación para obtener subvenciones y ayudas públicas, para contratar con entes, organismos o entidades que formen parte del sector público y para gozar de beneficios o incentivos fiscales y de la Seguridad Social por un tiempo de cinco a diez años».

El bien jurídico protegido es el respeto debido por parte del particular al correcto funcionamiento de los órganos estatales, en el deber de imparcialidad.

El particular interfiere con su soborno en la actuación de la autoridad o funcionario público y por ende al normal funcionamiento de las administraciones públicas.

Las conductas incriminadas en el cohecho activo son las siguientes:

- Ofrecer dádiva o retribución de cualquier clase a la autoridad o funcionario para conseguir:
  - Que realice un acto que incumpla los deberes del cargo, incluso un acto delictivo
  - Que retrase u omita un acto debido
  - Que realice un acto propio del cargo
  - En consideración a su función.
- Entregar la dádiva atendiendo la solicitud del funcionario o autoridad, en cualquiera de las cuatro anteriores situaciones.

El delito de cohecho activo se consuma con el simple ofrecimiento dirigido a corromper al funcionario o con la mera aceptación de la solicitud. No es necesario, por lo tanto, ni la ejecución del acto pretendido, ni la entrega efectiva de la dádiva.

Soborno con afinidad o parentesco

Según el artículo 425 CP:

«Cuando el soborno mediare en causa criminal a favor del reo por parte de su cónyuge u otra persona a la que se halle ligado de forma estable por análoga relación de afectividad, o de algún ascendiente, descendiente o hermano por naturaleza, por adopción o afines en los mismos grados, se impondrá al sobornador la pena de prisión de seis meses a un año»

Se entiende, en estos casos, que la situación personal de quien intenta obtener el trato de favor para su familiar justifica una pena inferior.

La excusa prevista en el art. 426 CP:

> «Quedará exento de pena por el delito de cohecho el particular que, habiendo accedido ocasionalmente a la solicitud de dádiva u otra retribución realizada por autoridad o funcionario público, denunciare el hecho a la autoridad que tenga el deber de proceder a su averiguación antes de la apertura del procedimiento, siempre que no haya transcurrido más de dos meses desde la fecha de los hechos».

Hay que fijar el significado de «ocasionalmente», puesto que la exención de pena solo operará cuando el particular haya accedido a las solicitudes de la autoridad o funcionario de forma ocasional. Debería admitirse la exención de responsabilidad no solo cuando es la única y primera vez que el particular accede a lo solicitado por la autoridad o funcionario. Lo que se exige con esta expresión es que no haya un trato continuado o sucesivo de esta índole entre ambos sujetos.

Se plantean ciertos problemas en relación con el cómputo del citado plazo legal de dos meses. Por un lado, la jurisprudencia no ha sido excesivamente formalista, admitiéndose como válida una denuncia verbal en el citado plazo.

Se trata de una excusa absolutoria en sentido amplio, en cuanto el hecho que la genera es posterior a la comisión del delito, aplicable solo cuando la iniciativa del cohecho hubiera partido de la autoridad o funcionario, no del particular denunciante.

El fundamento de este beneficio se halla en el objetivo de fomentar el descubrimiento y persecución de los comportamientos corruptos por parte de las autoridades o funcionarios.

El conocimiento y fallo de las causas por delitos de cohecho es competencia del Tribunal del Jurado. La competencia para el enjuiciamiento y fallo de los delitos de cohecho viene atribuida al Tribunal del Jurado por lo dispuesto en el artículo 1.2 f) de la LO 5/1995, de 22 de mayo.

Criminológicamente, estos tipos, tanto el cohecho activo como el cohecho pasivo, el propio como el impropio, son manifestaciones de esta lacra de la corrupción que afecta a la buena marcha de la Administración pública y a la fe de los ciudadanos en las instituciones del Estado democrático y de Derecho (STS de 4-7-2019).

16.6. Tráfico de Influencias

El «amiguismo», el «enchufismo», «el compadreo», etc. son conceptos que la inmensa mayoría de españoles conocemos, pues no es nada infrecuente utilizar los llamados «contactos» para conseguir favores casi siempre de carácter económico. Cuando las conductas torticeras se cometen por parte de personas que tienen una esfera de poder relevante, nuestro ordenamiento jurídico penal ha de actuar para prevenir y/o sancionar diversas acciones de **gravedad relevante** que estudiaremos en el presente epígrafe.

En el sentido de castigar solamente las acciones de mayor gravedad, *vid.* la STS 24-6-1994, «caso Juan Guerra», que afirma que el tipo «excluye las meras solicitudes de información o gestiones amparadas en su adecuación social interesando el buen fin de un procedimiento que no pretendan alterar el proceso decisor objetivo e imparcial de la autoridad o funcionario que deba tomar la decisión procedente» (STSJ Cataluña 9/2003, 27-3, confirmada por STS 806/2004, 28-6).

El artículo 428 CP preceptúa que:

> «El funcionario público o autoridad que influyere en otro funcionario público o autoridad prevaliéndose del ejercicio de las facultades de su cargo o de cualquier otra situación derivada de su relación personal o jerárquica con éste o con otro funcionario o autoridad para conseguir una resolución que le pueda generar directa o indirectamente un beneficio económico para sí o para un tercero, incurrirá en las penas de prisión de seis meses a dos años, multa del tanto al duplo del beneficio perseguido u obtenido e inhabilitación especial para empleo o cargo público y para el ejercicio del derecho de sufragio pasivo por tiempo de cinco a nueve años. Si obtuviere el beneficio perseguido, estas penas se impondrán en su mitad superior».

➔ **Bien jurídico protegido**: se protege el normal funcionamiento de las administraciones. Se pretende proteger el principio de imparcialidad de la actuación administrativa, en el sentido de neutralidad y objetividad de la misma, diferenciando los intereses públicos de los intereses privados, o, si se quiere, la confianza en la imparcialidad, es decir, conjurando el peligro para la imparcialidad. A ello hay que añadirle que algún sector o doctrina entiende que también se protege el principio de igualdad de oportunidades. *Vid.* SÁNCHEZ FIGULS (2018).

➔ **Acción típica**: influir prevaliéndose, de modo que para que la conducta sea típica no basta la mera influencia.

El punto de partida para el ejercicio de la influencia es la existencia de determinadas situaciones que serán propicias para que un funcionario público o autoridad pueda influir sobre otro funcionario o autoridad, es decir, el sujeto se prevale de la existencia de tales situaciones para influir con mayor efectividad en el otro sujeto.

Según LUZÓN CUESTA (2019, p. 323) aclara que:

> «(...) vendrá delimitado por el **prevalimiento**, que vicia, limitando aunque **no anulando la voluntad del funcionario o autoridad** sujeto pasivo, por lo que habremos de excluir del tipo, por una parte, la influencia de contenido económico, que podrá dar lugar a la figura del cohecho».

CUGAT (2014, p. 7) nos habla de «las influencias indirectas o en cadena», indicando que:

> «(...) el tipo alcanza el llamado "**tráfico de influencias en cadena**", consistente en influir en otro para que influya sobre un tercero.

La expresión «prevaliéndose de cualquier situación derivada de su relación con éste o con otro funcionario» apunta en ese sentido. De este modo, el tipo puede golpear la corrupción que generan ciertos y conocidos comportamientos desviados de los partidos políticos u otros grupos de presión, que pueden poner en marcha un entramado de relaciones que sometan al funcionario a la voluntad de muchas más personas que aquellas con las que tiene relación directa».

Según la STS n.º 300/2012, de 3 mayo:

«La influencia consiste en una presión moral eficiente sobre la acción o decisión de otra persona, derivada de la posición o status del influyente.

Este es el concepto que se deduce de nuestra jurisprudencia, pues por ejemplo la sentencia núm. 480/2004, de 7 de abril, nos dice que el acto de influir debe ser equiparado a la utilización de procedimientos capaces de conseguir que otro realice la voluntad de quien influye. Y la sentencia núm. 537/2002, de 5 de abril, que la influencia consiste en ejercer predominio o fuerza moral. Por lo general la jurisprudencia de esta Sala ha declarado que entre los requisitos del tráfico de influencias, ha de concurrir un acto concluyente que rellene el tipo penal, esto es, que se ejerza predominio o fuerza moral sobre el sujeto pasivo de manera que su resolución o actuación sea debida a la presión ejercida (SSTS 29 de octubre de 2001 y 5 de abril de 2002), citadas y reiteradas en la de 7 de abril de 2004.

La sentencia de esta sala de 24 de Junio de 1994 señala que: «El tipo objetivo consiste en «influir»... es decir, la sugestión, inclinación, invitación o instigación que una persona lleva a cabo sobre otra para alterar el proceso motivador de esta, que ha de ser una autoridad o funcionario, respecto de una decisión a tomar en un asunto relativo a su cargo abusando de una situación de superioridad, lo que un sector de la doctrina científica ha llamado ataque a la libertad del funcionario o autoridad que tiene que adoptar, en el ejercicio del cargo, una decisión, introduciendo en su motivación elementos ajenos a los intereses públicos, que debieran ser los únicos ingredientes de su análisis, previo a la decisión».

Esta temprana sentencia, en ponencia del entonces Presidente de la Sala D. Enrique Ruiz Vadillo, pone ya de relieve tres importantes precisiones que delimitan el ámbito de protección de la norma aportando seguridad jurídica en su aplicación.

En primer lugar, que la influencia debe ejercerse para alterar el proceso motivador del funcionario influido, lo que excluye las meras solicitudes de información o gestiones amparadas en su adecuación social interesando el buen fin de un procedimiento que no pretendan alterar el proceso decisor objetivo e imparcial de la autoridad o funcionario que deba tomar la decisión procedente.

En segundo lugar, que el tipo exige el abuso de una situación de superioridad, como ha señalado acertadamente la doctrina, por lo que no penaliza genéricamente cualquier gestión realizada por quien ostenta un nivel jerárquico superior, sino únicamente aquellas en que dicha posición de superioridad se utiliza de modo desviado, ejerciendo una presión moral impropia del cargo.

En tercer lugar, que en este delito de tráfico late siempre un interés espurio por ejercer la influencia o presión moral sobre el funcionario o autoridad que debe dictar determinada resolución con la finalidad de introducir en su motivación elementos ajenos a los intereses públicos».

Cabe señalar que la jurisprudencia ha admitido el tráfico de influencias «en cadena», que se verifica cuando la influencia no se ejerce directamente sobre la autoridad o funcionario que ha de adoptar la resolución, sino que es ejercida sobre un funcionario o autoridad que después ha de influir a su vez sobre otro/a diferente, que será quien adopte la resolución pretendida. (Mir en Mir y Corcoy, 2015, p. 1443).

Hay que tener en cuenta **que el Código Penal no menciona expresamente que la resolución tenga que ser ilegal**, es decir, contraria a derecho. No obstante, se interpreta mayoritariamente que tal resolución tiene que ser antijurídica, puesto que si fuera totalmente acorde con la legalidad no se estaría vulnerando la imparcialidad y la objetividad que ha de presidir toda la actuación de las Administraciones públicas. Así, la doctrina y jurisprudencia dominantes entienden que es necesario el carácter injusto o ilegal de la resolución, pero sin llegar a exigir la misma arbitrariedad que se precisa para el delito de prevaricación (Morales y Rodríguez en Quintero, 2016, p. 1411).

➜ **Sujeto activo**: nos encontramos aquí ante un delito especial, puesto que sujeto activo será una autoridad o un funcionario público. Como se ha visto en el tema dedicado al cohecho, el concepto de autoridad o funcionario público aparece en el **artículo 24 del Código Penal**; recuérdese que el concepto de funcionario a efectos penales es más amplio que en el ámbito administrativo, abarcando a cualquier persona que, manteniendo alguna vinculación con la Administración, ejerce alguna función pública. Debe recordarse también que, a efectos del delito de tráfico de influencias, no resulta de aplicación el concepto aún más amplio de funcionario público establecido en el artículo 427 bis del Código Penal, en el capítulo dedicado al cohecho.

➔ **Sujeto pasivo**: lo es un funcionario público.

➔ **Elemento subjetivo**: es de carácter doloso.

➔ **Consumación**: se consuma en el momento en el que el funcionario intenta influir sobre otro. Es un delito de resultado si «se obtuviere el beneficio perseguido». Entonces las penas se impondrán en su mitad superior.

➔ **Penalidad**: prisión de seis meses a dos años, multa del tanto al duplo del beneficio perseguido u obtenido e inhabilitación especial para empleo o cargo público y para el ejercicio del derecho de sufragio pasivo por tiempo de cinco a nueve años. Si obtuviere el beneficio perseguido, estas penas se impondrán en su mitad superior.

En cuanto a las personas jurídicas y en relación con el artículo 31 bis CP, cuando una persona jurídica sea responsable de los delitos recogidos en este capítulo, se le impondrá la pena de multa de seis meses a dos años.

Atendidas las reglas establecidas en el artículo 66 bis, los jueces y tribunales podrán asimismo imponer las penas recogidas en las letras b) a g) del apartado 7 del artículo 33 CP, y que son:

«b) Disolución de la persona jurídica. La disolución producirá la pérdida definitiva de su personalidad jurídica, así como la de su capacidad de actuar de cualquier modo en el tráfico jurídico, o llevar a cabo cualquier clase de actividad, aunque sea lícita.

c) Suspensión de sus actividades por un plazo que no podrá exceder de cinco años.

d) Clausura de sus locales y establecimientos por un plazo que no podrá exceder de cinco años.

e) Prohibición de realizar en el futuro las actividades en cuyo ejercicio se haya cometido, favorecido o encubierto el delito. Esta prohibición podrá ser temporal o definitiva. Si fuere temporal, el plazo no podrá exceder de quince años.

f) Inhabilitación para obtener subvenciones y ayudas públicas, para contratar con el sector público y para gozar de beneficios e incentivos fiscales o de la Seguridad Social, por un plazo que no podrá exceder de quince años.

g) Intervención judicial para salvaguardar los derechos de los trabajadores o de los acreedores por el tiempo que se estime necesario, que no podrá exceder de cinco años.

La intervención podrá afectar a la totalidad de la organización o limitarse a alguna de sus instalaciones, secciones o unidades de negocio. El Juez o Tribunal, en la sentencia o, posteriormente, mediante auto, determinará exactamente el contenido de la intervención y determinará quién se hará cargo de la intervención y en qué plazos deberá realizar informes de seguimiento para el órgano judicial. La intervención se podrá modificar o suspender en todo momento previo informe del interventor y del Ministerio Fiscal. El interventor tendrá derecho a acceder a todas las instalaciones y locales de la empresa o persona jurídica y a recibir cuanta información estime necesaria para el ejercicio de sus funciones. Reglamentariamente se determinarán los aspectos relacionados con el ejercicio de la función de interventor, como la retribución o la cualificación necesaria.

La clausura temporal de los locales o establecimientos, la suspensión de las actividades sociales y la intervención judicial podrán ser acordadas también por el Juez Instructor como medida cautelar durante la instrucción de la causa».

En todos los delitos de tráfico de influencias de este capítulo VI (artículos 428, 429 y 430 del Código Penal) es posible atribuir responsabilidad penal a las personas jurídicas. Obviamente, esto será posible en aquellas modalidades en las que el sujeto activo sea un particular, que podrá ser una persona física o una persona jurídica.

Cuando una persona jurídica sea responsable del delito de tráfico de influencias se le impondrá la pena de **multa** de seis meses a dos años, y además se le podrán imponer las penas contempladas en los apartados b) a g) del artículo 33.7 del Código Penal. Es posible, por lo tanto, aplicar cualquiera de las penas que el Código Penal contempla para las personas jurídicas, incluida la más grave de todas ellas, la disolución de la propia persona jurídica.

Tipo penal impropio

A tenor del artículo 429 CP:

> «El particular que influyere en un funcionario público o autoridad prevaliéndose de cualquier situación derivada de su relación personal con éste o con otro funcionario público o autoridad para conseguir una resolución que le pueda generar directa o indirectamente un beneficio económico para sí o para un tercero, será castigado con las penas de prisión de seis meses a dos años, multa del tanto al duplo del beneficio perseguido u obtenido, y prohibición de contratar con el sector público, así como la pérdida de la posibilidad de obtener subvenciones o ayudas públicas y del derecho a gozar de beneficios o incentivos fiscales y de la Seguridad Social por tiempo de seis a diez años. Si obtuviere el beneficio perseguido, estas penas se impondrán en su mitad superior».

➔ **Bien jurídico protegido**: el normal funcionamiento de las administraciones públicas.

➔ **Acción típica**: se trata de sancionar que un particular pueda incidir en el proceso motivador que conduce a un funcionario o autoridad a adoptar una decisión en un asunto de su competencia. Según Muñoz Conde (2019, p. 850), lo importante es «el "influir" "**prevaliéndose**", es decir, y éste es, a mi juicio, el elemento más importante, abusando de una situación de superioridad originada por cualquier causa».

El hecho de «prevalerse» puede verse explicitado claramente en la sentencia del Tribunal Supremo Sala 2.ª, de 15 de julio de 2013 (caso Matas-Palma Arena 2):

> «En el tipo objetivo el verbo nuclear es influir con prevalencia.
>
> El influjo debe tener entidad suficiente para asegurar su eficiencia por la situación prevalente que ocupa quien influye, es decir presión moral eficiente sobre la decisión de otro funcionario. Sobre este elemento, que es esencial para diferenciar la conducta delictiva de la que no lo es, hay que insistir considerando que sólo podrá existir una conducta típica cuando sea idónea y con entidad para alterar el proceso de valoración y ponderación de intereses que debe tener en cuenta el que va a dictar una resolución, como dice nuestra jurisprudencia que sea eficaz para alterar el proceso motivador por razones ajenas al interés público».

➔ **Sujeto activo**: cualquier particular, así pues, no podrá prevalerse de las facultades de un cargo ni de una situación derivada de relación jerárquica.

➔ **Sujeto pasivo**: sería un funcionario público o autoridad.

➔ **Elemento subjetivo**: el delito requiere dolo (ya que la imprudencia es incompatible con las expresiones «influir» y «prevalimiento»).

➔ **Consumación**: el delito se consuma ya con la conducta de influencia, aunque no se consiga efectivamente la resolución.

➔ **Concurso**: las coincidencias que puedan existir entre estos delitos y los de cohecho deben resolverse conforme a la teoría del concurso de leyes, aplicando el principio de **alternatividad**, es decir, el **precepto que prevea mayor sanción** para el delito cometido.

Ha habido sentencias que han apreciado el concurso con: prevaricación, malversación de caudales públicos, fraude a la Administración, delitos fiscales y blanqueo de capitales.

Diversos autores se han hecho eco de la dificultad de la delimitación de delitos, como CRESPO (2002).

➔ **Penalidad**: prisión de seis meses a dos años, multa del tanto al duplo del beneficio perseguido u obtenido, y prohibición de contratar con el sector público, así como la pérdida de la posibilidad de obtener subvenciones o ayudas públicas y del derecho a gozar de beneficios o incentivos fiscales y de la Seguridad Social por tiempo de seis a diez años. **Si obtuviere el beneficio perseguido**, estas penas se impondrán en su mitad superior.

SÁNCHEZ FIGULS (2018, p. 3) ya apunta que solamente hay que **dejar para el derecho penal el castigo de las acciones más graves**, y que este delito de tráfico de influencias linda con la prevaricación:

> «En definitiva, es difícil que el delito pueda desarrollar una función efectivamente represiva del mercadeo de influencias que gira en torno a la Administración Pública, ni siquiera cuando éstas llegan a ejercerse más allá de los supuestos que podrían castigarse mediante la inducción a la prevaricación. En este contexto, quizás fuera mejor solución fiar la protección de la imparcialidad y objetividad de la función pública al control de las prohibiciones e incompatibilidades administrativas, y **dejar para el Derecho penal sólo los casos más graves de desviación de la función pública**».

Ofrecimiento de influencias

A tenor del artículo 430 CP:

> «Los que, **ofreciéndose a realizar las conductas descritas en los dos artículos anteriores**, solicitaren de terceros dádivas, presentes o cualquier otra remuneración, o aceptaren ofrecimiento o promesa, serán castigados con la pena de prisión de seis meses a un año. Si el delito fuere cometido por **autoridad o funcionario público** se le impondrá, además, la pena de inhabilitación especial para cargo o empleo público y para el ejercicio del derecho de sufragio pasivo por tiempo de uno a cuatro años.
>
> Cuando de acuerdo con lo establecido en el artículo 31 bis una persona jurídica sea responsable de los delitos recogidos en este Capítulo, se le impondrá la pena de multa de seis meses a dos años.
>
> Atendidas las reglas establecidas en el artículo 66 bis, los jueces y tribunales podrán asimismo imponer las penas recogidas en las letras b) a g) del apartado 7 del artículo 33».

➔ **Bien jurídico protegido**: siguiendo a MUÑOZ CONDE (2019, p. 854):

> «(...) queda así como un tipo residual que no afecta directamente a bien jurídico alguno. Si se mira desde el punto de vista de la Administración, el hecho en sí es inocuo por cuanto no exige que efectivamente llegue a hacerse uso de la influencia, aunque siempre

se le puede considerar como un delito de peligro (abstracto) de que efectivamente llegue a perturbarse el funcionamiento imparcial de la Administración. Si se mira desde el punto de vista del particular al que se ofrece hacer uso de la influencia, el tipo se cumple sin que ni siquiera éste haya aceptado la oferta».

Según MANZANARES (2016b):

> «El bien jurídico protegido en último término sigue siendo **el buen funcionamiento de la Administración de Justicia**, si bien las barreras de la protección penal se hayan adelantado a un acto preparatorio del tráfico de influencias propiamente dicho o del cohecho pasivo».

➔ **Acción típica:** son las conductas de los arts. 428 y 429 CP.

➔ **Sujeto activo**: puede serlo cualquiera, pero hay la posibilidad de que el sujeto activo del mismo sea una autoridad o funcionario público, siempre que no actúe con prevalimiento de su cargo o de cualquier situación derivada de su relación particular con otro funcionario, sino a título particular.

➔ **Sujeto pasivo**: es la persona a la que se dirige el ofrecimiento de la influencia (a la que impropiamente se le puede llamar «sujeto pasivo») y es un particular. El ámbito en el que se puede dar este delito es, por tanto, completamente privado.

➔ **Elemento subjetivo**: es un delito de carácter doloso.

➔ **Consumación**: se consuma con el ofrecimiento de hacer uso de influencia cerca de las autoridades o funcionarios, siempre que se solicite o acepte de un tercero algún tipo de remuneración económica.

➔ **Penalidad**: prisión de seis meses a un año, pero si se trata de una autoridad o funcionario público se le impondrá, además, la pena de **inhabilitación especial para cargo o empleo público** y para el ejercicio del derecho de sufragio pasivo por tiempo de uno a cuatro años.

En cuanto a las personas jurídicas y en relación con el artículo 31 bis CP, cuando una persona jurídica sea responsable de los delitos recogidos en este capítulo, se le impondrá la pena de multa de seis meses a dos años.

Atendidas las reglas establecidas en el artículo 66 bis, los jueces y tribunales podrán asimismo imponer las penas recogidas en las letras b) a g) del apartado 7 del artículo 33 CP, y que son:

> «b) **Disolución** de la persona jurídica. La disolución producirá la pérdida definitiva de su personalidad jurídica, así como la de su capacidad de actuar de cualquier modo en el tráfico jurídico, o llevar a cabo cualquier clase de actividad, aunque sea lícita.
>
> c) **Suspensión** de sus actividades por un plazo que no podrá exceder de cinco años.
>
> d) **Clausura de sus locales y establecimientos** por un plazo que no podrá exceder de cinco años.
>
> e) **Prohibición de realizar en el futuro las actividades en cuyo ejercicio se haya cometido**, favorecido o encubierto el delito. Esta prohibición podrá ser temporal o definitiva. Si fuere temporal, el plazo no podrá exceder de quince años.
>
> f) **Inhabilitación** para obtener subvenciones y ayudas públicas, para contratar con el sector público y para gozar de beneficios e incentivos fiscales o de la Seguridad Social, por un plazo que no podrá exceder de quince años.
>
> g) **Intervención judicial** para salvaguardar los derechos de los trabajadores o de los acreedores por el tiempo que se estime necesario, que no podrá exceder de cinco años.
>
> La intervención podrá afectar a la totalidad de la organización o limitarse a alguna de sus instalaciones, secciones o unidades de negocio. El Juez o Tribunal, en la sentencia o,

posteriormente, mediante auto, determinará exactamente el contenido de la intervención y determinará quién se hará cargo de la intervención y en qué plazos deberá realizar informes de seguimiento para el órgano judicial. La intervención se podrá modificar o suspender en todo momento previo informe del interventor y del Ministerio Fiscal. El interventor tendrá derecho a acceder a todas las instalaciones y locales de la empresa o persona jurídica y a recibir cuanta información estime necesaria para el ejercicio de sus funciones. Reglamentariamente se determinarán los aspectos relacionados con el ejercicio de la función de interventor, como la retribución o la cualificación necesaria.

La **clausura temporal** de los locales o establecimientos, la suspensión de las actividades sociales y la intervención judicial podrán ser acordadas también por el Juez Instructor como medida cautelar durante la instrucción de la causa».

Si bien el tráfico de influencias es un proceder que escandaliza a la opinión pública, es de escasa aplicación en los juzgados, y así lo manifiestan autores como Muñoz Lorente (2013), pues las dificultades de prueba del delito son de tal calado que quien denuncia se arriesga a ser denunciado, a su vez, por injurias o calumnias, como sucede en la praxis, aunque, en la mayor parte de casos, terminen también estas en archivo. Así las cosas, en esta esfera delictiva hay una cifra negra que se intuye elevada, y que escapa a la investigación.

También en este sentido Cugat (2014, p. 11) nos habla de la dificultad probatoria y de la casi nula jurisprudencia existente:

«En la modalidad básica, la subjetividad es máxima. Teñidos de subjetividad están los elementos de la influencia, el prevalimiento y el fin de conseguir la resolución beneficiosa que queda en el plano del deseo no realizado. Todo lo cual se traduce en una figura difícilmente aprehensible, resbaladiza a la prueba, y de casi nula presencia jurisprudencial».

El delito de tráfico de influencias es de escasa aplicación judicial, sobre todo por la dificultad probatoria.

El caso Noos

Uno de los casos más mediáticos que ha estado relacionado con la corrupción es el llamado «caso Noos», que llevó ante la justicia a Iñaki Urdangarín, yerno del rey emérito Juan Carlos I y cuñado del actual jefe del Estado, su majestad el rey Felipe VI.

Iñaki Urdangarín Liebaert, exjugador de balonmano internacional y olímpico, casado con la infanta Dña. Cristina de Borbón, al dejar el deporte, se dedicó al mundo de los negocios relacionados con la promoción del deporte mediante la empresa Nóos Consultoría Estratégica, S. L.

Urdangarín utilizó sus «contactos» con la Casa Real para sus negocios, y la investigación del caso empezó a mediados de 2010, cuando el juez del caso Palma Arena, D. José Castro, abrió una pieza separada para investigar el **presunto desvío de hasta 6,1 millones de euros públicos** hacia el Instituto Nóos mediante convenios suscritos por esta supuesta entidad sin ánimo de lucro con los gobiernos autonómicos de Baleares y la Comunidad Valenciana entre los años 2004 y 2007.

El Juzgado de Instrucción n.º 3 de Palma de Mallorca incoó diligencias previas con el n.º 2677/2008 por delitos de **prevaricación, malversación** de caudales públicos, **fraude a la administración, falsedad en documento público, falsedad en documento mercantil, estafa, tráfico de influencias, contra la hacienda pública y blanqueo de capitales**, contra D. Ignacio Urdangarín Liebaert, D. Diego Torres Pérez, D. Jaume Matas Palou (expresidente del Gobierno balear), entre otros.

Todo terminó con la sentencia del Tribunal Supremo n.º 277/2018, siendo ponente el Excmo. Sr. D. Antonio del Moral García, que condenó a Iñaki Urdangarín a penas de prisión que suman un total de cinco años y diez meses de privación de libertad.

Los delitos por los que fue condenado fueron: **delito continuado de prevaricación**, del artículo 404 del Código Penal en concurso medial con un **delito de malversación de caudales públicos** del art. 432.1 del Código Penal a los que resulta de aplicación la regla de determinación de la pena del art. 65.3 y la circunstancia **atenuante de reparación del daño**. Asimismo, se le condenó por un delito de **fraude a la Administración, tráfico de influencias y delitos contra la Hacienda Pública.** Urdangarín ingresó en la cárcel de Brieva en Ávila para cumplir la suma de condenas.

La infanta Cristina también fue investigada por el caso Noos, pero fue absuelta de todo cargo.

Para saber más sobre el caso, puedes consultar los siguientes enlaces: https://cutt.ly/8ryiS4D y https://cutt.ly/SryiYlN

16.7. Malversación

Tipo básico

A tenor del artículo 432 CP:

> «1. La autoridad o funcionario público que, con ánimo de lucro, se apropiare o consintiere que un tercero, con igual ánimo, se apropie del patrimonio público que tenga a su cargo por razón de sus funciones o con ocasión de las mismas, será castigado con una pena de prisión de dos a seis años, inhabilitación especial para cargo o empleo público y para el ejercicio del derecho de sufragio pasivo por tiempo de seis a diez años».

➔ **Bien jurídico protegido**: parte de la doctrina opina que dicho bien estaría constituido por el deber de fidelidad e integridad que tiene el funcionario público para con la Administración pública, mientras que otros autores sostienen que el bien jurídico protegido será la función administrativa concretada en el cuidado de los fondos públicos.

> «(...) lo que propiamente se configura como objeto jurídico de tutela en el delito de cohecho es el respeto al principio de imparcialidad, que debe ser entendido como ausencia de interferencias en la adopción de decisiones públicas, que únicamente deben estar guiadas por los fines que legalmente justifican su desempeño . El menoscabo del citado principio se produce en el momento en que se constata un «acuerdo» o «trato» entre funcionario y particular, dirigido a la obtención de un acto o resolución determinada o determinable». (MORALES y RODRÍGUEZ, p. 1719).

➔ **Acción típica**: son las conductas punibles cometidas por autoridades o funcionarios públicos, consistentes en la administración desleal o la apropiación indebida del patrimonio público, es decir de aquellos objetos que tengan valor económico estimable pertenecientes a la Administración Pública, y con ocasión del ejercicio de sus cargos.

En la práctica, fraude y malversación pueden resultar el anverso y el reverso de una misma acción, según se contemple desde el punto de vista del particular o del funcionario (GARCÍA ALBERO, 2019).

➔ **Sujeto activo**: es un delito especial propio, porque solo puede ser cometido por un círculo determinado de sujetos, autoridades o funcionarios competentes, y la figura de malversación, asimismo, requiere que la autoridad o funcionario tenga una determinada relación con el patrimonio público, bastando con que haya llegado a su poder con ocasión de las funciones que concreta y efectivamente tenga el sujeto como elemento integrante del órgano público.

LUZÓN CUESTA (2019, p. 325) concreta que:

> «**Entre sujeto y objeto ha de mediar una determinada relación**, constituida por dos elementos: que estén los caudales o efectos "a su cargo" y que ello sea "por razón de sus funciones"».

➔ **Sujeto pasivo**: es la misma Administración quien resulta perjudicada y, por lo tanto, lo sería el conjunto de la sociedad.

➔ **Elemento subjetivo**: la conducta ha de ser dolosa (dolo de peligro-acción).

➔ **Consumación**: basta con la disposición meramente jurídica, no siendo necesaria la tenencia material del patrimonio público.

➔ **Penalidad**: prisión de dos a seis años, inhabilitación especial para cargo o empleo público y para el ejercicio del derecho de sufragio pasivo por tiempo de seis a diez años.

El *procés*

El 14 de octubre de 2019 se dictó la que ya será para siempre histórica sentencia del *procés* que terminó condenando a la mayoría de los investigados por los delitos de desobediencia, sedición y **malversación**.

El Tribunal Supremo, en la sentencia del *procés*, STS 459/2019, de 14 de octubre, entendió que se produjo **malversación** por ejecutar actos de manifiesta deslealtad en la administración de fondos públicos, por aprobar normas que autorizaban la utilización de los recursos humanos, materiales y tecnológicos necesarios para garantizar la adecuada organización y desarrollo del referéndum de autodeterminación de Cataluña, así como aquellos de los que ya se disponía.

Para saber más sobre los delitos que se investigaron en el *procés*, te recomendamos ver el siguiente vídeo:
https://bit.ly/3tHSAFe

El diario *El País* hace un repaso por el juicio que marcará la situación política de Cataluña y España en los próximos tiempos. Familiares de los acusados, abogados defensores, fiscales, jueces y periodistas que vivieron muy de cerca este proceso judicial analizan en esta pieza documental qué ha supuesto la acusación de delitos tan graves como la rebelión, la sedición, la **malversación** o la **desobediencia** a una parte de la clase política catalana.

En el siguiente enlace de La Vanguardia podéis ver un vídeo en el que aparecen los investigados, los delitos que se les imputaron y finalmente la condena que recayó a cada uno de ellos:
https://cutt.ly/Jrtk6jk

Subtipo agravado

Hay una serie de conductas que **incrementan el desvalor**, y por lo tanto su castigo penal, y son las que se recogen *ex* art. 432.2 y 432.3 CP:

> «2. Se impondrán las penas de prisión de cuatro a ocho años e inhabilitación absoluta por tiempo de diez a veinte años si en los hechos que se refieren en el apartado anterior hubiere concurrido alguna de las circunstancias siguientes:
>
> a) se hubiera causado un daño o entorpecimiento graves al servicio público,
>
> b) el valor del perjuicio causado o del patrimonio público apropiado excediere de 50.000 euros,
>
> c) las cosas malversadas fueran de valor artístico, histórico, cultural o científico; o si se tratare de efectos destinados a aliviar alguna calamidad pública.
>
> Si el valor del perjuicio causado o del patrimonio público apropiado excediere de 250.000 euros, se impondrá la pena de prisión en su mitad superior, pudiéndose llegar hasta la superior en grado.
>
> 3. Los hechos a que se refiere el presente artículo serán castigados con una pena de prisión de uno a dos años y multa de tres meses y un día a doce meses, y en todo caso inhabilitación especial para cargo o empleo público y derecho de sufragio pasivo por tiempo de uno a cinco años, cuando el perjuicio causado o el valor del patrimonio público sea inferior a 4.000 euros».

Subtipo atenuado

Por la cuantía, existe una atenuación en el caso del artículo 433 CP que reza:

> «La autoridad o funcionario público que, sin estar comprendido en los artículos anteriores, diere al patrimonio público que administrare una aplicación pública diferente de aquélla a la que estuviere destinado, incurrirá en las penas de prisión de uno a cuatro años e inhabilitación especial de empleo o cargo público de dos a seis años, si resultare daño o entorpecimiento graves del servicio al que estuviere consignado, y de inhabilitación de empleo o cargo público de uno a tres años y multa de tres a doce meses, si no resultare».

Existe la posibilidad de reparar o colaborar en la reparación *ex* artículo 434 CP, que preceptúa:

> «Si el culpable de cualquiera de los hechos tipificados en este capítulo hubiere reparado de modo efectivo e íntegro el perjuicio causado al patrimonio público antes del inicio del juicio oral, o hubiera colaborado activa y eficazmente con las autoridades o sus agentes para obtener pruebas decisivas para la identificación o captura de otros responsables o para el completo esclarecimiento de los hechos delictivos, los jueces y tribunales impondrán al responsable de este delito la pena inferior en uno o dos grados».

Malversación impropia

Según el artículo 435 CP:

> «Las disposiciones de este capítulo son extensivas:
> 1.° A los que se hallen encargados por cualquier concepto de fondos, rentas o efectos de las Administraciones públicas.
> 2.° A los particulares legalmente designados como depositarios de caudales o efectos públicos.
> 3.° A los administradores o depositarios de dinero o bienes embargados, secuestrados o depositados por autoridad pública, aunque pertenezcan a particulares.
> 4.° A los administradores concursales, con relación a la masa concursal o los intereses económicos de los acreedores. En particular, se considerarán afectados los intereses de los acreedores cuando de manera dolosa se alterara el orden de pagos de los créditos establecido en la ley
> 5.° A las personas jurídicas que de acuerdo con lo establecido en el artículo 31 bis sean responsables de los delitos recogidos en este Capítulo. En estos casos se impondrán las siguientes penas:
> a) Multa de dos a cinco años, o del triple al quíntuple del valor del perjuicio causado o de los bienes o efectos apropiados cuando la cantidad resultante fuese más elevada, si el delito cometido por la persona física tiene prevista una pena de prisión de más de cinco años.
> b) Multa de uno a tres años, o del doble al cuádruple del valor del perjuicio causado o de los bienes o efectos apropiados cuando la cantidad resultante fuese más elevada, si el delito cometido por la persona física tiene prevista una pena de más de dos años de privación de libertad no incluida en el anterior inciso.
> c) Multa de seis meses a dos años, o del doble al triple del valor del perjuicio causado o de los bienes o efectos apropiados si la cantidad resultante fuese más elevada, en el resto de los casos.
> Atendidas las reglas establecidas en el artículo 66 bis, los jueces y tribunales podrán asimismo imponer las penas recogidas en las letras b) a g) del apartado 7 del artículo 33».

El art. 435 CP amplía el círculo de posibles sujetos activos a todos aquellos que se asemejen a la posición de garante de las autoridades o funcionarios públicos.

Muñoz Conde (2019, p. 860) glosa muy bien la finalidad de este artículo, que no es otra que:

> «(...) se pretende, dentro de una política de austeridad y de transparencia en la gestión pública, con la que se persigue no sólo un mejor control de esa gestión, sino también evitar el despilfarro de los fondos públicos que se ha venido produciendo en los distintos ámbitos de la Administración pública en los años de bonanza».

> Se trata de evitar el despilfarro de los fondos públicos que se ha producido en años de bonanza económica.

A partir del 13 de marzo de 2019, fecha de entrada en vigor de la LO 1/2019, de 20 de febrero que modifica el art. 435.5.° CP, las personas jurídicas en quienes concurran los requisitos del art. 31 bis CP pueden ser responsables por los delitos de malversación que se cometan en su seno.

En estos casos, se le impondrán las siguientes penas:

- Multa de dos a cinco años, o del triple al quíntuple del valor del perjuicio causado o de los bienes o efectos apropiados cuando la cantidad resultante fuese más elevada, si el delito cometido por la persona física tiene prevista una pena de prisión de más de cinco años.

- Multa de uno a tres años, o del doble al cuádruple del valor del perjuicio causado o de los bienes o efectos apropiados cuando la cantidad resultante fuese más elevada, si el delito cometido por la persona física tiene prevista una pena de más de dos años de privación de libertad no incluida en el anterior inciso.
- Multa de seis meses a dos años, o del doble al triple del valor del perjuicio causado o de los bienes o efectos apropiados si la cantidad resultante fuese más elevada, en el resto de los casos.

Además, conforme a las reglas establecidas en el artículo 66 bis CP, los jueces y tribunales podrán imponer, potestativamente, las penas recogidas en el artículo 33.7 b) a g) CP: disolución, suspensión de actividades, clausura de locales, prohibición de actividades, inhabilitación para subvenciones, intervención judicial.

16.8. Referencias bibliográficas

Cadena, F. A., «Delito de prevaricación», en *Diario La Ley*, 9310. 14031/2018, sección Comentarios de jurisprudencia. Madrid, Editorial Wolters Kluwer, 2018.

Cámara Arroyo, S. y **Abadías Selma, A.** *El delito de usurpación del estado civil y su compleja aplicación en el ámbito cibernético*. En prensa, Aranzadi, 2021.

Córdoba, J., *Comentarios al Código Penal. Parte Especial*. Madrid, Marcial Pons, Ediciones Jurídicas y Sociales, 2004.

Crespo, B. *Código Penal. Comentarios y Jurisprudencia*. Del Moral, A. y Serrano Butragueño, I. (dirs.) Granada, Comares, 2002.

Cuello, E., *Derecho Penal II. Parte especial*. Barcelona, Bosch, 1957.

Cugat, M., «El tráfico de influencias: un tipo prescindible», en *Revista electrónica de Ciencia Penal y Criminología*, 16, 2014.

Fernández Cabrera, M., «El delito de prevaricación: un antes y un después de la crisis económica», en *Revista Aranzadi Doctrinal*, 3, 2017, pp. 203-227.

García Valdés, C., **Mestre Delgado, E.** y **Figueroa Navarro, C.**, *Lecciones de Derecho penal. Parte Especial*. Madrid, Edisofer, 2017.

García Albero, R., *La nueva responsabilidad penal de las personas jurídicas en el delito de malversación y otras reformas —aparentemente— menores*. Bib 2019\6344. Cizur Menor. Editorial Aranzadi, S.A.U., 2019.

Luzón Cuesta, J. M., *Compendio de Derecho Penal. Parte especial*. Madrid, Dykinson, 2019.

Luzón, D. M., «Problemas del intrusismo en el derecho penal», en *La Ley*, 4, 1985, pp. 1249-1267.

Lloria García, P., «Especial referencia al sexting», *en La Ley*, n.° 105, Sección Estudios, noviembre-diciembre 2013, Editorial Wolters Kluwer.

Magro, V., «La negativa a aceptar una condena de obligación de no hacer: ¿multas coercitivas o delito de desobediencia?», en *Práctica de Tribunales*, 112, Sección Práctica Procesal. La Ley 9201, Editorial Wolters Kluwer, 2015.

Manzanares, J. L., «De la usurpación del estado civil», en *Comentarios al Código Penal*, 1, 2016.

Manzanares, J. L., «Del tráfico de influencias», en *Comentarios al Código Penal*. 2016b, 1, 3328.

Mir, C., «Artículos 428-430», en *Comentarios al Código Penal*. LO 1/2015 y LO 2/2015, Corcoy, M. y Mir, S. (Dirs.). Valencia, Tirant lo Blanch, 2015, pp. 1419-1450.

Morales Prats, F. y **Rodríguez Puerta, Mª. J.** «Del cohecho», en *Comentarios al Código penal español*. 7.ª ed. Quintero Olivares, G. Aranzadi-Thomson, 2019.

Muñoz Conde, F., *Derecho penal parte especial*. Valencia, Tirant lo Blanch, 2019.

Muñoz Lorente, J., «Los delitos de tráfico de influencias (situación actual y propuestas de reforma en la lucha contra la corrupción)», en *Eunomia*, 4, marzo-agosto, 2019.

Orts, E., *Derecho Penal. Parte Especial*. 6.ª ed. Valencia, Tirant lo Blanch, 2019.

Real Academia Española. *Diccionario de la lengua española*. Fecha de consulta: 20 de octubre de 2019. Disponible en: https://www.rae.es/

Roca, L., «Concepto de autoridad y de funcionario público a efectos penales», en *Revista Aranzadi de Derecho y Proceso Penal*, 31/2013 parte Análisis Doctrinal.

Sánchez Adsuar, M., «La revelación de secretos e informaciones por funcionario público», en *Actualidad Administrativa*, 19, Sección A Fondo (4990), tomo 2, 2005.

Sánchez Figuls, S., «Tráfico de influencias: ¿ámbito de aplicación real propio?», en *La Ley Penal*, 133, 2018.

Sánchez Goyanes, E., *Constitución española comentada*. Madrid, Paraninfo, 1989.

Sánchez Melgar, J., «Una novedosa construcción delictiva: la falsedad de documento oficial por progresión (A vueltas con la teoría de la falsedad en documento oficial por destino o incorporación de los documentos inicialmente privados)», en *Diario La Ley*, 8731, 2016.

Serrano Gómez, A. y **Serrano Maíllo, A.**, *Derecho Penal. Parte Especial*. 16.ª ed. Madrid, Dykinson, 2011.

Soto, F., «Falsedades documentales. Concepto de documentos», en *Diario La Ley*, 4. Sección Doctrina, 2001.

Jurisprudencia

- Sentencia del Tribunal Supremo Sala 2.ª, de 25-9-1946.
- Sentencia del Tribunal Supremo Sala 2.ª, de 20-3-1948.
- Sentencia del Tribunal Supremo Sala 2.ª, de 31-3-1955.
- Sentencia del Tribunal Supremo Sala 2.ª, de 5-11-1971.
- Sentencia del Tribunal Supremo Sala 2.ª, de 19-10-1974.
- Sentencia del Tribunal Supremo Sala 2.ª, de 27-2-1985.
- Sentencia del Tribunal Supremo Sala 2.ª, de 22-3-1986.
- Sentencia del Tribunal Supremo Sala 2.ª, de 21-3-1988.
- Sentencia del Tribunal Supremo Sala 2.ª, de 27-5-1988.
- Sentencia del Tribunal Supremo Sala 2.ª, de 24-9-1990.
- Sentencia del Tribunal Supremo Sala 2.ª, 2740/1993, de 4-12.
- Sentencia del Tribunal Supremo Sala 2.ª, de 24-6-1994.
- Sentencia del Tribunal Supremo Sala 2.ª, 1843/1994, de 20-10.

- Sentencia del Tribunal Supremo Sala 2.ª, 289/1996, de 30-3.
- Sentencia del Tribunal Supremo Sala 2.ª, 1203/1997, de 11 de octubre.
- Sentencia del Tribunal Supremo Sala 2.ª, 2361/2001, de 4 de diciembre.
- Sentencia del Tribunal Supremo Sala 2.ª, 514/2002, de 29 de mayo.
- Sentencia del Tribunal Supremo Sala 2.ª, 68/2003, de 27 de enero.
- Sentencia del Tribunal Superior de Justicia de Cataluña n.º 9/2003 de 27 de marzo.
- Sentencia del Tribunal Supremo Sala 2.ª n.º 806/2004, de 28 de junio.
- Sentencia del Tribunal Supremo Sala 2.ª n.º 635/2009, de 15 de junio.
- Sentencia del Tribunal Supremo Sala 2.ª n.º 331/2012, de 4 de mayo.
- Sentencia del Tribunal Supremo Sala 2.ª de 15 de julio de 2013.
- Sentencia del Tribunal Supremo Sala 2.ª n.º 743/2013, de 11 de octubre.
- Sentencia del Tribunal Supremo Sala 2.ª n.º 1021/2013, de 26 de noviembre.
- Sentencia del Tribunal Supremo, Sala Segunda, de lo Penal, rec. 619/2014, de 28 de octubre de 2014.
- Sentencia del Tribunal Supremo Sala 2.ª n.º 152/2015, de 24 de febrero.
- Sentencia del Tribunal Supremo Sala 2.ª n.º 797/2015, de 24 de noviembre.
- Sentencia del Tribunal Supremo, Sala 2.ª de lo Pena, rec. 1206/2017, de 8 de junio de 2018.
- Sentencia del Tribunal Supremo Sala 2.ª n.º 459/2019, de 14 de octubre.

Para saber más...

Delito de prevaricación

CADENA, F. (2018). Delito de prevaricación. *Diario La Ley*, 9310.

Uno de los delitos que más daña a nuestro sistema democrático es el de prevaricación, pues el que un funcionario dicte una resolución injusta a sabiendas que lo está haciendo es algo que perjudica al ciudadano sobremanera. El ciudadano ve cómo sus derechos son conculcados de forma arbitraria, y por ende, si la prevaricación se extiende, socava los fundamentos de lo que ha de ser un país con principios democráticos sólidos.

Falsificadores de ilusiones

Teleobjetivo. (2015). *Falsificadores de ilusiones*. [Archivo de vídeo]. Disponible en: https://cutt.ly/vrtyTbU

Podréis ver en este documental del programa Teleobjetivo de TVE cómo es la falsificación de billetes de lotería de Navidad, Bonoloto, se clonan tarjetas de crédito, falsos documentos de autenticidad de obras, etc. Asimismo, veréis cómo trabaja la Policía Judicial para detectar falsificaciones e intentar prevenir la comisión de delitos en este ámbito.

Test

De la desobediencia y denegación de auxilio

1. **¿Qué se considera desobediencia grave?**
   a) No seguir las órdenes de un compañero de trabajo.
   b) Incumplimiento de una orden legal de la autoridad competente.
   c) La falta de puntualidad de un funcionario.
   d) No cumplir con las expectativas de rendimiento laboral.

2. **¿Quién puede ser sujeto activo del delito de desobediencia?**
   a) Cualquier persona.
   b) Solo los funcionarios públicos.
   c) Solo las autoridades.
   d) Solo los miembros de las Fuerzas y Cuerpos de Seguridad.

3. **¿Cuál es la consecuencia jurídica de un acto de desobediencia según el CP?**
   a) Amonestación verbal.
   b) Sanción administrativa.
   c) Multa o prisión.
   d) Suspensión de empleo.

4. **¿Qué autoridad puede requerir el auxilio que, si se deniega, daría lugar al delito de denegación de auxilio?**
   a) Cualquier ciudadano.
   b) Un superior jerárquico directo.
   c) Una autoridad competente.
   d) Solo un juez o tribunal.

5. **¿Cuál es la consecuencia jurídica de la denegación de auxilio cuando el sujeto requerido es un funcionario?**
   a) Multa de tres a doce meses y suspensión de empleo por seis meses a dos años.
   b) Multa solamente.
   c) Suspensión de empleo solamente.
   d) Privación de libertad.

6. **¿En qué circunstancias se castiga más severamente la desobediencia?**
   a) Cuando la orden no es clara.
   b) Si hay reincidencia.
   c) Si la autoridad que emitió la orden no es competente.
   d) Cuando la orden proviene directamente de una ley.

7. ¿Qué tipo de delito constituye la desobediencia?

a) Delito de acción.

b) Delito de omisión.

c) Delito de comisión por omisión.

d) Delito de lesa humanidad.

8. La denegación de auxilio a particular para evitar un delito contra la vida, ¿conlleva qué pena?

a) Multa e inhabilitación.

b) Solo multa.

c) Solo suspensión de empleo.

d) Solo inhabilitación.

9. ¿La denegación de auxilio puede ocurrir en qué ámbitos?

a) Solo en la atención a un ciudadano en la vía pública.

b) Únicamente en la Administración de justicia.

c) En la Administración de justicia u otro servicio público.

d) Solamente dentro de las instalaciones policiales.

10. ¿La naturaleza de la pena por desobediencia es siempre privativa de libertad?

a) Sí, siempre.

b) No, puede ser una multa o prisión.

c) Depende de si el hecho genera perjuicios.

d) Solo si la desobediencia impide un acto de servicio.

Solucionario

1. Respuesta correcta: b. Incumplimiento de una orden legal de la autoridad competente.

2. Respuesta correcta: a. cualquier persona.

3. Respuesta correcta: c. Multa o prisión.

4. Respuesta correcta: c. Una autoridad competente.

5. Respuesta correcta: a. Multa de tres a doce meses y suspensión de empleo por seis meses a dos años.

6. Respuesta correcta: b. Si hay reincidencia.

7. Respuesta correcta: b. Delito de omisión.

8. Respuesta correcta: a. Multa e inhabilitación.

9. Respuesta correcta: c. En la Administración de justicia u otro servicio público.

10. Respuesta correcta: b. No, puede ser una multa o prisión.

De la infidelidad en la custodia de documentos y de la violación de secretos

1. ¿Qué pena se establece para la autoridad o funcionario que sustrajere, destruyere o inutilizare documentos?

a) Podrá llegar a ser condenado a penas de prisión de uno a cuatro años.

b) Multa de 6 a 24 meses.

c) Inhabilitación especial.

d) Todas las anteriores.

2. ¿Cuál es el bien jurídico protegido por los delitos de infidelidad en la custodia de documentos?

a) La propiedad privada.

b) La seguridad nacional.

c) El patrimonio histórico.

d) La confidencialidad y correcto funcionamiento de la Administración Pública.

3. ¿Cuál es la pena prevista para la autoridad o funcionario público que revelare secretos o informaciones que deban ser reservadas por la Ley?

a) Pena de multa de doce a dieciocho meses e inhabilitación especial para empleo o cargo público por tiempo de uno a tres años.

b) Multa de doce a dieciocho meses.

c) Inhabilitación especial para empleo o cargo público por tiempo de uno a tres años.

d) Todas las anteriores.

4. ¿En qué artículo se tipifica el delito de revelación de secretos por autoridad o funcionario público?

a) Artículo 413.

b) Artículo 417.

c) Artículo 416.

d) Artículo 415.

5. Si un funcionario utiliza información privilegiada obtenida por razón de su cargo para beneficio propio, ¿qué delito comete?

a) Descubrimiento y revelación de secretos.

b) Infidelidad en la custodia de documentos.

c) Aprovechamiento de secretos o información privilegiada.

d) Cohecho.

6. ¿Qué pena se impone si por la revelación de un secreto por parte de una autoridad o funcionario público resultara grave daño para la causa pública o para tercero?

a) Prisión de uno a tres años, e inhabilitación especial para empleo o cargo público por tiempo de tres a cinco años.

b) Prisión de dos a cuatro años.

c) Multa de doce a veinticuatro meses.

d) Inhabilitación especial para empleo o cargo público por tiempo de tres a cinco años.

7. ¿Qué delito comete un particular que se aproveche de un secreto o información obtenida de un funcionario?

a) Infidelidad en la custodia de documentos.

b) Aprovechamiento de secreto o información privilegiada de terceros.

c) Descubrimiento y revelación de secretos.

d) Cohecho.

8. ¿Un particular puede incurrir en delitos de infidelidad en la custodia de documentos?

a) No, nunca.

b) Sí, solo si es funcionario público.

c) Sí, si está encargado accidentalmente de custodia de documentos por comisión del Gobierno o autoridades.

d) Sí, solo en casos de documentos comerciales.

9. ¿Cuál es la pena para el particulares que incurran en conductas como sustracción, destrucción, inutilización u ocultación de documentos?

a) Prisión o multa de menor grado a las respectivamente señaladas en los artículos anteriores.

b) Multa de seis a doce meses.

c) Inhabilitación especial para empleo o cargo público por tiempo de uno a tres años.

d) Prisión de uno a dos años y multa.

10. ¿Qué delito comete una autoridad o funcionario que permita el acceso a documentos secretos sin autorización?

a) Violación de secretos.

b) Aprovechamiento de secreto o información privilegiada.

c) Acceso a documentos secretos.

d) Descubrimiento de secretos.

Solucionario

1. **A. Podrá llegar a ser condenado a penas de prisión de uno a cuatro años.**
2. **D. La confidencialidad y correcto funcionamiento de la Administración Pública.**
3. **A. Pena de multa de doce a dieciocho meses e inhabilitación especial para empleo o cargo público por tiempo de uno a tres años.**
4. **B. Artículo 417.**
5. **C. Aprovechamiento de secretos o información privilegiada.**
6. **A. prisión de uno a tres años, e inhabilitación especial para empleo o cargo público por tiempo de tres a cinco años.**
7. **C. Descubrimiento y revelación de secretos.**
8. **C. Sí, si está encargado accidentalmente de custodia de documentos por comisión del Gobierno o autoridades.**
9. **A. Prisión o multa de menor grado a las respectivamente señaladas en los artículos anteriores.**
10. **A. Violación de secretos.**

Cohecho

1. **Según el art. 419 CP, la autoridad o funcionario público que acepte una dádiva para realizar un acto contrario a los deberes de su cargo incurre en penas de:**
   a) Prisión de 1 a 3 años y multa.
   b) Prisión de 3 a 6 años, multa de 12 a 24 meses e inhabilitación especial.
   c) Inhabilitación para empleo o cargo público de 3 a 5 años.
   d) Multa de 6 a 12 meses y trabajos en beneficio de la comunidad.

2. **El cohecho pasivo impropio se refiere a:**
   a) Solicitar una dádiva para la realización de un acto propio del cargo.
   b) Realizar un acto contrario a los deberes inherentes al cargo sin recibir una dádiva.
   c) Aceptar dádivas sin vinculación a un acto concretamente determinado.
   d) Actos de gestión ordinaria que no comprometen el funcionamiento de la administración.

3. ¿Quién puede ser sujeto activo de cohecho según el art. 427 CP?

a) Solo las autoridades o funcionarios públicos españoles.

b) Cualquier funcionario de la Unión Europea y otras organizaciones internacionales.

c) Únicamente los funcionarios públicos por elección.

d) Solo los particulares que trabajen para la administración.

4. ¿Qué pena se establece para el delito de cohecho activo?

a) Las mismas penas previstas para la autoridad o funcionario sobornado.

b) Multa de 6 a 12 meses.

c) Prisión de 1 a 3 años.

d) Trabajos en beneficio de la comunidad y multa.

5. Un particular que soborna a un funcionario de la UE para lograr una decisión favorable, ¿comete un delito de cohecho?

a) Sí, de acuerdo con el Código Penal español.

b) No, solo aplica a funcionarios españoles.

c) Depende de la legislación del país miembro de la UE.

d) No, a menos que tenga efectos en España.

6. Si un cohecho pasivo no lleva a la realización de un acto en concreto, ¿se puede penalizar?

a) No, debe vincularse a un acto específico.

b) Sí, el simple ofrecimiento o aceptación de una dádiva es penable.

c) Depende de la cuantía de la dádiva.

d) No, si no se ha realizado el acto no hay pena.

7. ¿Qué consecuencias adicionales pueden derivarse del cohecho además de la pena principal?

a) Pérdida del derecho de sufragio pasivo.

b) Prohibición de participar en licitaciones públicas.

c) Compensación económica al Estado.

d) A y B son correctas.

8. ¿Qué se necesita para que se dé el cohecho activo?

a) Que una autoridad solicite un soborno.

b) Que el funcionario acepte expresamente un soborno.

c) Que haya una oferta o promesa a un funcionario.

d) Que exista coacción por parte del particular.

9. ¿Cuál es el objetivo del delito de cohecho desde el punto de vista del ordenamiento jurídico?

a) Proteger la imagen de la Administración Pública.

b) Asegurar la transparencia y honestidad en la función pública.

c) Penalizar a los funcionarios corruptos.

d) Incrementar los ingresos del Estado mediante multas.

10. ¿El cohecho pasivo se limita a funcionarios públicos que han recibido una oferta o dádiva en territorio español?

a) Sí, solo se juzga si el delito es cometido en España.

b) No, también aplica a los funcionarios españoles en el extranjero y a funcionarios de la UE según el art. 427 CP.

c) Sí, pero solo si el acto afecta directamente a España.

d) No, porque la ley no tiene alcance internacional.

Solucionario

1. **B. Prisión de 3 a 6 años, multa de 12 a 24 meses e inhabilitación especial.**
2. **C. Aceptar dádivas sin vinculación a un acto concretamente determinado.**
3. **B. Cualquier funcionario de la Unión Europea y otras organizaciones internacionales.**
4. **A. Las mismas penas previstas para la autoridad o funcionario sobornado.**
5. **A. Sí, de acuerdo con el Código Penal español.**
6. **B. Sí, el simple ofrecimiento o aceptación de una dádiva es penable.**
7. **D. A y B son correctas.**
8. **C. Que haya una oferta o promesa a un funcionario.**
9. **B. Asegurar la transparencia y honestidad en la función pública.**
10. **B. No, también aplica a los funcionarios españoles en el extranjero y a funcionarios de la UE según el art. 427 CP.**

TEMA 17.

DELITOS CONTRA LA ADMINISTRACIÓN DE JUSTICIA

17.1. Introducción y objetivos

La fuga de San Cristóbal: una de las fugas más grandes del mundo

Hace pocos días estaba paseando en pleno invierno por el casco antiguo de la preciosa ciudad de Pamplona, cerca del Gran Hotel La Perla, donde Ernest Hemingway se alojaba durante sus estancias en nuestro país en un período de más de veinte años. Adentrándome en las calles más típicas de esta bella e histórica ciudad de Navarra, pude ver que frente a diversos portales había una pequeña placa dorada con la inscripción de quien hace años vivió en esa casa, donde también aparecía grabada la fecha y lugar del asesinato del morador.

Tuve la curiosidad de seguir la pista e ir viendo las distintas pequeñas placas cuadradas, y en la mayoría de ellas, la fecha del asesinato coincidía con el primer año de la Guerra Civil española. La verdad es que aquella forma tan peculiar de recordar a quienes desaparecieron en esta triste guerra fratricida me causó mucha impresión, a la vez que curiosidad por saber más sobre cómo se vivió la contienda en la ciudad de los Sanfermines.

Horas después de ver e incluso fotografiar algunas de estas placas, me encontré con una señora mayor a la que preguntamos por algún restaurante donde comer algo típico del lugar y que fuese a la vez casero, a poder ser de puchero, pues estábamos en pleno enero a cero grados, y ello apetecía. La amable señora nos indicó varios sitios con mucha pasión y nos preguntó por nuestra procedencia, para luego seguir charlando un poco más sobre la ciudad.

Al ver que esta señora se prestaba a informarnos bien orgullosa de ser lugareña, le pregunté por las placas doradas, y allí cambió de tono la conversación, pues me dijo: «Hijo, aquí se sufrió mucho en la guerra. La gente piensa que todo fue un paseo triunfal del bando vencedor, pero no fue así, pues cerca de aquí hubo una fuga de una cárcel militar que llegó a albergar a más de tres mil soldados detenidos, y se escaparon más de setecientos, fue la llamada **«Fuga de San Cristóbal»**». Me contó que fue una fuga espectacular, y que los hombres fugados intentaban huir a través de los Pirineos hacia Francia.

Me percaté de que la señora ya no disfrutaba de la explicación como cuando nos hablaba de calles y lugares para comer y luego degustar el magnífico vino navarro. Así pues, le di las gracias y no quise prolongar la conversación, pues no pretendía que la anciana y amabilísima señora recordase pena alguna. Acto seguido fui hacia el hotel y empecé a buscar por la red algo sobre esta fuga tan multitudinaria de la que no hablan los libros de historia más comunes. Cuando empecé a leer me di cuenta de que aquella historia superaba incluso a la historia real que inspiró al mítico film *La gran evasión*, protagonizado por Steve McQueen, James Garner y Richard Attenborough, entre otros.

El fuerte de Alfonso XII o de San Cristóbal es una fortaleza militar en el monte Ezcaba próximo a Pamplona que comenzó a construirse para la defensa de la ciudad de ataques procedentes de los Pirineos. Aquel fuerte no llegó a ser usado con fines defensivos por la aparición de la aviación que volvió obsoleta la instalación. Sin embargo, sí se utilizó como cárcel militar desde 1934 hasta 1945. Una vez finalizada la revolución de octubre de 1934, cientos de prisioneros asturianos y eibarreses fueron encerrados en este fuerte, y desde el principio, la falta de higiene y salubridad provocaron denuncias con peticiones de traslado de los presos y del cierre de la edificación como cárcel. Entre el 1 de enero de 1937 y el 6 de julio de 1945, fecha del cierre como cárcel militar, consta en documentos la muerte de 305 presos por motivos variados, predominando dolencias como la desnutrición y los paros cardíacos.

La fuga del fuerte de San Cristóbal se perpetró el 22 de mayo de 1938, y en la historia mundial de las evasiones es una de las más importantes, tanto por el número de presos fugados como por sus consecuencias. En 1938 había 2487 personas detenidas, y la fuga fue preparada por unos treinta presos que utilizaron la lengua esperanto para poder comunicarse sin ser comprendidos por los demás. La operación se inició a la hora de cenar, pues era un momento en el que los guardias estaban más dispersos. En aproximadamente una media hora el fuerte fue tomado por los reclusos, y posteriormente salieron del mismo corriendo campo a través.

Un soldado que volvía de Pamplona se percató de lo que estaba sucediendo y fue corriendo a dar el aviso al cuartel de la ciudad, y por otra parte, un preso, el falangista Ángel Alcázar de Velasco, que fue encarcelado tras los sucesos de abril de 1937 en Salamanca, también corrió para delatar a sus compañeros de celda. Se fugaron 795 de los detenidos, que iban mal vestidos y en su mayoría estaban desnutridos, y la huida fue una auténtica desbandada sin ningún orden.

Los militares del bando sublevado iniciaron «la caza» de los hombres fugados, y consta que el mismo día 23 se detuvieron a 259 fugados. El día 24 ya eran 445 los detenidos, y el último fue capturado el 14 de agosto, tres meses después, siendo apodado «Tarzán», por haber soportado durante tanto tiempo la dureza de estar huido por el monte casi sin ropa ni víveres.

De un total de 795 fugados, fueron detenidos 585, se identificaron 187 cadáveres, a los que hay que sumar 20 muertos más que no se pudieron identificar. De los que fueron capturados se fusilaron a 14. Solo tres de todos los prófugos atravesaron los Pirineos y alcanzaron la frontera francesa hacia la libertad.

Después de haber contado algo sobre este pasaje tan duro de la historia de España, os invito a que estudiéis a fondo este tema en el cual hablaremos, entre otros delitos, sobre motines, fugas, quebrantamientos de condena, etc., pues **si bien una fuga es ilegal, a veces, puede ser legítima**...

Puedes consultar más información a través del siguiente enlace:
https://cutt.ly/ErdHDmj

En el presente tema vamos a estudiar los siguientes delitos:

- Prevaricación (arts. 446 a 448 CP).
- Omisión de los deberes de impedir delitos o promover su persecución (art. 450 CP).
- Encubrimiento (arts. 451 a 454 CP).
- Realización arbitraria del propio derecho (art. 455 CP).
- Obstrucción a la justicia (arts. 463 a 467 CP).
- Quebrantamiento de condena (arts. 468 a 471).

17.2. Prevaricación

El caso del juez Pascual Estevill

Luis Pascual Estevill nació en Cabacés, un pequeño pueblo de Tarragona, en 1933. Fue abogado y juez. Estevill llegó a la carrera judicial en 1990 por el llamado cuarto turno, reservado a los considerados «juristas de reconocido prestigio». En 1994 fue nombrado vocal del Consejo General del Poder Judicial, a propuesta de la extinta Convergencia i Unió.

Este exjuez protagonizó uno de los escándalos más graves de la historia de España cuando, a principios de los años noventa, extorsionaba a empresarios a los que investigaba como juez, y que tenían un gran riesgo de entrar en prisión. Para no ingresar en prisión, o para salir de ella en poco tiempo, los empresarios accedían a que el abogado Joan Piqué Vidal los defendiera, y tenían que abonar grandes cantidades de dinero al juez y al afamado despacho de abogados. Piqué Vidal, antiguo abogado de Jordi Pujol en el caso Banca Catalana, fue condenado por su participación en aquellos hechos a siete años de prisión.

Después de llegar a lo más alto en el mundo jurídico, Estevill fue separado de la carrera judicial por el Consejo General del Poder Judicial y condenado por sentencias firmes por su implicación en diversos casos de corrupción.

En un receso de la junta del CGPJ que tenía que decidir si se expulsaba a Estevill de este organismo, este intentó coaccionar a la entonces vocal María Teresa Fernández de la Vega (años después vicepresidenta del Gobierno de Zapatero), diciéndole que si votaba a favor de sus intereses colocaría a su hijo en un cargo de por vida en La Caixa. Fernández de la Vega quedó estupefacta y no accedió a la petición.

Ni que decir tiene que, cuando la prevaricación es cometida por un juez que tiene en sus manos el conceder o no la libertad de una persona, tiene un enorme desvalor social y jurídico que daña también a nuestro sistema democrático en un punto cardinal.

Para saber más sobre el caso Estevill, consultad el siguiente documento:
https://bit.ly/3z4CciY

El delito de prevaricación judicial o prevaricato del latín *praevaricare*, significa desviarse del recto camino. Dentro de la denominación de **prevaricación**, el CP recoge tres conductas distintas, consistentes en otros tantos incumplimientos flagrantes de las obligaciones básicas de la función jurisdiccional: dictar resoluciones injustas, negarse a juzgar, o retardar maliciosamente la función de la justicia.

Los jueces y magistrados podrán equivocarse porque son seres humanos, y por lo tanto no son infalibles. Ahora bien, una cosa es equivocarse por algún error, y la otra es hacerlo *ex* profeso, y las situaciones son muy diferentes, como expresan AGUDO *et al.* (2019, p. 256):

> «Naturalmente, el juez puede llegar a **extralimitarse, aplicando erróneamente el Derecho** y afectando así los derechos de los ciudadanos. Y ello puede ocurrir bien por la propia **falibilidad humana**, bien por un eventual abuso de la función judicial. En uno y otro caso los sistemas jurídicos prevén un adecuado tratamiento, como respuesta a aquella posible extralimitación. Si se trata de una aplicación errónea proveniente de la mencionada falibilidad humana, en cuyo caso el error es imputado al propio sistema jurídico y no genera responsabilidades personales, la solución radica en la previsión de un **sistema de revisión de las decisiones**, esto es, de un adecuado sistema de recursos procesales. En cambio, si se trata de una aplicación incorrecta de la ley que es consecuencia de un **abuso de poder** por parte del juez, la solución no puede ser otra sino la **disciplinaria o, incluso, la penal**».

Prevaricación dolosa

Según el artículo 446 CP:

> «El juez o magistrado que, a **sabiendas**, dictare **sentencia o resolución injusta** será castigado:
>
> 1.º Con la pena de prisión de uno a cuatro años si se trata de sentencia injusta contra el reo en causa criminal por delito grave o menos grave y la sentencia no hubiera llegado a ejecutarse, y con la misma pena en su mitad superior y multa de doce a veinticuatro meses si se ha ejecutado. En ambos casos se impondrá, además, la pena de inhabilitación absoluta por tiempo de diez a veinte años.

2.° Con la pena de multa de seis a doce meses e inhabilitación especial para empleo o cargo público por tiempo de seis a diez años, si se tratara de una sentencia injusta contra el reo dictada en proceso por delito leve.

3.° Con la pena de multa de doce a veinticuatro meses e inhabilitación especial para empleo o cargo público por tiempo de diez a veinte años, cuando dictara cualquier otra **sentencia o resolución** injustas».

➜ **Bien jurídico protegido**: el normal funcionamiento de la Administración de Justicia y la tutela judicial efectiva.

➜ **Acción típica**: se recogen dos conductas punibles. Por una parte, se castiga dictar a sabiendas: «sentencia o resolución injusta contra el reo en causa criminal por delito», siempre que **la sentencia se hubiera ejecutado**, y por otra parte, se sanciona dictar a sabiendas «sentencia injusta contra el reo en causa criminal por delito», siempre que **«la sentencia no hubiera llegado a ejecutarse»**.

- En el apartado 2 de este artículo se sanciona dictar una sentencia injusta contra el reo en proceso por **delito leve**.
- En el apartado 3 de este artículo, y de forma residual, se sanciona el dictar cualquier otra **sentencia o resolución injustas**.

Según la sentencia del Tribunal Supremo de 28 de junio de 2004, «se afirma la existencia de **resolución injusta** cuando es **a todas luces contraria a derecho**, porque su contenido no se compadece con lo ordenado en la ley».

Por su parte, MUÑOZ CUESTA (2012, p. 3) resalta que:

> «(...) precisamente cuando el Juez se aparta en sus sentencias o resoluciones, creando **situaciones de evidente injusticia**, es cuando el mismo derecho penal actúa contra esa conducta desviada y son los propios jueces, con aplicación estricta de la norma, los que van a apreciar o no la responsabilidad de sus iguales, momento en que nace el denominado delito de prevaricación judicial».

Según MUÑOZ CONDE (2019), que la resolución sea injusta habrá de valorarse *ad casum*, pues indica que su determinación supone, como en la prevaricación administrativa, una valoración que debe realizarse **en función del caso concreto** y en atención a postulados de **justicia material** y no puramente formalistas.

No se exige que la injusticia tenga que ser burda, esperpéntica, ya que, como afirma SÁNCHEZ-VERA (1999) con verdadero sentido del humor, ello significaría permitirle al juez que prevarique si «se le nota poco».

Pero aquilatar la situación de injusticia e intentar buscar criterios para conseguir el fin de la seguridad jurídica, no es algo sencillo ni objetivo de forma absoluta, y en este sentido BERENGUER (2017, p. 9) indica:

> «Creemos que no nos equivocamos al afirmar que, para dotar de **seguridad jurídica** la aplicación del delito de prevaricación judicial, bien sea en su vertiente dolosa como culposa, se echa en falta la existencia de un meta-criterio jurídico claro, consensuado e idóneo, que no solamente sea válido y empleado en el campo dogmático-penal, sino también en el práctico judicial».

➜ **Sujeto activo**: es un delito especial propio en el que es sujeto activo del mismo es un juez o magistrado.

➔ **Sujeto pasivo**: puede serlo cualquier persona.

➔ **Elemento subjetivo**: es un delito de carácter doloso, pues el artículo ya indica «a sabiendas». Y en este punto la doctrina no es pacífica, pues ¿cómo podemos saber si el sujeto activo sabía lo que estaba haciendo? A ello nos puede aportar luz la Sentencia de 15 de octubre de 1999, pues el propio acusado facilitó a través de sus **tres autos, adoptando, no una, ni dos, sino tres decisiones, palmariamente contrarias a lo decidido por el órgano decisor jurisdiccional superior**, según las reglas que rigen respecto a la distribución de funciones en la Ley Orgánica del Poder Judicial.

➔ **Concurso**: cabe la posibilidad de concurso entre los delitos de prevaricación judicial dolosa y de detención ilegal del art. 167 CP, cohecho activo del art. 419 CP y falsedad del art. 390 CP. Es preferente la aplicación del delito de prevaricación judicial dolosa en caso de concurso con el delito de negativa a juzgar tipificado en el art. 448 CP.

➔ **Consumación**: se consuma cuando se dicta la resolución o sentencia injustas.

➔ **Penalidad**: prisión de uno a cuatro años si se trata de sentencia injusta contra el reo en causa criminal por delito grave o menos grave y la sentencia no hubiera llegado a ejecutarse, y con la misma pena en su mitad superior y multa de doce a veinticuatro meses si se ha ejecutado. En ambos casos se impondrá, además, la pena de inhabilitación absoluta por tiempo de diez a veinte años. En relación con el apartado 2 del art. 446 CP, se sanciona con multa de seis a doce meses e inhabilitación especial para empleo o cargo público por tiempo de seis a diez años. Y por último, en relación con el apartado 3 del citado artículo el castigo es de multa de doce a veinticuatro meses e inhabilitación especial para empleo o cargo público por tiempo de diez a veinte años.

El caso Garzón

El 9 de febrero de 2012, el Tribunal Supremo condenó al juez Garzón por **prevaricación** de forma unánime con la pena de «11 años de inhabilitación especial para el cargo de juez o magistrado con pérdida definitiva del cargo que ostenta».

En la STS 79/2012, de 9 de febrero («caso Garzón»), se condenó al juez que **autorizó la grabación de las conversaciones de presos preventivos con sus abogados**, argumentando que la ley solo permite esta clase de grabaciones en caso de terrorismo y rechazando la argumentación del juez, que alegó que los abogados estaban en connivencia con sus clientes para realizar determinadas prácticas ilícitas de blanqueo y ocultación de pruebas.

El pleno del Consejo General del Poder Judicial, convocado el 23 de febrero de 2012, ratificó, con el apoyo de veinte de sus veintiún miembros, la **expulsión de la carrera judicial** del juez Garzón.

Baltasar Garzón pasó de ser un «juez estrella» a diputado por el PSOE, expulsado de la carrera judicial y actualmente es abogado de causas internacionales como la de Julián Assange o Evo Morales. Es doctor *honoris causa* por la Universidad de Jaén, y por veinte universidades más en el mundo.

Para saber más sobre el **«caso Garzón»**, podéis consultar el siguiente enlace: https://cutt.ly/DriDJh

En clave de humor, pero con rigor, os recomendamos esta entrevista de Baltasar Garzón en *Leit Motiv*, en el siguiente enlace: https://bit.ly/3z0cUCx

Para más información sobre el caso, os recomendamos este documento: Muñoz Cuesta, F. J. (2012). Delito de prevaricación y contra las garantías constitucionales cometidos por Juez de instrucción al interceptar las comunicaciones entre imputados presos y sus defensas. En Revista Aranzadi Doctrinal, 1.

Tal y como afirma Goyena Huerta (2017, p. 6) es posible intervenir las comunicaciones entre cliente y abogado, pero con suma cautela y con una serie de requisitos, que son:

> «Como ha quedado señalado, la posibilidad de intervenir las comunicaciones entre un abogado y su cliente en un proceso penal está condicionada a la concurrencia de tres requisitos: i) una **previsión legal suficiente**; ii) una **justificación suficiente** en el supuesto concreto, que tenga en cuenta los **indicios disponibles** en el caso, la necesidad de la medida y el respeto al principio de **proporcionalidad**; y iii) una **autorización judicial**.
>
> Si, además, lo que se intervienen son, específica y directamente, las comunicaciones entre el sospechoso y su abogado, es necesaria la concurrencia de una cuarta exigencia: **la existencia de indicios previos de actividad delictiva por parte del abogado**».

Prevaricación culposa

A tenor del art. 447 CP:

> «El Juez o Magistrado que por **imprudencia grave o ignorancia** inexcusable dictara sentencia o resolución manifiestamente injusta incurrirá en la pena de inhabilitación especial para empleo o cargo público por tiempo de dos a seis años».

➔ **Bien jurídico protegido**: el normal funcionamiento de la Administración de Justicia y la tutela judicial efectiva.

➔ **Acción típica**: dictar sentencia o resolución manifiestamente injusta. Es un delito de **imprudencia profesional**. No se distingue si la sentencia se dicta en causa criminal o no. Cuando se trata de una prevaricación judicial por imprudencia grave no basta con que la resolución sea injusta, como sucede en la modalidad dolosa, sino que sea injusta con **carácter manifiesto**.

Son casos en los que el juez no ha puesto el mínimo de diligencia en atender algo que para una persona con su formación no podía ofrecerle ninguna duda (sentencia del Tribunal Supremo 359/2002 de 26 de febrero).

➔ **Sujeto activo**: es un delito especial propio en el que es sujeto activo del mismo es un juez o magistrado. Muñoz Conde (2022, p. 774) hace referencia al sujeto activo del delito y a su formación, pues no es lo mismo un juez de paz que un magistrado del Tribunal Supremo, y sin desmerecer a nadie, pues lo que en realidad hay es un grado distinto de especialización:

> «Como en todo delito que se comete por imprudencia, lo decisivo aquí es también la omisión de un deber de cuidado que personalmente incumbe a un sujeto. Es decir, que una ignorancia o negligencia será inexcusable cuando falta aquella diligencia mínima que es exigible a cualquiera que desempeñe funciones judiciales, **teniendo en cuenta también los conocimientos especiales que cabe atribuir al juez en función del asunto de que trate** (no es lo mismo el grado de conocimiento exigible a un juez de paz, a un juez suplente, o a un juez de la Audiencia Nacional o del Tribunal Supremo especialista en la materia que juzga)».

➔ **Sujeto pasivo:** puede serlo cualquier persona.

➔ **Elemento subjetivo**: es una acción imprudente, pues ya el art. 447 indica «por imprudencia grave o ignorancia».

Según la STS 19 de septiembre de 2006, el art. 447 CP degrada la parte subjetiva, al establecer que basta que la resolución sea dictada por imprudencia grave o ignorancia inexcusable, pero **agrava la parte objetiva**, al exigir que la resolución sea manifiestamente injusta.

➔ **Consumación**: se consuma cuando se dicta la resolución o sentencia injustas.

➔ **Penalidad**: inhabilitación especial para empleo o cargo público por tiempo de dos a seis años.

Denegación de administrar justicia

Los jueces y magistrados tienen la obligación de resolver las cuestiones sometidas a su conocimiento, pues en caso contrario, supondría una vulneración del **derecho fundamental** a obtener una tutela judicial efectiva *ex* artículo 24.1 de la Constitución española.

Artículo 24.1 CE

> «Todas las personas tienen derecho a obtener la **tutela efectiva** de los jueces y tribunales en el ejercicio de sus derechos e intereses legítimos, sin que, en ningún caso, pueda producirse indefensión».

El derecho a la tutela judicial efectiva es un **derecho fundamental** autónomo y con contenido propio (STC 89/1985), pero igualmente el Tribunal Constitucional matiza, en relación con su naturaleza, que:

> «(...) no es la de un derecho de libertad ejercitable sin más, directamente a partir de la Constitución, sino la de un derecho de prestación, que solo puede ejercerse por los cauces que el legislador establece o, dicho de otro modo, es un derecho de configuración legal».

El juez o tribunal ha de resolver la cuestión con arreglo a lo dispuesto en la ley aplicable, en su defecto con arreglo a la costumbre, y en defecto de ley y costumbre, en relación con los principios generales (arts. 1.3 y 4 del Código Civil).

Por otra parte, la obligación de juzgar está indicada en el art. 1.7 del Código Civil de forma expresa: «Los Jueces y Tribunales tienen el **deber inexcusable de resolver** en todo caso los asuntos de que conozcan, ateniéndose al sistema de fuentes establecido».

El juez o magistrado, no se puede negar a administrar justicia cuando los ciudadanos se la solicitan, pues como dice Ramos (2000, p. 461):

> «(...) para la satisfacción del derecho de acceso al proceso no existe alternativa de organización posible, pues la declaración o imposición del Derecho de forma imperativa solo se realiza a través de la potestad jurisdiccional que corresponde en exclusiva a los Jueces y Tribunales, sin que exista alternativa de organización para el ciudadano».

A tenor del artículo 448 CP:

> «El Juez o Magistrado que **se negase a juzgar**, sin alegar causa legal, o so pretexto de oscuridad, insuficiencia o silencio de la Ley, será castigado con la pena de inhabilitación especial para empleo o cargo público por tiempo de seis meses a cuatro años».

Además, el art. 11.3 de la Ley Orgánica del Poder Judicial dispone lo siguiente:

> «(...) los Juzgados y Tribunales, de conformidad con el **principio de tutela efectiva** consagrado en el artículo 24 de la Constitución, **deberán resolver siempre** sobre las pretensiones que se les formulen, y solo podrán desestimarlas por motivos formales cuando el defecto fuese insubsanable o no se subsanare por el procedimiento establecido en las leyes».

➔ **Bien jurídico protegido**: el normal funcionamiento de la Administración de Justicia y la tutela judicial efectiva.

➔ **Acción típica**: la acción típica consiste en **negarse a juzgar** sin causa legal o so pretexto de oscuridad, insuficiencia o silencio de la ley. Dicha conducta puede tener lugar sin resolución judicial alguna, o a través de una resolución, en cualquiera de sus formas (sentencia, auto o providencia).

➔ **Sujeto activo**: es un delito especial propio en el que el sujeto activo del mismo es un juez o magistrado.

➔ **Sujeto pasivo**: puede serlo cualquiera.

➔ **Elemento subjetivo**: es un delito doloso, en el que no cabe el dolo eventual.

➔ **Consumación**: se consuma cuando se deja de juzgar debiéndose hacer.

➔ **Penalidad**: inhabilitación especial para empleo o cargo público por tiempo de seis meses a cuatro años.

Según Jaén *et al.* (2019, p. 270):

> «La hipótesis en la que el Juez o Magistrado basan su negativa a juzgar en «oscuridad, insuficiencia o silencio de la Ley», en cuyo caso parece que tendrá que existir una resolución en la que se haga tal manifestación, es clara consecuencia del **deber que tiene aquel de pronunciarse** sobre la cuestión planteada, con arreglo al sistema de fuentes establecido: la ley, la costumbre y los principios generales del derecho (art. 1.1 del Código civil)».

Retardo malicioso en la Administración de Justicia

A tenor del artículo 449 CP:

> «1. En la misma pena señalada en el artículo anterior incurrirá el Juez, Magistrado o Secretario Judicial culpable de **retardo malicioso** en la Administración de Justicia. Se entenderá por malicioso el **retardo provocado** para conseguir cualquier **finalidad ilegítima**.
>
> 2. Cuando el retardo sea imputable a **funcionario distinto** de los mencionados en el apartado anterior, se le impondrá la pena indicada, en su mitad inferior».

➜ **Bien jurídico protegido**: el normal funcionamiento de la Administración de Justicia y la tutela judicial efectiva.

➜ **Acción típica**: la acción típica es puramente omisiva, pues se trata del retardo en administrar justicia provocado para conseguir cualquier finalidad ilegítima.

Según la STS n.º 2135/2003, de 20 de enero:

> «El retardo bien puede ser consecuencia de una **conducta meramente omisiva** de dejar de resolver aquello a lo que el juez está obligado, o de una **acción positiva**, supeditando la obligada resolución al cumplimiento de trámites inútiles, o injustificados que provocan una dilación en la resolución que, sin aquellas trabas, no habría tenido lugar».

Sobre lo que hay que entender como **«finalidad ilegítima»**, QUINTERO señala que se podrá considerar:

> «a) la de **alterar el equilibrio entre las partes** (la igualdad de armas), b) la de favorecer a una parte o perjudicar a otra, c) la de hacer estéril el objeto de la acción procesal emprendida, (y) d) la de obtener un propio beneficio el Juez, Secretario o funcionario».

➜ **Sujeto activo**: es un delito especial propio en el que es sujeto activo del mismo es un juez o magistrado, pero en el apartado 2, se recoge la posibilidad de que sea un funcionario distinto.

➜ **Sujeto pasivo**: puede serlo cualquiera.

➜ **Elemento subjetivo**: es un delito **doloso** en el que no cabe el dolo eventual porque el retardo ha de ser malicioso o provocado para conseguir cualquier finalidad ilegítima. Si no existe esta intencionalidad, solo cabe la corrección disciplinaria y la posible indemnización, según STS 18 de abril de 1995.

➜ **Consumación**: se consuma en el momento en el que se produce el retardo.

➜ **Penalidad**: si el sujeto activo es un juez o magistrado, la pena es de inhabilitación especial para empleo o cargo público por tiempo de seis meses a cuatro años. Si se trata de otro funcionario se le impondrá la pena indicada, en su mitad inferior.

La celeridad en un proceso penal ha de ser prioritaria, y sobre todo cuando se trata de una causa con preso, y así lo refleja también ORTS BERENGUER *et al.* (2019, p. 271):

> «El **principio de celeridad**, implícito en el derecho a ser juzgado sin dilaciones indebidas, es uno de los principios que rigen el proceso penal, pues este genera limitaciones de derechos para las personas que se ven afectadas, cuya presunción de inocencia queda en entredicho. De ahí la importancia de este principio y del derecho que emana de él, que **protege al ciudadano frente a una justicia tardía**».

Y es que, además, toda dilación indebida en la administración de justicia es muy negativa en cuanto a toda la carga probatoria que con el paso del tiempo puede diluirse o desaparecer, y en este sentido, BACIGALUPO ZAPATER (2004, p. 508) indica que:

> «(...) toda pérdida de tiempo, por el debilitamiento de la prueba, sobre todo testifical, corre contra la finalidad de un proceso orientado a la verdad de la reconstrucción del hecho y al restablecimiento pronto de la paz jurídica».

En el delito de denegación de justicia como en el de retardo («malicioso») solo es punible la comisión dolosa. El retraso por mera negligencia, abulia o escasa capacidad de trabajo del funcionario es, todo lo más, merecedor de sanción disciplinaria (STS 1020/1995, de 19 de octubre). *Vid.* Muñoz Conde (2019).

La STS 2135/2002, de 20 de enero, condena en base a este precepto al juez de vigilancia penitenciaria que **dificultó y retrasó con diversos pretextos procedimentales la concesión de permisos de Navidad** por razones de enfrentamiento con la dirección del centro penitenciario. Sin embargo, la STS 1243/2009, de 30 de octubre, condena por **prevaricación** y no por retardo malicioso al juez que con diversos pretextos retrasó la adopción de un niño por parte de una pareja homosexual, el **«caso Ferrín Calamita»**.

El caso Ferrín Calamita

Los hechos se remontan al año 2006, cuando una pareja de mujeres homosexuales inició el procedimiento de adopción para que una de ellas fuera reconocida como madre adoptiva de la hija concebida por su pareja por inseminación artificial. El Tribunal Superior de Justicia de Murcia condenó a Ferrín Calamita en el año 2009 a dos años, tres meses y un día de inhabilitación por **retraso «malicioso»** en los trámites de adopción de una menor por parte de la pareja de la madre biológica de la niña. La fiscalía y las mujeres recurrieron la sentencia, y fue entonces cuando se consideró que el juez incurrió en un delito de **prevaricación** y elevó la pena a inhabilitación de diez años, multa de 620 euros, otros 6000 euros de indemnización a la pareja y a hacerse cargo de las costas del juicio.

Fernando Ferrín Calamita fue finalmente **inhabilitado**, acusado de **prevaricar** en la tramitación un expediente de adopción en el que estaba involucrada una pareja de mujeres homosexuales.

La Sala de lo Contencioso-Administrativo del Tribunal Supremo en julio de 2019 confirmó el rechazo del Consejo General del Poder Judicial al reingreso del juez Fernando Ferrín Calamita a la carrera judicial, ya que consideró que la gravedad del delito por el que fue condenado es **incompatible con la posibilidad de una rehabilitación**.

Para saber más sobre el caso Ferrín Calamita,
podéis escuchar en este vídeo sus explicaciones: https://cutt.ly/YriDzs8

17.3. La omisión de los deberes de impedir delitos o promover su persecución

A tenor del artículo 450 CP:

> «1. El que, **pudiendo hacerlo** con su intervención inmediata y **sin riesgo propio o ajeno, no impidiere la comisión de un delito** que afecte a las personas en su vida, integridad o salud, libertad o libertad sexual, será castigado con la pena de prisión de seis meses a dos años si el delito fuera contra la vida, y la de multa de seis a veinticuatro meses en los demás casos, salvo que al delito no impedido le correspondiera igual o menor pena, en cuyo caso se impondrá la pena inferior en grado a la de aquel.

> 2. En las mismas penas incurrirá quien, **pudiendo hacerlo**, no acuda a la autoridad o a sus agentes para que impidan un delito de los previstos en el apartado anterior y de cuya próxima o actual comisión tenga noticia».

Como bien indica AGUDO *et al.* (2019, p. 276):

> «Se trata, lisa y llanamente, de un **deber general de impedir determinados delitos** sin riesgo propio o de tercero, bien personalmente a través de una intervención inmediata, bien acudiendo a la autoridad o a sus agentes. Naturalmente, si el **omitente** resulta que es **funcionario público**, entrarán en consideración otros tipos penales, concretamente los previstos en los arts. 408 y 412».

➜ **Bien jurídico protegido**: es el bien jurídico lesionado por el delito cuya omisión no se impide, y también la paz social y/o seguridad que tal delito comporta. Asimismo, se protege el **deber de solidaridad** referido a aquellos bienes jurídicos que se dañan.

Por su parte, QUINTERO OLIVARES (2016) entiende que el bien jurídico que se protege en este artículo es la necesidad de que **toda la ciudadanía colabore con el ideal de justicia** y contra la comisión de delitos aportando lo que de su parte pueda hacerse sin riesgo, por lo que se aleja sustancialmente del fundamento del delito de omisión del deber de socorro.

➜ **Acción típica**: la acción típica consiste en no impedir la comisión de un delito que afecte a las personas en su vida, integridad o salud, libertad o libertad sexual; se trata de un delito de omisión pura en el que ha de concurrir la **posibilidad de intervenir**, la intervención inmediata por requerirlo el impedimento del delito y la inexistencia de riesgo propio o ajeno. El deber de actuar para impedir el delito deriva de la posición de garante del que omite (STS, 14 de noviembre de 2001).

El apartado 2 de este artículo castiga la conducta de **no acudir a la autoridad o a sus agentes para impedir la comisión de un delito**.

El Tribunal Supremo Sala 2.ª, en sentencia de 30 de junio de 1988, manifiesta que:

> «(...) en el delito de omisión la característica básica del «dolo» es la **falta de decisión de emprender la acción jurídicamente impuesta al omitente** [...] el dolo de la omisión se debe apreciar cuando el omitente, a pesar de tener conocimiento de la situación de hecho que genera el deber de actuar y de su capacidad de realizar la acción, no actúa (...)».

La STS de 22 de septiembre de 2005 indica que: «el delito de omisión del deber de evitar determinados delitos, se caracteriza porque su autor no ha de tener acción directa ni ejecutiva alguna en el delito o delitos de cuyo impedimento o persecución se trate».

Se reclama a los ciudadanos que no impidan, **pudiendo hacerlo**, la comisión de los delitos más graves, ya sea de manera personal, ya sea reclamando la intervención de los Cuerpos y Fuerzas de Seguridad del Estado.

MUÑOZ CONDE (2022, p. 797) concreta la idea de que no ha de haber riesgo propio o ajeno:

> «La **ausencia de riesgo propio o ajeno** es consecuencia del principio de no exigibilidad de otra conducta, elevado aquí a elemento del tipo, por cuanto el deber de actuar no puede llegar hasta el punto de exigir al sujeto que arrostre riesgos o ponga en peligro intereses de terceros de superior o igual valor que el atacado por el delito que se trata de impedir».

Por su parte, LUZÓN CUESTA (2019) indica que el delito considerado como de **omisión pura** requiere por una parte y como elementos objetivos, la **posibilidad de intervención inmediata**, para evitar el delito, sin riesgo propio ni ajeno, y un **peligro de comisión de un delito**, y por otra, como elemento subjetivo, la voluntad de no actuar, con conocimiento de la necesidad y posibilidad de hacerlo.

➜ **Sujeto activo**: puede serlo cualquiera.

➜ **Sujeto pasivo**: puede serlo cualquiera. Según la sentencia del Tribunal Supremo 2101/2001, de 14 de noviembre:

> «(...) **no es presupuesto de hecho del delito del art. 450.1 que la víctima haya reclamado auxilio**, careciendo de toda relevancia si se probó o no que la víctima hubiera reclamado la ayuda del acusado, pues el deber de actuar para impedir el delito no está condicionado por el requerimiento del sujeto pasivo, sino que surge directamente de la posición de garante del omitente».

➜ **Elemento subjetivo**: es un delito doloso, pues se puede inferir del propio artículo que indica **«pudiendo hacerlo»**.

> «(...) la parte subjetiva de las infracciones omisivas dolosas **requiere que el omitente conozca la situación típica** (generadora de su deber de actuar o de evitar el resultado, según el caso), su propia capacidad de actuar para cumplir tal deber, así como la vía de actuación procedente para ello, todo lo cual constituye el elemento intelectual del **comportamiento omisivo**; pero, además, es preciso la presencia del **elemento volitivo**: que el autor, a pesar de haber adquirido dichos conocimientos, decida libremente incumplir su deber».

➜ **Consumación**: son delitos que se consuman por la omisión y constituyen infracciones autónomas o independientes, aunque la segunda modalidad delictiva contemplada en el apartado segundo es subsidiaria de la primera.

➜ **Penalidad**: según el apartado 1 del art. 450 CP, corresponde pena de prisión de seis meses a dos años si el delito fuera contra la vida, y la de multa de seis a veinticuatro meses en los demás casos, salvo que al delito no impedido le correspondiera igual o menor pena, en cuyo caso se impondrá la pena inferior en grado a la de aquel.

En relación con el apartado 2 del mismo artículo, en las mismas penas incurrirá quien, pudiendo hacerlo, no acuda a la autoridad o a sus agentes para que impidan un delito de los previstos en el apartado anterior y de cuya próxima o actual comisión tenga noticia.

17.4. El encubrimiento y la realización arbitraria del propio derecho

Según MUÑOZ CONDE (2022), el delito de encubrimiento es un **delito de referencia**, en cuanto su punición viene condicionada por la existencia al menos de otro hecho típico y antijurídico e igualmente limitada por la gravedad de la punición del delito encubierto.

Por otra parte, AGUDO *et al.* (2019, p. 279-80) explica que:

> «El encubrimiento pertenece a los llamados delitos de **«estado» o de perpetuación**, es decir, en aquellos en los que **el autor crea una situación antijurídica que se mantiene en el tiempo** luego de su consumación instantánea, como es el caso también de los delitos de tenencia (de armas o de drogas) o de la receptación, representando un verdadero obstáculo al buen funcionamiento de la Administración de Justicia, bien jurídico protegido, pues dificulta la averiguación y persecución de los delitos».

Según el artículo 451 CP:

> «Será castigado con la pena de prisión de seis meses a tres años el que, con conocimiento de la comisión de un delito y sin haber intervenido en el mismo como autor o cómplice, interviniere con posterioridad a su ejecución, de alguno de los modos siguientes:
>
> 1.° **Auxiliando** a los autores o cómplices para que se beneficien del provecho, producto o precio del delito, sin ánimo de lucro propio.
>
> 2.° **Ocultando, alterando o inutilizando** el cuerpo, los efectos o los instrumentos de un delito, para impedir su descubrimiento.
>
> 3.° **Ayudando** a los presuntos responsables de un delito a eludir la investigación de la autoridad o de sus agentes, o a sustraerse a su busca o captura, siempre que concurra alguna de las circunstancias siguientes:
>
> a) Que el hecho encubierto sea constitutivo de traición, homicidio del Rey o de la Reina o de cualquiera de sus ascendientes o descendientes, de la Reina consorte o del consorte de la Reina, del Regente o de algún miembro de la Regencia, o del Príncipe o de la Princesa de Asturias, genocidio, delito de lesa humanidad, delito contra las personas y bienes protegidos en caso de conflicto armado, rebelión, terrorismo, homicidio, piratería, trata de seres humanos o tráfico ilegal de órganos.
>
> b) Que el favorecedor haya obrado con **abuso de funciones públicas**. En este caso se impondrá, además de la pena de privación de libertad, la de inhabilitación especial para empleo o cargo público por tiempo de dos a cuatro años si el delito encubierto fuere menos grave, y la de inhabilitación absoluta por tiempo de seis a doce años si aquel fuera grave».

➔ **Bien jurídico protegido**: es la Administración de Justicia, en su función de averiguación y persecución de los delitos, sin perjuicio que con su castigo se pretenda evitar también aumentar el daño a los bienes jurídicos lesionados por el delito encubierto.

Como bien indica GARCÍA SAN MARTÍN (2015, p. 2):

> «En cuanto al **bien jurídico protegido**, la realidad de que la investigación criminal en base a hechos de apariencia delictiva pueda verse obstaculizada o afectada por actos de encubrimiento, lo cual es más que presumible como lo es la consustancial afectación del bien jurídico protegido, no avala la extensión del correspondiente elemento objetivo del tipo; dicho en otras palabras, **no todas las acciones u omisiones que supongan una lesión del bien jurídico protegido por la norma penal, son típicas penalmente**, sino únicamente aquellas en las que concurran todos y cada uno de los consiguientes elementos subjetivo y objetivos del tipo penal».

➔ **Acción típica**: la conducta tipificada consiste en auxiliar al responsable de un delito previo en el que no se ha participado, bien ayudando a aprovecharse de los efectos del delito o a eludir la justicia, bien ocultando los efectos e instrumentos del delito. El presupuesto fundamental lo constituye la **perpetración previa de un delito**.

Los **elementos básicos** del tipo son:

- La comisión previa de un delito.
- El no haber intervenido en la previa infracción como autor o cómplice.
- El conocimiento de la comisión del delito encubierto.

En las SSTS de 22 de febrero de 2001 y 21 de marzo de 2003, se indica que:

> «(...) lo esencial de esa acción delictiva es la de **auxiliar** a los **autores** o **cómplices** de un delito para no ser descubiertos, auxilio que puede efectuarse a través de ciertos mecanismos como son la ocultación, la alteración o la inutilización del cuerpo, de los efectos o de los instrumentos de un delito; y en las tres modalidades típicas es preciso el conocimiento por quien fuera encubridor, del hecho concreto al que colabora a encubrir con posterioridad a su comisión y la conducta de que quien luego encubre, no haya participado en él como autor ni como cómplice».

En la STS de 21 de marzo de 2003, y en relación con el art. 251.3 CP: «en el caso del número tercero la actividad de ayuda no precisa, y en algún caso será así, que se encuentren restos o elementos materiales de la actividad encubridora», y añade que en las tres modalidades típicas de este delito es preciso el conocimiento por el encubridor del hecho concreto que encubre, así como no haber participado en él como autor o cómplice, y respecto a la actividad del n.º 3.º ha de estar inequívocamente encaminada a los fines de ayuda expresados en el mismo, «a lo que habrá de añadirse que el encubrimiento recaiga sobre los graves delitos que en el mismo texto se mencionan expresamente o que quien ayude obre con abuso de funciones públicas».

Agudo *et al.* (2019, p. 347) indica al respecto que:

> «(...) es necesario que concurra una **nota positiva, conocimiento de la perpetración de un delito**, no mera sospecha, aunque no se conozcan los detalles, y otra negativa, no haber intervenido en su comisión, si bien ha de tenerse en cuenta que la promesa previa de auxilio posterior es «una forma de participación en el delito, con la que cuentan los demás partícipes, que ven así reforzada su voluntad delictiva».

➔ **Sujeto activo**: puede serlo cualquiera.

➔ **Sujeto pasivo**: puede serlo cualquiera.

➔ **Elemento subjetivo**: es un delito de pura actividad doloso.

Agudo *et al.* (2019, p. 280) afirman lo siguiente:

> «El sujeto debe haber tenido conocimiento de la perpetración del hecho punible o noticia del mismo, aunque sea imprecisa en cuanto al lugar, tiempo y modo, es decir, **no es necesario que el autor del encubrimiento haya sabido de las circunstancias precisas del delito encubierto**, aunque dicho conocimiento no se puede reemplazar por la mera sospecha. Naturalmente, el dolo puede ser eventual, pues ninguna razón explicaría admitir solo dolo directo».

Tal y como afirma Soto (2001, p. 2):

> «(...) el dolo no se refiere a hechos delictivos en abstracto, sino que, como explicita la ley, su punto de referencia es un hecho punible concreto, es decir, un hecho típico y antijurídico, definido en su contrastada realidad».

➔ **Consumación**: se consuma con la sola acción de auxilio, aunque no produzca los resultados perseguidos. No es admisible la tentativa (STS 1655/2001, de 22 de febrero de 2001), no obstante, algún sector doctrinal defiende la posibilidad de formas imperfectas en los delitos de encubrimiento.

➔ **Penalidad**: prisión de seis meses a tres años.

De conformidad al art. 451 3.° b) CP, se castigará al favorecedor que haya obrado con abuso de funciones públicas, además de con la pena de privación de libertad, la de inhabilitación especial para empleo o cargo público por tiempo de dos a cuatro años si el delito encubierto fuere menos grave, y la de inhabilitación absoluta por tiempo de seis a doce años si aquel fuera grave.

Limitación de la pena privativa de libertad por la señalada al delito encubierto

A tenor del art. 452 CP:

> «**En ningún caso podrá imponerse pena privativa de libertad que exceda de la señalada al delito encubierto.** Si este estuviera castigado con pena de otra naturaleza, la pena privativa de libertad será sustituida por la de multa de seis a veinticuatro meses, salvo que el delito encubierto tenga asignada pena igual o inferior a esta, en cuyo caso se impondrá al culpable la pena de aquel delito en su mitad inferior».

No sería justo que el encubridor tuviese más sanción que el que ha cometido el delito que se ha encubierto, y por ello las penas son las siguientes:

➔ **Pena privativa de libertad**. Esta **en ningún caso excederá de la pena privativa de libertad señalada al delito encubierto**.

➔ **Otras penas**. Si el delito encubierto estuviera castigado con pena de naturaleza distinta a la privación de libertad se sustituirá esta por la de multa de seis a veinticuatro meses, a no ser que el delito encubierto tenga asignada pena igual o inferior a esta, en cuyo caso se impondrá al culpable la pena de aquel delito en su mitad inferior.

La mayoría de la doctrina señala que la pena por el delito de encubrimiento debe estar referida a la pena en abstracto y no a la que correspondería en concreto.

Autor absuelto

Según el artículo 453 CP: «Las disposiciones de este capítulo se aplicarán aun cuando el autor del hecho encubierto sea irresponsable o esté personalmente exento de pena».

El artículo 453 CP establece una aclaración expresa consistente en establecer la aplicación de todos los preceptos que constituyen este capítulo aun cuando el autor del delito encubierto sea irresponsable o esté exento de pena.

Excusa absolutoria

A tenor del artículo 454 CP:

> «Están exentos de las penas impuestas a los encubridores los que lo sean de su cónyuge o de persona a quien se hallen ligados de forma estable por análoga relación de afectividad, de sus ascendientes, descendientes, hermanos, por naturaleza, por adopción, o afines en los mismos grados, con la sola excepción de los encubridores que se hallen comprendidos en el supuesto del número 1.° del artículo 451».

Esta excusa absolutoria se preceptúa ya que es muy habitual que el encubrimiento se lleve a cabo por los familiares directos del delincuente, a quienes, por cuestión de afecto y ligamen familiar no se les puede exigir una conducta distinta. Todo y así, la cláusula de exención no alcanza a las conductas de auxilio para el lucro de los responsables del delito (art. 451.1.º CP), **que exceden del ámbito de protección familiar**. Si en estos familiares directos concurriera el ánimo de lucro propio, habría que estar a lo dispuesto en el art. 298 CP (**receptación**), que reza:

> «1. El que, con ánimo de lucro y con conocimiento de la comisión de un delito contra el patrimonio o el orden socioeconómico, **en el que no haya intervenido ni como autor ni como cómplice, ayude a los responsables a aprovecharse** de los efectos del mismo, o reciba, adquiera u oculte tales efectos, será castigado con la pena de prisión de seis meses a dos años».

Entre otras, véase la STS 322/1999, de 5 de marzo, en la que se aplicó este precepto a la esposa que ayudó al marido y a otro a pedir el precio del rescate que estos solicitaron por liberar a una persona secuestrada a la que ya habían asesinado.

Según Agudo *et al* (2019, p. 288):

> «En cuanto a la cuestión de si estas relaciones de afectividad análogas al matrimonio, así como este y las relaciones de parentesco que a continuación enumera el precepto, son o no cuestiones prejudiciales, **es necesario distinguir si se trata del parentesco que se deriva del hecho natural de la procreación o si de un vínculo jurídico**. En el primer grupo habrá que incluir los casos de consanguinidad, en los que se deberá prescindir de su legitimidad o no, bastando con la prueba de tales vínculos de sangre, sin necesidad de acudir al art. 4 LECrim. En cambio, en el segundo (matrimonio, adopción y afinidad), sí será aplicable, en su caso, aquel precepto».

Otro sector de la doctrina, como Bacigalupo (1990) sostiene que la naturaleza jurídica que corresponde a esta exención de pena es la que corresponde a la categoría dogmática de la exclusión de la responsabilidad por el hecho, categoría intermedia entre lo ilícito y la culpabilidad.

Realización arbitraria del propio derecho

Bernuz Beneytez, de forma muy acertada, encuentra el fundamento último del deber inexcusable de juzgar que tiene el juez o magistrado, en el estado de desarrollo de la cultura de los pueblos, de manera que:

> «la contrapartida histórica de la prohibición de que un ciudadano ampare su derecho con su propia fuerza es el **deber del Juez del tomar en consideración las razones de los contendientes y resolver** en Justicia la cuestión planteada», hasta el punto de que: «cuando la Administración de Justicia no responde a las pretensiones que le son sometidas, reaparece el peligro de una **regresión a la autotutela, que es característica de los pueblos salvajes**».

El tomarse la justicia por parte de cada ciudadano es algo que un Estado democrático de derecho no puede contemplar.

Tipo básico

El artículo 455 CP indica que:«1. El que, **para realizar un derecho propio,** actuando fuera de las vías legales, empleare violencia, intimidación o fuerza en las cosas, será castigado con la pena de multa de seis a doce meses». Aquí la finalidad del legislador es que **«nadie se tome la justicia por su mano»**.

Para que se cometa este delito ha de haber una existencia de una relación jurídica preexistente, la apropiación o apoderamiento mediante violencia o intimidación de los bienes que constituyen el objeto de los derechos de propiedad o reales y el propósito o ánimo de realizar un derecho propio. Ello lo confirman las SSTS 27 de octubre de 1992 y 1 de marzo de 1993. Solamente puede ser autor idóneo el que es acreedor (STS 9 de mayo de 1996).

Según Luzón Cuesta (2019) el bien jurídico protegido es el interés del Estado en monopolizar el uso de la fuerza para resolver los conflictos. Sobre el elemento subjetivo, Manzanares (2016, p. 2) señala lo siguiente:

> «El propósito de realizar un derecho propio constituye un elemento subjetivo del injusto que **excluye el ánimo de lucro**. En lugar del enriquecimiento injusto se **pretende evitar un empobrecimiento igualmente injusto**. Ahí radica la diferencia con los delitos de robo y con la extorsión. Dicho elemento excluye la comisión con dolo eventual».

Subtipo agravado

Según el art. 455.2 CP: «2. Se impondrá la pena superior en grado si para la intimidación o violencia se hiciera uso de armas u objetos peligrosos».

La explicación de la agravación la encontramos en el peligro que, para la vida, la integridad o la salud del sujeto pasivo o de terceros implica la utilización de estos medios que se utilizarían para satisfacer un derecho propio.

Tal y como señala Muñoz Conde (2019, p. 802):

> «Solo es posible la **comisión dolosa**, ya que el art. 455 exige un elemento subjetivo específico: el ánimo de realizar un derecho propio. Se trata, pues, en principio, del ejercicio de un derecho ya existente, pero **«tomándose la Justicia por la mano»** de forma violenta, que es lo que eleva el hecho a la categoría de delito».

17.5. Obstrucción a la justicia y quebrantamiento de condena

Obstrucción a la justicia y deslealtad profesional

La lentitud de la Administración de Justicia y los daños que ello provoca son *vox populi*, y ello lo recoge muy bien Muñoz Conde (2019, p. 791):

> «El derecho a un proceso rápido y sin dilaciones es un derecho constitucional ya bastante vulnerado por la propia **lentitud de la Administración de Justicia**, imputable la mayoría de las veces a déficits burocráticos o de funcionamiento de los que es responsable la propia Administración. Pero otras veces se debe a la propia incuria, cuando no a mala fe de los diversos intervinientes en el mismo».

A tenor del artículo 463.1 CP:

> «1. El que, citado en legal forma, **dejare voluntariamente de comparecer**, sin justa causa, ante un juzgado o tribunal en proceso criminal con **reo en prisión provisional**, provocando la suspensión del juicio oral, será castigado con la pena de prisión de tres a

seis meses o multa de seis a 24 meses. En la pena de multa de seis a 10 meses incurrirá el que, habiendo sido advertido, lo hiciera por segunda vez en causa criminal **sin reo en prisión**, haya provocado o no la suspensión».

➔ **Bien jurídico protegido**: es la correcta administración de la justicia a la vez que se pueden lesionar otros bienes de los intervinientes en el procedimiento. El bien principal que aquí se lesiona es la libertad del reo si está en prisión.

➔ **Acción típica**: la acción típica consiste en **dejar voluntariamente de comparecer** cuando se es citado en tiempo y forma, sin justa causa, ante un juzgado o tribunal en proceso criminal **con reo en prisión provisional**, provocando la suspensión del juicio oral (obstrucción pasiva).

En la parte final del art. 463.1 CP se castiga también al que, habiendo sido advertido, incompareciera por segunda vez en causa criminal **sin reo en prisión**, se haya provocado o no la suspensión.

Es un delito de omisión pura o propia.

Se ha de tratar de un proceso criminal, y no nos encontramos ante este delito si la incomparecencia se produce en alguna otra jurisdicción, civil, laboral, contencioso-administrativa. Asimismo, se ha de estar en la fase de juicio oral y no podrá aplicarse en la fase de investigación y/o instrucción.

➔ **Sujeto activo**: puede serlo cualquiera.

➔ **Sujeto pasivo**: puede serlo cualquiera. El más perjudicado es el reo que está en prisión provisional y que ve como una incomparecencia prolonga su privación de libertad, pues se suspende el juicio.

Se perjudica en todas las formas de este delito a la Administración de Justicia, y a las personas directamente implicadas por la suspensión o retraso de la causa criminal, ya sea denunciante, testigos, acusado, víctima, etc.

➔ **Elemento subjetivo**: es doloso.

➔ **Consumación**: se produce cuando se suspende el juicio por la incomparecencia del citado.

➔ **Penalidad**: prisión de tres a seis meses o multa de seis a veinticuatro meses.

Al que, habiendo sido advertido, incompareciera por segunda vez en causa criminal sin reo en prisión, se haya provocado o no la suspensión, se le castigará con multa de seis a diez meses.

Subtipos agravados

Art. 463, apartados 2 y 3 CP

«2. Si el responsable de este delito fuese **abogado, procurador o representante del Ministerio Fiscal**, en actuación profesional o ejercicio de su función, se le impondrá la pena en su mitad superior y la de inhabilitación especial para empleo o cargo público, profesión u oficio, por tiempo de dos a cuatro años.

3. Si la suspensión tuviera lugar, en el caso del apartado 1 de este artículo, como consecuencia de la incomparecencia del **juez o miembro del tribunal** o de quien ejerza las funciones de **secretario judicial**, se impondrá la pena de prisión de tres a seis meses o multa de seis a 24 meses y, en cualquier caso, inhabilitación especial por tiempo de dos a cuatro años».

Estamos aquí ante un delito especial que se comete por **abogado, procurador o representante del Ministerio Fiscal** *ex* art. 463.2 CP y que merece un mayor desvalor, y por lo tanto una pena mayor.

Según el apartado 3 del mismo artículo, se castiga también la incomparecencia por parte del **juez o miembro del tribunal** o de quien ejerza las funciones de **secretario judicial**. De nuevo apreciamos un castigo mayor porque se comete por un sujeto activo determinado que tiene una responsabilidad decisiva en el proceso, y que por lo tanto también es tributario de un mayor desvalor.

Ejercicio de presiones ilegítimas sobre las partes e intervinientes en un proceso (obstrucción activa)

Tipo básico

A tenor del artículo 464.1 CP:

> «1. El que con **violencia o intimidación intentare influir** directa o indirectamente en quien sea denunciante, parte o imputado, abogado, procurador, perito, intérprete o testigo en un procedimiento para que modifique su actuación procesal, será castigado con la pena de prisión de uno a cuatro años y multa de seis a veinticuatro meses.
> Si el autor del hecho alcanzara su objetivo se impondrá la pena en su mitad superior».

➔ **Bien jurídico protegido**: es la correcta administración de justicia.

➔ **Acción típica**: la acción típica consiste en intentar influir con violencia o intimidación directa o indirectamente en quien sea denunciante, parte o imputado, abogado, procurador, perito, intérprete o testigo en un procedimiento para que modifique su actuación procesal.

Como bien indica Manzanares (2016b, p. 4), la violencia puede ser de varios tipos:

> «La violencia comprende tanto la que impide la formación de la voluntad como la «vis corporis corpori illata», o sea, la **energía física** contraria a la ejecución de lo querido. La intimidación consiste en el anuncio de un mal más o menos futuro y puede manifestarse a través de la «vis in rebus» o **fuerza en las cosas**. El texto no exige especial gravedad en una u otra, pero sí lo hace la doctrina».

Es indistinto que el procedimiento sea civil, penal, social o contencioso-administrativo. El término **«procedimiento»** engloba tanto a un procedimiento judicial como a las actuaciones preparatorias del mismo, como pueden ser las tramitadas ante la autoridad policial con motivo de la denuncia de una infracción penal, diligencias policiales que luego deberán ser remitidas a la autoridad judicial, según STS 19 de diciembre de 2007.

➔ **Sujeto activo**: puede serlo cualquiera.

➔ **Sujeto pasivo**: ha de ser un denunciante, parte o imputado, abogado, procurador, perito, intérprete o testigo. Asimismo, lo será el Estado en cuanto que es titular y garante de la administración de justicia.

➔ **Elemento subjetivo**: es un delito de pura actividad, de resultado cortado y de peligro doloso, en el que no cabe el dolo eventual. Ha de haber un dolo para influenciar cualquiera que sea la finalidad perseguida por el autor, según STS 17 de febrero de 2004.

➜ **Consumación**: se consuma cuando se concreta el intentar influir. No cabe ni la tentativa ni la frustración.

➜ **Penalidad**: prisión de uno a cuatro años y multa de seis a veinticuatro meses.

Subtipo agravado

El subtipo agravado del art. 464.1. párrafo 2.° CP es un delito de resultado. Si el autor del hecho **alcanzara su objetivo**, que es influenciar, se impondrá la **pena en su mitad superior**.

Represalias por una actuación en procedimiento judicial

Según el art. 464.2 CP:

> «2. Iguales penas se impondrán a quien realizare cualquier acto atentatorio contra la vida, integridad, libertad, libertad sexual o bienes, como **represalia** contra las personas citadas en el apartado anterior, por su actuación en procedimiento judicial, sin perjuicio de la pena correspondiente a la infracción de que tales hechos sean constitutivos».

➜ **Bien jurídico protegido**: es la correcta administración de justicia.

➜ **Acción típica**: realizar cualquier acto atentatorio contra la vida, integridad, libertad, libertad sexual o bienes, como represalia contra las personas citadas en el art. 464.1 CP, por su actuación en procedimiento judicial.

La diferencia de la conducta prevista en el art. 464.1 CP estriba en que el acto atentatorio se ejerce, no durante el curso del proceso judicial, sino **una vez finalizado el proceso y como consecuencia de su resultado**, el cual no ha sido del agrado del sujeto activo por no ver satisfechas sus pretensiones.

Siguiendo a Muñoz Conde (2022, p. 793) podemos apreciar lo que es realmente la represalia:

> «La **represalia**, es decir, el **ánimo de venganza**, es, pues, un elemento subjetivo específico que da autonomía a este tipo delictivo. La realización de represalias contra partes procesales o sus representantes, testigos o peritos, debe constituir además, para ser subsumible en este apartado, un acto atentatorio contra la vida, integridad, libertad, libertad sexual o bienes de las personas, con el que puede entrar en concurso («sin perjuicio de la pena correspondiente a la infracción de que tales hechos sean constitutivos»), a no ser que respecto a los bienes sea aplicable la cualificación del delito de daños prevista en el art. 263,2,1.° CP».

➜ **Sujeto activo**: puede serlo cualquiera.

➜ **Sujeto pasivo**: ha de ser un denunciante, parte o imputado, abogado, procurador, perito, intérprete o testigo. Asimismo, lo es el Estado en cuanto titular y garante de la administración de justicia.

➜ **Elemento subjetivo**: es doloso.

➜ **Concurso**: se preceptúa una regla concursal en el inciso último del art. 464.2 CP, en virtud de la cual las penas para el delito de represalias por una actuación en procedimiento judicial se imponen sin perjuicio de la pena correspondiente a la infracción de que tales hechos sean constitutivos (**con-**

curso real que se resuelve de conformidad con lo establecido en los arts. 73 y 75 CP, **concurso ideal** a resolver de conformidad con lo establecido en el art. 77 CP, y concurso de normas a resolver en relación con el art. 8 CP).

➔ **Consumación**: se consuma con la realización de la conducta típica.

➔ **Penalidad**: prisión de uno a cuatro años y multa de seis a veinticuatro meses.

Deslealtad profesional

La confianza que se deposita en abogados y procuradores es muy importante y el cliente, en las más de las veces, tiene un bien jurídico que pretende proteger y confía a estos operadores. Se trata de una confianza que tiene varias explicaciones, pero podemos tomar la de PÉREZ DEL VALLE (2001, p. 2) cuando indica que:

> «Esta «especial confianza» puede explicarse en dos formas diferentes: o bien la **posición de garante** está fundada en la **confianza otorgada por el cliente** (en los casos en que la elección de la defensa tiene lugar por el mismo cliente), o bien la **posición de garante existe ya de forma previa** y se concreta por la administración de una organización (en los casos en que la persona del defensor es determinada por una organización)».

A tenor del artículo 465 CP:

> «1. El que, interviniendo en un proceso como **abogado o procurador**, con abuso de su función, destruyere, inutilizare u ocultare documentos o actuaciones de los que haya recibido traslado en aquella calidad, será castigado con la pena de prisión de seis meses a dos años, multa de siete a doce meses e inhabilitación especial para su profesión, empleo o cargo público de tres a seis años.
>
> 2. Si los hechos descritos en el apartado primero de este artículo fueran realizados por un particular, la pena será de multa de tres a seis meses».

a) Apropiación de documentos

➔ **Bien jurídico protegido**: es el correcto y normal funcionamiento de la Administración de Justicia, si bien, las conductas tipificadas en el presente capítulo atacarán de manera indirecta a bienes jurídicos individuales de aquellos que se puedan ver afectados por la conducta del sujeto activo, sin obviar que la protección a los bienes jurídicos individuales será de manera mediata.

➔ **Acción típica**: castiga la destrucción, inutilización u ocultación que recaiga sobre documentos o actuaciones.

➔ **Sujeto activo**: es un delito especial propio, y los sujetos activos son abogados o procuradores en el ejercicio de sus funciones.

En el apartado 2 del art. 465 CP se prevé que la acción sea perpetrada por un particular.

➔ **Sujeto pasivo**: puede serlo cualquiera, además del Estado, como garante de la correcta administración de justicia.

➔ **Elemento subjetivo**: predomina en la jurisprudencia la tesis que sostiene la índole constitutivamente dolosa de este delito (SSTS 21 de febrero de 1995 y 12 de enero de 1998).

➔ **Consumación**: se trata de un delito mixto alternativo y además de resultado, que requiere la efectiva destrucción de los documentos o actuaciones para su consumación, referida a cualesquiera conductas que se indican de manera alternativa, y, por ende, se admiten las formas imperfectas de ejecución.

➔ **Penalidad**: pena conjunta de: prisión de seis meses a dos años, multa de siete a doce meses, e inhabilitación especial para su profesión, empleo o cargo público de tres a seis años.

Si los hechos descritos en el apartado primero de este artículo fueran realizados por un **particular**, la pena será de multa de tres a seis meses.

b) Revelación de secretos profesionales

A tenor del artículo 466 CP:

> «1. El abogado o procurador que **revelare actuaciones procesales** declaradas secretas por la autoridad judicial, será castigado con las penas de multa de doce a veinticuatro meses e inhabilitación especial para empleo, cargo público, profesión u oficio de uno a cuatro años.
>
> 2. Si la revelación de las actuaciones declaradas secretas fuese realizada por el **Juez o miembro del Tribunal, representante del Ministerio Fiscal, Secretario Judicial** o cualquier funcionario al servicio de la **Administración de Justicia**, se le impondrán las penas previstas en el artículo 417 en su mitad superior.
>
> 3. Si la conducta descrita en el apartado primero fuere realizada por cualquier otro **particular** que intervenga en el proceso, la pena se impondrá en su mitad inferior».

➔ **Bien jurídico protegido**: es el correcto y normal funcionamiento de la Administración de Justicia, si bien, las conductas tipificadas en el presente capítulo atacarán de manera indirecta a bienes jurídicos individuales de aquellos que se puedan ver afectados por la conducta del sujeto activo, sin obviar que la protección a los bienes jurídicos individuales será de manera mediata.

➔ **Acción típica**: consiste en la **revelación**, entendida como comunicación, divulgación o publicación de actuaciones que han debido ser **declaradas secretas** y a las que el profesional ha podido tener acceso en el ejercicio de su profesión.

En cuanto a las actuaciones **declaradas secretas**, como objeto material, van referidas a la declaración total o parcial de secreto que realizará el juez mediante auto, a instancia de parte o a propuesta del Ministerio Fiscal, **cuya duración máxima será de un mes** y necesariamente tiene que ser alzado con al menos diez días de antelación a la conclusión del sumario, y que se regula en el artículo **302 LECrim**. No se ha de confundir con el **carácter reservado de las actuaciones** que regula el artículo 301 LECrim, carácter que tienen todas las diligencias de un procedimiento judicial, y cuya revelación llevará aparejada la multa de 500 a 10 000 euros para el profesional, abogado o procurador que lleve a cabo.

➔ **Sujeto activo**: se distingue entre abogados, procuradores, jueces o miembros de los tribunales, representantes del Ministerio Fiscal, secretarios judiciales o cualquier funcionario al servicio de la Administración de Justicia.

Puede cometerse también por un particular, y en función del sujeto activo, la pena será una u otra.

➔ **Sujeto pasivo**: puede serlo cualquiera, además del Estado, como garante de la correcta administración de justicia.

➔ **Elemento subjetivo**: es doloso.

➔ **Consumación**: es un delito de resultado, que requiere para su consumación la efectiva revelación de las actuaciones.

➔ **Penalidad**: depende del sujeto activo que lo cometa, y de forma esquemática las sanciones penales son:

- Si el sujeto activo es abogado o procurador, se impondrá la pena conjunta:
  - Multa de veinticuatro meses.
  - Inhabilitación especial para empleo, cargo público, profesión u oficio de uno a cuatro años.
- Si el sujeto activo es juez o miembro del tribunal, representante del Ministerio Fiscal, letrado de la Administración de Justicia, o cualquier funcionario al servicio de la Administración de Justicia, se impondrán las penas previstas en el artículo 417 CP, en su mitad superior, es decir, la pena conjunta de:
  - Multa de quince a dieciocho meses.
  - Inhabilitación especial para empleo o cargo público por tiempo de dos a tres años.
- Si se causa grave daño, se aplicará la pena conjunta de:
  - Prisión de dos a tres años.
  - Inhabilitación especial para empleo o cargo público por tiempo de cuatro a cinco años.
- Si los secretos afectan a un particular, se impondrá la pena conjunta de:
  - Prisión de dos a cuatro años
  - Multa de doce a dieciocho meses
  - Suspensión de empleo o cargo público por tiempo de uno a tres años.

Para finalizar, el apartado 3 del artículo 466 CP prevé un subtipo atenuado cuando el **sujeto activo del delito sea particular** imponiéndose la pena en su mitad inferior.

Prevaricación de abogados y procuradores (delito de deslealtad de abogados y procuradores ante sus clientes)

A tenor del artículo 467 CP:

> «1. El **abogado o procurador** que, habiendo asesorado o tomado la defensa o representación de alguna persona, sin el consentimiento de esta defienda o represente en el mismo asunto a quien tenga intereses contrarios, será castigado con la pena de multa de seis a doce meses e inhabilitación especial para su profesión de dos a cuatro años.

2. El abogado o procurador que, por acción u omisión, perjudique de forma manifiesta los intereses que le fueren encomendados será castigado con las penas de multa de doce a veinticuatro meses e inhabilitación especial para empleo, cargo público, profesión u oficio de uno a cuatro años.

Si los hechos fueran realizados por **imprudencia grave**, se impondrán las penas de multa de seis a doce meses e inhabilitación especial para su profesión de seis meses a dos años».

➜ **Bien jurídico protegido**: es el correcto funcionamiento de la Administración de Justicia, sin perjuicio de la protección mediata de los intereses de los particulares.

➜ **Acción típica**: el art. 467 CP castiga **dos modalidades** de deslealtad: la actuación profesional de abogado o procurador en defensa de intereses contrarios a los de su cliente, y por otra parte, se castiga la mala acción profesional de abogado o procurador.

El delito no requiere que se haya aceptado de forma efectiva la defensa o representación de otra persona, ya que también es posible con el **simple asesoramiento**. En este sentido MUÑOZ CONDE (2019, p. 795):

«El delito **no requiere, sin embargo, que se haya tomado efectivamente la defensa o representación de una persona** (por ej. a través del correspondiente poder), ya que también es posible aunque solo haya una actividad de asesoramiento.

Sin embargo, para que el asesoramiento pueda dar lugar a la comisión de este delito **se requiere que el abogado o procurador haya llegado efectivamente a tener conocimiento del asunto**, no bastando, por tanto, una simple conversación o entrevista en la que solo se revelan hechos notorios o datos sin trascendencia para el asunto en cuestión».

En la segunda parte del delito, se castigan aquellos actos dolosos o cometidos con imprudencia grave que causen un perjuicio al cliente. Ha de haber un **nexo causal entre el comportamiento y el perjuicio** que ha de ser manifiesto y un comportamiento doloso o culposo, según SSTS 1 de febrero de 2000 y 22 de mayo de 2002.

➜ **Sujeto activo**: es un abogado o procurador.

➜ **Sujeto pasivo**: son los clientes de abogados y procuradores, y por ende, el correcto funcionamiento de la Administración de Justicia.

➜ **Elemento subjetivo**: cabe la comisión dolosa y la comisión por imprudencia grave.

➜ **Consumación**: es un delito mixto alternativo y de resultado que prevé que se produzca la lesión a los intereses del cliente para su consumación y, por lo tanto, se admiten las formas imperfectas de ejecución.

➜ **Penalidad**:

- Si los hechos son constitutivos de una actuación en defensa de los **intereses contrarios a los del cliente**, se impondrá la pena conjunta de:
  - Multa de seis a doce meses e inhabilitación especial para su profesión de dos a cuatro años.
- Si los hechos constituyen una **mala acción profesional** del abogado o procurador, se impondrá la pena conjunta de:
  - Multa de doce a veinticuatro meses.

  - Inhabilitación especial para empleo, cargo público, profesión u oficio, de uno a cuatro años.

- Si los hechos se cometen por **imprudencia grave**, se impondrán la pena conjunta de:
  - Multa de seis a doce meses e inhabilitación especial para su profesión de seis meses a dos años.

Actualmente, y cada vez con más frecuencia, se impone la figura del **llamado «abogado interno o *in-house*»**, que es el que trabaja para una corporación de una forma dependiente, y que es titular de deberes de información, sin derecho al privilegio de la confidencialidad.

En nuestro actual modelo de estado se impone a este tipo de abogados una serie de derechos y deberes de colaboración con la Administración de Justicia que pueden colisionar con su **derecho/deber a la confidencialidad**. *Vid.* Goena (2019).

Quebrantamiento de condena

Se recogen diferentes acciones delictivas que tienen en común la finalidad de dar cumplimiento a las resoluciones judiciales y de que se preste la debida colaboración para tal cometido. Ello explica lo dispuesto en el art. 17.2 de la Ley Orgánica del Poder Judicial, según el cual: «las Administraciones Públicas, las autoridades y funcionarios, las corporaciones y todas las entidades públicas y privadas, y los particulares, **respetarán** y, en su caso, **cumplirán las sentencias y las demás resoluciones judiciales** que hayan ganado firmeza o sean ejecutables de acuerdo con las leyes».

Tipo básico

A tenor del artículo 468 CP:

> «1. Los que quebrantaren su condena, medida de seguridad, prisión, medida cautelar, conducción o custodia serán castigados con la pena de prisión de seis meses a un año si estuvieran privados de libertad, y con la pena de multa de doce a veinticuatro meses en los demás casos.
>
> 2. Se impondrá en todo caso la pena de prisión de seis meses a un año a los que quebrantaren una pena de las contempladas en el artículo 48 de este Código o una medida cautelar o de seguridad de la misma naturaleza impuesta en procesos criminales en los que el ofendido sea alguna de las personas a las que se refiere el artículo 173.2, así como a aquellos que quebrantaren la medida de libertad vigilada.
>
> 3. Los que inutilicen o perturben el funcionamiento normal de los **dispositivos técnicos** que hubieran sido dispuestos para controlar el cumplimiento de penas, medidas de seguridad o medidas cautelares, no los lleven consigo u omitan las medidas exigibles para mantener su correcto estado de funcionamiento, serán castigados con una pena de multa de seis a doce meses».

➜ **Bien jurídico protegido**: es el debido respeto que hay que tener ante las resoluciones judiciales para que puedan ejecutarse, concretándose el mandato constitucional en que consiste la jurisdicción de **juzgar y hacer ejecutar lo juzgado**.

➜ **Acción típica**: se trata de incumplir una medida judicial definitiva o cautelar, relativa a pena de prisión, medida de seguridad, conducción, custodia policial o alguna de las denominadas «prohibiciones imponibles en materia de violencia familiar», sobre residencia, aproximación y comunicación a la víctima, su familia u otras personas que determine el juez, o su entorno laboral.

En el apartado 3 de este artículo se castiga la conducta de inutilizar o perturbar el funcionamiento normal de los dispositivos técnicos que hubieran sido dispuestos para controlar el cumplimiento de penas, medidas de seguridad o medidas cautelares, no llevarlo consigo, o bien, se omitan las medidas exigibles para mantener su correcto estado de funcionamiento.

Como bien indica Soto (2019, p. 1):

> «Las **nuevas tecnologías** propiciaron en las reformas del Código Penal una ampliación de la acción delictiva, pues a las tradicionales medidas penales de privación estricta de libertad y de deambulación, se añadían otras de control del detenido, preso o condenado a través de **dispositivos electrónicos que garantizasen la custodia**, si bien con restringida —temporal o espacialmente— libertad de deambulación».

➜ **Sujeto activo**: la propia persona privada de libertad y los que inutilicen o perturben el funcionamiento normal de los dispositivos técnicos que hubieran sido dispuestos para controlar el cumplimiento de penas, medidas de seguridad o medidas cautelares, no los lleven consigo u omitan las medidas exigibles para mantener su correcto estado de funcionamiento.

➜ **Sujeto pasivo**: lo es la Administración de Justicia, y por ende, la seguridad de la ciudadanía.

➜ **Elemento subjetivo**: es doloso, aunque entendemos que en algunos casos cabría la comisión imprudente, como podría ser el no estar cumpliendo una orden de alejamiento de forma estricta ya que se está más cerca de la víctima de lo que pensaba el sujeto activo.

➜ **Consumación**: se consuma cuando se incumple una resolución judicial. En el caso del apartado 3, entendemos que cabe la tentativa.

➜ **Penalidad**: según el apartado 1, la condena será de prisión de seis meses a un año si estuvieran privados de libertad, y con la pena de multa de doce a veinticuatro meses en los demás casos.

Según el apartado 2, se impondrá en todo caso la pena de prisión de seis meses a un año a los que quebrantaren una pena de las contempladas en el artículo 48 de este código o una medida cautelar o de seguridad de la misma naturaleza impuesta en procesos criminales en los que el ofendido sea alguna de las personas a las que se refiere el artículo 173.2, así como a aquellos que quebrantaren la medida de libertad vigilada.

A tenor de apartado 3, la condena es de multa de seis a doce meses.

Tipo cualificado

Fuga de los sentenciados o presos del lugar de reclusión

Con el avance de las nuevas tecnologías, el delito de quebrantamiento de condena ha tenido que ir adaptándose a los nuevos tiempos y acciones delictivas, y como indica Soto (2019, p. 10):

> «Si bien resulta obvio que el concepto clásico de «quebrantamiento de condena» operaba con los tradicionales elementos de contención de la condena, generalmente por eva-

siones de Establecimientos Penitenciarios intramuros, las nuevas tecnologías y formas de control han abierto la posibilidad a un concepto de quebrantamiento de condena propio del Siglo XXI, aunque es cierto que la actual redacción normativa sigue conteniendo criterios interpretativos para algunas fórmulas de control de internos penados, como son los no telemáticos con presentaciones distintas a la convencional monitorización electrónica».

A tenor del art. 469 CP:

«Los sentenciados o presos que se fugaren del lugar en que estén recluidos, haciendo uso de **violencia o intimidación** en las personas o fuerza en las cosas o tomando parte en motín, serán castigados con la pena de prisión de seis meses a cuatro años».

➔ **Bien jurídico protegido**: lo es la Administración de Justicia, y por ende, la seguridad de la ciudadanía.

➔ **Acción típica**: la acción típica consiste en la fuga del sentenciado o preso con **violencia o intimidación o fuerza en las cosas** (romper las esposas, candados, bridas, etc.) o tomando parte de un motín (movimiento desordenado o tumultuario colectivo para protestar o reivindicar algo) del lugar de reclusión.

El desvalor de la acción es mayor porque se utilizan medios violentos o fuerza en las cosas.

➔ **Sujeto activo**: sentenciados o presos y los que toman parte en un motín.

➔ **Sujeto pasivo**: lo es la Administración de Justicia, y por ende, la seguridad de la ciudadanía.

➔ **Elemento subjetivo**: es un delito doloso.

➔ **Consumación**: se trata de un delito especial propio de **resultado** (fuga). Este delito se consuma con la fuga, lo que permite apreciar la **tentativa** en relación con los arts. 16 y 62 CP.

➔ **Penalidad**: prisión de seis meses a cuatro años.

Hemos de tener en cuenta la LO 1/1979, de 26 de septiembre, General Penitenciaria; y el RD 190/1996, de 9 de febrero, por el que se aprueba el Reglamento Penitenciario.

A tenor del artículo primero de la LOGP:

«Las instituciones penitenciarias reguladas en la presente Ley tienen como fin primordial la **reeducación** y la **reinserción social** de los sentenciados a penas y medidas penales privativas de libertad, así como la **retención y custodia** de detenidos, presos y penados.

Igualmente tienen a su cargo una labor asistencial y de ayuda para internos y liberados».

Eleuterio Sánchez, el Lute, de condenado a muerte a letrado y escritor

Eleuterio Sánchez, más conocido como «el Lute», nació en el seno de una familia merchera en Salamanca que se dedicaba a la quincalla y que literalmente vivía bajo un puente. Muy pronto perdió a sus padres y tuvo que «buscarse la vida» en Madrid.

Eleuterio se juntó con un par de «colegas», y juntos perpetraban tirones, hurtos, rompían escaparates para llevarse lo que podían, etc. Pero un día, en un atraco a una joyería de la gran capital, al llevarse el botín, hubo un tiroteo y uno de sus compañeros de fechorías, que iba armado, mató a una persona del establecimiento que ofreció resistencia. A partir de ahí, la Policía y la Guardia Civil iniciaron la búsqueda y captura de los tres delincuentes. Finalmente encontraron a Eleuterio Sánchez y le encerraron en prisión, pero el que ya entonces era conocido por los medios de comunicación como «el Lute», siempre dijo que su madre le había parido para vivir en libertad, o que prefería caer muerto.

En uno de los traslados de cárcel en tren y custodiado por dos agentes de la benemérita, protagonizó una de las fugas más recordadas en España, pues se libró de sus grilletes, escapó de los guardias y saltó del tren en marcha rompiéndose un brazo. En aquel momento, periódicos como El Caso (que solamente se dedicaba a escribir sobre crímenes) convirtió al Lute en el delincuente más buscado de España y se llegaron a movilizar a cientos de efectivos para capturarle vivo o muerto. Los medios de comunicación especulaban con que se había escapado de España y que jamás le encontrarían, pero Eleuterio estaba escondido en las alcantarillas y allí vivió durante meses entre aguas fecales y ratas.

Todo el despliegue policial que se llevó a cabo dio sus frutos y Eleuterio fue detenido y puesto a disposición judicial nuevamente. Él siempre defendió que empezó robando gallinas para comer, y que en el atraco fatídico no iba armado, que jamás mató a nadie, pero todo y así, se le condenó a la pena capital. Eleuterio pasó por diversos centros penitenciarios de los más duros de España y por varios juicios. Finalmente, su defensor consiguió conmutar la pena de muerte por la cadena perpetua, pues nunca se pudo demostrar que hubiese quitado la vida a nadie.

Eleuterio Sánchez el Lute asumió que pasaría mucho tiempo entre rejas y decidió aprender a leer, pues quería comprender lo que decían las cartas que le llegaban de su mujer, la Chelo, familiares y amigos. Eleuterio no solamente consiguió aprender a leer, sino que estudió Derecho y empezó a escribir su historia, una trilogía que acabó con *Cuando resistir es vencer*. En 1981, tras pasar dieciocho años privado de libertad, consiguió el indulto del Gobierno que presidía Adolfo Suárez.

El Lute siempre quiso liberarse de ese apodo que le pusieron los medios de comunicación y recuperar la identidad de Eleuterio Sánchez, y una de las primeras cosas que hizo al salir de prisión fue ir al Museo de Cera de Madrid y pedirle al director que, por favor, quitasen de aquel lugar su figura de cera hecha sin permiso y que estaba entre los delincuentes más peligrosos del mundo. El director del museo accedió a la petición de Eleuterio y le dijo que podía llevarse el muñeco y hacer con el mismo lo que quisiese. Sánchez cargó el muñeco en un coche, se lo llevó a un descampado, lo roció con gasolina y le prendió fuego. Fue todo un gesto simbólico que indicaba que Sánchez de forma definitiva quería la reinserción en la sociedad, como un ciudadano más, y olvidar totalmente su pasado de miseria y delincuencia. En aquellos años de la Transición, Sánchez se había convertido ya en un mito de la España tardofranquista, y publicó varios libros, fue entrevistado por diversos medios de comunicación, e incluso el grupo musical Boney M le dedicó una de sus más famosas canciones.

La historia de aquel merchero que llegó a ser letrado fue inmortalizada en dos películas protagonizadas, entre otros, por Imanol Arias y Victoria Abril, las cuales fueron un auténtico éxito de taquilla con los títulos de: *El Lute: mañana seré libre y El Lute, camina o revienta»*.

Para saber más sobre el caso del Lute, podéis visualizar el siguiente vídeo en: https://cutt.ly/XroVfAe

Favorecimiento de evasión de presos

Tipo básico

A tenor del art. 470. 1 CP:

> «El particular que proporcionare la evasión a un condenado, preso o detenido, bien del lugar en que esté recluido, bien durante su conducción, será castigado con la pena de prisión de seis meses a un año y multa de doce a veinticuatro meses».

➔ **Bien jurídico protegido**: lo es la Administración de Justicia, y por ende, la seguridad de la ciudadanía.

➔ **Acción típica**: proporcionar la evasión a un condenado, preso o detenido.

Este delito es autónomo en relación con el quebrantamiento de condena y en situaciones de detención policial en las que aún no ha habido intervención judicial y en las que, por tanto, la evasión del detenido como tal es impune.

➔ **Sujeto activo**: es el particular que proporciona la evasión.

➔ **Sujeto pasivo**: lo es la Administración de Justicia, y por ende, la seguridad de la ciudadanía.

➔ **Elemento subjetivo**: es doloso.

➔ **Consumación**: se consuma con la consecución de la libertad.

➔ **Penalidad**: prisión de seis meses a un año y multa de doce a veinticuatro meses.

En relación con el art. 470.2 CP: «Si se empleara al efecto **violencia** o **intimidación** en las personas, **fuerza en las cosas** o soborno, la pena será de prisión de seis meses a cuatro años».

Aquí incrementa el desvalor, pues se utiliza la violencia o intimidación en las personas, fuerza en las cosas, o soborno. Se trata de un tipo de favorecimiento agravado y da motivo a una pena mayor.

Subtipo atenuado

En relación con el art. 470.3 CP:

> «3. Si se tratara de **alguna de las personas citadas en el artículo 454**, se les castigará con la pena de multa de tres a seis meses, pudiendo en este caso el Juez o Tribunal imponer tan solo las penas correspondientes a los daños causados o a las amenazas o violencias ejercidas».

Recordemos el art. 454 CP que nos relaciona una serie de personas, que son:

> «Están exentos de las penas impuestas a los encubridores los que lo sean de su cónyuge o de persona a quien se hallen ligados de forma estable por análoga relación de afectividad, de sus ascendientes, descendientes, hermanos, por naturaleza, por adopción, o afines en los mismos grados, con la sola excepción de los encubridores que se hallen comprendidos en el supuesto del número 1.° del artículo 451.

Infidelidad en la custodia de los presos

En relación con el artículo 471 CP:

> «Se impondrá la **pena superior en grado**, en sus respectivos casos, si el culpable fuera un **funcionario público encargado** de la conducción o custodia de un condenado, **preso o detenido**. El funcionario será castigado, además, con la pena de inhabilitación especial para empleo o cargo público de seis a diez años si el fugitivo estuviera condenado por sentencia ejecutoria, y con la **inhabilitación especial** para empleo o cargo público de tres a seis años en los demás casos».

Se prevé la imposición de la pena superior en grado, en sus respectivos casos, al funcionario público, que es normalmente un policía o funcionario de prisiones encargado de la conducción o custodia de un condenado, preso o detenido. La pena principal se ve complementada, además, por la imposición de la de inhabilitación que puede llegar a diez años si el fugitivo estuviere cumpliendo pena y hasta seis, en los demás casos.

El art. 1.2.l. de la LO 5/1995, del Tribunal del Jurado establece que este tribunal es competente para el conocimiento y fallo de las causas que se sigan por el anterior delito de infidelidad en la custodia de los presos.

Juan José Moreno Cuenca, el Vaquilla. Más de media vida entre reformatorios, cárceles, motines y fugas

Juan José Moreno Cuenca, alias el Vaquilla, empezó su carrera delictiva ya desde muy pronta edad, cuando ingresaron a su madre en prisión y fue confiado al cuidado de su tío. Juan José vivía en el barrio de La Mina de Barcelona, y se juntó con otros delincuentes muy jóvenes como el Torete, el Carica, el Trompetilla y el Fiti, entre otros.

El Vaca o Vaquilla empezó con los tirones de bolsos montado en motocicletas robadas, hacía el puente a coches, y siendo menor de edad conducía a gran velocidad y destreza, y posteriormente terminó perpetrando atracos con armas de fuego. Su infancia y juventud las pasó entre entradas y salidas de reformatorios, e incluso ingresó en la cárcel Modelo de Barcelona con solo trece años, mezclado con los delincuentes más peligrosos del momento.

Juan José Moreno Cuenca llegó a ser adicto a la heroína, y a principios de los 80 protagonizó uno de los motines más recordados de la Modelo, mediante el cual quería conseguir mejoras de vida en aquel centro, y que le diesen «caballo», heroína, para inyectársela. Consiguió la heroína, se pinchó ante las cámaras, pero posteriormente fue trasladado a prisiones de alta seguridad separado de sus compañeros de celda.

A principios de los 80, parecía que el Vaquilla había mejorado en su conducta, y consiguió permisos penitenciarios de salida, y en uno de ellos, cometió un atraco juntamente con un sobrino y un amigo suyo. Juan José y sus dos colegas fueron perseguidos por la Policía Nacional por las calles de Barcelona en una persecución a gran velocidad que terminó con una colisión de vehículos y la detención de los delincuentes, que por casualidad fue grabada *in situ* por las cámaras de TV3 que estaban cerca. Aquella fuga le supuso al Vaquilla otra condena más por delitos como quebrantamiento de condena, robo con armas, atentado a la autoridad, etc. Como se dice en el argot penitenciario, le cayó una «ruina», es decir, muchos más años de privación de libertad.

Toda aquella historia de delitos, fugas, motines, etc. fue inmortalizada por el director de cine José Antonio de la Loma, creando incluso un género cinematográfico denominado «género quinqui», con filmes como *El Torete*, *Yo el Vaquilla*, *Los últimos golpes del Torete*, entre otros títulos, que tuvieron éxitos de público muy notables.

Juan José, en sus últimos años de vida, llegó a casarse en uno de sus permisos, y su esposa, Elizabeth Ciarelli, luchó para que pudiera salir de forma definitiva de prisión, pues defendía que ya estaba libre de adicción alguna y que no cometería más delitos. Pero la justicia ya no se fiaba de Juan José, y cuando apenas llevaba una semana en libertad condicional, ya en 2003, falleció a los 42 años en el Hospital de Can Ruti de Badalona a causa de una cirrosis hepática fulminante provocada por el sida.

Según los abogados de Juan José, este tenía derecho al tercer grado y a la libertad condicional desde junio de 1999, pues tenía cumplidas las tres cuartas partes de todas sus condenas. Los responsables de prisiones y el juez de vigilancia penitenciaria le dieron la libertad cuando ya solo le quedaban ocho días de vida, cinco de ellos moribundo en un hospital. El Vaquilla pasó más de la mitad de su vida privado de libertad entre reformatorios y cárceles, y su muerte tan prematura ya no le permitió reinsertarse plenamente, pues la excarcelación definitiva la hubiera obtenido en 2007.

Para saber más sobre la historia del Vaquilla, podéis visualizar el siguiente vídeo en: https://cutt.ly/Sro0umj

---

17.6. Referencias bibliográficas

Agudo, E., **Jaén, M.** y **Perrino, A. L.**, *Derecho Penal Aplicado. Parte Especial. Delitos contra intereses colectivos o difusos*. Madrid, Dykinson, 2019.

Bacigalupo, E., En *Principios de derecho penal. Parte general*. Madrid, Akal, 1990.

Bacigalupo, E., «La noción de un proceso penal con todas las garantías», en *Manuales de Formación Continuada del Consejo General del Poder Judicial. Derechos procesales fundamentales*, 22, 508, 2004.

Beneytez, L., *Código penal, doctrina y jurisprudencia*. Conde-Pumpido, C. (dir.) Madrid, Trivium, 1997.

Berenguer, S., «La irrazonabilidad como injusticia en el delito de prevaricación judicial. A propósito de la STS n.° 585/2017 de 20 de julio de 2017 (Caso Fernando Presencia)», en *Revista de derecho penal y criminología.*ª Época, 18 (julio), 9, 2017.

Córdoba, J., *Comentarios al Código Penal. Parte Especial*. Madrid, Marcial Pons, Ediciones Jurídicas y Sociales, 2004.

Cuello, E., *Derecho Penal II. Parte especial*. Barcelona: Bosch, 1957.

García Navarro, E., «Reflexiones sobre las distintas categorías de delitos de omisión y su presencia en el Código Penal español», en *Revista de derecho penal y criminología*. 2015, 3.ª época, 14, 2015, pp. 13-52.

García San Martín, J., «Una aproximación a la impunidad del autoencubrimiento», en *Diario La Ley*, 8609, 2015.

García Valdés, C., **Mestre Delgado, E.** y **Figueroa Navarro, C.**, *Lecciones de Derecho penal. Parte Especial*. Madrid, Edisofer, 2017.

Goena, B., «El secreto profesional del abogado in-house en la encrucijada: tendencias y retos en la era del compliance», en *Revista Electrónica de Ciencia Penal y Criminología*, 21, 2019. Disponible en: http://criminet.ugr.es/recpc

Goyena, J., «La interceptación de conversaciones abogado-cliente en el proceso penal», en *Revista Aranzadi Doctrinal,* 6, 2017.

Luzón Cuesta, J. M., *Compendio de Derecho Penal. Parte especial*. Madrid, Dykinson, 2019.

Manzanares, J. L., «De la realización arbitraria del propio derecho», en *La Ley 3336*, 2016.

Manzanares, J. L., «De la obstrucción a la Justicia y la deslealtad profesional», en *La Ley 3339*, 2016.

Muñoz Conde, F., *Derecho penal. Parte especial*. Valencia, Tirant lo Blanch, 2019.

Muñoz Cuesta, F. J., «Delito de prevaricación y contra las garantías constitucionales cometidos por Juez de instrucción al interceptar las comunicaciones entre imputados presos y sus defensas», en *Revista Aranzadi Doctrinal*, 1, 2012, pp. 11-20.

Orts Berenguer, E. *et. al., Derecho Penal. Parte Especial*. 6.ª ed. Valencia, Tirant lo Blanch, 2019.

Pérez Del Valle, C., «La deslealtad profesional del abogado y su repercusión penal (Acerca de la crítica a la teoría de los bienes jurídicos desde la Parte Especial del Derecho penal)», en *Diario La Ley*, tomo 2, 2001.

Quintero, G., *Comentarios al Nuevo Código Penal*. Pamplona, Aranzadi, 1996.

Quintero, G., *Comentarios al Nuevo Código Penal*. 7.ª ed. Pamplona, Aranzadi, 2016.

Ramos, M. I., *El delito de prevaricación judicial*. Valencia, Tirant lo Blanch, 2000.

Real Academia Española. *Diccionario de la lengua española*. Fecha de consulta: 20 de octubre de 2019. Disponible en: https://www.rae.es/

Roca, L., «Concepto de autoridad y de funcionario público a efectos penales», en *Revista Aranzadi de Derecho y Proceso Penal,* 31, 2013.

Sánchez Adsuar, M., «La revelación de secretos e informaciones por funcionario público», en *Actualidad Administrativa*, 19, 2005.

Sánchez Goyanes, E., *Constitución española comentada*. Madrid, Paraninfo, 1989.

Sánchez-Vera Gómez-Trelles, J., «Tipo objetivo. Prueba del dolo y participación en el delito de prevaricación», en *Actualidad Jurídica Aranzadi*, 415, 1999.

Serrano Gómez, A. y **Serrano Maíllo, A.**, *Derecho Penal. Parte Especial*. 16.ª ed. Madrid, Dykinson, 2011.

Soto, F., «Breve consideración sobre el encubrimiento», en *Diario La Ley*, tomo 1, 2001.

Soto, A. J., «Quebrantamiento de condena en régimen abierto penitenciario», en *Diario La Ley*, 9375, 2019.

Jurisprudencia

- Sentencia del Tribunal Constitucional n.º 99/1985.
- Sentencia del Tribunal Supremo Sala 2.ª, de 27 de octubre de 1992.
- Sentencia del Tribunal Supremo Sala 2.ª, de 1 de marzo de 1993.
- Sentencia del Tribunal Supremo Sala 2.ª, de 21 de febrero de 1995.
- Sentencia del Tribunal Supremo Sala 2.ª, de 18 de abril de 1995.
- Sentencia del Tribunal Supremo Sala 2.ª n.º 1020/1995, de 19 de octubre.
- Sentencia del Tribunal Supremo Sala 2.ª, de 12 de enero de 1998.
- Sentencia del Tribunal Supremo Sala 2.ª n.º 322/1999, de 5 de marzo.
- Sentencia del Tribunal Supremo Sala 2.ª, de 1 de febrero de 2000.
- Sentencia del Tribunal Supremo Sala 2.ª, de 22 de febrero de 2001.
- Sentencia del Tribunal Supremo Sala 2.ª, de 14 de noviembre de 2001.
- Sentencia del Tribunal Supremo Sala 2.ª n.º 2135/2002, de 20 de enero.
- Sentencia del Tribunal Supremo Sala 2.ª n.º 359/2002, de 26 de febrero.
- Sentencia del Tribunal Supremo Sala 2.ª de 22 de mayo de 2002.
- Sentencia del Tribunal Supremo Sala 2.ª n.º 2135/2003, de 20 de enero.
- Sentencia del Tribunal Supremo Sala 2.ª, de 21 de marzo de 2003.
- Sentencia del Tribunal Supremo Sala 2.ª, de 17 de febrero de 2004.
- Sentencia del Tribunal Supremo Sala 2.ª, de 28 de junio de 2004
- Sentencia del Tribunal Supremo Sala 2.ª, de 22 de septiembre de 2005.
- Sentencia del Tribunal Supremo Sala 2.ª, de 19 de septiembre de 2006.
- Sentencia del Tribunal Supremo Sala 2.ª, de 19 de diciembre de 2007.
- Sentencia del Tribunal Supremo Sala 2.ª n.º 1243/2009, de 30 de octubre.
- Sentencia del Tribunal Supremo Sala 2.ª n.º 79/2012, de 9 de febrero.

Para saber más...

Prevaricación judicial

Prat, C. (2012). Prevaricación judicial por incumplimiento de las normas de competencia y vulneración del derecho a un proceso contradictorio en la modificación de medidas provisionales de un procedimiento de divorcio (análisis de la STS n.º 571/2012, de 26 de junio). *La Ley Penal*, 98/99, Sección Jurisprudencia aplicada a la práctica, noviembre 2012. Editorial Wolters Kluwer. La Ley 18894/2012.

Este artículo plantea cuestiones sobre el carácter injusto de las decisiones judiciales y la posibilidad de que las mismas se conviertan en fundamento para la **comisión de un delito de prevaricación judicial**.

El Tribunal Supremo analiza los aspectos relativos a la aplicación del tipo penal del art. 447 del Código Penal en referencia a la prevaricación imprudente y el delito de prevaricación dolosa del art. 445.3 del Código Penal.

60 minutos. Estado de la justicia española

EITB. (2013). *60 minutos. Estado de la justicia española*. [Archivo de vídeo]. Disponible en: https://bit.ly/3z3jj00

Es *vox populi* que la Administración de Justicia es lenta y que tiene problemas enquistados hace años que en ocasiones conlleva que no se pueda administrar justicia de la forma que todos querríamos.

Os recomendamos este interesante reportaje de Euskal Irrati Telebista en el que hablan varios de los protagonistas que conocen muy bien nuestro sistema judicial tocando temas muy candentes desde diversas perspectivas. Nos hablan: abogados, jueces, periodistas especializados, víctimas, etc. Hay un momento de mucho interés del reportaje en el que el periodista pregunta a un juez: «¿Prefiere ser usted juzgado por un juez o por un tribunal popular?».

Test

De la prevaricación

1. ¿Qué pena se aplica según el art. 446 CP a un juez o magistrado que dictare sentencia injusta contra el reo en causa criminal por delito grave o menos grave, si la sentencia no se ha ejecutado?

a) Prisión de 6 meses a 1 año.

b) Prisión de 1 a 4 años e inhabilitación absoluta por 10 a 20 años.

c) Multa de 12 a 24 meses.

2. Si la sentencia injusta en causa criminal por delito grave o menos grave se ha ejecutado, según el art. 446 CP, ¿qué pena se impone?

a) Prisión en su mitad superior y multa de 12 a 24 meses.

b) Inhabilitación absoluta por 20 a 30 años.

c) Multa de 12 a 24 meses sin prisión.

3. ¿Cuál es la pena por dictar una sentencia injusta contra el reo en proceso por delito leve, según el art. 446 CP?

a) Multa de 6 a 12 meses e inhabilitación especial por 6 a 10 años.

b) Prisión de 6 meses a 1 año.

c) Inhabilitación absoluta por 5 a 10 años.

4. Conforme al artículo 447 CP

a) Se sanciona al juez o magistrado que por imprudencia grave o ignorancia inexcusable dicte sentencia o resolución manifiestamente injusta.

b) Se sanciona al juez o magistrado que por imprudencia o ignorancia inexcusable dicte sentencia o resolución manifiestamente injusta.

c) Se sanciona al juez o magistrado que por imprudencia grave o ignorancia inexcusable dicte sentencia o resolución levemente injusta.

5. Según el Artículo 448 CP,

a) se castiga al juez o magistrado que se niega a juzgar sin alegar causa legal.

b) se castiga al juez o magistrado que se niega a juzgar por soborno.

c) se castiga al juez o magistrado que se niega a juzgar por presiones.

6. ¿Qué finalidad debe tener el retardo para ser considerado malicioso según el art. 449 CP?

a) Cualquier finalidad ilegítima.

b) Solo si beneficia económicamente al funcionario.

c) Solamente si afecta negativamente a una de las partes.

7. **¿Cuál es el bien jurídico protegido por los delitos de prevaricación?**
   a) El patrimonio del Estado.
   b) La tutela judicial efectiva.
   c) La imagen del poder judicial.

8. **¿Qué tipo de delito es la prevaricación?**
   a) Doloso, ya que requiere el conocimiento de la injusticia de la resolución.
   b) Culposo, porque no se necesita la intención de causar un resultado injusto.
   c) Preterintencional, ya que el resultado es más grave que el pretendido.

9. **En caso de concurso entre prevaricación judicial y otro delito como la detención ilegal, ¿qué aplicación preferente se da según el art. 446 CP?**
   a) Se aplicará de forma independiente la pena por detención ilegal.
   b) Prevaricación judicial tiene aplicación preferente.
   c) Se consideran ambos delitos de igual gravedad y se sancionan juntos.

10. **¿Cuál es la fase de consumación del delito de prevaricación judicial?**
   a) Cuando se comienza a redactar la resolución o sentencia injusta.
   b) En el momento en que se dicta la resolución o sentencia injustas.
   c) Una vez que la resolución o sentencia injustas han surtido efecto.

Solucionario

1. **b) Prisión de 1 a 4 años e inhabilitación absoluta por 10 a 20 años.**
2. **a) Prisión en su mitad superior y multa de 12 a 24 meses.**
3. **a) Multa de 6 a 12 meses e inhabilitación especial por 6 a 10 años.**
4. **a) Se sanciona al juez o magistrado que por imprudencia grave o ignorancia inexcusable dicte sentencia o resolución manifiestamente injusta.**
5. **a) se castiga al juez o magistrado que se niega a juzgar sin alegar causa legal.**
6. **a) Cualquier finalidad ilegítima.**
7. **b) La tutela judicial efectiva.**
8. **a) Doloso, ya que requiere el conocimiento de la injusticia de la resolución.**
9. **a) Se aplicará de forma independiente la pena por detención ilegal.**
10. **b) En el momento en que se dicta la resolución o sentencia injustas.**

TEMA 18.

DE LOS DELITOS RELATIVOS AL EJERCICIO DE LOS DERECHOS FUNDAMENTALES Y LIBERTADES PÚBLICAS

18.1. Introducción y objetivos

Para saber más, te recomendamos que visualices el siguiente video:
https://bit.ly/3yYQVvH

Los delitos e incidentes de odio aumentaron en España un 6,8 por ciento en 2019 con respecto al año anterior. En concreto, el total de delitos e incidentes de odio registrados por las Fuerzas y Cuerpos de Seguridad a lo largo de ese año en España ascendieron a 1.706 hechos, frente a 1.598 registrados en 2018 (Ministerio del Interior).

De esos 1.706 hechos registrados en 2019, 108 corresponden a infracciones administrativas, ya que por primera vez se ha hecho la diferenciación entre infracciones penales e infracciones administrativas. Estos datos nos pueden dar una idea de la magnitud de la problemática.

El delito de odio que más aumentó fue el de «racismo/xenofobia», con un incremento del 20,9 %, al pasar de 426 en 2018 a los 515 en 2019.

Los otros dos ámbitos que más han aumentado durante 2019 han sido el de «orientación sexual e identidad de género» en un 8,6 % y el de «personas con discapacidad» en un 4 %.

Así, los delitos registrados se distribuyen entre los siguientes ámbitos:

- Antisemitismo: 5.
- Aporofobia: 12.
- Creencias o prácticas religiosas: 66.
- Personas con discapacidad: 26.

- Orientación sexual e identidad de género: 278.
- Racismo/xenofobia: 515.
- Ideología: 596.
- Discriminación por razón de sexo/género: 69.
- Discriminación generacional: 9.
- Discriminación por razón de enfermedad: 8.
- Antigitanismo: 14.

La rúbrica del capítulo IV del título XXI del libro II del Código penal, «De los delitos relativos al ejercicio de los derechos fundamentales y libertades públicas», sirve para englobar diferentes delitos. Todos ellos tienen en común que en su ejecución se abusa de algunos de los derechos y libertades fundamentales reconocidos en la Constitución, como el derecho de reunión pacífica y sin armas (art. 21 CE) o el derecho de asociación (art. 22 CE), o por limitar o conculcar otros derechos fundamentales como el de la libertad religiosa y las creencias religiosas (art. 16 CE) y el derecho a no ser discriminado (art. 14 CE).

Los objetivos de aprendizaje son los siguientes:

- Conocer los delitos de odio.
- Aproximación de los diferentes delitos.
- Introducción de la doctrina.
- Conocer la jurisprudencia.

18.2. Incitación al odio y a la violencia contra grupos diferentes (art. 510 y ss. CP)

Artículo 14 de la Constitución Española

«Los españoles son iguales ante la ley, sin que pueda prevalecer discriminación alguna por razón de nacimiento, raza, sexo, religión, opinión o cualquier otra condición o circunstancia personal o social».

Se produce una discriminación cuando una distinción de trato carece de una justificación objetiva y razonable; afirmando que la existencia de tal justificación debe apreciarse en relación a la finalidad y efectos de la medida considerada, debiendo darse una relación razonable de proporcionalidad entre los medios empleados y la finalidad perseguida (STC n.º 34/1981, de 10 de noviembre de 1981).

Para saber más, accede a la siguiente página web:
https://bit.ly/2XcX4rE

El odio es un sentimiento interno que queda en sí fuera del reproche penal, de tal modo que **«el pensamiento no delinque»**, no así su exteriorización, con mensajes inequívocos de apoyo a la violencia contra otros colectivos/

individuos diferentes, que sobrepasa el límite a la libertad de opinión, la ironía, la polémica o la mera crítica, cuando se exterioriza, incitando a realizar actuaciones que causen grave daño a los colectivos afectados (VELASCO NÚÑEZ 2019, p. 234).

El art. 510 CP sanciona a quienes fomentan, promueven o inciten directa o indirectamente la discriminación el odio o la violencia contra grupos o asociaciones por distintos motivos que son recogidos en el precepto.

Artículo 510 CP

«1. Serán castigados con una pena de prisión de uno a cuatro años y multa de seis a doce meses:

a) Quienes públicamente fomenten, promuevan o inciten directa o indirectamente al odio, hostilidad, discriminación o violencia contra un grupo, una parte del mismo o contra una persona determinada por razón de su pertenencia a aquel, por motivos racistas, antisemitas, antigitanos u otros referentes a la ideología, religión o creencias, situación familiar, la pertenencia de sus miembros a una etnia, raza o nación, su origen nacional, su sexo, orientación o identidad sexual, por razones de género, aporofobia, enfermedad o discapacidad.

b) Quienes produzcan, elaboren, posean con la finalidad de distribuir, faciliten a terceras personas el acceso, distribuyan, difundan o vendan escritos o cualquier otra clase de material o soportes que por su contenido sean idóneos para fomentar, promover, o incitar directa o indirectamente al odio, hostilidad, discriminación o violencia contra un grupo, una parte del mismo, o contra una persona determinada por razón de su pertenencia a aquel, por motivos racistas, antisemitas, antigitanos u otros referentes a la ideología, religión o creencias, situación familiar, la pertenencia de sus miembros a una etnia, raza o nación, su origen nacional, su sexo, orientación o identidad sexual, por razones de género, aporofobia, enfermedad o discapacidad.

c) Quienes públicamente nieguen, trivialicen gravemente o enaltezcan los delitos de genocidio, de lesa humanidad o contra las personas y bienes protegidos en caso de conflicto armado, o enaltezcan a sus autores, cuando se hubieran cometido contra un grupo o una parte del mismo, o contra una persona determinada por razón de su pertenencia al mismo, por motivos racistas, antisemitas, antigitanos, u otros referentes a la ideología, religión o creencias, la situación familiar o la pertenencia de sus miembros a una etnia, raza o nación, su origen nacional, su sexo, orientación o identidad sexual, por razones de género, aporofobia, enfermedad o discapacidad, cuando de este modo se promueva o favorezca un clima de violencia, hostilidad, odio o discriminación contra los mismos.

2. Serán castigados con la pena de prisión de seis meses a dos años y multa de seis a doce meses:

a) Quienes lesionen la dignidad de las personas mediante acciones que entrañen humillación, menosprecio o descrédito de alguno de los grupos a que se refiere el apartado anterior, o de una parte de los mismos, o de cualquier persona determinada por razón de su pertenencia a ellos por motivos racistas, antisemitas, antigitanos u otros referentes a la ideología, religión o creencias, situación familiar, la pertenencia de sus miembros a una etnia, raza o nación, su origen nacional, su sexo, orientación o identidad sexual, por razones de género, aporofobia, enfermedad o discapacidad, o produzcan, elaboren, posean con la finalidad de distribuir, faciliten a terceras personas el acceso, distribuyan, difundan o vendan escritos o cualquier otra clase de material o soportes que por su contenido sean idóneos para lesionar la dignidad de las personas por representar una grave humillación, menosprecio o descrédito de alguno de los grupos mencionados, de una parte de ellos, o de cualquier persona determinada por razón de su pertenencia a los mismos.

b) Quienes enaltezcan o justifiquen por cualquier medio de expresión pública o de difusión los delitos que hubieran sido cometidos contra un grupo, una parte del mismo, o contra una persona determinada por razón de su pertenencia a aquel por motivos racistas, antisemitas, antigitanos u otros referentes a la ideología, religión o creencias, situación familiar, la pertenencia de sus miembros a una etnia, raza o nación, su origen nacional, su sexo, orientación o identidad sexual, por razones de género, aporofobia, enfermedad o discapacidad, o a quienes hayan participado en su ejecución.

Los hechos serán castigados con una pena de uno a cuatro años de prisión y multa de seis a doce meses cuando de ese modo se promueva o favorezca un clima de violencia, hostilidad, odio o discriminación contra los mencionados grupos.

3. Las penas previstas en los apartados anteriores se impondrán en su mitad superior cuando los hechos se hubieran llevado a cabo a través de un medio de comunicación social, por medio de internet o mediante el uso de tecnologías de la información, de modo que, aquel se hiciera accesible a un elevado número de personas.

4. Cuando los hechos, a la vista de sus circunstancias, resulten idóneos para alterar la paz pública o crear un grave sentimiento de inseguridad o temor entre los integrantes del grupo, se impondrá la pena en su mitad superior, que podrá elevarse hasta la superior en grado.

5. En todos los casos, se impondrá además la pena de inhabilitación especial para profesión u oficio educativos, en el ámbito docente, deportivo y de tiempo libre, por un tiempo superior entre tres y diez años al de la duración de la pena de privación de libertad impuesta en su caso en la sentencia, atendiendo proporcionalmente a la gravedad del delito, el número de los cometidos y a las circunstancias que concurran en el delincuente.

6. El juez o tribunal acordará la destrucción, borrado o inutilización de los libros, archivos, documentos, artículos y cualquier clase de soporte objeto del delito a que se refieren los apartados anteriores o por medio de los cuales se hubiera cometido. Cuando el delito se hubiera cometido a través de tecnologías de la información y la comunicación, se acordará la retirada de los contenidos.

En los casos en los que, a través de un portal de acceso a internet o servicio de la sociedad de la información, se difundan exclusiva o preponderantemente los contenidos a que se refiere el apartado anterior, se ordenará el bloqueo del acceso o la interrupción de la prestación del mismo».

La reseña específica al «antisemitismo» se basa en la negación del Holocausto llevado a cabo por el régimen nazi contra el pueblo judío, pero tiene difícil fundamento en relación con el conflicto actual entre Israel y el Estado palestino. En el mismo, se han cometido, por parte israelí, excesos que han motivado incluso una demanda ante la Corte Penal Internacional del Estado palestino contra Israel por presuntos crímenes contra la humanidad cometidos en los bombardeos llevados a cabo por la aviación israelita en el verano de 2014 contra la población de Gaza y Cisjordania (Muñoz Conde 2017, p. 703).

La literalidad del precepto permite castigar al margen de los efectos que esas conductas puedan generar, lo que plantea dudas acerca de su constitucionalidad, por lo que Roig Torres estima que hay que considerar implícito el requisito de que las acciones revistan «una peligrosidad suficiente para desatar un ambiente de violencia y hostilidad que pueda traducirse en acciones concretas» (Cuerda Arnau, 2019, p. 754).

➜ Bien jurídico protegido

Los delitos de odio entran de lleno en estas consideraciones. Atacan la libertad y la igualdad y destruyen el fundamento del orden político democrático y su paz social.

De ahí, que su bien jurídico protegido no sea sólo la no discriminación o la protección de la igualdad o de la diferencia, según la perspectiva que se aborde, sino los propios valores superiores del ordenamiento jurídico y los fundamentos del orden político y social (Dolz Lago, 2016).

Se trata de uno de los derechos fundamentales de la persona por el hecho de serlo (art. 14 CE) y está recogido en todas las declaraciones básicas de derechos fundamentales, tanto nacionales como internacionales (Gómez Rivero *et al.* 2020, p. 603).

➜ Acción típica

El tipo penal requiere para su aplicación la constatación de la realización de unas ofensas incluidas en el discurso de odio pues esa inclusión ya supone la realización de una conducta que provoca, **directa o indirectamente**, sentimientos de odio, violencia, o de discriminación. De alguna manera son expresiones que, por su gravedad, por herir los sentimientos comunes a la ciudadanía, se integran en la tipicidad (STS n.º 72/2018, de 9 de febrero).

➜ Sujetos

Sujeto activo puede serlo cualquiera, y por lo tanto, estamos ante un delito de carácter común. Nótese que el delito podrá cometerse incluso entre personas de la misma ideología, religión, creencias, raza etc. Hemos de pensar que incluso cabe la posibilidad de que una persona reniegue de su religión, raza, etc. y provoque a otros hacia una situación de odio que termine en discriminación (ABADÍAS SELMA, 2021).

La LO 1/2015 contempla la responsabilidad de las personas jurídicas con la introducción del art. 510 bis CP:

> «Cuando de acuerdo con lo establecido en el artículo 31 bis una persona jurídica sea responsable de los delitos comprendidos en los dos artículos anteriores, se le impondrá la pena de multa de dos a cinco años. Atendidas las reglas establecidas en el artículo 66 bis, los jueces y tribunales podrán asimismo imponer las penas recogidas en las letras b) a g) del apartado 7 del artículo 33.
>
> En este caso será igualmente aplicable lo dispuesto en el número 3 del artículo 510 del Código Penal».

Los **sujetos pasivos** se delimitan en función a su pertenencia a los colectivos vulnerables socialmente que determinan los móviles discriminatorios descritos en el tipo penal.

➜ Elemento subjetivo

CÁMARA ARROYO (2017) es del parecer que tiene serias dudas de que un delito de expresión que se integre en los denominados delitos de odio pueda ser cometido por imprudencia, pudiéndose admitir con criterios que cumplan los requisitos jurisprudenciales que lo diferencien de la imprudencia consciente, la modalidad doloso eventual, exigente de un alto nivel de probabilidad de que acaezca el daño.

En nuestro CP queda excluida la comisión imprudente *ex* artículo 12 CP, al no haberse tipificado expresamente en ninguna de las conductas que podemos considerar como delitos de odio (ABADÍAS SELMA, 2021).

➜ Formas de ejecución

Se trata de un tipo penal estructurado bajo la forma de **delito de peligro**, bastando para su realización la generación de un peligro que se concreta en el mensaje con un contenido propio del «discurso del odio», que lleva implícito el peligro al que se refieren los convenios internacionales de los que surge la tipicidad. Estos refieren la antijuricidad del discurso del odio sin necesidad de una exigencia que vaya más allá del propio discurso que contiene el mensaje de odio y que por sí mimo es contrario a la convivencia y por eso considerado lesivo (SAN n.º 6/2018, de 1 de marzo de 2018).

➔ Concurso

En el concurso con otras normas, se aplicará el art. 8.1 (principio de especialidad) y cuando se aplique este u otro precepto especial, no podrá aplicarse, además, la agravante contenida en el art. 22.4. CP (DE URBANO CASTRILLO, 2020, p. 3692).

➔ Agravantes

Art. 510, apartados 3 y 4 CP

«3. Las penas previstas en los apartados anteriores se impondrán en su mitad superior cuando los hechos se hubieran llevado a cabo a través de un medio de comunicación social, por medio de internet o mediante el uso de tecnologías de la información, de modo que, aquel se hiciera accesible a un elevado número de personas.

4. Cuando los hechos, a la vista de sus circunstancias, resulten idóneos para alterar la paz pública o crear un grave sentimiento de inseguridad o temor entre los integrantes del grupo, se impondrá la pena en su mitad superior, que podrá elevarse hasta la superior en grado».

Hablo en castellano porque así parezco más malo: El uso de la lengua como elemento de enfrentamiento social.

Un interesante artículo basado en el delito de odio, el autor nos va introduciendo en unos hechos reales ocurrido en Cataluña en el programa *Au Pair* de TV3, en horario de *Prime time*, como tendenciosamente y sin fundamento legal se van sacando de contexto el contenido televisivo. Nos hará reflexionar como la política crispa a una sociedad que ya está fragmentada. Tendréis que analizar si la situación que produjo el mago Lari tiene relación con el artículo 510 CP.

Artículo «Hablo en castellano porque así parezco más malo: El uso de la lengua como elemento de enfrentamiento social». ALFREDO ABADÍA SELMA. Artículo en edición

---

➔ Pena de inhabilitación

Art. 510.5 CP

«5. En todos los casos, se impondrá además la pena de inhabilitación especial para profesión u oficio educativos, en el ámbito docente, deportivo y de tiempo libre, por un tiempo superior entre tres y diez años al de la duración de la pena de privación de libertad impuesta en su caso en la sentencia, atendiendo proporcionalmente a la gravedad del delito, el número de los cometidos y a las circunstancias que concurran en el delincuente».

➔ Bloqueo del acceso o su interrupción por jueces y tribunales

Art. 510.6 CP

«6. El juez o tribunal acordará la destrucción, borrado o inutilización de los libros, archivos, documentos, artículos y cualquier clase de soporte objeto del delito a que se refieren los apartados anteriores o por medio de los cuales se hubiera cometido. Cuando el delito se hubiera cometido a través de tecnologías de la información y la comunicación, se acordará la retirada de los contenidos.

En los casos en los que, a través de un portal de acceso a internet o servicio de la sociedad de la información, se difundan exclusiva o preponderantemente los contenidos a que se refiere el apartado anterior, se ordenará el bloqueo del acceso o la interrupción de la prestación del mismo».

Caso real. Tribunal Supremo, Sala Segunda, de lo Penal, rec. 623/2010, de 28 de diciembre de 2011.

Alonso quien, por sus conocimientos informáticos confeccionaba la página web de la organización, Juan Manuel, el cual mantenía contactos a través de Internet para la venta de productos de la misma como camisetas, escudos o insignias y discos musicales, o Luis Pedro que era titular, al igual que Alonso, de sendos aparatos de correos utilizados a los mismos fines de venta de productos y de difusión con dicha venta de las ideas de la organización. Marco Antonio, Bienvenido, Gerónimo y Leoncio son también miembros de pleno derecho de Hammerskin-España, y Millán así como Ernesto son considerados dentro de la misma «miembros en perspectiva», teniendo los seis una efectiva participación en la actividad de la organización para la consecución de los fines.

> El discurso de odio y los delitos de odio no son siempre conceptos equivalentes. De hecho, ciertos discursos del odio pueden ser reprochables desde una perspectiva extrapenal, pero no dar lugar a un delito de odio (Abadías Selma, 2021).

Los artículos 511 y 512 CP han sido reformados tras la Ley Orgánica 8/2021, de 4 de junio, de protección integral a la infancia y la adolescencia frente a la violencia.

➔ Denegación de prestaciones por razones discriminatorias

Artículo 511, apartados 1 y 2 CP

«1. Incurrirá en la pena de prisión de seis meses a dos años, multa de doce a veinticuatro meses e inhabilitación especial para empleo o cargo público por tiempo de uno a tres años el particular encargado de un servicio público que deniegue a una persona una prestación a la que tenga derecho por razón de su ideología, religión o creencias, su situación familiar, pertenencia a una etnia, raza o nación, su origen nacional, su sexo, edad, orientación o identidad sexual o de género, razones de género, de aporofobia o de exclusión social, la enfermedad que padezca o su discapacidad.

2. Las mismas penas serán aplicables cuando los hechos se cometan contra una asociación, fundación, sociedad o corporación o contra sus miembros por razón de su ideología, religión o creencias, su situación familiar, la pertenencia de sus miembros o de alguno de ellos a una etnia, raza o nación, su origen nacional, su sexo, edad, orientación o identidad sexual o de género, razones de género, de aporofobia o de exclusión social, la enfermedad que padezca o su discapacidad».

Una vez más nos encontramos ante tipos muy abiertos, de contornos confusos, que suponen inseguridad jurídica y castigados con penas excesivas (Serrano Gómez y Serrano Maíllo 2019, p. 836).

➔ Sujetos

Sujeto activo solo puede ser un particular encargado de la prestación de servicio o un funcionario público, por lo cual nos encontramos ante un delito especial.

Sujeto pasivo del delito quienes tenga derecho a un servicio por razón de su ideología, religión o creencias, su situación familiar, pertenencia a una etnia, raza o nación, su origen nacional, su sexo, edad, orientación o identidad sexual o de género, razones de género, de aporofobia o de exclusión social, la enfermedad que padezca o su discapacidad.

Y en su apartado 2 dispone que también puede ser una asociación o una fundación, sociedad o corporación o contra sus miembros.

➜ Elemento subjetivo

La intención no es específica, porque puede estar animada de un deseo de causar un perjuicio, demostrar un desprecio, o incluso un ánimo de venganza, sobre las personas que ostentan las cualidades o condiciones a las que se refiere la ley. Sin embargo, el dolo ha de ser directo y no se admite la tentativa ni la complicidad. Mucho menos el ilícito culposo. (VÁZQUEZ IRUZUBIETA, 2015, p. 722).

➜ Agravante

Art. 511.3 CP

«3. Los funcionarios públicos que cometan alguno de los hechos previstos en este artículo, incurrirán en las mismas penas en su mitad superior y en la de inhabilitación especial para empleo o cargo público por tiempo de dos a cuatro años».

➜ Disposición común

Art. 511.4 CP

«4. En todos los casos se impondrá además la pena de inhabilitación especial para profesión u oficio educativos, en el ámbito docente, deportivo y de tiempo libre, por un tiempo superior entre uno y tres años al de la duración de la pena impuesta si esta fuera de privación de libertad, cuando la pena impuesta fuera de multa, la pena de inhabilitación especial tendrá una duración de uno a tres años. En todo caso se atenderá proporcionalmente a la gravedad del delito y a las circunstancias que concurran en el delincuente».

➜ Justificación

Hay que tener en cuenta que la discriminación puede estar justificada o proceder de la propia normativa del servicio, lo que eximiría de responsabilidad al sujeto activo (ejemplo, la adjudicación de viviendas sociales u otros beneficios a determinadas personas o colectivos como mujeres víctimas de la violencia de género o familias con límite de ingresos). (LAMARCA PÉREZ, 2019, p. 981).

➜ Discriminación profesional o empresarial

Artículo 512 CP

«Quienes en el ejercicio de sus actividades profesionales o empresariales denegaren a una persona una prestación a la que tenga derecho por razón de su ideología, religión o creencias, su situación familiar, su pertenencia a una etnia, raza o nación, su origen nacional, su sexo, edad, orientación o identidad sexual o de género, razones de género, de aporofobia o de exclusión social, la enfermedad que padezca o su discapacidad, incurrirán en la pena de inhabilitación especial para el ejercicio de profesión, oficio, industria o comercio e inhabilitación especial para profesión u oficio educativos, en el ámbito docente, deportivo y de tiempo libre por un periodo de uno a cuatro años ».

Por lo que se refiere a la discriminación en el ámbito laboral, será de preferente aplicación el art. 314 que, por cierto, exige mayores requisitos para su aplicación (MUÑOZ CONDE, 2022, p. 748).

18.3. Reunión o manifestación ilícitas (arts. 513 y 514 CP)

Artículo 21 de la Constitución Española

«1. Se reconoce el derecho de reunión pacífica y sin armas. El ejercicio de este derecho no necesitará autorización previa.

2. En los casos de reuniones en lugares de tránsito público y manifestaciones se dará comunicación previa a la autoridad, que sólo podrá prohibirlas cuando existan razones fundadas de alteración del orden público, con peligro para personas o bienes».

El presente artículo tiene por finalidad el definir, por medio de ejemplos, lo que se ha de entender como reuniones o manifestaciones ilícitas, recalcando la definición el factor de ilicitud, pero manteniendo la indefinición de lo que sea una reunión o manifestación. Se trata de un artículo muy criticado por la doctrina (VÁZQUEZ IRUZUBIETA, 2015, p. 723).

Artículo 513 CP

«Son punibles las reuniones o manifestaciones ilícitas, y tienen tal consideración:

1.° Las que se celebren con el fin de cometer algún delito. [Constituye, en realidad, un acto preparatorio elevado a la categoría de delito autónomo en virtud de la alteración del orden público que comporta (CUERDA ARNAU 2019, p. 758)].

2.° Aquéllas a las que concurran personas con armas, artefactos explosivos u objetos contundentes o de cualquier otro modo peligroso».

Aunque el Código no dice cuál debe ser el número mínimo de personas que deben juntarse para hablar de reunión, debe estimarse aplicable el art. 1,2 de la LO 9/1983, que exige la reunión de más de veinte personas (MUÑOZ CONDE 2022, p. 687).

➔ **Bien jurídico protegido.**

Consiste en el sometimiento del ejercicio del derecho fundamental de reunión y manifestación (art. 21 CE) a los límites impuestos constitucionalmente para la preservación del orden público; con la excepción de la figura del art. 514.4 que sanciona conductas que atentan contra el ejercicio legítimo de dichas libertades (VALIENTE IVAÑEZ, 2019, p. 822).

➔ **Acción típica.**

El tipo objetivo queda constituido por la mera asistencia de varias personas portando armas y otros objetos peligrosos a que se hace referencia en el precepto, sin que sea necesario que la finalidad de la convocatoria sea ilícita (CUERDA ARNAU, 2019, p. 758).

Artículo 514 CP

a) Promotores y directores

«1. Los promotores o directores de cualquier reunión o manifestación comprendida en el número 1.° del artículo anterior y los que, en relación con el número 2.° del mismo, no hayan tratado de impedir por todos los medios a su alcance las circunstancias en ellos mencionadas, incurrirán en las penas de prisión de uno a tres años y multa de doce a veinticuatro meses. A estos efectos, se reputarán directores o promotores de la reunión o manifestación los que las convoquen o presidan».

b) Asistentes

«2. Los asistentes a una reunión o manifestación que porten armas u otros medios igualmente peligrosos serán castigados con la pena de prisión de uno a dos años y multa de seis a doce meses. Los Jueces o Tribunales, atendiendo a los antecedentes del sujeto, circunstancias del caso y características del arma o instrumento portado, podrán rebajar en un grado la pena señalada».

c) Actos de violencia

«3. Las personas que, con ocasión de la celebración de una reunión o manifestación, realicen actos de violencia contra la autoridad, sus agentes, personas o propiedades públicas o privadas, serán castigadas con la pena que a su delito corresponda, en su mitad superior».

d) Obstaculización del derecho de reunión

«4. Los que impidieren el legítimo ejercicio de las libertades de reunión o manifestación, o perturbaren gravemente el desarrollo de una reunión o manifestación lícita serán castigados con la pena de prisión de dos a tres años si los hechos se realizaran con violencia, y con la pena de prisión de tres a seis meses o multa de seis a 12 meses si se cometieren mediante vías de hecho o cualquier otro procedimiento ilegítimo».

e) Reunión prohibida

«5. Los promotores o directores de cualquier reunión o manifestación que convocaren, celebraren o intentaren celebrar de nuevo una reunión o manifestación que hubiese sido previamente suspendida o prohibida, y siempre que con ello pretendieran subvertir el orden constitucional o alterar gravemente la paz pública, serán castigados con las penas de prisión de seis meses a un año y multa de seis a doce meses, sin perjuicio de la pena que pudiera corresponder, en su caso, conforme a los apartados precedentes».

18.4. Asociación ilícitas (arts. 515 y ss. CP)

Artículo 22 de la Constitución Española

«1. Se reconoce el derecho de asociación.

2. Las asociaciones que persigan fines o utilicen medios tipificados como delito son ilegales.

3. Las asociaciones constituidas al amparo de este artículo deberán inscribirse en un registro a los solos efectos de publicidad.

4. Las asociaciones sólo podrán ser disueltas o suspendidas en sus actividades en virtud de resolución judicial motivada.

5. Se prohíben las asociaciones secretas y las de carácter paramilitar».

El CP no especifica cuantas personas son necesarias para que se considere una asociación, para MUÑOZ CONDE (2019, p. 752) considera que del sentido originario de la expresión puede deducirse que son necesarias por lo menos tres personas para poder hablar de asociación.

Artículo 515 CP

«Son punibles las asociaciones ilícitas, teniendo tal consideración:

1.° Las que tengan por objeto cometer algún delito o, después de constituidas, promuevan su comisión.

2.° Las que, aun teniendo por objeto un fin lícito, empleen medios violentos o de alteración o control de la personalidad para su consecución.

3.° Las organizaciones de carácter paramilitar.

4.° Las que fomenten, promuevan o inciten directa o indirectamente al odio, hostilidad, discriminación o violencia contra personas, grupos o asociaciones por razón de su ideología, religión o creencias, la pertenencia de sus miembros o de alguno de ellos a una etnia, raza o nación, su origen nacional, su sexo, edad, orientación o identidad sexual o de género, razones de género, de aporofobia o de exclusión social, situación familiar, enfermedad o discapacidad».

➔ Bien jurídico protegido

Es el derecho de asociación como garantía constitucional, según un sector doctrinal o según otro, el orden público y, en particular, la propia institución estatal, su hegemonía y poder, frente a cualquier organización que persiga fines contrarios y antitéticos a los de aquélla (FIGUEROA NAVARRO y CÁMARA ARROYO, 2016, p. 585).

➔ Acción típica

El delito de asociación no se consuma cuando en ese desenvolvimiento societario se comenten determinadas infracciones, sino desde que se busca una finalidad ya inicialmente delictiva (FIGUEROA NAVARRO y CÁMARA ARROYO, 2016, p. 585).

➔ Tipo subjetivo

Sólo es punible la comisión dolosa, sin que sea suficiente el dolo eventual (SERRANO GÓMEZ y SERRANO MAÍLLO, 2019, p. 836).

➔ Agravantes

Artículo 517 CP

«En los casos previstos en los números 1.° y 3.° al 6.° del artículo 515 (*) se impondrán las siguientes penas:

1.° A los fundadores, directores y presidentes de las asociaciones, las de prisión de dos a cuatro años, multa de doce a veinticuatro meses e inhabilitación especial para empleo o cargo público por tiempo de seis a doce años.

2.° A los miembros activos, las de prisión de uno a tres años y multa de doce a veinticuatro meses».

(*) La remisión a los números 1.° y 3.° al 6.° del art. 515 se entiende hecha a los actuales números 1.° a 4.° del art. 515, tras la modificación efectuada por el art. único.239 de la LO 1/2015, de 30 de marzo. Ref. BOE-A-2015-3439.

➔ Cooperación

Artículo 518 CP

«Los que con su cooperación económica o de cualquier otra clase, en todo caso relevante, favorezcan la fundación, organización o actividad de las asociaciones comprendidas en los números 1.o y 3.o al 6.o del artículo 515(*), incurrirán en la pena de prisión de uno a tres años, multa de doce a veinticuatro meses, e inhabilitación para empleo o cargo público por tiempo de uno a cuatro años».

(*) La remisión a los números 1.° y 3.° al 6.° del art. 515 se entiende hecha a los actuales números 1.° a 4.° del art. 515, tras la modificación efectuada por el art. único.239 de la LO 1/2015, de 30 de marzo. Ref. BOE-A-2015-3439.

Por cooperación debe entenderse tanto la ayuda económica como cualquier otro favorecimiento material relevante (prestar el local para que se celebren reuniones, ocultar a uno de sus miembros, etcétera). (MUÑOZ CONDE, 2015, p. 693).

➔ Actos preparatorios

Artículo 519 CP

«La provocación, la conspiración y la proposición para cometer el delito de asociación ilícita se castigarán con la pena inferior en uno o dos grados a la que corresponda, respectivamente, a los hechos previstos en los artículos anteriores».

➔ Consecuencia accesoria

Artículo 520 CP

«Los Jueces o Tribunales, en los supuestos previstos en el artículo 515, acordarán la disolución de la asociación ilícita y, en su caso, cualquier otra de las consecuencias accesorias del artículo 129 de este Código».

➔ Agravantes

Artículo 520 CP

«Los Jueces o Tribunales, en los supuestos previstos en el artículo 515, acordarán la disolución de la asociación ilícita y, en su caso, cualquier otra de las consecuencias accesorias del artículo 129 de este Código».

➔ Concurso

Puede apreciarse un concurso real o ideal de delitos respecto a los delitos que puedan llegar a cometerse a través de la asociación ilícita, excepto cuando ya esté prevista la agravación por la pertenencia a organización o asociación (GÓMEZ RIVERO *et al.* 2020, p. 628).

Pero la dificultad más grave reside en la relación de las asociaciones ilícitas con los nuevos delitos de organizaciones y grupos criminales. Una cuestión que cabe plantear es si los tipos de asociaciones ilícitas del art. 515 CP entra en conflicto, tanto con las organizaciones como con los grupos. Para LAMARCA PÉREZ, el concurso de normas solo puede existir con las organizaciones criminales del art. 570 bis CP (LAMARCA PÉREZ, 2019, p. 986).

18.5. Referencias bibliográficas

ABADÍAS SELMA, A., *Hablo en castellano porque así parezco más malo: El uso de la lengua como elemento de enfrentamiento social*, en prensa, 2021.

CÁMARA ARROYO, S., «El concepto de delitos de odio y su comisión a través del discurso. Especial referencia al conflicto con la libertad de expresión», en *Anuario de derecho penal y ciencias penales*, fascículo 1, Vol. Lxx, 2017, pp. 139 a 225, 2017. Disponible en: https://cutt.ly/Pwgxxy2

CUERDA ARNAU, Mª. L., «Delitos contra la Constitución», en *Derecho Penal. Parte Especial* **GONZÁLEZ CUSSAC, J. L.** Valencia, Tirant lo Blanch, 2019.

DE URBANO CASTRILLO, E., «De los desórdenes públicos», en *Código Penal. Comentarios y jurisprudencia*. SÁNCHEZ MELGAR, J. (coord.). Madrid, Sepín, 2020.

DOLZ LAGO, M. J., «Algunas cuestiones claves sobre de la reforma del art. 510 CP por LO 1/2015», en *Diario La Ley*, n.° 8712, Sección Doctrina, 1 de marzo de 2016, Ref. D-89, La Ley.

FIGUERO NAVARRO, C. y **CÁMARA ARROYO, S.**, «Jurisprudencia del Tribunal Supremo», en *Anuario de Derecho Penal y Ciencias Penales*. Núm Lxix enero 2016.

GÓMEZ RIVERO, Mª C., NIETO MARTÍN, A., CORTÉS BECHIARELLI, E. y **NÚÑEZ CASTAÑO, E.**, *Nociones fundamentales de Derecho Penal. Parte especial*. Madrid, Tecnos, 2020.

LAMARCA PÉREZ, C., «Delitos contra la Constitución», en LAMARCA PÉREZ, C., ALONSO DE ESCAMILLA, A., MESTRE DELGADO, E. y RODRÍGUEZ NÚÑEZ, A., *La parte especial del Derecho penal*. Dykinson, Madrid, 2019.

MINISTERIO DEL INTERIOR. Gobierno de España. «Los delitos e incidentes de odio aumentaron en España un 6,8 por ciento en 2019». Disponible en: https://bit.ly/38rhtgh.

MUÑOZ CONDE, F., *Derecho Penal. Parte especial*. Valencia, Tirant lo Blanch, 2015.

MUÑOZ CONDE, F., *Derecho Penal. Parte especial*. Valencia, Tirant lo Blanch, 2017.

MUÑOZ CONDE, F., *Derecho Penal. Parte especial*. Valencia, Tirant lo Blanch, 2019.

SERRANO GÓMEZ, A. y **SERRANO MAÍLLO, A.**, «Delitos contra la Constitución (II)», en *Curso de Derecho Penal. Parte especial*. SERRANO GÓMEZ, A., SERRANO MAÍLLO, A., SERRANO TÁRRAGA, D. y VÁZQUEZ GONZÁLEZ, C. Madrid, Dykinson S. L., 2019.

VALIENTE IVAÑEZ, I., «Reuniones y manifestaciones ilícitas (arts. 513-514)», en *Manual de Derecho Penal. Parte especial*. CORCOY BIDASOLO, M. (dir.) Valencia, Tirant lo Blanch, 2019.

VÁZQUEZ IRUZUBIETA, C., *Código Penal Comentado*. Barcelona, Atelier, 2015.

VELASCO NÚÑEZ, E., «Tipos Delictivos», en *Delincuencia informática. Tipos delictivos e investigación. Con jurisprudencia tras la reforma procesal y penal de 2015*. VELASCO NÚÑEZ, E. y SANCHIS CRESPO, C. Valencia, Tirant lo Blanch, 2019.

Quieres saber más...

Las Provincias. Qué es la Ley Zerolo, la propuesta del PSOE contra la discriminación de minorías y grupos vulnerables.

Accede a la página a través de la siguiente dirección web:
https://bit.ly/3toQ0ne

Un artículo donde se explica la propuesta de la ley socialista y las posibles sanciones en que se puede incurrir al cometer los delitos discriminatorios.

Aporofobia y Plutofilia

Excelente obra del gran maestro Juan María Terradillos Basoco, «La justicia, como la serpiente, solo muerde a los descalzos». De esta forma nos invita a conocer la problemática actual en la justicia, la cual nos dará que pensar sobre un Derecho penal desigual y excluyente que perpetúa y potencia la desigualdad y la exclusión.

Test

1. Un delito de odio

a) se define como un acto delictivo, que puede manifestarse de diversas formas como agresión, acoso, amenazas, o vandalismo, entre otros, dirigido contra personas, grupos o propiedad.

b) se define como un acto delictivo, que puede manifestarse de diversas formas como agresión, acoso, amenazas, o vandalismo, entre otros, dirigido contra personas.

c) se define como un acto delictivo, que puede manifestarse de diversas formas como agresión, acoso, amenazas, o vandalismo

d) Ninguna es correcta.

2. Señale la respuesta falsa de la reseña específica al «antisemitismo»:

a) Se basa en la negación del Holocausto llevado a cabo por el régimen nazi contra el pueblo judío

b) Tiene difícil fundamento en relación con el conflicto actual entre Israel y el Estado palestino.

c) Tiene fácil fundamento en relación con el conflicto actual entre Israel y el Estado palestino.

d) Todas son verdaderas.

3. El sujeto activo de los delitos de odio:

a) Puede serlo cualquiera, excepto las personas jurídicas.

b) Solo pueden ser personas jurídicas.

c) Solo colectivos vulnerables.

d) Puede ser cualquiera y se contemplan las personas jurídicas.

4. La persecución de los delitos de odio en España

a) implica una respuesta legal que busca proteger no solo a las víctimas individuales, sino también mantener el respeto y la convivencia pacífica en la sociedad, promoviendo la tolerancia y el respeto a la diversidad.

b) implica una respuesta legal que busca proteger no solo a las víctimas individuales, sino también mantener el respeto y la convivencia pacífica en la sociedad.

c) implica una respuesta legal que busca proteger no solo a las víctimas individuales, sino también mantener el respeto.

d) Todas son válidas.

5. La caracterización del sujeto activo en delitos de odio

a) destaca la importancia del motivo económico.

b) destaca la importancia de la intencionalidad y la motivación en la comisión del hecho delictivo, enfocándose no solo en la acción en sí, sino en el riesgo.

c) destaca la importancia de la intencionalidad y la motivación en la comisión del hecho delictivo, enfocándose solo en la acción en sí.

d) destaca la importancia de la intencionalidad y la motivación en la comisión del hecho delictivo, enfocándose no solo en la acción en sí, sino en el porqué se ha realizado dicha acción.

6. En la discriminación laboral será de preferente aplicación el:

a) Art. 510 CP.

b) Art. 314 CP.

c) Art. 512 CP.

d) Art. 514 CP.

7. El sujeto pasivo en los delitos de odio se refiere

a) a la persona o grupo de personas que son objetivo del delito debido a ciertas características específicas, tales como raza, religión, origen nacional o étnico, orientación sexual, identidad de género, discapacidad, entre otros.

b) a la persona o grupo de personas que son objetivo del delito debido a ciertas características específicas, tales como la raza.

c) a la persona o grupo de personas que son objetivo del delito debido a ciertas características específicas, tales como raza o la religión.

d) Ninguna es válida.

8. El delito de odio se comete

a) con la intención de dañar, intimidar o discriminar a la persona no solo como individuo, sino como representante de una empresa.

b) con la intención de dañar, intimidar o discriminar a la persona no solo como individuo, sino como representante de un colectivo.

c) con la intención de dañar, intimidar o discriminar a la persona no solo como individuo, sino como representante de un sindicato.

d) Todas son válidas

9. En los delitos de odio el bien jurídico protegido

a) es fundamentalmente la igualdad de trato y no discriminación de las personas en función de características tales como raza, origen étnico, religión, orientación sexual e identidad de género.

b) es fundamentalmente la igualdad de trato y no discriminación de las personas en función de características tales como raza, origen étnico, religión u orientación sexual.

c) es fundamentalmente la igualdad de trato y no discriminación de las personas en función de características tales como raza u origen étnico.

d) es fundamentalmente la igualdad de trato y no discriminación de las personas en función de características tales como raza, origen étnico, religión, orientación sexual, identidad de género, discapacidad, entre otros.

10. El elemento subjetivo del injusto en los delitos de odio

a) se refiere a la intención específica o motivación detrás del acto delictivo fundamentada en sentimientos de animosidad o discriminación hacia la víctima por razones como la raza, religión, nacionalidad, orientación sexual, identidad de género, discapacidad, entre otras.

b) no es un elemento relevante.

c) se refiere a la intención específica o motivación detrás del acto delictivo fundamentada en sentimientos de animosidad o discriminación hacia la víctima por razones económicas exclusivamente.

d) en una atenuante.

Solucionario

1. A

2. C

3. D

4. D

5. D

6. D

7. A

8. B

9. D

10. A

TEMA 19.

DELITOS CONTRA EL ORDEN PÚBLICO Y DELITOS DE TERRORISMO

19.1. Introducción y objetivos

¡Buenos días, España!

Con el ya mítico «¡buenos días, España!», el locutor de radio con más premios Ondas de nuestro país cada día abría el programa Protagonistas para acto seguido empezar a sonar la sintonía de aquel magazín que jamás cambió y que queda ya de forma indeleble en la memoria de todos los españoles. Luis del Olmo, que llegó a tener audiencias de más de dos millones de escuchantes, y que fue el número uno de las mañanas radiofónicas de España durante décadas, aquella fría mañana de enero de 1982 comenzó uno de sus programas narrando un atentado más de la banda terrorista ETA, y digo un atentado más porque aquellos años ochenta fueron los llamados «años de plomo», pues los atentados, secuestros, extorsiones con el llamado «impuesto revolucionario», las bombas de amonal, etcétera, causaban terror en las calles de nuestro país, que intentaba avanzar hacia una consolidación de un sistema democrático.

Luis del Olmo, que tenía que llevar escolta por recomendación directa del ministro de Interior porque había recibido amenazas en múltiples ocasiones, aquella mañana no pudo más y perdió su temple y con su voz grave dijo: **«estos hijos de puta han vuelto a asesinar...»**.

Nadie había visto ni oído nunca a don Luis perder los nervios ante un micrófono, pero aquel día no pudo más, y su parte más emotiva le hizo estallar. El programa siguió su curso normal hasta que terminó, y Del Olmo se fue a su despacho dispuesto a recoger sus cosas para marcharse a su casa, no sin antes hablar primero con su secretaria, que le dijo: «Don Luis, tiene usted una llamada de una señora que ha llamado varias veces e insiste en hablar con usted». El famoso radiofonista accedió a atender a aquella señora que entre sollozos le dijo:

«Señor Del Olmo, soy una escuchante de su programa desde hace años, y he de decirle que soy la madre de un miembro de ETA que está encarcelado. Quiero que sepa que me avergüenzo de lo que ha hecho mi hijo, y me llena de tristeza tener que ir a verle a una prisión que está en la otra punta de España del lugar donde vivimos. Señor Del Olmo, solo me faltaba escuchar de usted insultarme como madre, pues usted no sabe el calvario que estamos viviendo en nuestra familia. ¡Las madres y padres no tenemos ninguna culpa de las barbaridades que se están cometiendo en nuestro país para que usted me diga puta!».

Luis del Olmo, al que jamás le había faltado una palabra, una idea o un adjetivo, escuchó callado, y años después confesó que no supo más que abochornarse y pedir perdón a aquella madre que, con tanto sufrimiento, le estaba llamando.

En los años en los que España sufrió los embates del más crudo terrorismo de ETA, GRAPO, MIL, FRAP, Terra Lliure, entre otros, no solamente sufrieron las víctimas de los atentados y otros delitos, sino que también sufrieron familias enteras que tenían entre sus hijos a auténticos criminales convencidos por unas ideas extremistas.

Para saber más sobre los atentados de Barcelona y Cambrils y sobre el sumario, podéis ver el siguiente reportaje en el siguiente enlace:
https://cutt.ly/QrEdwSG

En este tema vamos a estudiar, entre otros delitos, el terrorismo, que durante tantos años hemos sufrido por parte de compatriotas y que, de forma más contemporánea, ahora sufrimos viniendo del exterior con el 11M de Atocha de 2004, o los atentados de Las Ramblas de Barcelona y la villa marinera de Cambrils de 2017.

El objetivo de este tema es el estudio de los siguientes delitos:

- Atentados contra la autoridad, sus agentes y los funcionarios públicos, y de la resistencia y desobediencia (arts. 550 a 556 CP).
- De los desórdenes públicos (art. 557 a 562).
- Delitos de terrorismo y legislación antiterrorista (arts. 571 a 580 CP).

19.2. Atentados contra la autoridad, sus agentes y los funcionarios públicos, y de la resistencia y desobediencia

Como reza el preámbulo de la Ley Orgánica 1/2015, los delitos de atentado «pueden ser cometidos por medio de **conductas muy diferentes cuya gravedad puede ser muy desigual** [...]».

Tipo básico

Según el artículo 550 CP:

> «1. Son reos de atentado los que agredieren o, con intimidación grave o violencia, opusieren resistencia grave a la autoridad, a sus agentes o funcionarios públicos, o los acometieren, cuando se hallen en el ejercicio de las funciones de sus cargos o con ocasión de ellas.
>
> En todo caso, se considerarán actos de atentado los cometidos contra los funcionarios docentes o sanitarios que se hallen en el ejercicio de las funciones propias de su cargo, o con ocasión de ellas.
>
> 2. Los atentados serán castigados con las penas de prisión de uno a cuatro años y multa de tres a seis meses si el atentado fuera contra autoridad y de prisión de seis meses a tres años en los demás casos.
>
> 3. No obstante lo previsto en el apartado anterior, si la autoridad contra la que se atentare fuera miembro del Gobierno, de los Consejos de Gobierno de las Comunidades Autónomas, del Congreso de los Diputados, del Senado o de las Asambleas Legislativas de las Comunidades Autónomas, de las Corporaciones locales, del Consejo General del Poder Judicial, Magistrado del Tribunal Constitucional, juez, magistrado o miembro del Ministerio Fiscal, se impondrá la pena de prisión de uno a seis años y multa de seis a doce meses».

➔ **Bien jurídico protegido**: es el principio de autoridad por exigirlo así la dignidad de la función pública por la trascendencia que para el cumplimiento de los fines del Estado tiene el respeto debido a sus órganos. Si bien, como destaca la Fiscalía General (consulta 2/2008, de 25-11) la jurisprudencia:

> «(...) ha ido sustituyendo progresivamente dicha específica tutela del principio de autoridad como atribución personal, por un concepto de protección de las funciones públicas realizada por las personas a las que ampara». Al respecto, Luzón (2019).

➜ **Acción típica**: acometimiento, empleo de fuerza, intimidación grave o resistencia también grave. *Vid.* MUÑOZ CONDE (2022).

Según la STS 30 de abril de 1987:

> «(...) tanto vale como embestida, ataque o agresión, figurando en la praxis jurisprudencial, supuestos en los que se propina un puñetazo o una bofetada a cualquiera de los sujetos pasivos mencionados, se les empuja fuertemente, se lucha con ellos a brazo partido o se les arrojan piedras u otros objetos contundentes».

Como indica la sentencia del Tribunal Supremo de 21 de julio de 2014, el delito de atentado abarca tanto el acometimiento o la fuerza como la resistencia activa, también grave, contra la autoridad o sus agentes en el ejercicio de las funciones de su cargo o con ocasión de ellas.

Los **elementos objetivos** del delito de atentado han sido perfilados por la jurisprudencia, señalándose los siguientes:

1. El **carácter de autoridad**, agente de la misma o funcionario público en el sujeto pasivo, conforme aparecen definidos estos conceptos en el art. 24 CP; debiendo recordarse ahora la expresa mención hecha como consecuencia de la reforma operada por la Ley Orgánica 1/2015, a los funcionarios docentes o sanitarios.
2. Que el sujeto pasivo se halle en el ejercicio de las funciones de su cargo o con ocasión de ellas.
3. Un **acto típico constituido por el acometimiento, empleo de fuerza, intimidación grave o resistencia activa también grave**.

➜ **Sujeto activo**: puede serlo cualquiera.

➜ **Sujeto pasivo**: ha de ser funcionario público, autoridad o agente de la misma. Además, el sujeto pasivo ha de hallarse en el ejercicio o funciones, o tener su motivación la conducta en tal ejercicio. *Vid.* MUÑOZ CONDE (2019).

Hay que acudir a la definición legal del artículo 24 del Código Penal, según el cual:

> «1. A los efectos penales se reputará autoridad al que por sí solo o como miembro de alguna corporación, tribunal u órgano colegiado tenga mando o ejerza jurisdicción propia. En todo caso, tendrán la consideración de autoridad los miembros del Congreso de los Diputados, del Senado, de las Asambleas Legislativas de las Comunidades Autónomas y del Parlamento Europeo. Tendrán también la consideración de autoridad los funcionarios del Ministerio Fiscal y los Fiscales de la Fiscalía Europea.
>
> 2. Se considerará funcionario público todo el que por disposición inmediata de la ley o por elección o por nombramiento de autoridad competente participe en el ejercicio de funciones públicas».

«Existe consenso [...] en que la protección se extienda *"post officium"* siempre que las acciones que lesionan el bien jurídicamente protegido se hayan producido *"in contemplatione officii"*, o sea, por venganza o resentimiento por actos realizados en cumplimiento de la función aun cuando se hubiese cesado en el desempeño de la misma». *Vid.* LUZÓN (2019, p. 402).

➜ **Elemento subjetivo**: ha de concurrir un ánimo de ofender a los sujetos pasivos en detrimento del principio de autoridad. Dicho *animus* consiste en faltar al respeto debido a quienes encarnan el principio de autoridad, se configura como elemento subjetivo del injusto. *Vid.* SERRANO GÓMEZ *et al.* (2011).

Ha de haber un conocimiento por parte del sujeto activo de la cualidad y actividad del sujeto pasivo cuya protección no puede depender del uso del uniforme en el momento en que se ejerce la autoridad, y el elemento subjetivo del injusto, integrado por el dolo de ofender, denigrar o desconocer el principio de autoridad. *Vid.* AGUDO et al (2019).

➔ **Concurso**: el atentado es un delito de mera actividad, que no exige un resultado lesivo del sujeto pasivo, de forma que si este resultado concurre se penará independientemente. *Vid.* QUINTERO (2016).

➔ **Consumación**: se consuma con el ataque o acometimiento, y ello con independencia de que la intimidación grave equivalga al acometimiento y aquella pueda consistir en un acto formal de iniciación del ataque o en un movimiento revelador con finalidad agresiva.

➔ **Penalidad**: según el art. 550.2 CP, corresponden penas de prisión de uno a cuatro años y multa de tres a seis meses si el atentado fuera contra autoridad y de prisión de seis meses a tres años en los demás casos.

Sin embargo, según el art. 550.3 CP:

> «Si la autoridad contra la que se atentare fuera miembro del Gobierno, de los Consejos de Gobierno de las Comunidades Autónomas, del Congreso de los Diputados, del Senado o de las Asambleas Legislativas de las Comunidades Autónomas, de las Corporaciones locales, del Consejo General del Poder Judicial o Magistrado del Tribunal Constitucional, se impondrá la pena de prisión de cuatro a seis años y multa de seis a doce meses».

Tipo agravado

A tenor del artículo 551 CP:

> «Se impondrán las penas superiores en grado a las respectivamente previstas en el artículo anterior siempre que el atentado se cometa:
> 1.º Haciendo uso de **armas u otros objetos peligrosos**.
> 2.º Cuando el acto de violencia ejecutado resulte potencialmente **peligroso para la vida de las personas o pueda causar lesiones graves**. En particular, están incluidos los supuestos de lanzamiento de objetos contundentes o líquidos inflamables, el incendio y la utilización de explosivos.
> 3.º Acometiendo a la autoridad, a su agente o al funcionario público **haciendo uso de un vehículo de motor**.
> 4.º Cuando los hechos se lleven a cabo con ocasión de un **motín, plante o incidente** colectivo en el interior de un centro penitenciario».

➔ **Bien jurídico protegido**: es el principio de autoridad.

➔ **Acción típica**: agresión con armas u otro medio peligroso. Se requiere fundamentalmente: la existencia de agresión, es necesario el uso de arma u otro medio peligroso, como ocurre en los casos de pistola, cuchillo, botella incendiaria, entre otros.

➔ **Sujeto activo**: puede serlo cualquiera.

➔ **Sujeto pasivo**: ha de ser funcionario público, autoridad o agente de la misma. Además, el sujeto pasivo ha de hallarse en el ejercicio o funciones, o tener su motivación la conducta en tal ejercicio.

➜ **Elemento subjetivo**: es un delito doloso.

➜ **Concurso**: el atentado es un delito de mera actividad, que no exige un resultado lesivo del sujeto pasivo, de forma que si este resultado concurre se penará independientemente.

➜ **Consumación**: se consuma con el ataque o acometimiento.

➜ **Penalidad**: se impondrán las penas superiores en grado a las respectivamente previstas en el artículo anterior (550 CP).

En relación con los actos preparatorios hay que estar a lo que dispone el art. 553 CP:

> «La provocación, la conspiración y la proposición para cualquiera de los delitos previstos en los artículos anteriores, será castigada con la **pena inferior en uno o dos grados a la del delito correspondiente**». Al respecto, LUZÓN (2019).

Sobre los actos preparatorios, hay que tener en cuenta los arts. 17 y 18 del Código Penal.

Artículo 17 CP

> «1. La **conspiración** existe cuando dos o más personas se conciertan para la ejecución de un delito y resuelven ejecutarlo.
> 2. La **proposición** existe cuando el que ha resuelto cometer un delito invita a otra u otras personas a participar en él.
> 3. La **conspiración** y la proposición para delinquir sólo se castigarán en los casos especialmente previstos en la ley».

Artículo 18 CP

> «1. La provocación existe cuando directamente se incita por medio de la imprenta, la radiodifusión o cualquier otro medio de eficacia semejante, que facilite la publicidad, o ante una concurrencia de personas, a la perpetración de un delito.
> Es apología, a los efectos de este Código, la exposición, ante una concurrencia de personas o por cualquier medio de difusión, de ideas o doctrinas que ensalcen el crimen o enaltezcan a su autor. La apología sólo será delictiva como forma de provocación y si por su naturaleza y circunstancias constituye una incitación directa a cometer un delito.
> 2. La provocación se castigará exclusivamente en los casos en que la Ley así lo prevea.
> Si a la provocación hubiese seguido la perpetración del delito, se castigará como inducción».

Atentado impropio

A tenor del artículo 554 CP:

> «1. Los hechos descritos en los artículos 550 y 551 serán también castigados con las penas expresadas en ellos cuando se cometieren contra un **miembro de las Fuerzas Armadas** que, vistiendo uniforme, estuviera prestando un servicio que le hubiera sido legalmente encomendado.
> 2. Las mismas penas se impondrán a quienes acometan, **empleen violencia o intimiden a las personas que acudan en auxilio de la autoridad, sus agentes o funcionarios.**
> 3. También se impondrán las penas de los artículos 550 y 551 a quienes acometan, empleen violencia o intimiden gravemente:
> a) A los **bomberos o miembros del personal sanitario** o equipos de socorro que estuvieran interviniendo con ocasión de un siniestro, calamidad pública o situación de emergencia, con la finalidad de impedirles el ejercicio de sus funciones.
> b) Al **personal de seguridad privada, debidamente identificado**, que desarrolle actividades de seguridad privada en cooperación y **bajo el mando de las Fuerzas y Cuerpos de Seguridad**».

Vemos que aquí se produce una especialidad de protección penal en cuanto al **sujeto pasivo**. Es un artículo polémico para la doctrina, pues lo considera no solo innecesario sino perturbador, por cuanto las conductas descritas no se corresponden exactamente con las de atentado, si bien, debe concluirse que, por maltrato de obra, del mismo modo que en el acometimiento, hay que entender la agresión física.

Como sujeto pasivo del delito de atentado se incluye a los miembros de las Fuerzas Armadas uniformados y de servicio, se amplía el ámbito del delito incluyendo como sujetos protegidos además de a los ciudadanos que acuden en auxilio de los agentes de la autoridad (apartado segundo), a los miembros de los equipos de asistencia y rescate y al personal de seguridad privada que se encuentren en los supuestos de hecho previstos en la norma (apartado tercero). *Vid.* Agudo *et al.* (2019).

A tenor del artículo 556 CP:

> «1. Serán castigados con la pena de prisión de tres meses a un año o multa de seis a dieciocho meses, los que, sin estar comprendidos en el artículo 550, **resistieren o desobedecieren gravemente** a la autoridad o sus agentes en el ejercicio de sus funciones, o al personal de seguridad privada, debidamente identificado, que desarrolle actividades de seguridad privada en cooperación y bajo el mando de las Fuerzas y Cuerpos de Seguridad.
>
> 2. Los que **faltaren al respeto y consideración debida a la autoridad**, en el ejercicio de sus funciones, serán castigados con la pena de multa de uno a tres meses».

La **desobediencia** supone el incumplimiento de una orden positiva u omisiva, esto es, negarse a cumplir lo que la autoridad exige o realizar lo que se prohíbe pero, en todo caso, la orden ha de cumplir, según reiterada jurisprudencia, una serie de requisitos:

- Ha de ser dictada por **autoridad competente** en el ejercicio de sus funciones.
- Debe tratarse de una **orden expresa, clara y terminante**.
- Requiriendo a un sujeto o sujetos de forma **personal y directa**. *Vid.* Muñoz Conde (2022).

Según sentencia del Tribunal Supremo, Sala Segunda, de 20 de diciembre de 2017:

> «Y así concretamente, la Sentencia 534/2016, de 17 de junio, con cita de la 108/2015, de 10 de noviembre y otras varias, afirma que con respecto al delito de resistencia que se tipifica en el art. 556, la jurisprudencia actual ha dado entrada en el tipo de resistencia no grave a comportamientos activos al lado del pasivo que no comportan acometimiento propiamente dicho. Los elementos normativos a ponderar se refieren, por una parte, a la actividad o pasividad de la conducta del sujeto activo, y, por otra, a la mayor o menor gravedad de la oposición física del mismo sujeto al mandato emanado de la autoridad o sus agentes en el ejercicio legítimo de sus funciones, debiendo igualmente subrayarse que hoy en día el bien jurídico protegido, más que el tradicional principio de autoridad, lo constituye la garantía del buen funcionamiento de los servicios y funciones públicas. En definitiva, aunque la resistencia del art. 556 es de carácter pasivo, puede concurrir alguna manifestación de violencia o intimidación, de tono moderado y características más bien defensivas y neutralizadoras, cual sucede en el supuesto del forcejeo del sujeto con los agentes de la autoridad, en que más que acometimiento concurre oposición ciertamente activa, que no es incompatible con la aplicación del art. 556».

La desobediencia supone el incumplimiento de una orden positiva u omisiva.

19.3. Desórdenes públicos

La razón de esta reforma de los desórdenes públicos es consecuencia de la nueva situación social surgida a partir de los efectos de la larga crisis económica que vive el Estado español, el descontento ciudadano y el consiguiente incremento de las manifestaciones y de los disturbios que, con demasiada frecuencia, suelen acontecer. Ello ha llevado a que el legislador haya visto la necesidad de emprender la reforma de algunos delitos, como el delito de desorden público, con el objetivo de impedir la alteración del orden público y garantizar la llamada «paz pública». Al respecto, Luzón (2019).

El movimiento de «los indignados»

Ante la crisis más grave de las últimas décadas, el temor a una intervención de las instituciones de la UE (España llegó a tener una prima de riesgo de más de 600 puntos), y un paro galopante que llegó a los cuatro millones de parados, la gente salió a la calle para defender un cambio radical de acción política en España. Las promesas ya no bastaban, y la ciudadanía se organizó para manifestarse de forma pacífica, si bien, algunos grupos de descontrolados protagonizaron algunos desórdenes públicos que alteraban la paz y la convivencia.

El Movimiento 15M, también llamado **«movimiento de los indignados»**, fue un movimiento ciudadano formado a partir de la manifestación del 15 de mayo de 2011, que fue convocada por diversos colectivos de varios grupos de personas que decidieron acampar en plazas de diferentes ciudades de España, y de forma espontánea se produjeron una serie de protestas pacíficas en todo el país, con la intención de conseguir una democracia participativa sin el bipartidismo PSOE-PP (binomio denominado PPSOE) y del dominio de bancos y corporaciones, así como una «auténtica división de poderes» y otras medidas con la intención de mejorar el sistema democrático.

Este movimiento aglutinó a diversos colectivos ciudadanos con distintos lemas, como el de la manifestación del 15 de mayo: «No somos marionetas en manos de políticos y banqueros», o «Democracia real ¡YA! No somos mercancía en manos de políticos y banqueros». A partir de la movilización mundial del 15 de octubre de 2011, los activistas que formaban parte de las acampadas y asambleas empezaron a crear más colectivos. Asimismo, empezaron a formarse nuevos partidos políticos, como Podemos.

A tenor del artículo 557 CP:

> «1. Serán castigados con la pena de prisión de seis meses a tres años los que, actuando en grupo y con el fin de atentar contra la paz pública, ejecuten actos de violencia o intimidación:
>
> a) Sobre las personas o las cosas; u
>
> b) obstaculizando las vías públicas ocasionando un peligro para la vida o salud de las personas; o
>
> c) invadiendo instalaciones o edificios alterando gravemente el funcionamiento efectivo de servicios esenciales en esos lugares.
>
> 2. Los hechos descritos en el apartado anterior serán castigados con la pena de prisión de tres a cinco años e inhabilitación especial para empleo o cargo público por el mismo tiempo cuando se cometan por una multitud cuyo número, organización y propósito sean

idóneos para afectar gravemente el orden público. En caso de hallarse los autores constituidos en autoridad, la pena de inhabilitación será absoluta por tiempo de seis a ocho años.

3. Las penas de los apartados anteriores se impondrán en su mitad superior a los intervinientes que portaran instrumentos peligrosos o a los que llevaran a cabo actos de pillaje.

Estas penas se aplicarán en un grado superior cuando se portaran armas de fuego.

4. La provocación, la conspiración y la proposición para las conductas previstas en los apartados 2 y 3 del presente artículo serán castigadas con las penas inferiores en uno o dos grados a las respectivamente previstas.

5. Será castigado con pena de prisión de seis meses a dos años quien en lugar concurrido provocara avalancha, estampida u otra reacción análoga en el público que pongan en situación de peligro la vida o la salud de las personas.

6. Las penas señaladas en este artículo se impondrán sin perjuicio de las que les puedan corresponder a los actos concretos de lesiones, amenazas, coacciones o daños que se hubieran llevado a cabo».

➔ **Bien jurídico protegido**: lo es la paz pública.

➔ **Acción típica**: consiste en ejecutar actos de violencia sobre las personas o sobre las cosas, o amenazando a otros con llevarlos a cabo. Se sanciona expresamente «la conducta de aquéllos que no participan directamente en los actos de violencia, pero incitan a los otros, o refuerzan su disposición a llevarlos a cabo». *Vid.* SERRANO GÓMEZ *et al.* (2011).

➔ **Sujeto activo**: exige la concurrencia de un sujeto activo plural recogido con la expresión «actuando en grupo», esto es, teniendo cobertura en una muchedumbre o valerse de su apoyo o protección, bien para facilitar la alteración de la paz pública o para conseguir una mayor impunidad. *Vid.* MUÑOZ CONDE (2019).

➔ **Sujeto pasivo**: es la comunidad en general, y en particular las personas que sufren la violencia concreta.

➔ **Elemento subjetivo**: un delito de carácter tendencial, en que la finalidad de atentar contra la paz pública constituye un elemento subjetivo del injusto de carácter especial. *Vid.* QUINTERO (2016).

➔ **Concurso**: habrá concurso medial por ejemplo con los delitos de daños.

➔ **Consumación**: se consuma cuando se altera la paz pública.

➔ **Penalidad**: de seis meses a tres años de prisión.

La sentencia de la Sección 29.ª de la Audiencia Provincial de Madrid de fecha 31 de marzo de 2017 remarca que la Ley Orgánica 1/2015, de 30 de marzo, modificó profundamente el tipo del delito de desórdenes públicos en relación con lo siguiente:

1. En cuanto a la acción típica, «(actuar "con el fin de atentar contra la paz pública") y pasa a ser un elemento objetivo del tipo ("Quienes... alteraren la paz pública...")».
2. En segundo lugar, a la actuación en grupo se equipara la actuación individual amparada en el grupo.
3. En tercer lugar, desaparece la exigencia de un resultado material de lesiones o daños, que se sustituye por la de ejecutar «actos de violencia sobre las personas o sobre las cosas», bastando incluso la simple «amenaza» de llevarlos a cabo, ampliándose notablemente el tipo.

Finalmente, desaparecen las modalidades consistentes en «obstaculizar las vías públicas o los accesos a las mismas de manera peligrosa para los que por ellas circulen», o «invadir instalaciones o edificios».

Tipo agravado

A tenor del artículo 557 bis. CP:

«Los que, actuando en grupo, invadan u ocupen, contra la voluntad de su titular, el domicilio de una persona jurídica pública o privada, un despacho, oficina, establecimiento o local, aunque se encuentre abierto al público, y causen con ello una perturbación relevante de la paz pública y de su actividad normal, serán castigados con una pena de prisión de tres a seis meses o multa de seis a doce meses, salvo que los hechos ya estuvieran castigados con una pena más grave en otro precepto de este Código».

El caso Pablo Hasél

La detención y entrada en prisión del rapero catalán Pablo Hasél en febrero de 2021 provocó una ola de protestas en varias ciudades de España y la condena de diferentes organizaciones de derechos humanos, que criticaban la falta de libertad de expresión en el país.

Hasél fue juzgado en 2018 por el contenido de algunos tuits y letras de canciones en los que atacaba a la policía y a la monarquía española. Un juez lo condenó a 9 meses de prisión y 30.000 euros de multa por los delitos de «enaltecimiento del terrorismo e injurias a la corona y a instituciones estatales».

Hasél ya fue condenado en 2014 por enaltecimiento del terrorismo a causa de unas canciones que subió a YouTube. En aquella ocasión, la fiscalía (abogados del Estado que actuaban como acusación) consideraron que sus letras defendían la actuación de grupos terroristas como ETA, Terra Lliure o Al Qaeda.

La sentencia de 2014 quedó suspendida porque Hasél no tenía antecedentes y la condena no superaba los dos años. Sin embargo, con la sentencia de 2018, la condena acumulaba dos años y nueve meses y por eso las autoridades judiciales acabaron ejecutando la pena de cárcel.

Pablo Hasél se resistió a ser detenido y se atrincheró en las dependencias de la Universidad de Lérida, concretamente en el mítico Estudi General, juntamente con cientos de jóvenes que le parapetaban.

Ciudades como Barcelona, Tarragona, Lleida, Girona, Valencia, y regiones como el País Vasco, fueron el escenario de duros disturbios durante noches que alteraron la paz y el orden social.

Los hechos acaecidos fueron desde la quema de contenedores, barricadas, asaltos a una comisaría de Mossos d'Esquadra, e incluso a un intento de quema de un coche policial con agentes que estaban en su interior.

Estado en el que quedó la comisaría de Mossos d' Esquadra de Vic después de un intento de asalto de los manifestantes que estaban en contra del encarcelamiento de Pablo Hasél.

Puedes ver las imágenes de la quema de coches de policía en el siguiente enlace: https://bit.ly/3CjzZCz

El art. 558 CP preceptúa el castigo a los que **perturben gravemente el orden** en la audiencia de un tribunal o juzgado de la siguiente forma:

> «Serán castigados con la pena de prisión de tres a seis meses o multa de seis a 12 meses, los que **perturben gravemente el orden en la audiencia de un tribunal o juzgado**, en los actos públicos propios de cualquier autoridad o corporación, en colegio electoral, oficina o establecimiento público, centro docente o con motivo de la celebración de espectáculos deportivos o culturales. En estos casos se podrá imponer también la pena de privación de acudir a los lugares, eventos o espectáculos de la misma naturaleza por un tiempo superior hasta tres años a la pena de prisión impuesta».

➔ **Bien jurídico protegido**: es la paz social.

➔ **Acción típica**: es la acción de perturbar gravemente el orden público en unos lugares muy determinados, como: tribunal o juzgado, actos públicos propios de cualquier autoridad o corporación, colegio electoral, oficina o establecimiento público, centro docente, con motivo de la celebración de espectáculos deportivos o culturales, un partido de fútbol o un concierto musical, por ejemplo.

➔ **Sujeto activo**: es un sujeto indeterminado, puede serlo cualquiera.

➔ **Sujeto pasivo**: son las personas que se encuentren en cualquiera de los sitios donde la acción delictiva se lleve a cabo.

➔ **Elemento subjetivo**: es un delito doloso en el que, aunque no se exige expresamente ninguna tendencia, la jurisprudencia viene exigiendo la intención o ánimo de alterar la paz social.

➔ **Consumación**: se consuma cuando se perturba gravemente el orden público en unos lugares muy concretos.

➔ **Penalidad**: está castigado con las penas de prisión de tres a seis meses o multa de seis a doce meses. Se podrá imponer también la pena de privación de acudir a eventos o espectáculos de la misma naturaleza por un tiempo superior hasta tres años a la pena de prisión impuesta.

Como reza la sentencia del Tribunal Supremo de fecha 17 de mayo de 2018:

> «(...) **el núcleo de la conducta típica lo integra la alteración del orden** en lugares en los que el mismo es especialmente necesario para el desenvolvimiento normal de las actividades que allí se desarrollan, o bien para la prevención de eventuales situaciones de peligro para las personas intervinientes en espectáculos de masas. El orden al que se refiere el texto legal, «más que como orden público, calificativo este último que el precepto no recoge, ha de entenderse referido al que exige al funcionamiento normal y pacífico de las actividades llevadas a cabo en los específicos lugares que se mencionan». *Vid*. Agudo *et al*. (2019).

La conducta típica del desorden público lo integra la alteración del orden que exige el funcionamiento normal y pacífico de las actividades llevadas a cabo en lugares específicos

Delito de distribución o difusión pública de mensajes o consignas para realizar los delitos del art. 557 bis CP

En relación con el artículo 560 CP:

> «1. Los que causaren daños que interrumpan, obstaculicen o destruyan líneas o instalaciones de telecomunicaciones o la correspondencia postal, serán castigados con la pena de prisión de uno a cinco años.
> 2. En la misma pena incurrirán los que causen daños en vías férreas u originen un grave daño para la circulación ferroviaria de alguna de las formas previstas en el artículo 382.
> 3. Igual pena se impondrá a los que dañen las conducciones o transmisiones de agua, gas o electricidad para las poblaciones, interrumpiendo o alterando gravemente el suministro o servicio».

Aunque el tipo recoge conductas de naturaleza similar a las descritas en los delitos de daños, la ubicación entre los delitos contra el orden público, se justifica por la **relevancia que para el mantenimiento de dicho orden** tienen las infraestructuras que se describen como objeto material de la acción. *Vid.* QUINTERO (2016).

Resumimos:

El art. 560 castiga con penas de prisión de uno a cinco años a los que:

1. Causen daños que interrumpan, obstaculicen o destruyan las líneas o instalaciones de telecomunicaciones o la correspondencia postal.
2. Causen daños en las vías férreas u originen un grave daño para la circulación ferroviaria de alguna de las formas previstas en el art. 382 del Código Penal.
3. Causen daños en las conducciones o transmisiones de agua, gas o electricidad para las poblaciones, interrumpiendo o alterando gravemente el suministro o servicio. Aunque el tipo recoge conductas de naturaleza análoga a las descritas en los delitos de daños, su ubicación entre los delitos contra el orden público estaría justificada por la relevancia que para el mantenimiento de dicho orden tienen las infraestructuras que se describen como objeto material de la acción. *Vid.* LUZÓN (2019).

Falsas alarmas

En relación con el artículo 561 CP:

> «Quien afirme **falsamente** o simule una situación de peligro para la comunidad o la producción de un siniestro a consecuencia del cual es necesario prestar auxilio a otro, y con ello provoque la movilización de los servicios de policía, asistencia o salvamento, será castigado con la pena de prisión de tres meses y un día a un año o multa de tres a dieciocho meses».

➔ **Bien jurídico protegido**: es la paz social.

➔ **Acción típica**: afirmar falsamente o simular una situación de peligro para la comunidad o la producción de un siniestro que haga movilizar a los servicios de policía, asistencia o salvamento.

➔ **Sujeto activo**: puede serlo cualquiera.

➔ **Sujeto pasivo**: la sociedad que sufre la falsa alarma.

➔ **Elemento subjetivo**: es un delito doloso.

➔ **Consumación**: se trata de un delito de resultado, pues la falsedad ha de provocar de modo efectivo la movilización de los servicios de emergencia. Cabe por consiguiente la **tentativa** que se daría cuando hecha la afirmación falsa o la simulación no llegue a provocarse la movilización de los servicios públicos mencionados.

➔ **Penalidad**: prisión de tres meses y un día a un año o multa de tres a dieciocho meses.

La sentencia de la Audiencia Provincial de León de fecha 27 de mayo de 2010 recoge un caso típico de aplicación de este art. 561 (en la redacción anterior a la Ley Orgánica 1/2015), referido al sujeto que realizó dos llamadas telefónicas a un cuartel de la Guardia Civil a altas horas de la madrugada anunciando la **colocación de una bomba**, lo que motivó que se movilizase el servicio de seguridad del cuartel así como la correspondiente inspección de la zona no hallándose aparato explosivo alguno. *Vid.* SERRANO GÓMEZ *et al.* (2011).

Disposición común

A tenor del artículo 562 CP:

> «En el caso de hallarse **constituido en autoridad** el que cometa cualquiera de los delitos expresados en los capítulos anteriores de este Título, la pena de inhabilitación que estuviese prevista en cada caso se sustituirá por la inhabilitación absoluta por tiempo de diez a quince años, salvo que dicha circunstancia esté específicamente contemplada en el tipo penal de que se trate».

Aquí apreciamos una especialidad en relación con el **sujeto activo** que merece un mayor desvalor penal, pues quien actúa es una **autoridad**.

19.4. Delitos de terrorismo y legislación antiterrorista

Los años de plomo...

Hubo una serie de años en los que los medios de comunicación no cesaban de dar noticias acerca de atentados, extorsiones, secuestros... ETA, el GRAPO y más tarde Terra Lliure golpearon muy duro a nuestra sociedad y a la paz social. Es imposible entender la década de los 80 sin saber que el terrorismo fue el mayor desafío al que hizo frente la sociedad española y sus gobiernos, y el que más puso en peligro la democracia de la que disfrutamos hoy día.

Para saber más, accede a la siguiente dirección y visiona este interesantísimo documental: https://cutt.ly/mrErFxl

---

La amenaza terrorista ha aumentado y se ha desarrollado muy rápidamente en los últimos años. Los denominados «combatientes extranjeros» se trasladan, tanto en el interior como en el exterior de nuestras fronteras, siempre con fines terroristas. Aquellos que regresan, suponen una importante amenaza para la seguridad de todos los Estados miembros. Estos combatientes han estado relacionados con los atentados recientes que ha sufrido la UE.

La Unión y sus Estados se enfrentan a la creciente amenaza que representan las personas que, aunque permanecen dentro de Europa, reciben inspiración o instrucciones de grupos terroristas.

La persecución legal del terrorismo ha estado siempre entre la legislación especial y la inclusión en el CP de los delitos de terrorismo, optándose en la actualidad por esta última opción, con independencia de las reformas puntuales de la LECrim.

Como indican García Valdés, Mestre Delgado y Figueroa Navarro, (2019):

> «(...) en la actualidad, en el derecho español, se ha producido lo que se podemos designar como fenómeno de normalización punitiva, rechazándose la técnica de la legislación especial (en boga durante la etapa de la transición) e incluyendo la totalidad de estos hechos criminales en el CP».

La elección vigente o unificación de disposiciones en la parte especial del CP, se concreta en que gozan así estos delitos de **mayor estabilidad, contundencia y presencia en la ley punitiva esencial**.

La justificación de la exclusión del terrorismo entre la categoría de delito político viene dada por la propia definición de la **sociedad democrática**, donde todas las opciones ideológicas pueden encontrar acomodo y protección menos, precisamente, estos actos de grave violencia, García Valdés *et al.* (2019).

El terrorismo es una amenaza para nuestra seguridad, para los valores de nuestras sociedades democráticas y para los derechos y libertades de los ciudadanos europeos.

La lucha antiterrorista constituye una prioridad de primer orden para la UE y sus Estados miembros, así como para sus socios de otros países. *Vid.* Muñoz Conde (2019).

Entre las medidas adoptadas recientemente en este ámbito están:

- El refuerzo de las normas a fin de impedir nuevas formas de terrorismo.
- La intensificación de los controles en las fronteras exteriores.
- Un mayor control de las armas de fuego.
- La creación de un organismo específico destinado a refrenar la propaganda terrorista *online*.

En 2005, el Consejo adoptó la Estrategia de la UE de Lucha contra el Terrorismo para combatir el terrorismo a escala mundial y contribuir a una Europa más segura.

La estrategia se centra en **cuatro ejes fundamentales**:

- Prevenir.
- Proteger.
- Perseguir.
- Responder.

En mayo de 2015, el Consejo y el Parlamento Europeo adoptaron nuevas normas para prevenir el **blanqueo de capitales y la financiación del terrorismo**. En julio de 2016, la Comisión Europea presentó una propuesta con la que se modificaban las normas vigentes a fin de intensificar la lucha contra la financiación del terrorismo.

Para saber más consultad en el siguiente enlace El Marco Jurídico Universal contra el Terrorismo de la ONU: https://cutt.ly/jrmBxBM

El terrorismo es hoy día una problemática global, y por ello las soluciones han de ser globales.

Clases de tipos penales

A tenor del artículo 570 bis CP:

> «1. Quienes **promovieren, constituyeren, organizaren, coordinaren o dirigieren una organización criminal** serán castigados con la pena de prisión de cuatro a ocho años si aquélla tuviere por finalidad u objeto la comisión de delitos graves, y con la pena de prisión de tres a seis años en los demás casos; y quienes participaren activamente en la organización, formaren parte de ella o cooperaren económicamente o de cualquier otro modo con la misma serán castigados con las penas de prisión de dos a cinco años si tuviere como fin la comisión de delitos graves, y con la pena de prisión de uno a tres años en los demás casos.
>
> A los efectos de este Código **se entiende por organización criminal la agrupación formada por más de dos personas con carácter estable o por tiempo indefinido, que de manera concertada y coordinada se repartan diversas tareas o funciones con el fin de cometer delitos**».

➔ **Bien jurídico protegido**: como delito pluriofensivo, estas conductas atentarán contra la paz social y el orden público, de manera colectiva, sin perjuicio de que de manera individual puedan verse afectados otros bienes jurídicos distintos como la vida, la integridad, o el honor. *Vid.* LUZÓN (2019).

➔ **Acción típica**: promover, constituir, organizar, coordinar o dirigir una organización criminal.

➔ **Sujeto activo**: puede serlo cualquiera.

➔ **Sujeto pasivo**: puede serlo cualquiera.

➔ **Elemento subjetivo**: es un delito doloso, sin que esté prevista la comisión imprudente. *Vid.* QUINTERO (2016).

➔ **Consumación**: se consuma al promover, constituir, organizar, coordinar o dirigir una organización criminal.

➜ **Penalidad**: prisión de cuatro a ocho años si aquella tuviere por finalidad u objeto la comisión de delitos graves, y con la pena de prisión de tres a seis años en los demás casos; y quienes participaren activamente en la organización, formaren parte de ella o cooperaren económicamente o de cualquier otro modo con la misma serán castigados con las penas de prisión de dos a cinco años si tuviere como fin la comisión de delitos graves, y con la pena de prisión de uno a tres años en los demás casos.

En relación con el artículo 570 bis 2 CP, se castiga de **forma cualificada** una serie de conductas, que son:

> «2. Las penas previstas en el número anterior se impondrán en su mitad superior cuando la organización:
> a) esté formada por un **elevado número de personas**.
> b) disponga de **armas o instrumentos peligrosos**.
> c) disponga de **medios tecnológicos avanzados** de comunicación o transporte que por sus características resulten especialmente aptos para facilitar la ejecución de los delitos o la impunidad de los culpables.
> Si concurrieran **dos o más de dichas circunstancias** se impondrán las penas superiores en grado.
> 3. Se impondrán en su mitad superior las penas respectivamente previstas en este artículo si los **delitos fueren contra la vida o la integridad de las personas, la libertad, la libertad e indemnidad sexuales o la trata de seres humanos**».

A tenor del artículo 570 ter 1 CP:

> «1. Quienes constituyeren, financiaren o integraren un grupo criminal serán castigados:
> a) Si la finalidad del grupo es cometer delitos de los mencionados en el apartado 3 del artículo anterior, con la pena de dos a cuatro años de prisión si se trata de uno o más delitos graves y con la de uno a tres años de prisión si se trata de delitos menos graves.
> b) Con la pena de seis meses a dos años de prisión si la finalidad del grupo es cometer cualquier otro delito grave.
> c) Con la pena de tres meses a un año de prisión cuando se trate de cometer uno o varios delitos menos graves no incluidos en el apartado a) o de la perpetración reiterada de delitos leves.
> A los efectos de este Código se entiende por grupo criminal la unión de más de dos personas que, sin reunir alguna o algunas de las características de la organización criminal definida en el artículo anterior, tenga por finalidad o por objeto la perpetración concertada de delitos».

A tenor del artículo 571 CP:

> «A los efectos de este Código se considerarán organizaciones o grupos terroristas aquellas agrupaciones que, reuniendo las características respectivamente establecidas en el párrafo segundo del apartado 1 del artículo 570 bis y en el párrafo segundo del apartado 1 del artículo 570 ter, tengan por finalidad o por objeto la comisión de alguno de los delitos tipificados en la sección siguiente».

El delito tiene un presupuesto esencial: encontrarse **vinculado a bandas armadas** cuya finalidad sea subvertir el orden constitucional o alterar gravemente la paz pública. La inclusión de la voz «grupos» responde a la aplicación de este precepto a los comandos terroristas.

La sentencia del Tribunal Supremo de 1 de abril de 2013 incide en la necesidad de distinguir el grupo criminal de los supuestos de mera codelincuencia, la cual se apreciaría, en primer lugar, en aquellos casos en los que la unión o agrupación fuera **solo de dos personas**. Cuando el número de integrantes sea mayor, no siempre será posible apreciar la presencia de un grupo criminal. El criterio diferenciador habrá de encontrarse en las disposiciones internacionales que constituyen el precedente de las disposiciones del Código Penal y que, además, constituyen ya derecho interno desde su adecuada incorporación al ordenamiento español. *Vid.* Agudo *et al.* (2019).

Debe, por tanto, considerarse a estos efectos la **Convención de las Naciones Unidas contra la Delincuencia Organizada Transnacional**, realizada en Nueva York, de 15 de noviembre de 2000. En el art. 2 de la citada convención (firmada por España en el año 2000), se establecen las siguientes definiciones:

- En el apartado a) por **grupo delictivo organizado** (organización) se entenderá un grupo estructurado de tres o más personas que exista durante cierto tiempo y que actúe concertadamente con el propósito de cometer uno o más delitos graves o delitos tipificados con arreglo a la propia convención con miras a obtener, directa o indirectamente, un beneficio económico u otro beneficio de orden material.
- Y por **«grupo estructurado»** (grupo) se entenderá un grupo no formado fortuitamente para la comisión inmediata de un delito y en el que no necesariamente se haya asignado a sus miembros funciones formalmente definidas ni haya continuidad en la condición de miembro o exista una estructura desarrollada. *Vid.* Serrano Gómez *et al.* (2011).

Concepto formal de terrorismo

A tenor del artículo 282 bis 4.ª de la LECrim. La delincuencia organizada es: «la asociación de tres o más personas para realizar, de forma permanente o reiterada, conductas que tengan como fin cometer alguno o algunos de los delitos siguientes [...]», y que son los delitos de terrorismo previstos en los artículos 572 a 578 del Código Penal.

Debe tenerse en cuenta la Directiva (UE) 2017/541 del Parlamento Europeo y del Consejo, de 15 de marzo de 2017, relativa a la lucha contra el terrorismo y por la que se sustituye la Decisión marco 2002/475/JAI del Consejo y se modifica la Decisión 2005/671/JAI del Consejo, que ha sido objeto de reciente transposición mediante la mencionada Ley Orgánica 1/2019, en cuyo art. 2.3 se contiene la definición de grupo terrorista: artículo 2. Definiciones. A efectos de la presente Directiva, se entenderá por:

> «3) **«grupo terrorista»: toda organización estructurada** de más de dos personas establecida por cierto período de tiempo, que actúa de manera concertada con el fin de cometer delitos de terrorismo; entendiéndose por "organización estructurada": una organización no formada fortuitamente para la comisión inmediata de un delito y en el que no necesariamente se ha asignado a sus miembros funciones formalmente definidas ni hay continuidad en la condición de miembro o una estructura desarrollada».

Concepto material de terrorismo

Según el DRAE (2019), terrorismo es «la actuación criminal de bandas organizadas, que, reiteradamente y por lo común de modo indiscriminado, pretende crear alarma social con fines políticos».

Por lo tanto, en relación con el artículo 572 CP se castiga a:

«1. Quienes **promovieran, constituyeran, organizaran o dirigieran una organización o grupo terrorista** serán castigados con las penas de prisión de ocho a quince años e inhabilitación absoluta durante el tiempo de la condena.

2. Quienes **participaran activamente en la organización o grupo, o formaran parte de ellos**, serán castigados con las penas de prisión de seis a doce años e inhabilitación absoluta durante el tiempo de la condena».

Ser terrorista es, con independientemente de los hechos cometidos, precisamente, pertenecer a una organización terrorista. Por ello, la represión penal comienza por el castigo a sus promotores, dirigentes o militantes, conductas a través de las cuales se configura la estructura del grupo armado.

Delito de terrorismo: delitos contra la vida y la integridad de las personas (lesiones y muerte)

Con la entrada en vigor de la Ley Orgánica 2/2015, de 30 de marzo los artículos 571 a 580 CP muestran una nueva redacción y sistemática. Fue debida por la Resolución del Consejo de Seguridad de Naciones Unidas 2178, aprobada el 24 de septiembre de 2014, donde se muestra la preocupación por **la proliferación de nuevas formas** de terrorismo que requieren una repuesta proporcionada y uniforme de los Estados Miembros (Gómez Rivero *et al.* 2020, p. 709).

El preámbulo de la reforma expone la necesidad de dar cabida al fenómeno del terrorismo individual, de base islamista y a las conductas que provienen de este tipo de terrorismo, haciendo una especial referencia al **uso de las redes sociales y a internet**: «Este terrorismo se caracteriza por su vocación de expansión internacional, a través de líderes carismáticos que difunden sus mensajes o doctrinas por medio de internet y, especialmente, mediante el uso de las redes sociales, haciendo público un mensaje de extrema crueldad que pretende provocar terror en la población o en parte de ella y realizando un llamamiento a sus adeptos en todo el mundo para que cometan atentados».

En relación con el artículo 573 CP, se entiende como delito de terrorismo:

«1. Se considerará **delito de terrorismo** la comisión de cualquier delito grave contra la vida o la integridad física, la libertad, la integridad moral, la libertad e indemnidad sexuales, el patrimonio, los recursos naturales o el medio ambiente, la salud pública, de riesgo catastrófico, incendio, de falsedad documental, contra la Corona, de atentado y tenencia, tráfico y depósito de armas, municiones o explosivos, previstos en el presente Código, y el apoderamiento de aeronaves, buques u otros medios de transporte colectivo o de mercancías, cuando se llevaran a cabo con cualquiera de las siguientes **finalidades**:

1.ª **Subvertir el orden constitucional**, o suprimir o desestabilizar gravemente el funcionamiento de las instituciones políticas o de las estructuras económicas o sociales del Estado, u obligar a los poderes públicos a realizar un acto o a abstenerse de hacerlo.

2.ª **Alterar gravemente la paz pública**.

3.ª **Desestabilizar** gravemente el funcionamiento de una organización internacional.

4.ª **Provocar un estado de terror** en la población o en una parte de ella.

2. Se considerarán igualmente delitos de terrorismo los **delitos informáticos** tipificados en los artículos 197 bis y 197 ter y 264 a 264 quáter cuando los hechos se cometan con alguna de las finalidades a las que se refiere el apartado anterior.

3. Asimismo, tendrán la consideración de delitos de terrorismo el resto de los delitos tipificados en este Capítulo».

Algunas de las finalidades mencionadas en el art. 573 pueden incluir muchos supuestos que nada tienen que ver con el terrorismo, sino con movimientos sociales de protesta, incluso cometidos individualmente por miembros radicales de dichos grupos, como pueden ser el arrojar piedras contra miembros de las Fuerzas de Seguridad, o agredir a miembros de una institución política, como un Parlamento autonómico o una Corporación local (delito de atentado, arts. 550.2 y 551.1), o participar en desórdenes públicos... (MUÑOZ CONDE 2022, p. 821)

➔ **Bien jurídico protegido**

Se trata de tipos pluriofensivos donde de modo inmediato se vulneran bienes jurídicos individuales, como la vida, la libertad, etc., y de modo mediato se protegen los bienes colectivos de defensa del orden constitucional y la paz pública (LAMARCA PEREZ, 2019, p. 1031)

➔ **Sujetos**

Sujeto activo. Deben ser por exigencia típica quienes pertenezcan, actúen al servicio o colaboren con los grupos terroristas. Por tanto, es un delito especial, al requerirse esos ámbitos de colaboración delictiva (GÓMEZ RIVERO, *et al.* 2020, p. 714).

Sujeto pasivo. Es colectivo, e individual si se producen resultados lesivos contra la integridad o los bienes de las personas (Gómez Rivero *et al.* 2020, p. 710).

➔ **Elemento subjetivo**

El solo hecho de pertenencia a banda armada o grupo terrorista califica la acción siempre que, obviamente, se lleve a cabo teniendo en cuenta el dolo específico de subvertir el orden constitucional o causar grave alteración de la paz social (VÁZQUEZ GONZÁLEZ, 2019, p. 939).

Conductas de los arts. 573.2 y 573 bis CP

Artículo 573.2 CP

> «Se considerarán igualmente delitos de terrorismo los delitos informáticos tipificados en los artículos 197 bis y 197 ter y 264 a 264 quáter cuando los hechos se cometan con alguna de las finalidades a las que se refiere el apartado anterior».

Internet también está en el punto de mira de las organizaciones terroristas porque aporta hasta el 80 % de la información necesaria para planificar y cometer atentados, e igualmente es usada por los terroristas para comunicarse, hacer difusión de su propaganda, buscar sus objetivos, etcétera. Esto hace siempre muy interesante y pertinente estudiar los movimientos, búsquedas, comunicaciones, realizadas por los sospechosos de cometer infracciones penales con los fines indicados (VELASCO NÚÑEZ, 2021).

Caso real. SAN n.º 18/2019, de 28 de octubre de 2019.

El 6 de septiembre de 2015 y desde el perfil (@ DIRECCION002 remitió a Eulogio un enlace a un repositorio (archive.org) que contenía un vídeo publicado por la organización terrorista DAESH de extrema brutalidad en el que eran degolladas a 9 personas y posteriormente y sirviéndose de las cuentas de Twiter@ DIRECCION003 y @ DIRECCION004, el 22 de junio de 2016 de nuevo se dirigió a Eulogio, empleando su avatar y asegurando que iba a morir, mostrando gran hostilidad hacia esta persona, a quien no conocía pues consultaba frecuentemente su perfil en Twiter, realizaba búsquedas en Google sobre él y llegó a almacenar fotografías del mismo en su ordenador portátil»...

Las conductas de los arts. 573.2 y 573 bis CP, imponen pena superior en grado a los delitos de los arts. 197 bis CP (acceso ilegal o mantenimiento a sistema informáticos ajeno e interceptación de transmisiones de datos **no públicos**) y 197 ter CP; facilitación de programas, contraseñas, códigos de acceso o datos similares facilitadores de la comisión de los delitos de los arts. 197, 197 bis y 197 ter CP. Y a los de los arts. 264-264 quáter CP; borrar, dañar, deteriorar, hacer inaccesibles datos, alterar, suprimir programas y documentos electrónicos ajenos, obstaculización o interrupción del funcionamiento de un sistema informático ajeno, facilitación de programas, contraseñas o códigos de acceso facilitadores de la comisión de los delitos de los arts. 264 y 264 bis CP, aun cometidos por persona jurídica, cuando se hagan con fin terrorista recogidos en el art. 573 CP.

Estas modalidades terroristas incluyen ataques a infraestructuras críticas, en su definición penal, **que no administrativa**, recogida en el art. 264.2. 4.ª *in fine* CP, con fines subversivos como pueden ser: redes de aeropuertos, tráfico rodado en grandes ciudades, centrales nucleares, Juzgados, hospitales, ministerios, empresas de telecomunicación, etc. (VELASCO NÚÑEZ, 2021).

El art. 573 bis CP establece una penalidad reforzada de estos delitos terroristas respecto a las figuras genéricas que detalla. En ocasiones, **impone** una pena mayor a la prevista para el delito común (secuestro, aborto o lesiones) y, en otras, **obliga** a su imposición en su mitad superior o con prisión por el tiempo máximo «si se causa la muerte» (GÓMEZ RIVERO, *et al.* 2020, p. 710).

Las penas según el artículo 573 bis CP son:

> «1. Los delitos de terrorismo a los que se refiere el apartado 1 del artículo anterior serán castigados con las siguientes penas:
>
> 1.ª Con la de prisión por el tiempo máximo previsto en este Código si se causara la muerte de una persona.
>
> 2.ª Con la de prisión de veinte a veinticinco años cuando, en los casos de secuestro o detención ilegal, no se dé razón del paradero de la persona.
>
> 3.ª Con la de prisión de quince a veinte años si se causara un aborto del artículo 144, se produjeran lesiones de las tipificadas en los artículos 149, 150, 157 o 158, el secuestro de una persona, o estragos o incendio de los previstos respectivamente en los artículos 346 y 351.
>
> 4.ª Con la de prisión de diez a quince años si se causara cualquier otra lesión, o se detuviera ilegalmente, amenazara o coaccionara a una persona.
>
> 5.ª Y con la pena prevista para el delito cometido en su mitad superior, pudiéndose llegar a la superior en grado, cuando se tratase de cualquier otro de los delitos a que se refiere el apartado 1 del artículo anterior.
>
> 2. Las penas se impondrán en su mitad superior si los hechos se cometieran contra las personas mencionadas en el apartado 3 del artículo 550 o contra miembros de las Fuerzas y Cuerpos de Seguridad o de las Fuerzas Armadas o contra empleados públicos que presten servicio en instituciones penitenciarias.
>
> 3. Los delitos de terrorismo a los que se refiere el apartado 2 del artículo anterior se castigarán con la pena superior en grado a la respectivamente prevista en los correspondientes artículos.

4. El delito de desórdenes públicos previsto en los apartados 2 y 3 del artículo 557, así como el delito de rebelión, cuando se cometan por una organización o grupo terrorista o individualmente pero amparados en ellos, se castigarán con la pena superior en grado a las previstas para tales delitos».

No importa que las muertes sean intencionales, sean homicidios o asesinatos, pues el principio de especialidad *ex* art. 8.1.ª CP hace que se castiguen por este precepto y no por el genérico; si concurren en los supuestos **circunstancias cualificantes**, se entenderán como **agravantes autónomas** del art. 22 CP, con las reglas propias de aplicación general en el art. 66 CP. Como ha señalado Muñoz Conde (2019), los tipos penales se configuran como verdaderos delitos cualificados por el resultado, pero la agravación solo debe tener lugar cuando los resultados se producen a título de dolo directo, de primero o segundo grado, o eventual. *Vid.* Serrano Gómez, *et al.* (2011).

La **definición de terrorismo** del artículo 573 bis CP se construyó sobre la base de lo dispuesto en la Decisión marco 2002/475/JAI del Consejo de la Unión Europea, de 13 de junio, sobre la lucha contra el terrorismo, que fue modificada por la Decisión marco 2008/919/JAI, de 28 de noviembre, si bien la referencia más actual la debemos buscar en la anteriormente mencionada Directiva (UE) 2017/541 del Parlamento Europeo y del Consejo, de 15 de marzo de 2017, relativa a la lucha contra el terrorismo 392. El concepto de terrorismo va referido por tanto en el vigente Código Penal a las finalidades (**subvertir el orden constitucional, alterar la paz pública, etc.) que deben concurrir** al cometerse un delito de los comprendidos en cualquiera de las categorías señaladas por la norma (contra la vida, la libertad, etc.). *Vid.* Agudo et al (2019).

Otros delitos considerados como terrorismo

Depósito de armas o tenencia de explosivos

Según el artículo 574 CP:

«1. El depósito de armas o municiones, la tenencia o depósito de sustancias o aparatos explosivos, inflamables, incendiarios o asfixiantes, o de sus componentes, así como su fabricación, tráfico, transporte o suministro de cualquier forma, y la mera colocación o empleo de tales sustancias o de los medios o artificios adecuados, serán castigados con la pena de prisión de ocho a quince años cuando los hechos se cometan con cualquiera de las finalidades expresadas en el apartado 1 del artículo 573.

2. Se impondrá la pena de diez a veinte años de prisión cuando se trate de armas, sustancias o aparatos nucleares, radiológicos, químicos o biológicos, o cualesquiera otros de similar potencia destructiva.

3. Serán también castigados con la pena de diez a veinte años de prisión quienes, con las mismas finalidades indicadas en el apartado 1, desarrollen armas químicas o biológicas, o se apoderen, posean, transporten, faciliten a otros o manipulen materiales nucleares, elementos radioactivos o materiales o equipos productores de radiaciones ionizantes».

El artículo 574 CP tipifica la tenencia y depósito de armas y explosivos cuando sea para una de las finalidades contempladas en el apartado 1 del artículo 573 CP, supone un tipo agravado de los delitos de tenencia, tráfico y depósito de armas, que incluye cada una de las modalidades de posesión y detentación posibles como conductas alternativas.

Es un **delito de propia mano y de mera actividad y de peligro abstracto**, configurado como una norma penal en blanco en aras de determinar las armas prohibidas, que se remitirá al RD 137/1993, de 29 de enero, Reglamento de armas, y el RD 130/2017, de 24 de febrero, Reglamento de explosivos.

Como delito común, el sujeto activo podrá ser cualquier persona, que exige dolo, sin que esté prevista la comisión imprudente, y el objeto material serán las armas, municiones, sustancias o aparatos explosivos, inflamables, indiciarios y asfixiantes. La pena prevista será de prisión dieciocho a quince años. *Vid.* LUZÓN (2019).

En relación con estos delitos, debe considerarse la Directiva (UE) 2017/541 (arts. 3.1.f):

Artículo 3. Delitos de terrorismo

«1. Los Estados miembros adoptarán las medidas necesarias para garantizar que los siguientes actos intencionados, tipificados como delitos con arreglo al Derecho nacional, que, por su naturaleza o contexto, pueden perjudicar gravemente a un país o a una organización internacional, se tipifiquen como delitos de terrorismo cuando se cometan con uno de los fines enumerados en el apartado 2: [...] f) la fabricación, tenencia, adquisición, transporte, suministro o utilización de explosivos o armas de fuego, armas químicas, biológicas, radiológicas o nucleares inclusive, así como la investigación y el desarrollo de armas químicas, biológicas, radiológicas o nucleares».

Adoctrinamiento y capacitación

La Resolución 2178 de Naciones Unidas, aprobada por el Consejo de Seguridad en su 7272.ª sesión, dedica su apartado sexto a las conductas terroristas, donde el autodoctrinamiento no se contempla. Entre los instrumentos de la Unión Europea, tampoco se contempla el autodoctrinamiento y el Consejo de Europa por su parte, rechaza de manera más explícita, tipificar el autodoctrinamiento terrorista.

Listado incrementado con el Protocolo Adicional al Convenio del Consejo de Europa para la prevención del terrorismo (STCE n.º 217), hecho en Riga el 22 de octubre de 2015, firmado, pero **no ratificado por España**, que entra en vigor para los Estados Parte, el 1 de julio de 2017. Conforme admite el Informe explicativo del Protocolo en su apartado 31 (pues durante las deliberaciones para su redacción) se hizo evidente que la penalización de la conducta «pasiva» (hacerse reclutar para el terrorismo) crearía problemas en algunos sistemas legales y encontrar una definición adecuada de «hacerse reclutar para el terrorismo» que comprendiera un comportamiento suficientemente «activo» también presentaba serias dificultades.

La nueva redacción dada al Código penal, por Ley Orgánica 2/2015, pretendiendo adaptarse a las nuevas formas de captación de militantes de las organizaciones terroristas de corte yihadista, en las que **internet cumple un papel primordial**, tipifica la conducta de los sujetos que reciben dicho adoctrinamiento o adiestramiento (STS 354/2017, 17 de mayo de 2017).

A tenor del artículo 575 CP:

«1. Será castigado con la pena de prisión de dos a cinco años quien, con la **finalidad de capacitarse** para llevar a cabo cualquiera de los delitos tipificados en este Capítulo, reciba adoctrinamiento o adiestramiento militar o de combate, o en técnicas de desarrollo de armas químicas o biológicas, de elaboración o preparación de sustancias o aparatos explosivos, inflamables, incendiarios o asfixiantes, o específicamente destinados a facilitar la comisión de alguna de tales infracciones.

2. Con la misma pena se castigará a quien, con la misma finalidad de capacitarse para cometer alguno de los delitos tipificados en este Capítulo, lleve a cabo por sí mismo cualquiera de las actividades previstas en el apartado anterior.

Se entenderá que comete este delito quien, con tal **finalidad, acceda de manera habitual a uno o varios servicios de comunicación accesibles al público en línea o contenidos accesibles a través de internet o de un servicio de comunicaciones electrónicas** cuyos contenidos estén dirigidos o resulten idóneos para incitar a la incorporación a una organización o grupo terrorista, o a colaborar con cualquiera de ellos o en sus fines. Los hechos se entenderán cometidos en España cuando se acceda a los contenidos desde el territorio español.

Asimismo, se entenderá que comete este delito quien, con la misma finalidad, adquiera o tenga en su poder documentos que estén dirigidos o, por su contenido, resulten idóneos para incitar a la incorporación a una organización o grupo terrorista o a **colaborar con cualquiera de ellos o en sus fines**.

3. La misma pena se impondrá a quien, para ese mismo fin, o para colaborar con una organización o grupo terrorista, o para cometer cualquiera de los delitos comprendidos en este Capítulo, se traslade o establezca en un territorio extranjero».

➔ Sujetos

Puede ser cualquiera. Se trata de un delito común.

➔ Elemento subjetivo

El elemento subjetivo del injusto, expresamente requerido, es diverso y contiene un elemento teleológico redoblado; de forma que el acceso habitual a internet o la adquisición o tenencia documental debe ser con la finalidad de capacitarse, donde el logro pretendido de tal aptitud, a su vez, ha de ser para llevar a cabo cualquiera de los delitos tipificados en este Capítulo. Así lo recoge el primer párrafo del art. 575.2 (con la finalidad de capacitarse para llevar a cabo cualquiera de los delitos tipificados en este Capítulo) y a tal expresión se remite el segundo párrafo (con tal finalidad) y se reitera en el tercero (con la misma finalidad). (STS 354/2017, 17 de mayo de 2017).

> La sanción del autoadiestramiento o heteroadiestramiento militar o de combate (art. 575, apartados 1 y 2) no puede cumplimentarse por la mera recepción de enseñanzas o la recopilación autodidacta de información, aspectos protegidos por el art. 20 CE. (Cuerda Arnau, 2019, p. 812)

No resulta tipificado el autoadoctrinamiento si al margen del contenido de las páginas visitadas o los documentos adquiridos, la finalidad del autor resulta desligada (basta que no resulte acreditada), de la perpetración de alguno de las tipicidades recogidas en el título dedicada a organizaciones y grupos terroristas y a los delitos de terrorismo (STS 354/2017, 17 de mayo de 2017).

Tanto el **adiestramiento pasivo** como el **adiestramiento activo** guardan íntima relación con la **radicalización**, cuestión esta que se ha convertido en una de las grandes preocupaciones actuales de la comunidad internacional, y que ha sido también abordada en nuestro país a través del **Plan estratégico Nacional de Lucha contra la radicalización violenta**.

El PEN-LCRV (Plan Estratégico Nacional de Lucha Contra la Radicalización Violenta) asume la radicalización violenta como uno de los principales riesgos para la seguridad nacional y articula la política del Estado en esta materia a través de una estructura integral y nacional que permite prevenir y evitar que los procesos de radicalización culminen en extremismo violento y/o en terrorismo.

Para saber más sobre el Plan Estratégico Nacional de Lucha Contra la Radicalización Violenta, accede a la siguiente dirección:
https://cutt.ly/irEeiMZ

La sentencia del Tribunal Supremo de fecha 17 de mayo de 2017 nos indica que tradicionalmente la actividad de **adoctrinamiento y adiestramiento** de nuevos miembros de organizaciones terroristas se había perseguido penalmente desde su perspectiva activa a los sujetos que adoctrinaban o adiestraban a terceros, pero con la pretensión de adaptarse a las nuevas formas de captación de militantes de las organizaciones terroristas de pauta yihadista, donde Internet juega un papel fundamental, la Ley Orgánica 2/2015 incorpora la conducta pasiva, la de quienes reciben dicho adoctrinamiento o adiestramiento, así como la de quienes se procuran esa capacitación de manera autónoma, «donde la novedad dogmática se renueva, pues ello supone, frente a las reglas generales de los arts. 17 y 18, la incriminación de actos preparatorios individuales». *Vid.* AGUDO, *et al.* (2019).

Colaboración con banda armada

A tenor del artículo 576 CP:

«1. Será castigado con la pena de prisión de cinco a diez años y multa del triple al quíntuplo de su valor el que, por cualquier medio, directa o indirectamente, **recabe, adquiera, posea, utilice, convierta, transmita** o realice cualquier otra actividad con bienes o valores de cualquier clase con la intención de que se utilicen, o a sabiendas de que serán utilizados, en todo o en parte, para cometer cualquiera de los delitos comprendidos en este Capítulo.

2. Si los bienes o valores se pusieran efectivamente **a disposición del responsable del delito de terrorismo**, se podrá imponer la pena superior en grado. Si llegaran a ser empleados para la ejecución de actos terroristas concretos, el hecho se castigará como coautoría o complicidad, según los casos.

3. En el caso de que la conducta a que se refiere el apartado 1 se hubiera llevado a cabo atentando contra el patrimonio, **cometiendo extorsión, falsedad documental o mediante la comisión de cualquier otro delito**, éstos se castigarán con la pena superior en grado a la que les corresponda, sin perjuicio de imponer además la que proceda conforme a los apartados anteriores.

4. El que estando específicamente sujeto por la ley a colaborar con la autoridad en la prevención de las actividades de financiación del terrorismo dé lugar, por **imprudencia grave** en el cumplimiento de dichas obligaciones, a que no sea detectada o impedida cualquiera de las conductas descritas en el apartado 1 será castigado con la pena inferior en uno o dos grados a la prevista en él».

El delito de **colaboración con banda armada, organización o grupo terrorista** presenta los siguientes **caracteres**:

- Se trata de conductas que implican participación en actividades de la organización terrorista sin venir subordinadas a las exigencias del principio de accesoriedad.

- Es un tipo residual que solo se aplica cuando los hechos enjuiciados no constituyan una figura de mayor entidad.
- Es un tipo penal de **simple actividad y de peligro abstracto**. La esencia del delito consiste en poner a disposición de la banda, conociendo sus métodos, determinadas informaciones, **medios económicos** o de transporte, infraestructura o servicios de cualquier tipo que la organización obtendría más difícilmente sin ayuda externa, prestada por quienes, sin pertenecer a ella, le aportan su voluntaria colaboración.

En su Recomendación 5.ª, el GAFI (Grupo de Acción Financiera Internacional) hace referencia al «delito de financiación del terrorismo», señalando que los países deben tipificar este ilícito penal en base al Convenio Internacional para la Represión de la Financiación del Terrorismo. Y la tipificación no solo debe alcanzar la financiación de los actos terroristas, sino también la financiación de las organizaciones terroristas y de los terroristas individuales, aun en ausencia de un vínculo con un acto o actos terroristas específicos. Igualmente, los países se deben asegurar de que tales delitos sean considerados como delitos de lavado de activos. *Vid.* AGUDO, (2019).

El Grupo de Acción Financiera Internacional, es una institución intergubernamental creada en el año 1989 por el entonces G8. El propósito de la GAFI es desarrollar políticas que ayuden a combatir el blanqueo de capitales y la financiación del terrorismo.

En relación con el artículo 577 CP:

«1. Será castigado con las penas de prisión de cinco a diez años y multa de dieciocho a veinticuatro meses el que lleve a cabo, **recabe o facilite cualquier acto de colaboración** con las actividades o las finalidades de una organización, grupo o elemento terrorista, o para cometer cualquiera de los delitos comprendidos en este Capítulo.

En particular son **actos de colaboración la información** o vigilancia de personas, bienes o instalaciones, la construcción, acondicionamiento, cesión o utilización de alojamientos o depósitos, la ocultación, acogimiento o traslado de personas, la organización de prácticas de entrenamiento o la asistencia a ellas, la prestación de servicios tecnológicos, y cualquier otra forma equivalente de cooperación o ayuda a las actividades de las organizaciones o grupos terroristas, grupos o personas a que se refiere el párrafo anterior.

Cuando la información o vigilancia de personas mencionada en el párrafo anterior ponga en **peligro la vida, la integridad física, la libertad o el patrimonio** de las mismas se impondrá la pena prevista en este apartado en su mitad superior. Si se produjera la lesión de cualquiera de estos bienes jurídicos se castigará el hecho como coautoría o complicidad, según los casos.

2. Las penas previstas en el apartado anterior se impondrán a quienes lleven a cabo cualquier actividad de captación, adoctrinamiento o adiestramiento, que esté dirigida o que, por su contenido, resulte idónea para incitar a incorporarse a una organización o grupo terrorista, o para cometer cualquiera de los delitos comprendidos en este Capítulo.

Asimismo se impondrán estas penas a los que faciliten adiestramiento o instrucción sobre la fabricación o uso de explosivos, armas de fuego u otras armas o sustancias nocivas o peligrosas, o sobre métodos o técnicas especialmente adecuados para la comisión de alguno de los delitos del artículo 573, con la intención o conocimiento de que van a ser utilizados para ello.

Las penas se impondrán en su mitad superior, pudiéndose llegar a la superior en grado, cuando los actos previstos en este apartado se hubieran dirigido a **menores de edad o personas con discapacidad necesitadas de especial protección o a mujeres víctimas de trata con el fin de convertirlas** en cónyuges, compañeras o esclavas sexuales de los autores del delito, sin perjuicio de imponer las que además procedan por los delitos contra la libertad sexual cometidos.

3. Si la colaboración con las actividades o las finalidades de una organización o grupo terrorista, o en la comisión de cualquiera de los delitos comprendidos en este Capítulo, se hubiera producido por **imprudencia grave** se impondrá la pena de prisión de seis a dieciocho meses y multa de seis a doce meses».

Se añaden a estas conductas la provisión o recaudación de fondos para cometer delitos de terrorismo o para hacerlos llegar a tales organizaciones o grupos, en la línea del convenio sobre la financiación de los mismos de Nueva York. La distinción con la pertenencia a la organización es la estructura jerarquizada, así como la superior intensidad y permanencia de aquella. *Vid.* SERRANO GÓMEZ, *et al.* (2011).

País Vasco, las cicatrices de un conflicto

En los últimos cincuenta años, el conflicto político por las aspiraciones independentistas, la actividad armada de ETA y los excesos de la lucha antiterrorista han oscurecido el brillo de Euskadi. Durante una época demasiado larga, la sangre y el miedo han condicionado la vida de cientos de miles de personas.

Para saber más, accede a la siguiente dirección:
https://bit.ly/3nrg6VS

Enaltecimiento

A tenor del artículo 578 CP:

«1. El **enaltecimiento o la justificación** públicos de los delitos comprendidos en los artículos 572 a 577 o de quienes hayan participado en su ejecución, o la realización de actos que entrañen **descrédito, menosprecio o humillación de las víctimas** de los delitos terroristas **o de sus familiares**, se castigará con la pena de prisión de uno a tres años y multa de doce a dieciocho meses. El juez también podrá acordar en la sentencia, durante el período de tiempo que él mismo señale, alguna o algunas de las prohibiciones previstas en el artículo 57.

2. Las penas previstas en el apartado anterior se impondrán en su mitad superior cuando los hechos se hubieran llevado a cabo mediante la difusión de servicios o contenidos accesibles al público **a través de medios de comunicación**, internet, o por medio de servicios de comunicaciones electrónicas o mediante el uso de tecnologías de la información.

3. Cuando los hechos, a la vista de sus circunstancias, resulten idóneos para **alterar gravemente la paz pública o crear un grave sentimiento de inseguridad o temor a la sociedad o parte de ella** se impondrá la pena en su mitad superior, que podrá elevarse hasta la superior en grado.

4. El juez o tribunal acordará la destrucción, borrado o inutilización de los libros, archivos, documentos, artículos o cualquier otro soporte por medio del que se hubiera cometido el delito. Cuando el delito se hubiera cometido a través de tecnologías de la información y la comunicación se acordará la retirada de los contenidos.

Si los hechos se hubieran cometido a través de servicios o contenidos accesibles a través de internet o de servicios de comunicaciones electrónicas, el juez o tribunal podrá ordenar la retirada de los contenidos o servicios ilícitos. Subsidiariamente, podrá ordenar a los prestadores de servicios de alojamiento que retiren los contenidos ilícitos, a los motores de búsqueda que supriman los enlaces que apunten a ellos y a los proveedores de servicios de comunicaciones electrónicas que impidan el acceso a los contenidos o servicios ilícitos siempre que concurra alguno de los siguientes supuestos:

a) Cuando la medida resulte proporcionada a la gravedad de los hechos y a la relevancia de la información y necesaria para evitar su difusión.

b) Cuando se difundan exclusiva o preponderantemente los contenidos a los que se refieren los apartados anteriores.

5. Las medidas previstas en el apartado anterior podrán también ser acordadas por el juez instructor con **carácter cautelar** durante la instrucción de la causa».

En este precepto se excluye la llamada adhesión ideológica.

➜ **Bien jurídico protegido**: es la paz social, habiéndose de tener en cuenta delitos que también atenten contra el honor de las personas, *ad exemplum*. *Vid.* QUINTERO OLIVARES (2016).

➜ **Acción típica**: el artículo 578 CP tipifica las conductas de exaltación y enaltecimiento del terrorismo y contiene dos conductas bien diferenciadas:

- Enaltecimiento o justificación del terrorismo como tipo específico de la apología contemplada en el artículo 18 CP, que adelanta la barrera de protección, pudiendo entrar en conflicto con los derechos constituciones de libertad ideológica y opinión.
- El fundamento de la interdicción del enaltecimiento del terrorismo está en lo que el TEDH (s TEDH 8/07/1999 caso Sürek *vs.* Turquía y de 4/12/2003, caso Müslüm *vs.* Turquía), el TC (TC 7/11/2007) y el TS (TS 21/07/2011 y 19/02/2015) denominan «discurso del odio», cuya interdicción configura el bien jurídico que protege el delito analizado.
- Se castigan los actos de descrédito, menosprecio o humillación dirigidos a las víctimas del terrorismo. Víctimas, ya sean directas o indirectas, conforme define y distingue la L 35/1995, de 11 de diciembre de ayudas y asistencia a las víctimas de delitos violentos y contra la libertad sexual.
- El menosprecio a las víctimas no requiere la puesta en peligro «toda vez que el término descrédito, disminución o pérdida de la de la reputación de las personas, el menosprecio, equivalente a poco aprecio, o la humillación, la adhesión al amor propio o a la dignidad de alguien, hace referencia a las acciones realizadas contra las víctimas de acciones terroristas o sus familiares que son especialmente perversas como es la injuria o la humillación a las víctimas, incrementando el padecimiento moral de ellas y sus familiares, y ahondando en la herida que abrió el atentado terrorista», la justificación de la tipicidad de la conducta radica en la perplejidad e indignación que provoca en la sociedad (STS 646/2018, de 14 de diciembre).
- Este delito trasciende el mero delito de injurias, y residencia el mayor reproche penal que conlleva en su afección al terrorismo (VELASCO NÚÑEZ 2019, p. 241).

➜ **Sujeto activo**: es un delito común, podrá ser cometido por cualquier persona, y sobre la colectividad o sobre las víctimas, que hace coincidir el sujeto pasivo con el objeto material del delito.

➜ **Sujeto pasivo**: las acciones o palabras que impliquen enaltecimiento o justificación han de ir dirigidas o bien a las conductas definidas como delitos de terrorismo de los artículos 572 a 577 CP, o a personas que hayan participado en la ejecución de tales comportamientos, exigiendo que la conducta sea pública, a pesar de haber eliminado, para el tipo básico, la LO 2/15, la expresión por cualquier medio público o difusión, y sustituyéndolo por la expresión «pública» que ha de interpretarse literalmente.

➜ **Consumación**: es un delito de actividad, que se cometerá mediante una acción concreta, no cabe la comisión por omisión, y de peligro abstracto, que no requiere la causación de un resultado para que se entienda consumado.

➜ **Penalidad**: la pena prevista para las distintas modalidades, enaltecimiento, justificación y humillación es la pena de prisión de uno a tres años y multa de doce a dieciocho meses. Se prevé expresamente la facultad del juez de imponer las prohibiciones previstas en el artículo 57 CP, que a su vez se remite al artículo 48 CP, y que consistirán en:

- **Privación** del derecho a residir en determinados lugares.
- **Prohibición de aproximación** a la víctima, familiares o determinadas personas, a su domicilio, lugar de trabajo o a cualquier lugar que frecuenten.
- **Prohibición** de **comunicarse** con la víctima, familiar o personas que se determine a través de cualquier medio.

La sentencia del Tribunal Supremo de 26 de febrero de 2007, recoge los elementos que configuran este delito:

1. La existencia de unas acciones o palabras por las que se enaltece o justifica. Por lo que respecta a **«enaltecer»** equivale a ensalzar o hacer elogios, alabar las cualidades o méritos de alguien o de algo.
2. El **objeto de tal ensalzamiento o justificación** puede ser alguno de estos dos:
   a) Cualquiera de las conductas definidas como delitos de terrorismo de los arts. 571 a 577 CP.
   b) Cualquiera de las personas que hayan participado en la ejecución de tales comportamientos. Interesa decir aquí que no es necesario identificar a una o a varias de tales personas. Puede cometerse también ensalzando a un colectivo de autores o copartícipes en esta clase de actos delictivos. *Vid.* AGUDO *et al.* (2019).

Subtipo agravado

Hay que destacar que el apartado 2 del artículo 578 CP tipifica un **subtipo agravado** en relación con el delito de enaltecimiento, justificación o humillación en función de la difusión de las acciones o expresiones empleadas, imponiendo la pena en su mitad superior, si se realiza a través de:

- Medios de comunicación.
- Internet.
- Servicios de comunicaciones electrónicas.
- Tecnologías de la información. *Vid.* MUÑOZ CONDE (2022).

Tipo hiperagravado

El apartado 3 del artículo 578 CP prevé un **tipo hiperagravado** imponiendo la pena en su mitad superior, pudiendo llegar a la superior en grado, cuando concurra la idoneidad de la conducta de enaltecimiento, justificación o humillación para:

- Alterar la paz pública.
- Crear grave sentimiento de inseguridad o terror.

Se prevé en el apartado 4 del artículo 578 CP las medidas que acordará el juez, de manera **preceptiva, ya sea en sentencia o cautelarmente**, con relación a los archivos, documentos y artículos:

- Destrucción.
- Borrado o inutilización.
- Retirada de los contenidos en caso de haberse perpetrado a través de tecnologías de información o comunicación.
- Y potestativamente podrá acordar **retirada de los contenidos** o servicios ilícitos si los hechos se hubieran cometido a través de servicios o contenidos accesibles a través de Internet o de servicios de comunicación.

También podrá ordenar, siempre que la medida sea proporcionada y necesaria o que se difundan de manera exclusiva o preponderante a:

- Los prestadores de servicios de alojamiento la retirada de contenidos ilícitos.
- Los motores de búsqueda que supriman los enlaces que apunten a ellos.
- Los proveedores de servicios de comunicaciones electrónicas que impidan el acceso a los contenidos o servicios ilícitos. *Vid.* LUZÓN (2019).

«Una cosa es proclamar, incluso vociferar, lo que el sujeto «siente», es decir sus deseos o emociones, exteriorizándolos a «rienda suelta» y otra cosa que tal expresión se haga, no para tal expresión emotiva, sino, más allá, para la racional finalidad de procurar que el mensaje, al menos indirectamente, mueva a otros a cometer delitos de terrorismo» (STS 52/2018, de 31 de enero).

Caso real. TS (Sala de lo Penal, Sección 1.ª) Sentencia núm. 673/2020 de 10 de diciembre

(...) accedió al foro «Jamia Hagfsa Uru Forum» (JHUF) que, el 24 de enero de 2014 contaba con 2313 miembros y en el que se habían publicado 16.247 temas y 76. 752 mensajes de corte yihadista y, dentro del citado foro, al subforo «Mu j ah ideen publications» (publicaciones de los muya i dines) desde donde se difunden manuales de captación, información relacionada con la preparación de actos terroristas y de alabanza a sus líderes y, una vez en el subforo, y bajo el hilo de discusión «General guide 1 ines for Jihad» (líneas generales para la yihad), desde primeros de 2014, ha publicado determinados mensajes en favor de la comisión de actos terroristas solicitando para ello ayuda personal, militar o económica.

Incitación al terrorismo

Según el artículo 579 CP:

> «1. Será castigado con la pena inferior en uno o dos grados a la prevista para el delito de que se trate el que, por cualquier medio, difunda públicamente mensajes o consignas que tengan como finalidad o que, por su contenido, sean idóneos para incitar a otros a la comisión de alguno de los delitos de este Capítulo.
>
> 2. La misma pena se impondrá al que, públicamente o ante una concurrencia de personas, incite a otros a la comisión de alguno de los delitos de este Capítulo, así como a quien solicite a otra persona que los cometa.
>
> 3. Los demás actos de provocación, conspiración y proposición para cometer alguno de los delitos regulados en este Capítulo se castigarán también con la pena inferior en uno o dos grados a la que corresponda respectivamente a los hechos previstos en este Capítulo.
>
> 4. En los casos previstos en este precepto, los jueces o tribunales podrán adoptar las medidas establecidas en los apartados 4 y 5 del artículo anterior».

El injusto de este delito subyacen dos elementos: por una parte, la idea de penalizar la ideología radical *per se*, debido a su peligrosidad potencial y abstracta para sembrar el terror y, en segundo lugar, se toma en consideración la forma de extender esa doctrina, que se presume que se difunde a través de medios de gran alcance, especialmente internet y redes sociales (Bernal Del Castillo, 2017, p. 36), los cuales, son una auténtica escuela online de la actividad terrorista (Cano Paños, 2015, pp. 905 y ss).

Quien lo difunde tiene conocimiento de la cualidad de dicho contenido y además puede tener o no la finalidad de dar lugar con su publicación a un delito. Se puede actuar con dolo directo, pero también se admitiría un dolo eventual que abarcase la idoneidad del contenido para poder llegar a que los destinatarios cometiesen ese delito (Galán Muñoz 2016, pp. 51 y ss.).

Pena de inhabilitación y libertad vigilada

A tenor del artículo 579 bis CP:

> «1. El responsable de los delitos previstos en este Capítulo, sin perjuicio de las penas que correspondan con arreglo a los artículos precedentes, será también castigado, atendiendo proporcionalmente a la gravedad del delito, el número de los cometidos y a las circunstancias que concurran en el delincuente, con las penas de inhabilitación absoluta, inhabilitación especial para profesión u oficio educativos, en los ámbitos docente, deportivo y de tiempo libre, por un tiempo superior entre seis y veinte años al de la duración de la pena de privación de libertad impuesta en su caso en la sentencia.
>
> 2. Al condenado a pena grave privativa de libertad por uno o más delitos comprendidos en este Capítulo se le impondrá además la medida de libertad vigilada de cinco a diez años, y de uno a cinco años si la pena privativa de libertad fuera menos grave. No obstante lo anterior, cuando se trate de un solo delito que no sea grave, y su autor hubiere delinquido por primera vez, el tribunal podrá imponer o no la medida de libertad vigilada, en atención a su menor peligrosidad».

Terroristas arrepentidos y subtipo atenuado

Y sigue el artículo 579 bis 3 y 4 CP indicando que:

> «3. En los delitos previstos en este Capítulo, los jueces y tribunales, razonándolo en sentencia, podrán imponer la pena inferior en uno o dos grados a la señalada para el delito de que se trate, cuando el sujeto haya abandonado voluntariamente sus actividades delictivas, se presente a las autoridades confesando los hechos en que haya participado y cola-

bore activamente con éstas para impedir la producción del delito, o coadyuve eficazmente a la obtención de pruebas decisivas para la identificación o captura de otros responsables o para impedir la actuación o el desarrollo de organizaciones, grupos u otros elementos terroristas a los que haya pertenecido o con los que haya colaborado.

4. Los jueces y tribunales, motivadamente, atendiendo a las circunstancias concretas, podrán imponer también la pena inferior en uno o dos grados a la señalada en este Capítulo para el delito de que se trate, cuando el hecho sea objetivamente de menor gravedad, atendidos el medio empleado o el resultado producido».

Rompiendo el silencio después de ETA

Tras décadas de dramático silencio en España, y más concretamente en el País Vasco, las víctimas del terrorismo están comenzando a romper ese muro. Desde el cese definitivo de la violencia por parte de ETA, se han llevado a cabo diferentes iniciativas destinadas al reconocimiento y reparación del daño recibido durante los años de conflicto.

En este breve documental podréis ver el testimonio de víctimas del terrorismo y de exterroristas que dialogan y que intentan reconciliar a una sociedad que tanto sufrió.

Para saber más podéis visualizar el siguiente vídeo en el siguiente enlace:
https://cutt.ly/TrEtyv5

Agravante de reincidencia internacional

En relación con el artículo 580 CP:

«En todos los delitos de terrorismo, la condena de un juez o tribunal extranjero será equiparada a las sentencias de los jueces o tribunales españoles a los efectos de aplicación de la agravante de reincidencia». *Vid.* Muñoz Conde (2022).

Consideraciones procesales

Instrumentos de cooperación policial internacional:

Acuerdo de Schengen (Acuerdo de Adhesión del Reino de España al Convenio de Aplicación del Acuerdo de Schengen. Instrumento de ratificación de 23 de julio de 1993 (BOE n.º 81, de 5 de abril de 1994).

El Acuerdo de Schengen es un acuerdo por el que varios países de Europa suprimieron los controles en las fronteras interiores (entre esos países) y trasladaron esos controles a las fronteras exteriores (con terceros países). El acuerdo, firmado en la ciudad luxemburguesa de Schengen en 1985 y en vigor desde 1995, establece un espacio común —denominado espacio Schengen— que comprende una gran parte del continente europeo. Los países participantes aplican normas comunes para controlar las fronteras exteriores y también en materia de visados y de cooperación entre los servicios policiales y judiciales en el ámbito penal.

En la actualidad forman parte del espacio Schengen los siguientes países: Alemania, Austria, Bélgica, Dinamarca, Eslovenia, España, Estonia, Finlandia, Francia, Grecia, Hungría, Islandia, Italia, Letonia, Liechtenstein, Lituania, Luxemburgo, Malta, Noruega, Países Bajos, Polonia, Portugal, República Checa, República Eslovaca, Suecia y Suiza.

Orden de detención europea

La orden de detención europea (en lo sucesivo «ODE») es un procedimiento judicial simplificado y transfronterizo de entrega a efectos de enjuiciamiento o de ejecución de una pena o de una medida de seguridad privativas de libertad. Las órdenes de detención europeas emitidas por las autoridades judiciales de cualquier país de la UE son válidas en todo el territorio de la Unión Europea. La ODE viene funcionando desde el 1 de enero de 2004. Ha sustituido a los dilatados procedimientos de extradición que solían existir entre países de la UE.

Se trata de una solicitud presentada por una autoridad judicial de un país de la UE para que se detenga a una persona en otro y se la entregue para su procesamiento o para la ejecución de una pena o de una medida de seguridad privativas de libertad dictadas en el primer país. El mecanismo se basa en el principio de reconocimiento mutuo de las resoluciones judiciales. Está operativa en todos los países de la UE. Funciona mediante contactos directos entre las autoridades judiciales.

Al aplicar la ODE, las autoridades han de respetar los derechos procesales de los sospechosos o acusados, como el derecho a la información, a contar con la asistencia de un abogado y de un intérprete y a asistencia jurídica gratuita, de conformidad con el derecho interno del país en que sean detenidos. *Vid.* Quintero (2016).

En 32 categorías de delitos, no se comprueba que el acto se considere delito en ambos países. El único requisito es que esté castigado con penas privativas de libertad cuyo máximo sea al menos de tres años en el país de expedición. En otros delitos, la entrega puede hacerse depender de que el acto sea constitutivo de delito en el país que efectúa la entrega. *Vid.* Serrano Gómez *et al.* (2011).

Los países de la UE no pueden ya denegar la entrega de sus propios nacionales, a no ser que se hagan cargo de la ejecución de la pena de privativa de libertad contra las personas en cuestión. *Vid.* Luzón (2019).

Garantías

El país que ejecute la ODE puede exigir garantías de que:

1. Transcurrido un cierto plazo, la persona tendrá derecho a solicitar la revisión, si la pena impuesta es de cadena perpetua.
2. La persona buscada puede cumplir cualquier pena privativa de libertad en el país que debe ejecutar la entrega, si es un nacional o residente habitual del mismo.

Motivos de denegación limitados

Un país solo puede negarse a entregar a una persona buscada si es de aplicación uno de los motivos de denegación obligatorios u opcionales:

Motivos obligatorios

- La persona ya ha sido juzgada por el mismo delito (*ne bis in idem*).
- Menores (la persona no ha alcanzado la edad de responsabilidad penal en el país que debía ejecutar la entrega).
- Amnistía (el país que debía ejecutar la entrega tenía competencia para perseguir el delito y se ha decretado en él una amnistía).

Motivos opcionales (no exhaustivos)

- Ausencia de doble tipificación para delitos distintos de los 32 mencionados en el artículo 2, apartado 2, de la Decisión marco relativa a la ODE.
- Competencia territorial.
- Proceso penal pendiente en el país que debe ejecutar la entrega.
- Prescripción.

Competencia jurisdiccional

La instrucción y el enjuiciamiento corresponden a la Audiencia Nacional *ex* art. 65 LOPJ.

> «La Sala de lo Penal de la Audiencia Nacional conocerá: [...] de los delitos cometidos fuera del territorio nacional, cuando conforme a las leyes o a los tratados corresponda su enjuiciamiento a los Tribunales españoles.
>
> En todo caso, la Sala de lo penal de la Audiencia Nacional extenderá su competencia al conocimiento de los delitos conexos con todos los anteriormente reseñados.
>
> 2.° De los procedimientos penales iniciados en el extranjero, de la ejecución de las sentencias dictadas por Tribunales extranjeros o del cumplimiento de pena de prisión impuesta por Tribunales extranjeros, cuando en virtud de un tratado internacional corresponda a España la continuación de un procedimiento penal iniciado en el extranjero, la ejecución de una sentencia penal extranjera o el cumplimiento de una pena o medida de seguridad privativa de libertad, salvo en aquellos casos en que esta Ley atribuya alguna de estas competencias a otro órgano jurisdiccional penal.
>
> 3.° De las cuestiones de cesión de jurisdicción en materia penal derivadas del cumplimiento de tratados internacionales en los que España sea parte.
>
> 4.° De los recursos respecto a los instrumentos de reconocimiento mutuo de resoluciones penales en la Unión Europea que les atribuya la ley, y la resolución de los procedimientos judiciales de extradición pasiva, sea cual fuere el lugar de residencia o en que hubiese tenido lugar la detención del afectado por el procedimiento».

Vigilancia penitenciaria

La vigilancia penitenciaria de los internos terroristas se atribuye al juzgado central de dicho órgano judicial *ex* art. 94. LOPJ.

> «1. En cada provincia, y dentro del orden jurisdiccional penal, habrá uno o varios Juzgados de Vigilancia Penitenciaria, que tendrán las funciones jurisdiccionales previstas en la Ley General Penitenciaria en materia de ejecución de penas privativas de libertad y medidas de seguridad, emisión y ejecución de los instrumentos de reconocimiento mutuo de resoluciones penales en la Unión Europea que les atribuya la ley, control jurisdiccional de la potestad disciplinaria de las autoridades penitenciarias, amparo de los derechos y beneficios de los internos en los establecimientos penitenciarios y demás que señale la ley.
>
> 2. Podrán establecerse Juzgados de Vigilancia Penitenciaria que extiendan su jurisdicción a dos o más provincias de la misma Comunidad Autónoma.

3. También podrán crearse Juzgados de Vigilancia Penitenciaria cuya jurisdicción no se extienda a toda la provincia.

4. En la villa de Madrid, con jurisdicción en toda España, habrá uno o varios Juzgados Centrales de Vigilancia Penitenciaria que tendrán las funciones jurisdiccionales previstas en la Ley General Penitenciaria, descritas en el apartado 1 de este artículo, la competencia para la emisión y ejecución de los instrumentos de reconocimiento mutuo de resoluciones penales en la Unión Europea que les atribuya la ley y demás funciones que señale la ley, en relación con los delitos competencia de la Audiencia Nacional. En todo caso, la competencia de estos Juzgados Centrales será preferente y excluyente cuando el penado cumpla también otras condenas que no hubiesen sido impuestas por la Audiencia Nacional.

5. El cargo de Juez de Vigilancia Penitenciaria será compatible con el desempeño de un órgano del orden jurisdiccional penal».

Exclusión de la competencia del tribunal del jurado (art. 1.3.º *in fine* LOTJ)

«3. El juicio del Jurado se celebrará sólo en el ámbito de la Audiencia Provincial y, en su caso, de los Tribunales que correspondan por razón del aforamiento del acusado. En todo caso quedan excluidos de la competencia del Jurado, los delitos cuyo enjuiciamiento venga atribuido a la Audiencia Nacional».

Principio de justicia universal

Doctrinalmente se ha venido definiendo el principio de justicia universal como un principio derivado del derecho internacional que, basado en un interés supranacional, posibilita a los tribunales internos ejercer en representación de la comunidad internacional la jurisdicción penal para el enjuiciamiento de determinados crímenes internacionales de primer y segundo grado, con independencia de la nacionalidad de las víctimas y victimarios y del lugar en que se hayan cometido. Tiene como fin evitar la impunidad de graves comportamientos delictivos, aplicando los órganos judiciales a tal efecto el derecho penal interno y/o el internacional, como es el caso del terrorismo.

Según el artículo 23 de la Ley Orgánica 6/1985, de 1 de julio, del Poder Judicial:

«Será competente la jurisdicción española para conocer de los hechos cometidos por españoles o extranjeros fuera del territorio nacional susceptibles de tipificarse, según la ley española, como alguno de los siguientes delitos cuando se cumplan las condiciones expresadas:

4. Igualmente, será competente la jurisdicción española para conocer de los hechos cometidos por españoles o extranjeros fuera del territorio nacional susceptibles de tipificarse, según la ley española, como alguno de los siguientes delitos cuando se cumplan las condiciones expresadas: [...] e) Terrorismo, siempre que concurra alguno de los siguientes supuestos: [...].

1.º el procedimiento se dirija contra un español [...]».

El fin de ETA, huida y clandestinidad: la vida tras militar en ETA

Desde que el 20 de octubre de 2011 ETA anunciase el cese definitivo de su actividad armada, varios centenares de personas que han estado involucradas en la organización terrorista han querido volver. Volver al País Vasco, pero también volver a una vida normal tras años de clandestinidad.

Para saber más, podéis visualizar el siguiente vídeo en el siguiente enlace:
https://cutt.ly/erEtMX6

Hay que tener en cuenta la reforma del art. 36 CP que hace referencia a la condena de prisión permanente revisable, pues en el punto 2 indica:

> «2. La pena de prisión tendrá una duración mínima de tres meses y máxima de veinte años, salvo lo que excepcionalmente dispongan otros preceptos del presente Código. Cuando la duración de la pena de prisión impuesta sea superior a cinco años, la autoridad judicial podrá ordenar que la clasificación de la persona condenada en el tercer grado de tratamiento penitenciario no se efectúe hasta el cumplimiento de la mitad de la pena de prisión impuesta. En cualquier caso, cuando la duración de la pena de prisión impuesta sea superior a cinco años y se trate de los delitos enumerados a continuación, la clasificación de la persona condenada en el tercer grado de tratamiento penitenciario no podrá efectuarse hasta el cumplimiento de la mitad de la misma:
>
> a) Delitos referentes a organizaciones y grupos terroristas y delitos de terrorismo del Capítulo VII del Título XXII del Libro II de este Código.
>
> b) Delitos cometidos en el seno de una organización o grupo criminal».

19.5. Referencias bibliográficas

Agudo, E., **Jaén, M.** y **Perrino, A. L.**, *Derecho Penal Aplicado. Parte Especial*. Delitos contra intereses colectivos o difusos. Madrid, Dykinson, 2019.

Bacigalupo, E., *Principios de derecho penal. Parte general*. Madrid, Akal, 1990.

Beneytez, L. *Código penal, doctrina y jurisprudencia*, Conde-Pumpido Ferreiro, C. (dir.) Madrid, Trivium, 1997.

Córdoba, J., *Comentarios al Código Penal. Parte Especial*. Madrid, Marcial Pons, Ediciones Jurídicas y Sociales, 2004.

Cuello, E., *Derecho Penal II. Parte especial*. Barcelona, Bosch, 1957.

García Valdés, C., **Mestre Delgado, E.** y **Figueroa Navarro, C.**, *Lecciones de Derecho penal. Parte Especial*. Madrid, Edisofer, 2017.

Luzón, J. M., *Compendio de Derecho Penal. Parte especial*. Madrid, Dykinson, 2019.

Muñoz Conde, F., *Derecho penal. Parte especial*. Valencia, Tirant lo Blanch, 2019.

Orts, E. *et. al.*, *Derecho Penal. Parte Especial*. 6.ª ed. Valencia, Tirant lo Blanch, 2019.

Quintero, G., *Comentarios al Nuevo Código Penal*. Pamplona, Aranzadi, 1996.

Quintero, G., *Comentarios al Nuevo Código Penal*. 7.ª ed. Pamplona, Aranzadi, 2016.

Real Academia Española. *Diccionario de la lengua española*. Fecha de consulta: 20 de octubre de 2019. Disponible en: https://www.rae.es/

Roca, L., «Concepto de autoridad y de funcionario público a efectos penales», en *Revista Aranzadi de Derecho y Proceso Penal*, 31. Parte Análisis Doctrinal,2013.

Sánchez Goyanes, E., *Constitución española comentada*. Madrid, Paraninfo, 1989.

Serrano Gómez, A. y **Serrano Maíllo, A.**, *Derecho Penal. Parte Especial*. Madrid, Dykinson, 2011.

Jurisprudencia

- Sentencia del Tribunal Supremo Sala 2.ª, de 10 de octubre de 1980.
- Sentencia del Tribunal Supremo Sala 2.ª, de 30 de abril de 1987.
- Sentencia del Tribunal Supremo Sala 2.ª, de 3 de julio de 1991.
- Sentencia del Tribunal Supremo, de 26 de febrero de 2007.
- Sentencia de la Audiencia Provincial de León, de 27 de mayo de 2010.
- Sentencia del Tribunal Supremo Sala 2.ª, de 1 de abril de 2013.
- Sentencia del Tribunal Supremo Sala 2.ª, de 21 de julio de 2014.
- Sentencia del Tribunal Supremo Sala 2.ª n.º 534/2016, de 17 de junio.
- Sentencia de la Sección 29.ª de la Audiencia Provincial de Madrid, de 31 de marzo de 2017.
- Sentencia del Tribunal Supremo Sala 2.ª, de 17 de mayo de 2017.
- Sentencia del Tribunal Supremo Sala 2.ª, de 20 de diciembre de 2017.
- Sentencia del Tribunal Supremo Sala 2.ª, de 17 de mayo de 2018.

Para saber más...

Sentencia del procés

Sentencia del Tribunal Supremo, Sala Segunda, de lo Penal, rec. 2090/2017, de 14 de octubre de 2019.

El Tribunal Supremo condenó a los miembros del Gobierno catalán que aprobaron las leyes de transitoriedad y fundacional de la república catalana y la ley del referéndum de autodeterminación, posteriormente derogadas por el TC y el TSJ de Cataluña. Se acusó a los miembros del Govern de desobediencia del Parlamento Catalán al TC. Los acusados incumplieron sistemáticamente las resoluciones de dichos tribunales en que les requerían que impidieran o paralizaran cualquier acto que supusiera ignorar la nulidad de tales normas autonómicas.

Parte de la ciudadanía catalana para impedir la realización de registros judiciales en las Consejerías correspondientes se movilizó e impidió la labor de la Administración de Justicia. El Tribunal Supremo, presidido por el magistrado Manuel Marchena, tuvo que dirimir entre el delito de rebelión y sedición, entre otros, como la malversación.

Otro octubre catalán

Informe Semanal. (2019). *Otro octubre catalán*. [Archivo de vídeo]. Disponible en: https://cutt.ly/1rEuXuj

En este programa de RTVE podréis ver las movilizaciones por el segundo aniversario del referéndum del 1 de octubre. Cataluña empezó el mes en un clima de tensión que aumentó tras la detención y encarcelamiento de siete miembros de los CDR acusados de pertenencia a organización terrorista.

Test

1. **En el delito de sedición concurren tres elementos, que son:**
   a) Desorden o espontaneidad del grupo, actitud de abierta hostilidad y alzamiento público.
   b) Desorden o espontaneidad del grupo, actitud de encubierta hostilidad y alzamiento público.
   c) Plan ordenado del grupo, actitud de abierta hostilidad y alzamiento público.
   d) El delito de sedición fue derogado.

2. **En la rebelión:**
   a) existe un alzamiento no violento de la población para subvertir el orden constitucional.
   b) se persigue subvertir el orden público.
   c) se persigue subvertir el orden constitucional vigente.
   d) ninguna es correcta.

3. **En el delito de atentado a la autoridad, el sujeto activo:**
   a) solo puede serlo una autoridad.
   b) puede serlo cualquiera.
   c) solo puede serlo un terrorista.
   d) Ninguna es correcta.

4. **En el delito de atentado a la autoridad, el sujeto pasivo:**
   a) Debe ser un cargo de confianza.
   b) Debe ser un funcionario público.
   c) Debe ser una autoridad o funcionario público.
   d) Debe ser una autoridad, agente de la autoridad o funcionario público.

5. **En el delito de atentado a la autoridad:**
   a) la acción no puede ser accidental, sino que debe haber una voluntad explícita de cometer el acto.
   b) la acción no puede ser accidental, sino que debe haber una voluntad explícita de omisión.
   c) la acción puede ser accidental sin una voluntad explícita de cometer el acto.
   d) ninguna es correcta.

6. En las falsas alarmas se castiga:

a) la imprudencia.

b) simular una situación de peligro para la comunidad o la producción de un siniestro a consecuencia del cual sea necesario prestar auxilio a otro y se persiga un lucro.

c) simular una situación de peligro para la comunidad o la producción de un siniestro a consecuencia del cual sea necesario prestar auxilio a otro y con ello se provoque la movilización del ejército.

d) simular una situación de peligro para la comunidad o la producción de un siniestro a consecuencia del cual sea necesario prestar auxilio a otro y con ello se provoque la movilización de los servicios de asistencia.

7. El terrorismo:

a) persigue desestabilizar levemente el funcionamiento de las instituciones políticas o de las estructuras económicas o sociales del Estado.

b) persigue suprimir o desestabilizar gravemente el funcionamiento de las instituciones políticas o de las estructuras adminsitrativas del Estado.

c) persigue suprimir o desestabilizar gravemente el funcionamiento de las instituciones políticas o de las estructuras económicas o sociales del Estado.

d) Ninguna es válida.

8. La colaboración con banda armada puede consistir:

a) en recabar, adquirir, poseer, utilizar, convertir, transmitir bienes o valores con la intención o conocimiento de que serán utilizados para cometer actos terroristas.

b) en recabar, adquirir, poseer, utilizar, convertir, transmitir bienes o valores con la intención o conocimiento de que serán utilizados para cometer asesinar al Presidente del Gobierno.

c) en recabar, adquirir, poseer, utilizar, convertir, transmitir bienes o valores con la intención o conocimiento de que serán utilizados para cometer una rebelió.

d) Ninguna es válida.

9. En el enaltecimiento del terrorismo:

a) Se atrasa la barrera de protección, pudiendo entrar en conflicto con los derechos constitucionales de libertad ideológica y manifestación.

b) Se adelanta la barrera de protección, pudiendo entrar en conflicto con los derechos constituciones de libertad ideológica y opinión.

c) Se adelanta la barrera de protección, pudiendo entrar en conflicto con los derechos constituciones de libertad ideológica y huelga.

d) Ninguna es válida.

10. En todos los delitos de terrorismo:

a) La condena de un juez o tribunal extranjero será equiparada a las sentencias de los jueces o tribunales españoles si hay tratado de reciprocidad.

b) La condena de un juez o tribunal extranjero será equiparada a las sentencias de los jueces o tribunales españoles a los efectos de aplicación de la agravante de reincidencia.

c) La condena de un juez o tribunal extranjero será equiparada a las sentencias de los jueces o tribunales españoles a los efectos de aplicación de la atenuante de reincidencia.

d) La condena de un juez o tribunal español será equiparada a las sentencias de los jueces o tribunales extranjeros a los efectos de aplicación de la eximente de reincidencia.

Solucionario

1. **D**
2. **C**
3. **B**
4. **D**
5. **A**
6. **D**
7. **C**
8. **A**
9. **B**
10. **B**

Cód. 02-02

Made in the USA
Middletown, DE
05 November 2026

36537966R10395